Dirk Fisser

mit meinen besten Wün-
und herzlichen europäi-
Grüßen!

hr

Hans-Gert Pöttering

Bad Iburg / Berlin,
im Dezember 201

Hans-Gert Pöttering

WIR SIND ZU UNSEREM GLÜCK VEREINT

Mein europäischer Weg

2., durchgesehene und aktualisierte Auflage

BÖHLAU VERLAG KÖLN WEIMAR WIEN

EVP-Fraktion
im Europäischen Parlament

Der Autor verzichtet auf ein Honorar.
Der Erlös aus dem Verkauf des Buches
geht an Renovabis, das Osteuropa-Hilfswerk
der Katholischen Kirche in Deutschland.

Bibliografische Information der Deutschen Nationalbibliothek:
Die Deutsche Nationalbibliothek verzeichnet diese Publikation in der
Deutschen Nationalbibliografie; detaillierte bibliografische Daten sind
im Internet über http://portal.dnb.de abrufbar.

Umschlagabbildung: Konrad-Adenauer-Stiftung/Juliane Liebers

2. Auflage 2016
1. Auflage 2014

© 2016 by Böhlau Verlag GmbH & Cie, Köln Weimar Wien
Ursulaplatz 1, D-50668 Köln, www.boehlau-verlag.com

Lektorat: Anja Borkam
Satz und Datenkonvertierung: Reemers Publishing Services, Krefeld
Druck und Bindung: Finidr, Cesky Tesin
Gedruckt auf chlor- und säurefreiem Papier
Printed in EU

ISBN 978-3-412-50196-9

Meinen Söhnen
Johannes und Benedict
in Liebe und Dankbarkeit

Inhalt

Einleitung

Die Einigung Europas ist das größte Friedenswerk – nicht nur in der Geschichte unseres Kontinents, sondern der Welt. Diese historische Betrachtung und Wertung mag vielen übertrieben, unangemessen oder gar pathetisch erscheinen, aber sie bleibt wahr. 2012 ist der Europäischen Union dafür der Friedensnobelpreis verliehen worden. Die bewegende Zeremonie am 10. Dezember 2012 in Oslo, zu der ich eingeladen war, wird mir immer in Erinnerung bleiben.

Die Menschen vergessen zu leicht, welch langen Weg die Europäer zurückgelegt haben von einem Kontinent der Feindschaft zu einer Europäischen Union, die sich auf gleiche Werte beruft und in der heute über 500 Millionen Menschen aus 28 Ländern „in Vielfalt geeint" zusammen leben. Nur wenn wir wissen, woher wir kommen, wissen wir, wo wir sind und können entscheiden, wohin wir gehen wollen. Die Bewahrung unseres historischen Gedächtnisses und die Vermittlung des Vergangenen – vor allem an junge Menschen, die die Zukunft gestalten werden – gehören zu dem Notwendigen, damit die Erfahrungen der Vergangenheit das Fundament und der Ausgangspunkt für unseren Weg in die Zukunft sein können.

Die Europapolitik von Bundeskanzler Konrad Adenauer war der Anlass, warum ich der CDU beitrat. Seine auf Versöhnung, Verständigung und Zusammenarbeit ausgerichtete Europapolitik, die er als Friedenspolitik begriff, hat mich in meinen Jugendjahren fasziniert. Diese Faszination hat später niemals nachgelassen. In Robert Schuman und Alcide De Gasperi hatte Konrad Adenauer gleich gesinnte Partner gefunden. Am 9. Mai 1950 trat der französische Außenminister Robert Schuman im französischen Außenministerium Quai d'Orsay in Paris mit einer Erklärung zur Gründung der Europäischen Gemeinschaft für Kohle und Stahl (EGKS) vor die Presse: „Den Feinden von gestern reichen wir die Hand, um uns zu versöhnen und um Europa aufzubauen!", erklärte Schuman.[1] Dies war die Geburtsstunde der Einigung Europas – fünf Jahre und einen Tag nach Ende des Zweiten Weltkrieges, der durch eine menschenverachtende Politik hervorgerufen worden war und unseren Kontinent an den Rand des Abgrundes geführt hatte.

Schuman rechnete mit Widerständen und Zweifeln, ja mit Feindseligkeiten in Frankreich und in der französischen Regierung gegenüber seinem Projekt. Eine friedliche Kooperation als Grundlage eines europäischen Zusammenschlusses – die Kernidee des Schuman-Plans – war eine unvorstellbare Zumutung, weil sie sich vor allem an den Kriegsgegner, an den Erbfeind, an die noch junge Bundesrepublik Deutschland richtete.

Unter strengster Geheimhaltung und ohne das Wissen der anderen Kabinettsmitglieder hatte Schuman seine Initiative ausarbeiten lassen, und zwar von einer kleinen

Gruppe von Mitarbeitern im französischen Planungsamt – angeführt von Jean Monnet, Wegbegleiter Schumans, der bis dahin den Werdegang eines erfolgreichen Geschäftsmannes zurückgelegt, jedoch nie das Amt eines Ministers oder gar Regierungschefs inne gehabt hatte. Sein Hauptanliegen war die europäische und internationale Politik; die Einigung des Kontinents für ihn eine Grundvoraussetzung für einen weltweiten Frieden.

Einen Tag vor der Presseerklärung, am 8. Mai 1950, beriet in Bonn das Kabinett unter Vorsitz von Konrad Adenauer über den Beitritt Deutschlands zum Europarat. Während dieser Beratungen traf ein Gesandter des französischen Außenministers mit zwei Briefen für Konrad Adenauer ein: einem handschriftlichen, persönlichen Schreiben Robert Schumans sowie einem offiziellen Begleitschreiben, der Erläuterung seines Projektes, des Schuman-Plans.

„Ich teilte unverzüglich Robert Schuman mit, dass ich seinem Vorschlag aus ganzem Herzen zustimme", erinnerte Konrad Adenauer sich später in seinen Memoiren. Und weiter: „Schumans Plan entsprach voll und ganz meinen seit langem vertretenen Vorstellungen einer Verflechtung der europäischen Schlüsselindustrien."[2] Ebenso erkannte Italiens Ministerpräsident Alcide De Gasperi die Vorteile dieses Projektes. Er sah darin einen bedeutenden Schritt auf dem Weg zur innereuropäischen Aussöhnung.

Am 18. April 1951, nicht einmal ein Jahr später, wurde der Vertrag über die Europäische Gemeinschaft für Kohle und Stahl von Frankreich und Deutschland, Italien und den Benelux-Staaten unterzeichnet. Am 10. August 1952 nahm die sogenannte Hohe Behörde in Luxemburg ihre Arbeit auf – unter dem Vorsitz von Jean Monnet.

Dreißig Jahre später sollte ich als Vorsitzender des Landesverbandes Niedersachsen der Europa-Union bei einer Veranstaltung „25 Jahre Römische Verträge" in Hannover Jean Monnet zitieren. Anwesend waren der ehemalige Präsident der Bundesrepublik Deutschland, Walter Scheel, Präsident der Europa-Union Deutschland, sowie der einstige Präsident Frankreichs, Valéry Giscard d'Estaing, der später mein Kollege im Europäischen Parlament wurde; außerdem der Ministerpräsident von Niedersachsen, Ernst Albrecht, sowie der niedersächsische Minister für Bundesangelegenheiten, Wilfried Hasselmann. Ich sprach davon, dass Jean Monnet, ein großer Franzose und Europäer, der erste Ehrenbürger Europas, einmal als Präsident der Hohen Behörde der Montanunion in Luxemburg eine Besuchergruppe empfing und dies später in seinen Memoiren folgendermaßen schilderte:

„Die Leute, die mich in Luxemburg besuchten, waren verwirrt über die Fotografie eines sonderbaren Floßes auf meinem Schreibtisch. Es war die ‚Kon Tiki', deren Abenteuer die Welt bewegten und in der ich das Symbol unseres europäischen Unternehmens sah. ‚Diese jungen Männer', so schilderte ich meinen Besuchern, ‚haben die Richtung gewählt. Dann sind sie losgefahren und wussten, dass sie nicht umkehren konnten. Welche Schwierigkeiten auch auftreten mochten, sie hatten nur eine Möglichkeit, unaufhörlich weiterzufahren. Auch wir gehen auf unser Ziel, die Vereinigten Staaten von Europa, zu, auf einem Weg ohne Umkehr'."[3]

Jean Monnet, dieser mutige und weitsichtige Mann, konnte das gegenüberliegende Ufer noch nicht sehen, aber er war entschlossen, das Ziel zu erreichen: die Einheit des europäischen Kontinents.

Die Ideen und Überzeugungen von Jean Monnet habe ich immer bewundert. Wenn wir ihnen weiter folgen, insbesondere der von ihm empfohlenen Gemeinschaftsmethode – das heißt, wenn wir durch die europäischen Institutionen handeln – und dies mit Geduld und Leidenschaft tun, Krisen und Herausforderungen als Chancen begreifen, schrittweise vorgehen und das Ziel dabei klar im Auge behalten, wird Europa erfolgreich sein und die Europäische Union eine gute Zukunft haben.

Konrad Adenauer brachte es auf den Punkt: „Der Schuman-Plan war der Anfang der Europäischen Einigung. Mit der Unterzeichnung […] begann […] ein neuer Abschnitt der europäischen Geschichte."[4] Der Schuman-Plan wurde zur Grundlage für eine neue Ordnung der Beziehungen zwischen den Staaten und Völkern Europas. Seine Erklärung war das Fundament des Friedenswerkes, das für uns heute in der Europäischen Union zur Selbstverständlichkeit geworden ist. Vor sechzig Jahren war nicht vorhersehbar, dass damit die längste Friedensperiode in der Geschichte Europas eingeleitet werden würde. Das Ziel aber, das Schuman formulierte, wies den Weg. Bereits der erste Satz seiner Erklärung war eindeutig und ambitioniert: „Der Friede der Welt kann nicht gewahrt werden ohne schöpferische Anstrengungen, die der Größe der Bedrohung entsprechen."[5]

Die Gründerväter Europas wussten um die Größe dieser Bedrohung. Sie hatten sie am eigenen Leib erfahren: Auseinandersetzungen um Grenzen und Grenzräume zwischen den Staaten Europas. Allen voran die drei Staatsmänner Robert Schuman, Alcide De Gasperi und Konrad Adenauer – allesamt christliche Demokraten. Sie waren durch frühe Erfahrungen eines Lebens in europäischen Grenzräumen geprägt: Robert Schuman, in Luxemburg geboren, als Lothringer im Ersten Weltkrieg deutscher Staatsbürger; Alcide De Gasperi, geboren im italienischen Trentino, das damals noch zum Kaiserreich Österreich-Ungarn gehörte, weshalb er Mitglied des österreichischen Reichsrates war; und Konrad Adenauer, langjähriger Oberbürgermeister des linksrheinischen Köln, als welcher er die Besetzung des linken Rheinufers durch Frankreich nach dem Ersten Weltkrieg erlebt hatte.

Immanuel Kant hatte schon Ende des 18. Jahrhunderts die bittere Erkenntnis formuliert:

> „Wir sind in hohem Grade durch Kunst und Wissenschaft kultiviert. Wir sind zivilisiert bis zum Überlästigen zu allerlei gesellschaftlicher Artigkeit und Anständigkeit. Aber uns für schon moralisiert zu halten, daran fehlt noch sehr viel."[6]

Leid, Elend und Tod als Folge von Feldzügen und Schlachten um Grenzen und Territorien – jahrhundertelang war dies die Regel gewesen und nicht die Ausnahme. Dieses schwarze Kapitel europäischer Geschichte musste endlich ein Ende finden! Die Gründerväter der Europäischen Union zogen aus der blutigen Geschichte ihres Kontinents die richtigen Lehren. Sie waren sich einig darin, alles dafür zu tun, um den Grenzen Europas ihren trennenden Charakter zu nehmen. Mit Mut und Weitsicht, mit Geduld und Leidenschaft ließen sie die von Hass und Groll beherrschte Vergangenheit hinter sich und begannen, eine bessere Welt zu schaffen. Der Schuman-Plan – die Europäische Gemeinschaft für Kohle und Stahl – war dazu der erste Schritt.

Diese erste Gemeinschaft konkreter Interessen war der Ausgangspunkt des sich allmählich fortentwickelnden Integrationsprozesses. Die Gemeinschaftsmethode, die noch heute für uns verpflichtend und Maßstab unseres Handelns sein muss, bewährte sich bei der schrittweise zunehmenden Berücksichtigung der wirtschaftlichen und sozialen Anliegen. Es war „eine Vereinigung der Interessen der europäischen Völker und nicht einfach die Aufrechterhaltung des Gleichgewichts dieser Interessen", wie es Monnet formulierte.[7]

Man führe sich den Inhalt und die Tragweite des ersten Gründungsvertrags der Europäischen Gemeinschaft vor Augen: Die gesamte Kohle- und Stahlerzeugung Frankreichs und Deutschlands sowie Italiens und der Benelux-Länder wurde einer gemeinsamen Behörde unterstellt. Man beseitigte Handelshemmnisse und erleichterte den wirtschaftlichen Wiederaufbau der zerstörten Industrien. Die Idee, dass Sieger und Besiegte gemeinsam die Kontrolle über die zentralen, über Krieg und Frieden entscheidenden Industrien von Kohle und Stahl ausüben wollten, war revolutionär.

Das Bedeutsamste des Schuman-Plans war die Errichtung eines völlig neuen institutionellen Systems: An die Stelle der einfachen Zusammenarbeit zwischen souveränen Staaten trat der ausgewogene demokratische Dialog zwischen den Mitgliedstaaten, der Gemeinsamen Versammlung (später das Europäische Parlament), dem Ministerrat, der Hohen Behörde – Vorläuferin der heutigen Kommission – und dem Gerichtshof. Jean Monnet formulierte es so: „Nichts ist möglich ohne die Menschen, nichts dauerhaft ohne Institutionen."[8] In diesem Satz liegt viel Wahrheit.

Die Hohe Behörde wurde Ausdruck des supranationalen Prinzips, während der Ministerrat als intergouvernementales Bindeglied zwischen der Hohen Behörde und den EGKS-Mitgliedstaaten in der allgemeinen Wirtschaftspolitik handelte. Das Zusammenwirken supranationaler und intergouvernementaler Elemente wurde zum Kern des europäischen Integrationsprozesses.

Die Beschluss- und Handlungsfähigkeit dieses Apparates wurde durch die Einführung der Abstimmung mit qualifizierter Mehrheit in den Bereichen mit geteilter Souveränität gewährleistet. Die Rechtsprechung eines Gerichtshofes, der über direkte Justizgewalt verfügt, und die Schaffung von Eigenmitteln anstelle nationaler Beiträge machten die Originalität, Effizienz und die Überlegenheit dieses Systems aus – eines Systems, das in den vergangenen sechzig Jahren auf einem steinigen, hindernisreichen, von Umwegen gekennzeichneten Weg Stück für Stück fortentwickelt und gefestigt worden ist.

*

Nicht alles gelang. Am 30. August 1954 scheiterte der Vertrag über die Europäische Verteidigungsgemeinschaft (EVG) an der Haltung der französischen Nationalversammlung, die beschloss, das Gesetz über die Ratifizierung des Vertrages von der Tagesordnung abzusetzen.

> „Es waren qualvolle Tage. Das Ergebnis der Abstimmung [...] vernichtete uns Deutschen die jahrelangen Bemühungen, die Souveränität unseres Landes wiederzuerhalten [... und] bei dem Wiederaufbau Europas den entscheidenden Schritt nach vorn zu tun",

befand Adenauer hinterher, in dessen Gedächtnis sich „jene schrecklichen Tage [...] tief eingegraben" haben.[9]
Bei dem Beschluss in der französischen Nationalversammlung hatten die etwa hundert kommunistischen Abgeordneten eine besondere Rolle gespielt. Sie wollten die Einigung Europas nicht, da dies den Interessen Moskaus, für die diese Abgeordneten handelten, widersprach. „Die übrigen Stimmen für die Absetzung von der Tagesordnung wurden", so stellte es Konrad Adenauer ausführlich dar, „zum Teil aus nationalistischen Gründen, zum Teil aus Besorgnis gegenüber Deutschland" abgegeben.[10]
Wie Adenauer schrieb, war das französische Parlament das vorletzte, das sich mit dem Vertrag befasste. Belgien, die Niederlande, Luxemburg sowie die Bundesrepublik Deutschland hatten ihn bereits ratifiziert. In Italien stand die Ratifizierung durch das Parlament zwar noch aus, doch die zuständigen Ausschüsse hatten den Vertrag schon gebilligt, sodass auch mit einer Zustimmung der italienischen Volksvertretung gerechnet werden konnte. Wichtig ist es auch darauf hinzuweisen, dass die EVG einer französischen Initiative entsprach, sodass es umso bedauerlicher, ja bestürzender war, dass Frankreich das eigene Projekt kippte.
Es muss auch daran erinnert werden, dass das Projekt der Europäischen Verteidigungsgemeinschaft die starke Unterstützung der amerikanischen Regierung hatte. Besonders der amerikanische Außenminister John Foster Dulles, ein guter Freund Konrad Adenauers, unterstützte die Politik des deutschen Bundeskanzlers im Hinblick auf die Einigung Europas. Adenauer kommentierte in seinen Memoiren die amerikanische Nachkriegspolitik nach 1946, indem er von Dulles berichtete, dass dessen Politik

> „auf der Annahme aufgebaut war, dass Westeuropa es endlich zu einer Einheit bringen werde, die es gegen Kriege immun mache und es in die Lage versetze, sich gegen eine Aggression von außen zu verteidigen. Die dringende Notwendigkeit dieser Einheit sei von allen führenden Staatsmännern aller freien Nationen anerkannt worden".[11]

Dann zitierte Adenauer Dulles mit den Worten:

„Es ist eine Tragödie, dass sich der Nationalismus mit der Unterstützung des Kommunismus in einem Lande so durchgesetzt hat, dass das ganze Europa gefährdet wird. Diese Tragödie würde noch größer werden, wenn die Vereinigten Staaten daraus die Schlussfolgerung ziehen würden, dass sie auch ihrerseits einen Kurs engstirnigen Nationalismus einschlagen müssten."

Die deutsche und die amerikanische Politik wurden jetzt darauf ausgerichtet, Deutschland in die NATO (North Atlantic Treaty Organization) zu integrieren. Zwar wurde Deutschland am 9. Mai 1955 Mitglied der NATO, aber durch das Scheitern der EVG sind viele wertvolle Jahre für die europäische Einigungspolitik verloren gegangen. Wir haben noch heute an den Folgen zu arbeiten, da es eine wirkliche Europäische Außen-, Sicherheits- und Verteidigungspolitik – trotz allen Fortschritts in der Zusammenarbeit – als eine gemeinschaftliche Politik bedauerlicherweise nicht gibt.
Aber Konrad Adenauer hatte Recht:

„Trauer und Resignation helfen nichts. Die Aufgaben: Aufnahme der Bundesrepublik in den Kreis der freien Völker, Schaffung Europas, mussten von Neuem in Angriff genommen werden."[12]

Seine Feststellung, nach einer schweren Niederlage nicht aufzugeben, hat mich sehr beeindruckt, ja geprägt. Sie sollte mir später, als Fraktionsvorsitzender der Europäischen Volkspartei und Europäischer Demokraten (EVP-ED) im Europäischen Parlament und auch als Präsident des Europäischen Parlaments eine Lehre sein, in schwierigen Situationen, in denen viele Mitstreiter die Hoffnung bereits aufgegeben hatten, nicht lockerzulassen und Kurs zu halten.

Am 25. März 1957 wurde mit der Unterzeichnung der Römischen Verträge über die Schaffung der Europäischen Wirtschaftsgemeinschaft (EWG) und der Europäischen Atomgemeinschaft (Euratom) der EGKS-Ansatz fortgeführt – die Fortsetzung des größten Friedens- und Demokratieprojektes in der europäischen Geschichte.
In den darauffolgenden Jahren und Jahrzehnten wuchs Europa nicht nur im Bereich der Wirtschaft zusammen. Auch das politische Europa wurde mehr und mehr geschaffen: mit der Einheitlichen Europäischen Akte (EEA), am 1. Juli 1987 in Kraft getreten, den Verträgen von Maastricht (1. November 1993), Amsterdam (1. Mai 1999) und Nizza (1. Februar 2003), und schließlich dem Vertrag von Lissabon, welcher am 1. Dezember 2009 in Kraft trat.
Europa entstand nicht in einem großen Wurf, nicht in einem einzigen Schritt. Schuman war sich bewusst darüber, dass Europa sich etappenweise und am konkreten

Sachgegenstand würde zusammenfinden müssen. Auch war es nicht entscheidend, für alle Probleme sofortige Lösungen zu finden, sondern Verfahren zu entwickeln, wie auf zivilisierte und gewaltfreie Weise Probleme und Aufgaben schließlich auf rechtlicher Grundlage gelöst werden können. Die europäischen Institutionen sollten gleichwohl „den ersten Grundstein einer europäischen Föderation bilden, die zur Bewahrung des Friedens unerlässlich ist", wie es in der Schuman-Erklärung hieß.[13] Frieden war das Wort, auf das es ankam, auf das es auch heute ankommt und in der Zukunft ankommen wird. Die Europäische Einigung war die Antwort auf Krieg und Vernichtung. Heute ist Europa ein anderes Wort für Frieden!

*

Der große Erfolg der Gründerväter Europas ist unumstritten. Kaum einer hat es 1950, in dieser von Spannungen geprägten Epoche, in der die Sowjetunion und der kommunistische Totalitarismus halb Europa unterdrückten, für möglich gehalten, dass kommunistische Staaten eines Tages Teil der Europäischen Union sein würden. Adenauer aber hielt es für möglich:

> „Auch nach Osten müssen wir blicken, wenn wir an Europa denken. Zu Europa gehören Länder, die eine reiche europäische Vergangenheit haben. Auch ihnen muss die Möglichkeit des Beitritts gegeben werden."[14]

Und an anderer Stelle sagte er:

> „Ich bin überzeugt: wenn der Anfang mit sechs Ländern gemacht ist, kommen eines Tages alle anderen europäischen Staaten auch hinzu".[15]

Dieses neue Konzept für eine europäische Zukunft faszinierte mich von früh an. Das Gemeinschaftseuropa war die Antwort für die Zukunft, ohne dass dadurch die Nationen, die Regionen und die Kommunen ihre jeweilige Identität verlieren würden. Unter dem vereinten Dach starker europäischer Institutionen konnten sich die Mitgliedstaaten Europas auf der entscheidenden Grundlage gemeinsamen europäischen Rechts entwickeln. Diese Institutionen waren die Europäische Kommission, das Europäische Parlament, der Ministerrat, der Europäische Gerichtshof sowie andere Organe, die noch hinzukommen würden: der Europäische Rechnungshof, der Ausschuss der regionalen und lokalen Gebietskörperschaften sowie der Wirtschafts- und Sozialausschuss. Das war das historisch Neue im Gemeinschaftseuropa: Das Recht hat die Macht und nicht, wie in jedem Jahrhundert vor der Europäischen Einigung, die Macht das Recht. Walter Hallstein, der erste Präsident der Europäischen Kommission (1958–1967), hat das in Europa neu Entstehende so beschrieben:

„[...] was wir mit ‚föderal‘ meinen, ist also nur: die Gemeinschaft hat mit dem Bundesstaat die Eigenschaft gemein, dass bestimmte Teile der Staatsgewalten in einem Verein mit anderen zusammengelegt und einer eigenen, vom Gliedstaat verschiedenen Organisation übertragen sind. Insofern ist die Gemeinschaft bundesstaatsähnlich. Sie leistet das, was das Wesentliche der europäischen Aufgabe ist: ein Gleichgewicht herzustellen zwischen einer aus nationalen Souveränitätsteilen zusammengefügten europäischen Gewalt und einer fortbestehenden Staatsgewalt der Mitgliedsländer. Sie bewahrt, was an Verschiedenheit und Eigenständigkeit überkommenen nationalen Einheiten Erhaltung verdient, und sie schafft doch die großräumige Organisation, die der kontinentale Maßstab des globalen Zeitalters fordert.“[16]

Golo Mann, der bedeutende Historiker, hat das alte europäische System aus der Sicht der Napoleon-Zeit gut dargestellt. Als Napoleon sich nach der Schlacht von Jena und Auerstedt (Oktober 1806) auf dem Zenit seiner Macht befunden hatte, hatte er sich einer wankelmütigen und in sich zerstrittenen Front gegenübergesehen. Gleichsam hat Golo Mann ein Psychogramm der fünf Großmächte jener Epoche – England, Frankreich, Österreich, Russland und Preußen – gezeichnet.

„Zwischen allen diesen Mächten war Feindschaft, offener oder latenter Krieg; ein negatives Verhältnis, welches das politische Spiel beherrschte. [...] Die Feindschaft zwischen Frankreich und England war eine alles überschattende. Eben darum gab es immer wieder vage Kontaktnahmen zwischen ihnen, verursacht durch die Vorstellung, dass, wenn sie sich einigten, der Friede ewig und die Welt ihr Besitz sein würden. Es war Feindschaft zwischen Frankreich und Österreich, alte klassische Renaissancefeindschaft. Aber zweimal schon hatten sie im vergangenen Jahrhundert versucht, ihr ein Ende zu machen und gemeinsam dem Kontinent das Gesetz vorzuschreiben: im Siebenjährigen Krieg und [...] Anno [17]97. Es war Feindschaft zwischen Preußen und Österreich, deutsche und europäische Feindschaft; der Gedanke hörte aber nicht auf, in den Köpfen deutscher Patrioten zu fühlen, dass eine Vereinigung dieser beiden Mächte – eine Vereinigung aller Deutschen – stärker sein würde als das gesamte übrige Europa. Auch zwischen Frankreich und Preußen war [...] Feindschaft; die Allianz dieser beiden Fortschrittstaaten aber eine Lieblingsidee der Französischen Revolution. Endlich war Feindschaft zwischen Frankreich und Russland. Und die Idee war, dass eine Vereinigung dieser beiden Mächte nicht Europa allein, sondern Afrika und Asien beherrschen [...] könnte.“[17]

Treffender hätte die Rivalität unter den europäischen Staaten nicht beschrieben werden können. Heute sind die genannten Mächte mit den meisten ihrer damaligen europäischen Territorien, mit Ausnahme Russlands, in der Europäischen Union friedlich vereint. Damals aber, 1814/15, nach der Niederlage Napoleons, hatte es gegolten, die Rivalität der europäischen Mächte durch Wiederherstellung des Gleichgewichtes zu zügeln. Klemens von Metternich, der große Gestalter des Wiener Kongresses, und

Friedrich von Gentz, der Sekretär des Kongresses, hatten, um es noch einmal in den Worten von Golo Mann auszudrücken, dieses Ziel gehabt:

„Eine Wiederherstellung des Gleichgewichts und sonst nichts. Keine neue Chimäre, kein Völkerbund, kein Universalstaat. Kein Deutsches Reich, von dem norddeutsche Patrioten träumten. Auch kein russisches Übergewicht, wie es sich aus dem gewaltigen russischen Beitrag zu diesem Wandel der Dinge recht wohl ergeben konnte. Ein Friede, der auf mehreren ungefähr gleich starken, maßvoll regierten, einander nicht allzu feindlich gesinnten Staaten beruhte".[18]

Und wir wissen, was nach dem Wiener Kongress gekommen war: die Restauration, die den Volkswillen unterdrückte, aber immerhin eine kriegslose Epoche ermöglicht hatte. Aber wie in der Vergangenheit, wie in allen Jahrhunderten zuvor, hatte dieses System nicht von Dauer sein können. Es waren der preußisch-österreichische Krieg 1866, der französisch-preußische Krieg 1870/71, der Erste Weltkrieg 1914–1918 sowie der Zweite Weltkrieg 1939–1945 gefolgt. Angesichts dieser historischen Erfahrungen war die durch Robert Schuman gegenüber Deutschland 1950 ausgestreckte Hand der Versöhnung und Verständigung ein politisches Wunder. Bei Lichte besehen galt auch hier, was der Kirchenvater Augustinus formuliert hatte: „Wunder sind nicht wider die Natur, sondern nur wider die uns bekannte Natur."[19]

Es gehört zu den historischen Glücksfällen, dass Robert Schuman in Konrad Adenauer, Alcide De Gasperi und anderen gleichgesinnte Freunde fand. Wir können stolz darauf sein, dass es insbesondere Christdemokraten waren, die das Versöhnungs- und Einigungswerk Europas begannen. Dabei wissen wir – und das gilt auch heute: Die Europäische Einigung fällt nicht wie eine reife Frucht vom Himmel, sondern sie erfordert immer wieder neuen und entschiedenen Einsatz. Konrad Adenauer hat es in der letzten Rede seines Lebens am 16. Februar 1967 in Madrid treffend gesagt:

„In unserer Epoche dreht sich das Rad der Geschichte mit ungeheurer Schnelligkeit. Wenn der politische Einfluss der europäischen Länder weiterbestehen soll, muss gehandelt werden. Wenn nicht gleich die bestmögliche Lösung erreicht werden kann, so muss man eben die zweit- oder drittbeste nehmen. Wenn nicht alle mittun, dann sollen die handeln, die dazu bereit sind."[20]

Diese Worte Konrad Adenauers haben auch noch heute uneingeschränkte Gültigkeit. Und wir sollten niemals vergessen: Wie alles Menschliche bleibt auch die Europäische Einigung unvollkommen. Sie erfordert in jeder Zeit Einsatz und Anstrengungen. Der Glaube daran, es bleibe oder werde schon alles gut, reicht nicht.

Die kleinen Schritte sind dabei ebenso bedeutsam wie große Entscheidungen. Wichtig ist und bleibt, dass die Richtung stimmt: Nicht das Europa der Regierungen, das intergouvernementale Europa, sondern eine Europäische Union, die der Gemeinschaftsmethode, dem durch starke Institutionen gemeinschaftlich handelnden Europa verpflichtet ist, entspricht meinen Überzeugungen. Eine dieser Institutionen ist das Europäische Parlament. Aus einer ursprünglich „Versammlung" genannten Institution hervorgegangen, ist es heute machtvoll und einflussreich. Ohne das Europäische Parlament wäre die Europäische Union heute nicht das, was sie ist. Das Europäische Parlament war und ist in vielem Vorreiter. Die Fraktion der Christdemokraten, heute die Fraktion der Europäischen Volkspartei (EVP), steht dabei an der Spitze und hat sich immer als Anwalt eines neuen, handlungsfähigen Europas verstanden, welches sich auf Demokratie und Parlamentarismus gründet. Dabei war und ist die EVP-Fraktion – seit 1999 mit Abstand die größte Fraktion im Europäischen Parlament – erfolgreicher, als es selbst der interessierten Öffentlichkeit bekannt ist. Bis zum Ausscheiden der britischen Konservativen aus der Fraktion nach der Europawahl 2009 – ein großer strategischer Fehler – war sie die einzige Fraktion im Europäischen Parlament mit Abgeordneten aus allen bis dahin 27 Ländern der Europäischen Union.

*

Bei der ersten Direktwahl des Europäischen Parlaments im Jahre 1979 wurde ich erstmals und bis zu den Wahlen 2014 immer wieder von den Menschen in meiner niedersächsischen Heimat als ihr Volksvertreter gewählt. Sechsmal habe ich bei Europawahlen die niedersächsische CDU-Landesliste angeführt (1984, 1989, 1994, 1999, 2004 und 2009). Zweimal (2004 und 2009) war ich Spitzenkandidat der CDU Deutschlands. Im Einsatz für die Europäische Einigung blicke ich in diesen Erinnerungen auf 35 Jahre mit Dankbarkeit zurück. Meinen Entschluss, im Jahre 2014 meine Arbeit als Abgeordneter des Europäischen Parlaments zu beenden, möchte ich mit diesen Erinnerungen zum Anlass nehmen, Bilanz zu ziehen. Mehr als die Hälfte meines bisherigen Lebens war ich Abgeordneter des Europäischen Parlaments und bin in dieser Zeit als der Einzige, der diesem „Hohen Hause" seit seiner ersten Direktwahl ununterbrochen angehört, hier mehr als 3.500 Kolleginnen und Kollegen begegnet. Dass ich seit 2010 als Vorsitzender der Konrad-Adenauer-Stiftung (KAS) zwischen meinem Wohnort Bad Iburg, Brüssel und Berlin pendele, spiegelt für mich symbolisch meine Überzeugung wider, dass für uns als Europäerinnen und Europäer die europäische und die nationale politische Ebene zusammengehören und wir mit der Verwurzelung in unserer jeweiligen Heimat unsere europäische Identität bestimmen.

Die schönsten Erfahrungen in den vielen Jahren im Europäischen Parlament waren für mich, dass die Einheit Deutschlands am 3. Oktober 1990, anders als in manchen Hauptstädten Europas, hier begrüßt und unterstützt wurde und dass wir am 1. Mai 2004 ehemals kommunistische Länder wie Estland, Lettland, Litauen – viele Jahre von der Sowjetunion okkupiert –, Polen, die Tschechische Republik, die Slowakei, Ungarn und Slowenien in der Europäischen Union willkommen heißen konnten. Die Freiheit hat gesiegt. Dass wir diese Erfahrung in unserer Lebenszeit machen konnten, bleibt für mich das Wunder unserer Zeit. Die Überwindung der Teilung Europas wurde möglich, weil wir im westlichen Teil Europas an unseren Werten festgehalten haben, diese eine Anziehungskraft in der Mitte und im Osten Europas entfalteten und so die Menschen ihre Verwirklichung ersehnten und die Freiheit friedlich erkämpften. Heute sind wir, wie es so schön in der „Berliner Erklärung" vom 25. März 2007 heißt, „zu unserem Glück vereint".[21]

Meine Jahre im Europäischen Parlament bilden den Schwerpunkt meiner Erinnerungen. Sie sollen dazu beitragen, das Bemühen des Europäischen Parlaments um die Einheit unseres Kontinents darzustellen. Es handelt sich insoweit um Erinnerungen, da ich kein Tagebuch geführt habe, mit Ausnahme meiner zweieinhalbjährigen Amtszeit als Präsident, in denen ich zeitweilig Notizen über meine Erfahrungen und mein Handeln direkt niederschrieb. In Einzelfällen habe ich bei der Schilderung von Sachverhalten auf frühere von mir verfasste Darstellungen zurückgegriffen. Es ist keinesfalls Absicht, mein eigenes Handeln überzubewerten. Dennoch liegt es in der Natur der Sache, dass die eigenen Überzeugungen, das eigene Engagement und Mitwirken bei den Beschlüssen besonders der Erinnerung verhaftet sind. Dies soll dabei auf keinen Fall die wichtigen Beiträge anderer reduzieren. Vor allem liegt mir daran, einen Beitrag zum Verständnis unseres komplizierten, aber wunderbaren Kontinents und unserer Bemühungen zu seiner Einheit zu leisten. Ich empfinde es als ein großes, mich beglückendes Privileg, dass ich die Bemühungen um die Einheit Europas eine lange Wegstrecke begleiten und mitgestalten durfte.

Von dem klugen Schriftsteller Reinhold Schneider ist uns eine wertvolle Mahnung überliefert, die wir beherzigen sollten: „Geschichte ist unerbittlich: sie gewährt die Tat nur ein einziges Mal und verzeiht es nicht, wenn die Stunde der Tat versäumt wird."[22] Für mich besteht die politische und moralische Aufgabe für die Zukunft darin, das Erbe der christlich-demokratischen Überzeugungen, denen ich verbunden bin, zu wahren. Die Europäische Union wird einer guten Zukunft entgegensehen, wenn wir Europäer den Werten und Prinzipien treu bleiben, die diesen Überzeugungen entsprechen: der Einigung unseres Kontinents auf der Grundlage der Würde des Menschen, der Menschenrechte, der Freiheit, der Demokratie, des Friedens, der Rechtsstaatlichkeit sowie den Prinzipien von Solidarität und Subsidiarität.

*

Mit allen unseren Fraktionsvorsitzenden seit 1979 habe ich freundschaftlich zusammengearbeitet: Egon Klepsch (1977–1982 und 1984–1992), Paolo Barbi (1982–1984), Leo Tindemans (1992–1994), Wilfried Martens (1994–1999) – als dessen Stellvertreter in diesen Jahren – und Joseph Daul (seit 2007), meinem Nachfolger in diesem

Amt. Besonders dankbar bin ich für die Jahre als Vorsitzender unserer Fraktion (13. Juli 1999–9. Januar 2007) und als Präsident des Europäischen Parlaments (16. Januar 2007–14. Juli 2009). Auf meinem Weg wurde ich engagiert unterstützt von den Generalsekretären der Fraktion, Klaus Welle (1999–2004) und Niels Pedersen (2004–2007). Klaus Welle leistete auch während meiner Präsidentschaft als Kabinettschef sehr wertvolle Arbeit und ist heute Generalsekretär des Europäischen Parlaments. Es gehört zu den besonders guten Erfahrungen meines politischen Lebens, dass Klaus Welle über viele Jahre an meiner Seite war. In der Beurteilung von politischen und personellen Fragen waren wir fast immer einer Meinung, was ich nicht nur als außergewöhnlich, sondern als einen Glücksfall empfunden habe.

Aufrichtig danken möchte ich meinen Söhnen Johannes und Benedict, die meinen politischen Weg immer verständnisvoll begleitet haben. Ihnen widme ich diese Erinnerungen.

Erster Teil: Prägungen und Maßstäbe

I. Jugendjahre

1945 war Europa ein Feld von Ruinen. Ein barbarischer Krieg hatte über 55 Millionen Menschenleben gefordert. Millionen und Abermillionen Menschen waren entwurzelt, Millionen auf der Flucht oder vertrieben, Eltern ohne Söhne, Frauen ohne Männer, Kinder ohne Väter. 1945 waren viele von Europas Städten verwüstet. Die Wirtschaft lag in Trümmern. Weltweit verbreitete der Name „Europa" Furcht und Schrecken. Über die Verantwortlichkeit für den Ausbruch des Zweiten Weltkrieges kann es keinen Zweifel geben: Das nationalsozialistische Unrechtsregime in Deutschland steigerte seinen Rassenwahn und Machtanspruch zu einem Inferno der Aggression gegen alle anderen Völker Europas. Der Holocaust an den Juden wurde sein schlimmstes Verbrechen. Der nationalsozialistische Totalitarismus führte den ganzen Kontinent ins Verderben. Am Ende wurde das deutsche Volk selbst zu einem seiner Opfer. Sieger gab es 1945 gleichwohl nur wenige. Eher gab es glückliche und unglückliche Überlebende, die einen im Westen, die anderen in der Mitte und im Osten Europas. Im Westen des Kontinents entstand, mit Weitsicht geleitet von amerikanischer Unterstützung, neues Leben in Freiheit, in Respekt vor der Menschenwürde, mit Demokratie und rechtlich gesicherter Marktwirtschaft. Winston Churchill zeichnete in seiner Züricher Rede 1946 die Vision der Vereinigten Staaten von Europa, wozu Großbritannien allerdings nicht gehören sollte. Nach 1945 entstand Europa von seinem atlantischen Westrand her neu. Erschöpft, aber im Glück des freien Neubeginns rückten die Völker des europäischen Westens zusammen. Eine der größten Persönlichkeiten, denen ich begegnen durfte, war Vernon Walters, von 1985 bis 1989 Botschafter der USA bei den Vereinten Nationen, von 1989 bis 1991 Botschafter in der Bundesrepublik Deutschland. 1990 war Walters Redner im Rahmen der „Osnabrücker Europagespräche" und Gast in meinem Haus in Bad Iburg. Er erzählte uns die mir unvergessliche Geschichte, dass er kurz nach Ende des Zweiten Weltkrieges in Berlin eine Familie im Keller besucht hatte, in welchem sie unterhalb ihres zerstörten Hauses gelebt hatte. Dort hatten Blumen auf dem Tisch gestanden. „Deutschland hat wieder eine Zukunft", hatte Vernon Walters in diesem Moment gedacht.

Von der Hoffnung auf einen Neubeginn waren 1945 auch die Völker der Mitte, des Ostens und Südostens Europas erfüllt. Als Menschen des gleichen, des uns allen gemeinsamen europäischen Kulturraumes hofften sie auf eine neue Lebenschance in Freiheit und Frieden. Sie mussten bitter erfahren, dass Frieden ohne Freiheit nur eine halbe Befreiung vom Joch des totalitären Unrechts war. Der sowjetische Machtanspruch brach ihre Hoffnungen nieder. 1945 war der nationalsozialistische Totalitarismus besiegt. Aber der stalinistische Totalitarismus führte Europa in die Spaltung hinein und überzog die Völker Mittel-, Ost- und Südosteuropas mit seinen Unrechtsregimen. Die Hoffnung aber blieb auch unter den unglücklichen Überlebenden des Zweiten Weltkrieges lebendig: die Hoffnung auf ein gemeinsames, geistig-moralisch und politisch erneuertes Europa mit der Perspektive des Wohlstands für alle seine Bürger. Bis sich diese Hoffnung verwirklichte, sollte es jedoch lange dauern.

1. Schulzeit

In diese Zeit wurde ich hineingeboren. Am 15. September 1945 erblickte ich in Bersenbrück in Niedersachsen das Licht der Welt. Mein Vater, Wilhelm Pöttering, galt zu diesem Zeitpunkt als vermisst. Weihnachten 1944 hatte er zum letzten Mal seine Familie besuchen dürfen und war im Januar 1945 wieder in den Krieg gezogen – als einfacher Soldat mit dem Dienstgrad eines Gefreiten. Schon bald wurde vermutet, dass er irgendwo im Osten Deutschlands, in der Nähe von Stettin in Pommern, das heute zu Polen gehört, umgekommen ist. Eine verbindliche Nachricht darüber hat es jedoch niemals gegeben, sodass mein Vater bis weit in die Fünfzigerjahre als vermisst galt, bis er schließlich amtlich für tot erklärt wurde. Ich habe meinen Vater also nie kennengelernt. Im Jahre 2011 habe ich in Polen, in der Nähe von Stettin, in der Gemeinde Stare Czarnowo (früher Neumark) einen Soldatenfriedhof besucht. Es ist möglich, dass mein Vater dort seine letzte Ruhestätte gefunden hat.

Als ich geboren wurde, war mein Elternhaus von polnischen Soldaten, die zur britischen Besatzungsmacht in Norddeutschland gehörten, besetzt. Meine Mutter, Agnes Sophie Pöttering, befand sich seit einigen Monaten zusammen mit meinem drei Jahre älteren Bruder Manfred bei guten Verwandten auf dem Bauernhof „Zur Lage" in Woltrup-Wehbergen, etwas mehr als zwei Kilometer von Bersenbrück entfernt. Maria zur Lage, eine Cousine meiner Mutter, hatte den beiden fürsorgliche Unterkunft gewährt. Als meine Geburt sich ankündigte, machte sich meine Mutter, begleitet von zwei Mitarbeitern des Hofes, auf den Weg zum Krankenhaus in Bersenbrück. Dabei musste sie an ihrem eigenen Haus vorbeigehen und sah dort polnische Soldaten mit ihren Frauen. Welche Gedanken und Gefühle mussten sie in diesen Stunden und Tagen begleitet haben: einem Kind das Leben zu schenken zu einem Zeitpunkt, als der Ehemann und Vater dieses Kindes seit Monaten vermisst und das eigene Haus von der Besatzungsmacht okkupiert war. Meine Mutter hat später immer wieder erklärt, wie schwer diese Zeit für sie gewesen wäre. Aber gleichwohl hatte sie sich davon nicht entmutigen lassen. Maria zur Lage wurde meine Taufpatin, und bis zu ihrem Tode bin ich ihr sowie auch heute ihrer Nichte Anni zur Lage, die den Hof erbte, und deren Familie immer in guter Verbindung verblieben.

Die Geschichte von Bersenbrück jener Tage ist aufgezeichnet worden und wurde von Bernhard Specker folgendermaßen beschrieben:

„Im Morgengrauen des 11. April 1945 rückten die englischen Truppen in Bersenbrück ein. [...] Der Tommy im Landratsamt. Ich habe sie im Keller in Empfang genommen mit den Worten: ‚No soldiers, only civilists', weil sie bei uns in dem großen Bau Soldaten vermuteten. Bersenbrück wird besetzt, ohne dass ein Schuss fällt. In wenigen Augenblikken ist alles voller Panzer und Tanks. Tommys durchsuchen den Keller, das Gewehr im Anschlag. Alles geht gut ab. Ich bleibe noch eine Zeitlang im Keller und gehe dann gegen 8 Uhr nach Hause. Zuhause wimmelt es von Tommys. Einer [...] begegnet mir im Hausflur, er ist beim Ausfegen. In der Küche und Stube wird schon fleißig gekocht. Panzer und Geschütze vor und neben dem Hause, im Garten werden Maschinengewehre aufgebaut. Für unsere Jungen [die Kinder des Berichterstatters] ist es ein Erlebnis. Allen ist ein Stein vom Herzen gefallen. Das Blutvergießen des Krieges, vor allem die Luftangriffe, sind für uns vorbei. Jeden Tag musste man damit rechnen, dass der Kram zusammenbricht. Nazityrannei ist für uns ein für alle Mal zu Ende."[1]

Die siegreichen britischen Truppen, die in Bersenbrück einmarschierten, wurden von Feldmarschall Montgomery angeführt. Über den 1. Mai 1945 schrieb Bernhard Specker in seinem Tagebuch:

„Der Rundfunk meldet den Tod Hitlers. Der Antichrist, der Mörder von Anbeginn ist tot. Dieser Verbrecher, der ganz Europa ins Unglück gebracht hat, endet durch Selbstmord. Die Welt darf aufatmen, vom Tyrannen befreit."[2]

Anfang Juni 1945 kam polnische Besatzung in den Landkreis Bersenbrück. In der Chronik der Stadt wurde dieses Ereignis so beschrieben:

„In Bersenbrück war Louis Stammel Bürgermeister geworden [eingesetzt durch die Engländer] in einer sehr schwierigen Zeit. Das Dorf war überfüllt mit Flüchtlingen, Evakuierten. Ab Herbst 1945 kamen ausgewiesene Bewohner ganzer Dörfer und Städte aus den jetzt polnisch, tschechisch und sowjetisch gewordenen deutschen Ostgebieten. Dazu kam die nach Kriegsende ohnehin fast zusammengebrochene Versorgung der Zivilbevölkerung mit Lebensmitteln und allen Dingen für das tägliche Leben. Alle Häuser waren überfüllt. Differenzen zwischen Einheimischen und den jetzt unterzubringenden notleidenden Personen ließen sich kaum vermeiden. Herr Stammel benötigte oft die Hilfe der Militärregierung, um diese Streitereien zu überbrücken. Dies spitzte sich noch zu, als Anfang Juni 1945 eine polnische Fallschirmjägerbrigade den Landkreis Bersenbrück besetzte und für die Unterbringung dieser Einheit mit all ihren Fahrzeugen und Dienststellen Häuser in den Orten des Landkreises beschlagnahmt wurden. In Bersenbrück wurde im Ortskern mehr als 50% der vorhandenen Bausubstanz beschlagnahmt.

Zu den Schwierigkeiten, die durch den Krieg und die Nachkriegszeit entstanden waren, kam jetzt noch als neues Problem die Unterbringung der verdrängten Bewohner der ehemals deutschen Ostgebiete und der Umgang mit dieser, der deutschen Bevölkerung bestimmt nicht wohlgesonnenen polnischen Truppe."[3]

Die „Quartiernahme" durch die polnischen Truppen wurde folgendermaßen dargestellt:

„Kaufmann Louis Stammel [...] hatte die undankbare Aufgabe, mit einem polnischen Quartiermeister durch den Ort zu fahren, und die Häuser, die den Anforderungen der Polen entsprachen, wurden beschlagnahmt. War eine Beschlagnahme erfolgt, so hatten die Bewohner innerhalb weniger Stunden ihr Haus zu verlassen. Sämtliches Mobiliar hatte man in der Wohnung zurückzulassen und durfte lediglich ganz persönliche Dinge wie Kleidung aus den Schränken holen und mitnehmen. Der Auszug wurde von zwei Polen streng überwacht. Selbst Gegenstände, mit denen ein Soldat nichts machen kann, mussten in der Wohnung verbleiben. So erlebte ich bei einer Räumung an der Bahnhofstraße, wie eine Mutter vergeblich sich bemühte, ihre Nähmaschine aus der Wohnung mitzunehmen. Zum Schluss der Räumung hatte man alle Zimmer zu putzen und frische Bettwäsche aufzuziehen."[4]

Die polnische Besatzung blieb zwei Jahre und verließ Anfang Juni 1947 Bersenbrück. Als meine Mutter mit ihren Söhnen wieder in das eigene Haus zurückkehren konnte, hat sie den Betrieb ihres Mannes wieder aufgebaut. Mein Vater war Textilkaufmann gewesen, das Geschäft war mit der Besatzung, wie meine Mutter es formulierte, „ausgeplündert" worden, sodass sie wieder völlig neu beginnen musste. Gelernt hatte sie, die Bauerntochter, dies nicht. Aber sie schaffte es, dass das Geschäft gut florierte, und hatte die Unterstützung der ländlichen Bevölkerung. Meine Mutter hatte nicht studiert, aber sie war eine außerordentlich lebenstüchtige, resolute Frau, die nun ihr Leben mit den beiden Halbwaisen meistern musste. Eine große staatliche Unterstützung gab es nicht, 52 D-Mark war der monatliche Ersatz, die „Kriegerrente". Damit konnte eine dreiköpfige Familie kaum leben, sodass das Geschäft unseren Lebensunterhalt sicherte. Not haben wir nicht gelitten, aber die finanziellen Verhältnisse konnte man doch als bescheiden bezeichnen. Unsere Mutter ermöglichte uns – so gut sie konnte – ein auskömmliches Leben und vor allem eine gute Ausbildung.

„Mit großem Gottvertrauen hat sie die schweren Kriegsjahre und den frühen Tod ihres lange vermissten, geliebten Mannes getragen. Wie unzählige Frauen ihrer Generation hat sie mit ihrem Leben ein Beispiel gegeben, das uns Mahnung und Verpflichtung bleiben wird",

würdigten mein Bruder und ich ihr Leben, das sie am 8. Oktober 2001 vollendete.

*

Von 1952 bis 1956 habe ich die Volksschule in Bersenbrück besucht. Diese lag nur etwa dreihundert Meter von meinem Elternhaus entfernt, sodass ich jeden Morgen zu Fuß dorthin gehen konnte.[5] Unser Klassenlehrer war Herbert Frysch, der wie Millionen anderer Deutsche das Schicksal der Vertreibung erlitten hatte. Er hat sich viel Mühe mit unserer Ausbildung und Erziehung gegeben. Wir haben bei ihm viel gelernt und sind ihm zu großem Dank verpflichtet. Auch in unserem Haus wurde für einige Jahre eine Vertriebenenfamilie untergebracht, sodass ich früh mit dem Schicksal der Deutschen vertraut wurde, die einen hohen Preis für Hitlers Angriffskrieg auf Polen zahlen mussten. Ich erinnere mich genau daran, wie die Mutter dieser vertriebenen Familie, Elisabeth Marszalkowski, sich einmal in unseren Garten setzte und eine Verwandte, die ebenfalls im Hause in der gleichen Etage wie die Vertriebenen lebte, zu meiner Mutter sagte: „Elisabeth Marszalkowski hält sich in unserem Garten auf." Darauf erwiderte meine Mutter: „Für Marszalkowski scheint die Sonne genauso wie für dich und mich." Durch so einfache, aber von großer Tiefe geprägte Äußerungen habe ich Verständnis für die Würde des Menschen erfahren und früh gelernt, alle Menschen auf gleiche Weise zu achten.

Die vier Jahre in der Volksschule in Bersenbrück waren eine unbeschwerte Zeit. Wir sind dort gut für die Aufnahmeprüfung am Gymnasium Carolinum in Osnabrück vorbereitet worden, die ich 1956 bestand. Das Gymnasium Carolinum, gegründet von Karl dem Großen um das Jahr 800, habe ich bis 1961 besucht und wechselte anschließend zum Artland-Gymnasium in Quakenbrück. In Osnabrück hätte ich mich in der 9. Klasse entweder für den Mathematikzweig oder für Griechisch entscheiden müssen, doch sagten mir beide Fächerkombinationen nicht besonders zu. Lieber hatte ich Englisch und Latein. In Quakenbrück konnte ich diese Sprachen weiter lernen, sodass ich einen guten Grund hatte, zum Artland-Gymnasium zu wechseln. Auch lag Quakenbrück von Bersenbrück mit 18 Kilometern nur halb so weit entfernt wie Osnabrück. Hierhin mussten wir morgens immer schon um 6:40 Uhr mit dem Zug aufbrechen, nach Quakenbrück erst um halb acht.

Etwa hundert Meter entfernt von der Volksschule in Bersenbrück stand die katholische Kirche St. Vincentius. Dort war ich für einige Jahre Messdiener. Im Jahre 1955 besuchte der erste Kanzler der Bundesrepublik, Konrad Adenauer, Moskau, um deutsche Kriegsgefangene nach Deutschland zurückzuholen. Er verhandelte mit der sowjetischen Führung, vertreten durch Ministerpräsident Nikolai Bulganin und den Ersten Sekretär der Kommunistischen Partei, Nikita Chruschtschow, und hatte tatsächlich Erfolg: 9.626 Soldaten konnten nach Deutschland zurückkehren.[6] Es war ein bewegendes Erlebnis, wie Ehefrauen und Mütter ihre Männer und Söhne wieder begrüßen konnten. Einer dieser Heimkehrer war mit einer Bersenbrückerin verheiratet. In St. Vincentius wurde mit einem „Te Deum", der höchsten Form katholischer Festlichkeit, für die Heimkehr gedankt. Bei diesem Gottesdienst war ich dabei und natürlich dachte ich an meinen Vater, von dem wir immer noch hofften, dass er zurückkommen würde. Aber er war nicht unter ihnen, und so schwand die Hoffnung mehr und mehr dahin. Ich habe in der Kirche bitterlich geweint.

*

Ein Ereignis aus meiner Schulzeit ist mir besonders präsent. Ich schildere es weniger als eine persönliche Erfahrung denn vielmehr zur Darstellung einer grundlegenden politischen Überzeugung: In den Fünfziger- und Sechzigerjahren war es in der Bundesrepublik Deutschland üblich, am Heiligen Abend brennende Kerzen in die Fenster zu stellen, um an unsere „Brüder und Schwestern" im kommunistischen Teil Deutschlands zu erinnern. Dies habe ich mit Zustimmung meiner Familie über viele Jahre so gemacht, da wir nach meiner Überzeugung niemals vergessen durften, dass in einem Teil Deutschlands Menschen lebten, denen Freiheit und Demokratie durch das kommunistische System vorenthalten wurden. Dieser Teil Deutschlands nannte sich „Deutsche Demokratische Republik" (DDR), ein Begriff, den ich so nicht akzeptieren konnte. Der unfreie Teil Deutschlands war abhängig von Moskau, also der Sowjetunion, und damit nicht deutsch. Dieser Staat war nicht demokratisch, sondern eine kommunistische Diktatur. Auch der für mich positive Begriff der Republik konnte meiner Meinung nach an dieser Stelle keine Anwendung finden. Deswegen wurde lange von der „sogenannten DDR" gesprochen und geschrieben, in den Zeitungen der Begriff „DDR" stets in Anführungsstriche gesetzt. Dies entsprach vollständig meinen Überzeugungen.

Am Heiligen Abend des Jahres 1964 hatte ich wieder Kerzen in ein Fenster gestellt. Wir freuten uns über das Licht des Tannenbaumes, über die Bescherung und überhaupt darüber, dass Weihnachten war. Plötzlich hörten wir, wie jemand laut gegen das Wohnzimmerfenster klopfte und rief: „Bei euch brennt es!" Wir liefen in das zur Straßenseite gelegene Zimmer und sahen, wie es dort lichterloh brannte. Mit vereinten Kräften – es waren auch noch Verwandte bei uns zu Besuch – konnten wir das Feuer löschen. Trotzdem hörten wir bald die Sirene der Feuerwehr und es dauerte nicht lange, bis ein Feuerwehrwagen vor unserer Tür stand. Er brauchte zwar nicht mehr einzugreifen, aber der Brand in unserem Hause war *das* Gespräch am Heiligen Abend in Bersenbrück. Tage später begegnete ich einem früheren Mitschüler und Freund aus der Volksschule, Thomas Endepols, der sich für einen Liberalen hielt und für den die „sogenannte DDR" schon lange DDR ohne Anführungsstriche war. Spöttisch machte er sich über meine „Kerzenaktion" lustig. Ich habe dies energisch zurückgewiesen, aber angenehm war mir die Sache natürlich nicht. Gleichwohl war es richtig, dass in unserer Familie und in Millionen anderer Familien in der Bundesrepublik durch den Kerzenschein am Heiligen Abend an unsere in Unfreiheit lebenden Landsleute im anderen Teil Deutschlands erinnert wurde. Ich denke bis heute, dass auch auf diese Weise ein emotionales Band zwischen den Menschen in beiden Teilen Deutschlands aufrechterhalten werden konnte.

Erst viel später las ich bei dem großen Schriftsteller Manès Sperber, der aus Galizien stammte, einen bestechenden Gedanken, der das ganze Drama der geteilten Welt und der Zerstörungen, die der Totalitarismus angerichtet hatte, auf den Punkt brachte:

„Glaubensdogmen, weltliche Erlösungshoffnungen und die sie begleitenden Erpressungen erzeugen die politische Paranoia der totalitären Bewegungen. Ihre Anhänger werden unempfindlich für vernünftige Argumente und taub für die unüberhörbare Sprache der Tatsachen. Das gilt besonders in einer zerrütteten Welt, in der es leichter ist, sich negativ als positiv zu orientieren und man eher damit rechnet, dass der Feind gefährlich und vernichtenswert ist, als dass der Freund ein verlässlicher Kampfgefährte bleiben wird."[7]

*

Neben der katholischen Kirche in Bersenbrück befanden sich die Gebäude eines ehemaligen Zisterzienserklosters – Zisterzienser gehören zum Orden des Heiligen Benedikt, dem Schutzpatron Europas. Das Kloster hatte bis 1787 bestanden. Hier in diesem Kloster, das im 20. Jahrhundert für viele Jahre eine Jugendherberge war, haben wir unter Leitung von Gerhard Köster, Studienrat am Artland-Gymnasium, im Jahre 1965, also ein Jahr vor meinem Abitur, den „Urfaust" von Johann Wolfgang von Goethe geprobt. Eines Tages kam Studienrat Köster auf mich zu und fragte, ob ich mir zutraute, den Faust zu spielen. Ich war über diese Frage völlig überrascht, denn ich hatte keine große schauspielerische Erfahrung. Zwar hatte ich im Vorjahr im „Zerbrochenen Krug" von Heinrich von Kleist eine kleine Rolle, die des Bauern „Veit Tümpel", gespielt, aber mit der des Fausts war das natürlich nicht zu vergleichen. Nach einigem Überlegen sagte ich zu; ich wollte es versuchen. Wenn ich mich heute daran erinnere, bin ich immer noch erstaunt, dass ich mir dies zugetraut hatte. Es war eine ziemliche Plackerei, den schwierigen Text auswendig zu lernen. Den Anfang des „Urfaust" mit dem langen Monolog habe ich immer im Ohr behalten:

„Nacht.
In einem hochgewölbten engen gothischen Zimmer, Faust unruhig auf seinem Sessel am Pulten.

Hab nun ach die Philosophey
Medizin und Juristerey,
Und leider auch die Theologie
Durchaus studirt mit heisser Müh
Da steh ich nun ich armer Tohr
Und bin so klug als wie zuvor.
Heisse Docktor und Professor gar,
Und ziehe schon an die zehen Jahr
Herauf herab und queer und krum

Meine Schüler an der Nas herum
Und seh daß wir nichts wissen können,
Das will mir schier das Herz verbrennen.
Zwar bin ich gescheuter als alle die Laffen,
Docktors, Professors, Schreiber und Pfaffen,
Mich plagen keine Skrupel noch Zweifel
Fürcht mich weder vor Höll noch Teufel.
Dafür ist mir auch all Freud entrissen
Bild mir nicht ein was rechts zu wissen
Bild mir nicht ein ich könnt was lehren
Die Menschen zu bessern und zu bekehren,
Auch hab ich weder Gut noch Geld
Noch Ehr und Herrlichkeit der Welt.
Es mögt kein Hund so länger leben
Drum hab ich mich der Magie ergeben
Ob mir durch Geistes Krafft und Mund
Nicht manch Geheimniß werde kund.
Daß ich nicht mehr mit saurem Schweis
Rede von dem was ich nicht weis.
Daß ich erkenne was die Welt
Im innersten zusammenhält
Schau alle Würkungskrafft und Saamen
Und thu nicht mehr in Worten kramen."[8]

Das kleine, mittlerweile in einzelne Seiten zerfallene Reclam-Heftchen habe ich bis heute aufgehoben. Im November und Dezember 1965 haben wir den „Urfaust" an mehreren Orten im Altkreis Bersenbrück aufgeführt. So fand die Premiere an unserem Gymnasium statt, also in Quakenbrück, im heutigen Landkreis Osnabrück. Darüber hinaus haben wir aber auch in Bersenbrück, Fürstenau, Menslage und Bramsche gespielt. Die Säle waren immer voll, was bedeutete, dass zu jeder Aufführung vierhundert bis fünfhundert Besucher kamen. Sogar das Fernsehen interessierte sich für uns, und so gab es eines Abends eine Berichterstattung in der ZDF-Sendung „drehscheibe". Noch heute denke ich mit Freude an diese gemeinsame Zeit mit meinen Mitschülerinnen und Mitschülern zurück. Annegret Klaphake aus Ankum spielte das Gretchen, Eberhard Haar aus Fürstenau den Mephisto, Rainer Bungenstock aus Gehrde den Wagner und Gabriele (Püppi) Kynast die Frau Marthe. Unsere bisherige Laienspielgruppe wurde in „Studiobühne" umbenannt. Aus der Sicht von heute kann ich sagen, dass die Rolle des Fausts für mich nicht nur eine große schauspielerische Herausforderung war, sondern wegen der erstmaligen wirklichen Begegnung mit der Öffentlichkeit eine gute Vorbereitung für ein späteres öffentliches Leben in der Politik. Die Proben in der Bersenbrücker Jugendherberge, dem früheren Kloster, verlangten Disziplin, Fleiß und Selbstkontrolle. Aber das Spielen des Fausts war nicht nur eine Verstandesaufgabe, sondern es war nicht zuletzt wegen der Dialoge mit Gretchen eine zutiefst emotionale Erfahrung. Die Premiere vom Sonntag, dem 21. November 1965, bekam im *Bersenbrücker Kreisblatt* am darauffolgenden Tag eine außerordentlich positive Kritik:

„Wir dürfen feststellen, dass die Studiobühne mit diesem Spiel ihre bisher reifste Leistung brachte, und eine Steigerung der darstellerischen Qualitäten scheint uns angesichts der außerordentlich guten Bewältigung der hohen Anforderungen, die zweifellos gestellt wurden, in diesem Rahmen nicht mehr möglich",

schrieb unsere Heimatzeitung.[9] Gretchen und Mephisto bekamen besonders positive Bewertungen. Und auch ich konnte sehr zufrieden sein. Über Faust wurde geschrieben, dass er

„erstaunlich zu variieren versteht. Er hat sich, und dies versteht auch der unbefangene Zuschauer, auch verstandesmäßig mit der Rolle auseinandergesetzt und beherrscht Leidenschaft, Resignation, Verzweiflung. Höhepunkte der Aufführung sind die Zwiegespräche zwischen Faust und Mephistopheles, eindrucksvolle Beweise des weit über laienhafte Darstellungen herausragenden Formates der beiden Spieler."

Mehr konnte man nicht erwarten. Die Premiere hatte noch einen kleinen Schönheitsfehler. Nach der Aufführung begaben sich die Hauptdarsteller zunächst einzeln und dann in Gruppen, schließlich zusammen mit allen Mitspielerinnen und Mitspielern vor den Vorhang, um den Beifall der Zuschauer entgegenzunehmen. Mephisto, Gretchen und Frau Marthe waren Schüler eines Klassenlehrers, der veranlasst hatte, dass diese drei mit einem großen Blumenstrauß bedacht werden sollten – was ihnen gegenüber durchaus eine nette Geste war. Ich gehörte nicht zu seinen Schülern und so erhielt ich auch keinen Blumenstrauß. Mein Klassenlehrer hatte, was ich ihm nicht vorwerfe, nicht daran gedacht. Oft wurde ich darauf angesprochen, dass dieses Verhalten doch sehr ungerecht gewesen wäre. Ich hatte das nicht als so schwerwiegend empfunden, aber es war mir doch eine Lehre, Nichtbeachtung oder falsche Beurteilungen von Menschen zu vermeiden. Für mein späteres Leben in der Politik sollte dies eine wichtige Erfahrung sein, denn wenn man Lob ausspricht, soll immer bedacht werden, dass dieses Lob gegenüber allen ausgesprochen wird, denen es zusteht. Man darf sich dabei nicht von persönlichen Sympathien oder Antipathien den Menschen gegenüber leiten lassen. Das Bemühen um Fairness ist nicht nur gerecht, sondern auch notwendig. Später sollte ich lernen, dass Fairness nicht mit Naivität verwechselt werden darf.

Auch dies war wichtig: Nach einer Aufführung kritisierte mich unser Studioleiter Gerhard Köster sehr massiv. Er war mit meiner Darstellung in einem bestimmten Teil des „Urfaust" nicht zufrieden. Diese Kritik musste ich ertragen und er hatte Recht. Ich war zu locker mit der Situation umgegangen, war schon zu sehr an das Spielen gewöhnt, hatte zu viel Routine entwickelt: Ich hatte vor der Aufführung überhaupt kein Lampenfieber mehr. Die Kritik lehrte mich, dass man eine Sache nicht zu leicht nehmen darf und dass Lampenfieber die Konzentration und das Bemühen stärkt. Bei wichtigen Reden war ich Zeit meines Lebens – bis heute – nicht frei von Anspannung und das ist, glaube ich, etwas Gutes.

*

Volksschule, Kirche und Kloster in Bersenbrück waren drei Orte, die nicht mehr als hundert Meter voneinander entfernt lagen und die für meinen Start ins Leben eine große Bedeutung hatten. Hieran habe ich mich sehr dankbar erinnert, als die Stadt Bersenbrück mir am 30. Mai 2009 in dem umgebauten Gebäude der Volksschule die Ehrenbürgerwürde verlieh. Bürgermeister Harald Kräuter und Samtgemeindebürgermeister Michael Lübbersmann nahmen die Ehrung vor, die Laudatio hielt Reinhard von Schorlemer, ein langjähriger politischer Wegbegleiter. Mehrere hundert Bersenbrücker waren anwesend, und es war eine beeindruckende Feier. Für mich ist die Ehrenbürgerschaft meiner Geburtsstadt Bersenbrück die schönste Auszeichnung, die ich in meinem Leben erfahren durfte. Ebenso Ehrenbürger von Bersenbrück ist mein Freund Walter Sandbrink, früherer langjähriger Bürgermeister meiner Geburtsstadt. Diese Ehre wurde auch einem weiteren Freund, dem langjährigen Samtgemeindebürgermeister von Bersenbrück, Hans Markus, zuteil, der nicht mehr unter uns ist. Auch an ihn erinnere ich mich in Dankbarkeit, ebenso an Bernd Zur-Lienen, der ebenfalls viele Jahre lang Bürgermeister von Bersenbrück und Vorgänger von Walter Sandbrink gewesen ist.

Zu den Auszeichnungen, die ich in meinem langen politischen Leben bekommen durfte, gehören auch ganz außergewöhnliche und daher besonders schöne. So verlieh mir die Gemeinde San Lorenzo in Spanien, zu der das von Phillipp II. erbaute Kloster El Escorial gehört, den Titel „Visitante Ilustre". Viele Male habe ich San Lorenzo auf Einladung meines Freundes Pablo Larrea Villacian, dem *delegado* (Direktor) von El Escorial, besucht.

*

Schon früh traten politische Ereignisse in mein Leben. 1956 marschierten die Warschauer-Pakt-Staaten in Ungarn ein, um die friedliche Revolution, das Aufbegehren der Ungarn für Freiheit und Demokratie, niederzuwerfen. Der totalitäre Kommunismus der Sowjetunion zeigte sich in seiner schlimmsten Form. Solches sollte sich später noch wiederholen, so 1968 beim „Prager Frühling" in der Tschechoslowakei. Bereits 1953 war der Aufstand in der „DDR" niedergeschlagen worden, woran der 17. Juni als bundesdeutscher Nationalfeiertag uns lange erinnert hat. Während des Ungarn-Aufstandes 1956 sagte unser damaliger Klassenlehrer Alfons Luers am Gymnasium Carolinum, er empfähle uns, in diesem Jahr nicht zum Jahrmarkt zu gehen und fröhlich zu sein, sondern stattdessen an die Ungarn zu denken, die für ihre Freiheit kämpften. Ich bin seinem Rat gefolgt. Als ich viele Jahre später in den Neunzigerjahren und nach der Jahrhundertwende Ungarn besuchte, habe ich in meinen Reden gelegentlich auf diese frühe Erfahrung hingewiesen – nicht ganz ohne Stolz, wie ich gerne zugebe.

*

Meine Schulzeit war eine Zeit der Höhen und Tiefen. Das Gymnasium zu besuchen, war für mich immer ein großes Ziel gewesen, jedoch hatte ich insbesondere in den ersten Jahren Schwierigkeiten mit der Rechtschreibung gehabt. In der siebten Klasse, dem dritten Gymnasialjahr, noch am Gymnasium Carolinum in Osnabrück, bekam ich schließlich eine Fünf in Deutsch. Da ich in den anderen Fächern keinen Ausgleich hatte, musste ich die siebte Klasse wiederholen. Danach besserten sich meine Kenntnisse und auch meine Noten allgemein, sodass ich beim Abitur im Jahr 1966 am Artland-Gymnasium in Quakenbrück wegen guter Leistungen von der mündlichen Prüfung befreit wurde. Zusammen mit meiner Mitschülerin Ellen Radke erhielt ich den Konsul-Penseler-Preis – nach einem früheren Schüler benannt –, mit welchem jeweils die besten Schüler eines Jahrgangs ausgezeichnet wurden. Über diese Erfahrungen habe ich immer freimütig, auch in öffentlichen Reden, berichtet. Einmal hielt ich bei einer Jubiläumsfeier eines Gymnasiums die Festrede. Unter Hinweis auf die Fünf in Deutsch bemerkte ich gegenüber den Schülerinnen und Schülern: „Ich hoffe, dass ich mich heute in meiner Muttersprache gut verständlich machen kann." Aufgrund meiner persönlichen Erfahrungen während meiner Schulzeit gab ich den Kindern und Jugendlichen außerdem den Rat, niemals aufzugeben. Mit solchen Schilderungen wollte ich vor allem diejenigen ermutigen, die die gleichen Schwierigkeiten hatten wie ich zu Beginn meiner Gymnasialzeit.

*

Für die Abitur-Entlassungsfeier am 5. März 1966 wurde mir von der Schulleitung im Rahmen einer Abschlussrede die Chance gegeben, mich zu einem Thema meiner Wahl zu äußern. Für mich selbst gab ich dieser Rede den Titel „Der Mensch in der Entscheidung unserer heutigen Welt". Themen meiner Ansprache waren das christliche Menschenbild, die Ablehnung jeder Form von Totalitarismus sowie unsere Verantwortung in der Welt. Da der Inhalt dieses Vortrages viele meiner Grundsätze, die mich auch später durch mein Leben begleitet haben, zum Ausdruck bringt und damit auch – alles in allem – die Kontinuität meines Denkens und Handelns widerspiegelt, möchte ich ihn im Wortlaut wiedergeben:

> „Wenn wir uns alle die gegenwärtige geschichtliche Situation der Menschheit vor Augen führen, so ergeben sich Perspektiven, die zu erahnen vor einhundert Jahren niemand gewagt hätte. Die technischen, naturwissenschaftlichen Leistungen und Errungenschaften

des 19. wie des gegenwärtigen 20. Jahrhunderts haben es möglich gemacht, dass unser Planet zu einem verkehrstechnischen Ganzen zusammengeschmolzen ist. In wenigen Stunden vermögen uns riesige Düsenjäger von Tokio nach Frankfurt, von Leningrad nach Sydney und von San Francisco nach Léopoldville zu fliegen. Die Weltgeschichte als eine einzige Geschichte hat begonnen. Gewaltige Chancen, aber auch nicht abmessbare Gefahren zeigen sich. Hieraus resultiert, dass sich heute die großen konkreten Probleme im planetarischen Maßstab stellen.

Der Widerhall des Geschehens an gewissen neuralgischen Punkten der scheinbar peripheren Gebiete unsere Erde kann nur noch von denen bestritten werden, die absichtlich blind sein wollen. Jeder Einzelne muss sich Rechenschaft darüber ablegen, dass sein persönliches Leben von Grund auf über den Haufen geworfen werden kann, und zwar infolge von Ereignissen, die sich in einem Teil der Welt abspielen, auf den er noch nie den Fuß gesetzt hat, und von dem er sich vielleicht nur das unklarste Bild macht. In diesem Zusammenhang gewinnt zum Beispiel das Geschehen im Dschungel Vietnams auch für uns eine bedrohliche Aktualität. Es gibt auf unserer Erde kein Draußen mehr. Die Probleme Afrikas und Asiens werden zu Problemen Amerikas und auch Europas. Die Macht der Technik wandelt vor unseren Augen das Verhältnis der Völker, Klassen und Rassen, macht die Erde klein, spannt alle Bewohner des Planeten in ein Netz der gegenseitigen Schicksalsabhängigkeit, macht Isolation unmöglich, erzwingt Rücksichtsnahme angesichts des Aufeinander-angewiesen-Seins.

Wir sagten, dass diese Entwicklung ableitbar ist aus dem Greifen der Menschen nach den Elementen der Natur. Dem Menschen ist es weitgehend gelungen, Herr zu werden der Natur, Macht zu bekommen über die Schöpfung. Das bedeutet unabsehbare Möglichkeiten des Bauens und Ordnens, aber auch des Zerstörens. Wir stehen heute vor dem großen Fragezeichen, ob es dem Menschen gelingen wird, seine Macht in die richtigen Bahnen zu lenken, ob es ihm gelingen wird, seiner Macht mächtig zu werden. Romano Guardini hat das einmal so ausgedrückt: ‚Entweder gelingt es dem Menschen, das Herrschaftswerk richtig zu machen, und dann wird es gewaltig – oder aber alles geht zu Ende.'[10]

In diesem Zusammenhang ist es von größter, ja ausschlaggebender Wichtigkeit, welches Bild sich der Mensch von sich selbst macht, welchen Wert und welche Bedeutung er sich selbst und seinen Mitmenschen zuerkennt. Nie in der langen Geschichte unserer Erde und Menschheit ist die Frage nach dem Menschenbild in Bezug auf die Anwendung der dem Menschen gegebenen Macht von größerer Bedeutung gewesen als gerade jetzt. Denn derjenige, der über Macht verfügt, sei die nun technischer oder politischer Art, wird seinem Handeln einen Plan und ein Konzept zugrunde legen müssen. Welcher Zielsetzung der Mensch seine großartigen Fähigkeiten verschreibt, hängt davon ab, wie die Gesinnung ist, die diese Fähigkeiten regiert und der Zweck, zu dem sie gebraucht werden.

Die Lösung, die beispielsweise der Kommunismus anstrebt, ist für uns nicht akzeptabel. Er setzt seine Macht ein, einer zum Dogma entarteten Ideologie willen. Er glaubt, das Heilsrezept für Glück und Wohl der Menschheit gefunden zu haben. Es wird ein absoluter Wahrheitsanspruch erhoben, der mit der Entwürdigung und Vergewaltigung des Menschen erkauft wird. Die Methode eines solchen Denkens besteht darin, eine andere Gesinnung als die eigene nicht nur nicht zu tolerieren, sondern mit allen zur Verfügung stehenden Mitteln zu bekämpfen. Eine ähnliche Gesinnung finden wir in allen totalitären Regimen. Wir brauchen uns nur der letzten dreißig Jahre der deutschen Geschichte erinnern, um zu erkennen, wohin solche Anschauungen führen. Karl Jaspers sagte einmal: ‚Was aus dem Menschen werden kann, ist heute fast plötzlich durch eine ungeheure Realität sichtbar geworden, die wie ein Symbol alles Äußersten vor Augen steht: die nationalsozialistischen Konzentrationslager mit ihren Foltern, an deren Ende die Gaskammern und Vernichtungsöfen für Millionen Menschen standen.' So weit Karl Jaspers.

Wenn wir uns an diese Geschehen erinnern und wissen, dass Ähnliches unter anderen Bedingungen erneut zur Wirklichkeit werden könnte, dann bemächtigt sich unser eine Unruhe, die uns nicht verlässt. Unsere Chance ist es, sich immer solcher Möglichkeiten bewusst zu sein, vergessen dürfen wir sie nicht. Jean Paul sagte einmal: ‚Mut besteht nicht darin, dass man die Gefahr blind übersieht, sondern dass man sie sehend überwindet.'

So soll auch der Christ erschreckt und fasziniert von der aufgehenden Zukunft innerweltlicher Aufgaben stehen, zur Tat und zur Kritik aufgerufen. Denn die Bewältigung der innerweltlichen Situation ist eine auch eigentlich christliche Aufgabe und man muss manchmal vielleicht bedauernd feststellen, dass die Christen der Gegenwart sich zu wenig mit der Programmatik der innerweltlichen Zukunft beschäftigen, als ob diese keine Probleme böte oder den Nichtchristen überlassen werden dürfte.

Wir waren ausgegangen von der planetarischen, vereinheitlichten Weltgeschichte, die wir heute nicht mehr leugnen können. Um dieser Entwicklung einen positiven Sinngehalt zuzuordnen, ist es wichtig, dass diese Entwicklung eine Ergänzung findet im gegenseitigen Verstehen der Menschen untereinander. Das bedeutet, dass wir ein uneingeschränktes Ja sagen zum Mitmenschen, sei er nun weißer, gelber oder schwarzer Hautfarbe. Gerade wir als junge Menschen haben heute die Möglichkeit, einen Dialog zu beginnen über die Grenzen der Länder hinweg. Die wie auch immer gearteten Anschauungen unserer Gesprächspartner sollen uns nicht davon abhalten, diesen Dialog vorurteilsfrei aufzunehmen. Gerade der Christ darf dieses Gespräch freudig und mit offenem Herzen führen, weiß er doch, dass jeder Mensch – gleich welcher Weltanschauung und Hautfarbe – einen ihm von seinem Schöpfer zugewiesenen Auftrag zu erfüllen hat, und zwar als eine in ihrer Eigenständigkeit unaufhebbare, in ihrer Würde unverdrängbare und in ihrer Verantwortung unvertretbare Person."

In meinem späteren politischen Leben habe ich versucht, mich, so gut ich es konnte, von diesen Grundsätzen leiten zu lassen. Die Achtung der Würde jedes Menschen muss Kern des politischen Handelns sein. Dies ist nach meiner Erfahrung nicht eine abstrakte Überzeugung, sondern bei ganz praktischen politischen Entscheidungen ein immer wieder Orientierung gebender Maßstab.

Meine Erlebnisse während der Schulzeit haben mich auch später in meinem persönlichen und politischen Leben gelehrt, dass das menschliche Leben von einem Auf und Ab begleitet wird, das uns rät, sich bei „Höhenflügen" nicht von Euphorie mitreißen zu lassen und bei „Tiefschlägen", schwierigen Situationen, niemals die Hoffnung aufzugeben.

*

In Bersenbrück habe ich mich immer sehr wohl gefühlt. Mit meinen Mitschülerinnen und Mitschülern habe ich auch heute noch Kontakt. Zweimal haben sie mich im Europäischen Parlament in Straßburg, einmal in Brüssel besucht. Die Bersenbrücker sind bodenständig, aufrichtig und freundlich. So bleibt mir Bersenbrück eine vertraute Umgebung. Gleichzeitig aber weitete ich damals meinen Blick nach außen. Im Alter von vierzehn Jahren bin ich das erste Mal in ein anderes Land gereist: nach Großbritannien. Es war nicht ganz einfach gewesen, diesen vierwöchigen Besuch bei einer englischen Familie in Birkenhead bei Liverpool – die Gastgeberin, die einen britischen Soldaten geheiratet hatte, kam aus Bersenbrück – zu finanzieren. Mehrere Jahre lang hatte ich vor der katholischen Kirche sonntags eine Kirchenzeitung verkauft und den Erlös von etwa drei bis vier D-Mark gespart. Von diesem Geld habe ich diese erste Auslandsreise finanziert, die mich über Hoek van Holland nach Dover, dann nach London und schließlich nach Birkenhead führte. Der Aufenthalt dort war für die Verbesserung meiner Englischkenntnisse eine große Hilfe. 1964 habe ich dann noch einmal fünf Wochen in Birkenhead verbracht. Diese Besuche haben früh meine Gedanken und mein Leben über Bersenbrück hinausgetragen. Heimat, Deutschland und Europa – in meiner Schulzeit lernte ich, dass dies zusammengehört und jeder Lebenskreis für sich allein einem zu engen Denken entspricht.

2. Leidenschaft für die Politik – Erfahrungen in der Bundeswehr

Von besonderer Bedeutung für mein Leben sollte eine Fahrt nach Berlin (West) im Februar 1962 werden. Am 13. August 1961 hatte das Ulbricht-Regime in der damaligen DDR durch den Bau der Mauer Berlin in zwei Teile zerrissen. Der westliche Teil Berlins war mit einer Mauer umgeben worden, damit die Menschen nicht mehr aus dem östlichen, unfreien Teil Berlins in den freien Teil der Stadt flüchten konnten. Unmittelbar am Reichstag schauten wir auf die Mauer, auf die befestigten Anlagen, auf die mit Maschinengewehren ausgestatteten Volkspolizisten, die ich um ihre Aufgabe, die Grenze undurchlässig zu machen, nicht beneidete. Im Angesicht des, wie ich es verstand, großen Gefängnisses auf der anderen Seite der Mauer fasste ich den Entschluss, mich politisch zu engagieren. Der Sitz des Regierenden Bürgermeisters von Berlin war damals das Schöneberger Rathaus. Im Saal 111, bei dem es sich, wie ich viel später durch Eberhard Diepgen erfuhr, über viele Jahre hinweg um den Fraktionssaal der CDU handelte, habe ich es gewagt, erstmals in mir nicht vertrautem Kreis zu diskutieren. Ich war sehr aufgeregt und fürchtete, man könnte mein klopfendes Herz hören. In meinem Diskussionsbeitrag setzte ich mich für die Freiheit Berlins und die Überwindung der Teilung dieser Stadt wie auch Deutschlands ein. Es wäre immer schon meine Überzeugung gewesen, dass der Kommunismus, ebenso wie der Nationalsozialismus, der Natur der Menschen widerspräche und dass man etwas tun müsste, damit das totalitäre System des Kommunismus sich nicht weiter ausbreitete. So bin ich dann der Jungen Union (JU), der Jugendorganisation der CDU, beigetreten und begann dort mein politisches Engagement. Einige Jahre später gehörte ich dem Kreisvorstand der Jungen Union des Landkreises Bersenbrück an, wo mir die Aufgabe des Bildungsreferenten übertragen wurde. Kreisvorsitzender war damals Reinhard von Schorlemer, ein vielversprechender junger Politiker.

*

1976 stand die Mauer bereits 15 Jahre. Die Junge Union Deutschlands mit ihrem Vorsitzenden Matthias Wissmann, dem späteren Bundestagsabgeordneten und erfolgreichen Bundesminister, wollte zum 13. August 1976 einen Sternmarsch mit Bussen aus dem ganzen Bundesgebiet nach Berlin (West) durchführen. Etwa vierzig bis fünfzig Busse voll mit Menschen, so war es die Absicht, sollten den freien Teil Berlins erreichen, um dort gegen die Mauer zu demonstrieren. Doch nur zwei Busse wurden von den DDR-Grenzwächtern durchgelassen. Einer davon war der unsrige, für den ich als Kreisvorsitzender der Jungen Union im Landkreis Osnabrück (seit 1974) verantwortlich war. Der Grund, warum unser Bus in Helmstedt-Marienborn nicht zurückgewiesen wurde, bestand darin, dass kurz vorher eine amerikanische Journalistin zugestiegen war und wir auch einen Schüler aus Großbritannien mit an Bord hatten. Wir mussten lange am Grenzübergang warten, aber schließlich konnten wir ihn passieren und haben sicher Berlin (West) erreicht. Großbritannien und die USA waren, zusammen mit Frankreich und der Sowjetunion, Signatarstaaten des Viermächteabkommens, welches den Zugang nach Berlin (West) sicherte. Die DDR-Behörden wagten es offensichtlich nicht, unseren Bus zurückzuweisen, weil sie Komplikationen mit den USA und Großbritannien befürchteten. In Berlin (West) angekommen, gab ich mein erstes Fernsehinterview. Das Erlebnis dieser Reise machte mir erneut klar, wie wichtig die USA, Großbritannien und Frankreich, die sogenannten Westmächte, für die Freiheit des westlichen Teils von Berlin waren.

*

Für mich war es selbstverständlich, dass ich nach dem Abitur 1966 meinen Wehr-dienst leistete. Die Dienstzeit betrug damals 18 Monate. Ich entschied mich jedoch für einen freiwilligen Dienst von zwei Jahren, weil Ausbildung und Entlohnung auf diese Weise besser waren. So schaffte ich es schließlich zum Reserveleutnant. Aus militärischer Sicht betrachtet war ich kein guter Soldat, weil ich Schwierigkeiten mit der Orientierung im Gelände hatte. Aufgrund meines politischen Interesses fiel ich meinen Vorgesetzten jedoch auf und musste häufig die „politische Information" der Truppe, wie man es nannte, übernehmen. Der Slogan der NATO: „Wachsamkeit ist der Preis der Freiheit" entsprach ganz meinen Überzeugungen. Und wachsam sein musste man meiner Meinung nach auch gegenüber internen Vorgängen bei der Bun-deswehr.

Nach bestandener Fähnrichsprüfung in Hammelburg, Unterfranken, wurde ich nach Munster-Lager versetzt, wo ich, obwohl noch im Dienstgrad des Fahnenjunkers, sogenannter Hörsaal-Fähnrich wurde. Dies bedeutete, dass ich Vorgesetzter von Ka-meraden war, die sich im Fahnenjunker-Lehrgang befanden. Eines Abends ereignete sich Folgendes: In einer Gaststätte in Munster benahm sich offensichtlich ein Soldat durch Lautstärke und ungebührliches Verhalten daneben. Am Nachbartisch saß ein Offizier, der sich aber als solcher nicht zu erkennen gab und erst am nächsten Tag gegenüber dem Vorgesetzten des Soldaten Meldung über dessen Fehlverhalten erstat-tete. Dies führte dazu, dass die Vorgesetzten befahlen, dass der gesamte „Hörsaal", also alle Soldaten, die zu diesem Ausbildungsjahrgang gehörten, am folgenden Tag einen Marsch von etwa zwanzig Kilometer Länge machen sollten. Angeordnet worden war dieser Befehl durch einen Oberstleutnant und seinen Vertreter, einen Major. Leiter dieses Strafmarsches sollte ein Hauptmann sein. Zwar war mein Name auf dem Befehl nicht vermerkt, trotzdem hielt ich die ganze Sache für eine schreiende Ungerechtig-keit. Zum einen handelte es sich nach meiner Einschätzung um eine ungerechtfertigte Kollektivstrafe als Antwort auf ein Fehlverhalten oder vermeintliches Fehlverhalten eines Kameraden. Unverständnis hatte ich zum anderen auch für das Verhalten des Offiziers, der am Vorabend das Betragen des Soldaten beobachtet, diesen aber nicht unmittelbar zur Rechenschaft gezogen hatte, um ihn zu verwarnen. Am Tag danach einen Bericht abzugeben entsprach nach meinen Vorstellungen, wie ich es damals ausdrückte, den Methoden der Tscheka, also der bolschewistischen Geheimpolizei aus den Zeiten des russischen Bürgerkrieges. Das war natürlich übertrieben, aber so dachte ich in meinem jugendlichen Überschwang. Da meine Teilnahme an dem Marsch of-fensichtlich nicht vorgesehen war, sah ich auch keine Veranlassung, mich entsprechend mit Marschbekleidung darauf vorzubereiten. So bewegte ich mich an dem Abend des Marsches in meiner Ausgehuniform. Von besagtem Major zur Rechenschaft gezogen, warum ich nicht Marschuniform trüge, antwortete ich, dies wäre auf dem Befehl nicht vorgesehen und im Übrigen wäre die ganze Sache eine unakzeptable Ungerechtigkeit. Meine Worte und mein jugendliches Gerechtigkeitsempfinden mussten auf meinen

Vorgesetzten, den Major, eine gewisse Wirkung gehabt haben, denn zu meiner eigenen Überraschung wurde mir nicht befohlen, an dem Marsch teilzunehmen.

Für mich war aber die Sache damit noch nicht erledigt. Kollektivstrafen hatte ich schon in der Schule gehasst. Am Gymnasium Carolinum, damals eine reine Jungenschule, war unsere gesamte Klasse, wenn ein Schüler wegen Fehlverhaltens ins Klassenbuch eingetragen worden war, von unserem Klassenlehrer damit bestraft worden, dass alle Mitschüler eine ganze Woche lang jeden Tag eine Seite aus dem Lesebuch abschreiben mussten. Dafür hatte ich schon damals keinerlei Verständnis gehabt. So war es auch jetzt. Die gesamte Angelegenheit mit der Kollektivstrafe und dem allen Kameraden auferlegten Marsch wollte ich nicht auf sich beruhen lassen. So machte ich eine Eingabe beim Wehrbeauftragten des Deutschen Bundestages. Natürlich habe ich meinen Vorgesetzten dieses nicht vorenthalten und ihnen meine Sicht der Dinge sowie die Gründe geschildert, warum ich diese Angelegenheit an den Wehrbeauftragten herantrug. Zur Ehrenrettung meiner Vorgesetzten muss ich hinzufügen, dass ich dadurch keine Nachteile erfahren habe. Dieser Oberstleutnant, vor dem ich ansonsten hohen Respekt hatte und der bis in die Mitte der Fünfzigerjahre in sowjetischer Kriegsgefangenschaft in Sibirien gewesen und erst durch die Anstrengungen Konrad Adenauers bei dessen Besuch in Moskau 1955 freigekommen war, hat mir später sogar vorgeschlagen, ein von der Bundeswehr finanziertes Studium aufzunehmen, um dann als Offizier für einen längeren Zeitraum als Berufs- oder Zeitsoldat zu dienen.

Munster-Lager war nicht mein ursprünglicher Standort. Mein Heimatstandort war das Panzergrenadierbataillon 332 in Fürstenau im damaligen Landkreis Bersenbrück. Nach Munster-Lager war ich abkommandiert worden. Zu meiner eigenen Rückversicherung bat ich den Bataillonskommandeur in Fürstenau um ein Gespräch, um ihn über die Vorkommnisse in Munster-Lager und meine Reaktion darauf zu informieren. Er lud mich in seine Privatwohnung ein und bei einem Cognac besprachen wir die Angelegenheit. Ich bat ihn, mich nach Fürstenau zurückzuholen, falls die Situation in Munster-Lager für mich unerträglich werden würde. Dies sicherte er mir zu. Aber, wie bereits erwähnt, blieben meine Befürchtungen unbegründet. Diese Begebenheit schildere ich, um mein Verständnis von Freiheit und persönlicher Verantwortung zum Ausdruck zu bringen.

Natürlich hat eine Gemeinschaft auch die Aufgabe, sich gegenseitig zu korrigieren, zu ermutigen, zu tadeln – aber verantwortlich ist jeder Mensch für sein eigenes Verhalten selbst. Kollektivstrafen widersprechen meinem Freiheitsverständnis und auch meiner Auffassung von persönlicher Verantwortung. Die Verbrechen Hitlers und seines Regimes waren auch nicht die Verbrechen des ganzen deutschen Volkes. Insoweit habe ich immer eine Kollektivschuld aller Deutschen für das Terrorregime des Nationalsozialismus abgelehnt. Eine ganz andere Frage ist, dass Deutschland eine besondere Verantwortung für die verbrecherischen und verhängnisvollen Jahre des Nationalsozialismus trägt.

3. Studium und erste politische Gehversuche

Nach dem zweijährigen Wehrdienst freute ich mich auf das Studium, um mich der Wissenschaft zu widmen und meinen Wissensdurst zu befriedigen. Ich begann 1968 das Studium an der Rheinischen Friedrich-Wilhelms-Universität in Bonn. Meine Studienfächer waren Politische Wissenschaften und Geschichte. Im ersten Semester begegnete ich im Seminar für Politische Wissenschaften am Bonner Hofgarten Michaela von und zu Guttenberg, Tochter des Karl Theodor von und zu Guttenberg, dem Parlamentarischen Staatssekretär im Kanzleramt bei Bundeskanzler Kurt Georg Kiesinger. Michaela studierte Politische Wissenschaften, Geschichte und Theologie. Wir besuchten gemeinsam Lehrveranstaltungen, und sie empfahl mir, doch neben Politischen Wissenschaften auch das Studium der Rechtswissenschaften zu beginnen. Die Argumente, die sie vorbrachte, waren für mich überzeugend, sodass ich es gerade noch schaffte, mich vier Wochen vor Ende des ersten Semesters in die entsprechenden Arbeitsgemeinschaften im Bonner Juridicum einzuschreiben. So wurde mir auch dieses erste Semester für das Jurastudium anerkannt.

In meinem ersten Studienjahr bin ich häufiger von den zu Guttenbergs in die Zitelmannstraße 12 in Bonn eingeladen worden und habe dort diesen bedeutenden, beeindruckenden Politiker Karl Theodor von und zu Guttenberg, der viel zu früh im Oktober 1972 verstorben ist, kennengelernt. Am 27. Mai 1970 hat er eine großartige, vielbeachtete Rede – er war schon von einer schweren Krankheit gezeichnet – im Deutschen Bundestag gehalten. Mit Leidenschaft sprach er sich gegen die Anerkennung der DDR aus, weil für ihn der kommunistische deutsche Unrechtsstaat die Freiheit leugnete und deswegen nicht anerkannt werden sollte. Seine vertraute Mitarbeiterin war Christina Neunzig, die später die engste Mitarbeiterin von Bundespräsident Karl Carstens werden sollte. Christina Neunzig begegnete ich im Hause zu Guttenberg in der Zitelmannstraße 12 in Bonn und bin ihr auch heute noch freundschaftlich verbunden.

Viele Jahre später, im Dezember 2008, lernte ich den Enkel von Karl Theodor von und zu Guttenberg kennen, der (fast) den gleichen Namen trägt: Karl-Theodor von und zu Guttenberg, zu dem Zeitpunkt Generalsekretär der CSU. Wie saßen nebeneinander am „Ehrentisch" der CDU-Bundesvorsitzenden und Bundeskanzlerin Angela Merkel auf dem CDU-Parteitag in Stuttgart. Ich erzählte ihm, dass ich im März 2009 als Präsident des Europäischen Parlaments einen offiziellen Besuch in Berlin plante und es meine Absicht wäre, zu Ehren des Widerstandskämpfers Claus Schenk Graf von Stauffenberg – er hatte am 20. Juli 1944 das Attentat auf Hitler verübt – an der Stelle seiner Ermordung im Bendlerblock einen Kranz niederzulegen. Der Bendlerblock gehört heute zum Bundesverteidigungsministerium. Karl-Theodor von und zu Guttenberg erklärte, er wäre gerne dabei. Im Februar 2009 trat der von mir geschätzte Michael Glos als Wirtschaftsminister in der Regierung von Bundeskanzlerin Angela Merkel zurück. Sein Nachfolger wurde Karl-Theodor von und zu Guttenberg. Am

Tag der Kranzniederlegung hielt er Wort, was ich besonders zu schätzen wusste, da er erst in den Morgenstunden desselben Tages von einer Reise in die USA zurückgekehrt war. Pünktlich war er zur Stelle, um an der Ehrung von Claus Schenk Graf von Stauffenberg teilzunehmen. Zusammen mit dem Hausherrn, Verteidigungsminister Franz Josef Jung, einem langjährigen Freund, zollten wir dem mutigen Regimegegner im Bendlerblock Anerkennung. Viele Gedanken über die deutsche Vergangenheit gingen mir dabei durch den Kopf. Die Widerstandskämpfer haben die Ehre Deutschlands gegen das verbrecherische Regime des Nationalsozialismus verteidigt. Wir müssen ihnen immer dafür dankbar sein. Gleichwohl wird die Geschichte Deutschlands auch in Zukunft mit den Verbrechen des Nationalsozialismus verbunden bleiben. Dieses traurige Kapitel deutscher Geschichte muss uns immer Mahnung sein, dass unser Land zu jeder Zeit für Frieden, Freiheit und Versöhnung in Europa und der Welt eintritt.

*

An der Universität Bonn engagierte ich mich im Ring Christlich-Demokratischer Studenten (RCDS) und kandidierte 1969 für das Studentenparlament, in das ich auch gewählt wurde. Zum Wintersemester 1969/70 wechselte ich an die Universität Genf. In Genf, ebenso wie in Lausanne, war es möglich, den „kleinen" beziehungsweise den „großen bürgerlichen Rechtsschein" zu erwerben. Obwohl an der Universität Genf eingeschrieben, musste ich für den „großen bürgerlichen Rechtsschein" einmal in der Woche zur Universität Lausanne fahren, um dort an der jeweiligen Übung teilzunehmen. Gleichzeitig besuchte ich das am Genfer See gelegene Institut Universitaire de Hautes Études Internationales, wo ich unter anderem bei dem indischen Professor Harish Kapur ein Seminar über „China's foreign policy in the cultural revolution" besuchte. Nebenan lag das Institute d'Études Européennes, an dem der kluge Historiker Denis de Rougement arbeitete. Noch heute besitze ich sein Buch „Die Schweiz, Modell Europas", das er mir mit einer persönlichen Widmung überreichte. In seinem Werk bezeichnete er den Schweizerischen Bund als Vorbild für eine Europäische Föderation. Die dort 1965 niedergelegten Sätze sind bis heute bemerkenswert:

„In der kleinen Gruppe der stabilsten Staaten hat die Schweiz nun aber eine Sonderstellung. Sie besitzt keinen der klassischen Faktoren einer natürlichen Einheit oder eines nationalen Zusammenhalts, sei es eine Monarchie, eine einzige Sprache, einen einzelnen Volksstamm, eine vorherrschende Religion oder auch eine gewisse geografische Isolierung. Im Gegenteil, sie pflegt ja mit einer geradezu eifersüchtigen Hingabe all das, was die alten Nationen des Kontinents zu eliminieren versucht haben, weil sie darin einen Grund der Spaltung sahen: die Autonomie der Mitgliedstaaten, die absolute Religionsfreiheit, die Privilegien der Minderheiten und alle kulturellen, sozialen, wirtschaftlichen, politischen, verwaltungstechnischen und sogar gesetzgeberischen Verschiedenheiten, die man sich nur vorstellen kann. [...] Wir stehen vor einem Experiment, das für Europa von großem Interesse ist. Denn Europa wird entweder versuchen, sich föderalistisch zu vereinigen, oder es wird nicht vereint werden. Nicht, dass ich den Föderalismus für ein Universalmittel hielte, das überall und immer helfen könnte. Aber er ist einfach die einzige denkbar möglich erscheinende Form eines Zusammenschlusses für einen Kontinent, der aus so verschiedenen Nationen besteht, die verschieden bleiben wollen."[11]

Die Studienzeit in Genf war eine unbeschwerte, wunderbare Zeit. Da mein „bürgerlicher Rechtsschein" bereits vor Weihnachten „stand", konnte ich die Zeit nach Weihnachten zum Skilaufen in den benachbarten Alpen nutzen.

*

Im Sommersemester 1970 wurde ich zum Vorsitzenden des RCDS an der Universität Bonn gewählt. Damals war der Vorsitzende „Mädchen für alles". Er musste die Flugblätter entwerfen, er musste sie drucken und er musste sie verteilen. Wir waren nur eine kleine Gemeinschaft. Bundesvorsitzender war Gerd Langguth, der sich und unsere Überzeugungen wacker gegen die Linke – immer mit einem roten Schal bekleidet – verteidigte. Im März 1971 fand in Oldenburg die Bundesdelegiertenversammlung des RCDS statt. Gerd Langguth wollte, dass ich sein Stellvertreter würde. Ich hatte aber zwei gute Gründe, dies abzulehnen. Gerd Langguth war dafür bekannt, dass er im Verschleiß politischer Freunde besonders ergiebig war. So lautete meine Antwort: „Erstens möchte ich mein Studium in angemessener Zeit zum Abschluss bringen und zweitens möchte ich dein Freund bleiben. Deswegen kann ich nicht dein Stellvertreter werden."

Es war eine richtige Entscheidung. So bin ich Gerd Langguth, der auch innerhalb der CDU und als geschäftsführender Vorsitzender der Konrad-Adenauer-Stiftung (1993–1997) eine durchaus streitbare Persönlichkeit war, stets freundschaftlich verbunden geblieben. Innerlich bewegt durfte ich bei seiner Trauerfeier sprechen, die am 18. Mai 2013 in der evangelischen Kirche von Oberkassel bei Bonn stattfand – an genau dem Tag, an dem Gerd Langguth seinen 67. Geburtstag hätte feiern können. Eine tückische Krankheit hatte diesen aufrechten, vielfältig engagierten Mann besiegt. Mit seiner Witwe und vielen Weggefährten trauerte ich um den Freund.

Am 17. März 1971, am Tage des Beginns des Bundesdelegiertentages des RCDS in Oldenburg, empfing der sowjetische Botschafter in Bonn, Valentin Falin, eine fünfköpfige Delegation der Jungen Union Deutschlands unter Leitung des Bundesvorsitzenden Jürgen Echternach. Dabei sprach Falin erneut von der „selbstständigen politischen Einheit West-Berlin".[12] Darüber hinaus bestritt er die Rechte der Westmächte auf einen freien Zugang nach Berlin und erklärte die Bundespräsenz in Berlin für illegal. Bei der Begegnung mit Falin in Bonn war ich zwar nicht dabei, aber entschieden dafür, dass der Delegiertentag des RCDS hierzu eine klare und eindeutige Erklärung abgeben sollte. Auch wenn es über den Diskussionsverlauf in Oldenburg kein Protokoll gibt, erinnere ich mich doch daran, dass ich zusammen mit Thomas

Löwenthal, Sohn von Gerhard Löwenthal, des Moderators der Sendung ZDF-*Magazin*, und anderen für eine eindeutige Stellungnahme eingetreten bin, die die Thesen des sowjetischen Botschafters zurückwies.

In unserer RCDS-Entschließung wurde festgestellt, dass mit den Äußerungen Falins die Sowjetunion zu einer Politik zurückkehrte, die dem Berlin-Ultimatum Chruschtschows vom 27. November 1958 entspräche. Mit der Unterzeichnung des Moskauer Vertrages vom 12. August 1970 sollte, so stellte der RCDS in seiner Entschließung fest, eine befriedigende Berlin-Regelung erleichtert werden. Tatsache wäre jedoch, dass die kommunistischen Pressionen auf Berlin zugenommen hätten. Veranstaltungen der Parteien würden mit der teilweisen Blockade auf den Zugangswegen nach Berlin beantwortet werden. Die „Sicherung des freien Berlin" müsste das Ergebnis der angestrebten Verhandlungen sein. Der RCDS unterstützte alle diejenigen, die als „unverzichtbare Elemente" einer vertraglichen Berlin-Regelung insbesondere ansähen:

1. Beibehaltung der Vier-Mächte-Verantwortung für Berlin; Garantie der Bindung Berlins an die Bundesrepublik Deutschland in politischer, rechtlicher und wirtschaftlicher Hinsicht;
2. Garantie des freien Zugangs von und nach Berlin; der freie Zugang liegt in der Verantwortung der Vier Mächte;
3. Erleichterung der menschlichen Kommunikation in der geteilten Stadt und Ausbau der Kontaktmöglichkeiten im kulturellen und wirtschaftlichen Bereich sowie eine Gleichstellung von West-Berlinern und Bundesbürgern.[13]

Darüber hinaus forderte der RCDS die Bundesregierung auf, sich mit Entschiedenheit der These von der „selbstständigen politischen Einheit West-Berlin" zu widersetzen. Das Eingehen auf diese Forderungen müsste die Freiheit und Sicherheit Berlins für die Zukunft tödlich bedrohen. Aufgabe der Bundesregierung wäre es, so endete die Entschließung, in enger Kooperation mit den westlichen Verbündeten ein Maximum an Sicherheit für Berlin zu erreichen. Ohne Sicherheit für Berlin könnte es keine Sicherheit für Europa geben.[14] Die Resolution wurde am 20. März 1971 als Antrag 402 mit 28 Ja-Stimmen, 5 Nein-Stimmen und 4 Enthaltungen angenommen.[15]

Das freie Berlin war eine Insel in der kommunistischen Welt. Viele hielten es für „unrealistisch", den freien Teil Berlins zu sichern. Wären die Bundesrepublik Deutschland und die Westmächte bereit gewesen, den Status von Berlin zu beeinträchtigen, so wäre es der Beginn der Aufgabe des Anspruches gewesen, das deutsche Volk in Freiheit zu einen. Hier ist der Satz berechtigt: „Wäret den Anfängen." Der glaubwürdige Anspruch auf die Einheit des deutschen Volkes in Freiheit wäre in sich zusammengebrochen, wenn Abstriche bei dem freien Status von Berlin gemacht worden wären. Meine Partei, die CDU, hat mit Recht immer dieser Versuchung widerstanden. Hierzu einen kleinen Beitrag als Student beim RCDS – bei dem ich nur 1971 an einer

Bundesdelegiertentagung teilnahm – geleistet zu haben, erfüllt mich heute, nachdem wir die Einheit unseres Volkes in Freiheit erreicht haben, mit Genugtuung.

Auf dem Rückweg vom Bundesdelegiertentag in Oldenburg nach Bonn machte ich mit einigen Freunden Station in meinem Elternhaus in Bersenbrück. Wir wurden von meiner Mutter gut bewirtet. Mit dabei war Peter Hintze, späterer Generalsekretär der CDU unter dem CDU-Bundesvorsitzenden und Bundeskanzler Helmut Kohl sowie Parlamentarischer Staatssekretär in der Regierung von Bundeskanzlerin Angela Merkel. Mit Peter Hintze hat mich immer eine gute und freundschaftliche Zusammenarbeit verbunden – auch in seiner Aufgabe als stellvertretender Vorsitzender der Europäischen Volkspartei unter Vorsitz von Wilfried Martens.

*

Den Sommer 1971 verbrachte ich in den USA. Acht Wochen Studium in der Butler Library der Columbia University in New York, wo ich Akten und Bücher für mein Promotionsthema im Fach Politikwissenschaften las: „Die verteidigungspolitische Konzeption der Bundesrepublik von 1955–1963 unter besonderer Berücksichtigung der Militärstrategie der USA". Professor Dr. Hans-Adolf Jacobsen hatte mir in Bonn dieses Promotionsthema gegeben. Im Kern handelte es sich um Fragen deutscher Außen-, Sicherheits- und Verteidigungspolitik in der Zeit Konrad Adenauers. Später ist diese Arbeit als Buch mit dem Titel „Adenauers Sicherheitspolitik 1955–1963. Ein Beitrag zum deutsch-amerikanischen Verhältnis." veröffentlicht worden. Nach einiger Zeit entdeckte ich, dass viele der Dokumente und Unterlagen, die ich in der Butler-Library studierte, auch in Deutschland verfügbar gewesen wären. Allerdings war ich dankbar, dass ich zu dieser Erkenntnis nicht schon vor Antritt meiner Reise gekommen war, denn ich hätte in diesem Fall sicher ein schlechtes Gewissen gehabt, das Forschungsstipendium, welches mir den USA-Aufenthalt ermöglichte, in Anspruch zu nehmen.

Meinen Besuch in den USA nutzte ich für eine Reise durch das Land der unbegrenzten Möglichkeiten – was heute wohl nicht mehr so zutrifft – bis Alaska. Das Flugticket, mit dem ich einen Monat lang innerhalb der USA beliebig oft fliegen durfte, kostete gerade einmal 150 Dollar – ein unvorstellbar günstiger Preis. Der Sinn dieses Tickets bestand darin, dass man die Reise häufig unterbrechen sollte, um dann vor Ort Geld auszugeben. Demnach konnten nur kleine Fluggesellschaften, die jeweils überschaubare Regionen der USA abdeckten, genutzt werden. Für mich war es wunderbar, so die USA kennenzulernen – zu für mich erschwinglichen Kosten. Es war eine faszinierende Reise. Sie führte mich von New York nach Washington, Atlanta und Athens (Georgia), San Antonio (Texas), Santa Fé (New Mexiko), Las Vegas (Nevada), San Francisco (Kalifornien), Seattle (Washington State), Anchorage, Fairbanks, Mount McKinley National Park, Nome und Kotzebue an der Beringstraße (Alaska), Salt Lake City (Utah) und zurück nach New York. Bis heute habe ich die USA immer wieder gerne besucht.

Zwei Erlebnisse dieser wunderbaren Reise möchte ich schildern. In Atlanta besuchte ich das Grab des großen schwarzen Freiheitskämpfers Martin Luther King. Es war sehr schlicht. Eine einfache Umrandung kennzeichnete die Fläche der Grabstätte, und eine große Grabplatte berichtete über seine Lebensdaten. In der Nähe spielten einige Jungen Fußball. Stets habe ich Martin Luther King bewundert. Dieser hatte ursprünglich – genau wie sein Vater, ein Baptistenprediger – den Namen Michael King getragen. Zu Ehren des deutschen Reformators Martin Luther hatte der Vater für sich und seinen Sohn dessen Namen übernommen – auch um seinem tiefen religiösen Empfinden Ausdruck zu verleihen. Die großartige Rede von Martin Luther King vor dem Lincoln Memorial in Washington am 28. August 1963 „I have a dream" hatte mich als junger Mensch tief beeindruckt. Friedlich hatte Martin Luther King für die Rechte der Schwarzen gekämpft, denen die gleiche Würde zustand wie allen Menschen. Er hatte es mit dem Leben bezahlt und war am 4. April 1968 ermordet worden. Sein Tod hatte damals die USA und die Welt erschüttert. Ohne Martin Luther King wäre der lange Kampf der schwarzen Bevölkerung um Freiheit und Gleichberechtigung in den USA, aber auch in Afrika, nicht so erfolgreich gewesen.

In Afrika hatten mich immer die Präsidenten Leopold Senghor (Senegal) und Julius Nyerere (Tansania) und natürlich später der große Nelson Mandela (Südafrika) beeindruckt. Der Vater von Martin Luther King war der verantwortliche Geistliche an der Baptisten-Kirche Bethesda Church gewesen. Natürlich wollte ich Atlanta nicht wieder verlassen, ohne diese Kirche besucht zu haben. Es war Sonntag, und so konnte ich an einem Gottesdienst teilnehmen. Es sollte ein unvergessliches Erlebnis werden. Die spirituelle und auch physische Ausdruckskraft der Gesänge und Gebete der schwarzen Gläubigen werden mir immer im Gedächtnis bleiben. Die Freude, mit der die Frauen, Männer und Kinder durch Herz, Verstand und Bewegungen des Körpers Gott anriefen und priesen, war für mich wie das Eintauchen in eine andere Welt. Welche Kraft müssen die Vorfahren dieser Menschen in den Zeiten der Sklaverei und der Unterdrückung aus ihrem tiefen Glauben geschöpft haben! Im Erlebnis des Gottesdienstes in der Bethesda Church verbanden sich bei mir bewundernde Begeisterung mit tiefer Achtung und großer Demut vor diesen Menschen.

Nach dem Gottesdienst, noch in der Bethesda Church, durfte ich ein weiteres faszinierendes Erlebnis erfahren: eine Begegnung mit Martin Luther King, dem Vater, und Coretta Scott-King, der Witwe von Martin Luther King. Beide waren nicht groß von Gestalt, beeindruckten mich aber tief durch ihre Persönlichkeiten. In einem kurzen Gespräch konnte ich meine Bewunderung für den ermordeten Freiheitshelden ausdrücken und spürte die ganze Aufmerksamkeit, die Coretta Scott-King und ihr Schwiegervater den Kirchenbesuchern und so auch mir zuwandten. Durch den Gottesdienst in der Bethesda Church und die Begegnung mit der Witwe und dem Vater des Freiheitshelden Martin Luther King fühlte ich mich reich beschenkt.

Eine weitere unvergessliche Begegnung möchte ich schildern. Während meines Studienaufenthaltes in den USA habe ich verschiedene politische Persönlichkeiten, besonders in Washington und New York, zu Gesprächen aufgesucht, um diese zu meinem Promotionsthema, den deutsch-amerikanischen Beziehungen in der Amtszeit von Bundeskanzler Konrad Adenauer, zu befragen. So schrieb ich auch einen Brief an Dean Rusk, Außenminister von 1961 bis 1969 unter den Präsidenten John F. Kennedy und Lyndon B. Johnson. Nach seinem Ausscheiden aus dem Amt des *state secretary* hatte Dean Rusk Politik und Internationale Beziehungen an der University of Athens (Georgia) gelehrt, ein paar Autostunden von Atlanta entfernt. Ich wagte kaum zu hoffen, dass er mir auf meinen Brief antworten würde. Waren doch nach meiner Erfahrung vergleichbare deutsche Politiker sehr zurückhaltend, Studenten zu empfangen. Zu meiner großen, dankbaren Überraschung antwortete Dean Rusk mir und erklärte seine Bereitschaft, mich willkommen zu heißen. Meine Freude war groß. So fuhr ich mit dem Bus von Atlanta nach Athens, um Dean Rusk, der nahezu ein ganzes Jahrzehnt die Außenpolitik der Vereinigten Staaten mitgestaltet hatte, in seinem Büro auf dem parkähnlichen Gelände der University of Athens aufzusuchen. Natürlich war ich ein wenig nervös, aber die Anspannung löste sich schnell, als Dean Rusk mich freundlich in seinem Büro begrüßte, das mit seinen vielen Büchern einen persönlichen Eindruck auf mich machte. Zwei Stunden lang durfte ich dieser bedeutenden Persönlichkeit Fragen stellen und auch ein wenig mit ihm über die deutsch-amerikanischen und europäisch-amerikanischen Beziehungen diskutieren. Die wichtigste Botschaft von Dean Rusk, der länger als jeder seiner Vorgänger, Nachfolger und Nachfolgerinnen Außenminister der Vereinigten Staaten gewesen war, lautete, dass er sich nachdrücklich für die Einigung Europas einsetzte. Dean Rusk schilderte mir sehr glaubwürdig, dass die USA einen starken Partner in der Welt bräuchten. Dieser starke Partner könnte das vereinigte Europa sein. Bei Krisen und Herausforderungen in der Welt wären immer die USA gefordert und zum Handeln oftmals gezwungen. Wäre eine Aktion nicht erfolgreich, würden die USA dafür gescholten; würden sie nicht handeln, würden sie ebenfalls dafür kritisiert. Notwendig wäre eine vernünftige Lastenteilung. Er schilderte mir einen konkreten Fall aus den Sechzigerjahren. Europäische Missionare im Kongo waren von Rebellen verschleppt und gefangen gehalten worden. Es wäre die Aufgabe der Europäer gewesen, sie zu befreien. Die Europäer jedoch waren dazu nicht in der Lage gewesen. Also hatten wieder einmal die USA handeln müssen. Ich habe vergessen, wie die mir von Dean Rusk geschilderte Befreiung der europäischen Missionare ausgegangen war. Aber er hatte Recht: Würde die Sache schiefgehen, würden die USA dafür kritisiert; die Befreiung hingegen ihnen kaum gedankt. Ohne Zweifel ist Kritik an der Politik der USA immer wieder – bis in unsere Tage – berechtigt. Aber das Problem ist nicht, dass die USA zu stark sind, sondern dass die Europäer – wir, die heutige Europäische Union – bei den Fragen gemeinsamer Außen-, Sicherheits- und Verteidigungspolitik zu schwach sind. Die USA und die Europäische Union teilen – alles in allem – gleiche Werte. Eine bessere Lastenteilung zwischen beiden Teilen des Atlantiks bleibt die Herausforderung für das 21. Jahrhundert.

Dean Rusk gab mir Grüße an seinen früheren Amtskollegen, den deutschen Außenminister Gerhard Schröder (von 1961 bis 1966 Bundesminister des Auswärtigen und von 1966 bis 1969 Bundesminister der Verteidigung) mit auf den Weg. Im Anschluss an meine Rückkehr nach Bonn empfing mich Gerhard Schröder, zu dem Zeitpunkt Vorsitzender des Auswärtigen Ausschusses des Deutschen Bundestages, in seinem Büro. So konnte ich auch noch diesen bedeutenden CDU-Politiker kennenlernen, der zu seinen Lebzeiten der am längsten dienende Bundesminister gewesen war, denn von 1953 bis 1961 hatte Gerhard Schröder bereits das Amt des Innenministers bekleidet. Später sollte er nur von Hans-Dietrich Genscher in der Amtsdauer als Bundesminister übertroffen werden. Hans-Dietrich Genscher war Bundesinnenminister von 1969 bis 1974, danach bis 1992 Bundesaußenminister und Vizekanzler der Bundesrepublik Deutschland. Die Begegnungen mit Dean Rusk und Gerhard Schröder haben mich später als Abgeordneter motiviert, wann immer es mir möglich war, den Wünschen von Studenten für Begegnungen zu entsprechen.

*

Das Studium der Politischen Wissenschaften machte mir das Studium der Rechtswissenschaften erträglich. Am 13. Januar 1973 bestand ich an der Universität Bonn mein Erstes Juristisches Staatsexamen mit „voll befriedigend". Danach ließ ich mich ein Jahr beurlauben, um konzentriert meine Doktorarbeit zu schreiben. Am 30. April 1974 fand das Rigorosum statt. Rückblickend klappte alles sehr gut. Von meiner mündlichen Prüfung im Rigorosum sind mir drei Begebenheiten besonders in Erinnerung geblieben. Die Prüfung bei meinem Doktorvater Hans-Adolf Jacobsen, die eine Stunde dauerte, war offen und unkompliziert. Wir unterhielten uns unter anderem über die Ost-Politik der SPD/FDP-Regierung. Darin ging es auch um die sogenannten Feindstaatenklauseln der UN-Charta, die Artikel 53 und 107. Diese beinhalteten, dass „Maßnahmen gegen einen Feindstaat" – dazu wurde Deutschland gerechnet – ergriffen werden konnten, um „neue Angriffe eines solchen Staates zu verhüten" (Art. 53) und die UN-Charta dieses „weder außer Kraft setzt noch untersagt" (Art. 107). Professor Jacobsen war der Meinung, dass diese beiden Artikel, wie die Bundesregierung den Anschein erweckte, rechtlich keine Bedeutung mehr hätten. Ich war anderer Meinung. Diese Artikel waren durch die verschiedenen Verträge, insbesondere mit der Sowjetunion, für Deutschland lediglich „überlagert"; ihre rechtliche Existenz bestand jedoch weiter. Ich zögerte nicht, in der Prüfung meine Ansicht so darzustellen. Professor Jacobsen akzeptierte dies, ich hatte von der Darstellung meiner Meinung keinen Nachteil und bekam von ihm die Note „magna cum laude". Als er viele Jahre später bei meinem 60. Geburtstag unter meinen Gästen in Bad Iburg weilte, bat er darum, eine kurze Rede halten zu dürfen. Darin bemerkte er, ich wäre sein einziger Doktorand gewesen, der es gewagt hätte, ihm im Rigorosum zu widersprechen. Hans-Adolf Jacobsen und seiner Frau Dorothea bin ich auch heute noch sehr verbunden.

In meinen beiden Nebenfächern wurde ich in Mittelalterlicher und Neuerer Geschichte einerseits sowie im Staatsrecht andererseits geprüft. Die Prüfung im Staatsrecht ging ziemlich daneben. Professor Karl Josef Partsch fragte mich nach der Gründung Baden-Württembergs beziehungsweise seiner Landesteile nach dem Zweiten Weltkrieg. Davon hatte ich keinerlei Ahnung. Das Ergebnis dieser Prüfung war ein „rite", was bedeutet, dass man diese Prüfung gerade noch bestanden hatte. Besser lief es bei dem Historiker Professor Eugen Ewig. Mit ihm hatte ich zwei Prüfungsthemen vereinbart: „Die Goldene Bulle von 1356", eine Art Grundgesetz für das Heilige Römische Reich Deutscher Nation, und die Verhandlungen auf dem Wiener Kongress (1814/15). Da ich mich auf die beiden Themen gut vorbereitet hatte, konnte ich alle Fragen von Professor Ewig beantworten. Am Ende der Prüfung sagte er zu mir: „Sie haben mein Vertrauen in die Politikwissenschaftler wiederhergestellt." Darauf antwortete ich diesem sympathischen alten Herrn: „Herr Professor Ewig, eigentlich bin ich aber Jurist." Wir haben beide sehr darüber gelacht. Insgesamt konnte ich trotz des „rite" im Staatsrecht meine Doktorprüfung mit „magna cum laude" abschließen.

*

Eine Überraschung gab es im Juni 1974. Ich hielt mich gerade in Bersenbrück auf und fuhr in einem Bus mit Freunden der Jungen Union zur Kreismitgliederversammlung nach Rulle bei Wallenhorst. Auf der Fahrt dorthin fragte mich Hubert Schwertmann, ob ich nicht JU-Kreisvorsitzender werden wollte. Natürlich dachte ich überhaupt nicht daran – ich wollte lediglich als Mitglied der Jungen Union an den Wahlen des Kreisvorstandes teilnehmen. Posten strebte ich nicht an – ohne Vorbereitung empfiehlt sich das auch nicht. Zur Überraschung aller erklärte in der Kreismitgliederversammlung der Kreisvorsitzende Edmund Tesch, der seit zwei Jahren in diesem Amt war, den anwesenden jungen Leuten seinen Rücktritt. Einige Freundinnen und Freunde baten mich, was für mich völlig unerwartet war, als Kreisvorsitzender zu kandidieren. Schließlich erklärte ich mich dazu bereit. Als Edmund Tesch, mit dem ich heute gut befreundet bin, davon Kenntnis erhielt, hat er wieder kandidiert. Im ersten Wahlgang hatten wir mit je 32 Stimmen Stimmgleichheit. Für mich war klar, dass ich mich für einen zweiten Wahlgang zur Verfügung stellen würde. Edmund Tesch wurde gefragt, ob auch er erneut kandidierte. Der anwesende Kreisvorsitzende der CDU, Reinhard von Schorlemer, machte eine Kopfbewegung, die klar zum Ausdruck brachte, dass er eine neue Kandidatur von Edmund Tesch empfahl. Dies war für mich ein willkommenes Signal, und ich argumentierte in meiner Begründung für die erneute Kandidatur, dass der Kreisvorsitzende der CDU doch wohl nicht entscheiden könnte, wer Kreisvorsitzender der Jungen Union werden würde. Im zweiten Wahlgang siegte ich mit zwei Stimmen Vorsprung vor Edmund Tesch. So kam ich zu einem Amt, das ich weder angestrebt, noch für das ich mich stark gemacht hatte. Ich wurde so zum Kreisvorsitzenden der Jungen Union in eine Aufgabe gewählt, in der mir viele Jahre später mein Sohn Benedict nachfolgte. Benedict hat im Übrigen mit seiner siebenjährigen Amtszeit (2002–2009) diese Aufgabe am längsten von allen bisherigen Kreisvorsitzenden der Jungen Union im Landkreis Osnabrück wahrgenommen. Die zwei Jahre als Kreisvorsitzender der Jungen Union im Landkreis Osnabrück (1974–1976) waren für mich eine sehr lehrreiche Zeit. In einer Kreismitgliederversammlung 1975 beschlossen wir auf meine Initiative eine Resolution zugunsten des portugiesischen Sozialistenführers Mário Soares, der sich mutig gegen die Kommunisten in seinem Lande gewehrt hatte. Später sollte Mário Soares – der in seinem Land Ministerpräsident und Staatspräsident wurde – im Europäischen Parlament mein Kollege werden. Wir werden ihm später wieder begegnen.

Die Aufgabe des JU-Kreisvorsitzenden im Landkreis Osnabrück ermöglichte mir 1976 die Wahl in den Landesvorstand der Jungen Union Niedersachsen. Dies sollte für meinen weiteren politischen Lebensweg von großer Bedeutung werden. Mit einem guten Ergebnis bei der Beisitzerwahl ausgestattet, bat ich darum, mir die Aufgabe des europapolitischen Sprechers zu übertragen. Ich hatte die ersten Wahlen zum Europäischen Parlament fest im Blick und mich innerlich schon darauf eingestellt, dafür zu kandidieren. Natürlich durfte ich noch nicht darüber sprechen. 1976 sah es so aus, als wenn diese Wahlen 1978 stattfinden könnten; schließlich war dies aber erst 1979 der Fall.

*

Aber nicht alles verlief bis dahin glatt. Im Jahre 1974 waren Landtagswahlen in Niedersachsen. Parteifreunde in Bersenbrück und darüber hinaus forderten mich auf, für den Landtag zu kandidieren. Eigentlich war dies für mich weder ein Ziel, noch lag es in meinen politischen Absichten. Aber einen Probelauf, so meinte ich, könnte ich doch einmal unternehmen, es könnte nicht schaden. Die Wahl wurde von 23 Wahlfrauen und -männern entschieden. Um gewählt zu werden, brauchte man die absolute Mehrheit, also 12 Stimmen. Mitbewerber waren der Kreisvorsitzende Reinhard von Schorlemer aus Fürstenau und der ehemalige niedersächsische Wirtschafts- und Verkehrsminister Karl Möller aus Quakenbrück. Im ersten Wahlgang entfielen auf mich 10 Stimmen, auf Reinhard von Schorlemer 8 und auf Karl Möller 7, der damit ausschied. Im zweiten Wahlgang gewann Reinhard von Schorlemer mit 15 zu 8 Stimmen. Diese Niederlage war zwar durchaus ein Erfolg, weil ich mir zu Beginn der Abstimmungen überhaupt keine Chancen ausgerechnet hatte. Es letztendlich aber dennoch nicht geschafft zu haben, war dann doch eine große Enttäuschung, ja bitter. Auf lange Sicht habe ich von dieser Niederlage aber profitiert. Ich wäre niemals Abgeordneter des Europäischen Parlaments geworden, wie es dann schon wenige Jahre später der Fall sein sollte, hätte ich diese Nominierung gewonnen und wäre, wie es dann bei Reinhard von Schorlemer geschah, in den Niedersächsischen Landtag gewählt worden. So wirkte sich diese politische Niederlage im Ergebnis schließlich für mein politisches Leben und meine persönliche Zukunft positiv aus.

Eine weitere Niederlage, die sich am Ende ebenfalls positiv auswirkte, habe ich 1977 erlebt. Fritz Brickwedde, später Generalsekretär der Deutschen Bundesstiftung Umwelt in Osnabrück, war Beisitzer im Bundesvorstand der Jungen Union. Er wollte, dass ich sein Nachfolger würde. Der Bundesvorstand, dem später meine Söhne Johannes und Benedict nacheinander als stellvertretende Bundesvorsitzende angehören sollten, war für mich aus damaliger Sicht eine unerreichbare Ebene. Aber gleichwohl erklärte ich mich zur Kandidatur bereit und wurde ins Rennen geschickt. Aus Braunschweig aber bekam ich Konkurrenz von Bernd Huck, dem früheren Landesvorsitzenden der Jungen Union Niedersachsen. Im Niedersachsenrat wurde abgestimmt. Erster Wahlgang: Bernd Huck: 26 Stimmen; Hans-Gert Pöttering: 26 Stimmen. Im zweiten Wahlgang konnte Bernd Huck seine 26 Stimmen verteidigen, auf meiner Seite enthielt sich eine Person, sodass nur noch 25 Stimmen auf mich entfielen. Damit war ich nicht der Kandidat für den Bundesvorstand und blieb europapolitischer Sprecher der Jungen Union Niedersachsen. Für meine Bewerbung als Kandidat für das Europäische Parlament hatte auch diese Entscheidung Auswirkungen. Wer weiß, was geschehen wäre, hätte ich dem Bundesvorstand der Jungen Union angehört und jemand anderes wäre europapolitischer Sprecher der Jungen Union in Niedersachsen geworden. So hatte auch diese Niederlage ihr Gutes.

Bei parteiinternen Abstimmungen waren dies meine einzigen Niederlagen. Eine solche Erfahrung zu machen, ist für einen Politiker durchaus wichtig, weil es ihn stärken und ihm Durchhaltevermögen vermitteln kann. Man darf nicht beim ersten Sturm umfallen. Nur auf der Siegesspur zu fahren, kann leicht den Blick für die Realitäten verstellen. Dass diese politischen Misserfolge sich positiv auswirken sollten, war mein persönliches Glück, was ich im Moment der Niederlage natürlich nicht so empfunden habe. Unmittelbar nach einer Niederlage sucht man nach den Gründen, und hat man diese schließlich analysiert, ist es schmerzhaft festzustellen, woran es gelegen hat. Aber auch diese Erfahrungen gehören zum Engagement in der Demokratie.

*

Zu meinem beruflichen Werdegang ist anzufügen, dass ich nach dem juristischen Referendariat in Niedersachsen im September 1976 am Oberlandesgericht in Celle mein zweites Jura-Examen mit „befriedigend" bestand. Damit stellte sich die Frage, welchen Berufsweg ich fortan einschlagen wollte. Alternativen zur Politik waren, mich als Rechtsanwalt niederzulassen oder in der Erwachsenenbildung tätig zu werden. Zu dieser Zeit erreichte mich das Angebot des stellvertretenden Fraktionsvorsitzenden der CDU/CSU-Bundestagsfraktion Burkhard Ritz, sein persönlicher Referent zu werden. 1976 fanden Bundestagswahlen statt und die Möglichkeit, dass Burkhard Ritz künftig der Bundesregierung angehören könnte – er war bisher agrarpolitischer Sprecher der CDU/CSU-Bundestagsfraktion – machte eine Tätigkeit an seiner Seite attraktiv für mich. Obwohl bei dieser Wahl die CDU/CSU mit Helmut Kohl 48,6 Prozent der Stimmen erhielt, reichte es für die Regierungsbildung nicht. Burkhard Ritz blieb stellvertretender Fraktionsvorsitzender und agrarpolitischer Sprecher. Bis zur Europawahl am 10. Juni 1979 blieb ich sein persönlicher Referent mit der dienstlichen Funktionsbeschreibung „Wissenschaftlicher Assistent". Das Büro von Burkhard Ritz befand sich im zweiten Stock des „Alten Hochhauses" des Bundestages. Auf derselben Etage gab es jedoch für mich als persönlichen Referenten kein Büro, sodass ich im sechsten Stock unterkommen sollte. Ich wäre also „weit ab vom Schuss" gewesen. Damit war ich nicht einverstanden und so fanden wir eine Lösung darin, dass mein Schreibtisch im Büro von Burkhard Ritz untergebracht wurde. So standen unsere beiden Schreibtische zweieinhalb Jahre lang nebeneinander. Für mich als Mitarbeiter des stellvertretenden Fraktionsvorsitzenden der CDU/CSU-Bundestagsfraktion war dies ein großes Privileg. Ich habe in dieser Zeit viel gelernt, was für meine spätere Aufgabe als Abgeordneter des Europäischen Parlaments sehr fruchtbar sein sollte. Der Familie Ritz bin ich noch heute sehr verbunden.

*

Von 1974 bis 1980 leitete ich den Vorsitz im CDU-Stadtverband Bersenbrück und 1974 wurde ich auch erstmals in den CDU-Kreisvorstand des Landkreises Osnabrück gewählt. Später, vom 7. September 1990 bis zum 1. Oktober 2010, sollte ich diesen Kreisverband als CDU-Vorsitzender führen. In dieser Aufgabe folgte ich Reinhard von Schorlemer, der dieses Amt seit 1972, der Begründung des Landkreises Osnabrück, ausgeübt hatte. Die CDU im Landkreis Osnabrück wurde also 38 Jahre lang von zwei Politikern angeführt, was eine große Kontinuität bedeutete. Heute sind wir beide Ehrenvorsitzende unseres CDU-Kreisverbandes. Wir teilen die wichtigsten politischen Überzeugungen und sind auch dadurch verbunden. Aufgabe eines ausscheidenden Vorsitzenden sollte es immer auch sein, einen geeigneten Nachfolger vorzuschlagen. Dies sah ich 2010 als scheidender CDU-Kreisvorsitzender als meine Verpflichtung an und habe den Vorsitzenden des CDU-Stadtverbandes Quakenbrück und Fraktionsvorsitzenden im dortigen Stadtrat, Christian Calderone, als Kreisvorsitzenden empfohlen. Auf einem Kreisparteitag wurde der damals 33-Jährige in geheimer Wahl mit über 97 Prozent der abgegebenen Stimmen gewählt. Ich selbst wurde in ebenso geheimer Wahl mit 95 Prozent zum Ehrenvorsitzenden gewählt. Dies war keine Selbstverständlichkeit, weil ich es in den vergangenen zwanzig Jahren nicht allen recht machen konnte und sich sicher auch andere Personen innerlich auf meine Nachfolge vorbereitet hatten. Bei der Landtagswahl im Januar 2013 wurde Christian Calderone für den Wahlkreis Bersenbrück in den Niedersächsischen Landtag gewählt. In den zwanzig Jahren als CDU-Kreisvorsitzender im Landkreis Osnabrück waren mir Ferdinand Fleischer und in seiner Nachfolge Ansgar Deters treue Wegbegleiter als Kreisgeschäftsführer, ebenso Birgit Mehring als langjährige Mitarbeiterin in der CDU-Kreisgeschäftsstelle.

Die Verbindung zu meiner Heimat war immer die Grundlage für meine Arbeit im Europäischen Parlament. In meinem „Wahlkreisbüro" waren zunächst Marlies Lucas,

dann Christa Flatau und abschließend für eine kürzere Zeit Dennis Schratz engagierte Mitarbeiterinnen beziehungsweise Mitarbeiter. Ich möchte den jungen Abgeordneten im Europäischen Parlament raten, immer eine enge Verbundenheit zur
eigenen Wahlregion, zum eigenen Bundesland und zur deutschen Politik aufrechtzuerhalten. Denn erst dies schafft die Einheit, die Zusammenschau, aus der heraus man
seine Ziele in Europa erreichen kann. Meiner eigenen Partei, der CDU, ist zu empfehlen, dass sie auf allen vier Ebenen in gleicher Weise engagiert bleibt: auf kommunaler
Ebene, Landesebene, Bundesebene und europäischer Ebene. Es wäre ein großer Fehler, bei allen Unterschieden, die es in der Interessenwahrnehmung auf den verschiedenen Ebenen immer wieder gibt, eine Ebene gegen die andere auszuspielen. Die CDU
hat sich von Konrad Adenauer bis zu Helmut Kohl, Wolfgang Schäuble und Angela
Merkel immer als die Europa-Partei in Deutschland verstanden. Dieser Verpflichtung
muss die CDU auch in Zukunft treu bleiben.

II. Persönliche Weichenstellung und politische Maßstäbe

1. Familiäre Entscheidungen und Erfahrungen

Auf einer Tagung Junger Europäischer Christdemokraten in Maastricht lernte ich
1974 eine junge, gutaussehende Frau, Ruth Nissen aus Gelting (Ortsteil Stenderup) in
Schleswig-Holstein, kennen. Ruth war Kreisvorsitzende der Jungen Union im Landkreis Schleswig-Flensburg, ich war Kreisvorsitzender der Jungen Union im Landkreis
Osnabrück. Wir hatten gleiche politische Überzeugungen, waren beide begeisterte
Europäer und wir versprachen uns in der Stadt, nach der später der Vertrag benannt
wurde, der am 1. November 1993 die Europäische Union begründete, dass wir in Verbindung bleiben wollten.

So machte ich mich mit meinem VW-Käfer, den ich mir als Rechtsreferendar
leisten konnte, auf den Weg in den deutschen Norden, nach Schleswig-Holstein.
Der Empfang durch Ruths Eltern, Inge und Armin Nissen, die gemeinsam einen
Bauernhof bewirtschafteten, war überaus freundlich. In der Familie fühlte ich mich
auch später immer wohl. Ruth bestand bald ihre Prüfung zur Chemielaborantin und
wir machten gemeinsam mehrere Reisen. Bald wurde uns klar, dass wir wohl den
Weg durchs Leben gemeinsam gehen würden. Als sich dann die Geburt eines Babys
ankündigte, wurde in ökumenischer Trauung – also mit einem evangelischen Pastor
aus Ruths Konfession und einem katholischen Geistlichen meiner Konfession – in
der Kirche in Gelting geheiratet. Am 11. April 1977 wurde unser Sohn Johannes in
Flensburg geboren. Die ersten Wochen verlebten Mutter und Sohn in Stenderup
und kamen dann zu mir nach Bonn, wo ich nach der Bundestagswahl 1976 wie bereits geschildert wissenschaftlicher Angestellter der CDU/CSU-Bundestagsfraktion
als persönlicher Referent bei dem stellvertretenden Fraktionsvorsitzenden Burkhard

Ritz geworden war. Besonders für Ruth bedeutete dies eine große Umstellung: den Beruf aufzugeben, ebenso den Kreisvorsitz in der Jungen Union und darüber hinaus von der ländlichen Umgebung in die Stadt überzuwechseln. Meine Wohnung in Bersenbrück behielt ich weiterhin dort, wo ich Vorsitzender der CDU war – die Basis meines politischen Engagements. So pendelten wir zwischen Bonn und Bersenbrück, wo wir uns oft am Wochenende aufhielten. Häufig fuhr ich auch während der Woche zu Sitzungen in den Landkreis Osnabrück, um noch am selben Abend beziehungsweise in der Nacht nach Bonn zurückzukehren. In dieser Zeit hatte ich die ersten Europawahlen im Blick und dies erforderte – wenn ich Kandidat werden wollte – großes Engagement. Schon damals wurde mir klar, dass es unglaublich schwer ist, Familie und Politik in harmonischer Weise zu verbinden. Aber ich war von meinen europäischen Überzeugungen und Zielen so durchdrungen, dass ich mich nicht davon abwenden konnte, während meine Frau auf Beruf und Politik verzichtete, verzichten musste.

Nach der Wahl ins Europäische Parlament 1979 war es selbstverständlich, dass ich mit meiner Familie in meiner Wahlregion Osnabrück-Emsland wohnte, und so entschieden wir uns, ein Haus in Bad Iburg im Landkreis Osnabrück zu kaufen. Am 8. Oktober 1981, es war der 50. Geburtstag des Bürgermeisters von Bad Iburg, Hermann Tovar, der mit Stadtdirektor Heinz Köhne – beide sollten meine Freunde werden – viele Jahre die Geschicke der Stadt Bad Iburg geleitet hat, bezogen wir das Haus in der Sophienstraße 8 in Bad Iburg. Die Straße ist benannt nach Sophie, der Ehefrau von Ernst August von Braunschweig-Lüneburg, dem ersten protestantischen Bischof von Osnabrück. Das Fürstenpaar, Eltern von Georg I. von Großbritannien und Sophie Charlotte, der ersten preußischen Königin, residierte auf dem Schloss Iburg, bevor es 1673 in das neu gebaute Schloss in Osnabrück übersiedelte. Sophie Charlotte ist übrigens in Iburg geboren.

In Bad Iburg wurden wir schnell in die kleinstädtische Gemeinschaft aufgenommen und fühlten uns wohl. Gute Nachbarn, insbesondere Lisa und Werner Ulbricht, erleichterten uns dieses sehr. Am 19. April 1983 wurde unser Sohn Benedict geboren, also während meiner ersten Wahlperiode im Europäischen Parlament. Wir fanden, Benedict wäre ein schöner Name, auch weil der Heilige Benedikt von Nursia einer der Schutzpatrone Europas ist. Der damalige Fraktionsvorsitzende im Europäischen Parlament, der Italiener Paolo Barbi, gratulierte mir vor der gesamten Fraktion zu dem Namen Benedict. Es wäre für einen Deutschen beachtlich, einen Namen aus dem Süden Europas zu wählen und nicht einen typisch deutschen Namen wie zum Beispiel Siegfried.

Meine Frau hielt mir den Rücken frei, begleitete mich öfter auf politischen Reisen und war zu Hause eine gute Gastgeberin. Gleichzeitig nahm mich die Politik immer mehr in Anspruch. So wurde die Zeit für die Familie, die mir so viel bedeutete, immer mehr reduziert. In der zweiten Hälfte der Achtzigerjahre übernahm ich dann auch noch den Vorsitz in einer Kommission der CDU Niedersachsen für die Erarbeitung eines „Zukunftsprogramms" für die Landtagswahlen 1990. Mich darauf eingelassen zu haben, ist die einzige politische Entscheidung, die ich wirklich bedaure. Das „Zukunftsprogramm", zwar auf einem Landesparteitag 1989 beschlossen, begeisterte nicht wirklich die Partei, obwohl es inhaltlich gut war. Vor allem aber bedeutete die Arbeit daran, neben meinen europäischen Aufgaben erneut weniger Zeit für die Familie zu haben. Eine solche Situation immer verständnisvoll zu begleiten, erfordert für die Ehepartnerin ein großes Maß an Geduld und Kraft. Aber dieses kann sich erschöpfen und zur Trennung führen. So war es leider der Fall. Ruth fand einen neuen Partner und wurde in dessen Unternehmen wieder berufstätig. Es war eine schwere Zeit. Johannes und Benedict bin ich dankbar dafür, dass sie damals und auch später meine politische Arbeit immer verständnisvoll begleiteten. Ebenso dankbar und auch ein wenig stolz bin ich darauf, dass beide politisch engagiert sind. Es ist in der Politik nicht selbstverständlich, eher selten, dass Kinder aus Politikerfamilien diesen Weg wählen. Ich bin deswegen glücklich darüber, weil es mir zeigt, dass – trotz der familiären Belastungen – mein politischer Weg meine Söhne motivierte und nicht abschreckte.

Eine schmerzhafte Erfahrung allerdings sollte es für meine Söhne und mich werden zu erfahren, dass es sich für Johannes und Benedict bei der Bewerbung um ein Mandat (Johannes für den Bundestag und Benedict für das Europäische Parlament) als Nachteil erwies, dass der Vater Abgeordneter – und dies seit vielen Jahren – war. Bemerkungen wie: Es dürfte keine „Erbhöfe" geben oder über „Vetternwirtschaft" waren verletzend. Auch spielte es im innerparteilichen Wettbewerb für Johannes und Benedict eine nicht unbeträchtliche Rolle, dass die Gegnerschaft mir gegenüber auf meine Söhne übertragen wurde. Johannes und Benedict haben sich davon nicht entmutigen lassen, worüber ich natürlich erfreut bin. Johannes ist als Geschäftsführer bei einem Arbeitgeber- und Wirtschaftsverband tätig und hat mit seiner Frau Hermine zwei Söhne: Jakob und David. Auch Benedict, zum Zeitpunkt dieser Niederschrift stellvertretender Bundesvorsitzender der Jungen Union Deutschlands und stellvertretender Vorsitzender der Jungen Europäischen Christdemokraten (YEPP), arbeitet in einem Wirtschaftsunternehmen.

2. Nominierung für die Wahl zum Europäischen Parlament

Der Niedersachsentag der Jungen Union Niedersachsen vom 22. bis 23. Juli 1978 in Wolfsburg sollte für meine persönliche Zukunft von besonderer Bedeutung sein. Neben der Neuwahl des Landesvorstandes sollte auch ein europapolitisches Programm für die erstmaligen Wahlen zum Europäischen Parlament im Juni 1979 beschlossen werden. Der Niedersachsentag ging über zwei Tage. Zunächst stand die Wahl eines neuen Landesvorsitzenden auf dem Programm. In einer Kampfabstimmung setzte sich Fritz Brickwedde aus Osnabrück gegen den bisherigen Landesvorsitzenden

Klaus-Michael Machens durch. Ich selbst wurde mit gutem Ergebnis erneut als Beisitzer in den Landesvorstand gewählt – damit war mir die Aufgabe des europapolitischen Sprechers auch für die nächsten Jahre sicher. Fraglich war jedoch, ob ich am darauffolgenden Tag als Kandidat für die Wahlen zum Europäischen Parlament nominiert werden würde. Unmittelbar nach seiner Wahl kam der Landesvorstand abends zu einer Debatte zusammen, um darüber zu beraten, ob ich als Kandidat vorgeschlagen werden sollte. Die Nominierung durch den Niedersachsentag war streng genommen unüblich, da Aufstellungen für Parlamente normalerweise im Niedersachsenrat, einem aus etwa fünfzig Personen bestehenden Gremium, vorgenommen wurden. Eine Nominierung durch den Niedersachsentag war also ein Novum. In der Landesvorstandssitzung gab es dazu unterschiedliche Meinungen. Vor allem meinem Bezirksvorsitzenden der Jungen Union, Wolfram Hamacher, war es zu verdanken, dass der Landesvorstand schließlich doch entschied, mich am zweiten Tag zu nominieren. Diese Nominierung durch die Junge Union erfolgte in offener Abstimmung einstimmig. Für mich war es ein entscheidender Schritt, um schlussendlich durch die CDU Niedersachsen nominiert zu werden. Vor allem für meinen eigenen CDU-Bezirksverband Osnabrück-Emsland unter dem Vorsitz von Werner Remmers war der Entschluss der Jungen Union eine wichtige Vorentscheidung, um im Anschluss ebenfalls die Unterstützung des CDU-Bezirksverbandes zu bekommen. Dieses sichere „Ticket" von CDU Osnabrück-Emsland und Junger Union Niedersachsen ermöglichte es, dass ich für die Wahlen zum Europäischen Parlament am 10. Juni 1979 auf der Liste der CDU Niedersachsen den vierten Platz erhielt. Dieser Platz war einigermaßen sicher und tatsächlich zog die CDU Niedersachsen schließlich mit fünf Abgeordneten in das Europäische Parlament ein. Wie wäre mein politischer Lebensweg verlaufen, wenn die Junge Union Niedersachsen mich nicht nominiert hätte? Natürlich bleibt die Antwort darauf offen. Bis zu seinem allzu frühen Tode im Dezember 2012 bin ich Wolfram Hamacher, der von 1994 bis 2004 in der Nachfolge von Christian Wulff (der wiederum Werner Remmers gefolgt war) Bezirksvorsitzender der CDU Osnabrück-Emsland sein sollte, freundschaftlich verbunden geblieben. Selten bin ich einer so glaubwürdigen, an Werten und Überzeugungen orientierten und absolut zuverlässigen Persönlichkeit wie Wolfram Hamacher begegnet.

Für die erste Bewerbung zum Europäischen Parlament hatte ich genau das richtige Alter. Mit meinen 33 Jahren profitierte ich von dem Satz: „Hast du einen Opa, schick' ihn nach Europa!", wie karikierend in den Medien berichtet wurde, da viele „gestandene" Persönlichkeiten, die schon führende Ämter in der Bundes- oder Landespolitik wahrgenommen hatten, kandidierten. Auch einen aussichtsreichen jüngeren Kandidaten auf der Liste der CDU in Niedersachsen zu haben, war für die Partei von Vorteil. Der Bundestagsabgeordnete Karl-Heinz Hornhues, späterer Vorsitzender des Auswärtigen Ausschusses des Deutschen Bundestages, formulierte es so: „Für die Älteren ist er nicht zu jung, für die Jüngeren nicht zu alt."

3. Programm der Jungen Union für Europa: „Wolfsburger Beschlüsse"

Allen voran ging es auf diesem Niedersachsentag aber um die Verabschiedung eines europapolitischen Programms, der „Wolfsburger Beschlüsse", für die Wahlen zum Europäischen Parlament im Juni 1979. Ministerpräsident Ernst Albrecht, der in der Europäischen Kommission gearbeitet hatte und bis zum Generaldirektor für Wettbewerb aufgestiegen war, ehe er auf Initiative des damaligen CDU-Landesvorsitzenden Wilfried Hasselmann in die Landespolitik in Niedersachsen übergewechselt war, lobte unsere programmatischen Aussagen. Das war nicht selbstverständlich, denn Ernst Albrecht war nicht dafür bekannt, mit Lob großzügig zu sein. Das europapolitische Programm der Jungen Union Niedersachsen, so war es meine Vorstellung, sollte in der gesamten Jungen Union Niedersachsen diskutiert und Grundlage meiner Arbeit im Europäischen Parlament werden. In einer Arbeitsgruppe unter meinem Vorsitz war es entstanden. Das Programm wurde überschrieben mit den Worten: „Unsere Zukunft ist Europa!"[16] In einer Präambel mit dem Titel „Europa – für Freiheit und Solidarität" stellten wir fest:

> „Für die Junge Union Niedersachsen ist die Einigung Europas ein vorrangiges Anliegen deutscher Politik. Die Einigung Europas dient dem Frieden und der Freiheit. Sinn der Europäischen Union muss es sein, bei gegenseitiger Achtung der nationalen und kulturellen Eigenarten das Gewicht mehr auf das zu legen, was die Völker Europas eint, als auf das, was sie trennt.
>
> Die Europäische Gemeinschaft ist unser Weg zu einem Vereinten Europa als Bundesstaat. Sie soll offen bleiben für alle Staaten Europas, deren innerer Aufbau den Grundsätzen der Demokratie und Rechtsstaatlichkeit entspricht und in denen die Menschenrechte garantiert sind. Die Europäische Gemeinschaft muss ein Modell für menschliche Solidarität werden. Diesem Ziel soll die angestrebte Wirtschafts-, Währungs- und Sozialunion dienen. In Europa muss der Mensch im Mittelpunkt aller politischen Bemühungen stehen."

Unser Programm soll im Folgenden näher erläutert werden, um einerseits meine europapolitischen Überzeugungen darzustellen, andererseits auch, um aus der Betrachtung von heute zu erkennen, wie viel von unseren damaligen programmatischen Überzeugungen bis heute Wirklichkeit geworden ist.

*

Wir forderten, Europa müsse ein Europa der Bürger sein. In den ersten Direktwahlen 1979 sahen wir einen wichtigen Schritt auf dem Wege der Demokratisierung der Europäischen Gemeinschaft. Die Junge Union forderte von der Europäischen Volkspartei, der europäischen Partei der Christdemokraten, der die CDU angehört, ein Engagement aller Parteimitglieder, um die christdemokratischen und mit ihr zusammenarbeitenden

Parteien zum bestimmenden Faktor des Europäischen Parlaments werden zu lassen. Für die Junge Union Niedersachsen bedeutete Europa die Hoffnung auf eine Zukunft in Freiheit, Frieden und Solidarität. Das Europa-Programm der Jungen Union Niedersachsen gliederte sich in drei Kapitel: „Die Europäische Volkspartei (EVP) und die Wahlen zum Europäischen Parlament", „Wirtschafts- und Sozialpolitik in Europa" und die „Europäische Außen- und Sicherheitspolitik". Entscheidend kam es uns darauf an, mehr Demokratie in der Europäischen Gemeinschaft zu verwirklichen.

> „Die Junge Union Niedersachsen tritt ein für ein vereinigtes Europa als Modell für Freiheit, Gerechtigkeit und Solidarität. Die Strukturen Europas sollen demokratisch und bürgernah sein. Die Mitwirkung der 260 Millionen Bürger der Europäischen Gemeinschaft ist unverzichtbare Voraussetzung für den demokratischen Aufbau Europas. Die für den 7. bis 10. Juni 1979 geplanten Direktwahlen zum Europäischen Parlament sind ein bedeutsamer Schritt auf dem Wege der Demokratisierung der Institutionen der Gemeinschaft."

Die Direktwahl des Europäischen Parlaments war unserer Meinung nach auch deshalb wichtig, damit politische Meinungsverschiedenheiten nicht mehr ausgeklammert werden würden.

> „Viel zu lange ist der Fehler gemacht worden, politisch empfindliche Materien aus dem Integrationsprozess auszuklammern und Probleme auf der Grundlage des kleinsten gemeinsamen Nenners zu lösen. Die europäische Integration ist aber nicht durch die Verdrängung von Konflikten, sondern nur durch deren Bewältigung zu erreichen. Entscheidungen können dann durch demokratisch legitimierte Mehrheiten getroffen werden."

Für uns war darüber hinaus wichtig, dass es neben der Wahl des Europäischen Parlaments zur Ausbildung einer übergreifenden politischen Infrastruktur kommen musste:

> „Soziale Gruppen und Verbände organisieren sich in einem europäischen Rahmen und bilden eine europäische Gesamtvertretung. Dies wird umso rascher geschehen, wie auf europäischer Ebene wichtige Entscheidungen fallen. Parteien, Gewerkschaften und Wirtschaftsverbände sind hier einen begrüßenswerten Schritt vorausgegangen."

Die Funktionsfähigkeit der seinerzeitigen europäischen Institutionen wurde von uns kritisch beurteilt. Der europäische Integrationsprozess war unserer Auffassung nach nicht zuletzt deshalb ins Stocken geraten, weil das institutionelle Gefüge der Gemeinschaft zu einer tiefgreifenden Lähmung geführt hatte.

> „Beim Rat liegt zwar das Schwergewicht der Kompetenzen, er vermag sich aber nicht zu energischen Einigungsschritten durchzuringen, da die nationalen Interessen weiterhin

hart aufeinanderstoßen. Der vorübergehende Verzicht auf die Einführung des Mehrheitsprinzips (vorgesehen in Art. 43, Abs. 2, Satz 3, EWG-Vertrag) erweist sich hier als folgenschwer und lähmend.“

Die Rolle des Europäischen Parlaments sahen wir hingegen positiv, da dieses sich als integrationsfreudig darstellte, aber aufgrund des Mangels an Kompetenzen und Kontrollrechten am Ende keine entscheidenden Impulse geben konnte. Wir bedauerten, dass die Kommission sich oft, anstatt sich als Schrittmacher zu erweisen, als Vermittler zwischen Rat und Parlament verstand. Wir waren der Meinung, dass die Kommission zudem unter der Handlungsunfähigkeit des Rates litt, und zwar in einer Weise, die die Bestimmungen der Verträge in bedenklicher Art unberücksichtigt ließ. Der institutionelle Ansatzpunkt für eine Belebung des Integrationsprozesses konnte in dieser Lage für uns nur das Europäische Parlament sein:

> „Die Europäische Einigung steht und fällt mit dem Ausbau der Stellung des Parlaments. Dies erfordert in Zukunft den ganzen Einsatz der europäischen Parlamentarier. Die Junge Union lehnt daher für Mitglieder des Europäischen Parlaments Doppelmandate, das heißt gleichzeitige Mitgliedschaft in Land- oder Bundestag, ab.“

Die Direktwahlen sollten zum Anlass genommen werden, die Zuständigkeiten des Europäischen Parlaments zu erweitern, insbesondere „der vollständige Ausbau der Befugnisse des Parlaments über den Haushalt der Gemeinschaft ist notwendig“. Gefordert wurden die Abschaffung der nationalen Beiträge und die Finanzierung des Haushalts der Gemeinschaft ausschließlich mit Eigenmitteln. „Schrittweise müssen auch die legislativen Kompetenzen ausgeweitet werden“, denn zum Zeitpunkt dieser Forderung im Jahre 1979 besaß das Europäische Parlament noch keinerlei legislative Kompetenzen. Auch forderte die Junge Union Niedersachsen, dass die Vorschläge des Europäischen Parlaments zu allen Europa betreffenden Fragen der Kommission und dem Ministerrat vorgetragen werden sollten. Unsere Vorschläge und Forderungen waren sehr ehrgeizig. Für notwendig befanden wir darüber hinaus:
- „die Kommission durch das Parlament einzusetzen;
- die Verpflichtung des Ratspräsidenten, dem Parlament umfassend über die Tätigkeit des Rates Rechenschaft abzugeben;
- die Entscheidungsbefugnis des Parlaments über Fragen, die in den Anwendungsbereich der Römischen Verträge fallen und über der Rat innerhalb eines festgesetzten Zeitraumes zweimal eine Entscheidung verweigert hat;
- einmal im Jahr im Europäischen Parlament in Anwesenheit der Staats- und Regierungschefs eine Debatte über den Zustand der Gemeinschaft und die Möglichkeiten ihrer Weiterentwicklung zu führen.
  Diese Maßnahmen sind erforderlich, damit die notwendigen Entscheidungen getroffen werden können.“

Vor allem kam es uns darauf an, dass die Mitwirkung der von der Bevölkerung Europas gewählten Vertreter, also des Europäischen Parlaments, bei der Kontrolle von Rat und Kommission in den Sachbereichen sichergestellt wurde, die nicht mehr den Befugnissen der nationalen Parlamente unterlagen, sondern bereits auf die Gemeinschaft übertragen worden waren. Damit hatten wir das Demokratiedefizit klar beschrieben. In der Anfangsphase der durch den Ministerrat vollzogenen europäischen Gesetzgebung verloren die nationalen Parlamente die Gesetzgebungsbefugnis. Im Europäischen Parlament jedoch waren diese nicht angekommen, sondern wurden durch den Ministerrat, also die Regierungen, in denen häufig nicht einmal die Minister, sondern nur Beamte vertreten waren, ausgeübt. Dieses demokratische Defizit zu beseitigen, musste – so war es meine entschiedene Meinung – die Hauptaufgabe des direkt gewählten Europäischen Parlaments sein. Ich möchte an dieser Stelle der Entwicklung nicht vorgreifen, aber gleichwohl schon anmerken: In einem mühsamen, jahrzehntelangen Prozess wurde dieses Ziel schrittweise erreicht. Das ist ein großer Erfolg. Heute hat die Europäische Union – bei allen noch bestehenden Defiziten – eine demokratische Ordnung und Legitimität. Diese Ordnung kann nicht an den Maßstäben der jeweiligen nationalen Gegebenheiten der 28 Mitgliedstaaten – natürlicherweise auch nicht an den deutschen – gemessen werden. Die demokratische und parlamentarische Ordnung der Europäischen Union ist – wie sie sich über die Jahrzehnte entwickelt hat und wie sie im Einzelnen darzustellen sein wird – einzigartig und ohne Beispiel in der Welt. Sie ist *sui generis*.

Eine wichtige Aufgabe des neu gewählten Parlaments sahen wir auch darin, dass Beratungen über eine zukünftige Europäische Verfassung aufgenommen wurden. Die Verfassung der Europäischen Gemeinschaft sollte insbesondere enthalten:

- „die Verbindlichkeit der Bürger- und Menschenrechte, die unseren Grundrechten entsprechen und durch den europäischen Gerichtshof geschützt werden;
- die Errichtung eines Bundesstaates mit der parlamentarischen Demokratie als Regierungssystem;
- die Grundlagen der Gemeinschaft im Sinne von Verfassungsprinzipien;
- die Zuständigkeiten der Organe der Gemeinschaft einschließlich des europäischen Gerichtshofes und einer Rechnungsprüfungsbehörde;
- die Abgrenzung der Souveränität der Gemeinschaft gegenüber der nationalen Souveränität ihrer Mitgliedstaaten, wozu auch eine Beschreibung der Gesetzgebungskompetenzen des Europäischen Parlaments sowie der Zustimmungsbedürftigkeit bestimmter aufzuführender Rechtsnormen durch die Mitgliedstaaten beziehungsweise deren Parlamente gehört;
- das aktive und passive Wahlrecht zum Europäischen Parlament;
- die Grundlagen des Finanzwesens."

Die Europäische Volkspartei forderten wir auf, einen ersten Verfassungskongress einzuberufen, um die Diskussion über eine Europäische Verfassung voranzutreiben. Eine vom Europäischen Parlament verabschiedete Verfassung sollte in einer Volksabstimmung von der Mehrheit der Bevölkerung in den Mitgliedstaaten gebilligt werden. Aus der Sicht des Jahres 1978 waren dies revolutionäre Forderungen; heute wissen wir, dass vieles, wenn auch nicht alles, davon verwirklicht wurde. Es war ein mühsamer, aber erfolgreicher Prozess, und er hat sich gelohnt.

Wir forderten ferner, dass bei Aufgaben, für die die Europäische Gemeinschaft die Regelungskompetenz hatte, das Ergebnis eines Entscheidungsprozesses auch gegen die Vorstellung eines oder mehrerer Mitgliedstaaten angenommen und vertreten werden konnte (Mehrheitsentscheidung): Ein Vetorecht könnte keinem Mitgliedstaat zustehen – auch nicht in einer vergrößerten Gemeinschaft.

Auch mit der europäischen Verwaltung setzten sich unsere Forderungen auseinander:

> „Der Bürger bemerkt den europäischen Einigungsprozess heute zu oft nur in seinen bürokratischen Ergebnissen: den Brüsseler Glaspalästen und dem behördlichen Verordnungsdschungel. Es ist zu befürchten, dass im Zuge der Kompetenzerweiterung für die Europäischen Institutionen eine weitere Bürokratisierung erfolgt, die dem europäischen Gedanken und der Wirksamkeit der Arbeit der Gemeinschaft abträglich sein muss."

Deswegen forderten wir leistungsfähige europäische Verwaltungsinstitutionen mit einer Vereinfachung des Verordnungswesens, damit Verordnungen auch den Einzelnen und nicht nur spezialisierten Juristen verständlich seien. Diese Forderung aus dem Jahre 1978 bleibt auch heute aktuell.

In unserem Programm stellten wir außerdem fest, dass es der europäischen Idee – anders als in den Gründerjahren der Gemeinschaft – an Lebendigkeit fehlte. Um dieser Entwicklung entgegenzuwirken, forderten wir, dass die europäische Idee sich in Symbolen und konkreten Maßnahmen verkörpern müsste, die das Bewusstsein, in einer Europäischen Gemeinschaft zu leben, wach hielten und die Bereitschaft, Europa als einen zukünftigen Staat zu akzeptieren, förderten. Als Beispiele für solche Symbole und konkrete Maßnahmen schlugen wir vor:

- „die Einführung ein[es] einheitliche[n] Pass[es];
- die Schaffung einer europäischen Flagge und Hymne;
- ein bewußt betont geschlossenes Auftreten der Gemeinschaft nach außen auf internationaler und diplomatischer Ebene;
- die Einführung des Kommunalwahlrechts für Bürgerinnen und Bürger der Mitgliedsländer, die ihren ständigen Wohnsitz länger als 5 Jahre in der Gemeinde/Stadt haben;
- die Geltung der Inlandstarife der Post für den gesamten Bereich der Gemeinschaft."

Im Verfassungsvertrag, unterschrieben von den Staats- und Regierungschefs der Länder der Europäischen Union am 29. Oktober 2004 auf dem Kapitol in Rom, wurden die Symbole vorgesehen, im Lissabonner Vertrag vom 13. Dezember 2007 jedoch leider wieder gestrichen. Meine Entscheidung als Präsident des Europäischen Parlaments war es später, dass die Hymne im Parlament immer dann gespielt wurde, wenn wir hochrangige Gäste empfingen. Vom direkt gewählten Europäischen Parlament forderten wir in unseren „Wolfsburger Beschlüssen", die genannten Maßnahmen zu initiieren und zu verwirklichen. Aus heutiger Sicht kann man sagen, dass viele Forderungen der Jungen Union Niedersachsen durchgesetzt wurden.

*

Als Jugendorganisation war es für uns eine Verpflichtung, ein „europäisches Jugendwerk, vergleichbar dem deutsch-französischen Jugendwerk" zu fordern, denn

> „[d]ie Begegnung und der Austausch junger Menschen in der Europäischen Gemeinschaft sind die beste Garantie für eine zunehmende Verankerung des europäischen Bewusstseins in der Bevölkerung. Besonders gefördert werden sollten Schülerfahrten, Schüleraustausch sowie der Austausch von Auszubildenden."

Nach der Wahl ins Europäische Parlament habe ich mit Kollegen in einer Arbeitsgruppe jüngerer Abgeordneter, darunter Elmar Brok, der einmal Vorsitzender des Ausschusses für Auswärtige Angelegenheiten werden sollte, Ingo Friedrich, zukünftiger Vizepräsident des Europäischen Parlaments, sowie Karl von Wogau, späterer Vorsitzender des Ausschusses für Wirtschaft und Währung, immer wieder ein europäisches Jugendwerk gefordert. Die Arbeitsgruppe wurde von meinem CSU-Kollegen und künftigen Ministers des Freistaates Bayern, Reinhold Bocklet, geleitet. Auch wenn wir unsere Forderung nicht durchsetzen konnten, so ist doch der Schüler- und Studentenaustausch durch viele Maßnahmen der Europäischen Gemeinschaft entscheidend gefördert worden. Heute gibt es umfangreiche Förderprogramme, gerade auch für Studierende (Erasmus), die einen wichtigen Beitrag zum kulturellen Europa leisten. Bei den Finanzberatungen sehen sich die Regierungen immer wieder in der Versuchung, die Beiträge für Jugendmaßnahmen zu reduzieren. Auch für die Zukunft wird es eine wichtige Aufgabe bleiben, dem kulturellen Europa – bei aller Anerkennung, dass Kulturpolitik vorrangig eine nationale Aufgabe ist – einen angemessenen Stellenwert zu geben. Die Europäische Union soll die Kulturpolitik nicht an sich ziehen, sie muss aber einen Rahmen schaffen, in dem Jugend-, Schüler- und Studentenaustausch und auch der Austausch für junge Arbeitnehmer möglich sind und gefördert werden. Im Hinblick auf die große Bedeutung von Bildung und Forschung ist es notwendig, dass die Europäische Union in diesem Bereich einen Schwerpunkt setzt.

*

Im wirtschaftlichen Teil unserer Programmatik erinnerten wir 1978 daran, dass die Staats- und Regierungschefs bereits auf ihrem Gipfeltreffen in Den Haag im Dezember 1969 die Einführung der Wirtschafts- und Währungsunion bis 1980 beschlossen hatten. Wir forderten nachdrücklich, dieses Vorhaben erneut aufzugreifen und voranzutreiben. Die Wirtschafts- und Währungsunion sowie die soziale Integration bezeichneten wir als wichtigste Ziele. Wir waren in der Jungen Union Niedersachsen der Überzeugung, dass sich die großen Probleme nicht länger im Rahmen der Einzel-staatlichkeit lösen ließen. Deswegen war die gemeinsame Entwicklung von Problem-lösungen notwendig,

- „zur Bekämpfung der Inflation,
- zur Bekämpfung der Arbeitslosigkeit, insbesondere der Jugendarbeitslosigkeit,
- zur Förderung der Energie- und Forschungspolitik unter besonderer Berücksichti-gung der Erforschung von Alternativen zur Kernenergie,
- zur Förderung zukunftsbestimmender Industrien,
- zur Förderung einer gemeinsamen Umweltpolitik."

Wir wiesen im Übrigen darauf hin, dass diese Herausforderungen nicht bewältigt werden könnten, wenn einzelne Staaten der Europäischen Gemeinschaft zu Praktiken des Handelsprotektionismus zurückkehrten. Ein Protektionismus hätte mittel- und langfristig für alle Beteiligten fatale Folgen. Daher war es nur konsequent, dass wir den Abbau von Handelshemmnissen forderten, wozu auch die Angleichung der Mehr-wertsteuersätze gehörte. Auch sahen wir einen sozialen Dialog zwischen Arbeitge-bern, Arbeitnehmern und den nationalen wie europäischen Institutionen als notwendig an. Erreicht werden sollte eine einheitliche Entlohnung für gleiche Arbeit für Mann und Frau, ebenso eine Absicherung von Arbeitnehmern, die vom techni-schen Fortschritt betroffen waren, wie auch eine Verbesserung der Arbeitsbedingun-gen. Da die Europäische Gemeinschaft die Freizügigkeit für alle Arbeitnehmer gebracht hatte, war es für uns nur selbstverständlich, auch für die Gleichwertigkeit von Ausbildungsabschlüssen einzutreten.

Auch forderten wir, dass neben der bereits verwirklichten freien Wahl des Arbeits-platzes die Niederlassungsfreiheit und die Freizügigkeit für Dienstleistungen herge-stellt werden müsse. Die Herstellung der Freizügigkeit für Dienstleistungen sollte noch viele Jahre dauern und hat in einigen Ländern der späteren Europäischen Union die Menschen sehr beschäftigt.

Schon 1978 bekannten wir uns klar zur sozialen Verpflichtung gegenüber den Schwa-chen in Europa:

„Durch den wirtschaftlichen Integrationsprozess hat sich schon heute ein zentrales Fol-geproblem ergeben. Die ausländischen Arbeitnehmer sind bisher nicht ausreichend inte-griert worden. Sie sind heimatlos in dem Land, in dem sie leben und arbeiten, wie auch entfremdet in dem Land, in dem sie geboren sind. Hinzu kommt das Problem der Aus-länderkinder.

Zur Verbesserung der Situation dieser Menschen sind umfassende bildungs- und sozial-politische Maßnahmen zu ergreifen. In diesem Zusammenhang begrüßt die Junge Union die Initiative, eine bessere Betreuung fremdsprachiger Schüler durch verbesserte Lehrer-versorgung zu erreichen.

Das Ziel gleichwertiger Lebens- und Arbeitsbedingungen in Europa erfordert, dass verstärkt strukturschwache Regionen gefördert werden, weil ansonsten große Teile der Bevölkerung aufgrund ihrer Geburt in einer bestimmten Region nicht am Fortschritt teilhaben können. Eine zukunftsweisende Struktur- und Regionalpolitik in Europa macht große finanzielle Anstrengungen notwendig. Die wirtschaftlich starken Partner in der EG müssen ihre Verantwortung für die ärmeren Länder der Gemeinschaft erkennen. Dieses gilt in besonderer Weise für die Bundesrepublik Deutschland.

Die Aufwendungen der nationalen Haushalte für eine Verbesserung der Strukturpolitik sollten einander angeglichen werden. Maßstab für die Höhe der nationalen Beiträge ist das jeweilige Bruttosozialprodukt. Im Bedarfsfall sind die finanzstarken Länder zum Härteausgleich heranzuziehen."

Unser Modell von der Zukunft Europas beziehungsweise der Europäischen Gemeinschaft und der späteren Europäischen Union war und ist das Modell einer solidarischen Gemeinschaft. Auch für die Bundesrepublik Deutschland sollte dieses Prinzip immer selbstverständlich sein. Deutschland, sowohl das geteilte als auch das wiedervereinigte Deutschland, hat vom europäischen Binnenmarkt mit dem freien Export zu jeder Zeit stärker als andere profitiert. Die andere Seite der Medaille ist die europäische Solidarität. So profitieren alle.

*

Die in Wolfsburg beschlossenen Grundsätze für eine gemeinsame europäische Deutschland-, Außen- und Sicherheitspolitik stelle ich mit besonderer Freude dar. Heute ist Deutschland geeint und ein wichtiger Partner in der Europäischen Union. 1978 hingegen war Europa geteilt in seinen westlichen freien und in den östlichen unfreien, kommunistischen Teil. Viele waren bereit, sich mit der Teilung Europas abzufinden und unter dem Deckmantel der Stabilität den Status quo zu akzeptieren. Dies entsprach zu keiner Zeit meiner Haltung. Europas Grenzen mussten, so war es meine Überzeugung, durch Freiheit überwunden werden. Stabilität ging für mich immer mit Freiheit einher. Zu diesen Prinzipien bekannten wir uns in Wolfsburg und sie sollten mich durch mein ganzes politisches Leben begleiten:

„Mit friedlichen Mitteln wollen wir auch die Spaltung Europas und mit ihr die Teilung unseres Vaterlandes überwinden. Auch Berlin gehört zur Europäischen Gemeinschaft. Es bleibt Prüfstein der europäischen Solidarität."

Es war immer meine Überzeugung, und hier war die Politik Konrad Adenauers für mich ein Vorbild, dass wir Europäer nur dann eine Chance hätten, unsere Werte und Interessen in der Welt durchzusetzen, wenn wir gemeinsam handelten. Auch diese

Grundsätze wurden in dem Europaprogramm der Jungen Union in Wolfsburg zum Ausdruck gebracht:

> „Die Idee der Einigung Europas gründet sich auf die Idee der Freiheit. Freiheit und Demokratie in Westeuropa beruhen auf dem Vertrauen und der Überzeugung der Bevölkerung, dass die demokratische Staatsform am besten geeignet ist, ihre Probleme zu lösen. Beides kann nur bewahrt und gestärkt werden, wenn die freien Länder Europas den Mut und die Kraft finden, auch in Fragen der Außen- und Sicherheitspolitik entschlossener als bisher den Weg der europäischen Einheit zu gehen. Ohne diese Einheit werden die westeuropäischen Staaten als einzelne und Westeuropa insgesamt zunehmend bedeutungslos. Eine gemeinsame Haltung der Länder der Europäischen Gemeinschaft zu den drängenden Problemen der Welt stellt sicher, dass die Stimme Europas überhaupt Gehör findet. Eine gemeinsame Außen- und Sicherheitspolitik ist damit ein wichtiger Beitrag für die Wahrung der europäischen Identität. Sie ist vor allem unverzichtbar für die Sicherung des Friedens."

Diese gemeinsame Politik sollte nicht als Gegensatz zu den Vereinigten Staaten von Amerika gestaltet werden; diese blieben für uns „auch in Zukunft der wichtigste Partner und Verbündete der Länder der Europäischen Gemeinschaft in der Nordatlantischen Allianz (NATO)". Aber wir wiesen darauf hin, dass die Interessen der USA und die der Europäischen Gemeinschaft nicht immer identisch waren. Aus diesem Grund, so argumentierten wir, war

> „[e]ine echte Partnerschaft auf der Basis der Gleichheit [...] nur möglich, wenn die Europäer mit einer gemeinsamen Haltung auftreten. Dieses gilt für nahezu alle Bereiche der Beziehungen (Sicherheitspolitik, Handelspolitik, Wirtschaftspolitik etc.)."

Auch war ich immer davon überzeugt, dass eine gemeinsame europäische Außen- und Sicherheitspolitik dem langfristigen Interesse der Vereinigten Staaten von Amerika entsprach, da eine solche sich auf eigenverantwortliches Handeln der Europäer gründende Politik zunehmend die USA entlasten könnte. Alle Administrationen der Vereinigten Staaten haben nach dem Zweiten Weltkrieg im Grundsatz die Politik der Einigung Europas unterstützt. Das schloss natürlich Streit in Einzelfragen nicht aus. Aber die USA hatten immer ein fundamentales Interesse an einem sich einigenden und starken Europa. Nach dem Untergang der Sowjetunion und des Kommunismus mag uns das Verhältnis zu den USA nicht mehr so bedeutend erscheinen, doch bleibt es meine Überzeugung, dass es bei allen Unterschieden in Einzelfragen alles in allem ein Grundinteresse an einer engen, partnerschaftlichen Bindung zwischen der Europäischen Union und den USA gibt. Diese Bindung basiert auf im Grundsatz gleichen Werten. Die Partnerschaft zwischen Europa und den USA darf auch nicht durch die unglaublichen und nicht akzeptablen Vorgänge im Hinblick auf die Überwachungsmaßnahmen durch die amerikanische National Security Agency (NSA) infrage gestellt werden. Die zwischen der EU und den USA 2013 aufgenommenen Verhandlungen über eine Freihandelszone können und sollten den transatlantischen Beziehungen neue Dynamik verleihen und deutlich machen, dass im Zeitalter der Globalisierung Europäer und Amerikaner nicht nur wirtschaftliche Beziehungen zu gegenseitigem Vorteil anstreben, sondern sich ihrer sie verbindenden Werte, die sich im Kern auf die Würde des Menschen gründen, bewusst sind und bleiben.

*

Zu Zeiten der Sowjetunion blieb die Sicherheitsgarantie der USA für Europa bedeutend und Europa wäre ohne die USA schutzlos gewesen. In unserem „Wolfsburger Programm" haben wir es so beschrieben:

> „Im Verhältnis zur Sowjetunion und zu den anderen Staaten Osteuropas ist eine gemeinsame Politik der Europäischen Gemeinschaft am dringlichsten. Der sowjetische Kommunismus und die gewaltige Militärmacht Moskaus in Mitteleuropa bleiben eine Herausforderung für die freien Länder des Kontinents. Die Politik des Ostblocks hat nichts von ihrer Freiheitsfeindlichkeit verloren. Dennoch ist gerade angesichts der existenzbedrohenden Waffen eine Politik des Ausgleichs und der Entspannung zwischen Ost und West notwendig. Eine solche Politik muss jedoch ausgewogen sein und gegenseitiges Geben und Nehmen beinhalten."

Drei Jahre vor den „Wolfsburger Beschlüssen" der Jungen Union Niedersachsen war 1975 die Konferenz für Sicherheit und Zusammenarbeit in Europa (KSZE) in Helsinki zu Ende gegangen. Bei den Beschlüssen von Helsinki ging es um politische und wirtschaftliche Zusammenarbeit zwischen Ost und West sowie im sogenannten Korb Drei um die Menschenrechte. Ich habe die Beschlüsse von Helsinki immer für richtig gehalten, weil ich auf die Dynamik einer Politik für die Menschenrechte vertraute. Dass die Sowjetunion bereit war, die Menschenrechte in die Vereinbarung von Helsinki aufzunehmen, bedeutete nach meiner Überzeugung einen entscheidenden Schritt, auf die inneren Entwicklungen der Sowjetunion Einfluss zu nehmen. Die Menschenrechte bildeten für uns das Mittel, auf eine schrittweise Öffnung der kommunistischen Strukturen hinzuwirken. Vielen im Westen, auch in meiner Partei, erschien eine solche Politik naiv. Aber eine Politik für die Menschenrechte, die sich gleichzeitig auf eine Politik militärischer Verteidigung stützte, musste meiner Meinung nach am Ende erfolgreich sein. Freilich wollte die Sowjetunion schon bald nach den Beschlüssen von Helsinki, auf einer Nachfolgekonferenz in Belgrad, die Menschenrechte nicht mehr zur Debatte stellen und das Wort Menschenrechte auch nicht in die Schlusserklärung aufnehmen. In unseren „Wolfsburger Beschlüssen" hieß es dazu:

„Für die Länder der Europäischen Gemeinschaft und des Westens muss auch in Zukunft die Politik der Menschenrechte ein unverzichtbarerer Inhalt der Entspannungspolitik bleiben. Dieses muss auch – anders als in Belgrad geschehen – in verbindlichen Dokumenten zum Ausdruck gebracht werden.

Weil wir in Freiheit leben, darf uns das Schicksal der Menschen, die in Unfreiheit leben, nicht gleichgültig sein. Als freie Menschen müssen wir Europäer eintreten für die Verwirklichung der Menschenrechte in der Sowjetunion, in Chile, in der DDR, in Afrika und überall dort, wo die Menschenrechte verletzt werden. Aufgabe der Politik der Europäischen Gemeinschaft ist es, die Sowjetunion und die anderen Staaten Osteuropas immer wieder an die Einhaltung der Verpflichtung zu erinnern, die die kommunistischen Staaten in der KSZE-Schlussakte eingegangen sind. Auch die osteuropäischen Völker haben Anspruch auf Verwirklichung von Menschenrechten, Demokratie und Freiheit. Die Politik der Menschenrechte kann nur Erfolg haben, wenn die Länder der Europäischen Gemeinschaft gemeinsam und entschlossen handeln.“

Heute gehören zahlreiche Länder des früheren „Ostblocks“ zur Wertegemeinschaft der Europäischen Union. Unsere Werte haben sich durchgesetzt. Aber der Einsatz für Freiheit, Demokratie und Menschenrechte in Europa und in der Welt bleibt notwendig – in Europa zum Beispiel in Weißrussland und der Ukraine. Aber auch gegenüber Russland, unserem so wichtigem Partner, muss die Europäische Union immer wieder auf der Respektierung rechtsstaatlicher und demokratischer Grundsätze bestehen.

*

Für die Europäische Union wird es immer eine Aufgabe bleiben zu entscheiden, welche europäischen Staaten ihr noch beitreten können. Im Einzelfall ist dies von vielen Faktoren abhängig. Die „Wolfsburger Beschlüsse“ der Jungen Union Niedersachsen haben sich 1978 auch schon diesem Thema gestellt:

„Die Europäische Gemeinschaft muss für alle Staaten Europas offen bleiben, deren innerer Aufbau den Grundsätzen der Demokratie und Rechtsstaatlichkeit entspricht und in denen die Menschenrechte garantiert sind. Voraussetzung für den Beitritt ist, dass sich die Beitrittsländer zu dem Ziel einer Europäischen Union bekennen und die Gemeinschaft nicht nur als eine große Freihandelszone verstehen. Für diejenigen europäischen Staaten, die nicht Mitglied der Gemeinschaft sind, bleiben aufgrund des besonderen Charakters der Beziehungen Verfahren für die Zusammenarbeit notwendig.“

Auch aus der Sicht der Gegenwart bleibt diese Feststellung im Prinzip richtig. Nach der Aufnahme so vieler neuer Mitglieder – Griechenland 1981, Portugal und Spanien 1986, Finnland, Österreich und Schweden 1995, Estland, Lettland, Litauen, Polen, die Tschechische Republik, die Slowakei, Ungarn, Slowenien, Malta und Zypern 2004,

Bulgarien und Rumänien 2007 sowie Kroatien 2013 – braucht die Europäische Union heute eine Phase der Konsolidierung und Vertiefung. Die Länder des Balkans sollten nur schrittweise und bei Erfüllung aller Kriterien der EU beitreten. Das Beispiel Bulgariens und Rumäniens, deren Beitritt zu früh erfolgte, sollte uns lehren, aus Fehlern zu lernen. Im gegenseitigen Interesse sollte der Beitritt neuer Länder zur EU nicht zu früh erfolgen. Die Europäische Union darf sich nicht „zu Tode erweitern". Die Türkei ist für die EU ein besonders wichtiger Partner. Wir sollten mit ihr partnerschaftliche Beziehungen auf allen wichtigen politischen Gebieten entwickeln. Für eine Mitgliedschaft der Türkei ist die Europäische Union nach meiner Ansicht politisch, kulturell, geografisch und finanziell überfordert. Im Übrigen kann heute keine endgültige Antwort darauf gegeben werden, welche europäischen Staaten eines Tages der EU noch beitreten könnten. Wie immer ist die historische Entwicklung offen.

*

Für Konrad Adenauer war das Scheitern der Europäischen Verteidigungsgemeinschaft mit einer gemeinsamen europäischen Armee am 30. August 1954 in der französischen Nationalversammlung wie bereits erwähnt die wohl größte Enttäuschung seiner langen Kanzlerschaft. So habe auch ich es immer empfunden. Wir haben Jahrzehnte verloren, weil wir bei diesem Projekt 1954 gescheitert waren. Zur Ironie gehört es, dass später ausgerechnet Frankreich wiederholt auf verstärkte Verteidigungsbemühungen bestand. Dies aber ist eine positive Ironie. Die Idee der EVG mit einer gemeinsamen Armee zu verwirklichen, bleibt auch heute ein wichtiges Ziel. In unseren „Wolfsburger Beschlüssen" hieß es:

> „Das Ziel bleibt die ‚Europäische Verteidigungsgemeinschaft'. Ohne diese kann es eine Europäische Union nicht geben. Schrittweise sind die Bemühungen um eine gemeinsame europäische Verteidigungspolitik fortzusetzen. Hierzu gehört nicht nur der regelmäßige Meinungsaustausch aller europäischen NATO-Partner über alle Verteidigungsprobleme, sondern auch die zunehmende Kooperation und Standardisierung in der Rüstungsproduktion sowie die Vereinheitlichung der Struktur der verbündeten Streitkräfte. Durch eine gemeinsame Rüstungsproduktion können die Verteidigungskosten gesenkt und die Wettbewerbsfähigkeit der europäischen Industrie vergrößert werden. Eine europäische Rüstungsagentur könnte hierfür wie für die notwendige Standardisierung der Bewaffnung einen bedeutsamen Beitrag leisten."

Die Sicherheits- und Verteidigungspolitik sollte von 1984 bis 1994 Schwerpunkt meiner Arbeit im Europäischen Parlament werden.

*

Unser Verhältnis zu den Entwicklungsländern verdeutlichten wir in den „Wolfsburger Beschlüssen" im Zusammenhang mit der Verwirklichung der Menschenrechte:

„Dazu benötigt der Mensch Freiheit. Voraussetzung dafür ist die Ausschaltung von Hunger, Arbeitslosigkeit und Unwissenheit. Diese Voraussetzung ist in den meisten Ländern dieser Erde noch nicht erreicht."

Wir kritisierten in unseren Beschlüssen, dass das bestehende Weltwirtschaftssystem die Entwicklungsländer benachteiligte, denn es funktionierte überwiegend zum Vorteil der Industrienationen. Wir forderten einen geordneten Wettbewerb auf der Grundlage gleicher Startchancen und fairer Wettbewerbsbedingungen.

„Solidarität als Bedingung für Partnerschaft ist ein Prinzip, das weltweit Anerkennung finden muss und sich nicht nur auf einzelne Staaten beschränken darf. Voraussetzung für eine partnerschaftliche Gestaltung des Entwicklungsprozesses ist die gegenseitige Anerkennung der jeweiligen Identität der Völker, Staaten und Nationen. Dieses Prinzip der internationalen Solidarität ist für uns die Aufforderung zur Hilfe, zur Entwicklungshilfe beziehungsweise Entwicklungspolitik, die den Einzelnen und jedes Volk so zu stellen hat, dass caritative Hilfe nur in Ausnahmefällen notwendig ist."

1978, zum Zeitpunkt der „Wolfsburger Beschlüsse", war das Verhältnis zu den Ländern der sogenannten Dritten Welt vielfach bestimmt vom Ost-West-Gegensatz. Die Entwicklungsländer wurden oft zum „Spielball". Wir wollten eine neue Beziehung:

„Die Entwicklungsländer sind unsere Partner. Gerade die Europäische Gemeinschaft kann bei den bestehenden Machtverhältnissen in der Welt deutlich machen, dass sie eine Bevormundung oder gar militärische Interventionen durch Dritte in Entwicklungsländern entschieden ablehnt. Die Entwicklungsländer dürfen nicht zum Kriegsschauplatz für die Austragung des Ost-West-Gegensatzes werden. Die Verantwortung der Europäischen Gemeinschaft für eine gedeihliche Zukunft der Entwicklungsländer schließt ein, dem militärischen Vordringen der Sowjetunion in der Dritten Welt entgegenzuwirken. Die Europäische Gemeinschaft sollte die Sowjetunion und ihre Verbündeten vor dem Forum der Vereinten Nationen immer wieder auffordern, endlich ihren Beitrag für eine friedliche Entwicklung der Länder der Dritten Welt zu leisten."

Wir waren der Meinung, dass sich die Zusammenarbeit mit den Entwicklungsländern nicht nur auf Kontakte zur jeweiligen Regierung beschränken durfte. Zur Durchsetzung der Menschenrechte sollten auch oppositionelle Gruppen unterstützt werden. In jedem Fall sollte aber auf eine friedliche Lösung von Konflikten hingewirkt werden. Daher vertraten wir die Meinung, dass die Anstrengungen der Europäischen Gemeinschaft verstärkt werden sollten:

„Aufgrund ihrer wirtschaftlichen Kraft und der zum Teil schon traditionell guten Kontakte einzelner Mitgliedstaaten zu diesen Ländern, hat die Europäische Gemeinschaft hier eine besondere Verantwortung. Der Verantwortung kann sie nur gerecht werden, wenn die entwicklungspolitischen Bemühungen verstärkt und besser als bisher koordiniert werden."

Heute kann man feststellen, dass die Beziehungen der Europäischen Union zu den Ländern der Dritten Welt nicht frei von Problemen sind; verglichen mit Beziehungen anderer großer Länder zu den Entwicklungsländern alles in allem aber als partnerschaftlich bezeichnet werden können. Die Europäische Union sollte bei Welthandelsgesprächen ein Anwalt der Länder der Dritten Welt bleiben. Für mich, der ich eine Politik der Verwirklichung der Menschenrechte vertrete, ist die Würde der Menschen in den Ländern der Dritten Welt die gleiche wie die einer jeden Europäerin und eines jeden Europäers. Wenn die Würde des Menschen und die Menschenrechte der Maßstab sind, dann muss dies auch Konsequenzen für Politik und Wirtschaft haben. Natürlich kann dies nicht darüber hinwegtäuschen, dass die Länder der Dritten Welt selbst bereit sein müssen, ihre Entwicklung zu fördern. Die wirtschaftlichen und finanziellen Ressourcen dürfen nicht bei den Eliten verbleiben, sondern müssen allen Menschen zugutekommen. Dieses zu fördern wird eine bleibende Aufgabe der Europäischen Union sein.

*

Mit der Politik gegenüber dem Nahen Osten schloss das Programm „Unsere Zukunft ist Europa!" der Jungen Union Niedersachsen von 1978 ab:

> „Für Europa ist eine Friedenslösung im Nahen Osten (Israel, arabische Staaten) von besonderer Bedeutung. Die Europäische Gemeinschaft sollte Bemühungen, die der Herbeiführung des Friedens dienen, nachdrücklich unterstützen. Eine Friedensregelung im Nahen Osten muss allen Staaten und Völkern eine sichere Zukunft in gesicherten Grenzen ermöglichen. Hierzu kann die Europäische Gemeinschaft einen wirksamen Beitrag leisten. Darüber hinaus sind partnerschaftliche Beziehungen zu allen Anrainer-Staaten des Mittelmeeres für die Europäische Gemeinschaft von besonderer Bedeutung."

Während meines späteren Engagements im Europäischen Parlament, insbesondere als Vorsitzender der EVP-ED-Fraktion (1999–2007) und als Präsident des Europäischen Parlaments (Januar 2007–Juli 2009) sowie als Präsident der Euromediterranen Parlamentarischen Versammlung (EMPA) (März 2008–März 2009), habe ich der Friedensentwicklung im Nahen Osten meine besondere Aufmerksamkeit geschenkt. Bis heute ist es meine sehr entschiedene Meinung, dass eine Friedensregelung im Nahen Osten mit einem israelischen Staat in sicheren Grenzen und einem palästinensischen Staat in sicheren Grenzen Bedingung für das friedliche Zusammenleben mit der arabischen und muslimischen Welt ist. Auch im Präsidium der CDU Deutschlands, dem ich von 1999 bis 2009 zunächst als Vorsitzender der EVP-ED-Fraktion und dann als

Präsident des Europäischen Parlaments Kraft Amtes mit Stimmrecht angehörte, habe ich mich dafür eingesetzt, dass im Grundsatzprogramm der CDU Deutschlands neben dem Bekenntnis zu einem sicheren Staat Israel auch das Bekenntnis zu einem palästinensischen Staat aufgenommen wurde. Entsprechend heißt es im CDU-Grundsatzprogramm von 2007:

> „Wir stellen uns der besonderen historischen Verantwortung Deutschlands gegenüber Israel. Wir treten für das Existenzrecht Israels als jüdischer Staat in sicheren Grenzen ein. Deutschland und Europa müssen dazu beitragen, die Krisen des Nahen und Mittleren Ostens in partnerschaftlicher Zusammenarbeit mit den Ländern der Region zu bewältigen und den Nahost-Konflikt zu lösen. Dazu gehört ein existenzfähiger palästinensischer Staat."[17]

Die Beschlüsse der Jungen Union Niedersachsen vom Juli 1978 blieben für mein politisches Leben in der Europapolitik maßgeblich. Aus der heutigen Sicht waren sie zukunftsweisend. Es erfüllt mich mit Genugtuung, dass vieles, was wir damals in Wolfsburg konzipiert und gefordert haben, Wirklichkeit geworden ist. Für mich sind die „Wolfsburger Beschlüsse" immer Maßstab und Auftrag für mein europapolitisches Handeln geblieben. Aus der Sicht von 1978 entsprachen viele unserer Forderungen einer Vision. Ich will gerne gestehen, dass ich oft für meine Vorstellungen belächelt wurde. Aber das hat mich nie gestört. Ich fühlte mich später durch einen Satz von Helmut Kohl bestätigt: „Visionäre sind die wahren Realisten."[18]

Zweiter Teil: Parlamentarische Bewährung in Zeiten der Einheit Deutschlands und Europas

I. Einzug ins Europäische Parlament 1979: Erste Aufgaben

1. CDU-Bundesparteitag in Kiel

Endlich war es so weit. Vom 7. bis zum 10. Juni 1979 fanden die ersten Direktwahlen des Europäischen Parlaments statt. In drei der neun Länder der Europäischen Gemeinschaft, in Irland, dem Vereinigten Königreich und den Niederlanden, wurde am 7. Juni gewählt; in den anderen Ländern, also in Belgien, der Bundesrepublik Deutschland, Dänemark, Frankreich, Italien und Luxemburg am 10. Juni. Bevor es aber in den Europawahlkampf ging, fand vom 25. bis 27. März 1979 in Kiel ein Bundesparteitag der CDU Deutschlands statt. Er sollte für mich von besonderer Bedeutung sein. Zwar hatte ich schon mehrfach als Delegierter an CDU-Bundesparteitagen teilgenommen, aber es war der erste, auf dem ich sprechen sollte – noch dazu als jüngster aussichtsreicher Kandidat für das Europäische Parlament. Der amtierende Tagungspräsident Hans Werner Schmöle kündigte mich als den jüngsten Bewerber der CDU für ein Amt im Europäischen Parlament an. Mit meiner Kandidatur würde deutlich, „dass wir eine vernünftige Verbindung aus Erfahrung und junger Generation als Mannschaft für das Europäische Parlament aufgestellt haben."[1] Diese von den Delegierten des Bundesparteitages mit Zustimmung aufgenommene Bemerkung des Tagungspräsidenten war zwar mir gegenüber sehr freundlich, entsprach aber keinesfalls den Tatsachen. Mit 33 Jahren war ich zwar der jüngste Kandidat, dies allerdings mit deutlichem Abstand im Hinblick auf die anderen Bewerberinnen und Bewerber. Nun waren die ersten Wahlen zum Europäischen Parlament sicher etwas ganz Besonderes, aber gottlob haben sich die Bedingungen bis heute sehr verändert. Heute gehört es zu den Selbstverständlichkeiten und es ist nichts Außergewöhnliches mehr, dass eine größere Anzahl jüngerer Bewerberinnen und Bewerber für das Europäische Parlament kandidiert.

In meiner kurzen Rede bezeichnete ich die Wahl am 10. Juni 1979 als ein historisches Ereignis.[2] Ich erinnerte daran, dass genau vor vierzig Jahren die junge Generation Europas in den Krieg geschickt worden war, um gegeneinander zu kämpfen. Wenn jetzt in neun Ländern Europas ein gemeinsames Europäisches Parlament gewählt werden würde, verbände die junge Generation damit die Hoffnung auf Freiheit und Frieden sowie soziale Gerechtigkeit in ganz Europa. Auch erinnerte ich daran, dass es den Christdemokraten in der Europäischen Gemeinschaft gelungen wäre, sich auf ein gemeinsames Programm zu verständigen. In der Tat habe ich auch später die freundschaftliche Zusammenarbeit in der Europäischen Volkspartei als ein großes Gut empfunden. Die Tatsache, dass es immer wieder gelungen ist, alle christdemokratischen Parteien in den Ländern der Europäischen Gemeinschaft und später in der Europäischen Union auf eine gemeinsame Programmatik hin zu verständigen, ist keine Selbstverständlichkeit. Ich wies darauf hin, dass dies den Sozialisten und Sozialdemokraten in Europa nicht gelungen wäre, weswegen die SPD in Deutschland im Dezember 1978 in Köln ein eigenes Programm beschlossen hatte. Ich betonte, dass die Christdemokraten in Europa nicht nur durch gemeinsame Vorstellungen im Hinblick auf die Europäische Einigung verbunden wären, sondern vielmehr auch in Fragen der Familienpolitik, der Sozialen Marktwirtschaft sowie der Menschenrechte in der Welt übereinstimmte. Ich sprach über die

„Politik der Verständigung mit Osteuropa, aber nicht auf der Grundlage von Illusionen, sondern auf der Grundlage des Selbstbestimmungsrechts, auch des gesamten deutschen Volkes".

Damals, 1979, war der Beitritt Griechenlands, Spaniens und Portugals zur Europäischen Gemeinschaft nicht mehr fern: Griechenland wurde 1981, Spanien und Portugal wurden 1986 Mitglied. Entsprechend erklärte ich vor den Delegierten:

„Wenn wir wissen, dass die Freiheit Griechenlands, Spaniens und Portugals [die ja gerade ihre Diktaturen überwunden hatten] langfristig auch die Freiheit Deutschlands bedeutet, bin ich in der Tat entschieden der Meinung, dass Hilfe und Unterstützung für unsere Freunde in Europa sinnvoller und notwendiger als Milliardenkredite an die kommunistischen Staaten Osteuropas sind."

Dann machte ich allerdings eine Bemerkung, die ich aus heutiger Sicht bedaure. Willy Brandt, Bundeskanzler von 1969 bis 1974, hatte sich bereit erklärt, die SPD-Liste für die Wahlen zum Europäischen Parlament anzuführen. Für einen früheren Bundeskanzler eine löbliche Entscheidung, auf diese Weise für die Wahlen zum Europäischen Parlament zu werben. Willy Brandt hatte allerdings erklärt, dass er in den Ausschüssen des Europäischen Parlaments nicht mitarbeiten wollte. Dies nahm ich zum Anlass meiner Kritik: Jeder, der in der Kommunalpolitik, in der Landespolitik oder in der Bundespolitik ein politisches Mandat hätte, wüsste doch, dass die Hauptarbeit in den Ausschüssen geleistet würde. Wenn Willy Brandt diese Arbeit nicht leisten wollte, gehörte er nicht an die Spitze der Liste der SPD und nicht ins Europäische Parlament. Das Protokoll des Parteitages verzeichnete an dieser Stelle „vereinzelt Beifall". Die Delegierten waren offensichtlich einsichtiger als ich selbst als junger Heißsporn, der meinte, den Spitzenkandidaten der SPD auf diese Weise kritisieren zu müssen. Heute empfinde ich es als sehr verdienstvoll, dass Willy Brandt mit seiner Kandidatur den SPD-Teil der Wählerschaft in Deutschland für die Beteiligung an der Wahl zum

Europäischen Parlament gewinnen wollte. Wenn dies aus parteipolitischer Sicht vielleicht auch nicht erwünscht war, entsprach es doch der Bedeutung der für alle Demokraten gemeinsamen europäischen Sache. Leider habe ich mit Willy Brandt, der von 1979 bis 1983 dem Europäischen Parlament angehörte und gleichzeitig Abgeordneter des Deutschen Bundestages blieb, nie ein persönliches Gespräch geführt. Wenn wir uns auf den Gängen des Europäischen Parlaments in Straßburg begegneten, haben wir uns freundlich gegrüßt.

Seinen „Kniefall" vor dem Ehrenmal der Helden des Ghettos in Warschau im Jahre 1970 habe ich immer als eine große Geste empfunden. Es war eine Bitte um Vergebung und Versöhnung mit dem polnischen Volk und all jenen, die unter dem Naziterror gelitten haben, insbesondere mit dem jüdischen Volk. In meiner katholischen Kirche ist das Niederknien ein Zeichen der Demut und der Achtung vor Gott. Wenn Gott den Menschen nach seinem Ebenbilde geschaffen hat und diesem, dem Menschen, durch den Naziterror so viel Leid zugefügt wurde, ist dies Anlass, als Bundeskanzler des Volkes, aus dem dieses verbrecherische Regime erwachsen ist, um Vergebung zu bitten. Ich habe die Geste von Willy Brandt in Warschau immer als eine auch christliche Geste verstanden. Ich weiß nicht, ob er sie so gemeint hat, aber gleichwohl habe ich mich als Deutscher durch diese Geste von Bundeskanzler Willy Brandt immer würdig vertreten gefühlt.

Zurück zum CDU-Bundesparteitag 1979: Meine Rede schloss ich mit der Anregung, dass die junge Generation ein menschliches Europa wollte und wir darin unsere Hoffnung setzten. Ich wies darauf hin, was ich in meinem gesamten politischen Leben auch später immer wieder feststellte: dass Heimat, Vaterland und Europa zusammengehören. In meinen Reden pflege ich immer wieder zum Ausdruck zu bringen: Wer nur seine Heimat sehe, werde sie nicht schützen; wer seine eigene Nation, in diesem Fall also Deutschland, über alle Nationen stelle, werde zum Nationalisten, und Nationalismus führe zum Krieg; wer nur als Europäerin oder Europäer empfinde, habe keine Wurzeln: Heimat, Vaterland und Europa gehören zusammen. Darüber hinaus gibt es eine Verantwortung für die Welt. Die Delegierten reagierten freundlich auf meinen Beitrag. Das Protokoll verzeichnete „Beifall".

*

Auf jedem CDU-Bundesparteitag gibt es einen „bunten Abend", auf dem die Delegierten sich austauschen und einfach feiern können. Diese Abende, benannt nach dem Bundesland, in dem der Parteitag stattfindet – in diesem Fall also Schleswig-Holstein-Abend –, sollen Herz und Gefühl der Delegierten ansprechen. So war es auch in Kiel gedacht, aber es kam ganz anders. Bundesgeschäftsführer Peter Radunski, später Senator in Berlin, hatte ein Kabarett, bestehend aus Damen mittleren Alters, aus Paris engagiert.

Dem französischen Volk fühlen wir uns aufgrund unserer historischen Belastungen heute besonders verbunden. Aber was an diesem Abend passierte, leistete nicht gerade einen Beitrag zur Vertiefung der deutsch-französischen Beziehungen. Die von den Delegierten zunächst mit Begeisterung aufgenommene Aufführung der Damen löste bald darauf entgegengesetzte Reaktionen aus, als die Damen von ihren Oberkörpern die Hüllen fallen ließen. Zwar wurde das Programm nicht unterbrochen oder gar beendet, aber die Empörung einiger Delegierten war nicht zu überhören. Einzelne dieser Stimmen – wenn ich mich recht erinnere, waren es nicht so sehr weibliche Delegierte, sondern eher Männer – forderten mich auf, die in einiger Entfernung sitzende frühere Bundesministerin für Familie, Aenne Brauksiepe, anzusprechen, um ihr gegenüber – warum gerade ihr gegenüber? – Empörung zu äußern und ihre Meinung zu hören. Also ging ich zu Aenne Brauksiepe hinüber, aber ihre Reaktion war „deeskalierend": So wäre Europa und man sollte das nicht überbewerten. Diese Ansicht teilte ich. Aber was sollte ich meinen Wählerinnen und Wählern im katholischen Emsland sagen, wenn diese mir ihre Empörung zum Ausdruck bringen würden? Und in der Tat: Wenige Tage später, bei Wahlkampfveranstaltungen im Emsland, wurde ich in Aschendorf und in einer kleinen Gemeinde in der Nähe von Lingen auf die „Ereignisse in Kiel" angesprochen. Bei beiden Veranstaltungen handelte es sich um Begegnungen mit Frauenorganisationen, in einem Fall mit der Katholischen Frauengemeinschaft (Aschendorf), im anderen Fall mit der Frauenvereinigung (heute Frauenunion) der CDU. Wie sollte ich mich hier aus der Affäre ziehen? Ich sehe die Damen, die im Auftrag der anderen Damen ihre Bedenken in durchaus angemessener Weise vortrugen, noch heute vor mir. Ich antwortete: „Meine Damen, das hätte nicht passieren sollen, aber jetzt ist es nun einmal passiert. Nehmen wir es nicht so wichtig. Beten wir ein Vaterunser mehr, dann tun wir etwas Gutes!" Die Damen spendeten Beifall und damit war die Sache erledigt. Für mich war es ein Beispiel dafür, wie manchmal Dinge aufgebauscht werden, die aber durch eine angemessene, halb ernsthafte, halb scherzhafte Antwort auf ihre eigentliche Bedeutung zurückgeführt werden können. Auf jeden Fall hatte das Kabarett aus Paris es in Kiel geschafft, dem CDU-Bundesparteitag, dem Europaparteitag zur Vorbereitung der ersten Direktwahlen zum Europäischen Parlament am 10. Juni 1979, weithin Aufmerksamkeit zu sichern. Seitdem hat sich der Trend unserer Medien, Ereignisse eher oberflächlichen Charakters mehr in den Mittelpunkt zu stellen als inhaltliche Aussagen, noch verstärkt.

*

Auf dem Bundesparteitag in Kiel sollte der „Wahlaufruf an die Bürger der Bundesrepublik Deutschland für die ersten Wahlen zum Europäischen Parlament am 10. Juni 1979" verabschiedet werden. Dieser war der letzte Beschluss des 27. Bundesparteitages der CDU Deutschlands und er erfolgte unmittelbar vor der Abschlussrede des Bundesvorsitzenden Helmut Kohl. Als Mitglied der Antragskommission und zugleich jüngster aussichtsreicher Kandidat wurde mir die Aufgabe übertragen, dem Bundesparteitag den mehrfach überarbeiteten Wahlaufruf vorzutragen. Ich habe dies mit Freude getan und als eine Ehre empfunden. Der Tagungspräsident Bernhard Vogel,

Ministerpräsident von Rheinland-Pfalz (1976–1988) und späterer Ministerpräsident des Freistaates Thüringen (1992–2003), erteilte mir das Wort.

Am 1. Januar 2010 sollte ich Bernhard Vogel in der Aufgabe des Vorsitzenden der Konrad-Adenauer-Stiftung folgen. Das konnte ich zu diesem Zeitpunkt am 27. März 1979 weder ahnen noch erwarten. Bevor er mir damals das Wort erteilte, wies er die Delegierten zweimal darauf hin, dass er „nachher über diesen Wahlaufruf in einer der Sache besonders angemessenen Weise abstimmen lassen" würde.

Ich möchte den Wahlaufruf in seinem vollständigen Wortlaut wiedergeben, um einerseits zu zeigen, wie viel von dem, was wir uns damals vorgenommen haben, erreicht worden ist und andererseits, um damit auch den Zeitgeist zu beschreiben. Vor den Delegierten des Bundesparteitages trug ich den Beschluss der Antragskommission vor:[3]

„Die Antragskommission schlägt Ihnen vor, den Wahlaufruf an die Bürger der Bundesrepublik Deutschland für die ersten Wahlen zum Europäischen Parlament am 10. Juni 1979 in der jetzt vorzulesenden Fassung zu verabschieden:

Wir Christlichen Demokraten waren und sind die Hauptträger der Einigung Europas. Staatsmänner wie Konrad Adenauer, Robert Schuman, Alcide De Gasperi haben gegen den erbitterten Widerstand von Kommunisten und Nationalisten, teilweise auch der Sozialisten, die Europäische Gemeinschaft aufgebaut. Die SPD hat die Gründung der Europäischen Gemeinschaften abgelehnt. Von ihr ist allzu oft Widerstand gegen die Stärkung der Europäischen Gemeinschaft ausgegangen.

Wir wollen für das Ziel arbeiten, dass das Europäische Parlament alle parlamentarischen Rechte erhält, das heißt insbesondere das volle Haushaltsrecht, eigene Kontroll- und Gesetzgebungsbefugnisse, das Zustimmungsrecht zu völkerrechtlichen Verträgen der Gemeinschaft und zu Aufnahmen neuer Mitglieder sowie zur Einsetzung der Kommission. Das Europäische Parlament soll den Entwurf einer europäischen Verfassung erarbeiten, deren Grundlage die Menschenrechte sind und die insbesondere die Kompetenzen der Organe der Europäischen Gemeinschaft regelt.

Wenn die Bürger der Europäischen Gemeinschaft vom 7. bis 10. Juni zum ersten Mal in ihrer Geschichte ein gemeinsames Parlament wählen, entscheiden sie über die grundsätzliche Ausrichtung europäischer Politik. Jede Stimme für eine Mitgliedspartei der Sozialistischen Internationale – in der Bundesrepublik Deutschland für die SPD – erhöht die Gefahr, dass das Europäische Parlament von einer Volksfront aus Sozialisten und Kommunisten beherrscht wird.

Christliche Demokraten wollen für Europa mehr Sicherheit und nicht Neutralisierung. Das Atlantische Bündnis und die Partnerschaft mit den USA haben 30 Jahre lang in

Europa den Frieden und Westeuropa die Freiheit gesichert. Neutralisierung verstärkt die Gefahr sowjetischen Einflusses für das freie Europa. Gegenseitiger, ausgewogener, kontrollierter Truppen- und Rüstungsabbau in Ost und West sichert den Frieden in Freiheit. Wir wollen die Spaltung Europas und mit ihr die Teilung unseres Vaterlandes in Frieden überwinden. Das freie Europa ist die Hoffnung für ganz Europa.

Wir wollen mehr Bürgerfreiheit und weniger Bürokratie. Die europäische Kultur in ihrer nationalen Vielfalt gibt die Chance, der gesellschaftlichen Uniformität, dem wachsenden Materialismus entgegenzuwirken. Das Recht der Menschen auf Selbstbestimmung – auf persönliches Lebensglück – droht von der Bürokratisierungswut der Sozialisten erstickt zu werden.

Wir wollen mehr Partnerschaft in Europa und keinen Klassenkampf. Der demokratische Verfassungsstaat und die Soziale Marktwirtschaft haben Europa aus den Trümmern des Krieges gerettet und den Menschen persönliche Freiheit, soziale Sicherheit und Wohlstand gegeben. Das war nur durch Partnerschaft und Solidarität möglich. Die Kommunisten predigen Klassenkampf, und die Sozialisten sind auf dem Weg dorthin zurück.

Deutsche, wählt das freie und soziale Europa – gegen ein sozialistisches Europa."

Das Protokoll verzeichnete „Beifall". Dann fragte Tagungspräsident Bernhard Vogel, ob hierzu das Wort gewünscht würde. Nachdem dies nicht der Fall war, bat er die Delegierten, die diesem Wahlaufruf zustimmen wollten, sich zu erheben. Dann bat er um die Gegenstimmen und fragte schließlich, ob sich jemand enthalten wollte. Bernhard Vogel stellte daraufhin fest, dass der Parteitag den Wahlaufruf einstimmig verabschiedet hatte, was der Parteitag seinerseits mit Beifall zur Kenntnis nahm.

*

Aus der Sicht von heute bleibt festzustellen, dass alle Absichtserklärungen im Hinblick auf die Zuständigkeiten des Europäischen Parlaments im Laufe der Jahre bis hin zum Vertrag von Lissabon (2009) verwirklicht worden sind. Das Europäische Parlament hat mittlerweile beim Haushalt das letzte Wort, es hat eigene Kontroll- und Gesetzgebungsbefugnisse, es hat das Zustimmungsrecht zu völkerrechtlichen Verträgen und muss der Aufnahme neuer Mitglieder sowie auch der Einsetzung der Kommission zustimmen beziehungsweise kann dies auch ablehnen. Auch die Forderung, dass das Europäische Parlament einen Entwurf einer Europäischen Verfassung erarbeiten sollte, wurde mit dem späteren Konvent, für den das Europäische Parlament die treibende Kraft und in welchem es stark vertreten war, erfüllt. Die im Wahlaufruf zur ersten europäischen Direktwahl zum Europäischen Parlament 1979 formulierten Forderungen der CDU Deutschlands waren weitsichtig und realistisch. Darauf können wir stolz sein. Es wird später im Einzelnen allerdings darauf hinzuweisen sein, wie schwierig dieser Weg gewesen ist – es hat unglaublich viel Mühe, Arbeit und Leidenschaft, vor allem auch Geduld erfordert. Dass ich daran mitwirken durfte, empfinde ich immer wieder als ein großes Privileg. Besonders bedeutsam aber ist, dass die Forderung des Wahlaufrufs, die Spaltung Europas und mit ihr die Teilung unseres Vaterlandes in Frieden zu überwinden, erfüllt worden ist. Die historische Entwicklung nach 1979 hat gezeigt, wie berechtigt die Feststellung „Das freie Europa ist die Hoffnung für ganz Europa" war. Wir können glücklich sein, diese großen Ziele erreicht zu haben. Aber das Erreichte zu bewahren, ist nicht selbstverständlich. Jede Generation muss sich wieder erneut bewähren. Dafür ist es wichtig, die Geschichte zu kennen. Nur wer die Geschichte kennt, weiß, was die Gegenwart bedeutet und hat den Maßstab für die Gestaltung der Zukunft. Dabei ist es von größter Bedeutung, dass die demokratischen Parteien – so wichtig Kontroversen und Auseinandersetzungen unter ihnen auch sind – in den Grundfragen der europäischen Politik einen gemeinsamen Weg gehen. Diese „Gemeinsamkeit der Demokraten" ist auf nationaler Ebene von großer Bedeutung, auf europäischer Ebene ist sie noch wichtiger.

2. Konstituierung des ersten direkt gewählten Parlaments

Am 17. Juli 1979 konstituierte sich das vom 7. bis 10. Juni gewählte Europäische Parlament in Straßburg. Damit wurde Wirklichkeit, was Victor Hugo (1802–1885) bei der Eröffnung des 2. Internationalen Friedenskongresses am 21. August 1849 in Paris angekündigt hatte:

> „Ein Tag wird kommen, wo die Kugeln und Bomben durch Stimmzettel ersetzt werden, durch das allgemeine Wahlrecht der Völker, durch die Entscheidungen eines großen souveränen Senats, der für Europa das sein wird, was das Parlament für England und die Nationalversammlung für Frankreich ist."[4]

Das, was Victor Hugo 1849 unter dem Gelächter der Zuhörer erklärte, war visionär. Auch wenn es nicht ganz genau so kam, so hat er doch im Kern Recht behalten. Die Parlamente der Völker Europas müssen natürlich erhalten bleiben, weil sie zur Identität der Nationen gehören. Aber ein Europäisches Parlament ist gewählt worden. Am 17. Juli 1979 trat dieses nun also erstmalig zusammen. Für mich war es ein bewegender Moment. Nie zuvor hatte ich Straßburg, diesen Ort deutsch-französischer Versöhnung, besucht. Und gleich als Mitglied des Europäischen Parlaments an seiner konstituierenden Sitzung teilzunehmen, schien mir wie die Erfüllung eines Traumes. Abgeordnete aus neun Ländern Europas, der Europäischen Gemeinschaft, wurden 1979 in das Europäische Parlament gewählt: aus Belgien, der Bundesrepublik Deutschland, Dänemark, Frankreich, dem Vereinigten Königreich, Italien, Irland, Luxemburg und den Niederlanden. 1981 folgte Griechenland, 1986 folgten Portugal und Spanien, 1995 Finnland, Österreich und Schweden, 2004 Estland, Lettland, Litauen, Polen, die Slowakei, die Tschechische Republik, Ungarn, Slowenien, Zypern und Malta, 2007 Bulgarien und Rumänien, 2013 wurde Kroatien Mitglied der Europäischen Union. Aber bis dahin war es noch ein weiter Weg.

Die konstituierende Sitzung wurde von Louise Weiss (1893–1983) als Alterspräsidentin eröffnet. Bei Louise Weiss handelte es sich um eine ganz außergewöhnliche Persönlichkeit. Sie entstammte einer protestantischen Pastorenfamilie im Elsass, ihre Mutter war Jüdin, sie selbst war zunächst als Lehrerin und Schriftstellerin tätig gewesen, bevor sie von 1914 bis 1918 als Kriegskrankenschwester gearbeitet hatte. Von 1918 bis 1934 hatte sie den Posten der Herausgeberin der Zeitschrift *L'Europe Nouvelle* bekleidet und von 1942 bis 1944 in der Résistance gewirkt. In Frankreich hatte sie sich für das Frauenwahlrecht eingesetzt und sollte nun die erste Sitzung des erstmals in der Geschichte Europas gewählten Europäischen Parlaments eröffnen.

Mit ebenso bewegenden wie schönen Worten begann sie ihre Rede, die erste, die im direkt gewählten Europäischen Parlament gehalten wurde, an die „verehrte[n] gewählte[n] Abgeordnete[n] Europas".[5] Ich sehe diese würdige 86-jährige Dame noch vor mir, wie sie von der Mitte des Präsidiums ihren Vortrag an die gewählten Abgeordneten eindrucksvoll begann:

> „Die Gunst des Schicksals und die Wege der Schriftstellerei haben mich zu dieser Tribüne geführt, auf der mir heute als Präsidentin für einen Tag eine Ehre zuteilwird, von der ich nicht zu träumen gewagt hätte, auf der ich eine Beglückung verspüre, wie sie so tief nur ein Mensch verspüren kann, der miterlebt, wie sich all das, wozu er in seiner Jugend berufen war, auf wundersame Weise an seinem Lebensabend vollendet."

Welche Tiefe lag in diesen Worten. Dies kann man nur ermessen, wenn die Geschichte Europas unser Bewusstsein begleitet. Louise Weiss hatte als Erwachsene sowohl den Ersten wie den Zweiten Weltkrieg erlebt – diese größten Katastrophen des europäischen Kontinents. Diese Erfahrung ließ sie die wunderbaren Worte sprechen:

> „Es mutet mich heute an, als hätte ich – als Journalistin, Schriftstellerin, Cineastin, die weder in Wort noch in Bild je ihren Glauben verraten hat – dieses Jahrhundert und diese Welt nur durcheilt, um – in Europa verliebt – Sie heute hier anzutreffen, um mit Ihnen gemeinsam jenen Ängsten und Hoffnungen Ausdruck zu verleihen, die uns alle bewegen."

Louise Weiss sprach von unserem „kostbarste[n] Gut", das es zu bewahren gälte, „unsere[r] Kultur, in der wir brüderlich verbunden sind."[6] Und Louise Weiss erinnerte an die wechselvolle Geschichte ihrer elsässischen Heimatregion und fügte hinzu:

„Möge dieser historische Tag nicht enden, ohne dass eine neue Flamme am Himmel unserer sich verjüngenden Zivilisation aufleuchte, eine Flamme, die Sie hier in Straßburg entzünden, an der symbolischen Stätte der Versöhnung unseres Kontinents."

Louise Weiss sprach von Europa als einer „riesige[n] Familie" und mahnte:

„Vergessen wir jedenfalls nie, dass wir Erben und Vollstrecker zugleich sind: Erben einer geistigen Welt und deren Vollstrecker zugunsten kommender Generationen."

Louise Weiss, diese gebildete Schriftstellerin, ließ die europäische Geschichte in ihren groben Zügen Revue passieren, sprach von Karl dem Großen (Charlemagne), dem Mittelalter, sie erwähnte die „Göttliche Komödie" von Dante, die Renaissance, William Shakespeare, Hugo Grotius, der „international als Vater der Menschenrechte anerkannt" werde. Sie betonte das Europa der Aufklärung, Voltaire, Immanuel Kant, den Philosophen aus Königsberg, die „große Französische Revolution", Karl Marx, Ferdinand de Lesseps und erwies schließlich Victor Hugo ihre Reverenz und erinnerte an das bereits zuvor erwähnte Zitat Hugos.

Louise Weiss teilte uns mit, dass sie mit Marguerite Hugo, der Urenkelin Victor Hugos, dieselbe Klasse besucht hatte. Sie erinnerte an die beiden großen Staatsmänner Gustav Stresemann, deutscher Außenminister von 1923 bis 1929, sowie Aristide Briand, die sich um die Aussöhnung zwischen Frankreich und Deutschland in den Zwanzigerjahren bemüht hatten. Sie erinnerte an

„Konrad Adenauer aus Köln, so stolz wie die Spitze Ihres Doms, so aufbrausend wie Ihr, wie unser Rhein, hinter einem friedfertigen Äußeren des christlichen pater familias."

Und schließlich erinnerte sie an Charles de Gaulle, ohne dessen gemeinsame Politik mit Konrad Adenauer die daraus resultierende Versöhnung zwischen Frankreich und Deutschland und damit auch dieses direkt gewählte Europäische Parlament nicht möglich gewesen wären. Sie würdigte Robert Schuman, der „die inneren Widersprüche unseres Kontinents ausräumte", sowie Jean Monnet, den sie erstmalig 1914 in Bordeaux getroffen und der damals bereits „den jugendlichen Prophetenblick" gehabt hatte. Louise Weiss erinnerte an Pallas Athene, „unsere[...] Göttin der Weisheit, der wir so häufig und genüßlich nicht gehorcht haben. So ist Europa."

Und dann wandte sich Louise Weiss mit einer eindringlichen Forderung an ihre Kolleginnen und Kollegen:

„Bemühen wir uns, der Ehrung durch unsere Nachfahren würdig zu werden, so wie wir heute jene ehren, die uns vorausgegangen sind. Meine Damen und Herren, verehrte Abgeordnete Europas, ich bitte Sie, sich von Ihren Sitzen zu erheben, wir wollen zu Ehren unserer Helden eine Gedenkminute einlegen."

Gleichzeitig aber warnte Louise Weiss vor „Ahnenkult, der nicht zur Sklerose führen" dürfte, vielmehr müsste unser Handeln „der Zukunft zugewandt" sein. Die Geschichte ginge weiter: Was gestern noch unmöglich gewesen war, wäre morgen möglich. Sie lobte die europäischen Institutionen, vor allem „den Geist der Zusammenarbeit". Auch dem Europäischen Parlament würde es möglich sein, sein „*Image* herauszubilden".

Eine besonders eindrucksvolle Charakterisierung Europas und der Europäer gelang Louise Weiss unter Bezugnahme auf das Werk des estnischen Aristokraten Hermann Graf Keyserling, „Das Spektrum Europas".

„[Darin] definierte sich Hermann Graf Keyserling selbst als zum Westen gehörig, von seiner Hautfarbe her, Europäer von seiner Erziehung her, Balte von Geburt, von seinem Blut her Russe und Deutscher, schließlich Franzose von seiner Kultur her. Ich sehe ihn noch vor mir, ihn, den authentischen Europäer, ein Riese, mit Zottelhaar, unermüdlich, schlampig, der der jungen Frau, die ich damals war, unter den Laternen von Saint-Germain-des-Prés bis drei Uhr morgens Passagen aus seinem prophetischen Werk vortrug. Zuerst einmal erhielt jede unserer Völkerschaften ihr gerüttelt Maß an Schelte: der Engländer, halb Löwe, halb Wolf – aber harmloser Gentleman, wenn er sein Ziel erreicht hat; der Deutsche, für den die Sache immer wichtiger war als der Mensch, und der deshalb notgedrungen sich nach der Gemeinschaft sehnen musste; der Italiener, der sich mit dem reinen Theater begnügt; der Franzose, der einfach nicht begreift, dass jemand anders sein möchte, als er selbst ist und der sich an Definitionen klammert wie ein Wilder an Fetische. Ich übergehe hier die anderen. All das hinderte den polternden Grafen freilich nicht, darüber in Begeisterung auszubrechen, welch reichen, vielfältigen, wesentlichen Beitrag unsere einzelnen Vaterländer zur gemeinsamen Kultur leisteten. So war es nicht verwunderlich, dass er in seiner Analyse weiter ging als der impulsive Hugo, von Europa zu verlangen, dass es sich zusammenschließe wie Amerika und Russland, schien ihm am Wesen dieses Kontinents selbst vorbeizugehen, gleichsam seinen Ruin zu bewirken. Also kein melting-pot, kein Schmelztiegel. Europa sollte sich anders vereinen. Die einzelnen Nationen sollten ihre Sprachen, ihre Stile behalten. Eine eigene, beispielhafte Einheit sollte sich herausbilden, wobei die Einzelstaaten in gegenseitiger Ergänzung ihre alte eigenständige Kraft bewahren würden. Sollte dagegen eine Entwicklung zum Schlechten hin eintreten, so ließe sich ein vollständiger Zerfall Europas – wie er von manchen ja auch gewünscht wurde – voraussagen."

Auf der Suche nach dieser „beispielhaften Einheit" befinden wir uns weiterhin. Dabei ist immer wieder zu entscheiden, ob in der Europäischen Union gemeinschaftlich, das heißt durch die europäischen Institutionen, oder durch die Zusammenarbeit der Regierungen (intergouvernemental) gehandelt wird. Frankreichs Präsident Charles de Gaulle (1959–1969) wollte das „Europa der Vaterländer", im Wesentlichen also die Zusammenarbeit der Regierungen. Deswegen betrieb er in den Sechzigerjahren im

Ministerrat die „Politik des leeren Stuhles". Dahinter stand die Überlegung, dass kein Mitgliedsland im Ministerrat überstimmt werden sollte, das heißt, im Ministerrat immer einstimmig entschieden werden müsste. Der letzte und damit entscheidende Maßstab blieb damit die Nation, die sich keiner Mehrheitsentscheidung unterordnen sollte. Im Gegensatz dazu steht das „Gemeinschaftseuropa", das durch seine Institutionen – Kommission, Ministerrat und Europäisches Parlament – handelt. In diesen Institutionen ist die Mehrheitsentscheidung ein selbstverständliches Verfahren. Sie beinhaltet zwangsläufig, dass das im Ministerrat unterlegene Land die Mehrheitsentscheidung akzeptieren muss. Durch den Europäischen Gerichtshof (EuGH) sind Rechtsfragen einer Prüfung zugänglich und ist dessen Entscheidung verbindlich, was bedeutet, europäisches Recht steht über nationalem Recht. Das ist der Kern der europäischen Rechtsgemeinschaft. Diese grundsätzlichen Überlegungen konnten in der ebenso schönen wie zustimmungsfähigen Rede von Louise Weiss nicht zum Ausdruck kommen. Aber in der Rede wurde deutlich: Die Europäische Union ist einmalig in der Geschichte der Menschheit, sie ist – um es lateinisch auszudrücken – *sui generis*, eben ohne Beispiel. Die Balance zwischen den Gemeinschaftsinstitutionen und den Mitgliedsländern, die souveräne Nationen sind, wird darüber entscheiden, ob die Politik der Europäischen Union wirkungsvoll und überzeugend ist. Diese Balance herzustellen bedarf immer wieder neuer Anstrengungen und nie nachlassendes Engagement.

Die Rede von Louise Weiss, dieser durch Lebenserfahrung und Beispiel so überzeugenden Persönlichkeit, hat bei mir eine tiefe Wirkung hinterlassen. Auch ihre Forderung, dass an allen Schulen,

> „von der bescheidensten bis zur hochqualifiziertesten, dargelegt werden [muss], dass Jahrhunderte voller Konflikte und Massaker heute von einer neuen Ära abgelöst werden, deren Doktrin auf dem kleinsten gemeinsamen Nenner steht, nämlich dem unserer Kultur",

entsprach ganz meinen Überzeugungen. Viele Jahre später fühlte ich mich bei meiner Initiative für die Errichtung eines „Hauses der Europäischen Geschichte" von diesen Auffassungen von Louise Weiss, die die meinigen waren und sind, ermutigt.

Die Rede von Louise Weiss wird immer ein beeindruckendes Dokument tiefer europäischer Überzeugungen bleiben. So wurde bereits die Eröffnungssitzung des ersten direkt gewählten Europäischen Parlaments am 17. Juli 1979 zu einer Lehrstunde für die gewählten Abgeordneten und eine Sternstunde in der Geschichte unseres alten, sich immer wieder erneuernden europäischen Kontinents.

*

Auch mir wird dieser Tag ein Leben lang in Erinnerung bleiben. Zu den direkt gewählten Abgeordneten des Europäischen Parlaments zu gehören, zumal als jüngster in der Fraktion der Europäischen Volkspartei, war ein wirkliches Ereignis. Allein die

Tatsache, als politischer „Newcomer" Abgeordneter dieser Volksvertretung zu werden, empfand ich als außergewöhnlich, gehörten doch dem erstgewählten Europäischen Parlament viele Persönlichkeiten mit großen Namen an. In unserer Fraktion zählten hierzu zum Beispiel Pierre Pflimlin, langjähriger Oberbürgermeister von Straßburg und ehemaliger Ministerpräsident Frankreichs. Bei der Parlamentseröffnung am 17. Juli 1979 saßen wir wegen desselben Anfangsbuchstabens unserer Namen fast nebeneinander. Aber dies sollte nicht lange andauern. Bereits einen Tag später, am 18. Juli 1979, wurde Pierre Pflimlin zum Vizepräsidenten des Europäischen Parlaments gewählt, sodass er in eine der vorderen Reihen überwechselte. Fünf Jahre später, 1984, sollte er zum Präsidenten dieses „Hohen Hauses" gewählt werden. Am 17. Juli 1979 konnte ich nicht ahnen, dass ich 2007 einer seiner Nachfolger werden würde. Aus der Sicht von 1979 wäre dies eine ganz unglaubliche Vorstellung gewesen.

Zu den großen Persönlichkeiten unserer Fraktion gehörten darüber hinaus unter anderem auch Kai-Uwe von Hassel, früherer Ministerpräsident von Schleswig-Holstein (1954–1963), deutscher Verteidigungsminister (1963–1966) und Präsident des Deutschen Bundestages (1969–1972), der mein väterlicher Freund werden sollte; Hans Katzer, ehemaliger Bundesminister für Arbeit und Soziales (1965–1969); Wilhelm Hahn, einst Kultusminister von Baden-Württemberg (1964–1978) und Alfons Goppel, langjähriger Ministerpräsident in Bayern (1962–1978), dessen Frau Gertrud aus der Grafschaft Bentheim stammte, was zu meiner Wahlregion gehörte.

Meine Kollegen wurden auch Otto von Habsburg, Sohn des letzten österreichischen Kaisers Karl, sowie Philipp von Bismarck, Vorsitzender des CDU-Wirtschaftsrates (1970–1983), der zur Familie des Gründers des Deutschen Reiches von 1871, des Reichskanzlers Otto von Bismarck (Philipp von Bismarck nannte ihn immer „Onkel Otto"), gehörte. Die Namen Otto von Habsburg und Philipp von Bismarck riefen auch wieder die deutsche Geschichte in Erinnerung, den Krieg Preußens gegen Österreich – Ungarn 1866 (Schlacht bei Königgrätz), den Dualismus zwischen diesen beiden Mächten, die sich bekriegt hatten, dann aber als Kaiserreiche im Ersten Weltkrieg Seite an Seite gestanden hatten. Nun waren die Vertreter dieser beiden Familien Kollegen im Europäischen Parlament und gehörten derselben Fraktion an, der Fraktion der Europäischen Volkspartei. Und sie gehörten derselben Nation an: Deutschland. Das Schicksal hatte Otto von Habsburg aus seiner Heimat Österreich weggeführt nach Bayern, dessen Abgeordneter er für die CSU geworden war. Otto von Habsburgs Sohn Karl sollte dem Europäischen Parlament von 1996 bis 1999 für Österreich angehören. Vater und Sohn saßen nun drei Jahre lang nebeneinander. Der Vater war erkennbar stolz darauf.

Auch die anderen Fraktionen hatten große Persönlichkeiten in ihren Reihen: so die Sozialdemokraten den schon erwähnten Willy Brandt, Bundeskanzler von 1969 bis 1974; Heinz Kühn, Ministerpräsident von Nordrhein-Westfalen von 1966 bis 1978; oder auch Heinz-Oscar Vetter, Vorsitzender des Deutschen Gewerkschaftsbundes von 1969 bis 1982. Für Heinz-Oscar Vetter sollte ich großen Respekt entwickeln, da er – obwohl eine in Deutschland so renommierte Persönlichkeit – die mühsame Arbeit im Europäischen Parlament akzeptierte und ganz selbstverständlich wegen seines mit V beginnenden Namens einen Platz in der letzten Reihe des Europäischen Parlaments einnahm. Diese Persönlichkeiten hatten schon eine große politische Laufbahn hinter sich, stellten sich aber noch einmal für die Wahl zum Europäischen Parlament zur Verfügung, um dieser mehr Attraktivität zu verleihen.

*

Aus anderen Ländern wurden illustre, berühmte oder noch berühmt werdende Persönlichkeiten gewählt: so aus Italien Susanna Agnelli aus der traditionsreichen Fiat-Familie; Giorgio Almirante, der Vorsitzende der italienischen Neofaschisten (1946–1950 und 1969–1987); Enrico Berlinguer, der Generalsekretär der Kommunistischen Partei (1972–1984); Emma Bonino, zukünftiges Mitglied der Europäischen Kommission (1995–1999), Europa- (2006–2008) und Außenministerin Italiens (seit 2013); Jacques Chirac, Präsident Frankreichs von 1995 bis 2007; Emilio Colombo, Präsident des Europäischen Parlaments von 1977 bis 1979, vielfacher italienischer Minister (1980–1983 und 1992/93) sowie Ministerpräsident (1970–1972); Edith Cresson, späteres Mitglied der Europäischen Kommission (1995–1999) und Ministerpräsidentin Frankreichs (1991/92); Bettino Craxi, Ministerpräsident Italiens (1983–1987); Michel Debré, Ministerpräsident Frankreichs unter Staatspräsident Charles de Gaulle (1959–1962); John Hume, Friedensnobelpreisträger des Jahres 1998, der mit mir dem Regionalen Ausschuss angehören sollte (1979–2004); Jean Lecanuet, französischer Justizminister (1974–1976); Pierre Mauroy, Ministerpräsident Frankreichs (1981–1984); Ian Paisley, protestantischer Pfarrer aus Nordirland, der lange den Friedensprozess boykottierte, den Besuch von Papst Johannes Paul II. 1988 im Europäischen Parlament in Straßburg störte und später zum Anwalt des Friedensprozesses in Nordirland wurde; Jiří Pelikán, tschechischer Dissident und gewählt auf einer italienischen Liste (1979–1989); Flaminio Piccoli, Präsident der italienischen Christdemokraten (1969 und 1980–1982); Jacques Santer, Ministerpräsident Luxemburgs (1984–1995) und Präsident der Europäischen Kommission (1995–1999); Antoinette Spaak, Tochter des großen belgischen Außenministers Paul-Henri Spaak; Altiero Spinelli, der den ersten Verfassungsentwurf des Europäischen Parlaments verantworten sollte; Leo Tindemans, Ministerpräsident Belgiens (1974–1978); sowie Gaston Thorn, Ministerpräsident Luxemburgs (1974–1979) und Präsident der Europäischen Kommission (1981–1985). Noch viele weitere Namen könnten hinzugefügt werden. Eine wirklich illustre Gemeinschaft von Persönlichkeiten kam 1979 im Europäischen Parlament zusammen. Dazuzugehören empfand ich als ein großes Privileg.

*

Bereits am Tage der Konstituierung des Europäischen Parlaments, am Dienstag, dem 17. Juli 1979, durfte sich die französische Politikerin Simone Veil die erste Präsidentin des direkt gewählten Europäischen Parlaments nennen. Sie war eine außergewöhnliche Persönlichkeit. Als junger Mensch hatte sie als Jüdin in Auschwitz gelitten und den Holocaust überlebt. Ihre Mutter und eine Schwester sowie weitere Familienangehörige hatte Simone Veil verloren – sie waren von den Nazis ermordet worden. Jetzt setzte sie sich für die Einigung Europas ein, auch für die Versöhnung zwischen Frankreich und Deutschland. In der außergewöhnlichen Persönlichkeit von Simone Veil haben sich Schrecken und Hoffnung, Tiefen und Höhen des 20. Jahrhunderts vereint.

Simone Veil kandidierte für die liberale Fraktion und war nicht die einzige Kandidatin. Sie hatte die Unterstützung der EVP-Fraktion, sodass diese keinen eigenen Kandidaten nominierte. Aber mit der radikalen Emma Bonino (Fraktion für die technische Koordinierung und Verteidigung der unabhängigen Gruppen und Abgeordneten), Giorgio Amendola (kommunistische Fraktion) sowie ihrem Landsmann Christian de la Malène (Fraktion der Europäischen Demokraten für den Fortschritt) und Mario Zagari (sozialistische Fraktion) hatte Simone Veil vier Mitbewerber. Von den 434 Abgeordneten nahmen 404 an der Wahl teil. 21 Kolleginnen und Kollegen gaben einen weißen oder ungültigen Stimmzettel ab. Die gültige Zahl der abgegebenen Stimmen betrug 380, die absolute Mehrheit also 191. Auf Simone Veil entfielen 183 Stimmen, auf Giorgio Amendola 44 Stimmen, Emma Bonino erhielt 9 Stimmen, Christian de la Malène 26 und Mario Zagari 118 Stimmen. Damit war Simone Veil im ersten Durchgang nicht gewählt. Im nachfolgenden zweiten Urnengang, in dem nur noch die drei Kandidaten mit den meisten Stimmen aus dem ersten zur Wahl standen, beteiligten sich wieder 404 Abgeordnete, das hieß: weiße beziehungsweise ungültige Stimmzettel 23, gültige Stimmen 377, absolute Mehrheit 189 Stimmen. Auf Simone Veil entfielen 192 Stimmen, auf Giorgio Amendola 47, auf Mario Zagari 138 Stimmen. Damit war Simone Veil mit der erforderlichen, wenn auch knappen Mehrheit von drei Stimmen gewählt.[7] In beiden Wahlgängen habe ich Simone Veil meine Stimme gegeben, so, wie unsere Fraktion es beschlossen hatte.

Am nächsten Morgen, am Mittwoch, dem 18. Juli 1979, brachte Simone Veil in ihrer Antrittsrede ihre tiefen europapolitischen Überzeugungen zum Ausdruck.[8] Zahlreiche Repräsentanten aus aller Welt, darunter viele Parlamentspräsidenten, gaben dem Europäischen Parlament die Ehre. Simone Veil wies in ihrer Rede darauf hin, dass alle fünf Kontinente repräsentiert wären. Sie erinnerte daran, dass bereits das bisherige nicht direkt gewählte Europäische Parlament, welches aus nationalen Abgeordneten, also einer Art Delegierten bestanden hatte, bei dem „immer engeren Zusammenschluss der europäischen Völker" mitgewirkt hätte. Diese Aufgabe wäre auch ein vorrangiges Anliegen für das direkt gewählte Europäische Parlament. Sie bezeichnete die Direktwahl als ein „absolutes Novum", was in der Tat zutraf. Das Europäische Parlament repräsentierte in der Legislaturperiode 1979 bis 1984 neun Völker Europas mit insgesamt 260 Millionen Bürgern. Als die Hauptforderungen der Europäischen Gemeinschaft und damit des Europäischen Parlaments bezeichnete Simone Veil die Bewahrung des Friedens, der Freiheit und des Wohlstands. Sie sagte:

„Wenn in letzter Zeit in Europa Frieden geherrscht hat, so ist dies etwas Außergewöhnliches, doch sind wir uns alle darüber im Klaren, dass dieser Zustand durchaus labil ist. Es braucht wohl nicht besonders betont zu werden, wie sehr dieser Zustand in unserem Europa, dessen Geschichte immer wieder von Bruderkriegen und mörderischen Schlachten geprägt war, als etwas Neues dasteht."

Das Europäische Parlament, so fügte sie hinzu, wäre

„dafür verantwortlich, dass ungeachtet unserer unterschiedlichen Einstellungen dieser Frieden bewahrt wird, der wohl für alle Europäer das wertvollste Gut ist. Angesichts der Spannungen, die in der Welt von heute herrschen, wird diese Verantwortung noch größer und die Legitimität, die unserer Versammlung durch die allgemeinen Wahlen zugewachsen ist, wird uns helfen, dieser Verantwortung gerecht zu werden und wie wir wünschen möchten, den Frieden auch in die übrige Welt hinauszutragen."

Im Hinblick auf die Freiheit wies Simone Veil darauf hin, dass sich der Totalitarismus weit ausgebreitet hätte und

„dass die Inseln der Freiheit von Regimes eingekreist sind, in denen die Gewalt herrscht. Unser Europa ist eine dieser Inseln, und es ist zu begrüßen, dass Griechenland, Spanien und Portugal, deren freiheitliche Traditionen so alt sind wie die unseren, zu dieser Gruppe der freien Länder gestoßen" seien.

Griechenland sollte 1981, Spanien und Portugal sollten 1986 der Europäischen Gemeinschaft beitreten, nachdem sie ihre Militärregime abgeschüttelt hatten. Aber Europa als Ganzes blieb durch Minenfelder, Mauer und Stacheldraht geteilt, eine Grenze, die mitten durch unseren Kontinent lief. Erst 1989/90 sollte diese Spaltung überwunden werden.
Den Wohlstand betreffend sprach Simone Veil davon, die Ungleichheit zwischen den verschiedenen Teilen der Europäischen Gemeinschaft durch „Solidarität zwischen den Völkern, den Regionen und den Menschen" auszugleichen. Sie forderte den wirtschaftlichen und finanziellen Ausgleich, der zum Abbau der regionalen Unterschiede erforderlich wäre. Den schwachen Regionen müsste geholfen werden, soziale Ungleichheiten müssten abgebaut werden.
Dem Europäischen Parlament stellte unsere Präsidentin folgende Aufgabe:

„Das Parlament muss auch ein Organ der Kontrolle der allgemeinen Politik in der Gemeinschaft sein. Wir dürfen nämlich nicht glauben, dass die rein institutionellen Einschränkungen seiner Befugnisse ein Parlament wie das unsrige daran hindern können, seine Stimme jederzeit mit der durch die Wahl erworbenen politischen Autorität zu erheben."

Dies bedeutete, sich gesetzgeberische Kompetenzen zu erstreiten. Hierbei war, wenn die Entwicklung bis heute im Ganzen gesehen wird, das Europäische Parlament außerordentlich erfolgreich. Aber in zwei Bereichen, die Simone Veil bereits in ihrer Rede am 18. Juli 1979 erwähnt hatte, sind noch Aufgaben zu lösen, und zwar ein einheitliches Wahlverfahren auszuarbeiten sowie bei der Frage der Eigeneinnahmen der Europäischen Gemeinschaft mitzuwirken, was sie so ausdrückte:

„Dieser Frage können wir umso weniger aus dem Wege gehen, als wir wissen, dass der Haushaltsplan der Europäischen Gemeinschaft während dieser Legislaturperiode den in den Verträgen für die eigenen Einnahmen festgesetzten Höchstsatz von 1 % der Mehrwertsteuer erreichen wird. In den kommenden Jahren wird das Problem der Einnahmen also zum Hauptproblem werden, und diesem Parlament wird als der Vertretung aller Bürger, das heißt aller Steuerzahler der Gemeinschaft, zwangsläufig eines Tages eine wesentliche Rolle bei seiner Lösung zufallen."

Damit hat Simone Veil bereits zu Beginn unserer Parlamentsarbeit ein maßgebliches Problem dargestellt: die Finanzierung der Gemeinschaft durch Eigeneinnahmen. Noch heute ist das Europäische Parlament in dieser Angelegenheit kein gleichberechtigter Partner der Regierungen. Hinzu kommt, dass der Gemeinschaft, die heute die Europäische Union ist, immer mehr Aufgaben übertragen worden sind, aber der Anteil an Eigeneinnahmen von 1 Prozent am Bruttoinlandsprodukt noch immer gilt. Das Europäische Parlament hat mehrfach Vorschläge für die Finanzierung der Gemeinschaft unterbreitet, die jedoch von den Regierungen nicht angenommen wurden. Bei der Steuergesetzgebung gilt im Ministerrat das Prinzip der Einstimmigkeit ebenso wie bei der Festsetzung der Art der Einnahmen. In der Zukunft stehen wir vor der Aufgabe, auch bei diesen Fragen zu Mehrheitsentscheidungen im Ministerrat und zur gleichberechtigten Mitwirkung des Europäischen Parlaments zu kommen. Bei der Aufstellung des jährlichen Haushalts und bei der Beschlussfassung des siebenjährigen Finanzrahmens allerdings hat das Europäische Parlament wichtige Entscheidungsrechte.

Die Antrittsrede von Simone Veil wurde mit lebhaftem Beifall aufgenommen.

*

Solange Simone Veil dem Europäischen Parlament angehörte (1979–1993), sind wir uns nicht sehr oft begegnet. Wir hatten die Gelegenheit zu einem ausführlichen Gedankenaustausch bei einer Delegationsreise im März 1981 nach Australien und Neuseeland, die sie anführte. Im Anschluss an die Übergabe ihres Amtes an ihren Nachfolger, den holländischen Sozialdemokraten Piet Dankert im Januar 1982, wurde Simone Veil Vorsitzende der liberalen Fraktion im Europäischen Parlament. Heute ist sie Mitglied der Union pour un Mouvement Populaire (UMP), also der Partei des ehemaligen französischen Staatspräsidenten Nicolas Sarkozy, die zur Europäischen

Volkspartei gehört. Nach meiner Wahl zum Präsidenten des Europäischen Parlaments am 16. Januar 2007 bin ich mit Simone Veil häufiger zusammengetroffen. Am 18. Juni 2008 wurde ihr in Yuste, Spanien, durch König Juan Carlos in Anwesenheit von Königin Sophie und vieler prominenter Persönlichkeiten der Europapreis Karl V. verliehen. Ich wurde gebeten, die Laudatio auf die Preisträgerin zu halten, eine Aufgabe, die ich sehr gern übernommen habe. Dabei charakterisierte ich sie wie folgt:

„Simone Veil ist eine der herausragendsten Persönlichkeiten in Europa. Sie steht für Hoffnung statt Düsternis, moralische Integrität statt Opportunismus, die Kraft des Beispiels statt Zynismus und Frustration. […] Simone Veil erinnert uns daran, woher wir kommen, und zwar nach einer langen Reise moralischer Perversionen und unmenschlicher Zerstörung. Simone Veil beweist durch ihr Leben, was Europa nach Jahren der Dunkelheit vollbracht hat. Simone Veil lehrt uns unablässig, wie sehr wir darauf achten müssen, unsere Moralvorgaben in dem Zeitalter, in das wir mit dem Generationswechsel eintreten, zu bewahren. Ich kann mir keine Persönlichkeit vorstellen, die diesen Preis 2008 mehr verdient hätte als Simone Veil. Ihr hervorragendes Beispiel für Mut, ihre Bereitschaft zur Vergebung, zur Aussöhnung und zum Neubeginn, ihr starkes Engagement für die Gleichberechtigung von Frauen und Männern und nicht zuletzt ihre politische Führungsstärke bei der Förderung der europäischen Integration werden europa- und weltweit anerkannt und gewürdigt."[9]

In einer weiteren Laudatio auf Simone Veil aus Anlass der Verleihung des Heinrich-Heine-Preises der Stadt Düsseldorf am 13. Dezember 2010 äußerte ich mich ähnlich.

Als Präsident des Europäischen Parlaments habe ich dessen Präsidium vorgeschlagen, den Platz zwischen dem Altiero Spinelli- und József Antall- beziehungsweise Willy Brandt–Komplex nach Simone Veil zu benennen. Am 4. Mai 2009 ist das Präsidium einstimmig diesem Vorschlag gefolgt. Dieses Vorhaben zu verwirklichen war jedoch nicht leicht, denn besagter Platz ist nicht Eigentum des Europäischen Parlaments. Einbezogen werden mussten die Region Brüssel, die Stadt Brüssel wie auch der Brüsseler Stadtteil Ixelles. Die bürokratische Prozedur zog sich über viele Monate hin, sodass erst zur Amtszeit meines Nachfolgers Jerzy Buzek der nach Simone Veil benannte Platz am 30. August 2011 offiziell eingeweiht werden konnte. Jerzy Buzek hatte die Idee, die Promenade, die zu diesem Platz führt, nach „Solidarność" zu benennen. An der feierlichen Zeremonie nahmen unter anderem Simone Veil und ihr Mann Antoine; Parlamentspräsident Jerzy Buzek; der Ministerpräsident Polens, Donald Tusk; der Solidarność-Führer und frühere Präsident Polens, Lech Wałęsa; der frühere Ministerpräsident der Niederlande, Wim Kok; der französische Europaminister, Jean Leonetti; der Präsident der Kommission, José Manuel Durão Barroso; der Ministerpräsident Belgiens, Yves Leterme; sowie auch ich teil. Die genannten Persönlichkeiten waren von Präsident Jerzy Buzek eingeladen zu sprechen. So hatte ich Gelegenheit, noch einmal vor vielen Teilnehmern Simone Veil zu ehren und darauf hinzuweisen, dass dieser Beschluss von mir durchgesetzt worden war. Auch bemerkte ich, dass die Idee dazu von Klaus Welle, meinem Kabinettschef, gestammt hatte. In meinem politischen Leben ist es häufiger vorgekommen, dass enge Mitarbeiterinnen und Mitarbeiter mir Projekte vortrugen, die ich durch die mir übertragenen Funktionen und Aufgaben annehmen oder ablehnen konnte. Wenn eine Idee mich überzeugte, so wie in diesem Fall, war es für mich eine Freude, mich mit ganzem Engagement für die Durchsetzung dieser einzusetzen. Dementsprechend verspürte ich keinerlei Zurückhaltung, Klaus Welle auf der „Agora Simone Veil" würdigend zu erwähnen.

Mit zunehmendem Alter habe ich die historische Leistung von Simone Veil, ihren Umgang mit ihren Erfahrungen im Vernichtungslager Auschwitz und ihr Engagement für die Europäische Einigung immer mehr schätzen gelernt. Auch, dass sie die Versöhnung mit Deutschland gesucht hat, entspricht großer Menschlichkeit, zeigt Mut sowie den tiefen Glauben an den Frieden und die Überzeugung, dass Europa nur gemeinsam eine Zukunft hat. Der Name von Simone Veil ist Symbol und Ausdruck, dass wir Europäer hoffentlich für alle Zeit unsere Tragödien hinter uns gelassen haben und uns einem Europa zuwenden, das sich zu den gemeinsamen Werten bekennt: der Würde des Menschen, Freiheit und Demokratie, Recht und Frieden sowie den Prinzipien von Solidarität und Subsidiarität. Ich bin dankbar dafür, dass sich zu Simone Veil, dem Mitglied der Académie française, und auch zu ihrem leider verstorbenen Mann Antoine immer mehr ein freundschaftliches Verhältnis entwickelte.

*

Die Sitzungen des Europäischen Parlaments zu leiten war nicht einfach, auch für Simone Veil nicht. 1979 gab es noch keine elektronische Abstimmungsanlage, sodass die Abgeordneten mit Aufstehen oder Handheben über hunderte, manchmal tausende von Änderungsanträgen abstimmen mussten. Eine unendliche Masse von Papier wurde dem Parlament unterbreitet. Die Abstimmungen nahmen viele Stunden in Anspruch. Sie kosteten Zeit und das Prozedere war ziemlich ärgerlich. Viele unterschiedliche Kulturen trafen im Europäischen Parlament zusammen und es war nicht einfach, sich daran zu gewöhnen. Aber Geduld und Verständnis füreinander sind Grundlagen jeder Zusammenarbeit, auch wenn es manchmal eine Herausforderung sein kann, sich immer daran zu halten.

Für einen deutschen Kollegen waren die Abläufe im Europäischen Parlament so unerträglich, dass er mir erklärte, er wollte sich „an diesen rhythmischen und sportlichen Übungen nicht mehr beteiligen". Er schied daraufhin aus dem Parlament aus. Dabei handelte es sich bei diesem anfänglichen Chaos vielmehr um Verfahrensfragen als um schwerwiegende inhaltliche Auseinandersetzungen. Wer schon bei Verfahrensfragen die Geduld verliert, wird diese wohl kaum aufbringen können, wenn es um die Debatte in der Sache geht. Bei einer Gemeinschaft mit heute über 500 Millionen Bürgerinnen und Bürgern aus 28 Ländern der Europäischen Union ist es unvermeidbar, dass über den richtigen Weg für das als richtig erkannte Ziel diskutiert und auch gestritten wird. Geduld ist dabei eine der wichtigsten Tugenden, um zum Erfolg zu kommen.

Niemals sollte man eine Sache zu früh aufgeben. Solange noch etwas Feuer in der Asche ist, darf man das Engagement nicht einstellen. Wo andere aufgeben, muss man erst richtig beginnen. Albert Schweitzer hat es so schön formuliert:

„Der Optimismus liefert die Zuversicht, dass der Weltverlauf irgendwie ein geistig-sinnvolles Ziel hat und dass die Besserung der Verhältnisse der Welt und der Gesellschaft die geistig-sittliche Vollendung des Einzelnen fördert."[10]

In den Jahren meiner Mitgliedschaft im Europäischen Parlament hat sich diese Erfahrung wiederholt bestätigt. Immer wieder von Neuem anzufangen, war oft erfolgreich. Entscheidend ist, eigene Überzeugungen zu haben, an das Ziel zu glauben und einige Verbündete zu finden, die das gleiche Ziel anstreben. Konrad Adenauer hat einmal gesagt, Europa wäre immer eine Sache von wenigen gewesen, aber diese müssten überzeugt sein und entschlossen. Wenn die meisten ein Anliegen bereits aufgegeben hätten, begänne die tatsächliche Arbeit. Diese Wahrnehmung Konrad Adenauers gilt nicht nur für die nationale Politik, sondern in ganz besonderer Weise für die Europapolitik. In schwierigen, oft ausweglos scheinenden Situationen sollte ich mich in Zukunft oft daran erinnern und entsprechend handeln.

3. Mitarbeit im Regionalausschuss

Die ersten Wahlen zum Europäischen Parlament waren für CDU und CSU ein großer Erfolg: Sie erlangten 49,2 Prozent der Stimmen und 42 der 81 deutschen Mandate. Die SPD bekam 40,8 Prozent und 35 Sitze, die FDP 6 Prozent und 4 Sitze und die Grünen erreichten 3,2 Prozent der Stimmen, waren damit jedoch nicht im Parlament vertreten. Für die CDU in Niedersachsen wurden Hans Edgar Jahn (Platz 1), Philipp von Bismarck (Platz 2), Franz-Josef Nordlohne (Platz 3) sowie ich (Platz 4) und Renate-Charlotte Rabbethge (Platz 5) gewählt. Noch in der Wahlnacht verzichtete Hans Edgar Jahn wegen Vorwürfen, die sein Studium während der Nazizeit betrafen, auf sein Mandat. Für ihn rückte Wilhelm Helms nach.

Die Wahlregion, die ich im Europäischen Parlament vertreten sollte, entsprach dem CDU-Bezirksverband Osnabrück-Emsland, bestand also aus dem Landkreis und der Stadt Osnabrück, dem Landkreis Emsland und der Grafschaft Bentheim. Auch versprach ich, Ostfriesland, das keinen CDU-Europaabgeordneten hatte, so gut ich konnte zu betreuen. Wahlkreise im förmlichen Sinne wie bei der Bundestagswahl gibt es nicht, da die Abgeordneten des Europäischen Parlaments auf Landeslisten (so bei der CDU und CSU) oder auf Bundeslisten (so bei den anderen Parteien) gewählt werden. Wir fünf niedersächsische CDU-Europaabgeordnete waren jeweils für eine bestimmte Region in Niedersachsen zuständig, sodass das ganze Land abgedeckt war und die Partei wie auch die Bürgerinnen und Bürger wussten, wer für ihre Anliegen verantwortlich war.

Angesichts des überwiegend ländlichen Charakters meiner Wahlregion hielt ich es für sinnvoll, Mitglied im Regionalausschuss zu werden. Aufgabe des Regionalausschusses ist es, strukturschwache Gebiete zu fördern und dazu beizutragen, dass die Lebensbedingungen innerhalb der Europäischen Gemeinschaft einander annähern und sich ausgewogen entwickeln. Für die CDU gehörte noch Albert Pürsten, Bezirksvorsitzender der CDU in Ostwestfalen, dem Regionalausschuss an. Er war ein bewährter Politiker, stellvertretender Fraktionsvorsitzender der CDU im Landtag von Nordrhein-Westfalen und ist bedauerlicherweise genau ein Jahr nach der Europawahl, also 1980, plötzlich verstorben. Sein Nachfolger wurde Elmar Brok, der wie ich seinen Weg in der Jungen Union gemacht hatte und einer der bedeutendsten Politiker des Europäischen Parlaments werden sollte. In der ersten Sitzung des Regionalausschusses sagte Albert Pürsten zu mir: „Mach' du mal für uns den Sprecher, ich habe genug Aufgaben." So kam ich zu meinem ersten Posten: Sprecher der CDU im Regionalausschuss des Europäischen Parlaments. Unser Koordinator für die Fraktion – also Obmann beziehungsweise Sprecher der EVP im Regionalausschuss – war mein irischer Kollege Tom O'Donnell aus Limerick. Zur Halbzeit der bis 1984 dauernden Wahlperiode, zu Beginn des Jahres 1982, hat er mir mit Zustimmung der Fraktion die Aufgabe des Koordinators übertragen. Nach zweieinhalb Jahren Mitgliedschaft im Europäischen Parlament der Sprecher der gesamten Fraktion für die Regionalpolitik zu sein, war für mich eine bedeutende Entwicklung. Diese Aufgabe sollte ich bis 1984 wahrnehmen.

*

1981 trat Griechenland der Europäischen Gemeinschaft bei, 1986 wurden Spanien und Portugal Mitglied. Damit kamen drei strukturschwache Länder zur Europäischen Gemeinschaft hinzu. Für die Regionalpolitik musste dies große Auswirkungen haben. Mein Kollege Hans August Lücker, der von Februar 1970 bis November 1975 Fraktionsvorsitzender der christdemokratischen Fraktion im nicht direkt gewählten Europäischen Parlament gewesen war, hatte die Überlegung, für die südlichen, strukturschwachen Länder der Europäischen Gemeinschaft einen „revolvierenden Fonds" zu schaffen, der nach dem Beispiel des Marshallplans Hilfen an Mittelstand und Industrie vergeben sollte.[11] Die Idee bestand darin, die Regionalhilfe nicht mit verlorenen Zuschüssen, sondern durch rückzahlbare und mit geringen Zinsen belastete Darlehen zu gestalten. Diese Idee faszinierte auch mich und wir erreichten, dass ich Berichterstatter für einen sogenannten Mittelmeerplan wurde. Dieser Bericht wurde am 9. November 1981 einstimmig bei zwei Enthaltungen im Regionalausschuss angenommen.[12] Das Europäische Parlament stimmte am 16. Februar 1982 ebenfalls mit überwältigender Mehrheit zu.[13]

In der zuvor abgehaltenen Parlamentsdebatte vom 15. Februar 1982 erinnerte ich daran, dass das Europäische Parlament den Beitritt von Portugal und Spanien zur Europäischen Gemeinschaft immer unterstützt hätte.[14] Die Erweiterung der Gemeinschaft böte Chancen sowohl für die Zehnergemeinschaft als auch für Portugal und Spanien. Sie brächte aber für diese ebenso große Gefährdungen wie auch für die anderen Länder mit sich, wenn die „notwendigen wirtschaftlichen und politischen Entscheidungen, die mit dem Beitritt verbunden sind, unterbleiben sollten". Portugal und Spanien hätten in den letzten Monaten und Jahren eine bewundernswerte Entwicklung durchgemacht, ihre jahrzehntelangen Diktaturen überwunden und wollten insbesondere mit dem Beitritt zur Europäischen Gemeinschaft die Entwicklung von Freiheit, Demokratie und Rechtsstaatlichkeit und des sozialen Wirtschaftsaufbaus im Innern fördern. „Wir, die Europäische Gemeinschaft, sollten Portugal und Spanien in dieser für Europa insgesamt bedeutsamen Entwicklung unterstützen." Mit dem Beitritt von Portugal und Spanien würde sich die Europäische Gemeinschaft entscheidend verändern, da sich der Unterschied im Entwicklungsstand der Regionen dramatisch vergrößerte. Wörtlich sagte ich:

„War der Entwicklungsstand gemessen am Bruttoinlandsprodukt pro Kopf der Bevölkerung zwischen Hamburg und den strukturschwächsten Regionen Italiens, das heißt Kalabrien, 5 : 1, so wird das entsprechende Verhältnis zwischen Hamburg und der schwächsten Region Portugals, nämlich Vila Real-Braganca, 12 : 1 betragen. Wenn wir in diesem Zusammenhang Griechenland, das seit dem 1. Januar 1981 Mitglied der Gemeinschaft ist, betrachten, so müssen wir sagen, dass in Griechenland, Portugal und Spanien 56 Millionen Menschen wohnen, von denen 2/3, das heißt etwa 35 Millionen, in Gebieten leben, die den ärmsten Regionen der alten Neuner-Gemeinschaft vergleichbar sind, nämlich Süditalien und Westirland."

Ich erinnerte an die Präambel des Vertrages von Rom (1957): dass es zu einem der Ziele der Gemeinschaft gehörte, den Abstand zwischen den reichen und den weniger begünstigten Gebieten zu verringern. Insbesondere wies ich auf die Bedeutung der Landwirtschaft und den notwendigen Strukturwandel hin. Während in der Zehnergemeinschaft im Durchschnitt etwa 7 Prozent der erwerbstätigen Bevölkerung in der Landwirtschaft arbeiteten, wären es in den Mittelmeerregionen 20 Prozent, in Griechenland und in Portugal sogar 30 Prozent. Die Arbeitslosenquote lag im Frühjahr 1981 im Gemeinschaftsdurchschnitt bei 8 Prozent, aber in den Mittelmeergebieten bei bis zu 20 Prozent. Das Bruttoinlandsprodukt zu laufenden Preisen betrug 1980 pro Kopf im Durchschnitt der Gemeinschaft rund 9.000 US Dollar. Der entsprechende Wert für Portugal dagegen lag bei 2.070 Dollar, also nicht einmal einem Viertel, der für Griechenland bei 4.060 Dollar.
Außerdem betonte ich, dass die Beitrittsländer Portugal und Spanien – und dies gelte in gleicher Weise auch für Griechenland – nicht nur die Probleme ihrer struktur-

schwächeren Regionen zu bewältigen hätten, sondern ebenso die Eingliederung in den gemeinsamen Markt, verbunden mit dem Zollabbau. Die Industrie, insbesondere der Mittelstand, würde einer starken Konkurrenz mit den anderen Ländern der Gemeinschaft ausgesetzt werden und die notwendige Umstrukturierung der Landwirtschaft machte es erforderlich, Arbeitsplätze außerhalb der Landwirtschaft zu schaffen. Wörtlich fügte ich hinzu:

> „Hier können wir [...] entscheidende Weichen stellen, je nachdem, ob wir nun mit staatlichen Subventionen Wettbewerbsverzerrungen zwischen den Ländern der Gemeinschaft schaffen, oder ob wir einen vernünftigen marktwirtschaftlichen Weg auf der Basis eines zinsgünstigen Darlehenssystems gehen, wie ihn der Ausschuss für Regionalpolitik vorschlägt.“

Ziel müsste es sein, Arbeitsplätze für die Menschen in ihrer Heimat zu schaffen. Insbesondere junge Menschen sollten dort, wo sie aufgewachsen sind und ihre sozialen Bindungen haben, auch die Chance bekommen, einen Arbeitsplatz zu finden, damit sie nicht gezwungen wären, in fremde Regionen des eigenen Landes oder gar auf den nordeuropäischen Arbeitsmarkt abzuwandern. Ich plädierte dafür, „damit wir die Maschinen zu den Menschen bringen und nicht die Menschen zu den Maschinen“.

Der „Mittelmeerplan“ sollte für die Beitrittsländer Portugal und Spanien gelten, darüber hinaus aber auch für Griechenland, den Süden Italiens und für einige Regionen im Süden Frankreichs. Ziel war die Schaffung von dauerhaften Arbeitsplätzen in Industrie und Handwerk, im Dienstleistungssektor sowie der dazu notwendigen Infrastruktur. Insbesondere kleine und mittelständische Unternehmen sollten davon profitieren. Im Zusammenhang damit stand die Strukturreform in der Landwirtschaft. Für die junge Generation war von entscheidender Bedeutung, dass die berufliche Ausbildung durch die Schaffung von Berufsbildungszentren und die Förderung der beruflichen Mobilität durch Umschulung verbessert wurde. Wichtig wäre, so fügte ich hinzu, die Vorbereitung und Umschulung von Betriebs- und Unternehmensleitern. Ausdrücklich erwähnte ich die Verbesserung der Funktionsfähigkeit des administrativen Bereichs, was von den Ländern vorrangig als selbstdurchzuführende begleitende Maßnahme in Angriff genommen werden müsste. Die Europäische Investitionsbank sollte als Koordinatorin und ausführendes Organ des „Mittelmeerplans“ verantwortlich sein.

Außerdem erklärte ich:

> „Wir wissen, dass diese Probleme nicht in wenigen Jahren lösbar sind, dass hier sicherlich eine Zeitdauer von 30 Jahren erforderlich ist, um diese Probleme langfristig zu lösen. Bei einem solchen Fonds kommt es entscheidend darauf an, dass er auf einem zinsgünstigen Darlehenssystem basiert, das heißt, dass wir nicht verlorene Zuschüsse zur Grundlage eines solchen Modells machen, sondern zinsgünstige Darlehen. [...] Darlehen, die rück-

zahlbar sind, [...] werden [...] bei den unmittelbar betroffenen Investoren die Initiative wecken, dieses Geld vernünftig anzulegen und zurückzuzahlen."

Ich wies darauf hin, dass in dem Entschließungsantrag die Kommission aufgefordert würde, innerhalb von drei Monaten einen detaillierten Finanzierungsvorschlag für ein solches Vorhaben zu unterbreiten. Dem möglichen Einwand der reicheren Länder der Gemeinschaft, die nicht am „Mittelmeerplan" partizipieren würden, begegnete ich dadurch, dass der „Mittelmeerplan" auch im Interesse dieser Länder wäre, da sie einen Vorteil dadurch hätten, dass sie die Ausrüstung, die Industriegüter, in die Mittelmeerländer lieferten. Abschließend äußerte ich meine Überzeugung, dass die Probleme, die mit dem Beitritt von Griechenland, Portugal und Spanien verbunden waren, lösbar wären:

> „Wenn wir in die Welt hinausschauen, nach Osteuropa, oder wohin auch immer, dann zeigt sich, dass die Europäische Gemeinschaft bei allen Problemen immer noch die Gemeinschaft ist, die die Probleme am besten in den Griff bekommt."

Notwendig wären nun politische Entscheidungen, Entscheidungen der Kommission, Entscheidungen des Ministerrates, um das Erforderliche zu tun.

Die Europäische Kommission hat unsere Forderung, einen Vorschlag für eine entsprechende Verordnung für einen „Mittelmeerplan" zu unterbreiten, nicht Folge geleistet. 1982 konnte das Europäische Parlament zwar gute Ideen entwickeln, besaß aber nicht die Macht, die Kommission zu zwingen, diese Ideen in eine Initiative für den Ministerrat umzusetzen. Auch wenn das Europäische Parlament das Initiativrecht formell selbst heute nicht hat, bliebe ein Nichthandeln der Kommission nicht mehr ohne Folgen. Heute ist das Europäische Parlament mächtig und einflussreich. Ein Nicht- oder Zuwiderhandeln der Kommission auf Vorschläge des Parlaments würde heute zu einem Misstrauensvotum oder zu anderen politischen Konsequenzen führen. Anders aber war es im Jahr 1982.

Mit dem „Mittelmeerplan" sollte in einem Zeitraum von sechs bis acht Jahren ein aufzustockender Entwicklungsfonds geschaffen werden, der Hilfe zur Selbsthilfe ermöglichen sollte. Ausdrücklich wurde gefordert, dass Beihilfen und Kredite nicht in die Haushalte der begünstigten Mitgliedstaaten fließen, sondern den Unternehmen, regionalen Körperschaften et cetera zur Verfügung gestellt werden sollten.

Innerhalb der Europäischen Kommission aber gab es andere Vorstellungen. Diese wollte lieber Regionen beziehungsweise den Mitgliedsländern Finanzmittel zur Verfügung stellen, die nicht rückzahlbar waren. Mit den „integrierten Mittelmeerprogrammen" wurde der Vorschlag für einen „Mittelmeerplan" unterlaufen. Die Abgeordneten aus den Ländern Südeuropas stimmten den Vorschlägen der Kommission zu, traten also für die „integrierten Mittelmeerprogramme" ein, nachdem sie zuvor im Europäischen Parlament dem „Mittelmeerplan" zugestimmt hatten. Als die Finanzmittel für die „integrierten Mittelmeerprogramme" ausgezahlt waren, erinnerten sich die Kollegen an den „Mittelmeerplan" und wollten ihn jetzt doch verwirklichen. Sie wollten also beides. Darauf habe ich mich verständlicherweise nicht eingelassen. Ich habe den „Mittelmeerplan" nicht wieder aufgegriffen. Nichtsdestotrotz bin ich der Auffassung, er wäre ein geeignetes Instrument für die regionale Entwicklung gewesen, da er wegen der Rückzahlbarkeit der Darlehen die Eigeninitiative der Investoren gefördert hätte. So, wie der auf den gleichen Prinzipien beruhende Marshallplan für den Wiederaufbau Westeuropas nach dem Zweiten Weltkrieg ein großer Erfolg geworden war, hätte es auch der „Mittelmeerplan" werden können.

Aber gleichwohl: Entsprechend der Theorie, dass sich Entwicklungsunterschiede auf verschiedenen Ebenen durch wirtschaftliche Integration verringern, hat der Beitritt Spaniens, Griechenlands und Portugals diese Prognose klar bestätigt. Neben den so wichtigen Direktinvestitionen (94 Milliarden US-Dollar innerhalb von zehn Jahren, 1990-2000[15]), die in den Jahren nach dem Beitritt zur EU verstärkt in die neuen Mitgliedstaaten geflossen waren und maßgeblich zur Entwicklung beigetragen hatten, spielten auch einige andere Faktoren eine entscheidende Rolle. So waren es ebenso die Strukturhilfen der Europäischen Gemeinschaft, die durch die massive Unterstützung – zwischen 1,5 und 3,5 Prozent des Bruttoinlandsproduktes der jeweiligen Länder – die wirtschaftliche Entwicklung gefördert hatten. Durch die Stärkung der Wirtschaft Spaniens, Portugals und Griechenlands ist der Lebensstandard in den Jahren nach dem Beitritt – mit Ausnahme Griechenlands – deutlich angestiegen. Die soziale Absicherung in Spanien, Portugal und auch in Griechenland hat sich nach dem Beitritt deutlich verbessert, und das wohlfahrtstaatliche Modell hat sich immer mehr dem hohen Standard der Gemeinschaft angepasst. Die Summe dieser Entwicklungen hat sich auch in der Lebenszufriedenheit der Bürgerinnen und Bürger in diesen Ländern widergespiegelt: Zehn Jahre nach dem Beitritt war die Bevölkerung zufriedener als zuvor.

Der Finanztransfer in diese Länder und auch später in die Länder Mittel- und Südosteuropas hat zur Stärkung aller Länder beigetragen. Auch wenn sogenannte Nettozahler wie die Bundesrepublik Deutschland einen finanziell großen Beitrag geleistet haben und noch immer leisten, haben diese doch immer wieder Vorteile dadurch gehabt, dass moderne Technologien, die in den Beitrittsländern eingesetzt worden sind, von ihnen selbst geliefert wurden. So wurde zum Beispiel der Flughafen Eleftherios Venizelos in Athen von einem deutschen Konsortium unter Leitung des Baukonzerns Hochtief gebaut. Es handelte sich dabei um eines der größten Infrastrukturprojekte der Geschichte Griechenlands. Ein beachtlicher Teil des Geldes ist somit zurückgeflossen. Der große zollfreie europäische Binnenmarkt war und ist vor allem für den deutschen Export von großem Vorteil, denn von deutschen Ausfuhren geht der überwiegende Teil in die Staaten der Europäischen Union: Mit einem Gesamtvolumen von 627 Milliarden Euro im Jahr 2011, was einen Anteil von 57 Prozent aller deutschen Exporte ausmacht, waren die Mitgliedstaaten der Europäischen Union

01   Meine Eltern, Agnes Sophie und Wilhelm Pöttering

02 | 03   Mit meiner Mutter und meinem älteren Bruder Manfred (jew. links)

04 1944: mein Bruder Manfred mit meinem Vater – dieses Glück habe ich nie erleben dürfen

05 Die junge Familie: mit Benedict, Ruth und Johannes

06 Mit meinen beiden Enkeln Jakob und David

07 Mit meiner Enkelin Sanna Sophie

08 Als Faust im Urfaust mit Annegret Klaphake als Gretchen, Dezember 1965

09 Mit Eberhard Haar als Mephisto

10 Für den Abbau der Grenze zu den Niederlanden in Nordhorn mit Werner Remmers (links) und Günter Schwank (erster von rechts)

11 Mit Bundeskanzler Helmut Kohl, dem Ehrenbürger Europas

12 Mit Otto von Habsburg und Pierre Pflimlin in Straßburg

13 Als Fraktionsvorsitzender (2.v.r.) mit Wilfried Martens, José María Aznar, Jean-Claude Juncker, Silvio Berlusconi, Jean-Pierre Raffarin, José Manuel Durão Barroso und Jan Peter Balkenende (v.l.n.r.) auf Sardinien

14 Das Präsidium der EVP-ED-Fraktion im Jahr 2002 mit den Stellvertretern Francesco Fiori (IT), Klaus Welle (Generalsekretär, DE), Wim van Velzen (NL), Françoise Grossetête (FR), José Ignacio Salafranca Sanchez-Neyra (ES), Ilkka Suominen (FI) und James Elles (GB) (v.l.n.r.), es fehlt Othmar Karas (AT)

15 | 16 Mit meinem Vorgänger als Vorsitzender der EVP-ED-Fraktion, Wilfried Martens, und meinem Nachfolger in diesem Amt, Joseph Daul

17 Der Einladung zu meiner Programmrede am 13. Februar 2007 folgten alle ehemaligen Präsidenten des Europäischen Parlaments: Pat Cox, Lord Henry Plumb, José María Gil-Robles y Gil-Delgado, Emilio Colombo, Egon Klepsch, Klaus Hänsch, Simone Veil, Nicole Fontaine, Josep Borrell Fontelles und Enrique Barón Crespo (v.l.n.r.)

18 | 19 Rede bei den Feierlichkeiten anlässlich des 50-jährigen Jubiläums der Unterzeichnung der Römischen Verträge in Berlin am 25. März 2007

20 Unterzeichnung der Berliner Erklärung am 25. März 2007 mit Angela Merkel und José Manuel Durão Barroso

21 Die Gipfelteilnehmer am 25. März 2007 vor dem Brandenburger Tor:
hintere Reihe (v.l.n.r.): Aigars Kalvītis (LT), Jean-Claude Juncker (LU), Robert Fico (SK), Lawrence Gonzi (MT), Jan Peter Balkenende (NL), Tony Blair (GB), Andrus Ansip (EE), Alfred Gusenbauer (AT), Matti Vanhanen (FI) *mittlere Reihe*: Bertie Ahern (IE), Romano Prodi (IT), Kostas Karamanlis (GR), Anders Fogh Rasmussen (DK), Ferenc Gyurcsány (HU), Guy Verhofstadt (BE), José Luis Rodriguez Zapatero (ES), Fredrik Reinfeldt (SE), Janez Janša (SLO), José Sócrates (PT), Frank-Walter Steinmeier (Außenminister, DE) *vordere Reihe*: José Manuel Durão Barroso (KOM, PT), Traian Băsescu (RO),Valdas Adamkus (LV), Lech Kaczyński (PL), Jacques Chirac (FR), Angela Merkel (DE), Václav Klaus (CZ), Tassos Papadopoulos (CY), Georgi Parwanow (BG), Hans-Gert Pöttering (EP, DE), Javier Solana (Hoher Vertreter, ES)

für Deutschland der bedeutendste Handelspartner.[16] Die Zahlen belegen eindrucks-voll, welche Chancen Deutschland und der deutschen Wirtschaft durch den gemein-samen europäischen Binnenmarkt entstehen.

*

Neben meiner Arbeit im Europäischen Parlament, insbesondere im Regionalaus-schuss, und der Betreuung meiner Wahlregion kamen überraschenderweise neue Auf-gaben auf mich zu. Eines Tages im Jahr 1981 rief mich der Landesvorsitzende der Europa-Union Niedersachsen, Oberstudiendirektor Rudi Wölz aus Hannover, an und fragte, ob ich sein Nachfolger werden wollte. Die überparteiliche Europa-Union ist eine Gemeinschaft von Menschen, die sich den europäischen Bundesstaat zum Ziel gesetzt haben. Es ist eine Gemeinschaft sehr idealistischer Personen. Landesvorsitzen-der der Europa-Union in Niedersachsen zu sein bedeutete damals – so sah ich es je-denfalls – ein europäisches *upgrading*. Nach kurzer Bedenkzeit habe ich Rudi Wölz meine Bereitschaft zur Kandidatur erklärt und wurde dann auch von der Landesver-sammlung in Hannover mit einer überzeugenden Mehrheit gewählt. Diese Aufgabe habe ich bis 1991, also zehn Jahre lang, wahrgenommen. Das Amt des Landesvorsit-zenden der Europa-Union Niedersachsen brachte es mit sich, dass meine politischen Aktivitäten im Hinblick auf die Europäische Einigung jetzt nicht mehr auf meine Wahlregion Osnabrück, Emsland, Grafschaft Bentheim und Ostfriesland beschränkt waren, sondern sich auf ganz Niedersachsen ausweiteten. Auch mit Blick auf die Wah-len zum Europäischen Parlament im Juni 1984 war dies nicht ohne Bedeutung.

4. Demonstration für den Abbau der Grenzen

In meinem politischen Leben hatte ich im Großen und Ganzen das Glück, mich für die Anliegen einsetzen zu können, die mir am Herzen lagen. Dazu gehörte insbeson-dere der Wegfall der Grenzkontrollen zwischen den Ländern der Europäischen Ge-meinschaft, der späteren Europäischen Union. Zu meiner Wahlregion gehörte auch der Landkreis Grafschaft Bentheim, benachbart zu den Niederlanden. Die Grafschaft pflegte seit vielen Jahren enge Beziehungen zur anderen Seite der Grenze, so insbe-sondere auch Gerd Timmer aus Neuenhaus mit der Gemeinde Ootmarsum in den Niederlanden. Durch die Euregio waren die Grenzgebiete zwischen Deutschland und den Niederlanden miteinander verbunden, wozu später auch die Stadt und der Land-kreis Osnabrück gehören sollten.

Meine Überzeugung, mich für den Abbau der Grenzen einzusetzen, fiel also bei meinen politischen Freunden in der Grafschaft Bentheim auf fruchtbaren Boden. Auch unser CDU-Bezirksvorsitzender Werner Remmers, Fraktionsvorsitzender der CDU im Niedersächsischen Landtag, war für diese Idee aufgeschlossen. So organi-sierten wir am 6. Mai 1983 in Nordhorn eine friedliche Demonstration „Europa ohne

Schlagbaum" und durchsägten eine symbolische Schranke. Viele Jugendliche, aber auch zahlreiche „gestandene Politiker" – darunter neben Werner Remmers auch der CDU-Kreisvorsitzende der Grafschaft Bentheim, Günter Schwank, die ehemaligen Landräte Wilhelm Horstmeyer und Wilhelm Buddenberg sowie der spätere Landrat Friedrich Kethorn – nahmen daran teil. Bundeskanzler Helmut Kohl versicherte uns Demonstranten durch einen schriftlichen Gruß seine Unterstützung. In meiner Rede wies ich darauf hin, dass Helmut Kohl und der niederländische Ministerpräsident Dries van Agt sicher alles tun würden, damit es zum Abbau der Grenze zwischen den Niederlanden und Deutschland käme. Mit Nachdruck unterstrich ich unser Ziel, „dass wir ebenso ungehindert nach Amsterdam, Brüssel oder Paris fahren können wie nach Hannover oder München".[17]

Die kleinen Grenzübergänge im Emsland wurden abends um zehn Uhr geschlossen, sodass man diese danach nicht mehr passieren konnte. Für die Grenzgemeinden wurden bald pragmatische Lösungen gefunden, die erlaubten, dass man auch nach 22 Uhr an den Grenzbäumen vorbeifahren konnte und nicht gezwungen war, zu den großen Grenzübergängen wie zum Beispiel in Nordhorn zu fahren. Allerdings galt diese Neuregelung zunächst nur für eine beschränkte Anzahl von Städten und Gemeinden im Grenzgebiet. Andere, zunächst nicht berücksichtigte Kommunen protestierten, auch sie wollten in den freien Grenzverkehr einbezogen werden. So zeigte sich schnell, dass ein Abkommen notwendig war, um die Grenzkontrollen insgesamt abzubauen.

Dieses wurde mit dem Schengener Abkommen erreicht, welches am 15. Juni 1985 im luxemburgischen Schengen von Belgien, Deutschland, Frankreich, Luxemburg und den Niederlanden mit der Zielsetzung vereinbart wurde: „Die Binnengrenzen dürfen an jeder Stelle ohne Personenkontrollen überschritten werden."[18] Am 19. Juni 1990 wurde das Schengener Durchführungsübereinkommen unterzeichnet. Den fünf Gründerstaaten schlossen sich später auch Italien (1990), Portugal und Spanien (1991), Griechenland (1992), Österreich (1995) sowie Dänemark, Finnland und Schweden (1996) an. Mit dem 25. März 2001 entfielen die Personenkontrollen an den Grenzen der nordischen Staaten Dänemark, Finnland, Island, Norwegen und Schweden. Mit Norwegen und Island, die nicht zur Europäischen Union gehören, beteiligen sich also auch Drittstaaten am Schengensystem. Für das Vereinigte Königreich und Irland allerdings gelten Einschränkungen. An dem Wegfall der Grenzkontrollen zu den mitteleuropäischen Staaten am 21. Dezember 2007 sollte ich als Präsident des Europäischen Parlaments beteiligt sein. Auch Liechtenstein und die Schweiz schlossen sich dem Schengenraum an (2008). Weitere Länder werden hinzukommen.[19]

Mit dem Vertrag von Amsterdam (in Kraft getreten am 1. Mai 1999) ist das Schengener Abkommen in den institutionellen Rahmen der Europäischen Union einbezogen worden. Das freie Überqueren der Grenzen zwischen den Mitgliedstaaten wurde damit zum Recht der Europäischen Union. Der Wegfall der Grenzkontrollen machte eine Verstärkung und Harmonisierung der Kontrollen an den Außengrenzen der Schengenstaaten notwendig, ebenso eine gemeinsame Visumspolitik und die Errichtung eines Fahndungs- und Informationssystems sowie Vereinbarungen zur grenzüberschreitenden polizeilichen und justiziellen Zusammenarbeit. Die zentrale Datenbank des Schengener Informationssystems (SIS) befindet sich in Straßburg. Dabei geht es um ein automatisiertes Personen- und Sachfahndungssystem, welches bewirkt, dass alle nationalen Polizeien über die gleichen Informationen verfügen. Auch die sogenannte Nacheile, die Verfolgung von Kriminellen über Grenzen hinweg, wird dadurch ermöglicht. Die Zusammenarbeit wurde auf die Bereiche eines gemeinsamen Waffenrechts und einer gemeinsamen Drogenpolitik ausgeweitet.[20]

Für mich ist es eine große Genugtuung, dass so schrittweise die Grenzkontrollen zwischen den Ländern der Europäischen Union abgebaut wurden, wie es immer zu meinen europapolitischen Vorstellungen gehörte. Dafür hatten wir am 6. Mai 1983 in Nordhorn an der deutsch-niederländischen Grenze demonstriert. Aus einer Vision ist Wirklichkeit geworden. Besonders meinen politischen Freunden in der Grafschaft Bentheim bleibe ich immer dankbar dafür, dass wir für diese gemeinsame gute Sache friedlich und überzeugend gekämpft haben. Es ist zu wünschen, dass insbesondere junge Menschen, für die das freie Überschreiten der Grenzen so selbstverständlich ist, nicht vergessen, dass es bis dahin ein weiter Weg gewesen ist. Immer wieder auftretenden Überlegungen, Grenzkontrollen einzuführen, muss entschieden begegnet werden. Verbrechensbekämpfung ist nicht durch eine Wiedereinführung der Grenzkontrollen zu erreichen, sondern nur durch eine verstärkte grenzüberschreitende polizeiliche Zusammenarbeit.

5. Eine unangenehme Überraschung: Die Wahl des Präsidenten des Europäischen Parlaments 1982

Die Amtszeit von Simone Veil als Präsidentin des Europäischen Parlaments dauerte zweieinhalb Jahre, also bis Januar 1982. So war es vereinbart und für zweieinhalb Jahre sollten auch alle nachfolgenden Präsidenten gewählt werden. Der Amtswechsel von Simone Veil zu ihrem Nachfolger stellte die EVP-Fraktion und auch mich persönlich auf eine schwere Probe. Die der liberalen Fraktion angehörende Simone Veil war bei ihrer Wahl wie bereits erwähnt von der EVP-Fraktion unterstützt worden, sodass wir davon ausgingen, dass der Kandidat der EVP nun auch die Unterstützung der liberalen Fraktion erhalten würde. Die konservative Fraktion (Europäische Demokraten (ED), 63 Sitze) und die Fraktion der Sammlungsbewegung der Europäischen Demokraten (DEP, 22 Sitze) waren jedoch nicht Bestandteil dieser Vereinbarung. Die konservative Fraktion bestand im Wesentlichen aus den britischen Konservativen und einigen Mitgliedern der dänischen konservativen Partei. Ihre Stimmen waren dringend erforderlich, um einen „bürgerlichen" Kandidaten durchzusetzen. Zunächst jedoch musste sich die EVP-Fraktion intern auf einen Kandidaten einigen.

Hierfür bewarben sich Egon Klepsch, der Vorsitzende der EVP-Fraktion, sowie Leo Tindemans, der frühere belgische Ministerpräsident und ehemalige Vorsitzende der Europäischen Volkspartei. Es zeichnete sich bald ab, dass es ein knappes Rennen werden würde. Ich selbst war mit meiner Meinung hin- und hergerissen. Einerseits fühlte ich mich meinem Fraktionsvorsitzenden, dem Deutschen Egon Klepsch, mit dem ich gut zusammenarbeitete, sehr verbunden, hatte aber auch großen Respekt vor Leo Tindemans, der 1980 auf meine Bitte hin meine Wahlregion besucht hatte und auf den ersten „Osnabrücker Europagesprächen", die ich ins Leben gerufen hatte, gesprochen hatte. Am Abend vor der Fraktionsentscheidung bat mich Egon Klepsch, sein „Vertrauensmann" in dem Gremium zu sein, welches für die Auszählung der Stimmen verantwortlich war. Im Grunde handelte es sich hierbei ganz einfach um die Funktion eines Stimmenzählers, die jedoch von Egon Klepsch durch die Bezeichnung „Vertrauensmann" aufgewertet wurde – sicher auch mit dem Zweck, mich für ihn zu gewinnen. Dieser Bitte konnte ich wohl kaum widersprechen. Folglich habe ich auch Egon Klepsch gewählt, andernfalls hätte ich mir selbst gegenüber ein schlechtes Gewissen gehabt. Es muss darauf hingewiesen werden, dass bei dieser schriftlichen Wahl für die Mitglieder der Fraktion auch die Möglichkeit der Briefwahl bestand, falls sie an der Sitzung des Abstimmungstages nicht teilnehmen konnten. Dabei gab es einige Stimmen, deren Gültigkeit zweifelhaft war. Insofern existierte diesbezüglich ein gewisser Entscheidungsspielraum und meine Aufgabe als „Vertrauensmann" beschränkte sich doch nicht nur auf die formelle Tätigkeit des Zählens.

Aus dieser geheimen Wahl ging Egon Klepsch knapp als Sieger hervor. Bevor ich ihm offiziell zu seinem Sieg gratulierte, ging ich zu Leo Tindemans, um ihm meine große Hochachtung auszusprechen. Für mich selbst habe ich die gegenüber Leo Tindemans ausgedrückten Worte der Anerkennung als eine Art Beileidskundgebung verstanden, was dieser natürlich nicht ahnen konnte. Auch später bin ich Leo Tindemans immer freundschaftlich verbunden geblieben und habe als Fraktionsvorsitzender zur Vollendung seines achtzigsten Lebensjahres eine würdige Veranstaltung zu seinen Ehren veranlasst. Aber das war viele Jahre später. Leo Tindemans sollte zwischenzeitlich dann noch von 1981 bis 1989 Außenminister Belgiens sowie von 1992 bis 1994 Vorsitzender der EVP-Fraktion werden.

Für Egon Klepsch, der sich nur knapp in der Fraktion durchgesetzt hatte, war die Wahl zum Präsidenten des Europäischen Parlaments noch nicht gelaufen. Geboren am 30. Januar 1930 in Bodenbach in der Tschechoslowakei, hatte er die Folgen des Zweiten Weltkrieges erlebt. Mit seiner Familie hatte er als Deutscher die Tschechoslowakei verlassen müssen und war über die DDR schließlich in den freien Teil Deutschlands gekommen. Er hatte Geschichte, Politische Wissenschaften und Geografie studiert und 1954 zum Dr. phil. promoviert. Von 1955 bis 1964 war er Referent und Dozent für Internationale Politik gewesen. Darüber hinaus hatte er von 1963 bis 1969 das Amt des Bundesvorsitzenden der Jungen Union Deutschlands inne. Als Mitglied des Deutschen Bundestages von 1965 bis 1980 hatte er bereits vor den ersten Direktwahlen des Europäischen Parlaments im Jahre 1979 diesem angehört und war 1977 Vorsitzender der EVP-Fraktion geworden. Ich selbst hatte ihn in den Siebzigerjahren als Mitglied des Bundesfachausschusses der CDU Deutschlands für Sicherheits- und Verteidigungspolitik, dessen Vorsitzender er war, kennengelernt. Bei seiner Kandidatur für das Amt des Parlamentspräsidenten gehörte er also zu den überragenden Persönlichkeiten des Europäischen Parlaments. Egon Klepsch kannte alle Verästelungen, alle Zahlen und Strömungen, die es im Europäischen Parlament gab.

Die Wahl des Nachfolgers von Simone Veil fand am 19. Januar 1982 statt.[21] Die Sitzung wurde von der Alterspräsidentin Louise Weiss geleitet und um 9:00 Uhr morgens eröffnet. Es sollte ein dramatischer Tag mit vier Wahlgängen werden, das endgültige Ergebnis wurde um 22:20 Uhr verkündet. Für den ersten Wahlgang kandidierten Robert Chambeiron (ein französischer Kommunist): 43 Stimmen; Piet Dankert (ein niederländischer Sozialist): 106 Stimmen; Egon Klepsch (EVP): 140 Stimmen; Giacinto „Marco" Pannella (von der italienischen Radikalen Partei/Lista Panella): 16 Stimmen und Sir James Scott-Hopkins (ein britischer Konservativer): 63 Stimmen.

Im zweiten Wahlgang kandidierten dieselben Personen. Das Ergebnis lautete: Chambeiron: 43 Stimmen; Dankert: 114 Stimmen; Klepsch: 130 Stimmen; Pannella: 18 Stimmen und Scott-Hopkins: 67 Stimmen.

Während der ersten drei Wahlgänge ist die absolute Mehrheit der gültigen abgegebenen Stimmen erforderlich, um die Wahl zu entscheiden. 408 Abgeordnete beteiligten sich an der dritten Abstimmungsrunde, davon gaben 23 weiße oder ungültige Stimmzettel ab. Aus den 385 gültigen abgegebenen Voten ergab sich eine absolute Mehrheit von 193 Stimmen. Sollte auch nach dem dritten Wahlgang noch kein Sieger feststehen, reichte im vierten die einfache Mehrheit aus. Für den dritten Wahlgang kandidierten noch Dankert, Klepsch und Scott-Hopkins. Die erneute Kandidatur von Scott-Hopkins war die absolute Überraschung. Zwar gab es keine formelle Vereinbarung mit den Konservativen, aber die EVP war dennoch davon ausgegangen, dass Scott-Hopkins sich zurückziehen würde. Das Ergebnis des dritten Wahlganges lautete: Dankert: 162 Stimmen; Klepsch: 156 Stimmen und Scott-Hopkins: 67 Stimmen.

Im vierten Wahlgang kandidierte Scott-Hopkins dann nicht mehr. Sollten die Konservativen überwiegend für Egon Klepsch stimmen, was erwartet wurde, müsste dessen Wahl im vierten Durchgang erfolgreich sein. Dann aber kam die große, für die EVP-Fraktion unangenehme Überraschung: Auch diesmal nahmen 408 Abgeordnete teil, wovon 42 weiße oder ungültige Stimmzettel abgaben, sodass die abgegebene gültige Stimmenzahl 366 betrug. Von diesen entfielen 191 Stimmen auf Piet Dankert und 175 auf Egon Klepsch. Piet Dankert war also der neue Präsident des Europäischen Parlaments.

Dies war für Egon Klepsch, aber auch für die gesamte EVP-Fraktion ein bitteres Ergebnis. Besonders die Beziehung zu den britischen Konservativen war nach dieser gescheiterten Wahl sehr gespannt. Egon Klepsch äußerte in einem Interview die Überzeugung, dass auch einige Liberale ihre Zusage nicht gehalten hätten. Fraktionsvorsitzender konnte Egon Klepsch nicht bleiben, dieses Amt war bereits den Italienern versprochen, mit denen die deutschen Abgeordneten immer ein gutes Verhältnis pflegten. So wurde Egon Klepsch Vizepräsident des Europäischen Parlaments und blieb es bis zur Europawahl 1984. Neuer Fraktionsvorsitzender wurde der italienische Christdemokrat Paolo Barbi. Nach den Europawahlen 1984 wurde Egon Klepsch wieder Fraktionsvorsitzender und hatte dieses Amt dann bis zu seiner Wahl zum Präsidenten des Europäischen Parlaments im Januar 1992 inne. Mit einer Verzögerung von zehn Jahren erreichte Egon Klepsch somit den Gipfel seiner politischen Laufbahn und war Präsident des Europäischen Parlaments bis zu den Europawahlen im Juni 1994. Für diese Wahlen kandidierte Egon Klepsch nicht erneut. Sein Ausscheiden bedeutete, dass eine prägende und so lange Zeit führende Persönlichkeit die Gestaltung der europäischen Politik verließ. Am 18. September 2010 ist Egon Klepsch verstorben. Aus Anlass seiner Beerdigung würdigte ich ihn in seiner Pfarrkirche in Koblenz für seine große europäische Lebensleistung – einen deutschen Patrioten, einen großen Europäer und einen Freund.

II. Europawahl 1984: Neue Aufgaben

1. Spitzenkandidat wider Willen

Am 12. Januar 1984 wurde im Landesvorstand der CDU Niedersachsen in Hannover über die Landesliste für die im Juni bevorstehenden Europawahlen beraten, die dem Landeslistengremium, welches am darauffolgenden Tag zusammentrat, vorgeschlagen werden sollte. In der Partei gab es hier und da die Diskussion, ob die Landesliste von unserem „Grandseigneur" Philipp von Bismarck, der ein leidenschaftlicher Kämpfer für die Soziale Marktwirtschaft in der Europäischen Gemeinschaft war, oder von mir angeführt werden sollte. Für mich gab es keine Gründe, mich vorzudrängen und schon 1984 die Spitzenkandidatur auf der Landesliste Niedersachsen anzustreben. Es ist eine alte Erfahrung, dass Personen auf dem ersten Platz, wenn sie Fehler machen, auch schnell wieder von diesem Platz verdrängt werden. Folglich entsprach es auch meinem persönlichen Interesse, Platz 1 nicht anzustreben. Dementsprechend erklärte ich Philipp von Bismarck, dass ich nicht gegen ihn kandidieren würde. Die Dinge entwickelten sich jedoch anders. Da die CDU in Deutschland ihre Kandidaten für die Europawahl auf Landeslisten aufstellte, war die Vertretung der Stadtstaaten Hamburg und Bremen nicht in jedem Fall gesichert. Die Stimmen in den Stadtstaaten konnten gegebenenfalls nicht ausreichen, um ein Mandat für das Europäische Parlament zu erreichen. Spitzenkandidat in Hamburg war Erik Blumenfeld. Platz 1 auf der Hamburger Landesliste war aber unsicherer als Platz 5 auf der Liste in Niedersachsen. Im CDU-Landesvorstand wurde deshalb zunächst nicht über die Reihenfolge der Plätze abgestimmt, sondern es ergab sich eine Diskussion, ob Erik Blumenfeld auf der Landesliste in Niedersachsen abgesichert werden sollte. Hierfür sprach sich eine knappe Mehrheit aus, sodass Erik Blumenfeld auf Platz 5 gesetzt wurde. Erst danach kam es zur Besetzung von Platz 1 und der anderen Positionen. Damit verband sich die Frage, inwieweit die Bezirksverbände ihre Kandidatinnen und Kandidaten sicher unterbringen konnten, da Platz 5 ja bereits beansprucht wurde. Da ich eine Kandidatur mit Philipp von Bismarck um Platz 1 abgelehnt hatte, wurde zunächst über diesen für Platz 1 der Liste abgestimmt. Dabei ergaben sich jedoch mehr Nein- als Ja-Stimmen, sodass Philipp von Bismarck nicht für Platz 1 vorgesehen wurde. Daraufhin musste erneut über Platz 1 abgestimmt werden. Mein Bezirksverband Osnabrück-Emsland, vertreten durch unseren Vorsitzenden Werner Remmers, schlug mich für diese Position vor. Bei der darauffolgenden Abstimmung ergab sich dafür eine deutliche Mehrheit. Infolgedessen schlug mich also der CDU-Landesvorstand für den nächsten Tag dem Landeslistengremium für Platz 1 der Landesliste vor. Das Landeslistengremium folgte diesem Vorschlag. So wurde ich zum ersten Mal bei einer Europawahl Spitzenkandidat für die CDU Niedersachsen. Es war Sonnabend, der 13. Januar 1984.

*

Während dieses Gremium die Landesliste in Hannover beschloss, befand sich Bundespräsident Karl Carstens auf einer Wanderung im Emsland. Es regnete in Strömen. Eine gewisse Wegstrecke konnte ich ihn begleiten. In unserer Unterhaltung sagte er mir, in der Europapolitik wäre das Wichtigste – was ich natürlich wüsste – dass Deutschland und Frankreich sich verstünden. Ohne eine gemeinsame Politik von Deutschland und Frankreich könnte es keinen Fortschritt bei der Europäischen Einigung geben. Mir war dies in meinem politischen Bewusstsein natürlich fest verwurzelt, aber es aus dem Munde dieser erfahrenen Persönlichkeit zu hören, hat mich in meiner Position nachdrücklich bestärkt. Karl Carstens, der eine geradlinige und für mich in jeder Hinsicht überzeugende Persönlichkeit war, hat unserem Land in der Aufgabe als Bundespräsident vorbildlich gedient.

Bei den Europawahlen 1989, 1994, 1999, 2004 und 2009 sollte sich meine Nominierung als Spitzenkandidat der CDU Niedersachsen wiederholen. Für die Wahlen 2004 und 2009 benannte mich der Bundesvorstand der CDU auf Vorschlag der Bundesvorsitzenden Angela Merkel auch zum Spitzenkandidaten der CDU Deutschlands. 1984 folgten in Niedersachsen auf den weiteren Plätzen Renate-Charlotte Rabbethge, Werner Münch, Rudolf Wedekind und, wie schon erwähnt, Erik Blumenfeld. Philipp von Bismarck akzeptierte schließlich Platz 6 und wurde auch auf diesem noch in das Europäische Parlament gewählt, da Niedersachsen fünf Abgeordnete entsandte und

Erik Blumenfeld in Hamburg gewählt wurde, also den niedersächsischen Platz wieder frei machte.

Seit der ersten Direktwahl des Europäischen Parlaments war Niedersachsen mit folgenden Abgeordneten in diesem Gremium vertreten:

	1	2	3	4	5
1979	(Hans Edgar Jahn) Wilhelm Helms	Philipp von Bismarck	Franz-Josef Nordlohne	Hans-Gert Pöttering	Renate-Charlotte Rabbethge
1984	Hans-Gert Pöttering	Renate-Charlotte Rabbethge	Werner Münch	Rudolf Wedekind	Philipp von Bismarck
1989	Hans-Gert Pöttering	Werner Münch	Godelieve Quisthoudt-Rowohl	Hartmut Perschau	Karsten Friedrich Hoppenstedt
1994	Hans-Gert Pöttering	Godelieve Quisthoudt-Rowohl	Karsten Friedrich Hoppenstedt	Brigitte Langenhagen	Hans-Peter Mayer
1999	Hans-Gert Pöttering	Godelieve Quisthoudt-Rowohl	Hans-Peter Mayer	Brigitte Langenhagen	Ewa Klamt
2004	Hans-Gert Pöttering	Godelieve Quisthoudt-Rowohl	Hans-Peter Mayer	Ewa Klamt	Karsten Friedrich Hoppenstedt
2009	Hans-Gert Pöttering	Godelieve Quisthoudt-Rowohl	Hans-Peter Mayer	Burkhard Balz	–

2. Vorsitz im Unterausschuss „Sicherheit und Abrüstung"

Für meine politische Arbeit brachte die neue Wahlperiode des Europäischen Parlaments eine deutliche Veränderung mit sich. Schon lange war ich an Fragen der Außen-, Sicherheits-, und Verteidigungspolitik interessiert. Der Ausschuss, der sich insbesondere mit Fragen der Außenpolitik beschäftigte, war der Politische Ausschuss. Fragen der Sicherheits- und Verteidigungspolitik hatten bis dahin zwar auch schon eine gewisse Rolle gespielt, aber nicht vorrangig. Egon Klepsch, Fraktionsvorsitzender der EVP-Fraktion und ebenso engagierter wie überzeugter europäischer Föderalist, aber auch Techniker der Macht, setzte zwei neue Unterausschüsse im Politischen Ausschuss durch: einen für Fragen der Sicherheitspolitik und einen für Menschenrechte.

Im Zuge des Grundsatzbeschlusses der Führungsorgane des Europäischen Parlaments, einen Unterausschuss für Sicherheitsfragen einzurichten, ergab sich eine starke Kontroverse im Politischen Ausschuss über die Frage, wie dieser konkret bezeichnet werden sollte. Die Debatte über dessen Benennung fand in einer auswärtigen Sitzung des Politischen Ausschusses in Dublin-Castle statt. Dieser Tag hat sich mir tief eingeprägt. Koordinator, also Sprecher unserer Fraktion im Politischen Ausschuss, war Otto von Habsburg. Wir wohnten im selben Hotel, und ich begleitete ihn zum Dublin-Castle. Es regnete *cats and dogs*. Die Diskussion über die Bezeichnung des Unterausschusses dauerte mehrere Stunden lang. Die EVP-Fraktion wollte einen Unterausschuss „Sicherheitspolitik", die Sozialdemokraten einen Unterausschuss „Abrüstung". Schließlich schlugen diejenigen, die zuvor für einen Unterausschuss „Abrüstung" plädierten, die Betitelung Unterausschuss „Abrüstung und Sicherheit" vor. Die EVP-Fraktion bestand jedoch auf der Wortfolge „Sicherheit und Abrüstung". Damit hatten wir die Logik auf unserer Seite, denn natürlich konnte „Abrüstung" nicht der Oberbegriff sein, da Abrüstung als Teil der Sicherheitspolitik zu verstehen ist. Letztendlich konnten wir uns mit unserer Argumentation durchsetzen und so einigten wir uns auf die Bezeichnung Unterausschuss „Sicherheit und Abrüstung".

Nachdem nun die Benennung des Unterausschusses feststand, galt es in der Fraktion zu erreichen, dass ich der Vorsitzende des Unterausschusses „Sicherheit und Abrüstung" wurde. Da ich den Fraktionsvorsitzenden Egon Klepsch auf meiner Seite hatte, gelang dies und ich wurde zum Vorsitzenden berufen. Mein niederländischer Kollege und Freund Jean Penders, der auch Interesse am Vorsitz hatte, wurde unser sicherheitspolitischer Sprecher. Wir haben gut zusammengearbeitet, was auch dadurch erleichtert wurde, dass wir gleiche Vorstellungen von der Zukunft Europas, insbesondere von der Außen- und Sicherheitspolitik, hatten. 1984 einen Unterausschuss „Sicherheit und Abrüstung" zu schaffen, war nicht selbstverständlich. In meinem Kalender kennzeichnete ich dessen Sitzungen jeweils durch das Kürzel „U-S-A". Damit wollte ich zum Ausdruck bringen, dass eine gemeinsame europäische Sicherheitspolitik keine Entkoppelung von unserem wichtigsten Verbündeten, den Vereinigten Staaten von Amerika, bedeutete. „U-S-A" sollte mich immer daran erinnern, dass eine gemeinsame europäische Außen- und Sicherheitspolitik nicht im Gegensatz zu den USA, sondern als deren gleichberechtigter Partner verstanden werden sollte.

Die Übertragung des Vorsitzes im Unterausschuss „Sicherheit und Abrüstung" empfand ich als einen persönlichen Erfolg, als „politisches *upgrading*". Vor allem bereitete mir die inhaltliche Arbeit Freude, konnte ich doch an meine Studienzeit anknüpfen – allerdings mit dem Unterschied, jetzt nicht nur rein wissenschaftlich zu arbeiten, sondern das Anliegen der Außen-, Sicherheits- und Verteidigungspolitik politisch zu beeinflussen. So war es jedenfalls meine entschlossene Absicht. Zehn Jahre lang, bis zur Europawahl 1994, sollte ich Vorsitzender des Unterausschusses „Sicherheit und Abrüstung" bleiben.

Der Unterausschuss bestand 1984 aus 21 Mitgliedern und einer selben Anzahl von Stellvertretern. Seine Zusammensetzung entsprach dem damaligen politischen Kräfteverhältnis im Europäischen Parlament mit sechs Mitgliedern der sozialistischen Fraktion, vier Mitgliedern der Europäischen Volkspartei (EVP-Christdemokraten), drei Angehörigen der Europäischen Demokraten (Konservativen); die kommunistische Fraktion sowie die liberale- und demokratische Fraktion waren mit jeweils zwei Abgeordneten vertreten, die Regenbogenfraktion (Grüne) und die Fraktion der Europäischen Rechten mit je einem Repräsentanten. In der Regel trat der Unterausschuss jeden Monat zu einer Sitzung zusammen.

Oftmals wurde uns das Argument entgegengehalten, in der Europäischen Gemeinschaft gehe es vorrangig um Wirtschaftspolitik, nicht jedoch um Fragen der Sicherheitspolitik. Diese Meinung entsprach ganz ausdrücklich nicht meinen Überzeugungen. Ein geeintes Europa musste auch die wichtigen Fragen der Außen-, Sicherheits- und Verteidigungspolitik behandeln. Die Europäische Gemeinschaft, davon war ich zutiefst überzeugt, konnte ihre Werte und Interessen in Europa und in der Welt nur dann verteidigen, wenn sie auch in sicherheits- und verteidigungspolitischen Fragen zur Einheit fand. Dies entsprach im Übrigen auch der Programmatik der CDU und der EVP. Jedoch vertraten nicht alle Parteien diese Auffassung. Von den extremen Parteien rechts und links außen wurden unsere Positionen nicht nur bekämpft, sondern wir wurden als „naive Europäer" belächelt. Dies aber kümmerte mich nicht. Um erfolgreich zu sein, kam es allerdings darauf an, nicht den zweiten Schritt vor dem ersten zu tun. Es gab Kollegen, die über eine europäische Nuklearmacht diskutieren wollten anstatt über die schrittweise Entwicklung der Außen- und Sicherheitspolitik, die schließlich auch zu einer gemeinsamen Verteidigungspolitik führen sollte.

Für diese Position wollte ich die Sozialdemokraten und die Liberalen gewinnen. So hat für die Sozialdemokraten von Anfang an Klaus Hänsch, von 1994 bis 1997 Präsident des Europäischen Parlaments, im Unterausschuss mitgearbeitet. Wir teilten viele gemeinsame Überzeugungen. Hilfreich war auch, dass der Sozialdemokrat Thomas Grunert, mit dem ich mich gut verstand, als Ausschusssekretär die Sozialdemokraten für gemeinsame Positionen gewinnen konnte.

Nach dem Scheitern der Europäischen Verteidigungsgemeinschaft im Jahre 1954 musste es jetzt darum gehen, schrittweise eine gemeinsame Außen-, Sicherheits- und Verteidigungspolitik zu entwickeln. Mit der Einheitlichen Europäischen Akte (1987) vereinbarten die Mitgliedstaaten der Europäischen Gemeinschaft, dass die politischen und wirtschaftlichen Aspekte der Sicherheitspolitik Bestandteil gemeinsamer Bemühungen sein sollten.[22] Diesen Vorschlag hatten Deutschlands Außenminister Hans-Dietrich Genscher und Italiens Außenminister Emilio Colombo bereits 1983 unterbreitet. Die militärischen Aspekte waren ausdrücklich ausgeschlossen. Dies zeigt, wie schwierig der Weg zu einer gemeinsamen Außen-, Sicherheits- und Verteidigungspolitik war und ist. Im Unterausschuss „Sicherheit und Abrüstung" wuchs indes die Überzeugung, dass die Europäische Gemeinschaft sich mit allen Aspekten der

Sicherheitspolitik, einschließlich der militärischen, befassen müsste. In kurzer Zeit entwickelte sich der Unterausschuss zu einer zentralen Schaltstelle für sicherheitspolitische Initiativen und Debatten. Dies galt sowohl für seine Berichte, die dem Europäischen Parlament vorgelegt wurden, als auch für seine vielfältigen nach außen gerichteten Aktivitäten.[23]

*

Die erste im Namen des Unterausschusses „Sicherheit und Abrüstung" gestellte mündliche Anfrage vom 10. Juni 1985 an die Außenminister der zehn Mitgliedstaaten der Europäischen Gemeinschaft, die im Rahmen der politischen Zusammenarbeit zusammentraten, wurde während der Plenarsitzung am 10. Juli 1985 behandelt. Mit dieser Anfrage wurden die Außenminister aufgefordert, über den Stand der Durchführung der in einer Entschließung des Parlaments vom 11. April 1984 enthaltenen Vorschläge über politische und wirtschaftliche Aspekte der Sicherheit zu berichten. Zu diesen Vorschlägen gehörten unter anderem die Entwicklung eines europäischen Sicherheitskonzepts, die Ausarbeitung einer gemeinsamen Haltung für die Sitzung des Nordatlantikpakts sowie die Einführung wirksamer Konsultationen über wichtige außen- und sicherheitspolitische Initiativen zwischen den in der Europäischen Politischen Zusammenarbeit (EPZ) zusammentretenden Außenministern und der Regierung der USA. Zu der im Anschluss an die Aussprache über die mündliche Anfrage am 11. Juli 1985 verabschiedeten „Entschließung über die politische und wirtschaftliche Dimension der europäischen Sicherheit im Rahmen der EPZ" sprach sich das Parlament erneut für die Entwicklung eines europäischen Sicherheitskonzepts innerhalb des westlichen Bündnisses und für wirksame außen- und sicherheitspolitische Konsultationen mit den USA aus.[24] An der Abstimmung nahmen 155 Abgeordnete teil: Es gab 105 Ja-Stimmen, 42 Nein-Stimmen und 8 Enthaltungen. Der luxemburgische Außenminister Jacques Poos hat als Vertreter der luxemburgischen Präsidentschaft auf die Anfrage geantwortet. Sie war im Kern positiv und entsprach in vielen Teilen den Auffassungen der Fragesteller. Wichtig war für uns vor allem, dass der luxemburgische Außenminister sich den Fragen des Parlaments stellte, was bisher so nicht der Fall gewesen war. Damit erreichten wir, dass die parlamentsinternen Debatten über Fragen der Sicherheitspolitik zu einem selbstverständlichen Austausch mit den Regierungen führten. Wir veranlassten die Regierungen, wozu sie sich mit der Stuttgarter Erklärung vom 19. Juni 1983 verpflichtet hatten, dem Europäischen Parlament auch in der Sicherheitspolitik Rede und Antwort zu stehen. In meiner Rede vom 10. Juli 1985 im Europäischen Parlament wies ich ausdrücklich darauf hin.[25]

Luxemburgs Außenminister Poos als amtierender Ratsvorsitzender hatte die Debatte über meine mündliche Anfrage im Namen des Unterausschusses „Sicherheit und Abrüstung" eröffnet.[26] Er gab einen ausführlichen Überblick über die Prioritäten der luxemburgischen Ratspräsidentschaft im zweiten Halbjahr 1985. Dabei bezog er sich auch auf unsere Ansicht und erwiderte, dass „wie das Parlament [...] die zehn Regierungen zum Ausdruck gebracht [haben], dass sie die amerikanisch-sowjetischen Verhandlungen in Genf ohne Einschränkung begrüßen". Ich erwiderte Außenminister Poos, dass neben allen inhaltlichen Übereinstimmungen es ein „sehr wichtiger Schritt" wäre, „um eine gemeinsame europäische Position in der Sicherheitspolitik zu entwickeln", dass erstmals „aufgrund einer Initiative des Unterausschusses ‚Sicherheit und Abrüstung' mit dem Rat im Rahmen der Europäischen Politischen Zusammenarbeit eine Debatte über Fragen der Sicherheitspolitik" stattfände.[27] Wir wollten „keinen Zweifel daran lassen, dass die Fragen europäischer Sicherheit in Zukunft ebenso in dieses Parlament gehören wie dies der Fall ist bei den sicherlich bedeutenden Fragen der Wirtschafts- oder Agrarpolitik".

Die Durchführung von Expertenhearings bildete einen anderen Schwerpunkt der Tätigkeiten des Unterausschusses.[28] Während einer Sitzung im Mai 1985 unterrichtete der italienische Delegationsleiter bei der Konferenz über Sicherheit und Zusammenarbeit in Europa, Antonio Ciarra-Picco, über den Stand der Verhandlungen bei der Stockholmer Konferenz über Vertrauensbildende Maßnahmen und Abrüstung in Europa (KVAE). Die im Dezember 1985 veranstaltete öffentliche Anhörung über die Lage und die Aussichten der Sicherheitspolitik in Europa fand besondere Aufmerksamkeit.[29] Das Hearing ermöglichte einen intensiven Dialog zwischen den Mitgliedern des Unterausschusses und namhaften Politikern und Wissenschaftlern aus dem Bereich der Sicherheitspolitik. Dazu gehörten unter anderem der amerikanische Botschafter beim Nordatlantikpakt, David M. Abshire, Colonel Alford vom Internationalen Institut für Strategische Studien in London (IISS), Frank Blackaby vom Internationalen Institut für Friedensforschung in Stockholm (SIPRI) und Pierre Lellouche (Institut français des relations internationales (IFRI)), später Europaminister in der Regierung von Präsident Nicolas Sarkozy. Aus den Vorträgen und Diskussionen während der Anhörung wurde die zentrale Schlussfolgerung abgeleitet, das Europäische Parlament müsste weiterhin auf eine europäische Sicherheitspolitik drängen, damit sich die Europäische Politische Zusammenarbeit in Zukunft noch intensiver mit Sicherheitsfragen befasste. Dazu bat ich Regierungsvertreter in unseren Unterausschuss, beispielsweise die 1986 für Europafragen zuständige britische Ministerin Lynda Chalker. Auch nahmen wir Kontakt mit der Europäischen Kommission auf. So berichtete der für gewerbliche Wirtschaft zuständige Vizepräsident der Kommission, Karl-Heinz Narjes, im Januar 1988 über das Engagement der Kommission in Sicherheitsfragen. Ich war um ein breites Meinungsspektrum sicherheitspolitischer Analysen im Unterausschuss bemüht. So luden wir auch den norwegischen Professor und Friedensforscher Johan Galtung in den Unterausschuss ein, um seine alternativen Überzeugungen im Hinblick auf eine europäische Sicherheitspolitik zu hören. Außerdem stellten wir Kontakte zur Westeuropäischen Union (WEU) her.[30] Deren Generalsekretär, der Niederländer Wim van Eekelen, war einige Male unser Gast, ebenso sein Nachfolger Peter Corterier. Aus der Sicht von heute mögen diese Initiativen als wenig spektakulär erscheinen, in der zweiten Hälfte der

Achtzigerjahre waren sie aber ein absolutes Novum in der sicherheitspolitischen Debatte in den europäischen Institutionen.

*

Wir richteten unseren Blick auch nach außen. Im April 1987 besuchte der Unterausschuss das NATO-Hauptquartier in Brüssel und es kam zu einem ersten informellen Gedankenaustausch mit dem Generalsekretär der NATO, Lord Carrington, sowie hochrangigen NATO-Offizieren.[31] Diese Erfahrung wurde von allen Beteiligten als positiv bewertet. Damals bestanden keinerlei Kontakte zwischen den europäischen Institutionen und der NATO. Sie sollten sich erst sehr viel später entwickeln. Im Jahre 2009 habe ich als Präsident des Europäischen Parlaments mit der Konferenz der Präsidenten, also den Fraktionsvorsitzenden, den NATO-Generalsekretär Jaap de Hoop Scheffer im NATO-Hauptquartier besucht.

NATO-Generalsekretär Jaap de Hoop Scheffer machte im April 2009 einen Gegenbesuch im Europäischen Parlament. Regelmäßige Konsultationen zwischen der Europäischen Union und dem Nordatlantischen Bündnis entsprechen dem gemeinsamen Interesse. Die EU als der europäische Pfeiler der NATO kann so ihre Positionen im Bündnis abstimmen, was zu gemeinsamen Positionen mit der NATO führt. Es bleibt eine ständige Aufgabe für die Zukunft.

Aber zurück in die Achtzigerjahre. Ein anderes weit beachtetes Hearing zur europäischen Sicherheitspolitik fand am 30. November und 1. Dezember 1987 im Unterausschuss „Sicherheit und Abrüstung" in Brüssel statt. Die renommierten Redner waren: Karl Kaiser, Direktor des Forschungsinstituts der Deutschen Gesellschaft für Auswärtige Politik in Bonn und Professor für Politische Wissenschaften an der Universität Köln („Fragen der Beziehungen zwischen Frankreich und der Bundesrepublik Deutschland"); François Heisbourg, Direktor des Internationalen Instituts für Strategische Studien aus London („Gleichgewichtsstand im Bereich der nuklearen- und konventionellen Waffen sowie der Abrüstungsperspektiven"); Oleg Grinevsky, Sonderbotschafter der Sowjetunion, Leiter der sowjetischen Delegation bei der Stockholmer Konferenz für vertrauensbildende Maßnahmen und Abrüstung aus Moskau („Komponenten der europäischen Sicherheitspolitik"); John C. Kornblum, Gesandter und stellvertretender Ständiger Vertreter der Vereinigten Staaten von Amerika bei der NATO aus Brüssel („Perspektiven der Rüstungskontrolle und der Abrüstung, sowie die Rolle der Vereinigten Staaten von Amerika für die europäische Sicherheit"); Pierre Lellouche, stellvertretender Direktor des Französischen Instituts für Internationale Beziehungen (IFRI) aus Paris („Europa der Verteidigung") sowie Walther Stützle, Direktor des Internationalen Friedensforschungsinstituts (SIPRI) aus Stockholm („Rolle der vertrauensbildenden Maßnahmen als Entspannungsfaktor"). Diese Hearings zeigten, dass es dem Unterausschuss „Sicherheit und Abrüstung" gelang, erfahrene Persönlichkeiten aus Politik und Wissenschaft zu gewinnen. Darunter war auch General Gerd Schmückle, der in der Zeit von Verteidigungsminister Franz Josef

Strauß dessen Pressesprecher gewesen war. Entscheidend war jedoch, dass unsere Überzeugungen auch Bestandteil der Verträge der Europäischen Gemeinschaft und später der Europäischen Union wurden.

*

Es kann mit Sicherheit festgestellt werden, dass die Debatte im Unterausschuss „Sicherheit und Abrüstung" nicht nur die formelle Beschlussfassung über die Berichte, die im Politischen Ausschuss und dann im Europäischen Parlament erfolgte, maßgeblich beeinflusst hat, sondern auch den Weg zum Vertrag von Maastricht.

Als Vorsitzendem des Unterausschusses „Sicherheit und Abrüstung" wurden mir zwei wichtige Sicherheitsberichte übertragen: 1991 ein Bericht über „Die Bedeutung einer Europäischen Sicherheitspolitik und ihre Auswirkungen für die Europäische Politische Union" sowie 1994 ein Bericht über „Die Entwicklung einer Gemeinsamen Sicherheits- und Verteidigungspolitik der Europäischen Union im Hinblick auf Ziele, Instrumente und Verfahren". Die Beschlüsse des Europäischen Parlaments dokumentieren, dass das Europäische Parlament eine Führungsposition bei der Entwicklung einer gemeinsamen europäischen Außen- und Sicherheitspolitik wahrnahm.

Am 10. Juni 1991 wurde mein Bericht über „Die Bedeutung einer Europäischen Sicherheitspolitik und ihre Auswirkungen für die Europäische Politische Union" mit 132 Ja-Stimmen, 67 Nein-Stimmen und 11 Enthaltungen vom Parlament angenommen.[32] Darin befürwortete das Europäische Parlament

> „die Übertragung außen- und sicherheitspolitischer Kompetenzen an die Institutionen der Europäischen Gemeinschaft, ähnlich denjenigen, die sie in anderen Bereichen der Gemeinschaftspolitik besitzen".

Außerdem sprach sich das Europäische Parlament aus für

> „die direkte Einbeziehung der Außen- und Sicherheitspolitik in das institutionelle Gefüge der Gemeinschaft und damit die Verschmelzung der Treffen der Außenminister im Rahmen der EPZ (Europäische Politische Zusammenarbeit) mit den regelmäßigen Treffen der Minister für Auswärtige Angelegenheiten im Rahmen der Europäischen Gemeinschaft."

Aus der Sicht von heute ist diese Aufteilung, in welcher sich die Außenminister einerseits als Außenministerrat der Gemeinschaft trafen, wenn es sich um die allgemeine Politik der Europäischen Gemeinschaft handelte, aber im Rahmen der EPZ zusammenkamen, wenn es sich um Außen- und Sicherheitspolitik handelte, kaum vorstellbar. Es führte sogar dazu, dass die „normalen" Außenministertreffen an einem anderen Ort stattfanden als die EPZ-Treffen. Mit der Annahme meines Berichts schloss sich das Europäische Parlament meiner Forderung an, dass ein Rat „für Fragen der äußeren

Sicherheit zuständiger Minister im Rahmen der Europäischen Gemeinschaft (Verteidigungsrat)" eingerichtet werden sollte. Aus der Perspektive des Jahres 1991 mochte diese Forderung illusionär beziehungsweise naiv erscheinen, aber für mich war es selbstverständlich, dass die Verteidigungsminister – sollte eine wirkliche Sicherheits- und Verteidigungspolitik entwickelt werden – sich in einem Verteidigungsrat treffen mussten. Ich schlug vor, dass entsprechend dem Rat der Wirtschafts- und Finanzminister (ECOFIN), die sich im Bedarfsfall trafen, ein

> „kombiniertes Zusammentreten des Außen- und Verteidigungsministerrates als Sicherheitsrat zur Erörterung und Beschlussfassung über sicherheitspolitische Grundsatzfragen"

eingerichtet werden sollte. Man kann sich heute kaum noch vorstellen, dass damals ein vom Sekretariat des Ministerrats abgesondertes EPZ-Sekretariat bestand. Infolgedessen forderte das Europäische Parlament die Integration dieser beiden Sekretariate. Auch sollte sich die Kommission mit Sicherheitsfragen befassen und ihre Strukturen entsprechend anpassen. Ich verlangte

> „die Einrichtung einer speziellen unabhängigen Agentur [...], welche die Rüstungsproduktion und den Waffenhandel innerhalb der Mitgliedstaaten, zwischen den Mitgliedstaaten und mit Drittländern beobachtet und kontrolliert".

Schließlich war für das Europäische Parlament die „vollständige Einbeziehung [...] in die außen- und sicherheitspolitischen Aktivitäten der Gemeinschaft" selbstverständlich. Dem Europäischen Parlament, so forderten wir, sollten Mitsprache und Kontrollbefugnisse für außen- und sicherheitspolitische Fragen übertragen werden. Auch sollte eine Informationspflicht seitens des Rates und der Kommission sichergestellt werden. Außerdem wurde die Einsetzung von Konsultationsverfahren zur außen- und sicherheitspolitischen Abstimmung zwischen Rat, Kommission und Parlament gefordert. Darüber hinaus mahnten wir an, dass das Europäische Parlament

> „mit der absoluten Mehrheit seiner Mitglieder bei außen- und sicherheitspolitischen Grundsatzentscheidungen [eine Zustimmung geben muss] (zum Beispiel bei Beitritt zu Militärbündnissen, Änderung militärstrategischer Grundlagen oder bei Entscheidungen über ein gemeinschaftliches militärisches Vorgehen im Konfliktfall)."

Schließlich folgte das Europäische Parlament meiner Forderung nach einer

> „enge[n] Zusammenarbeit und Abstimmung der Aktivitäten der Gemeinschaft und der künftigen Europäischen Union im Bereich der Außen- und Sicherheitspolitik mit den Institutionen der Organisationen des Nordatlantikvertrages".

Also nicht Unabhängigkeit von den USA, aber auch nicht Dominanz der USA gegenüber Europa entsprach meiner Überzeugung. Erneut wurde die Position des Parlaments hervorgehoben, dass eine gemeinschaftliche Sicherheitspolitik „den politischen, wirtschaftlichen und militärischen Aspekten der Sicherheit Rechnung" tragen musste. Schließlich sprach sich das Parlament für die „Aufstellung multinationaler europäischer Streitkräfte" aus und plädierte dafür, dass die

> „Gemeinschaft im Rahmen von UN-Maßnahmen zur Friedenssicherung geschlossen auftritt, u.a. was die mögliche Entsendung von EG-Friedenstruppen betrifft".

Mit diesen Forderungen, auch wenn sie nicht sofort verwirklicht wurden, leistete das Europäische Parlament einen entscheidenden Beitrag zur außen-, sicherheits- und verteidigungspolitischen Debatte in der damaligen Europäischen Gemeinschaft. Natürlich wusste ich, dass unsere Vorschläge zum Teil der Zeit weit voraus waren. Aber es mussten erste Schritte getan werden, um schließlich das Ziel zu erreichen.

Mit dem Vertrag von Maastricht, in Kraft getreten am 1. November 1993, wurden entscheidende Forderungen des Europäischen Parlaments erfüllt:

> „Die Gemeinsame Außen- und Sicherheitspolitik umfasst sämtliche Fragen, welche die Sicherheit der Europäischen Union betreffen, wozu auf längere Sicht auch die Festlegung einer gemeinsamen Verteidigungspolitik gehört, die zu gegebener Zeit zu einer gemeinsamen Verteidigung führen könnte."[33]

Damit war klargestellt, dass die künstliche Trennung von Beratungen über politische und wirtschaftliche Aspekte der Sicherheit einerseits und militärischer Aspekte anderseits aufgegeben wurde. Auch eine gemeinsame Verteidigungspolitik wurde also nicht mehr ausgeschlossen. Das Europäische Parlament, so formulierte es der Vertrag von Maastricht, sollte zu den „grundlegenden Weichenstellungen der gemeinsamen Außen- und Sicherheitspolitik" gehört und seine „Auffassungen […] gebührend berücksichtigt werden".[34] Auch wurde die Europäische Kommission „in vollem Umfang an den Arbeiten im Bereich der Gemeinsamen Außen- und Sicherheitspolitik beteiligt".[35] Die Beschlüsse von Maastricht zur Gemeinsamen Außen- und Sicherheitspolitik waren ein großer Erfolg im Hinblick auf die jahrelangen Arbeiten und Forderungen im Unterausschuss „Sicherheit und Abrüstung".

Im Vertrag von Amsterdam, in Kraft getreten am 1. Mai 1999, und im Vertrag von Lissabon, in Kraft getreten am 1. Dezember 2009, wurden die Grundsätze für eine gemeinsame Außen-, Sicherheits- und Verteidigungspolitik konkretisiert. Mit dem Vertrag von Amsterdam wurde das Amt des Hohen Vertreters für die Gemeinsame Außen- und Sicherheitspolitik eingeführt, das Javier Solana von 1999 bis 2009 innehatte. Mit dem Vertrag von Lissabon wurde das Amt in Hoher Vertreter der Europäischen Union für Außen- und Sicherheitspolitik umbenannt und mit der Rolle als

Vizepräsident der EU-Kommission, dem Vorsitz des Rates für Auswärtige Angelegenheiten und der Rolle als Außenbeauftragter des Europäischen Rates verbunden. Catherine Ashton übernahm 2009 diese nicht einfache Aufgabe, der es auch oblag, einen Europäischen Auswärtigen Dienst aufzubauen.

Es war ein langer, mühsamer Weg bis zu diesem Punkt in der Entwicklung der europäischen Außenvertretung. Nur die Überzeugung, dass dieser Weg notwendig war und die Leidenschaft, aus welcher die Fähigkeit erwuchs, niemals aufzugeben, haben es möglich gemacht, dass die Europäische Union dorthin gelangte, wo sie heute ist – so unvollkommen alles auch sein mag. Dieser Weg ist unvollendet und wird weitergegangen werden müssen. Insbesondere die 1954 gescheiterte Europäische Verteidigungsgemeinschaft mit dem Aufbau einer gemeinsamen europäischen Armee bleibt eine zu vollendende Aufgabe. Eine gemeinsame europäische Armee mit gemeinsamen Grundsätzen der Ausbildung und standardisierten Waffensystemen muss ein Ziel bleiben.

In diesem Sinne habe ich am 9. Dezember 2008 als Präsident des Europäischen Parlaments gemeinsam mit meinem Kollegen und Freund Karl von Wogau, Vorsitzender des Unterausschusses „Sicherheit und Verteidigung", das Konzept von „Synchronised Armed Forces in Europe" (SAFE) vorgeschlagen. Das Ziel dabei war die immer bessere Verzahnung der europäischen Streitkräfte. Wir sollten ein europäisches Soldatenstatut ausarbeiten, das Ausbildungsstandards, die Einsatzdoktrin mit allen Rechten und Pflichten der Soldaten und das Qualitätsniveau der medizinischen Versorgung und der soldatischen Ausrüstung regelt.

Das Europäische Parlament, das sich seine Befugnisse bei der Gesetzgebung schrittweise erkämpft hat, war stets Wegbereiter für eine gemeinsame europäische Politik. Dies gilt auch in Bereichen, in denen es nicht Gesetzgeber war oder ist. Von Egon Klepsch war es weitsichtig, die Fragen der Außen-, Sicherheits- und Verteidigungspolitik bereits in den Achtzigerjahren in die Beratungen des Europäischen Parlaments einzubeziehen. Den Vorsitz im Unterausschuss „Sicherheit und Abrüstung" habe ich zehn Jahre, bis 1994, mit Engagement und Freude wahrgenommen. Mit den Europawahlen am 12. Juni 1994 sollte sich mir eine neue Herausforderung stellen.

*

An dieser Stelle möchte ich die Schilderung von Gesprächen nachtragen, die im Falle Ihrer Verwirklichung mein gesamtes persönliches und politisches Leben verändert hätten.

Es war Ende des Jahres 1986 oder Anfang 1987, als Walther Leisler Kiep (1926–2016), langjähriger Bundesschatzmeister der CDU Deutschlands sowie Wirtschafts- und dann Finanzminister in der ersten Regierung von Niedersachsens Ministerpräsident Ernst Albrecht (1976–1980), mich auf eine Frage ansprach, die ihm Ernst Albrecht gestellt hatte. Dieser habe ihn, Leisler Kiep, gefragt, wen er sich als zukünftigen Ministerpräsidenten von Niedersachsen, also als möglichen Nachfolger von Ernst Albrecht, vorstellen könne. Walther Leisler Kiep sagte mir, er habe Ernst Albrecht meinen Namen genannt. So sehr mich diese Mitteilung erfreute, überraschte sie mich doch, zumal ich vor dem Amt des Ministerpräsidenten zu jener Zeit eine noch höhere Achtung hatte als dieses natürlich auch heute noch der Fall ist. In den kommenden Wochen wartete ich darauf, ob Ernst Albrecht mich darauf ansprechen würde. Tatsächlich geschah es. Für den 27. März 1987 lud mich der niedersächsische Ministerpräsident zu einem Mittagessen in ein Restaurant außerhalb von Hannover ein. Gemeinsam fuhren wir in seinem Dienstwagen zu dem Restaurant. Während des Essens fragte er mich, ob ich mir vorstellen könne, Ministerpräsident in Niedersachsen zu werden. Obwohl ich auf diese Frage vorbereitet war, berührte sie mich sehr stark. Natürlich bedankte ich mich für diese Frage, blieb jedoch einige Zeit still und antwortete nicht. Dann sagte Ernst Albrecht, ich müsse mich allerdings vorher als Staatssekretär bewähren. Leider gebe es ja keine parlamentarischen Staatssekretäre, so dass nur eine Bewährung als beamteter Staatssekretär infrage käme. Ein Wahlkreis für die Bewerbung für den niedersächsischen Landtag würde sich schon finden. Ich solle mir die Sache überlegen. So sehr mich das grundsätzliche Angebot von Ernst Albrecht erfreute, war ich jedoch über die Bedingung, zunächst Staatssekretär zu werden, erstaunt. Hätte er mir ein Ministeramt angeboten, hätte ich dies wohl nicht ablehnen können. Aber den Weg zum Ministerpräsidenten bzw. zum Kandidaten der CDU-Niedersachsen für das Amt des Ministerpräsidenten mit der Erfüllung der Aufgaben eines Staatssekretärs zu verbinden, empfand ich als unangemessen. Ernst Albrecht nannte mir keinen Termin, bis zu dem ich ihm eine Antwort geben sollte.

Mir bedeutete mein europäisches Mandat unendlich viel, konnte ich doch als Abgeordneter des Europäischen Parlaments meinen Idealen und Überzeugungen folgen. Auch war ich in dieser Aufgabe einigermaßen unabhängig, „nur" auf die Unterstützung meiner „Basis" im Landkreis Osnabrück und in dem CDU-Bezirksverband Osnabrück-Emsland angewiesen. Dort hatte ich hundertprozentige Unterstützung. In das Amt eines Staatssekretärs überzuwechseln bedeutete, dass ich mich in die Abhängigkeit einer Person, des niedersächsischen Ministerpräsidenten, so sehr ich ihn auch schätzte, begab. Im Amt eines Staatssekretärs hätten sich leicht Gründe finden lassen bei denjenigen, die mich als Ministerpräsidentschaftskandidaten und dann als Ministerpräsidenten verhindern wollten. Vorwurfsvoll hätte es dann auch noch an meine Adresse geheißen, ich hätte die Chance, die man mir gegeben habe, nicht genutzt. Immer habe ich es in meinem politischen Leben abgelehnt, von einer einzigen Person abhängig zu sein. Die Freiheit des Mandats eines Abgeordneten ist von unschätzbarem Wert. So habe ich es damals empfunden, und so sehe ich es auch heute. Natürlich ist auch ein Abgeordneter nicht ganz frei, er ist eingebunden in die Zusammenhänge seiner Partei, in die Kooperation der Kolleginnen und Kollegen. Aber er ist nicht abhängig von einer Person.

Mit Ernst Albrecht habe ich über die Angelegenheit nie wieder gesprochen, obwohl ich mich immer gefragt habe, ich müsse ihm doch eine Antwort geben. Aber schließlich ist diese unterblieben. Indirekt hat allerdings die mir von Ernst Albrecht gestellte Frage ein Jahr später noch einmal Bedeutung gehabt. Der langjährige Regierungssprecher Hilmar von Poser erklärte im Mai 1988 seinen Verzicht als Regierungssprecher – in dieser Funktion war er Staatssekretär –, um in die Wirtschaft zu wechseln. Der damalige Vorsitzende der CDU-Fraktion im niedersächsischen Landtag, Josef Stock, der wie ich aus dem Landkreis Osnabrück stammte, sagte mir am Rande einer CDU-Bezirksvorstandssitzung Osnabrück-Emsland, er solle im Auftrag von Ministerpräsident Ernst Albrecht anfragen, ob ich Interesse habe, die Aufgabe des Regierungssprechers in der Nachfolge von Hilmar von Poser anzutreten. Bei mir bedurfte es keinerlei Bedenkzeit, um diese Frage spontan sofort zu verneinen. Ich habe es auch später nicht bereut. Aus der Perspektive von heute wäre es ein großer Fehler gewesen, in die Landespolitik nach Niedersachsen zu wechseln, so sehr sie mich auch interessierte. Meinen europäischen Weg hätte ich nicht gehen können, und es wäre ungewiss gewesen, ob ich jemals niedersächsischer Ministerpräsident geworden wäre.

Bei meiner Abwägung, dieses Angebot abzulehnen, kam auch hinzu, dass bereits mehrere Persönlichkeiten aus der Region Osnabrück-Emsland in der Landesregierung vertreten waren. So Johann-Tönjes Cassens (Wissenschaft), Walter Remmers (Justiz), Werner Remmers (Umwelt) und Burkhard Ritz (Landwirtschaft). Ich konnte mir den Widerstand in der CDU-Niedersachsen gut vorstellen, wenn noch ein Osnabrück-Emsländer in ein hohes Amt in der Partei bzw. im Land strebte. Viele Jahre später hat mir ein Minister der damaligen Zeit gesagt, Ernst Albrecht habe es mir sehr verübelt, dass ich mich nicht habe »in die Pflicht nehmen lassen«.

Ernst Albrecht hat sich mir gegenüber auch nach dieser Episode immer sehr freundlich verhalten und mich nie auf die Sache angesprochen. Nach seinem Ausscheiden aus dem Amt des Ministerpräsidenten habe ich ihn einmal auf seinem landwirtschaftlichen Ruhesitz in Burgdorf-Beinhorn besucht. Wir haben ein sehr gutes Gespräch geführt. Auch habe ich ihn zum Grab seiner Frau, das auf dem Gelände gelegen ist, begleitet. Er zeigte mir die Stelle, wo er seine letzte Ruhestätte finden würde.

Am 13. Dezember 2014 ist Ernst Albrecht auf seinem Anwesen verstorben. Bei der Trauerfeier zu seinen Ehren in Hannover erinnerte Rupert Neudeck (1939–2016), der Mitbegründer des Cap Anamur/Deutsche Notärzte e.V., der 1979 mit »seiner« Cap Anamur Tausende vietnamesischer Flüchtlinge im Chinesischen Meer rettete, in einer bewegenden Rede an die große Leistung von Ernst Albrecht, vielen dieser Flüchtlinge aus Vietnam in Niedersachsen eine neue Heimat ermöglicht zu haben. Ernst Albrecht, der Vater von Ursula von der Leyen, war ein Großer unserer Zeit.

III. Deutsche Einheit und Überwindung der Teilung Europas

1. Der Fall der Mauer

Am 9. November 1989 fiel die Mauer in Berlin. Nein, sie fiel nicht – die Menschen überwanden sie. Die Menschen standen auf der Mauer, kletterten über sie hinweg – von Ost nach West, von West nach Ost – und brachten die Mauer damit – zunächst im übertragenen Sinne – zum Einsturz. Eine Nation im Rausch. Positiv. Im Rausch der Freiheit. Der Freiheitswille der Deutschen hatte sich durchgesetzt. Aber dies wurde nur möglich, weil auch die anderen Europäer in der Mitte Europas – so unsere polnischen Nachbarn mit Solidarność – den gleichen Weg der Freiheit gingen. Es waren Augenblicke unglaublicher Gefühle. Eine Zeitenwende. Nicht jeder Generation ist es vergönnt, eine solche Zeitenwende zu erleben.

Bundeskanzler Helmut Kohl befand sich am 9. November 1989 zu einem Besuch in Warschau. Er wurde von einer Delegation begleitet, zu der auch Bernhard Vogel, Vorsitzender der Konrad-Adenauer-Stiftung, früherer Ministerpräsident von Rheinland-Pfalz und zukünftiger Ministerpräsident des Freistaates Thüringen, gehörte. Aufgrund der Ereignisse in Berlin musste Helmut Kohl Warschau vorzeitig verlassen, versprach aber zurückzukommen. So geschah es. Helmut Kohl kehrte nach Deutschland zurück, konnte aber nicht direkt nach Berlin reisen. So wählte er den Weg über Hamburg, wo ihm die amerikanische Regierung ein Flugzeug nach Berlin zur Verfügung stellte.

Seinen Besuch in Polen setzte er wenig später fort. Nach der Rückkehr besuchte Helmut Kohl mit Ministerpräsident Tadeusz Mazowiecki Kreisau, den Ort in Schlesien, wo der Widerstandskämpfer Helmuth James Graf von Moltke mit seiner später vertriebenen Familie gewohnt hatte. Der Erzbischof von Oppeln, Alfons Nossol, feierte mit den Gästen und deren Begleitung eine Messe. Erzbischof Nossol, als Deutscher geboren, hat viele Brücken zwischen Polen und Deutschen gebaut. Um dieses Werk fortzusetzen, hat er das Angebot von Papst Johannes Paul II., Präsident des Päpstlichen Rates zur Förderung der Einheit der Christen – und damit Kardinal – zu werden, nicht angenommen. Der Besuch Helmut Kohls in Polen war ein Besuch großer Symbolik für die Versöhnung, Verständigung, ja Freundschaft zwischen Polen und Deutschland. In diesen Stunden und Tagen sollte sich die deutsche, europäische, sogar die Weltgeschichte verändern. Aber niemand konnte voraussehen, wie es weitergehen würde. Würde Deutschland seinen Weg zur Einheit finden? Dies war am 9. November 1989 wie auch in den Tagen und Wochen danach eine unbeantwortete Frage.

Der Fall der Mauer war ein Sieg der Freiheit. Die Amerikaner standen immer an unserer Seite. Großbritannien und Frankreich gehörten zu den westlichen Schutzmächten, denen wir ebenso zu großem Dank verpflichtet sind. In der Sowjetunion regierte Michail Gorbatschow, der die Panzer in ihren Kasernen beließ und nicht wie seine Vorgänger im Kreml – 1953 in der DDR, 1956 in Ungarn, 1968 in Prag und der Tschechoslowakei – befahl, auf die für die Freiheit kämpfenden Menschen zu schießen. Als Michail Gorbatschow mich während meiner Amtszeit als Präsident des Europäischen Parlaments in Brüssel besuchte, hat mich das sehr bewegt.

Ich selbst erlebte den Abend des 9. November 1989 im Hause von Bernd Busemann, des späteren niedersächsischen Kultus- und Justizministers sowie Landtagspräsidenten, in Dörpen im Landkreis Emsland. Dabei war auch mein Freund Wolfram Hamacher, der Bezirksvorsitzende der Jungen Union Osnabrück-Emsland, der eine so bedeutende Rolle bei meiner erstmaligen Nominierung für das Europäische Parlament gespielt hatte. Zu unserer Runde sollte eigentlich auch Christian Wulff gehören, der spätere Ministerpräsident von Niedersachsen und Bundespräsident. Jedoch war er leider irgendwo aufgehalten worden, sodass er zu unserer Vierer-Gruppe, die sich in unregelmäßigen Abständen traf, an diesem historischen Abend nicht hinzustoßen konnte. So erlebten wir am Fernseher das unglaubliche Wunder, wie tausende Deutsche die Mauer überwanden. Ich hatte Tränen in den Augen. Bei aller Ergriffenheit von diesem großen emotionalen Moment ging mir durch den Kopf, wie sich jetzt alles weiterentwickeln würde. Die „einfachen" Menschen hatten Geschichte geschrieben, aber eine kluge Staatsführung musste nun für eine friedliche Entwicklung sorgen.

*

Am 28. November 1989 verkündete Bundeskanzler Helmut Kohl vor dem Deutschen Bundestag seinen genialen, daher heute legendären „Zehn-Punkte-Plan".[36] Dieser sprach von humanitärer und finanzieller Hilfe für die DDR, vom Ausbau der Zusammenarbeit, die den Menschen auf beiden Seiten unmittelbar zugutekommen sollte, zum Beispiel im Umweltschutz, bei Telefonverbindungen und Verkehrswegen. Er sprach von „umfassender Wirtschaftshilfe" (Punkt 3), wenn ein grundlegender Wandel des politischen und wirtschaftlichen Systems in der DDR verbindlich beschlossen und unumkehrbar in Gang gesetzt würde. Er sprach von einer „Vertragsgemeinschaft" (Punkt 4) und von „konföderativen Strukturen" (Punkt 5) mit dem Ziel, eine Föderation, das heißt eine bundesstaatliche Ordnung, in Deutschland zu schaffen. Voraussetzung dafür wäre eine demokratisch legitimierte Regierung in der DDR. Er sprach davon, dass Deutschland Bestandteil einer Architektur Gesamteuropas sein müsste. Deutschland sollte sich in eine „gerechte europäische Friedensordnung" einfügen (Punkt 6). Die Europäische Gemeinschaft als Grundlage der gesamteuropäischen Einigung müsste offen sein gegenüber den reformorientierten Staaten Mittel-, Ost- und Südosteuropas. Und schließlich sagte Helmut Kohl:

> „Mit dieser umfassenden Politik wirken wir auf einen Zustand des Friedens in Europa hin, in dem das deutsche Volk in freier Selbstbestimmung seine Einheit wiedererlangen kann. Die Wiedervereinigung, das heißt die Wiedergewinnung der staatlichen Einheit Deutschlands, bleibt das politische Ziel der Bundesregierung. Wir sind dankbar, dass wir in der Erklärung des Brüsseler NATO-Gipfels vom Mai dieses Jahres dafür erneut die Unterstützung unserer Freunde und Partner gefunden haben."[37]

Dieser Zehn-Punkte-Plan, eine Skizzierung für den weiteren Weg Deutschlands bis hin zur Einheit Deutschlands in Freiheit, verkündet weniger als drei Wochen nach dem Fall der Mauer, war eine staatsmännische Leistung ersten Ranges. Helmut Schmidt, Helmut Kohls Amtsvorgänger (1974–1982), hat dieses folgendermaßen gewürdigt:

> „Seine ‚10 Punkte' haben den internationalen Prozess der Deutschen Wiedervereinigung entscheidend vorangetrieben. Eine nahezu aus dem Stand vollbrachte, glänzende Leistung der Vernunft."[38]

Wohl selten hat ein Staatsmann von seinem Vorgänger eine so große Anerkennung erhalten, wie es bei Helmut Schmidt über Helmut Kohl, der diesen am 1. Oktober 1982 durch ein konstruktives Misstrauensvotum gestürzt hatte, der Fall war. Diese Helmut Kohl erwiesene Anerkennung ehrt auch seinen Urheber, der in anderer Weise als Staatsmann in die deutsche Geschichte eingegangen ist.

Das Tor zur deutschen Einheit in Freiheit schien im November 1989 aufgestoßen. Faszinierende Wochen und Monate wiesen den Weg in die Zukunft. Da fügte es sich gut, dass eine seit Längerem geplante Reise mit Kolleginnen und Kollegen aus dem Europäischen Parlament nach Moskau bevorstand.

2. Gespräche über die Einheit Deutschlands in Moskau[39]

Im Februar 1990, in einer Zeit, die dem deutschen Volk so große Chancen eröffnete und den Völkern Europas insgesamt eine bessere Zukunft ermöglichen sollte, reiste ich mit einer Delegation von christdemokratischen Mitgliedern des Unterausschusses „Sicherheit und Abrüstung" des Europäischen Parlaments nach Moskau, der Hauptstadt der Sowjetunion. Zu der Delegation gehörten Maria Luisa Cassanmagnago Cerretti (Italien), Viviane Reding (Luxemburg), Giulio Cesare Gallenzi (Italien), Jean Penders (Niederlande), Ioannis Pesmazoglou (Griechenland) und Carlos Robles Piquer (Spanien).

Es war meine erste Reise nach Moskau. Die traumhafte Winterlandschaft, die die gewaltige Basilius-Kathedrale auf dem Roten Platz, den Kreml-Palast mit der Mariä-Himmelfahrt-Kathedrale, die Erzengel-Michael-Kathedrale sowie den Glockenturm Iwans des Großen mit der vergoldeten Kuppel als ein Wintermärchen erscheinen ließen, konnte leicht vergessen lassen, dass dieses das Zentrum einer sich im Niedergang befindlichen und auflösenden Macht, der letzten Kolonialmacht dieser Erde, war.

Am 10. Februar 1990, eine Woche vor Beginn unseres Aufenthaltes in Moskau, hatte Bundeskanzler Helmut Kohl die sowjetische Hauptstadt besucht. Dabei wurde die deutsche Einheit von Michail Gorbatschow zwar an sich nicht mehr infrage gestellt, doch der Status des zukünftigen geeinten Deutschlands war zutiefst umstritten.

Helmut Kohl berichtete später: „Die Geschichte habe gezeigt, dass es ein großer Fehler gewesen sei, Deutschland nach 1918 ein Sonderstatut aufzuerlegen."[40] Helmut Kohl war der Meinung, „eine Neutralisierung Deutschlands hätte schon sehr bald eine Erosion und dann das Ende von NATO und EG bedeutet".[41] Bereits Konrad Adenauer hatte diese Ansicht vertreten, sie war Grundlage der Staatsräson der Bundesrepublik Deutschland. Keine deutsche Wiedervereinigung zum Preis der Neutralität! Dies war auch die gemeinsame Auffassung unserer Delegation. Wir hatten verabredet, bei unserem Gespräch mit verteilten Rollen für das Selbstbestimmungsrecht des deutschen Volkes und aller Europäer einzutreten. Die Völker Europas müssten das Recht haben, die von ihnen einzugehenden Bündnisse selbst zu wählen. Die Neutralität eines geeinten Deutschlands wäre das Ende der Europäischen Einigung gewesen. Wie hätte Europa seine Einheit finden können, wenn es dem deutschen Volk, in der Mitte Europas gelegen, verwehrt geblieben wäre, seinen Beitrag zu einer starken Europäischen Union mit einer gemeinsamen Außen-, Sicherheits- und Verteidigungspolitik zu leisten?

Unsere Delegation wohnte im Oktjabrskaja, zu Deutsch: Oktober, einer Verbindung von Hotel und Tagungsstätte an der Uliza Dimitrowa 24. Wir fanden schnell heraus, dass die Moskauer Taxifahrer sich weigerten, uns zu diesem Hotel zu fahren, weil es der Kommunistischen Partei gehörte. Nur durch ein überhöhtes Trinkgeld (in Dollar) war ihr Widerstand zu überwinden. Im Oktjabrskaja sollte ein gutes halbes Jahr später, am 12. September 1990, von den Außenministern James Baker (USA), Douglas Hurd (Großbritannien), Eduard Schewardnadse (Sowjetunion), Roland Dumas (Frankreich), Hans-Dietrich Genscher (Deutschland) sowie von DDR-Ministerpräsident Lothar de Maizière der „Vertrag über die abschließende Regelung in Bezug auf Deutschland" unterzeichnet werden. Damit einigten sich die beiden deutschen Staaten und die vier Mächte noch rechtzeitig vor der staatlichen Einheit Deutschlands am 3. Oktober 1990 über die völkerrechtlichen Aspekte der Wiedervereinigung. Der Vertrag zwischen der Bundesrepublik Deutschland und der Deutschen Demokratischen Republik über die Herstellung der Einheit Deutschlands war kurz zuvor, am 31. August 1990, durch Wolfgang Schäuble, Bundesminister des Innern, sowie Günther Krause, Parlamentarischer Staatssekretär beim Ministerpräsidenten der DDR, im Berliner Kronprinzenpalais unterzeichnet worden.[42] Doch bis dahin war es, wie wir bei unserem Besuch in Moskau feststellten, noch ein weiter Weg. In der Deutschen Botschaft, Bolschaja Grusinskaja Uliza 17, wurden wir in einem abhörsicheren Konferenzraum durch die diplomatischen Vertreter der Staaten, aus denen wir kamen, über die Einschätzung der politischen Lage in der Sowjetunion informiert. Den Vorsitz führte der irische Botschafter als Vertreter der irischen Präsidentschaft, die über keinen vergleichbaren Raum verfügte. Es entbehrte nicht der Ironie, dass es gerade der Vertreter Irlands, eines herkömmlich neutralen Landes, war, der uns über die außen- und sicherheitspolitische Lage der Sowjetunion informierte. Dies ist ein weiterer Beweis dafür, dass es in der Europäischen Union eine Trennung von Außen-,

Sicherheits- und Verteidigungspolitik nicht geben kann. Die Stimme Europas wird nur Gewicht haben, wenn sie in allen diesen Bereichen zu einer entschlossenen und einheitlichen Sprache findet.

Unsere Gesprächspartner im Außenministerium waren geradezu furchteinflößend. Unbewegliche, kalte Gesichter. Sie vertraten Positionen der schlimmsten Zeiten des Kalten Krieges und des Stalinismus. Von der Politik Michail Gorbatschows schienen diese Herren, vier an der Zahl und nebeneinander aufgereiht, meilenweit entfernt. Sie waren Vertreter der alten Nomenklatura, von der man nur hoffen kann, dass sie nie wieder an die Macht gelangt. Als angenehmer Gesprächspartner erwies sich hingegen Vadim Zagladin, Außenpolitischer Berater von Präsident Michail Gorbatschow und sowohl Mitglied des Obersten Sowjets als auch des Zentralkomitees der KPdSU. Vadim Zagladin hatte uns zu dem Besuch nach Moskau in seiner Eigenschaft als Vorsitzender des „Sowjetischen Komitees für Sicherheit und Zusammenarbeit in Europa" eingeladen. Zagladin, eine joviale Erscheinung (Marlboro-Zigaretten rauchend), empfing uns in einem erstklassig eingerichteten Konferenzsaal des Kreml mit Blick auf die Kreml-Kathedralen. Er bekannte sich nicht nur zum Selbstbestimmungsrecht der Deutschen, er hatte auch gegen eine politisch und sicherheitspolitisch starke Europäische Gemeinschaft keine Einwände und zeichnete bereits ein Bild von der Zukunft der Sowjetunion, in der die Rechte der Union von den eigenständigen Republiken festgelegt werden würden. In Zukunft würde nicht mehr nur die Zentrale bestimmen, so Zagladin.

Ganz anderer Art gestaltete sich die Unterredung mit Valentin Falin, Leiter der Internationalen Abteilung des Zentralkomitees der KPdSU und früherer Botschafter der Sowjetunion in Bonn, den wir im ZK-Gebäude aufsuchten. Falin zeigte sich nicht als der smarte und moderate, verbindliche Diplomat, wie er in der Bundesrepublik Deutschland häufig dargestellt worden war. Eine Europäische Union mit Zuständigkeiten in der Sicherheits- und Verteidigungspolitik könnte er kaum gutheißen. Die Mitgliedschaft eines geeinten Deutschlands in der NATO wäre nicht akzeptabel. Viviane Reding und Maria Luisa Cassanmagnago Cerretti plädierten, unterstützt von den Kollegen, für das Selbstbestimmungsrecht des deutschen Volkes und aller Europäer sowie für die Mitgliedschaft des geeinten Deutschlands im Nordatlantischen Bündnis. Das Bündnis bedrohte niemanden, sein ausschließlicher Zweck bestünde in der Verteidigung, es wäre eine Allianz von Demokratien. Deutschland wäre eine stabile Demokratie, seine Einbindung in die Europäische Gemeinschaft und die NATO entspräche auch dem sowjetischen Interesse. Wenn man das Selbstbestimmungsrecht der Völker ernst nähme, was die Sowjetunion doch wollte, fügte ich hinzu, könnte man dem deutschen Volk keine Beschränkungen auferlegen. Hier, mitten in Moskau, im Gebäude des Zentralkomitees der KPdSU, wurde deutlich: Abgeordnete des Europäischen Parlaments, die nicht Deutsche waren, vertraten deutsche Interessen. Sie vertraten deutsche Interessen, weil sie mit dem fundamentalen nationalen Interesse Deutschlands solidarisch waren und dieses nationale Interesse mit dem europäischen Interesse übereinstimmte.

Im Übrigen, so fügte Viviane Reding, ab 2009 Vizepräsidentin der Europäischen Kommission, geschickt hinzu, wäre die Einbindung Deutschlands in NATO und Europäische Gemeinschaft im sowjetischen Interesse, da so Deutschland eingeflochten würde und sich nicht gegen die Sowjetunion richten könnte. Am Ende des Gesprächs gestand Falin zu, die Neutralität eines geeinten Deutschlands wäre kein „absolutes" Prinzip.[43] Es war klar, dass Falin die ganze Richtung nicht passte, die die Entwicklung in Europa und in Bezug auf Deutschland nahm. Wie Bundeskanzler Helmut Kohl über sein Gespräch mit Präsident Gorbatschow vom 10. Februar 1990 berichtete, hatte Falin das „blanke Entsetzen" im Gesicht gestanden.[44]

Aber Valentin Falin konnte die Dynamik nicht zum Stillstand bringen. Im Gebäude des Zentralkomitees der KPdSU, im Angesicht des nach Präsident Michail Gorbatschow, dem Vorsitzenden der KPdSU, und Außenminister Eduard Schewardnadse wichtigsten Mannes für die Außen- und Europapolitik der KPdSU, wurde uns klar, dass eine kluge deutsche Staatsführung nicht nur die Einheit Deutschlands, sondern auch die Mitgliedschaft des geeinten Deutschlands in der bewährten Gemeinschaft des Nordatlantischen Bündnisses erreichen würde. Helmut Kohl ist konsequent diesen Weg gegangen – das Ergebnis ist bekannt. Am 15. Juli 1990 gab Michail Gorbatschow im Kaukasus nicht nur sein Einverständnis zur deutschen Einheit, sondern auch zum Recht des deutschen Volkes, sein Bündnis selbst zu wählen.

*

Der Kaukasus, die Beziehungen zwischen Aserbaidschan und Armenien, die Situation in Bergkarabach, die Menschenrechtesituation in der Sowjetunion sowie die Beurteilung sowjetischer Politiker waren Inhalt eines Gesprächs mit Elena Bonner, der Witwe von Andrej Sacharow, dem bedeutenden russischen Atomphysiker, Philosophen und großen Menschenrechtler, die Jean Penders und ich während unseres Moskau-Besuches in ihrer bescheidenen Wohnung in der Uliza Tschkalowa 48b aufsuchten. Elena Bonner berichtete vom Kampf ihres Mannes für eine freie und demokratische Gesellschaft in Russland. Außergewöhnliche Persönlichkeiten wie Andrej Sacharow gaben Hoffnung, dass dieses große Land den richtigen Weg nahm. In einer Demokratie kommt es aber schließlich auf die vielen einzelnen Personen an und wie sie sich bei Wahlen entscheiden. Doch auch diese Aussage einer einfachen Russin: „Wir warten auf die Zukunft" gab Anlass zur Zuversicht.

Vor der Begegnung mit Elena Bonner habe ich das Grab von Andrej Sacharow auf dem Nowodewitschi-Friedhof außerhalb Moskaus besucht. Das stille Verweilen an seinem mit Blumen und Kränzen geschmückten Grab rief mir die Erinnerung an mutige Persönlichkeiten in das Bewusstsein, die gegen Unterdrückung, Diktatur und Totalitarismus gekämpft haben. In Moskau Andrej Sacharow, in Warschau der vom polnischen Geheimdienst 1984 ermordete Priester Jerzy Popieluszko, in Prag Jan Palach, der sich nach dem Einmarsch von Truppen des Warschauer Pakts in die damalige Tschechoslowakei (August 1968) auf dem Wenzelsplatz verbrannt hat. So sind diese

Gräber, an denen ich gestanden habe, stumme Zeugen für einen Kampf um Freiheit, Demokratie und Menschenrechte. Diese Welt des totalitären Kommunismus, der so viel Leid über die Menschen gebracht hatte, war am Wanken. Der Freiheitswille der Völker in der Mitte und im Osten Europas war am Ende stärker als Panzer und Raketen. Es bleibt das große Verdienst von Michail Gorbatschow, Präsident der Sowjetunion und Generalsekretär der Kommunistischen Partei, dass er der Freiheit und dem Selbstbestimmungsrecht der Völker Vorrang gegeben hat vor dem Einsatz der Waffen. Seine Vorgänger handelten, wie wir wissen, anders.

*

Am 3. Oktober 1990 wurde die Einheit Deutschlands Wirklichkeit. Auf dem Vereinigungsparteitag der CDU am 1. und 2. Oktober 1990 unter dem Motto „Ja zu Deutschland – Ja zur Zukunft" traten die ostdeutschen Landesverbände der CDU Deutschlands bei. In ihrem ersten Redebeitrag auf einem CDU–Bundesparteitag appellierte die aus dem Demokratischen Aufbruch zur CDU gekommene Angela Merkel, nicht zu vergessen, „dass Europa nicht an der Ostgrenze Deutschlands endet".[45] Für Thüringen erklärte die junge Christine Lieberknecht, die spätere Ministerpräsidentin des Freistaates Thüringen, den Beitritt zur CDU Deutschlands. Die CDU im Landkreis Osnabrück, deren Vorsitzender ich seit dem 7. September 1990 war, lud für den Abend des 2. Oktober zu einer großen Veranstaltung mit dem ehemaligen italienischen Botschafter in der Bundesrepublik Deutschland, Luigi Vittorio Ferraris, als Hauptredner ein. Es war eine beeindruckende Veranstaltung und ein wunderbares Erlebnis zu sehen, dass der ehemalige Repräsentant der Republik Italien in der Bundesrepublik Deutschland sich mit uns über die Einheit unseres Vaterlandes freute.

*

Werfen wir noch einen Blick auf das Verhältnis der Europäischen Gemeinschaft zur deutschen Einigung. Ich möchte hier im Wesentlichen wiederholen, was ich in einer von Karl-Dietrich Bracher, Manfred Funke und Hans-Peter Schwarz für meinen Doktorvater Hans-Adolf Jacobsen herausgegebenen Festschrift „Deutschland zwischen Krieg und Frieden – Beiträge zur Politik und Kultur im 20. Jahrhundert" zum Ausdruck gebracht habe.[46] Die Europäische Gemeinschaft wurde durch die deutsche Einigung vor neue Herausforderungen gestellt. Bis zum Straßburger Gipfel vom Dezember 1989 war die deutsche Frage im Wesentlichen kein Thema der Europäischen Gemeinschaft, sondern der vier Mächte USA, Sowjetunion, Frankreich und Großbritannien. Gleichwohl war die Wiedervereinigung Deutschlands von großer politischer und rechtlicher Bedeutung für die Europäische Gemeinschaft. Bereits bei Abschluss der Römischen Verträge 1957 wurde auf die durch die deutsche Teilung entstandene, besondere völkerrechtliche Stellung der Bundesrepublik dadurch Rücksicht genommen, dass nach dem sogenannten Protokoll über den innerdeutschen Handel dieser im Verhältnis zur Gemeinschaft nicht als Außenhandel anzusehen wäre. Außerdem hat sich die Bundesrepublik für den Fall einer Wiedervereinigung eine Neuverhandlung der Römischen Verträge rechtlich vorbehalten. Hierzu ist es jedoch nicht gekommen. Der Beitritt der DDR zur Bundesrepublik Deutschland nach Artikel 23 des Grundgesetzes machte Neuverhandlungen mit der Europäischen Gemeinschaft nicht notwendig. Mit der Vollziehung der Einheit Deutschlands am 3. Oktober 1990 ist gleichzeitig die Mitgliedschaft in der Europäischen Gemeinschaft begründet worden. Es ist die historische Leistung von Bundeskanzler Kohl, dass er sich – in Übereinstimmung mit den Menschen in der ehemaligen DDR – für einen Beitritt nach Artikel 23 und nicht für eine neue Verfassung nach Artikel 146 des Grundgesetzes ausgesprochen hat. Eine Vereinigung nach Artikel 146 hätte – abgesehen davon, dass dieses einen langen Diskussions- und Entscheidungsprozess gefordert hätte – in der Tat auch eine Neuverhandlung mit der Europäischen Gemeinschaft notwendig gemacht. Die Einheit Deutschlands nach Artikel 23 und die gleichzeitige Mitgliedschaft des geeinten Deutschlands in der Europäischen Gemeinschaft widerlegte die vielbehauptete These vom Widerspruch der deutschen und europäischen Einigung. Die von Bundeskanzler Kohl vertretene Maxime „Einigung Deutschlands im europäischen Rahmen" stellte die konsequente Fortsetzung der Adenauer'schen Politik „Wiedervereinigung über die Westintegration" unter gewandelten europäischen und globalen Rahmenbedingungen dar. Mochte es im Vorfeld der deutschen Einheit auch manche Irritationen bei unseren westeuropäischen Partnern gegeben haben, so kann doch nicht nachdrücklich genug betont werden, dass sich die Institutionen der Europäischen Gemeinschaft (heute Europäische Union) im Prozess der deutschen Einheit hervorragend bewährt haben. So hat schon der Präsident der Europäischen Kommission, Jacques Delors, die Einbindung der DDR im Rahmen der deutschen Einheit in die Europäische Gemeinschaft frühzeitig als einen „Sonderfall" bezeichnet, für den „Aufnahmeverhandlungen" nicht erforderlich wären. Wenn auch die rechtliche und praktische Eingliederung des bisherigen DDR-Gebietes in die Europäische Gemeinschaft viele Fragen und Probleme aufwarf, so handelte es sich gleichwohl nicht um die Aufnahme eines neuen Mitglieds. Neben dem Kommissionspräsidenten Jacques Delors hat das Europäische Parlament den deutschen Einigungsprozess immer wohlwollend und unterstützend begleitet. Mögen auch zunächst einige Regierungen widerstrebend oder zögerlich den Weg der Wiedervereinigung Deutschlands begleitet haben, die europäischen Institutionen – das Europäische Parlament und die Europäische Kommission – haben das Selbstbestimmungsrecht der Deutschen immer unterstützt. Vergessen wir Deutschen nicht, dass die Einheit unseres Vaterlandes nur möglich war, weil die anderen Völker in der Mitte und im Osten Europas für gleiche Werte eingetreten sind: die Würde des Menschen, die Menschenrechte, die Freiheit, die Demokratie, den Frieden und die Rechtsstaatlichkeit sowie für die Prinzipien der Solidarität und Subsidiarität. Ohne den Freiheitswillen der Polen, einer von christlichen Werten inspirierten Gewerkschaft Solidarność und den Freiheitswillen der anderen Völker in der Mitte und im Osten Europas wäre auch die Einheit Deutschlands in Freiheit nicht möglich gewesen. Die Einheit in Freiheit Deutschlands und die Einheit in Freiheit Europas sind hoffentlich für alle Zukunft zwei Seiten derselben Medaille!

3. Besuch in Moskau im August 1991: Putsch gegen Michail Gorbatschow[47]

Am 19. August 1991 putschten ranghohe Vertreter der Sowjetunion gegen Staatspräsident Michail Gorbatschow. Es handelte sich um Personen, die ihre Positionen weitestgehend Gorbatschow verdankten. Vorsitzender des „Staatskomitees für den Ausnahmezustand" war Gorbatschows Stellvertreter im Amt des Staatspräsidenten, Gennadi Janajew. Zu den weiteren Putschisten gehörten unter anderem: Dimitri Jasow, Verteidigungsminister der UdSSR; der Chef des KGB, Wladimir Krjutschkow; der Ministerpräsident der UdSSR, Walentin Pawlow, sowie der Innenminister der UdSSR, Boris Pugo. Bereits zwei Tage später, am Mittwoch, dem 21. August 1991, sollte dieser Putsch in sich zusammenbrechen. Der russische Dichter Jewgeni Jewtuschenko hat in seinem Buch „Stirb nicht vor deiner Zeit" die dramatischen Ereignisse in Moskau und in der Sowjetunion geschildert.[48] Am 19. August 1991 gab es in den 6:00 Uhr-Nachrichten eine Meldung, Gerüchten aus Moskau zufolge wäre Staatspräsident Gorbatschow erkrankt. Etwas später meldete das sowjetische Fernsehen:

> „Da Michail Sergejewitsch Gorbatschow aufgrund seines Gesundheitszustandes nicht in der Lage ist, seinen Verpflichtungen als Präsident der UdSSR nachzukommen, gehen die Vollmachten des Präsidenten der Sowjetunion in Übereinstimmung mit dem Artikel 127 der Verfassung der UdSSR an den Vizepräsidenten der UdSSR, Gennadi Iwanowitsch Jajanew, über."[49]

Zur gleichen Zeit, als die ersten Meldungen über den Putsch sich verdichteten, befand ich mich mit meinem niederländischen Kollegen Jean Penders auf dem Flug nach Moskau. In Kenntnis des Putsches haben wir in Frankfurt die Lufthansa-Maschine bestiegen. Ironisch habe ich die Stewardess gefragt, ob man genug Benzin hätte, um im Zweifel wieder nach Frankfurt zurückfliegen zu können, falls man in Moskau nicht landen könnte. Freundlich bestätigte die Stewardess diese nicht ernst gemeinte Frage. Mit einer gespannten Erwartung begaben wir uns auf den Weg in die sowjetische Hauptstadt. Dort angekommen, begegneten wir auf dem Weg vom Flughafen Scheremetjewo in die Innenstadt bereits zahlreichen Militärfahrzeugen.

Die Anordnung des „Staatskomitees", dass die „Massenmedien unter Kontrolle gestellt"[50] würden, erwies sich als von sehr begrenzter Wirkung. In einer Welt, in der Information und Kommunikation grenzenlos sind, stoßen auch Putschisten und Machthaber an ihre Grenzen. Den Abend wollten wir dort verbringen, wo wir Menschen und Demonstrationen erwarteten: auf dem Roten Platz. Auf dem Weg dorthin kamen wir an dem berüchtigten Lubjanka-Gefängnis vorbei, in dessen Kellern und

Verliesen unzählige Menschen für immer verschwunden sind. „Lubjanka" war auch noch in diesen August-Tagen des Jahres 1991 „ein Synonym für Folter, Erschießungen, Verschwinden auf Nimmerwiedersehen".[51] Auf dem Dserschinski-Platz vor der Lubjanka erhob sich ein Denkmal mit dem Abbild des Feliks Edmundowitsch Dserschinski, des Begründers des „roten Terrors" und Leiters

> „der in der gesamten Menschheitsgeschichte mächtigsten Polizeispionage- und Gefängnisorganisation, die einige Male Bezeichnung und Führung gewechselt hat: Tscheka, GPU, NKWD, MGB und schließlich KGB".[52]

Als junger polnischer Revolutionär hatte Feliks Dserschinski, als er von der Ochranka, der geheimen Staatspolizei im zaristischen Russland, hinter Gitter gebracht worden war, in seinem Gefängnistagebuch geschworen, alles zu tun, damit es auf der Welt keine Gefängnisse mehr gäbe.[53] Bei der Erinnerung an Dserschinski und im Angesicht der Lubjanka ergriffen uns Schaudern und Besorgnis, ob diese verbrecherische Vergangenheit der kommunistischen Sowjetunion in Gegenwart und Zukunft wieder Wirklichkeit werden könnte. Diese Besorgnis war gottlob nicht von langer Dauer. Bereits am darauffolgenden Freitag, dem 23. August 1991, sollten Fernsehbilder in aller Welt zeigen, dass das Abbild dieses Mitbegründers eines furchtbaren und menschenverachtenden Terrorstaates von einer aufgebrachten Menschenmenge von seinem Sockel gestürzt wurde. Aber so weit war es noch nicht.

Der Rote Platz war an jenem Montagabend, 19. August 1991, abgesperrt. Busse, besetzt mit dem Innenministerium unterstellten Omonow-Truppen, verhinderten den Zugang. Vor dem Platz waren mehrere hundert jugendliche Demonstranten zusammengekommen, die uns erklärten, dass sich all ihre Hoffnung nun auf den russischen Präsidenten Boris Jelzin richtete. Noch am selben Abend konnte ich telefonisch aus meinem Zimmer im Penta-Hotel Franz Schmedt, dem Chefredakteur der *Neuen Osnabrücker Zeitung*, meine Eindrücke aus Moskau übermitteln.[54] Glücklicherweise verfügten Diktatoren und Putschisten nicht mehr, wie in vergangener Zeit, über einen Knopf, über den sie die Verbindung zur Außenwelt abschalten konnten.

Die ersten Gesprächspartner am Dienstag, dem 20. August 1991, waren drei Vertreter des Obersten Sowjet, die uns im Kreml empfingen. Sie lehnten es ab, den Putsch zu thematisieren. Wahrscheinlich wollten sie sich ein Hintertürchen offenhalten, um sich nicht festlegen zu müssen. Es war ja auch gefährlich, sich gegen den Putsch auszusprechen, sollte dieser erfolgreich sein. Aber ebenso gefährlich war es, sich von Gorbatschow zu distanzieren, sollte der Putsch in sich zusammenbrechen. Unsere Gesprächspartner empfahlen, über Kultur und die Beziehungen zwischen der Sowjetunion und der Europäischen Gemeinschaft im Allgemeinen zu reden. Wir erklärten, dass Kultur ohne Freiheit und Demokratie nicht möglich wäre. Sollte der Putsch andauern, so fügten wir hinzu, wäre ein Abbruch der Beziehungen zum Europäischen Parlament nicht auszuschließen. Notwendig wäre die Rückkehr zum Kurs der Demokratie. Auf die Ost-West-Beziehungen, bei denen das Europäische Parlament eine eigenständige Rolle spielte, würden sonst tiefe Schatten fallen. Die sowjetischen Politiker nahmen unsere Proteste widerspruchslos entgegen und begrüßten die Offenheit der Stellungnahme. Wir waren schon froh, dass sie nicht widersprachen. Auch im Außenministerium hielten sich die Diplomaten bedeckt. Allerdings erfuhren wir dort, dass Außenminister Bessmertnych, der Nachfolger von Eduard Schewardnadse, am selben Montag, dem 19. August, seine wichtigsten Mitarbeiter zusammengerufen und ihnen empfohlen hatte, sie sollten sich mit den neuen Verhältnissen abfinden. Wie ein Sprecher des Außenministeriums erklärte, hatte sich Bessmertnych am darauffolgenden Tag für zwei Tage krank gemeldet und war anschließend weggefahren.[55]

Im Außenministerium spürten wir, dass den Beamten und Diplomaten der Putsch nicht ins Konzept passte. Anders noch als im Februar 1990, als wir auf Apparatschiks der alten Nomenklatura gestoßen waren, legten unsere Gesprächspartner im Außenministerium Wert darauf, dass sich die Beziehungen zur Europäischen Gemeinschaft weiterhin positiv entwickelten. Westeuropa, so schien es uns, war für diese Vertreter der russischen Diplomatie nicht nur ein begehrter Partner, sondern auch ein Modell für eine freiheitliche und friedliche Entwicklung. Eine kleine Europafahne auf dem Schreibtisch war wohl nicht nur unseres Besuches wegen dort platziert worden, sondern symbolisierte ein ernst gemeintes Begehren. Ganz anders wiederum die Stellungnahme des Stellvertreters von Valentin Falin, der im Gegensatz zum Februar 1990 nicht persönlich für uns verfügbar war. Er vertrat Falins Positionen. Falin hatte sich klar von Gorbatschow distanziert und beschrieb diesen als eine Art Totengräber der Sowjetunion. Wenn beispielsweise die Ukraine, die seit Jahrhunderten mit Russland eng verbunden wäre, aus dem sowjetischen Staatsverbund gelöst würde, wäre dies unverzeihlich, gleichsam ein Verbrechen.[56]

Der Dienstag, 20. August 1990, wurde ein großer Tag für Boris Jelzin und ein historischer Tag für Russland. In einem Ukas (Erlass) hatte er sich gegen die Putschisten gestellt und war für die rechtmäßige Ordnung eingetreten. Exemplare dieses Ukas wurden uns am Dienstagvormittag sowohl von Soldaten übergeben, die mit Panzereinheiten zunächst das Weiße Haus (Parlament) bewachen wollten, es dann aber tatsächlich verteidigten, als auch von russischen Bürgern, die die ganze Nacht vom 19. auf den 20. August sich an kleinen Lagerfeuern wärmend Wache am Weißen Haus gehalten hatten. Die erste Putschnacht war glücklicherweise ohne Blutvergießen vergangen. Dabei hatte die begründete Sorge bestanden, dass am Dienstagmorgen um halb vier die Spezialtruppe Alpha das Weiße Haus erstürmen sollte.

„Noch am Morgen hätten für die ganze militärische Operation 20 Minuten gereicht. Zu diesem Zeitpunkt waren im ‚Weißen Haus' nicht mehr als 100 bewaffnete Menschen gewesen und davor nicht mehr als anderthalb tausend unbewaffnete. Aber diesen Moment hatte man verpasst. [...] [A]usgehend von der Anzahl der auf die Seite der Verteidiger des ‚Weißen Hauses' übergelaufenen Soldaten und Omonow-Truppen [befanden] sich inzwischen mindestens 1000 bewaffnete Männer im Inneren des Gebäudes. Vor seinen Mauern standen sechs Panzereinheiten, und in dem lebenden Ring hatten sich um die 30.000 bis 40.000 Menschen versammelt. Es war natürlich nach wie vor durchaus möglich, das ‚Weiße Haus' zu erstürmen, um den Präsidenten von Russland zu verhaften und zu deportieren. Doch dazu waren Unterstützung aus der Luft, vorbereitendes Maschinengewehr- und Granatfeuer sowie das in Tiflis erprobte Giftgas erforderlich, bevor man mit Maschinenpistolen in den Nahkampf gehen konnte. Der Vizepräsident von Russland, ein verwegener Pilot, der ebenfalls aus afghanischer Gefangenschaft geflüchtet war, sprach durch ein Megaphon, bat Frauen und Kinder, den lebenden Ring zu verlassen und warnte alle anderen vor der drohenden Lebensgefahr. Doch jene, die gekommen waren, gingen nicht mehr fort."[57]

So schilderte Jewgeni Jewtuschenko die dramatische Situation. Im Laufe des Vormittags kamen über 200.000 Menschen zum Weißen Haus. Vom Balkon, der zum heutigen Platz des Freien Russlands führte, sprachen Boris Jelzin, der Präsident Russlands, Elena Bonner, die Witwe Andrej Sacharows, der frühere Außenminister Eduard Schewardnadse, Jewgeni Jewtuschenko und andere. Unter dem Beifall der Menge erklärte Elena Bonner: „Dies ist unser Land, wir werden es keiner Räuberbande schenken, wir geben Moskau nicht her."[58] Und Jewgeni Jewtuschenko trug vom Balkon des Weißen Hauses ein Gedicht vor, das er auf die Rückseite von Jelzins Erlass, in dem dieser die Junta der Putschisten für illegal erklärte, geschrieben hatte:

„Diesen Tag im August wird man in Liedern besingen, in Sagen.
Wir sind heut' ein Volk und nicht die betrogenen Dummchen.
Und uns'rem Parlament eilt heute zu Hilfe Sacharow, die gesprungenen Brillengläser
schüchtern sich putzend.
Es erwacht das Gewissen der Panzer.
Und auf den Panzer hinaus klettert Jelzin.
Und neben ihm – nicht die Gespenster früher Kremlherr'n
Sondern die noch nicht verlorenen russischen Meister
Und die todmüden Frauen – Opfer der Schlangen.
Nein, nie wieder wird Russland knien für ewige Jahre!
Mit uns sind Puschkin, Tolstoi. Mit uns das ganze erwachte Volk
Und das russische Parlament,
wie der verletzte Marmorschwan der Freiheit,
verteidigt vom Volk, schwimmt es in die Unsterblichkeit".[59]

Am darauffolgenden Tag, am Mittwoch, dem 21. August, tagte das russische Parlament im Weißen Haus. Aus allen Teilen Russlands waren die Abgeordneten – zum Teil mit Schwierigkeiten – nach Moskau geeilt. Boris Jelzin sollte eine weitere wichtige Rede halten, diesmal nicht vor, sondern im Weißen Haus vor dem Parlament.

Alexander, einem jungen Wissenschaftler der Akademie der Wissenschaften, der uns begleitete, erklärten wir unseren Wunsch, dass wir an der Sitzung des Parlaments im Weißen Haus teilnehmen wollten. Vorbei an der Amerikanischen Botschaft – die Fahne der USA vor dem Gebäude wirkte irgendwie beruhigend auf uns – erreichten wir über den Kutusowski Prospekt das Weiße Haus an der Krasnopresnenskaja Nabereschnaja. Tausende von Menschen bildeten wieder einen Ring. Vorbei an Panzern, deren Kanonenmündungen teilweise mit Blumen geschmückt waren, gelangten wir in die Nähe des Weißen Hauses. Es war unser dringender Wunsch, an dieser historischen Sitzung des Parlaments teilzunehmen. Würde es Alexander gelingen, uns in das Weiße Haus zu bringen? Busse, Lastkraftwagen, Eisenstangen und allerlei andere Gegenstände schützten die Eingänge. Hinter diesen „Schutzwällen", aber außerhalb des Weißen Hauses, an den Mauern, lagerten Unmengen von Lebensmitteln und Medikamenten. Wir wurden Zeugen, wie Bluttransfusionen und Medikamente in Kisten in das Weiße Haus transportiert wurden – Maßnahmen für den Fall, dass es doch noch zu einem militärischen Angriff kommen sollte. Schließlich gelang es Alexander, einen der Wachsoldaten mit Hilfe unserer Diplomatenpässe, welche meinen niederländischen Kollegen Jean Penders und mich als Abgeordnete des Europäischen Parlaments auswiesen, zu überreden, uns den Weg in das Innere des Weißen Hauses freizumachen. Ohne große Mühe war es von dort aus möglich, den deutschen Botschafter Klaus Blech telefonisch zu verständigen, dass wir unsere Terminverabredung für zwölf Uhr nicht einhalten konnten. Sein späterer Kommentar: „Ich hätte es Ihnen übelgenommen, wenn Sie angesichts der Situation pünktlich bei mir gewesen wären." Auf den ersten Blick schien das Weiße Haus ziemlich leer. Als wir aber die Besuchertribüne des Parlaments erreichten, war diese von einer dichtgedrängten Menschenmenge völlig überfüllt. Unten diskutierten die Abgeordneten, auf der Tribüne nahmen Fernseh- und Rundfunkanstalten aus aller Welt die Beiträge der Abgeordneten, insbesondere von Russlands Präsident Boris Jelzin, auf und berichteten in ihre Länder.[60]

Mit Botschafter Klaus Blech diskutierten wir wenig später noch einmal die Lage und wurden Zeugen von Vorbereitungen, ein Telefongespräch zwischen Bundeskanzler Helmut Kohl und Russlands Präsident Boris Jelzin zu vermitteln. Die Informationen, die wir vom Botschafter erhielten, gaben Anlass zu Optimismus und Zuversicht. Klaus Blech hatte gute Kontakte zu maßgeblichen Persönlichkeiten, darunter dem ehemaligen Außenminister Eduard Schewardnadse, die Hinweise gaben, dass der Putsch zusammenbrechen würde. Mit dem Gefühl der Erleichterung, aber natürlich ohne bestätigende Gewissheit, dass die Putschisten am Ende scheitern würden, verließen wir die Deutsche Botschaft an der Bolschaja Grusinskaja Uliza 17. Gegen 16 Uhr startete die Lufthansa-Maschine von Moskau in Richtung Frankfurt. Was würde aus der Sowjetunion, was aus Russland, das sich schon als die zukünftige Nachfolgemacht abzeichnete, werden? Nach gut einstündigem Flug meldete der Pilot, der Putsch in Moskau wäre zusammengebrochen. Mit großer Erleichterung und Beifall nahmen die Flugreisenden diese Meldung auf.

Heute besteht die Sowjetunion nicht mehr. Russland, der wichtigste Nachfolgestaat der Sowjetunion, wurde von Dezember 1991 bis Dezember 1999 von Boris Jelzin, dem Helden des Putsches von 1991, regiert. Boris Jelzin hat historische Verdienste für Russland geleistet. Seinem Mut, seiner Tatkraft und Entschlossenheit ist es zu verdanken, dass der Kommunismus nicht noch einmal auferstanden ist. Auch wenn Boris Jelzin und Michail Gorbatschow in vielen Auffassungen nicht übereinstimmten, ja sich sogar politisch bekämpften, ist es ein großes Glück, dass in den jüngsten Schicksalsjahren der Sowjetunion und dann Russlands diese beiden großen Persönlichkeiten eine so herausragende Rolle spielten. Am Freitag, dem 23. August 1991 stürzte Feliks Dserschinski vor dem Lubjanka-Gefängnis von seinem Sockel. Aber: „Leere Sockel sind etwas Schreckliches. Sie sind schrecklich, weil jene, die man auf sie hinaufheben wird, noch schlimmer als ihre Vorgänger sein könnten", schrieb Jewgeni Jewtuschenko.[61] Die Befürchtungen von Jewgeni Jewtuschenko haben sich nicht erfüllt: Auf den Sockel von Feliks Dserschinski ist nicht ein noch schlimmerer Nachfolger gestellt worden. Aber noch heute bleibt die Frage berechtigt, welchen Weg Russland nehmen wird. Heute ist Russland ein Land mit autoritären Strukturen, eine Demokratie mit vielen Defiziten, besonders im Rechtswesen. Im eigenen Interesse Russlands, im Interesse Europas und der Welt ist zu wünschen, dass Russland sich unwiderruflich für Freiheit, Demokratie und Menschenrechte entscheidet. Die Stabilität auf dem europäischen Kontinent wird nicht nur von der Handlungsfähigkeit und Stärke der Europäischen Union, sondern ebenso von der sich auf Demokratie und Freiheit gründenden Stabilität Russlands abhängen.

*

Diese beiden Besuche in Moskau im Februar 1990 und während der Putschtage gegen Michail Gorbatschow vom 19. bis 21. August 1991 waren wichtige Stationen beziehungsweise Erfahrungen in meinem Leben. Immer werde ich dafür dankbar sein, dass meine Kolleginnen und Kollegen, die im Februar 1990 mit mir Moskau besuchten, für die Einheit meines Vaterlandes eingetreten sind. Dies ist Ausdruck des Erfolges der Europäischen Einigung, die sich auf Solidarität, in diesem Fall Solidarität mit dem deutschen Volk, gründet. Der Besuch in Moskau gerade während des Putsches gegen Michail Gorbatschow war ein großer Zufall. Ereignisse wie diese an Ort und Stelle mitzuerleben, gehört zu den erstaunlichen Erfahrungen, die man nicht planen kann. Das Scheitern des Putsches hatte eine epochale Bedeutung, nicht nur für Russland, sondern für Europa und die Welt. Für mich war es viele Jahre später eine große Ehre, dass ich als Präsident des Europäischen Parlaments Michail Gorbatschow in Brüssel empfangen durfte, um ihm im Namen des Europäischen Parlaments Dank und Anerkennung für seine historischen Leistungen auszusprechen. Für mich als deutschem Europäer war es bewegend, ihm ganz persönlich zu danken, dass er der Einheit Deutschlands in Freiheit zugestimmt hatte.

*

Bei meinem Besuch im Weißen Haus in Moskau am Mittwoch, dem 21. August 1991, gab ich gegen 13 Uhr vor dem Parlamentssaal dem ZDF ein Interview, in dem ich für Demokratie und Freiheit in der Sowjetunion eintrat. Ich sagte, die Beziehungen zur Europäischen Gemeinschaft würden schwer beeinträchtigt, sollte der Putsch erfolgreich sein. Das Interview ist am 21. August zwar nicht gesendet worden, weil der Putsch am Nachmittag in sich zusammenbrach. Aber der Vertreter des ZDF beim Europäischen Parlament, Horst Keller, hat in der September-Sitzungswoche des Europäischen Parlaments in Straßburg ein Interview mit mir aufgenommen aus der Sicht „nach dem Putsch". In diesem Interview hat er das Interview aus Moskau berücksichtigt. Am 13. September 1991 zeigte das *Europa-Magazin* meine beiden Interviews aus Moskau (21. August 1991) und aus dem Europäischen Parlament (11. September 1991). Ich bin ein wenig stolz auf dieses Dokument. In den für die zukünftige Entwicklung der Sowjetunion beziehungsweise Russlands historischen Tagen habe ich mich am Ort des Geschehens, in Moskau, für Freiheit, Demokratie und Recht in der Sowjetunion beziehungsweise Russland eingesetzt.

*

Mit dem Zerfall der Sowjetunion, dessen dramatischen Anfang ich im Sommer 1991 in Moskau miterlebt hatte, öffnete sich eine neue geopolitische Perspektive für den europäischen Kontinent. Die Welt östlich der Europäischen Gemeinschaft war plötzlich nicht mehr ein undurchdringlicher und zugleich monolithischer Block. Der einzelne Mensch trat wieder in die Geschichte ein, wo eben noch der neue Sowjetmensch mit Gewalt zu schaffen versucht worden war. Die vielfältigsten Gesellschaften, Völker und Kulturen traten wieder in die Geschichte ein, wo eben noch die große Sowjetunion eine marxistisch-leninistische Einheitskultur vorgegeben hatte. Aus den Republiken der Sowjetunion traten alte Staaten wieder neu und neue Staaten erstmals in die Geschichte ein, an der die Regionen, in denen sie sich etablierten, schon immer beteiligt gewesen waren. Für mich wurde diese große weltgeschichtliche Umwälzung der Anlass, um die Nachbarn östlich der Europäischen Gemeinschaft, ja östlich Europas, kennenzulernen. Jahr für Jahr besuchte ich ab 1992 einige der ehemaligen Sowjetrepubliken, um die Wirklichkeiten besser zu verstehen, die die östliche Nachbarschaft Europas, der EG und der EU bildet. Mit zwei Freunden, dem späteren Hamburger Senator Reinhard Stuth und dem Bonner Politikwissenschaftler Ludger Kühnhardt, spürte ich nach der politischen, kulturellen und religiösen Vielfalt in allen 15 ehemaligen Republiken der Sowjetunion. Vorzüglich betreut durch die Deutschen Botschaften, die meisten davon noch im frühesten Stadium ihrer eigenen Arbeit, konnten wir führende Politiker der Umbruchzeit, eindrucksvolle Persönlichkeiten aus den sich neu formierenden Gesellschaften und die vielfältigen Schöpfungen des menschlichen Geistes und der menschlichen Kultur kennenlernen.

IV. Der Vertrag von Maastricht

1. Institutioneller Durchbruch für das Europäische Parlament

Nur zwei Jahre nach der Schuman-Erklärung vom 9. Mai 1950 traf sich im Rahmen der am 18. April 1951 gegründeten Europäischen Gemeinschaft für Kohle und Stahl zum ersten Mal eine parlamentarische Versammlung. Sie bestand aus 78 Abgeordneten, die von den nationalen Parlamenten entsandt worden waren. Wahlverfahren und Kompetenzen der Versammlung orientierten sich an der Parlamentarischen Versammlung des Europarats, die drei Jahre zuvor gegründet worden war. Die Versammlung der EGKS war ein beratendes Gremium, allerdings hatte sie auch das Recht, die Hohe Behörde der EGKS mit einem Misstrauensvotum zum Rücktritt zu zwingen. Bedeutsam ist, dass die Zusammenarbeit in der Versammlung nicht nach nationaler Herkunft, sondern nach politischer Ausrichtung der Parlamentarier erfolgt. Die Abgeordneten kamen also in Fraktionen zusammen, denen die Mitglieder der verschiedenen Länder und derselben Parteifamilie angehört hatten. Die christdemokratische Fraktion, die heute die Fraktion der Europäischen Volkspartei ist, wurde 1953 ins Leben gerufen. Sie umfasste 38 Abgeordnete. Mit den am 25. März 1957 unterzeichneten Römischen Verträgen wurden die Europäische Wirtschaftsgemeinschaft sowie die Europäische Atomgemeinschaft gegründet. Nun war die Parlamentarische Versammlung der EGKS für alle drei Gemeinschaften zuständig und wurde auf 142 Abgeordnete erweitert. Zwar erhielt sie keine neuen Kompetenzen, gab sich aber selbstbewusst den Namen „Europäisches Parlament". Ab 1971 erhielten die Europäischen Gemeinschaften eigene Finanzmittel, was bedeutete, dass das Europäische Parlament erstmals an der Aufstellung und der Verabschiedung des Haushaltsplans beteiligt wurde, jedoch nicht an den „obligatorischen Ausgaben", die vorrangig die Ausgaben für die gemeinsame Agrarpolitik betrafen. Die begrenzten Kompetenzen des Parlaments hatten zur Folge, dass Kritik und Desinteresse an der Institution geübt wurde. Dies sollte sich jedoch ändern.

Wenn auch nach den ersten Direktwahlen zum Europäischen Parlament im Jahre 1979 das Europäische Parlament noch keinerlei Gesetzgebungsbefugnisse hatte, vermittelte diese Wahl durch die Bürgerinnen und Bürger der damaligen Europäischen Gemeinschaft dem Europäischen Parlament eine bessere Legitimation und größeres Selbstbewusstsein gegenüber den anderen Institutionen der Europäischen Gemeinschaft. Mit der am 1. Juli 1987 in Kraft getretenen Einheitlichen Europäischen Akte gewann das Europäische Parlament an Kompetenzen. Mit dem „Verfahren der Zusammenarbeit" war es nun an der allgemeinen Gesetzgebung beteiligt und konnte Änderungsvorschläge zu den Gesetzesentwürfen der Kommission machen, auch wenn nach wie vor die Gesetzesentscheidung beim Ministerrat, in dem die einzelnen Regierungen durch ihre Minister vertreten waren, blieb.

Mit dem Vertrag von Maastricht, der am 1. November 1993 in Kraft trat, entstand die Europäische Union, und die Währungsunion mit einer gemeinsamen Währung, dem Euro, wurde beschlossen. Für das Europäische Parlament war der Vertrag von Maastricht der institutionelle Durchbruch. In wichtigen Politikbereichen wurde das Mitentscheidungsverfahren eingeführt und das Europäische Parlament bei den Gesetzesentscheidungen (Richtlinien und Verordnungen) dem Ministerrat gleichgestellt. Dies betraf die Bereiche Binnenmarkt, Forschung und Technologie, Transeuropäische Netze, Bildung, Kultur, Gesundheit, Verbraucherschutz und mehrjährige Umweltprogramme. Für den Fall, dass Europäisches Parlament und Ministerrat sich nicht verständigten, wurde ein Vermittlungsausschuss vorgesehen mit dem Ziel, eine Einigung zwischen Parlament und Ministerrat herbeizuführen. Kam es nicht zu einer Vereinbarung, konnte das Europäische Parlament den Vorschlag mit absoluter Mehrheit zurückweisen. Nun konnten also – in den dafür vorgesehenen Bereichen – keine Gesetze gegen den Willen des Europäischen Parlaments mehr beschlossen werden. Wie lange hatten wir hierfür gekämpft! Nach etwas mehr als 14 Jahren seit seiner ersten Direktwahl war das Europäische Parlament zum Gesetzgeber geworden. Auch hatte das Europäische Parlament nun die Befugnis, Untersuchungsausschüsse einzusetzen, sodass seine Kontrollmöglichkeiten deutlich erweitert wurden.

Mit dem Vertrag von Maastricht basierte also die neu geschaffene Europäische Union auf drei Pfeilern: den Europäischen Gemeinschaften (EG, EGKS und Euratom), der Gemeinsamen Außen- und Sicherheitspolitik (GASP) und der polizeilichen und justiziellen Zusammenarbeit. Auch begründete der Vertrag von Maastricht die Unionsbürgerschaft.

Im ersten Pfeiler wurde die Gemeinschaftsmethode bestätigt, die sich ja sehr bewährt hatte. Konkret bedeutet dies, dass die Kommission einen Vorschlag ausarbeitete, über den gleichberechtigt vom Europäischen Parlament und Rat entschieden wurde. Der Europäische Gerichtshof überwachte insoweit die Einhaltung des Gemeinschaftsrechts.

Der dritte Pfeiler über die Zusammenarbeit in den Bereichen Justiz und Inneres sollte einen Raum der Freiheit, der Sicherheit und des Rechts hervorbringen, der den Unionsbürgern größtmöglichen rechtlichen Schutz bietet. Auch in diesem Bereich galt nach dem Vertrag von Maastricht weiter das Prinzip der Einstimmigkeit bei Beschlüssen.

2. Grundsätze für eine gemeinsame Außen- und Sicherheitspolitik

Der zweite Pfeiler des Maastricht-Vertrages über die Gemeinsame Außen- und Sicherheitspolitik ersetzte die Bestimmungen der Einheitlichen Europäischen Akte und ermöglichte es den Mitgliedstaaten, künftig gemeinsame außenpolitische Maßnahmen zu treffen. Dabei wurde das Prinzip beibehalten, dass Beschlüsse einstimmig im Kreis der EU-Mitgliedstaaten gefasst werden müssen. Wörtlich hieß es im Vertragstext: „Die Union und ihre Mitgliedstaaten erarbeiten und verwirklichen eine gemeinsame Außen- und Sicherheitspolitik nach Maßgabe dieses Titels, die sich auf alle Bereiche der Außen- und Sicherheitspolitik erstreckt."[62]

Ziel der Gemeinsamen Außen- und Sicherheitspolitik war es, die gemeinsamen Werte und grundlegenden Interessen und die Unabhängigkeit der Union zu wahren. Dazu konnten ein gemeinsamer Standpunkt und eine gemeinsame Aktion durchgeführt werden. Weitere Ziele wurden genannt:

> „Die Gemeinsame Außen- und Sicherheitspolitik umfasst sämtliche Fragen, welche die Sicherheit der Europäischen Union betreffen, wozu auf längere Sicht auch die Festlegung einer gemeinsamen Verteidigungspolitik gehört, die zu gegebener Zeit zu einer gemeinsamen Verteidigung führen könnte."[63]

Die Westeuropäische Union wurde zum integralen Bestandteil der Entwicklung der Europäischen Union erklärt und sie sollte Entscheidungen und Aktionen der Union, die verteidigungspolitische Bezüge haben, ausarbeiten und durchführen. Wie bereits ausgeführt, sollten gemäß Artikel J.7 die Auffassungen des Europäischen Parlaments gebührend berücksichtigt werden. Auch sollte das Europäische Parlament vom Vorsitz wie von der Kommission regelmäßig über die Entwicklung der Außen- und Sicherheitspolitik der Union unterrichtet" werden. Die Entscheidungen der Regierungen im Rahmen der Gemeinsamen Außen- und Sicherheitspolitik unterlagen nicht der Rechtsprechung des Europäischen Gerichtshofes.

Angesichts unserer jahrelangen Bemühungen für eine gemeinsame Außen-, Sicherheits- und Verteidigungspolitik waren die Bestimmungen des Vertrages von Maastricht von großer Bedeutung, ja sogar ein vielversprechender Erfolg. Gleichwohl gingen meine persönlichen Ansichten und Überlegungen weiter. Im März 1993, noch vor Inkrafttreten des Vertrages von Maastricht, beauftragte mich der Ausschuss für Auswärtige Angelegenheiten und Sicherheit (der Politische Ausschuss war am 15. Januar 1992 umbenannt worden), einen Bericht über die „Entwicklung einer Gemeinsamen Sicherheits- und Verteidigungspolitik der Europäischen Union im Hinblick auf Ziele, Instrumente und Verfahren" auszuarbeiten. Am 22. Februar 1994 nahm der Ausschuss den von mir vorgelegten Entschließungsantrag mit 24 Stimmen bei 5 Gegenstimmen und einer Enthaltung an.

In dem Entschließungsantrag wies ich darauf hin, dass die „Bestimmungen des Vertrages über die Europäische Union über die Gemeinsame Außen- und Sicherheitspolitik [...] in die richtige Richtung weisen, jedoch in vielfacher Weise unzureichend sind."[64]

Beachtlich war, was ich in dem Entschließungsantrag formuliert hatte: dass siebzig Prozent der Gemeinschaftsbürger in allen Mitgliedstaaten eine gemeinsame Sicherheits- und Verteidigungspolitik wünschten. Die Fragen der gemeinsamen Sicherheit wurden also für die Europäische Einigung als sehr bedeutend angesehen. Auch deshalb war es richtig, dass die Europäische Union sich weitere Ziele setzte. Als vorrangige Ziele einer gemeinsamen Sicherheits- und Verteidigungspolitik bezeichnete ich die Stärkung der Sicherheit und der territorialen Integrität der Europäischen Union und ihrer Mitgliedstaaten in all ihren Formen sowie den Schutz ihrer rechtmäßigen Interessen. Weitere vorrangige Ziele waren die Wahrung des Friedens und die Stärkung der internationalen Sicherheit entsprechend den Grundsätzen der Charta der Vereinten Nationen, die Durchsetzung der Achtung der Menschenrechte und der Grundfreiheiten sowie die Förderung von Demokratie und Rechtsstaatlichkeit. Eine gemeinsame Sicherheits- und Verteidigungspolitik sollte vorrangig auf vorbeugenden Maßnahmen, auf politischer, diplomatischer, sozialer, wirtschaftlicher und rechtlicher Ebene sowie auf Bemühungen zur friedlichen Konfliktbeilegung beruhen. Der Einsatz militärischer Mittel sollte als Ultima Ratio erwogen werden.

Ich bedauerte, dass die Bestimmungen des Vertrages über die Europäische Union im Hinblick auf die Gemeinsame Außen- und Sicherheitspolitik auf einem intergouvernementalen Ansatz beruhten, der die Mitwirkung des Europäischen Parlaments auf ein bloßes Anhörungs- und Informationsrecht sowie auf die Möglichkeit, unverbindliche Empfehlungen an den Rat zu richten, beschränkte. Auch bedauerte ich die Einstimmigkeit der Beschlussfassung sowie die Tatsache, dass der Europäische Gerichtshof nicht für die GASP zuständig sein sollte. Der Vertrag über die EU wies darüber hinaus die Verteidigungspolitik der Westeuropäischen Union zu, anstatt diese in die Europäische Union zu integrieren.

Der Rat der Europäischen Union wurde aufgefordert, von dem neuen Vertragsinstrument, der „Gemeinsamen Aktion", regen Gebrauch zu machen, um über präventive und friedenserhaltende Maßnahmen zur Sicherheit und Stabilität in Europa und in der übrigen Welt beizutragen. Schließlich wurde gefordert, dass die für 1996 vorgesehene Revisionskonferenz hinsichtlich der GASP die zwischenstaatlichen Verfahren schrittweise durch Gemeinschaftsverfahren ablösen sollte. Die Mehrheitsentscheidung (mit besonders qualifizierter Mehrheit) im Rat sollte angestrebt werden, ebenso die Rechtsverbindlichkeit der Ratsbeschlüsse sowie eine genau definierte Rolle des Europäischen Parlaments bei der Ausübung von Kontrollrechten. Auch gab ich meiner Überzeugung Ausdruck, dass die Europäische Union in internationalen Organisationen wie der UNO so auch im Sicherheitsrat der Vereinten Nationen „als solche agiert und mit angemessenen politischen Befugnissen und der entsprechenden Rechtspersönlichkeit ausgestattet wird".

Im Rahmen des Nordatlantischen Bündnisses sollte die Europäische Union in Sicherheits- und Verteidigungsfragen uneingeschränkt ihre Rolle übernehmen und als „Kollektivmitglied" auftreten, damit sich die Allianz auf zwei gleichwertige Pfeiler stützen könnte. Die Revisionskonferenz 1996 sollte im Übrigen vorsehen, dass „die Westeuropäische Union (WEU) einschließlich ihrer grundlegenden Vertragselemente vorzugsweise 1998, wenn der WEU-Vertrag nach 50 Jahren kündbar ist, in der Europäischen Union aufgeht".

Für die militärische Zusammenarbeit forderte ich die

„Entwicklung einer gemeinsamen militärischen Kommandostruktur der Union sowie eine intensivierte militärische Zusammenarbeit, insbesondere auf den Gebieten Logistik, Ausbildung, Manöver und Transport sowie Luftverteidigung".

Als Ergebnis der Revisionskonferenz von 1996 sollte auch vorgesehen werden, dass für militärische Einsätze die „Zustimmung des Europäischen Parlaments mit der Mehrheit seiner Mitglieder sowie die Zustimmung der Parlamente der Mitgliedstaaten, die sich an solchen Einsätzen beteiligen, erforderlich ist".

Dieses doppelte Zustimmungserfordernis durch das Europäische Parlament und die nationalen Parlamente entsprach seit langem meiner Überzeugung. Die Parlamente, deren Länder sich an einem Einsatz beteiligten, könnten bei der Entscheidung hierüber nicht ausgeschlossen werden. Andererseits bedurfte es aber auch bei einem militärischen Handeln der Europäischen Union der Zustimmung des Europäischen Parlaments. Diese doppelte Legitimation verpflichtete das Europäische Parlament und die nationalen Parlamente zu einer engen Zusammenarbeit.

Im Eurokorps (Korps der Europäischen Union) sah ich „eine Grundstruktur für gemeinsame Streitkräfte der Europäischen Union, welche unter die zu schaffende gemeinsame militärische Kommandostruktur der Union gestellt werden sollte."

Schließlich forderte ich, dass „im Haushalt der Europäischen Union angemessene Mittel für gemeinsame Aktionen und für unvorhersehbare Maßnahmen im Bereich der GASP" vorgesehen werden sollten. Im Hinblick auf die durch den Vertrag von Maastricht geschaffene Unionsbürgerschaft plädierte ich nach dem Grundsatz der Gleichbehandlung für Schritte zur Harmonisierung der den Wehr- und Ersatzdienst regelnden Gesetzesvorschriften in den Mitgliedstaaten der Union. Das Recht auf Kriegsdienstverweigerung aus Gewissensgründen sollte als Verfassungsgrundsatz der Union festgeschrieben werden.

Besonders wichtig erschien mir, dass die Zusammenarbeit auf dem Rüstungssektor zwischen den Mitgliedstaaten verstärkt werden sollte, um eine gemeinsame Rüstungsproduktion zu erreichen. Die zahlreichen Parallelentwicklungen in den Mitgliedstaaten im Hinblick auf Rüstungsgüter waren nicht nur nachteilig für gemeinsame Waffensysteme, sondern diese Parallelentwicklungen verschlangen auch eine Unmenge von Finanzmitteln. Deswegen schlug ich die Schaffung einer „Europäischen Rüstungsagentur" vor, die eine solche Zusammenarbeit ermöglichen sollte. Hierzu gehörte notwendigerweise auch, dass der Rüstungssektor in den allgemeinen Binnenmarkt eingegliedert und dementsprechend der Artikel 223 des EG-Vertrages aufgehoben würde, da dieser nationale Rüstungsmärkte vorsah, also den Rüstungsmarkt ausdrücklich vom Binnenmarkt ausnahm. Gleichermaßen sollte es gemeinsame Regeln für eine restriktive Rüstungsexportpolitik geben. Die sicherheits- und verteidigungspolitische Dimension der Europäischen Union sollte schließlich eine gesamteuropäische Perspektive besitzen,

„die den sicherheitspolitischen Interessen der Staaten in Mittel-, Ost-, Nordost- und Südost-Europa sowie der europäischen Mittelmeerländer, einschließlich Russlands",

gebührend Rechnung tragen sollte. Mit den Ländern, mit denen Beitrittsverhandlungen geführt wurden, sollten dementsprechend bereits verstärkte Beziehungen entwickelt werden.

Wenn man sich vergegenwärtigt, wie vorsichtig sich das Europäische Parlament einst den Fragen der Sicherheit und Verteidigung zuwandte, was 1984 zur Gründung des Unterausschusses „Sicherheit und Abrüstung" geführt hatte, so kann man feststellen, dass die Annahme meines Berichtes mit derart weitgehenden Forderungen im Bereich der Außen-, Sicherheits- und Verteidigungspolitik einen gewaltigen Fortschritt bedeutete. Obwohl wir wissen, dass viele der Forderungen noch nicht erfüllt sind, ist ein beachtlicher Weg doch bereits zurückgelegt worden. Die Möglichkeit für weitere Fortschritte, so war ich überzeugt, würde sich bieten. Mit dem Vertrag von Amsterdam sollte das der Fall sein. Wir werden später darauf zurückkommen.

3. Debatte in der CDU: Staatenbund oder Bundesstaat?

Der Vertrag von Maastricht wurde auf einem Gipfeltreffen der Staats- und Regierungschefs der Länder der Europäischen Gemeinschaft vom 9./10. Dezember 1991 beschlossen. Nach seiner Unterzeichnung am 7. Februar 1992 in Maastricht trat er – nachdem das Bundesverfassungsgericht sein Urteil über den Vertrag gesprochen hatte – am 1. November 1993 in Kraft. Damit entstand die Europäische Union, die „eine immer engere Union" werden sollte.[65] Parallel zur Reformdebatte in der Europäischen Gemeinschaft, die zum Vertrag von Maastricht geführt hatte, entwickelte sich natürlicherweise auch eine Debatte in der CDU Deutschlands, die sich immer als die Europapartei in Deutschland verstanden hatte. Dabei standen die Begriffe „Staatenbund" und „Bundesstaat" im Mittelpunkt. Staatenbund bedeutet im Kern eine lockere Kooperation von Staaten, die nicht durch eine neue, über ihnen stehende und sie verbindende Einheit gekennzeichnet ist. Ein Staatenbund ist wohl das, was der französische Staatspräsident Charles de Gaulle mit seinem „Europa der Vaterländer" gemeint hat.[66] Ein Bundesstaat hingegen verbindet Staaten, vereint sie, indem er eine neue Einheit über ihnen schafft, deren Institutionen zu gemeinschaftlichem Handeln führen. In diesem Sinne, so muss man es verstehen, fordert das Grundgesetz das „vereinte Europa" (Präambel und Artikel 23).

Die CDU war bisher immer für den europäischen Bundesstaat eingetreten. Auf dem CDU-Bundesparteitag in Dresden vom 15.–17. Dezember 1991 sollte es zu einer Debatte über diese Prinzipien kommen, an der ich mich beteiligte. Im Entwurf für das Dresdner Manifest stand der Satz: „Unser Ziel sind die Vereinigten Staaten von Europa."[67] Hierzu hatte ich für den CDU-Kreisverband Osnabrück-Land, dessen Vorsitzender ich war, einen Änderungsantrag eingereicht, der lautete: „Unser Ziel sind die Vereinigten Staaten von Europa als europäischer Bundesstaat." In der Antragsbroschüre war jedoch nur der erste Teil dieses Satzes abgedruckt, also: „Unser Ziel sind die Vereinigten Staaten von Europa." Damit wurde der Eindruck erweckt, als wenn unser Antrag den Entwurf des Dresdner Manifests unterstützte. Ganz offensichtlich war der CDU-Bundesgeschäftsstelle ein Fehler unterlaufen. Dieses konnte so nicht stehenbleiben. Folglich musste ich mich zur Diskussion melden und habe den Sachverhalt klargestellt. Ich wies darauf hin, dass zwar Großbritannien die „föderale Ausrichtung" der Europäischen Union nicht im Vertrag von Maastricht erwähnt wissen wollte, und mahnte dann: „Aber wir als Christliche Demokraten dürfen doch nicht die Seele unseres europapolitischen Bekenntnisses aufgeben. Wir dürfen nicht vom Ziel des europäischen Bundesstaates ablassen."[68] Das Protokoll verzeichnete an dieser Stelle „Beifall". So bat ich, den vollen Satz: „Unser Ziel sind die Vereinigen Staaten von Europa als europäischer Bundesstaat" zu beschließen.[69] Eine weitere Debatte darüber gab es nicht. Folglich wurde der Beschluss so gefasst, wie ich es vorgeschlagen hatte.

Das Dresdner Manifest der CDU, wenige Tage nach den Beschlüssen von Maastricht verabschiedet, ging über den Maastricht-Vertrag hinaus und nahm schon die weitere Zukunft in den Blick. Die entsprechende programmatische Aussage im Hinblick auf die Entwicklung Europas lautete:

„Deutschlands Zukunft liegt in einem geeinten Europa. Der Nationalstaat alter Prägung gehört für uns Deutsche der Vergangenheit an. Unser Ziel sind die Vereinigten Staaten von Europa als europäischer Bundesstaat. Die Europäische Gemeinschaft ist Kern einer gesamteuropäischen Friedensordnung. Wir wollen die Europäische Gemeinschaft zur Politischen Union ausbauen, zu der auch eine gemeinsame Außen- und Sicherheitspolitik gehört. Gleichzeitig wollen wir die Wirtschafts-, Währungs- und Sozialunion verwirklichen, ohne unsere Währungsstabilität und unser Sozialsystem zu gefährden.

Die Gemeinschaft muss auf der Grundlage des Subsidiaritätsprinzips föderalistisch aufgebaut und demokratisch legitimiert sein. Deshalb ist eine klare Abgrenzung der Zuständigkeiten in der Gemeinschaft gegenüber den Mitgliedstaaten und den Regionen erforderlich. Eine gleichberechtigte Rolle von Europäischem Parlament und Ministerrat muss ein wesentliches Ziel der EG sein.

Mit dem Abbau der Binnengrenzen muss die EG auch eine Rechts- und Innenpolitik entwickeln, die gemeinschaftliche Instrumente insbesondere gegen das organisierte Verbrechen und den Drogenhandel sowie für eine gemeinschaftliche Asyl-, Ausländer- und Einwanderungspolitik bereitstellt.

Die Europäische Gemeinschaft muss offen sein für alle demokratischen Staaten Europas. Wir setzen uns auch dafür ein, die neuen Demokratien in Europa in die Europäische Gemeinschaft aufzunehmen und über Assoziierungsverträge ihre Mitgliedschaft vorzubereiten."[70]

Ein Jahr nach der wiedergefundenen Einheit Deutschlands in Freiheit verpflichtete sich die CDU mit Bundeskanzler Helmut Kohl, der später Ehrenbürger Europas werden sollte, ihre nationale Zukunft mit der Zukunft eines geeinten Europas zu verbinden. Gleichzeitig war das Dresdner Manifest bereits ein Arbeitsauftrag für über den Vertrag von Maastricht hinausgehende Reformschritte.

*

Ein Jahr später, auf dem 3. Parteitag der CDU Deutschlands vom 25.–28. Oktober 1992 in Düsseldorf, sollten diese Beschlüsse nicht infrage gestellt werden – im Gegenteil, es wurde bereits davon gesprochen: „Es gilt jetzt, die richtigen Weichen für die Regierungskonferenz 1996 zu stellen."[71] Es entwickelte sich jedoch eine kontroverse Diskussion über die Finalität, also das Ziel der Europäischen Union.[72] Im Mittelpunkt standen die Begriffe „Staatenbund" und „Bundesstaat". Dies hatte besondere Bedeutung, da die CDU in ihrer Programmatik auf dem Wege zu einer Europäischen Verfassung war. Dazu empfahl die Antragskommission:

„Das Ziel dieser Europäischen Verfassung lässt sich nicht mit herkömmlichen Begriffen wie ‚Staatenbund' oder ‚Bundesstaat' fassen. Entscheidend ist die Handlungsfähigkeit der Gemeinschaft dort, wo sie handeln muss. Dazu reicht ein Staatenbund nicht aus. Entsprechend dem neuartigen Charakter des Einigungsprozesses wird auch sein Ergebnis historisch neuartig sein."

Dieser Entwurf der Antragskommission, der den Verbänden der CDU zugeleitet wurde, fand vielfachen Widerspruch. Der Bezirksverband Südbaden und der Kreisverband Rhein-Sieg-Kreis beantragten, diese Formulierung zu streichen. Der Landesverband Berlin, der Kreisverband Bonn und der Kreisverband Osnabrück-Land beantragten eine Neuformulierung. Die genannten Verbände koordinierten ein gemeinsames Vorgehen. Der von mir veranlasste Antrag des Kreisverbandes Osnabrück-Land hatte folgenden Wortlaut:

„Das Ziel dieser Europäischen Verfassung ist eine auf die maßgeblichen Prinzipien einer bundesstaatlichen Ordnung sich gründende Europäische Union. Hierfür gibt es kein Modell. Wegen des neuartigen Charakters des Einigungsprozesses wird auch sein Ergebnis ohne Vorbild und daher historisch neuartig sein. Entscheidend ist die Handlungsfähigkeit der Gemeinschaft dort, wo sie handeln muss."

Der Antrag des Kreisverbandes Bonn sprach von einer „bundesstaatlich organisierten Europäischen Union", der Antrag des Landesverbandes Berlin lautete folgendermaßen:

„Entsprechend dem neuartigen Charakter des Einigungsprozesses wird sein Ergebnis historisch neuartig sein. Das Ziel der Europäischen Verfassung lässt sich nicht mit herkömmlichen Begriffen fassen. Die CDU Deutschlands strebt jedoch insgesamt eine bundesstaatliche Lösung an."

Wir – die Verbände, die gegen die Formulierung der Antragskommission waren – vereinbarten, den Berliner Antrag zu unterstützen. Bevor über die Problematik „Staatenbund" oder „Bundesstaat" beraten und abgestimmt wurde, wurde vom Parteitag bereits die Formulierung beschlossen: „Wir wollen die Europäische Union subsidiär, föderal und demokratisch gestalten."[73]

In meinem Redebeitrag auf dem Parteitag wies ich darauf hin, wenn wir einerseits eine föderale Europäische Union wollten, könnten wir andererseits nicht die Formulierung der Antragskommission akzeptieren. Hier läge insoweit ein Widerspruch vor – und darüber hinaus gäbe es einen „Widerspruch zu unserer gesamten Programmatik [...], wie wir sie als CDU Deutschlands und Europäische Volkspartei bisher beschlossen haben".[74] Das Protokoll verzeichnete „Beifall". Meine Argumentation wurde unter anderem von Stephan Eisel für den Kreisverband Bonn unterstützt, der sich auch für die Annahme des Berliner Antrages aussprach. Unmittelbar nach mir ergriff Bundeskanzler Helmut Kohl das Wort. Er bezeichnete die Diskussion als „eine der wichtigsten Fragen", die allerdings auch „eine sehr deutsche Diskussion" wäre. Wir müssten „nicht heute mitten im Fluss der Entwicklung bereits bis zum letzten einen Terminus festlegen". Er unterstützte den Berliner Antrag als „Kompromiss". Helmut Kohl kam auch auf den Begriff „Vereinigte Staaten von Europa" zu sprechen – eine Formulierung, die Winston Churchill in seiner großen Rede in Zürich im Frühjahr 1946 zum ersten Mal gebraucht und die von Konrad Adenauer und auch ihm, Helmut Kohl, unzählige Male übernommen worden wäre. Bei dem Referendum über den Vertrag von Maastricht in Frankreich am 20. September 1992, bei dem es nur eine sehr knappe Mehrheit von 51 Prozent gegeben hatte, hätte es sehr geschadet, wenn man von den „Vereinigten Staaten von Europa" gesprochen hätte, da dies zu sehr an die Vereinigten Staaten von Amerika erinnerte. Die Situation in den USA wäre eine völlig andere als in Europa mit seinen verschiedenen Identitäten.

Mit dieser Argumentation muss ich Helmut Kohl Recht geben, da es sich um eine wichtige psychologische Frage im Bewusstsein der europäischen Völker handelt. Aus diesem Grund gebrauche auch ich heute nicht mehr den Begriff „Vereinigte Staaten von Europa", wenn gleichwohl eine handlungsfähige, starke, föderal strukturierte, demokratische Union – der Stärke der USA vergleichbar – unser Ziel sein und bleiben muss. Die Europäische Union braucht zu ihrer Handlungsfähigkeit starke europäische, gemeinschaftlich handelnde Institutionen. Diese Prinzipien haben mit einem Staatenbund nichts gemein, sind hingegen bundesstaatsähnlich, bedingen aber gleichwohl wegen der Komplexität und Vielfalt Europas eine Organisationsform eigener Art. Das Bekenntnis zum bundesstaatsähnlichen Charakter der Europäischen Union bleibt notwendig und wichtig, da ein Rückfall in eine bloße Staatenkooperation gemeinschaftliches Handeln zerstören würde. Stärkster Ausdruck dieses bundesstaatsähnlichen Charakters der Europäischen Union ist ihre Bedeutung als Rechtsgemeinschaft, in welcher der Europäische Gerichtshof in Luxemburg das letzte Wort hat. Dass daneben die Nationen, die Regionen und die Kommunen in der Europäischen Union nicht nur wichtiges Merkmal von Identität, sondern auch Handlungsebenen sind, ist dabei selbstverständlich. Die Mitgliedsländer der Europäischen Union bleiben – dies wird nicht infrage gestellt – „Herren der Verträge".

Warum sollte die CDU von diesen Grundsätzen abweichen? Natürlich war die Entwicklung „mitten im Fluss", wie Helmut Kohl sagte, aber Regierungshandeln mit dem Suchen nach Kompromissen auf europäischer Ebene ist eine Sache; eigene Grundüberzeugungen zu formulieren eine andere. So jedenfalls war es meine Auffassung und dafür habe ich mich eingesetzt. Später, als Fraktionsvorsitzender, habe ich erfahren, dass das Suchen nach Kompromissen eine ständige Aufgabe ist. Sich dabei von einem eigenen Kompass und eigenem Konzept leiten zu lassen, gibt nicht nur Orientierung, sondern hilft, sich selbst zu Kompromissen zu befähigen.

Wie entwickelte sich der Düsseldorfer Parteitag in dieser Frage weiter? Für die Antragskommission erklärte Elmar Brok, es fiele ihm leicht zuzugeben,

> „dass sich die Position der Antragskommission insofern verändert [hat], dass in der Interpretation, wie sie der Herr Bundeskanzler vorgegeben hat, die Antragskommission den Antrag A 51 [den Berliner Antrag], voll unterstützen kann".

Das Protokoll verzeichnete „Heiterkeit". Tagungspräsident Bernhard Sälzer ließ daraufhin abstimmen und konnte ein einstimmiges Ergebnis für den Antrag feststellen. Mit diesem Ergebnis war ich sehr zufrieden.

V. Europawahl 1994: Ein ehrgeiziges Ziel

Bei den Europawahlen am 12. Juni 1994 hatte ich ein klares persönliches Ziel. Ich strebte den stellvertretenden Fraktionsvorsitz der Europäischen Volkspartei an. Dies hatte eine Vorgeschichte. Im Januar 1992 war unser Fraktionsvorsitzender Egon Klepsch zum Präsidenten des Europäischen Parlaments gewählt worden. Sein Nachfolger als Fraktionsvorsitzender war der frühere belgische Ministerpräsident Leo Tindemans geworden, eine Persönlichkeit, für die ich große Hochachtung empfand. Ich war ihm 1976, wenn auch nur flüchtig, erstmals begegnet.

Bei der ersten Europawahl 1979 hatte Leo Tindemans in der Dortmunder West-falenhalle auf einer zentralen Kundgebung der CDU Deutschlands mit dem CDU-Bundesvorsitzenden Helmut Kohl eine fulminante Rede gehalten. Nun war er unser Fraktionsvorsitzender. Sein deutscher Stellvertreter war Bernhard Sälzer aus Hessen geworden. Bernhard Sälzer war in den Siebzigerjahren kulturpolitischer Sprecher der CDU im Hessischen Landtag gewesen und 1979 ins Europäische Parlament gewählt worden. Im Dezember 1993, also ein halbes Jahr vor den kommenden Europawahlen des Jahres 1994, war Sälzer auf dem Weg nach Bonn, von wo aus er nach Budapest zu den Beisetzungsfeierlichkeiten des verstorbenen ungarischen Ministerpräsidenten Jó-zsef Antall hatte reisen wollen, tödlich verunglückt. Für uns alle war der Tod von Bern-hard Sälzer ein großer Schock. Aber wie immer bei so traurigen Ereignissen gingen die Überlegungen der Kollegen bald in die Zukunft: Wer konnte Bernhard Sälzer als stellvertretender Fraktionsvorsitzender nachfolgen? Es konnte sich dabei nur um ei-nen Deutschen handeln, da auch Bernhard Sälzer stellvertretender Fraktionsvorsitzen-der als Repräsentant der CDU/CSU gewesen war. Sofern die CDU/CSU nicht den Fraktionsvorsitzenden stellte, war es ungeschriebenes Gesetz, dass ein Stellvertreter der CDU/CSU angehörte. Schnell wurden Namen gehandelt: Elmar Brok und mein Name. Allerdings sah ich überhaupt keinen Sinn darin, ein halbes Jahr vor den Euro-pawahlen im Juni 1994 die Auseinandersetzung um den stellvertretenden Fraktions-vorsitz zu beginnen. Das hatte Zeit bis nach den Europawahlen. Ich war der Meinung, dass für die verbleibenden sechs Monate bis zur Europawahl ein Kollege stellvertre-tender Fraktionsvorsitzender werden sollte, der nicht wieder kandidieren würde. Dies traf zum Beispiel auf den erfahrenen Haushaltspolitiker Horst Langes zu. Horst Lan-ges hatte sich schon 1992 ebenso wie Bernhard Sälzer und mein Freund Karl von Wogau innerhalb der CDU/CSU-Gruppe für den stellvertretenden Fraktionsvorsitz beworben, war aber unterlegen gewesen. Horst Langes kam, wie Egon Klepsch, aus Rheinland-Pfalz, und für ihn stellte es einen schönen Abschluss seiner Tätigkeit im Europäischen Parlament dar, noch einmal stellvertretender Fraktionsvorsitzender zu werden. Diese Haltung setzte sich in der CDU/CSU-Gruppe schließlich durch und so wurde Horst Langes mit großer Mehrheit in der EVP-Fraktion gewählt. Ihm zur Seite stand die erfahrene und tüchtige Ruth Bahnemann, die als Mitarbeiterin der Fraktion schon viele Jahre dem Fraktionsvorsitzenden Egon Klepsch zugearbeitet hatte, diesem aber nicht ins Kabinett des Präsidenten gefolgt war. Ruth Bahnemann war immer mehr als nur Mitarbeiterin gewesen, sie verstand wie wenige andere das Innenleben unserer Fraktion – in all ihren Details. Sie war erfahren in Strategie und Taktik unserer Fraktion. Dies sollte ich persönlich erfahren, als sie später mit mir zu-sammenarbeitete. Ruth Bahnemann war nicht nur Mitarbeiterin, sie war wie eine Kol-legin.

So konnte also Horst Langes seine letzten Monate im Europäischen Parlament noch für die Mitarbeit in der Fraktionsspitze nutzen. Der CDU/CSU-Gruppe wurde damit eine personelle Auseinandersetzung vor den Wahlen erspart und wir konnten uns voll auf den Wahlkampf konzentrieren. Am Tag der Wahl, am 12. Juni 1994, kam die Stunde der Wahrheit. Elmar Brok, der 1980 Albert Pürsten ins Europäische Parlament gefolgt war, teilte meine Ansichten in den Grundfragen der europäischen Politik. Wir waren „Kohlianer", Anhänger eines föderalen und starken Europa. Bei politischen Grundsatzfragen der Europäischen Einigung standen wir immer auf der gleichen Seite. Er besuchte mich in meinem Haus in Bad Iburg und erklärte mir sein Interesse, für den stellvertretenden Fraktionsvorsitz zu kandidieren. Gleiches Interesse äußerte ich. Es kam dann glücklicherweise aber nicht zu einer Kampfkandidatur zwischen uns beiden in europäischen Grundsatzfragen übereinstimmenden Kollegen, denn Elmar Brok entschied sich, nicht zu kandidieren. Nun war es also wichtig, dass mich die CDU/CSU-Gruppe für die Kandidatur zum stellvertretenden Fraktionsvorsitzenden nominierte. Die anschließende formelle Wahl in der Fraktion sollte dann erfahrungsgemäß kein größeres Problem sein. Aus der CSU hatte ich positive Signale erhalten. Der Vorsitzende der CSU-Europagruppe und Co-Vorsitzende der CDU/CSU-Gruppe in der EVP-Fraktion, mein Kollege und Freund Ingo Friedrich, hatte mir seine Unterstützung signalisiert. Ebenso erklärte der junge, gerade erstmals gewählte CSU-Kollege Markus Ferber, der später Vorsitzender der CSU-Europagruppe und Co-Vorsitzender der CDU/CSU-Gruppe werden sollte, im Juni 1994 auf der Studientagung in Estoril seine Unterstützung. Das ermutigte mich. Die Nominierung fand in der Brüsseler Vertretung der Hanns-Seidel-Stiftung in der Rue de Pascal 45–47 statt. Aber es sollte nicht einfach werden, denn ich hatte zwei Mitbewerber: Doris Pack und – zu meiner Überraschung – mein Kollege aus Niedersachsen, Karsten Hoppenstedt. Für meine Wahl hatte ich zwar ein gutes Gefühl, aber in der Politik ist alles erst sicher, wenn es sicher ist. Dies gehörte lange zu meinen Überzeugungen und Erfahrungen. Es kam auf jede Stimme an. Mein Kollege und Freund Rolf Berend aus Thüringen hatte am selben Abend als gewähltes Ratsmitglied die konstituierende Gemeinderatssitzung in seinem Heimatort Gernrode. Eigentlich war es selbstverständlich, dass seine Anwesenheit in Gernrode Vorrang vor der Wahl unseres Kandidaten für den stellvertretenden Fraktionsvorsitzenden hatte. Rolf Berend sprach mich auf diese Situation an und ich bat ihn dringend, mir den Freundschaftsdienst seiner Anwesenheit in Brüssel zu erweisen. So geschah es dann. An der Wahl beteiligten sich 41 der 47 Kolleginnen und Kollegen der CDU/CSU. Sie hatte folgendes Ergebnis: Karsten Hoppenstedt 6 Stimmen, Doris Pack 14 Stimmen, ich erhielt 21 Stimmen – das war exakt die absolute Mehrheit. Ein zweiter Wahlgang war damit nicht erforderlich. Das Wahlergebnis war für mich ein großer Erfolg, verdeutlichte aber auch, wie sehr es auf jede einzelne Stimme angekommen war. Rolf Berend habe ich es nie vergessen, dass er zu diesem Erfolg wesentlich beigetragen hatte.

Meine Wahl in der Fraktion verlief dann, wie erwartet, ohne Schwierigkeiten. Von den sechs zu wählenden Stellvertretern erhielt ich die meisten Stimmen. Zum Fraktionsvorsitzenden wurde Wilfried Martens gewählt, der zuvor 13 Jahre lang, von 1979 bis 1992 (mit einer achtmonatigen Unterbrechung im Jahr 1981), mit großem Erfolg

Ministerpräsident Belgiens gewesen war. Martens war auch Vorsitzender der EVP, sodass nun Partei- und Fraktionsvorsitz in seiner Person zusammenkamen. Damit trug er eine besonders wichtige Verantwortung für die Christdemokraten in der Europäischen Union. Für Leo Tindemans, der weiter dem Europäischen Parlament angehörte, war es bitter, sich nun zurückziehen zu müssen. Wilfried Martens war der Kandidat Helmut Kohls, beide hatten über viele Jahre gut zusammengearbeitet. Günter Rinsche, der Vorsitzende der CDU/CSU-Gruppe in der EVP-Fraktion und ein enger Vertrauter von Bundeskanzler Helmut Kohl, hatte mit den anderen Delegationen die Wahl von Wilfried Martens durchgesetzt. Fünf Jahre lang, von 1994 bis 1999, konnte ich an der Seite von Wilfried Martens, diesem erfahrenen Politiker, arbeiten und dabei viel lernen. Dem Präsidium unserer Fraktion gehörten im Übrigen an: Lord Plumb (Vereinigtes Königreich), Panayotis Lambrias (Griechenland), Carlos Robles Piquer (Spanien), Pier Antonio Graziani (Italien) sowie Edward Kellett-Bowman (Vereinigtes Königreich) als Schatzmeister.

Neben der Aufgabe, „Beauftragter" der CDU/CSU-Gruppe im Fraktionspräsidium zu sein, wollte ich auch für inhaltliche Aufgaben Verantwortung übernehmen. Neben der Außen- und Sicherheitspolitik hatten mich immer institutionelle Fragen, also Fragen betreffend die Arbeits- und Funktionsweise des Europäischen Parlaments, der Kommission und des Rates interessiert. Da eine Regierungskonferenz vor der Tür stand, lag es nahe, dass die Fraktion mich mit der Vorbereitung und den Inhalten dieser Regierungskonferenz aus der Sicht unserer Fraktion beauftragte. So wurde ich Vorsitzender einer Arbeitsgruppe von EVP und EVP-Fraktion für die Vorbereitung der Regierungskonferenz 1996, welche zum Vertrag von Amsterdam führen sollte. Dies bedeutete für mich viel Arbeit, war vor allem aber eine große Chance.

VI. Auf dem Weg zum Vertrag von Amsterdam

Bei der kommenden Regierungskonferenz musste es vor allem darum gehen, die Kompetenzen des Europäischen Parlaments weiter zu stärken, was insbesondere bedeutete, dessen Mitentscheidung in der Gesetzgebung mit dem Ministerrat auf weitere Politikbereiche auszudehnen. Aber natürlich war das nur eine – wenn auch sehr wichtige – Forderung.

Mit den Beratungen und Beschlüssen unserer Arbeitsgruppe, in der nahezu alle Mitgliedsparteien der EVP und viele Kolleginnen und Kollegen aus der Fraktion mitwirkten, kamen wir zügig voran, sodass vom 5. bis 7. November 1995 in Madrid auf dem 11. EVP-Kongress ein Grundsatzdokument mit dem Titel „Handlungsfähigkeit, Demokratie und Transparenz: Die Europäische Union auf dem Wege zum vereinten Europa. Vorschläge und Zielsetzungen für die Regierungskonferenz 1996" beschlossen wurde.[75] In den „Grundsätzen", die den zwanzig Programmpunkten vorangestellt wurden, formulierten wir unser Ziel:

„Die Europäische Union weist den Weg zum vereinten Europa. Unser Ziel ist eine Union, die den Bauprinzipien des Föderalismus und der Subsidiarität entspricht, die den inneren und äußeren Frieden sichert, die Demokratie stärkt und die Herausforderungen der Zukunft bewältigt."

Die EVP forderte eine „grundlegende Reform der Strukturen der Europäischen Union". Die Regierungskonferenz 1996 müsste

> „zu einer grundlegenden Reform der Strukturen der Europäischen Union führen. Die gegenwärtigen Strukturen der Europäischen Union werden einer Gemeinschaft von 15 Staaten mit ca. 370 Millionen Menschen nicht gerecht. Dies gilt umso mehr, wenn der Europäischen Union weitere Staaten beitreten."

In dieser Formulierung wurde die Befürchtung deutlich, dass die notwendige Strukturreform im Sinne von Demokratie und Parlamentarismus, von Mehrheitsentscheidungen im Rat und von Transparenz nicht Schritt hielt mit einer immer fortschreitenden Erweiterung der Europäischen Gemeinschaft. Handlungsfähigkeit, Demokratie, Transparenz, Integration, Subsidiarität und Solidarität – dies waren entscheidende Maßstäbe für die Regierungskonferenz. Eindeutig benannte die EVP ihre Prinzipien:

> „Nicht die Zusammenarbeit von Regierungen, sondern gemeinschaftliches Handeln durch die Institutionen der Europäischen Union sind für die Europäische Volkspartei die Grundlagen der Europäischen Einigung. Dabei gilt für uns, dass die Europäische Union sich auf die Gestaltung der Politikbereiche konzentriert, die auf den Ebenen der Mitgliedstaaten nicht ausreichend bewältigt werden können und zudem besser gemeinschaftlich wahrgenommen werden können. Das Subsidiaritätsprinzip hat für die Gestaltung Europas eine große Bedeutung. Die eigentliche Bürgerschaft eines jeden besteht in seiner kommunalen, regionalen beziehungsweise nationalen Zugehörigkeit und wird ergänzt durch die europäische Bürgerschaft."

Für die Vorbereitung und Durchführung der Regierungskonferenz forderten wir eine umfassende öffentlich Diskussion, um die notwendige Zustimmung für die Weiterentwicklung der Europäischen Union durch ihre Bürgerinnen und Bürger zu ermöglichen. Es wurde darauf hingewiesen, dass neben den politischen Parteien auch die Gewerkschaften, die Vereinigungen und andere Institutionen, wie zum Beispiel die Kirchen, eine besondere Bedeutung für die Verwirklichung der Europäischen Einigung und für die politische und soziale Entwicklung des gemeinschaftlichen Europas hatten. So ermutigte der EVP-Kongress Initiativen, die innerhalb und außerhalb der EVP für die europäische Integration arbeiteten und durch ihr Engagement zur Annäherung der europäischen Völker beitrugen.

In den konkreten Forderungen („Zwanzig Punkte") stand die Forderung nach einem „Grundrechts- und Menschenrechtskatalog", welcher den die Europäische Union begründenden Verträgen vorangestellt werden sollte, an erster Stelle. Dazu gehörte auch die Forderung, dass die Europäische Union der Menschenrechtskonvention des Europarates beitreten sollte. Die EVP bekannte sich zum „Prinzip der Gleichbehandlung aller Unionsbürger":

> „Unabhängig von ihren Unterschieden in Bezug auf Gaben, Talenten und Fähigkeiten, unabhängig auch von ihrer Herkunft, Geschlecht, Rasse, Alter, Nationalität, Religion, Überzeugung, sozialer Lage oder Gesundheitszustand, soll jeder sich in seinem Bereich in Freiheit und Gleichheit entfalten können."

Nach unserer Auffassung

> „entspricht [es] den Grundsätzen europäischer Rechtsordnung und damit auch der Rechtsordnung der Europäischen Union, dass Grund- und Menschenrechte ausdrücklich kodifiziert sind. Alle Bürgerinnen und Bürger der Europäischen Union sollen sich auf gemeinsame Grund- und Menschenrechte berufen können."

Die Europäische Union sollte auch eine Reihe sozialer Rechte, insbesondere das Koalitions- und Streikrecht, die Versammlungsfreiheit, das Recht auf Kollektivverträge und das Verbot jeglicher Diskriminierung verbindlich beachten. Bestandteil der Grund- und Menschenrechte sollten darüber hinaus die Minderheitenrechte von Volksgruppen sein. Um sicherzustellen,

> „dass die Bürger aller Mitgliedstaaten die gleichen Rechte und Möglichkeiten haben, sollen die offiziellen Sprachen aller Mitgliedstaaten ihren Status als Amtssprachen der Europäischen Union bewahren."

Die Europäische Union sollte die internationale Rechtsfähigkeit erhalten, damit sie als solche in internationalen Organisationen vertreten sein konnte. Für den internationalen Status der Europäischen Union war dies eine bedeutende Forderung. Internationale Rechtsfähigkeit bedeutete zum Beispiel, dass die Europäische Union auch Mitglied der Vereinten Nationen, prinzipiell auch ihres Sicherheitsrates, werden konnte. Aber wir wissen: Dies sollte noch ein weiter Weg sein. Erst mit dem Vertrag von Lissabon, welcher am 1. Dezember 2009 in Kraft trat, wurde die Rechtsfähigkeit der Europäischen Union erreicht.

Die Forderungen der EVP im Hinblick auf das Europäische Parlament lauteten:

> „Das Europäische Parlament und der Ministerrat sind bei der Gesetzgebung gleichberechtigt. Die gegenwärtigen unterschiedlichen Gesetzgebungsverfahren sind im Sinne eines einzigen, verbesserten und gestrafften Mitentscheidungsverfahrens unter Einbeziehung der Kommission zu vereinfachen. Das Europäische Parlament und der Ministerrat

sollten sich in einem Gleichgewicht befinden. Das Mitentscheidungsverfahren muss deshalb für alle Bereiche europäischer Gesetzgebung gelten, z. B. auch für die Agrarpolitik. Diese Vereinfachung führt gleichzeitig zur Verwirklichung der Prinzipien des Parlamentarismus und der Demokratie und erhöht die Transparenz für den Bürger. Das Europäische Parlament wird gleichberechtigt mit dem Ministerrat."

Damit sprach sich die EVP für ein Zweikammersystem bei der europäischen Gesetzgebung aus. Was den Ministerrat anbelangt, bedeutete dies:
„Die gesetzgeberischen Entscheidungen des Rates der Union müssen grundsätzlich mit Mehrheit gefasst werden, wenn die Union handlungsfähig bleiben soll. Entscheidungen betreffend Vertragsänderungen, Erweiterung oder Erhöhung der Eigenmittel werden während einer Übergangsperiode einstimmig gefasst. Die Mehrheitsentscheidung ermöglicht die Handlungsfähigkeit der erweiterten Europäischen Union. Heute und erst recht nach den zu verhandelnden Beitritten weiterer Mitgliedstaaten aus dem Mittelmeerraum und Mittel- und Osteuropa. Das Verfahren der Mitentscheidung muss so organisiert werden, dass einerseits die kleineren Staaten nicht dominiert werden, andererseits aber auch das Demokratieprinzip gewährleistet wird. Anpassungen sind daher bei der Gewichtung der Stimmen für die Abstimmungen im Rat erforderlich, wobei man sich für eine der zwei folgenden Möglichkeiten entscheiden oder beide kombinieren könnte:
- eine Neugewichtung der Stimmen der Mitgliedstaaten mit den größten Bevölkerungszahlen,
- eine doppelte Mehrheit von Staaten und Bevölkerungen bei bestimmten empfindlichen Themen."

Um die Transparenz der Ratsentscheidungen zu ermöglichen, wurde gefordert, dass dieser bei der Rechtssetzung öffentlich tagte. Die bisherigen Entscheidungsverfahren, so war unsere Meinung, entsprachen eher „der geheimen Kabinettspolitik des 18. und 19. Jahrhunderts als den Prinzipien einer bürgernahen demokratischen Öffentlichkeit". Auch in Bezug auf die Berufung der Europäischen Kommission sollten die Befugnisse des Europäischen Parlaments deutlich ausgeweitet werden:

„Der Präsident der Europäischen Kommission wird vom Europäischen Rat nach Anhörung des Europäischen Parlaments vorgeschlagen. Das Europäische Parlament stimmt der Ernennung nach einem Vertrauensvotum zu. Die Europäische Kommission wird in ihrer Gesamtheit bestätigt nach einer individuellen Anhörung in allen betroffenen parlamentarischen Kommissionen und nach einer Vertrauensaussprache in der Plenarsitzung. Das Parlament hat das Recht, den Präsidenten der Kommission und die einzelnen Kommissare zu verweigern und zurückzuweisen."

Die EVP sprach sich dafür aus, auch den nationalen Parlamenten im europäischen Entscheidungsprozess eine wichtige Rolle zu geben:

„Die nationalen Parlamente müssen durch ihre jeweils eigene Regierung in die Vorbereitung der von den gesetzgeberischen Entscheidungen des Rates der Union systematisch und rechtzeitig in die Rechtsetzung der Europäischen Union einbezogen werden. Die Zusammenarbeit zwischen dem Europäischen Parlament und den nationalen Parlamenten soll verstärkt werden. Die Europäische Kommission sollte ihre Gesetzesentwürfe auch an die nationalen Parlamente zur Information schicken. Die Europäische Einigung darf keinen Rückschritt bei demokratischer Mitwirkung und Kontrolle bedeuten. Neben dem Europäischen Parlament kommt hier den nationalen Parlamenten eine wichtige Funktion zu. Ihre rechtzeitige und umfassende Einbeziehung durch die jeweils eigene Regierung vor Entscheidungen im Rat der Union ist deshalb unabdingbar. Den nationalen Parlamenten obliegt die Beeinflussung und Kontrolle der jeweils eigenen Regierung im europäischen Einigungsprozess."

Diese Forderungen entsprachen immer meiner Auffassung: Europäisches Parlament und nationale Parlamente stehen nicht im Wettbewerb, sondern dienen – jeder auf seine Weise – den Prinzipien der Demokratie und des Parlamentarismus. Sie müssen sich zum Wohle der Europäischen Union und ihrer Mitgliedstaaten sinnvoll ergänzen und partnerschaftlich zusammenarbeiten. Dies ist mir stets ein Anliegen gewesen, auch als Fraktionsvorsitzender und Präsident des Europäischen Parlaments. Der EVP-Kongress folgte den Vorschlägen unserer Arbeitsgruppe im Hinblick auf die Stärkung des Subsidiaritätsprinzips und einer klaren Abgrenzung von Zuständigkeiten:

„Das Subsidiaritätsprinzip muss künftig besser als bisher angewendet werden. Hierzu ist eindeutig klarzustellen, dass ein Handeln der Union nur dann in Betracht kommt, wenn die Ziele der in Betracht gezogenen Maßnahme anders nicht ausreichend erreicht werden können. Der Grundsatz der Subsidiarität gilt auch im Verhältnis der Union zu den lokalen und regionalen Gebietskörperschaften. Das Subsidiaritätsprinzip in Art. 3b, Abs. 2 EGV sollte klarstellend wie folgt lauten: Die Gemeinschaft wird nach dem Subsidiaritätsprinzip nur tätig, sofern und soweit die Ziele der in Betracht gezogenen Maßnahmen auf der Ebene der Mitgliedstaaten oder der regionalen und lokalen Gebietskörperschaften, die nach dem internen Recht der Mitgliedstaaten über eine Zuständigkeit verfügen, nicht ausreichend erreicht werden können."

Die Kompetenzen zwischen Union, Mitgliedstaaten und Regionen sollten deswegen eindeutiger voneinander abgegrenzt werden. Dabei, so war es die Forderung, sollte zwischen ausschließlichen Kompetenzen der Union und Bereichen konkurrierender Gesetzgebung, in denen das Subsidiaritätsprinzip Anwendung finden musste, unterschieden werden. Die dahinterstehende Idee war:

„Eine klare und eindeutige Kompetenzabgrenzung zwischen Union und Mitgliedstaaten fördert die Akzeptanz europäischer Entscheidungen durch verbesserte Transparenz. Die Kompetenzkompetenz verbleibt auf der Ebene der Mitgliedstaaten."

Damit wurde zum Ausdruck gebracht, dass die Mitgliedstaaten die „Herren der Verträge" blieben. Obwohl dieses Prinzip also nicht infrage gestellt werden sollte, forderte die EVP jedoch, dass eine Änderung der die Europäische Union begründenden Verträge auch der Zustimmung des Europäischen Parlaments bedürfen sollte. Unserer Forderung lag die Überlegung zugrunde, dass das Europäische Parlament keinen rechtlichen Einfluss auf die Änderung der die Europäischen Union begründenden Verträge hatte. Dies hielten wir mit den Grundsätzen der europäischen Demokratie nicht für vereinbar. Theoretisch hätte die Europäische Union durch die Regierungen und die nationalen Parlamente beseitigt werden können, ohne dass das Europäische Parlament dies rechtlich hätte verhindern können. Neben das Ratifizierungsverfahren der nationalen Parlamente im Falle einer Änderung der Verträge sollte das gleiche Recht des Europäischen Parlaments treten.

1. Wirksame Innen- und Rechtspolitik

Hinsichtlich der Innen- und Rechtspolitik definierte die EVP ihre Position folgendermaßen:

> „In die Gemeinschaftsverfahren (Art. 100c EGV) sind die Asyl-, die Visa- und Zuwanderungspolitik sowie harmonisierungsbedürftige Felder der Innen- und Justizpolitik schrittweise zu integrieren und der parlamentarischen Kontrolle durch das Europäische Parlament sowie der juristischen Kontrolle durch den Europäischen Gerichtshof zu unterwerfen. Die Mitgliedstaaten sollen dadurch weder in der Ausübung ihrer staatlichen Hoheitsrechte noch in Maßnahmen zum Schutze ihrer Bürger beschränkt werden. EUROPOL soll im Bereich schwerwiegender Formen internationaler Kriminalität zu einer europäischen Polizeibehörde mit operativen Befugnissen weiterentwickelt werden."

Dazu wurde im Übrigen ein europäischer Sicherheitsraum vorgeschlagen, der über die Europäische Union hinaus reichen sollte:

> „Die Sicherheit, die eine gemeinsame Innen- und Rechtspolitik schafft, darf nicht an den Außengrenzen der Europäischen Union haltmachen. Die Verfahrensweisen des Schengener Abkommens sind mit dem Ziel der Sicherung der Außengrenze der Partnerländer schrittweise auszudehnen, und diese „Sicherheitspartnerschaft" ist auch solchen Ländern anzubieten, die nicht Mitglieder der Europäischen Union sind. Zusammen mit den EFTA-Staaten sowie den assoziierten Staaten in Mittel- und Osteuropa und im europäischen Mittelmeerraum wollen wir einen europäischen Sicherheitsraum schaffen, in dem die EU-Regelungen möglichst vollständig angewendet werden. Ein zu einem europäischen Kriminalamt weiterentwickeltes europäisches Polizeiamt (EUROPOL) soll der Kommission unterstellt sein und der parlamentarischen Kontrolle des Europäischen Parlaments unterliegen."

Dies waren weitreichende Forderungen, die im Übrigen deutlich machten, dass Fragen der Innen- und Außenpolitik auch für die Europäische Union nicht mehr zu trennen waren. Der gemeinsame Rechtsrahmen innerhalb der Europäischen Union war Innenpolitik für die Mitgliedsländer und die Europäische Union, die teilweise Ausdehnung dieser Rechtsordnung auf Drittstaaten geschah mit den Mitteln von Verträgen. So flossen Innen- und Außenpolitik ineinander.

2. Handlungsfähigkeit in der Außen-, Sicherheits- und Verteidigungspolitik

Die Handlungsfähigkeit in der Außen-, Sicherheits- und Verteidigungspolitik hat die EVP immer als besonders defizitär angesehen. Bei der Erarbeitung unserer diesbezüglichen Forderungen kam mir meine zehnjährige Erfahrung als Vorsitzender des Unterausschusses „Sicherheit und Abrüstung" (1984–1994) zugute. Da es sich dabei um die Kernfragen von Souveränität handelte, war eine „Vergemeinschaftung" dieser Bereiche besonders schwierig. Wenn also eine „Vergemeinschaftung" (noch) nicht erreichbar war, mussten Formen der Zusammenarbeit gefunden werden, die ein Handeln der Europäischen Union ermöglichten. Wir sahen einen wichtigen Schritt in der Verwirklichung der folgenden Forderung:

> „Die Europäische Union muss in die Lage versetzt werden, auch im Bereich der Außen-, Sicherheits- und Verteidigungspolitik gemeinsam zu handeln. Dieses kann nur erreicht werden, wenn man von dem Prinzip der Einstimmigkeit im Rat abgeht. Mit besonders qualifizierter und verstärkter Mehrheit sind diplomatische, humanitäre oder militärische Maßnahmen als ‚gemeinsame Aktion' zu ermöglichen. Bei militärischen Einsätzen soll einerseits kein Land gegen seinen Willen zum gemeinsamen Handeln verpflichtet werden, andererseits soll aber auch eine Minderheit von Staaten nicht die Mehrheit am gemeinsamen Handeln hindern können noch sich von den finanziellen Verpflichtungen zurückziehen."

Sehr weitgehend war unsere Forderung, dass die Gemeinsame Außen- und Sicherheitspolitik, einschließlich eventueller Militäroperationen, „eine garantierte gemeinschaftliche Finanzierung haben [sollte], die von allen Mitgliedern getragen wird, einschließlich derer, die aus bestimmen Gründen nicht daran teilnehmen." Die Begründung für diese Grundsätze für eine Gemeinsame Außen-, Sicherheits- und Verteidigungspolitik lauteten:

> „Die Handlungsunfähigkeit der Länder der Europäischen Union, z. B. im Ex-Jugoslawien-Konflikt, beruht auch darauf, dass nach den Prinzipien der Einstimmigkeit verfahren wird. Wenn die Europäische Union international handlungsfähig werden will, muss sie das Prinzip der Einstimmigkeit aufgeben. Angesichts des besonderen Charakters von

Außen- und Sicherheitspolitik sind besonders qualifizierte Mehrheiten (Zweidrittel oder Dreiviertel) angebracht.

Das vorgeschlagene Verfahren schafft im Ergebnis eine doppelte Legitimation: Auf europäischer Ebene für die teilnehmenden Staaten durch qualifizierte Mehrheitsentscheidungen im Rat; auf nationaler Ebene bedürfen die Regierungen, die einer ‚gemeinsamen Aktion' zustimmen, gegebenenfalls der Zustimmung durch ihre Parlamente, was z. B. bei Militäreinsätzen auch für die Akzeptanz von Bedeutung ist. Das Europäische Parlament sollte im Rahmen eines Konsultationsverfahrens in die Beschlussfassung über gemeinsame Aktionen einbezogen werden."

Eine weitere wichtige Forderung war, die Westeuropäische Union in die Europäische Union zu integrieren. Alle EU-Mitgliedstaaten sollten Artikel 5 des EU-Vertrages oder aber eine Beistands- und Solidaritätsklausel akzeptieren. Hierzu stellte der EVP-Kongress fest:

„Der Vertrag von Maastricht fordert im Bereich der Außen- und Sicherheitspolitik solidarisches Handeln der Vertragspartner. Dies bedeutet, dass im Falle der Bedrohung der Sicherheit der Europäischen Union beziehungsweise einer ihrer Mitgliedstaaten eine gemeinsame Verteidigung gewährleistet ist. Es ist nur konsequent, wenn sich alle EU-Mitglieder für den Verteidigungsfall zum Beistand verpflichten. In einer Union ist dieses eine selbstverständliche Verpflichtung. Diese Verpflichtungen müssen vereinbar sein mit den Verpflichtungen, die die meisten EU-Mitgliedstaaten als NATO-Mitglieder eingegangen sind.

Die WEU darf sich nicht zu einer Agentur der Europäischen Union entwickeln. WEU und Europäische Union bilden eine Einheit. Deswegen ist eine Identität ihrer Institutionen herbeizuführen. 1998 ist der WEU-Vertrag nach 50 Jahren kündbar. Dieses ist der geeignete Zeitpunkt, Inhalt und Verfahren der WEU in die Europäische Union zu überführen. Gleichzeitig steigt damit ihre operationelle Leistungsfähigkeit.

Den Staaten der Europäischen Union, die noch nicht der WEU angehören und ihr gegenwärtig noch nicht mit allen Rechten und Pflichten beitreten wollen, soll es durch eine Beistands- und Solidaritätsklausel im Rahmen der Europäischen Union ermöglicht werden, an der konkreten Durchführung der gemeinsamen Außen- und Sicherheitspolitik in vollem Umfang mitwirken zu können und zum gegebenen Zeitpunkt alle Rechte und Pflichten zu übernehmen. Die Länder, die zukünftig der EU beitreten, müssen ebenfalls der WEU beitreten."

Die Westeuropäische Union war 1954 von Frankreich, dem Vereinigten Königreich, Belgien, den Niederlanden, Luxemburg, der Bundesrepublik Deutschland und Italien gegründet worden. Die Pariser Verträge, die diese Gründung besiegelten, waren am

5. Mai 1955 in Kraft getreten. Eine wirklich weitgehende Neudefinition der WEU war nach dem Ende des Kalten Krieges mit den „Petersberg-Aufgaben" vorgenommen worden (1992). Die WEU hatte sich zu einer Verteidigungskomponente der EU entwickelt und als Scharnier zwischen EU und NATO gedient. Trotz der Annäherung der WEU an die EU mit den Bestimmungen des Vertrages von Amsterdam blieb manches in der Schwebe, aber mit den britisch-französischen Beschlüssen von St. Malo 1998 schien das Eis gebrochen: Endlich wurde der Weg zu einer europäischen Verteidigung frei, ohne darin einen Gegensatz zur NATO zu sehen. Mit dem Vertrag von Nizza wurde der Bezug zur WEU aus den EU-Verträgen entfernt, denn faktisch war die WEU Teil der EU geworden. Im Vertrag von Lissabon wurde dieser Prozess vervollständigt. Am 31. März 2010 wurde die WEU formell für aufgelöst erklärt.

Ausdrücklich bekannte sich die EVP stets bei der Stärkung der europäischen Verteidigungsidentität zum „Ausbau einer umfassenden transatlantischen Bindung auf den Gebieten Politik, Wirtschaft und Sicherheit, Wissenschaft und Kultur". Die EVP plädierte für „eine abgestimmte transatlantische Zusammenarbeit bei der Bewältigung globaler Herausforderungen". Im Übrigen sprach sich die EVP dafür aus, die bei der Europäischen Kommission, dem Rat und der WEU sowie bei den Mitgliedstaaten vorhandenen Kapazitäten zur Analyse und Planung sowie zur Überwachung der Durchführung von Ratsentscheidungen in einer „geeigneten ständigen Instanz" zusammenzuführen. Diese sollte die Aufgabe wahrnehmen,

> „dem Rat in enger Abstimmung mit der Kommission rechtzeitig geeignete Vorschläge zur Durchführung einer gemeinsamen Außen-, Sicherheits- und Verteidigungspolitik vorzulegen und die Durchführung der Entscheidungen des Rates sicherzustellen sowie eine geschlossene Außenvertretung der Union zu gewährleisten."

Die gemeinsame Außen- und Sicherheits- und Verteidigungspolitik der Europäischen Union wurde also als Ergänzung, nicht als Ersatz für das nordatlantische Bündnis (NATO) und die Beziehungen zu den Vereinigten Staaten von Amerika verstanden. Eine abgestimmte transatlantische Zusammenarbeit war bei der Bewältigung globaler Herausforderungen notwendig.

3. Reform der Finanzen und wirksame Haushaltskontrolle

Auch die Entscheidungen des EVP-Kongresses zur Reform des Finanzsystems wiesen weit in die Zukunft:

> „Das System der Finanzierung der Gemeinschaft muss verbessert werden, die die volle Autonomie durch Eigenmittel garantiert. Dabei darf die Erhebung einer europäischen Steuer, die an die Stelle bisheriger Einnahmen tritt, nicht ausgeschlossen werden. Bei der

Erhebung einer Steuer durch die Europäische Union sind die Grundsätze des steuerlichen Föderalismus, der Subsidiarität, die Höhe des Brutto-Inlandsproduktes der Mitgliedstaaten sowie die Grundsätze des wirtschaftlichen und sozialen Zusammenhalts zu beachten. Eine europäische Steuer, die einstimmig beschlossen werden muss, darf weder zu einer zusätzlichen Belastung der Bürger noch zu einer unangemessenen Finanzierung der Europäischen Union durch ein Mitgliedsland oder wenige Mitgliedsländer führen."

Als Begründung hierfür wurde festgestellt:

„Das bisherige System der Finanzierung der Europäischen Union ist nicht mehr zeitgemäß. Mit zunehmender Integration ist es unerlässlich, die Finanzierung der Union für den Bürger durchschaubarer zu machen und das Europäische Parlament bei den Ausgaben stärker in die Pflicht zu nehmen. Dabei müssen der Rat der Union und das Europäische Parlament gleichberechtigt zusammenwirken. Das bedeutet, dass auch das Europäische Parlament Mitverantwortung bei den Einnahmen bekommt. Eigene Einnahmen und die damit verbundene Mitverantwortung des Europäischen Parlaments wird auch zwangsläufig eine sparsamere Haushaltsführung zur Folge haben, insbesondere dann, wenn die nicht ausgegebenen Mittel bei der EU verbleiben und nicht, wie bisher, in die Nationalkassen zurückfließen.

Die europäische Steuer, am besten gekoppelt mit dem bisherigen Mehrwertsteuersystem, darf nicht zu einer zusätzlichen Belastung der Bürger führen. Diese Steuer muss also als ‚Anstatt-Steuer' verstanden werden. Auf nationaler Ebene muss also eine Belastung der Bürger entfallen."

Außerdem forderte der EVP-Kongress, beim Haushalt der Union die Unterscheidung zwischen obligatorischen und nichtobligatorischen Ausgaben innerhalb einer festgelegten Frist abzuschaffen. Obligatorische Ausgaben waren im Wesentlichen die Ausgaben für die Agrarpolitik, über die der Ministerrat bestimmte. In den Beschlüssen hieß es:

„Rat und Parlament sollten gleichberechtigte Partner bei der Beschlussfassung über den Haushalt sein. Dies ist die logische Konsequenz auch aus der Forderung nach Gleichberechtigung von Rat und Parlament bei der Gesetzgebung."

Darüber hinaus forderte der Kongress, die Einheit des EU-Haushalts zu gewährleisten, indem der Haushalt der Europäischen Gemeinschaft für Kohle und Stahl und des Euratom-Vertrages, aber auch der Europäische Entwicklungsfonds in den allgemeinen Haushalt einzubeziehen wären. Außerdem sprach sich die EVP dafür aus, bei gesetzwidriger Verwendung europäischer Gelder, insbesondere bei Betrugsfällen, Sanktionen gegen Einzelstaaten zu verhängen und Instrumente zu schaffen, um dies durchsetzen zu können.

Die abschließende Forderung (Punkt 20) befasste sich mit den Regionen und lokalen sowie regionalen Gebietskörperschaften in der Europäischen Union als „Ausdruck der kulturellen, wirtschaftlichen und politischen Vielfalt in Europa". Die beratende Rolle des Ausschusses der Regionen (AdR) sollte erweitert werden:

„Die Kommission muss den AdR so frühzeitig über Gesetzesinitiativen informieren, damit er seine Stellungnahme schon in der Anfangsphase der Beratung der Legislativorgane einbringen kann. Er wird angehört auch zu den Bereichen Umwelt, Informationsgesellschaft und berufliche Bildung. Dazu erhält er einen selbstständigen organisatorischen Unterbau und Geschäftsordnungsautonomie. Der Ausschuss der Regionen muss seine Stellungnahme an das Europäische Parlament weiterleiten und dieses muss den Ausschuss ebenso wie die Kommission und den Rat anhören. Er muss ein Klagerecht vor dem Europäischen Gerichtshof haben, wenn seine Befugnisse betroffen sind."

Besonders wichtig war folgende Forderung, auch wenn diese erst mit dem Vertrag von Lissabon erreicht werden sollte: „Das kommunale Selbstverwaltungsrecht sollte in den Verträgen verankert werden." Diesen Forderungen lag unsere Überzeugung zugrunde, dass die regionalen und lokalen Gebietskörperschaften durch ihre Bürgernähe zur besseren Verwirklichung des Subsidiaritätsprinzips und zur vertieften demokratischen Legitimation der Europäischen Union beitragen könnten. Die Verankerung des Rechtes der kommunalen Selbstverwaltung in den Verträgen war ein wichtiger konkreter Schritt im Hinblick auf die Subsidiarität. Bei einem Streit vor dem Europäischen Gerichtshof in Luxemburg darüber, ob der europäische Gesetzgeber das Subsidiaritätsprinzip verletzte, war es bedeutsam, dass die kommunale Selbstverwaltung im europäischen Recht verankert war. Dies betraf auch schon die Gesetzesvorschläge durch die Europäische Kommission. Auch war es für mich als Abgeordneten, der die Grenzregion Osnabrück-Emsland-Ostfriesland, also die benachbarte Region zu den Niederlanden, vertrat, von besonderer Bedeutung, dass in den Beschlüssen von Madrid auf die Bedeutung der grenzüberschreitenden Zusammenarbeit und die Zusammenarbeit zwischen den Regionen hingewiesen wurde:

„[Dies] ist nicht nur ein wichtiger Faktor im wirtschaftlichen, sozialen und kulturellen Bereich, sondern trägt auch zur Schaffung von Bindungen und Beziehungen zwischen den europäischen Völkern und der Förderung ihrer friedlichen Zusammenarbeit bei."

*

Mit den Beschlüssen von Madrid vom 5. bis 7. November 1995 war die EVP gut gerüstet für die bevorstehende Regierungskonferenz 1996, die zum Vertrag von Amsterdam führte. Für mich persönlich war es außerordentlich zufriedenstellend, bei der programmatischen Vorbereitung der christdemokratischen Familie für diese wichtige Regierungskonferenz einen entscheidenden konzeptionellen Beitrag geleistet zu haben. Ähnlich wie bei den „Wolfsburger Beschlüssen" der Jungen Union Niedersachsen vom Juli 1978 ging es darum, unsere Grundsätze für die Zukunft der Europäischen Union zu formulieren. Die Betätigung in der Arbeitsgruppe mit den Kolleginnen und Kollegen war außerordentlich erfreulich, weil die Mitgliedsparteien der EVP durch eine große europapolitische Gemeinsamkeit verbunden waren. Die Annahme des Kongressdokumentes war ein weiterer Beweis dafür, dass sich die EVP als der entscheidende Motor der europäischen Entwicklung verstand. Mit Wilfried Martens, unserem Partei- und Fraktionsvorsitzenden, war ich in diesen Grundfragen der europäischen Entwicklung völlig einig. Vieles von dem, was wir damals in unserem Dokument forderten, ist heute Wirklichkeit, auch wenn unsere Forderungen nicht vollständig und unmittelbar mit dem Vertrag von Amsterdam verwirklicht wurden, auf den sich die Staats- und Regierungschefs am 16./17. Juni 1997 einigten. Der Vertrag wurde am 2. Oktober 1997 in Amsterdam unterzeichnet und trat am 1. Mai 1999 in Kraft. Der EVP-Kongress 1995 in Madrid hat wichtige Grundlagen für den Vertrag von Amsterdam formuliert; er war ein Fortschritt, insbesondere für die Kompetenzen des Europäischen Parlaments. Das Europäische Parlament wurde in seiner Rolle gestärkt und erhielt im Entscheidungsprozess der Europäischen Union größere Befugnisse. Man muss feststellen, dass das Europäische Parlament, auch wenn nicht all seine Forderungen und Wünsche erfüllt wurden, der große Gewinner des Vertrages von Amsterdam war. Das Mitentscheidungsverfahren zwischen Parlament und Rat wurde maßgeblich erweitert und damit auch das Prinzip der Mehrheitsentscheidung im Rat. Außerdem wurde das Mitentscheidungsverfahren vereinfacht.

Im Einzelnen wurde das Mitentscheidungsverfahren auf die folgenden Bestimmungen ausgedehnt: Verbot jeglicher Diskriminierung aus Gründen der Staatsangehörigkeit; Freizügigkeit und Aufenthaltsrecht der Unionsbürger im Hoheitsgebiet der Europäischen Union; soziale Sicherheit für Wanderarbeitnehmer; Niederlassungsrecht für Ausländer; Berufsordnung; Verkehrspolitik; Maßnahmen zur Förderung der Beschäftigung; bestimmte Artikel, die sich aus der Übernahme des Abkommens über die Sozialpolitik in den Vertrag von Amsterdam ergeben; Zusammenarbeit im Zollwesen; Maßnahmen zur Bekämpfung der sozialen Ausgrenzung; Chancengleichheit und Gleichbehandlung; Durchführungsbeschlüsse betreffend den Europäischen Sozialfonds; berufliche Bildung; Gesundheitswesen; bestimmte, die Transeuropäischen Netze betreffende Aufgaben; den Europäischen Fonds für regionale Entwicklung betreffende Durchführungsbeschlüsse; Forschung; Umwelt; Entwicklungszusammenarbeit; Transparenz; Betrugsbekämpfung; Statistik; Schaffung einer beratenden Behörde für den Datenschutz.

Diese Ausweitung der Mitentscheidungsrechte des Europäischen Parlaments empfand ich als sensationell. Politisch war es natürlich klug, nicht zu euphorisch zu reagieren. Schon immer war es so, dass wir gegenüber den Regierungen auf das Nichterreichte, auf die Defizite hinwiesen. Nur so schafften wir – und als Parlamentarier waren sich die meisten Kollegen aller Fraktionen in den Neunzigerjahren darin einig –

bereits mit der Verabschiedung eines Vertrages, der wieder ein Fortschritt in der parlamentarischen und damit demokratischen Entwicklung war, die Voraussetzungen für ein Fortschreiten in einem nachfolgenden Vertrag. Im Hinblick auf die Mitentscheidungsrechte des Europäischen Parlaments gab es allerdings auch durch den Vertrag von Amsterdam noch ein ganz besonders großes Defizit: Die Landwirtschaftspolitik wurde weiterhin von den Regierungen verantwortet. Damit verblieb es in der Agrarpolitik nur bei der Anhörung des Europäischen Parlaments, und die Unterscheidung von verpflichtenden (obligatorischen) und nicht verpflichtenden (nicht obligatorischen) Ausgaben in der Agrarpolitik wurde aufrechterhalten. Erst zehn Jahre später, mit dem Vertrag von Lissabon, wurde die Unterscheidung von obligatorischen und nicht obligatorischen Ausgaben im Agrarhaushalt aufgehoben.

Leider brachte der Vertrag von Amsterdam auch keinen Fortschritt bei der Finanzierung der Gemeinschaft. Dies bleibt bis heute eine Aufgabe für die Zukunft. Das Europäische Parlament muss darauf bestehen, bei der Erhebung von Eigenmitteln der Europäischen Union gleichberechtigt mit dem Ministerrat zu werden. Das Budgetrecht, nicht nur die Ausgabenseite, sondern auch die Einnahmenseite betreffend, gehört zu den originären Rechten jedes Parlaments, also auch des Europäischen Parlaments. Dabei darf die Erhebung einer europäischen Steuer nicht tabu sein. Dass diese europäischen Steuern aber nicht zu einer zusätzlichen Belastung für die Bürger der Europäischen Union führen sollen, sondern bereits erhobene nationale Steuern dem Haushalt der Europäischen Union zur Verfügung gestellt werden, wurde bereits erwähnt. Wenn aufgrund europäischer oder nationaler Gesetzgebung zum Beispiel Steuern im Umweltbereich erhoben werden, können diese dem europäischen Haushalt zur Verfügung gestellt werden. Auch kann dies einen Beitrag dazu leisten, dass die Bürger im Umweltbereich in gleicher Weise belastet werden und nicht unterschiedlich, was im Übrigen zu Wettbewerbsverzerrungen führen kann. So sollten auf europäischer Ebene erhobene Steuern zu einer Entlastung auf nationaler Ebene führen.

Einen großen Fortschritt für die Zuständigkeiten des Europäischen Parlaments bedeutete zudem die Änderung des Verfahrens für die Benennung der Mitglieder der Europäischen Kommission. Das Amtseinsetzungsverfahren wurde so modifiziert, wie die EVP es auf ihrem Kongress in Madrid gefordert hatte. Der von den Mitgliedstaaten benannte Präsident der Kommission bedurfte in Zukunft der Zustimmung des Europäischen Parlaments. Das gesamte Kollegium der Kommission musste noch einmal durch das Europäische Parlament bestätigt werden. Von ganz besonderer Bedeutung war, dass die Mitglieder der Kommission im gegenseitigen Einvernehmen der Mitgliedstaaten und des designierten Präsidenten benannt werden sollten. Bei der Unterzeichnung des Vertrages von Amsterdam durch die Staats- und Regierungschefs am 2. Oktober 1997 konnte ich nicht ahnen, dass dieses neue Verfahren mir als dem am 13. Juli 1999 neu gewählten Vorsitzenden der EVP-ED-Fraktion politische Einflussmöglichkeiten auf die Zusammensetzung der neuen Kommission geben sollte. Somit gab es eine direkte politische Linie zwischen dem unter meinem Vorsitz erarbeiteten und vom EVP-Kongress in Madrid beschlossenen Arbeitsdokument für den Vertrag von Amsterdam, dem Vertrag von Amsterdam selbst und der Einsetzung der Kommission Prodi im Jahre 1999. Ich werde darauf zurückkommen.

Auch in einer anderen wichtigen Frage, in der wir zunächst scheiterten, sollte es dennoch später zu einer von mir als glücklich empfundenen Entwicklung kommen. In Amsterdam wurde der von der EVP geforderte „Grundrechts- und Menschenrechtskatalog" nicht verwirklicht. Gleichwohl kam es später unter dem Vorsitz des früheren Bundespräsidenten Roman Herzog zur Erarbeitung einer „Europäischen Charta der Grundrechte". Diese wurde in einem Konvent unter Beteiligung nationaler und europäischer Abgeordneter sowie weiterer Persönlichkeiten erarbeitet und anlässlich des Gipfels von Nizza am 8. Dezember 2000 von der damaligen Präsidentin des Europäischen Parlaments, Nicole Fontaine, dem Präsidenten der Europäischen Kommission, Romano Prodi, und für die französische Präsidentschaft vom französischen Außenminister Hubert Védrine unterzeichnet. Bestandteil des Vertrages von Nizza wurde die Charta zwar nicht, aber sie wurde „verkündet". Rechtlicher und damit politischer Bestandteil des europäischen Vertragsrechts wurde die „Charta der Grundrechte" schließlich in nur leicht geänderter Fassung mit der Unterzeichnung des Vertrages von Lissabon am 13. Dezember 2009 in der portugiesischen Hauptstadt. Um ihre besondere Bedeutung zu unterstreichen, haben am 12. Dezember 2007 im Europäischen Parlament in Straßburg die Präsidenten des Europäischen Rates, José Sócrates, der Europäischen Kommission, José Manuel Durão Barroso, und ich als Präsident des Europäischen Parlaments die „Charta der Grundrechte" feierlich unterzeichnet. Sie ist heute europäisches Recht. Auch dieses konnte ich bei der Erarbeitung unserer Forderungen für den Vertrag von Amsterdam nicht ahnen. Aus meiner Sicht möchte ich sagen, dass die Geschichte, wenn auch einen langsamen, doch schönen Verlauf genommen hat. Das betraf auch meine ganz persönlichen Mitwirkungsmöglichkeiten, für die ich immer Dankbarkeit empfinden werde. Wenn die Überzeugungen, Mut und Zielstrebigkeit durch „Fortune" ergänzt werden, so hat man allen Grund dazu.

Auf den Fortschritt im Rahmen einer wirksamen Innen- und Rechtspolitik, wie die EVP es gefordert hatte, wurde schon bei der Auflistung der Ausweitung der Mehrheitsentscheidungen hingewiesen. Besonders wichtig war, dass der Schengenraum, also die Freizügigkeit zwischen den daran beteiligten Ländern, zum Besitzstand der Europäischen Union wurde. Bedauert habe ich, dass die von der EVP erstrebte Rechtsfähigkeit der Europäischen Union sowie auch die Verankerung des kommunalen Selbstverwaltungsrechts im Vertrag von Amsterdam nicht verwirklicht wurde. Dies sollte erst mit dem Vertrag von Lissabon (2007) geschehen.

Bei der Abwägung von „Pro und Contra" des Vertrages von Amsterdam bewegt sich die Waage ganz eindeutig auf die Seite des „Pro". Mein spanischer Kollege und Freund, Íñigo Méndez de Vigo, der zusammen mit dem leider schon verstorbenen griechischen sozialdemokratischen Kollegen Dimitris Tsatsos für das Europäische Parlament den Bericht zum Vertrag von Amsterdam[76] geschrieben hat und in der

Regierung von Ministerpräsident Mariano Rajoy Europaminister werden sollte, formulierte seine Bewertung des Vertrages von Amsterdam in seiner Rede im Plenarsaal so:

> „Ich möchte mich speziell an die wenden, die gute Europäer sind, die immer auf der Seite der Vorkämpfer für den Fortschritt und den Aufbau Europas waren, die jedoch jetzt geneigt sind, sich der Stimme zu enthalten oder mit Nein zu stimmen, weil sie glauben, dass der Vertrag von Amsterdam unzureichend ist. Ich erinnere an einige Worte von Ortega y Gasset, die er während einer Rede in Berlin gebraucht hat, als er sich auf Miguel de Cervantes bezog, der, als er schon alt war und sein Leben fast hinter sich hatte, sagte, dass es Momente in unserem Leben gibt, in denen man sich entscheiden muss, ob man Raststätte oder Weg sein will. Raststätte zu sein bedeutet, sich nicht zu bewegen, sich still zu verhalten. Weg zu sein bedeutet, Fortschritt zu machen. Der Vertrag von Amsterdam ist ein Weg. Sicherlich ist es ein enger Weg, sicherlich hätte es vielen von uns gefallen, wenn dieser Weg eine Allee gewesen wäre, aber das Wichtigste ist, dass es ein Weg ist und dass dieser Weg gegangen wird, anstatt stehenzubleiben und eine Raststätte zu sein. Und deshalb möchte ich diejenigen, die immer gewollt haben, dass Europa Fortschritte macht, diejenigen, die immer auf der Seite der Vorkämpfer für das europäische Aufbauwerk waren, bitten, darüber nachzudenken und mit uns allen, die wir mit Ja stimmen werden, diesen Weg zu gehen."[77]

Diese Auffassung von Íñigo Méndez de Vigo entsprach auch meiner Bewertung. Es gab auch die Position der EVP-Fraktion wieder. Und Elmar Brok richtete bereits den Blick in die Zukunft, als er sagte: „Wir müssen auf Dauer eine Verfassung erreichen, weil das der einzige Weg ist, um hier wirklich voranzukommen."[78]

Mit unseren parlamentarischen Befugnissen waren wir noch nicht am Ziel, aber der Vertrag von Amsterdam bedeutete einen großen Schritt vorwärts. Einen Beitrag hierzu geleistet zu haben, erfüllt mich mit Dankbarkeit, Genugtuung und Freude.

VII. Die Erweiterung der Europäischen Union

Eine weitere große Aufgabe lag vor uns: die Vorbereitung auf die Erweiterung der Europäischen Union um die Länder Mittel- und Südosteuropas. Die EVP-Fraktion hat sich frühzeitig mit diesen Herausforderungen befasst. Bereits im September 1996 wurde die Arbeitsgruppe „Erweiterung" vom Präsidium der EVP-Fraktion berufen und mir als stellvertretendem Fraktionsvorsitzenden der Vorsitz übertragen. Damit wurde mir erneut eine Aufgabe von großer politischer Bedeutung anvertraut. Im ersten Jahr der Tätigkeit dieser Arbeitsgruppe standen Gespräche mit Repräsentanten aus den Beitrittsländern im Mittelpunkt, es ging also im Wesentlichen darum, zunächst Informationen zu sammeln. Am 16. Juli 1997 hatte die Europäische Kommission ihre sogenannte Heranführungsstrategie für die mittel- und osteuropäischen Länder beschlossen. Die Kommission hatte vorgeschlagen, zunächst nur mit Polen, der Tschechischen Republik, Ungarn, Estland, Slowenien sowie Zypern Beitrittsverhandlungen aufzunehmen. Was sollte dann aber mit Lettland, Litauen, der Slowakei, Rumänien und Bulgarien geschehen?

Auf der Studientagung der Fraktion vom 8. bis 12. September 1997 in Stockholm, in deren Verlauf die Fragen der Erweiterung ausführlich in Anwesenheit des für die Erweiterung zuständigen Mitglieds der Europäischen Kommission, Hans van den Broek, sowie Vertretern mittel- und osteuropäischer Länder beraten wurden, erwies es sich als dringlich, bald eine Position der Fraktion zu der Problematik der Erweiterung zu erarbeiten.[79] In einer Sitzung der Arbeitsgruppe „Erweiterung", die am 11. September 1997 in Stockholm unter meinem Vorsitz tagte und an der nahezu dreißig Kolleginnen und Kollegen – darunter der Partei- und Fraktionsvorsitzende Wilfried Martens und sein Vorgänger Leo Tindemans – teilnahmen, wurden die verschiedenen Positionen deutlich, die sehr weit auseinanderlagen. Zu diesem Zeitpunkt schien es nahezu unmöglich, die Fraktion auf eine gemeinsame Linie zu verständigen. Unmittelbar nach dieser Sitzung, am Nachmittag des 11. Septembers 1997, habe in einem nach dem britischen Admiral Nelson benannten Hotel – mein Zimmer glich wirklich einer kleinen Kajüte – einen ersten Entwurf für ein Positionspapier geschrieben, das ich noch am selben Abend mit Staffan Burenstam-Linder, dem schwedischen stellvertretenden Vorsitzenden der EVP-Fraktion, diskutierte und das in den wesentlichen Punkten dessen Zustimmung fand. Mit dem Berichterstatter des Europäischen Parlaments für die Erweiterung, dem niederländischen Christdemokraten Arie Oostlander, der nicht in Stockholm war, suchte ich noch am Wochenende telefonisch eine Vereinbarung über die Grundsätze des Papiers. Das so zwischen Staffan Burenstam-Linder, Arie Oostlander und mir abgestimmte Papier wurde wenige Tage nach dessen Beratung im Fraktionspräsidium am 16. September in Straßburg allen Mitgliedern der Fraktion nach erfolgter Übersetzung in die elf Amtssprachen der Union zur Verfügung gestellt. Dies erfolgte mit der Maßgabe, dass Änderungsanträge für eine Sondersitzung der Fraktion am 1. Oktober 1997 in Brüssel eingebracht werden konnten. Für den Tag zuvor, den 30. September 1997, bat ich einige Kollegen zu einer Zusammenkunft, um über die von den Fraktionsmitgliedern eingebrachten Änderungsanträge zu beraten. Mit dabei waren Staffan Burenstam-Linder, Tom Spencer, Vorsitzender des Ausschusses für Auswärtige Angelegenheiten, Sicherheit und Verteidigung, Elmar Brok, Vorsitzender des Arbeitskreises „A" der EVP-Fraktion, James Elles, Obmann der EVP-Fraktion im Haushaltsausschuss des Europäischen Parlaments, sowie Gerardo Galeote, Vorsitzender der spanischen Delegation in der EVP-Fraktion. Einstimmig verständigten wir uns auf eine gemeinsame Position, mit der wir am folgenden Tag, dem 1. Oktober 1997, in die Sondersitzung der EVP-Fraktion gingen. Vor der Fraktionssitzung diskutierte die CDU/CSU-Gruppe in der EVP-Fraktion unter Vorsitz von Günter Rinsche die Grundsätze des Papiers und es deutete sich an, dass eine gemeinsame Haltung auch in der Fraktion möglich sein könnte. In der um 16:30 Uhr beginnenden Sondersitzung der EVP-Fraktion ließ Wilfried Martens über die von den Kolleginnen und Kollegen eingebrachten Änderungsanträge abstimmen mit dem Ergebnis, dass über das Gesamtpapier ein einstimmiger Beschluss erfolgte. Mit diesem Beschluss vom 1. Oktober 1997 hat sich die EVP-Fraktion im Europäischen Parlament im Hinblick auf die parlamentarische Beratung des Beitrittsprozesses festgelegt und gleichzeitig diese Position als Entschließungsantrag für den EVP-Kongress in Toulouse vom 9. bis 11. November 1997 vereinbart.[80] Die EVP-Fraktion brachte damit ihre Überzeugung zum Ausdruck

„dass die Europäische Union aus politischen und moralischen Gründen verpflichtet ist, sich den Ländern Mittel- und Osteuropas (MOEL) zu öffnen. Der Beitritt der MOE-Länder zur Europäischen Union entspricht nicht nur dem politischen und wirtschaftlichen Interesse dieser Länder, sondern ebenso dem Interesse der Europäischen Union und ihrer Mitgliedstaaten. Sowohl die Beitrittsländer als auch die Europäische Union und alle ihre Mitgliedstaaten müssen, ohne das bestehende Gleichgewicht zwischen den gegenwärtigen Mitgliedstaaten der Union zu gefährden, die notwendigen politischen, wirtschaftlichen und finanziellen Anstrengungen unternehmen, um die Erweiterung zum Erfolg zu führen. Es geht dabei im Kern um die Sicherheit des gesamten europäischen Kontinents."

Um eine Diskriminierung der in den Vorschlägen der Kommission von Beitrittsverhandlungen zunächst ausgeschlossenen Länder Lettland, Litauen, Bulgarien und Rumänien – die Slowakei war wegen Nichtbeachtung bestimmter demokratischer Verhaltensweisen ein Sonderfall – zu verhindern, trat die EVP-Fraktion dafür ein,

„dass die Beitrittsverhandlungen mit den MOE-Ländern, die die demokratischen Bedingungen des Beitritts erfüllen, sowie mit Zypern Anfang 1998 beginnen. Der Verhandlungsrhythmus und der Abschlusstermin hängen davon ab, wie weit die einzelnen Beitrittskandidaten die Voraussetzungen für den Beitritt erfüllen."

Die EVP-Fraktion empfahl „intensive Verhandlungen" – eine Formel, die Staffan Burenstam-Linder vorgeschlagen hatte – zunächst mit den Ländern, die am weitesten fortgeschritten waren und unterstützte insoweit die Auswahl durch die Kommission: also Polen, die Tschechische Republik, Ungarn, Estland, Slowenien und Zypern. Mit der Formel „Verhandlungen" und „intensive Verhandlungen" sollte eine Diskriminierung der von der Kommission für Verhandlungen nicht berücksichtigten Staaten vermieden werden. Darüber hinaus bildete diese Formel auch das einigende Band für die gesamte Fraktion. In der Fraktion gab es eine starke Gruppe, die den Vorschlägen der Kommission folgen wollte, auch wenn diese Gruppe nicht die Mehrheit bildete. Die Mehrheit plädierte für den gleichzeitigen Verhandlungsbeginn mit allen mittel- und osteuropäischen Ländern – mit Ausnahme der Slowakei. Die so erreichte Übereinstimmung hatte ein doppeltes Ziel: die Berücksichtigung der Interessen aller Beitrittsländer Mittel- und Osteuropas sowie die Gewährleistung der Einheit der Fraktion. Wilfried Martens lobte in seinen Memoiren, dass mein Textvorschlag zum Konsens unter den divergierenden Positionen in der EVP-Fraktion geführt hätte.[81] Über den Fraktionsbeschluss der EVP wurden die Bundesregierung und verantwortliche Persönlichkeiten der CDU/CSU-Bundestagsfraktion, mit denen über den Diskussions- und Verhandlungsverlauf in der EVP-Fraktion Kontakte bestanden, informiert. Die Bundesregierung neigte dem Modell der Kommission zu, in der Bundestagsfraktion der CDU/CSU bestanden – wie ursprünglich in der EVP-Fraktion – unterschiedliche Ansichten.

Unsere Position war also eine andere als die der von Bundeskanzler Helmut Kohl geführten Bundesregierung. In einem Schreiben vom 6. Oktober 1997 erläuterte ich Bundeskanzler Kohl den von mir herbeigeführten Beschluss, wonach die EVP dafür einträte, mit den Ländern Mittelosteuropas, „die die demokratischen Bedingungen erfüllen", die Beitrittsverhandlungen Anfang 1998 zu beginnen. Dies ließ Spielräume offen, schloss aber kein Land aus. Dass die EVP-Fraktion diese Linie einstimmig befürwortete, wäre angesichts der bisherigen gravierenden Meinungsdifferenzen in der Fraktion „eine angenehme Überraschung". Ich schloss meine Darstellung mit dem für mich wichtigsten Satz: „Sie, sehr geehrter Herr Bundeskanzler, wissen besser als jeder andere, was die Einheit der Fraktion bedeutet."[82]

Auf dem Kongress der EVP in Toulouse vom 9. bis 11. November 1997 sollte sich nun die gesamte Partei zur Frage der Erweiterung der Europäischen Union äußern. Bereits vor dem Kongress in Toulouse fanden verschiedene Tagungen und Kongresse mit Vertretern der der EVP assoziierten oder befreundeten Parteien aus den Beitrittsländern statt, um deren Auffassungen zu hören und möglichst zu einer gemeinsamen Haltung zu kommen. Besonders bedeutsam war der EVP-Rat am 22. und 23. September 1997 in Hannover, dem die Parteivorsitzenden und Generalsekretäre der Mitgliedsparteien sowie Vertreter der EVP-Fraktion im Europäischen Parlament und weitere Mitglieder angehörten. Christian Wulff, Partei- und Fraktionsvorsitzender der CDU in Niedersachsen, war Gastgeber. Außerdem von großer Bedeutung war eine am 10. und 11. Oktober 1997 stattgefundene Konferenz in Berlin, eine Konferenz von Europäischer Union Christlicher Demokraten (EUCD) und Konrad-Adenauer-Stiftung, zu der der Vorsitzende der EUCD, Wim van Velsen, sowie der Vorsitzende der CDU/CSU-Gruppe in der EVP-Fraktion des Europäischen Parlaments, Günter Rinsche, in seiner Eigenschaft als Vorsitzender der Konrad-Adenauer-Stiftung eingeladen hatten. Nicht zu vergessen eine Zusammenkunft der Parteivorsitzenden der EUCD am 27. Oktober 1997 in Brüssel. An diesen Tagungen, die sorgfältig, sachkundig und engagiert vom Generalsekretär von EVP und EUCD, Klaus Welle, vorbereitet wurden, nahmen maßgebliche Regierungs- und Parteivertreter der Beitrittsländer teil, darunter unter anderem die Ministerpräsidenten Bulgariens, Iwan Kostow (in Hannover), und Rumäniens, Victor Ciorbea (in Brüssel). Bei der Tagung am 27. Oktober 1997 in Brüssel war auch der Ratspräsident, Luxemburgs Ministerpräsident Jean-Claude Juncker, anwesend und nahm zu den teilweise massiv vorgetragenen Einwendungen der Vertreter der Länder, die von der Europäischen Kommission für Verhandlungen nicht berücksichtigt worden waren, vermittelnd Stellung. Sämtliche dieser Tagungen und Konferenzen dienten dem Ziel, dass die EVP die Interessen aller Beitrittsländer möglichst berücksichtigte und dabei selbst mit einer gemeinsamen Haltung handelte. Infolgedessen kam dem Entschließungsantrag der EVP-Fraktion vom 1. Oktober 1997 bereits auf den Tagungen in Berlin und Brüssel eine besondere Bedeutung zu.

Der Diskussionsverlauf über den Entschließungsentwurf der Fraktion auf dem Kongress in Toulouse war dramatisch. In der Antragskommission setzten sich zunächst die Anhänger des Kommissionsmodells durch, was bedeutete, der von der EVP-Fraktion eingebrachte Entschließungsantrag wurde dahingehend geändert, dass Beitrittsverhandlungen nur mit Polen, der Tschechischen Republik, Ungarn, Estland, Slowenien und Zypern beginnen sollten. Im Plenum des Kongresses wurde diese Position jedoch mit knapper Mehrheit abgelehnt. Insbesondere der Vorsitzende der gastgebenden Force Democrate, François Bayrou, sowie Otto von Habsburg, Obmann der EVP-Fraktion im Ausschuss für Auswärtige Angelegenheiten, Sicherheit und Verteidigung des Europäischen Parlaments, der sich immer engagiert für alle Beitrittsländer Mittel- und Osteuropas eingesetzt hat, sprachen sich im Plenum des Kongresses mit Unterstützung der Delegierten Frankreichs, der meisten südeuropäischen Delegierten, aber auch der CSU, gegen das Kommissionsmodell aus. Der Antragskommission wurde vom Kongress der Auftrag erteilt, einen Kompromiss zu suchen. Die nachfolgenden Beratungen in der Antragskommission gestalteten sich außerordentlich schwierig, schienen doch die unterschiedlichen Positionen zu weit auseinander zu liegen. Schließlich war es der stellvertretende Vorsitzende der CSU und Co-Vorsitzende der CDU/CSU-Gruppe in der EVP-Fraktion, Ingo Friedrich, der einen verstärkten Beitritts- und Verhandlungsprozess empfahl. Die Anhänger des Kommissionsmodells mussten nun einen Schritt tun. Am Ende der Beratungen in der Antragskommission – sie tagte in der Mittagszeit, der Kongress war deswegen unterbrochen worden und sollte um 15 Uhr seine Arbeit wieder aufnehmen – stellte der Vorsitzende der Antragskommission, Wim van Velsen, mir als dem Vertreter der antragstellenden EVP-Fraktion die Frage, welche meine Empfehlung wäre. Ich empfahl, den Vorschlag von Ingo Friedrich zu übernehmen. So geschah es. Die Antragskommission schloss sich dem einstimmig an. Auch der Kongress, der kurz nach 15 Uhr wieder zusammentrat, stimmte nun ohne Gegenstimme und ohne Enthaltung einmütig zu. So konnte nicht nur ein überzeugendes Ergebnis für die Europäische Volkspartei mit ihren 21 Mitgliedsparteien erreicht werden, auch die anwesenden Vertreter der von der Europäischen Kommission für Verhandlungen nicht berücksichtigten Länder waren zufrieden. Der Beschluss des Kongresses von Toulouse vom 9. bis 11. November 1997 lautete:

„Die EVP wünscht, dass ein verstärkter Beitritts- und Verhandlungsprozess mit all den Staaten Mittel- und Osteuropas, die die politischen Bedingungen für eine Mitgliedschaft erfüllen, sowie mit Zypern im Jahre 1998 eröffnet werden sollte."[83]

Nach den schwierigen, aber schließlich erfolgreichen Verhandlungen in Toulouse war eine weitere Hürde zu nehmen. Am 17. November 1997 stimmte der Ausschuss für Auswärtige Angelegenheiten, Sicherheit und Verteidigung des Europäischen Parlaments über den gemeinsamen Bericht des EVP-Abgeordneten Arie Oostlander sowie des sozialistischen Abgeordneten Enrique Barón Crespo zur Erweiterung ab. Da die Antragsfristen bereits abgelaufen waren, konnten die Ergebnisse des EVP-Kongresses von Toulouse nicht mehr als Anträge zu diesem Bericht eingebracht werden. Arie Oostlander hatte sich erfolgreich bemüht, die Position der EVP-Fraktion vom 1. Oktober 1997 in seinem Berichtentwurf zu berücksichtigen. Der Mitberichterstatter Barón Crespo vertrat die gleiche Linie – also grundsätzlicher Verhandlungsbeginn mit allen Beitrittsländern –, doch ein großer Teil der sozialistischen Fraktion wollte dieser Linie nicht folgen. Dem Ausschuss lagen über fünfhundert Änderungsanträge vor und es wurde von 19 Uhr bis 1:45 Uhr morgens abgestimmt. Bei den entscheidenden Abstimmungen konnte sich die EVP-Fraktion mit Unterstützung aus anderen Fraktionen knapp durchsetzen. So wurde die Forderung, „dass alle infrage kommenden Beitrittskandidaten das Recht haben, die Verhandlungen über ihren Beitritt zur Union gleichzeitig aufzunehmen", mit knapper Mehrheit angenommen.[84] Der Ausschuss billigte den gesamten Entschließungsantrag mit 31 Stimmen bei 10 Gegenstimmen und 4 Enthaltungen.[85] Die Debatte über die Erweiterung auf der Grundlage des Berichtes Oostlander/Barón Crespo war für die Sitzung des Europäischen Parlaments in Brüssel am 3. Dezember 1997, die entsprechende Abstimmung für den 4. Dezember um neun Uhr morgens vorgesehen.

Angesichts der nach wie vor unterschiedlichen Positionen im Europäischen Parlament lag es nahe, weiter um einen Kompromiss, der eine breite Mehrheit ermöglichte, zu suchen. Aber es war äußerst zweifelhaft, ob dies gelingen würde. Am 3. Dezember tagte von 13 bis 15 Uhr – also unmittelbar vor der für 15 Uhr vorgesehenen Debatte über die Erweiterung – der Koordinierungskreis der CDU/CSU-Gruppe in der EVP-Fraktion. Dieser Koordinierungskreis war ein informelles Abstimmungsgremium unter Vorsitz des Parlamentarischen Geschäftsführers der CDU/CSU-Gruppe, Hartmut Nassauer. Dort trug ich den Sachstand vor. Es bestand Einigkeit, dass mit der sozialistischen Fraktion ein Kompromiss gesucht werden sollte auf der Grundlage des Beschlusses von Toulouse, also der Formel von einem „verstärkten Beitritts- und Verhandlungsprozess". Sollte dieses nicht erreichbar sein, so waren sich die Teilnehmer des Koordinierungskreises weitgehend einig, solle auf jeden Fall an der Beschlusslage der Fraktion vom 1. Oktober 1997 festgehalten werden, also an der Formulierung von „intensiven Verhandlungen und Verhandlungen". Da die Sozialisten im Ausschuss für Auswärtige Angelegenheiten, Sicherheit und Verteidigung bei der Abstimmung unterlegen waren, hatten diese Interesse an einem Kompromiss.

In der um 15 Uhr beginnenden Sitzung des Europäischen Parlaments erklärte ich für die EVP-Fraktion:

„Die Menschen in Estland, Lettland und Litauen, in Polen, der Tschechischen Republik, der Slowakei, Ungarn, Slowenien, Bulgarien und Rumänien möchten zur Europäischen Union gehören, weil sie unsere Überzeugungen und Ideale für ein Europa im 21. Jahrhundert teilen, um, wie es in den Römischen Verträgen von 1957 steht, und ich zitiere ‚[...] die Grundlagen für einen immer engeren Zusammenschluss der europäischen Völker zu schaffen und durch diesen Zusammenschluss Frieden und Freiheit zu wahren und zu festigen'."[86]

Dieser Wunsch würde also nicht nur von den Menschen in den fünf Ländern geteilt, die die Kommission für Beitrittsverhandlungen vorgeschlagen hatte, sondern von den Menschen in allen zehn Staaten Mittel- und Osteuropas, die der Europäischen Union durch Europaabkommen verbunden wären. Wir sollten nicht vergessen, dass 1989/90 die Menschen in den Staaten Mittel- und Osteuropas, die mit ihrem Freiheitswillen, ihrem Streben nach Demokratie und ihrem Wunsch nach einer marktwirtschaftlichen Ordnung den Wandel auf unserem Kontinent möglich gemacht hätten, und wir dürften die Menschen, die die friedliche Revolution in Europa bewirkt haben, jetzt durch unsere Entscheidungen nicht enttäuschen.

Ich wies darauf hin, dass kein Land diskriminiert werden dürfte. Wir müssten die Länder selbst hören, ob sie sich durch unsere Entscheidungen an den Rand gedrängt fühlten. Außerdem fügte ich hinzu:

„Deswegen müssen wir die Entscheidungen so treffen, dass wir diese Staaten, dass wir die Menschen ermutigen, diesen mühsamen und oft schmerzlichen Prozess der Reformen in der Perspektive des Beitritt zur Europäischen Union fortzusetzen. Die Menschen brauchen Ermutigung. Deswegen fordert die EVP-Fraktion die Staats- und Regierungschefs für den Gipfel am 12. und 13. Dezember in Luxemburg auf: Geben Sie ein Signal für die Völker Mittel- und Osteuropas, dass sie zur europäischen Familie gehören, und geben Sie ein Signal, dass diese Staaten schrittweise in die Gemeinschaft der Völker der Europäischen Union hineinwachsen."[87]

Es bestünde kein Zweifel daran, dass der Prozess der Erweiterung schwierig wäre und viele Steine auf dem Weg der Erweiterung aus dem Weg zu räumen wären: von den Beitrittsländern, aber auch von der Europäischen Union selbst, die sich durch die notwendigen institutionellen und politischen Reformen auf die Erweiterung vorbereiten müsste. Wir sollten nicht nur immer von den Aufgaben sprechen, die von den Beitrittsländern zu erfüllen wären, sondern wir sollten auch von den Aufgaben sprechen, denen die Europäische Union zu entsprechen hätte. Denn die Erweiterung sollte zu einer Stärkung der Europäischen Union führen und deswegen müsste die Europäische Union handlungsfähiger und demokratischer werden, damit die Völker Mittel- und

Osteuropas einer Union beiträten, die allen Europäern eine Zukunftschance und Zukunftsstabilität für das gesamte 21. Jahrhundert ermöglichte.

Ich räumte in meiner Rede ein, wie schwierig der bisherige Diskussions- und Entscheidungsprozess in Fraktion und Partei gewesen war und empfahl folgenden Prozess für die Erweiterung: einen verstärkten Beitritts- und Verhandlungsprozess mit den Ländern Mitteleuropas, die die politischen Bedingungen für die Mitgliedschaft erfüllten, und mit Zypern (der 1998 beginnen sollte) sowie intensive Verhandlungen auf individueller Basis mit den Ländern, die am weitesten fortgeschritten waren. Ich plädierte dafür, dass das Europäische Parlament der Anwalt der Völker ganz Europas sein müsste. Europa bestünde nicht nur aus der Europäischen Union. Ich schloss meine Rede mit den Worten:

> „Arbeiten wir gemeinsam dafür, dass wir möglichst bald im nächsten Jahrzehnt, das auch ein neues Jahrhundert und Jahrtausend sein wird, frei gewählte Repräsentanten aus Mittel- und Osteuropa hier im Europäischen Parlament begrüßen können. Vor wenigen Jahren war diese Vorstellung noch eine Utopie. Heute ist sie nicht einmal mehr eine Vision, sondern eine Wahrscheinlichkeit, die zur baldigen Wirklichkeit wird, wenn wir selbst engagiert dafür arbeiten. Die EVP-Fraktion stellt sich dieser historischen Aufgabe für unseren alten, sich immer wieder erneuernden europäischen Kontinent."[88]

Nach der Debatte musste nun aber noch ein Kompromiss für die Abstimmung am nächsten Tag erarbeitet werden. So trafen sich am Abend des 3. Dezember im Büro des Vorsitzenden des Ausschusses für Auswärtige Angelegenheit, Sicherheit und Verteidigung, Tom Spencer, außer diesem der österreichische stellvertretende Vorsitzende der sozialistischen Fraktion, Hannes Swoboda, und Gary Titley, Obmann der sozialistischen Fraktion im Ausschuss für Auswärtige Angelegenheiten, Sicherheit und Verteidigung, sowie von der EVP-Fraktion neben dem Berichterstatter Arie Oostlander noch Elmar Brok und ich. Grundlage für die Kompromisssuche war auch hier der Beschluss von Toulouse, also der „verstärkte Beitritts- und Verhandlungsprozess". Schließlich einigten wir uns auf folgende Formulierung:

> „Das Europäische Parlament fordert den Europäischen Rat auf, den Erweiterungsprozess durch einen gemeinsamen Akt mit allen beitrittswilligen Ländern in Gang zu setzen; ist der Auffassung, dass alle Beitrittskandidaten, die das in Kopenhagen festgesetzte Kriterium einer gefestigten, demokratischen Ordnung, der Wahrung der Menschenrechte und des Schutzes von Minderheiten derzeit erfüllen, das Recht haben, zur gleichen Zeit den verstärkten Beitritts- und Verhandlungsprozess aufzunehmen und dass dieser Prozess für alle diese Länder Anfang 1998 beginnen sollte."[89]

Noch am selben Abend reichten der Kollege Swoboda für die sozialistische Fraktion sowie ich für die EVP-Fraktion den gemeinsamen Antrag beim Europäischen Parlament ein. Am nächsten Morgen billigte die EVP-Fraktion in einer Sondersitzung um 8:30 Uhr, also unmittelbar vor Beginn des Plenums, einstimmig den Kompromiss. Der Präsident des Europäischen Parlaments, José María Gil-Robles y Gil-Delgado, verkündete vor Beginn der Abstimmung, dass ein Kompromissantrag vorläge, der entsprechend der Geschäftsordnung kurzfristig eingebracht werden konnte. Daraufhin erklärte die Fraktion der Grünen, dass sie sich dem Kompromissantrag anschlösse. Mit großer Mehrheit wurde so der Bericht Oostlander/Barón Crespo zur „Erweiterung – Agenda 2000" angenommen: 274 Ja-Stimmen, 28 Nein-Stimmen, 58 Enthaltungen. In seiner Rede vor dem Europäischen Rat am 12. Dezember 1997 in Luxemburg hat der Präsident des Europäischen Parlaments ausführlich zur Erweiterungsstrategie aus Sicht des Europäischen Parlaments Stellung bezogen und den im Europäischen Parlament vereinbarten Kompromiss vorgetragen. Ohne die intensiven Vorarbeiten in der EVP-Fraktion und auf dem EVP-Kongress in Toulouse wäre es kaum möglich gewesen, mit einer schließlich so breiten Mehrheit eine Strategie für die Erweiterung im Europäischen Parlament zu beschließen. Damit haben sich die EVP und das Europäische Parlament als Anwalt der Völker in den Ländern Mittel- und Osteuropas erwiesen, wie es meiner Überzeugung entsprach und ich es in einem mit Peter Hort geführten Gespräch in der *Frankfurter Allgemeinen Zeitung (FAZ)* vom 28. November 1997[90] als auch in meiner Rede vom 3. Dezember 1997 im Europäischen Parlament für die EVP-Fraktion zum Ausdruck gebracht hatte.[91]

Bei dem Europäischen Rat am 12. und 13. Dezember 1997 in Luxemburg unter Vorsitz des luxemburgischen Ministerpräsidenten Jean-Claude Juncker ist die Strategie für die Erweiterung der Europäischen Union schließlich beschlossen worden. Der Europäische Rat hat in Luxemburg entschieden,

> „einen Beitrittsprozess einzuleiten, der die zehn mittel- und osteuropäischen Bewerberstaaten sowie Zypern umfasst. Dieser Beitrittsprozess findet im Rahmen der Anwendung des Artikels O des Vertrags über die Europäische Union statt. Der Europäische Rat erinnert daran, dass alle genannten Staaten auf der Grundlage derselben Kriterien Mitglieder der Europäischen Union werden sollen und dass sie unter denselben Voraussetzungen am Beitrittsprozess teilnehmen."[92]

Es handelte sich dabei um einen „evolutive[n] und alle Kandidaten einbeziehende[n] Prozess", so Artikel O des Vertrages über die Europäische Union. Danach konnte

> „jeder europäische Staat beantragen, Mitglied der Union zu werden. Er richtet seinen Antrag an den Rat; dieser beschließt einstimmig nach Anhörung der Kommission und nach Zustimmung des Europäischen Parlaments, das mit der absoluten Mehrheit seiner Mitglieder beschließt."[93]

Durch die Bezugnahme auf diesen Artikel hat der Europäische Rat ein wichtiges politisch-psychologisches Signal für alle Beitrittskandidaten gegeben. Nicht nur die sechs von der Kommission für Verhandlungen vorgesehenen Staaten, mit denen auch nach den Beschlüssen des Europäischen Rates die Verhandlungen beginnen sollten, wurden einbezogen, sondern auch Lettland, Litauen, die Slowakei, Bulgarien und Rumänien. Gerade von Repräsentanten dieser Staaten war massive Kritik an den Vorschlägen der Kommission geübt worden. So wurde das Ergebnis von Luxemburg auch von Vertretern dieser Länder mit Zustimmung aufgenommen.

Die *Frankfurter Allgemeine Zeitung* sprach von einer „Botschaft der Hoffnung und des Friedens" und kommentierte die Beschlüsse als „[d]ie historische Entscheidung von Luxemburg".[94] Bis zu den Luxemburger Beschlüssen ist es ein weiter Weg gewesen. Die Fraktion der Europäischen Volkspartei im Europäischen Parlament, die Europäische Volkspartei sowie auch das Europäische Parlament haben den Entscheidungsprozess bis zum Luxemburger Gipfel maßgeblich beeinflusst. So wies Michael Stabenow in der *FAZ* vom 15. Dezember 1997 mit Recht darauf hin, dass auch unter dem Druck des Europäischen Parlaments von den Staats- und Regierungschefs eine Korrektur der am 16. Juli 1997 von der Europäischen Kommission vorgeschlagenen Heranführungsstrategie für die mittel- und osteuropäischen Länder vorgenommen worden war.[95]

Als Vorsitzender der Arbeitsgruppe „Erweiterung" von EVP und EVP-Fraktion war ich mit den Beschlüssen des Gipfels mehr als zufrieden. Aber die eigentliche Arbeit stand in den nächsten Monaten und Jahren noch bevor. Der Beitrittsprozess wurde am 30. März 1998 mit einer Tagung in Brüssel der Minister für Auswärtige Angelegenheiten der 15 Mitgliedstaaten der Europäischen Union, der zehn mittel- und osteuropäischen Bewerberstaaten, Maltas und Zyperns durch die Schaffung eines einheitlichen Rahmens für sie eingeleitet. Eine „intensivierte Heranführungsstrategie" mit „Beitrittspartnerschaften" sollte dazu beitragen, die Beitrittsländer näher an die Europäische Union heranzuführen. Am 31. März 1998 begannen bilaterale Verhandlungen mit Zypern, Ungarn, Polen, Estland, der Tschechischen Republik und Slowenien. Parallel dazu wurde die Vorbereitung der Verhandlungen („Vorverhandlungen") mit Lettland, Litauen, der Slowakei, Bulgarien und Rumänien intensiviert.

Nachdem wir also erreicht hatten, dass mit allen genannten mittel- und osteuropäischen Ländern verhandelt wurde, war die Frage entscheidend, für welchen Zeitpunkt die Erweiterung für die Länder, die die Voraussetzungen erfüllten, angestrebt werden sollte. Bei einem von mir veranlassten Treffen mit nationalen Abgeordneten aus mitteleuropäischen Ländern machte Alain Lamassoure den Vorschlag, die Erweiterung bis zu den Europawahlen 2004 anzustreben. So ist es dann auch gekommen. Am 1. Mai 2004 wurden Estland, Lettland, Litauen, Polen, die Tschechische Republik, die Slowakei, Ungarn, Slowenien sowie Malta und Zypern Mitglied der Europäischen Union. Bereits ein Jahr vorher hatten diese Länder – und später ebenso Rumänien, Bulgarien und Kroatien – Beobachter ins Europäische Parlament entsenden können. Die Beobachter sollten sich mit der Arbeitsweise des Parlaments vertraut machen und damit auch einen Beitrag zur

Vorbereitung der Wahlen zum Europäischen Parlament in diesen Ländern leisten. Als die Beobachter am 1. Mai 2003 in unserer Fraktion begrüßt wurden, überreichte mir als dem Fraktionsvorsitzenden der EVP-ED-Fraktion József Szájer aus Ungarn ein Stück Stacheldraht, um damit an die Teilung Europas zu erinnern. Der Stacheldraht war mit der ungarischen Flagge versehen. Es war ein bewegender Moment. Auf meinem Schreibtisch in unserem Haus in Bad Iburg erinnert mich dieses Symbol der Teilung Europas auch heute an die tragische Geschichte unseres Kontinents, die schließlich eine so glückliche Entwicklung nehmen sollte.

*

Auch bei einer anderen wichtigen Herausforderung, des möglichen Beitritts eines großen Landes zur Europäischen Union, war ich engagiert. Es handelt sich um die Türkei.

Bei dem Treffen des Europäischen Rats am 10. und 11. Dezember 1999 in Helsinki hatten die Staats- und Regierungschefs beschlossen, der Türkei den Kandidatenstatus zu geben, also den Beitritt zur Europäischen Union zu ermöglichen. Sie stellten fest, dass die Türkei ein „beitrittswilliges Land sei, das auf der Grundlage derselben Kriterien, wie sie auch für die übrigen beitrittswilligen Länder gelten, Mitglied der Europäischen Union werden soll(e)".[96]

Wie vom Gipfel in Helsinki berichtet wurde, war diese bedeutende Entscheidung in wenigen Minuten gefällt worden. Die deutsche Bundesregierung wurde durch Bundeskanzler Gerhard Schröder und Außenminister Joschka Fischer vertreten. Besonders Fischer trat für den Beitritt der Türkei zur Europäischen Union ein, weil er der Auffassung war, die Türkei könne eine Brücke in die arabische Welt sein. Diese Ansicht habe ich immer für falsch gehalten, da die Türkei als Nachfolgenation des Osmanischen Reichs, das bis zum Ende des Ersten Weltkriegs weite Territorien der arabischen Welt kontrollierte, sich kaum einer großen Akzeptanz erfreuen konnte.

Nach diesem Beschluss der Staats- und Regierungschefs in Helsinki erklärte ich für die EVP-ED-Fraktion im Europäischen Parlament in Straßburg, am 14. Dezember 1999:

> „Die große Mehrheit unserer Fraktion ist skeptisch, weil wir wissen, dass die Mitgliedschaft der Türkei die politische, wirtschaftliche und kulturelle Qualität der Europäischen Union ändern wird. Wir wünschen der Türkei [...], dass es ihr gelingt, eine wirkliche Zivilgesellschaft aufzubauen, dass es ihr gelingt, dem ethnischen Bevölkerungsteil der Kurden wirklich eine Identität zu geben, natürlich im türkischen Staatsverband und im Rahmen der türkischen Nation, und wir hoffen, dass das türkische Militär, das ja dem Westen verbunden ist, [...] auch im Verhältnis zur Kurdenfrage zur Verhältnismäßigkeit der Mittel kommt und nicht, wenn es Probleme mit den Kurden gibt, diese Probleme anstatt durch Dialog mit militärischen Mitteln zu bewältigen versucht. Also, wir wünschen der Türkei, dass es ihr gelingt, eine wirkliche Zivilgesellschaft aufzubauen."

Zur Aufnahme von Beitrittsverhandlungen mit der Türkei sollte es einige Jahre nicht kommen. Aber schließlich musste sich der Europäische Rat mit dieser Frage befassen. Das sollte auf dem Europäischen Rat vom 16. und 17. Dezember 2004 in Brüssel geschehen.

Vor dem Europäischen Rat treffen sich in der Regel die Spitzen der Europäischen Volkspartei, um die Beratungen im Europäischen Rat vorzubereiten. Über viele Jahre wurde dieser sogenannte „EVP-Gipfel" vom EVP Parteivorsitzenden Wilfried Martens geleitet. Mir, dem Fraktionsvorsitzenden der EVP-ED-Fraktion, lag sehr daran, den Beschluss des Europäischen Rats in einer Weise zu beeinflussen, dass der Ausgang der Beitrittsverhandlungen ein offener Prozess sei, also die Verhandlungen zwar mit dem Ziel der Mitgliedschaft der Türkei geführt werden sollten, aber der Beitritt nicht das in jedem Fall notwendige Ergebnis sein müsse. In dieser Frage – auf die Bildung seiner Regierung in Wien im Jahr 2000 wird später einzugehen sein – stimmte ich mit dem österreichischen Bundeskanzler Wolfgang Schüssel überein. Vor dem EVP-Gipfel rief ich ihn an, ob er bereit sei, einen entsprechenden Auftrag der EVP vor dem Europäischen Rat vorzutragen. Wolfgang Schüssel erklärte hierzu seine Bereitschaft. Auf dem EVP-Gipfel schlug ich vor, dass der Verhandlungsprozess mit der Türkei „offen" sein müsse und regte an, dass Wolfgang Schüssel dieses auf dem EU-Gipfel vertrete. Die Verantwortlichen der Europäischen Volkspartei waren mit dieser Position einverstanden und unterstützten den Vorschlag, dass Wolfgang Schüssel diese Position auf dem Europäischen Rat vertreten solle, wie es dann auch geschah. Bei dem EU-Gipfel wurde die Türkeifrage mit dem Beitritt von Bulgarien, Rumänien und Kroatien verbunden. In den Schlussfolgerungen des Vorsitzes des Europäischen Rats vom 16. und 17. Dezember 2004 in Brüssel heißt es:

> „Das gemeinsame Ziel der Verhandlungen ist der Beitritt. Die Verhandlungen sind ein Prozess mit offenem Ende, dessen Ausgang sich nicht im Vorhinein garantieren lässt. Unter Berücksichtigung aller Kopenhagener Kriterien muss gewährleistet sein, dass das betroffene Bewerberland, falls es nicht in der Lage ist, alle mit einer Mitgliedschaft verbundenen Verpflichtungen voll und ganz einzuhalten, durch eine möglichst starke Bindung vollständig in den europäischen Strukturen verankert wird."

Diese Formulierung war ein großer Erfolg für diejenigen, die vom Beitritt der Türkei nicht überzeugt waren. Andererseits ermöglichte dieser Beschluss aber auch, gegenüber der Türkei entsprechend dem Beschluss von 1999 in Helsinki Wort zu halten. Auch bei weiteren Treffen, so bei dem Außenministertreffen in Luxemburg am 3. Oktober 2005, war diese Frage von Bedeutung. In der Nacht vom 3. auf den 4. Oktober 2005 begannen die Beitrittsverhandlungen. Sie sind bis heute nicht abgeschlossen.[97]

Meine Überzeugungen, was einen möglichen Beitritt der Türkei zur Europäischen Union angeht, habe ich nicht geändert. Eher bin ich angesichts der inneren Entwicklungen in der Türkei in meiner Meinung bestärkt worden. Allerdings bin ich überzeugt, dass die Beziehungen zur Türkei für die Europäische Union und Europa insgesamt von großer Bedeutung sind. Dieses war immer meine Position. Eine „privilegierte Partnerschaft" erscheint mir auch heute als das geeignete Konzept für die Beziehungen zwischen der Europäischen Union und der Türkei. Auch angesichts der Flüchtlingsbewegungen aus der arabischen und islamischen Welt nach Europa ist eine Verständigung mit der Türkei von großer Bedeutung. Eine Einigung mit der Türkei, dass Flüchtlinge aus der arabischen und islamischen Welt vorrangig Zuflucht in ihrem geografischen Umfeld in Asien bzw. den angrenzenden nahöstlichen Gebieten bekommen, bleibt richtig. Die Europäische Union und Europa können nicht unbegrenzt Flüchtlinge aufnehmen. Unsere Gesellschaft kann sie nur schwer integrieren, und angesichts des Erstarkens des Rechtsextremismus in der Europäischen Union hätte eine unbegrenzte Zuwanderung aus der arabischen und muslimischen Welt ernsthafte politische Konsequenzen, die die europäische Einigung gefährden könnten. Es ist zu hoffen, dass die Beziehungen zwischen der Europäischen Union und der Türkei sich stabilisieren und die türkische Führung nicht auf einer Mitgliedschaft der Türkei in der Europäischen Union besteht. Dieser Preis wäre zu hoch. Das schließt weitere Verhandlungen mit der türkischen Regierung – auch die Eröffnung sogenannter weiterer Kapitel – nicht aus. Die Fortführung der Beitrittsverhandlungen sollte zu einer weiteren Förderung der Zivilgesellschaft in der Türkei führen.

Eine Mitgliedschaft der Türkei in der Europäischen Union würde im Übrigen Freizügigkeit für die Menschen aus der Türkei in die Europäische Union bedeuten. Ein Volk mit bald 100 Millionen Menschen würde immer mehr auch die Einwanderung in die anderen Länder der Europäischen Union suchen. Auch wenn sich die Freizügigkeit mit der Türkei eher überschaubar und geordnet in einem längeren Zeitraum vollziehen würde, würde sie doch politisch und auch kulturell zu einer anderen Europäischen Union führen. Eine Mitgliedschaft der Türkei in der Europäischen Union würde die Konsensfindung in der – ohnehin schon stark erweiterten – Europäischen Union weiter erschweren. Die europäische Einigung war und ist eine Erfolgsgeschichte. Aber sie befindet sich an einem Wendepunkt. Schon in der heutigen Europäischen Union mit 28 Mitgliedstaaten sind die politischen, kulturellen, wirtschaftlichen und psychologischen Bedingungen sehr unterschiedlich. Die Einheit in Vielfalt muss unser Anliegen bleiben, aber wenn die Vielfalt ein Ausmaß annimmt, dass die Einheit unmöglich wird, ist das gesamte europäische Projekt gefährdet. Die Europäische Union darf sich nicht „zu Tode" erweitern.

Die vorstehenden Ausführungen wurden abgeschlossen vor dem gescheiterten Putsch des Militärs in der Türkei im Juli 2016. Auch wenn ein Militärputsch in keiner Weise zu rechtfertigen ist, müssen die Reaktionen hierauf doch rechtsstaatlichen Kriterien entsprechen. Dies ist eindeutig nicht der Fall und muss entschieden kritisiert werden. Die praktische Aufhebung der Gewaltenteilung, unzählige Verhaftungen und die Debatte über die Wiedereinführung der Todesstrafe versprechen nichts Gutes. Der Weg der Türkei in die Zukunft ist innenpolitisch und in seiner außenpolitischen

Orientierung zum Zeitpunkt dieser Niederschrift (August 2016) nicht vorhersehbar. Es bleibt zu hoffen, dass die Türkei zu innerem Frieden unter Wahrung der Prinzipien des Rechts zurückkehrt und eine vertragliche Beziehung zur Europäischen Union findet, die von Zusammenarbeit und Partnerschaft geprägt ist.

Dritter Teil: Fraktionsvorsitz und europäische Weichenstellungen

I. Die EVP auf dem Weg zur stärksten Fraktion

Neben den inhaltlichen Fragen der Europäischen Einigung fanden Machtfragen, ich verhehle es nicht, stets mein besonderes Interesse. Seit den ersten Wahlen zum Europäischen Parlament 1979 war die EVP-Fraktion nach den Sozialisten immer nur der Juniorpartner gewesen. Die Sozialisten hatten bei jeder Wahl ihre stärkste Position behauptet. Dies war für mich nicht naturgegeben. Warum sollte es nicht unser Ziel sein, die größte Fraktion im Europäischen Parlament zu werden? Dies bedeutete allerdings auch, dass wir uns für neue Partner öffnen mussten. Mit dem Zusammenbruch der Democrazia Cristiana (DC) in Italien in den Neunzigerjahren verloren wir einen wichtigen Teil unserer Parteienfamilie. In Italien bildete sich eine neue Partei, die Forza Italia, unter Vorsitz des Unternehmers und Multimilliardärs Silvio Berlusconi. Als diese Partei 1994 ins Europäische Parlament einzog, schloss sie sich nicht der EVP an. Zunächst, 1994 bis 1995, war die Forza Italia Teil der Forza Europa-Gruppe im Europäischen Parlament, gründete dann aber zusammen mit anderen Gruppen (Frankreich: Rassemblement pour la République; Irland: Fianna Fáil; Portugal: Democratic and Social Center-People's Party; Griechenland: Political Spring) 1995 die Union for Europe, die bis 1998 Bestand haben sollte. Darauf folgte dann die Mitgliedschaft in der EVP-Fraktion. Das Fraktionspräsidium beauftragte mich, mit der Forza Italia und ihrem Sprecher im Europäischen Parlament, Claudio Azzolini, Kontakt aufzunehmen und die Möglichkeiten für eine Mitgliedschaft in unserer Fraktion zu sondieren. Seit Mitte 1997 trafen wir uns während der Sitzungswoche des Europäischen Parlaments im Rahmen eines Mittagessens in einem Straßburger Restaurant. Claudio Azzolini wurde von Antonio Tajani, dem späteren Vizepräsidenten der Europäischen Kommission, begleitet. Mitglieder der kleinen, von mir geleiteten Kontaktgruppe waren Gerardo Galeote, welcher der Führung unserer spanischen Freunde von der Partido Popular angehörte, sowie der Vorsitzende der Delegation der italienischen Partito Popolare Italiano, Pierluigi Castagnetti. Über viele Monate zogen sich diese Begegnungen ohne ein Ergebnis hin. In einer Plenarsitzung des Europäischen Parlaments Ende 1997 wurden Wilfried Martens und ich von einer Zufallsnachricht aufgerüttelt, die wir, nebeneinander sitzend, in einer Zeitung sahen: Forza Italia, die französischen Neogaullisten der Rassemblement pour la République (RPR) und andere wären dabei, eine neue europäische Partei zu bilden. Presseveröffentlichungen kündigten die Gründung der Partei für Mai 1998 in Dublin an.[1]

Im Frühjahr 1998 bat ich um einen Termin bei Bundeskanzler Helmut Kohl, unserem CDU-Parteivorsitzenden. Ich wollte mit ihm über die Forza Italia und ihre mögliche Mitgliedschaft in der EVP-Fraktion und in der EVP-Partei sprechen sowie auch Helmut Kohl mein Interesse am Vorsitz der EVP-Fraktion zum Ausdruck bringen. Was die mögliche Mitgliedschaft von Forza Italia in unserer Fraktion anging, war er sofort einverstanden und beauftragte mich, Silvio Berlusconi diese Position der CDU zu übermitteln. Anlass dazu bot ein Parteikongress von Forza Italia in der Woche vor Ostern 1998 in Mailand. Zu diesem Zeitpunkt hielt ich mich zu einem Osterurlaub im schweizerischen Zermatt auf. Auch das Präsidium unserer Fraktion unter Vorsitz von Wilfried Martens hatte mir grünes Licht für die Kontaktaufnahme mit Silvio Berlusconi gegeben, dabei aber ausdrücklich darauf bestanden, dass ich auf dem Kongress nicht für die EVP spräche. Ich sollte lediglich sondieren, wie Silvio Berlusconi zur EVP und EVP-Fraktion stünde. Auf dem Kongress war auch physisch erkennbar, wie der RPR-Vorsitzende Philippe Séguin sich um eine ständige Nähe zu Silvio Berlusconi bemühte. In der Mittagspause begrüßte Silvio Berlusconi die europäischen und internationalen Gäste. Dabei überbrachte ich ihm die Botschaft von Helmut Kohl. Berlusconis Antwort: „Ihr braucht uns nur zu rufen, dann kommen wir."

Nun wurde das Verfahren der Mitgliedschaft der Forza Italia in der EVP-Fraktion in Gang gesetzt. Dies erforderte weitere Gespräche, insbesondere eine intensive Diskussion innerhalb der Fraktion, denn die Forza Italia hatte nicht nur Freunde, was ihre potentielle Mitgliedschaft betraf. Es kam auch zu einem weiteren denkwürdigen Treffen mit Silvio Berlusconi Anfang Mai 1998: Mit Wilfried Martens, meinem spanischen Kollegen Gerardo Galeote, und unserem Generalsekretär der EVP-Fraktion, dem Portugiesen Mário David, wurde ich vom Flughafen in Mailand auf Veranlassung von Silvio Berlusconi mit einem Helikopter zu dessen Villa transportiert. Kurz und knapp akzeptierte er die Mitgliedschaft.

Am 9. Juni 1998 wurde in unserer Fraktion im Europäischen Parlament geheim über die Aufnahme eines jeden Kollegen aus der Forza Italia abgestimmt. Zwanzig neue Mitglieder verstärkten so unsere Fraktion erheblich. In der Europäischen Volkspartei führte dies aber auch zu neuen Spannungen: Romano Prodi, erbitterter italienischer Gegenspieler von Berlusconi, nahm nicht an unserem Parteitag in Cardiff teil (14. Juni 1998).[2]

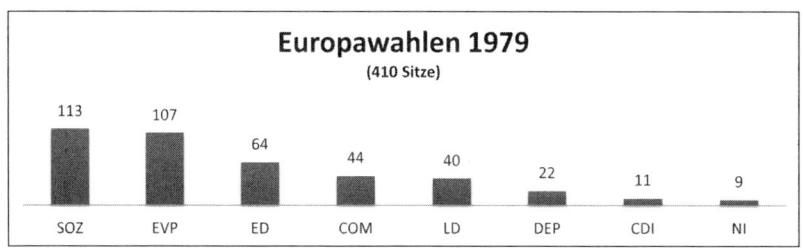

Europawahlen 1979

(410 Sitze)

113	107	64	44	40	22	11	9
SOZ	EVP	ED	COM	LD	DEP	CDI	NI

SOZ	Sozialistische Fraktion	DEP	Fraktion der Europäischen Demokraten
EVP	Fraktion der Europäischen Volkspartei		für den Fortschritt
	(Christlich-demokratische Fraktion)	CDI	Fraktion für die technische
ED	Fraktion der Europäischen		Koordinierung und Verteidigung
	Demokraten		der unabhängigen Gruppen und
COM	Fraktion der Kommunisten und		Abgeordneten
	Nahestehenden	NI	Fraktionslos
LD	Liberale und Demokratische Fraktion		

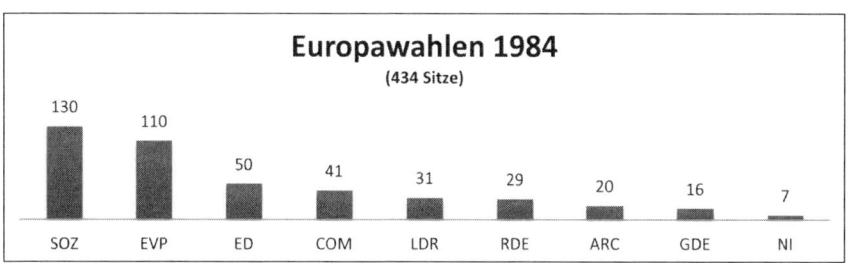

Europawahlen 1984

(434 Sitze)

130	110	50	41	31	29	20	16	7
SOZ	EVP	ED	COM	LDR	RDE	ARC	GDE	NI

SOZ	Sozialistische Fraktion	RDE	Fraktion Erneuerungs- und
EVP	Fraktion der Europäischen Volkspartei		Sammelbewegung der Europäischen
	(Christlich-demokratische Fraktion)		Demokraten
ED	Fraktion der Europäischen	ARC	Regenbogen-Fraktion: Föderation
	Demokraten		von: Grün-Alternatives europäisches
COM	Fraktion der Kommunisten und		Bündnis
	Nahestehenden	GDE	Fraktion der Europäischen Rechten
LDR	Liberale und Demokratische Fraktion	NI	Fraktionslos

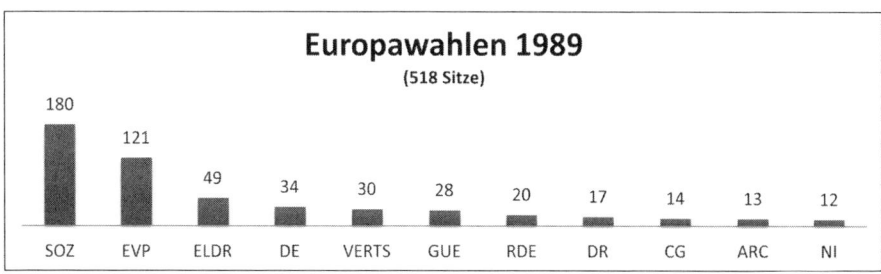

Europawahlen 1989

(518 Sitze)

180	121	49	34	30	28	20	17	14	13	12
SOZ	EVP	ELDR	DE	VERTS	GUE	RDE	DR	CG	ARC	NI

SOZ	Sozialistische Fraktion	RDE	Fraktion der Sammelbewegung der
EVP	Fraktion der Europäischen Volkspartei		Europäischen Demokraten
	(Christlich-demokratische Fraktion)	DR	Technische Fraktion der Europäischen
ELDR	Liberale und Demokratische Fraktion		Rechten

DE	Fraktion der Europäischen	CG	Koalition der Linken
	Demokraten	ARC	Regenbogenfraktion im Europäischen
VERTS	Fraktion der Grünen im Europäischen		Parlament
	Parlament	NI	Fraktionslos
GUE	Fraktion der Vereinigten Europäischen		
	Linken		

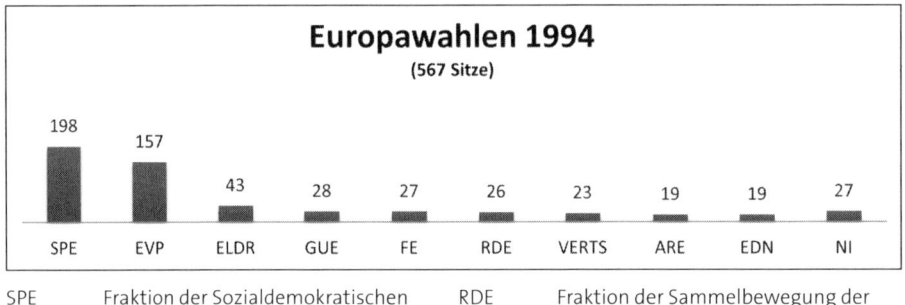

SPE	Fraktion der Sozialdemokratischen	RDE	Fraktion der Sammelbewegung der
	Partei Europas		Europäischen Demokraten
EVP	Fraktion der Europäischen Volkspartei	VERTS	Fraktion der Grünen im Europäischen
	(Christlich-demokratische Fraktion)		Parlament
ELDR	Fraktion der Liberalen und	ARE	Fraktion der Radikalen Europäischen
	Demokratischen Partei Europas		Allianz
GUE	Konföderale Fraktion der Europäischen	EDN	Fraktion Europa der Nationen
	Unitaristischen Linken		(Koordinierungsgruppen)
FE	Fraktion Forza Europa	NI	Fraktionslos

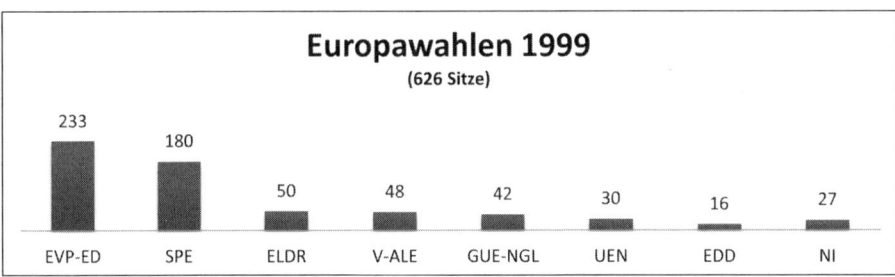

EVP-ED	Fraktion der Europäischen Volkspartei	GUE-NGL	Konföderale Fraktion der Vereinigten
	(Christdemokraten) und europäischer		Europäischen Linken/Nordische Grüne
	Demokraten		Linke
SPE	Fraktion der Sozialdemokratischen	UEN	Fraktion Union für das Europa der
	Partei Europas		Nationen
ELDR	Fraktion der Liberalen und	EDD	Fraktion für das Europa der
	Demokratischen Partei Europas		Demokratien und der Unterschiede
V-ALE	Fraktion der Grünen/Freie Europäische	NI	Fraktionslos
	Allianz		

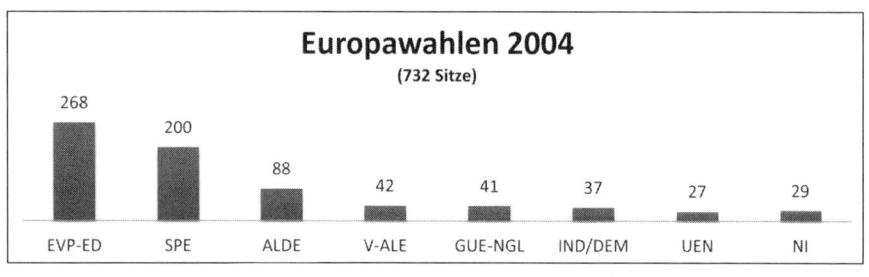

Europawahlen 2004
(732 Sitze)

268 · 200 · 88 · 42 · 41 · 37 · 27 · 29
EVP-ED · SPE · ALDE · V-ALE · GUE-NGL · IND/DEM · UEN · NI

EVP-ED	Fraktion der Europäischen Volkspartei (Christdemokraten) und europäischer Demokraten	V-ALE	Fraktion der Grünen/Freie Europäische Allianz
SPE	Sozialdemokratische Fraktion im Europäischen Parlament	GUE-NGL	Konföderale Fraktion der Vereinigten Europäischen Linken/Nordische Grüne Linke
ALDE	Fraktion der Allianz der Liberalen und Demokraten für Europa	IND/DEM	Fraktion Unabhängigkeit/Demokratie
		UEN	Fraktion für das Europa der Nationen
		NI	Fraktionslos

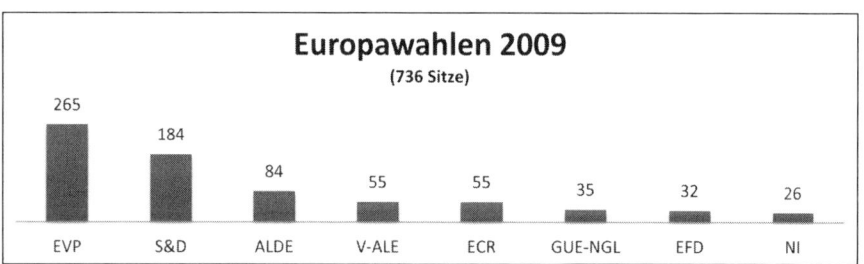

Europawahlen 2009
(736 Sitze)

265 · 184 · 84 · 55 · 55 · 35 · 32 · 26
EVP · S&D · ALDE · V-ALE · ECR · GUE-NGL · EFD · NI

EVP	Fraktion der Europäischen Volkspartei (Christdemokraten)	ECR	Europäische Konservative und Reformisten
S&D	Fraktion der progressiven Allianz der Sozialisten und Demokraten im Europäischen Parlament	GUE-NGL	Konföderale Fraktion der Vereinigten Europäischen Linken/Nordische Grüne Linke
ALDE	Fraktion der Allianz der Liberalen und Demokraten für Europa	EFD	Fraktion Europa der Freiheit und der Demokratie
V-ALE	Fraktion der Grünen/Freie Europäische Allianz	NI	Fraktionslos

1. Europawahl 1999: Die EVP wird stärkste Fraktion

Im März 1999 trat die Kommission von Jacques Santer zurück. Grundlage hierfür waren Vorwürfe wegen Missbrauchs von Geldern durch die Kommission. Als Hauptkritikpunkt galt das Verhalten der französischen Kommissarin Edith Cresson, die von Mai 1991 bis April 1992 Ministerpräsidentin Frankreichs gewesen war. Der Vorwurf lautete, dass sie einen Zahnarzt als Mitarbeiter angestellt hatte, der dafür ein hohes Honorar kassiert, gleichzeitig jedoch keine wirkliche inhaltliche Arbeit geleistet hatte. Dieses Problem hätte leicht gelöst werden können, wenn Jacques Santer, der eine überzeugende, untadlige und von mir sehr geschätzte Persönlichkeit ist, Frau Cresson entlassen hätte. Im Jahre 1999 bot die praktische Verfassungslage der Europäischen Union diese Möglichkeit leider nicht. Eine Kommissarin eines wichtigen Landes, zumal der *Grande Nation*, konnte nicht einfach so entlassen werden. Der französische Staatspräsident Jacques Chirac ließ dies auf keinen Fall zu. So kam es, dass Edith Cresson mit ihrem Verhalten die ganze Kommission mit in den Abgrund zog. Die Situation eskalierte in der Weise, dass ein Misstrauensvotum gegen die Kommission immer wahrscheinlicher wurde. Um dem zuvorzukommen, trat die Kommission geschlossen zurück. Für Jacques Santer, der sich als überzeugter Europäer und vorbildlicher Christdemokrat engagiert für die Arbeiten der Kommission eingesetzt hatte – sowohl was die institutionelle Weiterentwicklung als auch die Erweiterung der Europäischen Union betraf –, war dies außerordentlich bitter. Aber er trug diese Situation mit Würde und Anstand. Ich habe immer höchsten Respekt vor Jacques Santer gehabt. Geschäftsführend leitete Jacques Santer die Kommission zunächst weiter.

Die Europawahlen am 13. Juni 1999 standen kurz bevor. Für unsere Fraktion und auch für mich bedeuteten diese Wahlen einen wichtigen Einschnitt, denn unsere Fraktion sollte erstmalig die stärkste im Europäischen Parlament werden. Die Aufnahme der Forza Italia und auch der RPR sowie die weitere Mitgliedschaft der britischen Konservativen in der Fraktion gab uns eine bis dahin nie erreichte Stärke. Auf einer Studientagung in Málaga (5.–9. Juli 1999) im Anschluss an die Europawahl wurde beschlossen, dass die Parteien, die nicht der Europäischen Volkspartei angehörten, unter „ED" (Europäische Demokraten) firmieren sollten. Das betraf insbesondere die britischen Konservativen. Auch bestand die Möglichkeit, Mitglieder von Parteien, die nicht der EVP angehörten, als individuelle Mitglieder der Fraktion aufzunehmen.

In Málaga waren außer Wilfried Martens auch der CDU-Vorsitzende Wolfgang Schäuble sowie der damalige Vorsitzende der britischen Konservativen und spätere Außenminister William Hague sowie die stellvertretenden Fraktionsvorsitzenden anwesend. Wolfgang Schäuble sagte zu mir, die Änderung des Namens der Fraktion wäre von derartiger Wichtigkeit, dass die Parteiführer eingebunden sein müssten. Dies war natürlich richtig. Die Einbindung der nationalen Parteien hat sich im Laufe der Jahre aber verändert. Zwar wurden sie beteiligt, aber die politischen, die Fraktion betreffenden Entscheidungen wurden zunehmend von ihr selbst getroffen. Die EVP und ihre Mitgliedsparteien sowie die EVP-Fraktion müssen eng zusammenarbeiten, aber eine „Fremdbestimmung" durch die nationalen Parteien gegenüber der Fraktion ist heute nicht mehr denkbar. Die Fraktionen – und das Europäische Parlament insgesamt – haben sich in ihrer Entwicklung immer weiter von der „Fremdbestimmung" durch die nationalen Parteien gelöst.

Nachdem die Stärke der Fraktion feststand, ging es um die Wahl des Fraktionsvorsitzenden und des Fraktionspräsidiums. Wilfried Martens hatte überraschend nicht wieder für das Europäische Parlament kandidiert, sodass er von vornherein als Fraktionsvorsitzender ausschied.

2. Wahl zum Fraktionsvorsitzenden

Da Wilfried Martens also das Amt des Fraktionsvorsitzenden nicht länger innehaben würde, sprach für mich grundsätzlich nichts dagegen, für den Fraktionsvorsitz zu kandidieren, wie ich es ja bereits im März 1998 gegenüber Bundeskanzler Helmut Kohl, meinem CDU-Bundesvorsitzenden, in Aussicht gestellt hatte. Nun hatte sich zunächst die CDU/CSU-Gruppe mit dieser Frage auseinanderzusetzen, da der formelle Vorschlag von ihr kommen musste. Zum Vorsitzenden der CDU/CSU-Gruppe sollte Hartmut Nassauer in der Nachfolge von Günter Rinsche, der 1999 aus dem Europäischen Parlament ausschied, gewählt werden. Hartmut Nassauer, bisher Parlamentarischer Geschäftsführer der CDU/CSU-Gruppe – in dieser Aufgabe folgte ihm Werner Langen –, war eine erfahrene Persönlichkeit. Er hatte im Hessischen Landtag bereits die CDU-Fraktion geführt und das Amt des Vizepräsidenten des Landtags ausgeübt. Zum Co-Vorsitzenden der CDU/CSU-Gruppe wurde Markus Ferber in der Nachfolge von Ingo Friedrich, der zum Vizepräsidenten des Europäischen Parlaments aufstieg, gewählt. Markus Ferber, der mir seine Unterstützung schon frühzeitig erklärt hatte, hatte ich als einen Kollegen kennengelernt, der sich in allen Details der europäischen Politik in bemerkenswerter Weise auskannte. Auch war er, der überzeugte Europäer, später klug genug, seine Position in der CSU durch den Vorsitz im Bezirksverband Schwaben abzusichern. Die Unterstützung von Markus Ferber und damit der CSU-Gruppe war für mich von großer Bedeutung. Dass insoweit völlige Übereinstimmung zwischen ihm und seinem Vorgänger Ingo Friedrich bestand, werde ich immer dankbar erinnern.

Der Grund für die Unterstützung der CSU bestand wohl darin, dass ich mich immer auch um ein gutes Verhältnis zu den Kolleginnen und Kollegen der CSU bemüht hatte. Meine Devise lautete stets: Im Europäischen Parlament ist die CDU etwas mehr CSU und die CSU etwas mehr CDU. Natürlich galt meine Loyalität in erster Linie immer meiner eigenen Partei, aber die Freunde von der CSU gehörten nach meinem politischen und persönlichen Verständnis dazu. Wir waren also eine politische Familie. Dies sollte sich bei meiner Kandidatur für den Fraktionsvorsitz als hilfreich erweisen. Auch habe ich mich bei meiner Arbeit immer als Teamplayer verstanden. Allein kann man wenig erreichen, man ist immer auf die Unterstützung von Personen angewiesen, die die gleichen Überzeugungen teilen. Dies gilt wohl noch mehr für die europäische als für die nationale Politik.

Nach der Europawahl traf ich mich mit Günter Rinsche, zu diesem Zeitpunkt Vorsitzender der Konrad-Adenauer-Stiftung, und Hartmut Nassauer in der Akademie der Adenauer-Stiftung in der Tiergartenstraße in Berlin. Wir kamen überein, dass ich für das Amt des Fraktionsvorsitzenden kandidieren sollte. Nun war die Frage, ob es innerhalb der CDU/CSU-Gruppe beziehungsweise in der Gesamtfraktion weitere Kandidatinnen oder Kandidaten gab. Denn lange blieb offen, ob mein Kollege Elmar

Brok sich bewerben würde. Er tat es nicht. Auch in der Gesamtfraktion gab es keine weiteren Bewerbungen.

Damit war im Prinzip der Weg für mich frei, Vorsitzender der stärksten Fraktion im Europäischen Parlament zu werden. Die CDU/CSU-Gruppe nominierte mich einstimmig. Am 13. Juli 1999 fand die Abstimmung in der Fraktion statt. Sie führte zu folgendem Ergebnis: 209 abgegebene Stimmen, davon 189 Ja-, 12 Nein- und 8 Enthaltungen/ungültige Stimmen. Daraus ergab sich eine Zustimmung von 94 Prozent.[3] Dies war ein gutes Ergebnis. Eine große Verantwortung als Vorsitzender der größten Fraktion im Europäischen Parlament lag nun vor mir. Siebeneinhalb Jahre sollte ich Fraktionsvorsitzender bleiben, bis wenige Tage vor meiner Wahl zum Präsidenten des Europäischen Parlaments am 16. Januar 2007. In diese Zeit fiel die gewichtige Erweiterung der EVP-Fraktion von ursprünglich 157 Abgeordneten aus 15 Ländern vor der Europawahl 1999 auf 268 Abgeordnete aus 25 Ländern 2004. Zweimal wurde ich als Fraktionsvorsitzender wiedergewählt (am 14. November 2001 mit 94,8 Prozent,[4] am 13. Juli 2004 mit 96 Prozent Zustimmung[5]).

Nun begann eine ebenso verantwortungsvolle wie aufregende Zeit, die mit meinen bisherigen Aufgaben nicht vergleichbar war. Aber durch die fünf Jahre als stellvertretender Fraktionsvorsitzender und auch die Erfahrungen, die ich seit der ersten Direktwahl des Europäischen Parlaments im Jahre 1979 sammeln konnte, war ich doch alles in allem – sowohl mit den politischen Inhalten als auch was die Kontakte und die Kommunikation mit den Kolleginnen und Kollegen, mit der Parteienlandschaft der Christdemokraten in der Europäischen Union anging – einigermaßen vertraut und damit gut vorbereitet. Auch die Zusammenarbeit mit Wilfried Martens, dem erfahrenen früheren Ministerpräsidenten Belgiens („Wer Belgien regieren kann, kann überall regieren"), war für mich eine lehrreiche und gut vorbereitende Zeit gewesen. Auch wenn Wilfried Martens, wie er später in seinen Memoiren schreiben sollte, meine Wahl am 13. Juli 1999 vorbehaltlos unterstützt hätte, erinnerte er sich daran, dass andere eher skeptisch gewesen wären. Es hätte kritische Töne gegeben, weil ich Deutscher bin. Doch wäre ich als Diplomat und ein Mann des Konsenses bekannt. Martens war sicher, in mir den richtigen Nachfolger zu finden, denn unsere tiefen europäischen Überzeugungen waren ihm bewusst („Nous partagions, lui et moi, une profonde conviction européenne"[6]). Am Ende, so schloss Martens seinen Rückblick auf die Wahl seines Nachfolgers im Fraktionsvorsitz, wären meine politischen Stellungnahmen weniger vorsichtig als die seinen gewesen.[7]

3. Neue und bewährte Arbeitstechniken in der Fraktion

Nach meiner Wahl zum Fraktionsvorsitzenden musste es zunächst darum gehen, die Verantwortlichkeiten in der Fraktion neu zuzuordnen. Bisher hatten die verschiedenen Mitglieder des Präsidiums unserer Fraktion in der Regel keine besonderen Aufgaben übernommen, sondern das Präsidium verstand sich als allgemeines politisches Leitungsorgan. Diese Situation hatte ich als unbefriedigend empfunden, da ich der Meinung war, dass jedes Präsidiumsmitglied eine konkrete Aufgabe wahrnehmen sollte. Wichtig war mir, dass das Ganze der Fraktion und nicht nur die Aktivitäten der Einzelnen sichtbar wurden. Aristoteles hat dazu eine schöne Maxime überliefert: „Dasjenige, was so zusammengesetzt ist, dass das Ganze eines ist, [...] ist nicht nur seine Elemente."[8] Neben dem Plenum der Fraktion waren die Arbeitskreise von besonderer Bedeutung und wurden natürlich von einem Vorsitzenden geleitet. Diese waren jedoch in der Regel nicht die Präsidiumsmitglieder. Ich war der Auffassung, dass die Präsidiumsmitglieder auch die Arbeitskreise leiten sollten. So konnten wir neue Verantwortlichkeiten schaffen und gleichzeitig sicherstellen, dass die Arbeit in den Arbeitskreisen mit den jeweiligen Politikfeldern eng an das Präsidium angebunden wurde. So wurde es schließlich entschieden. Jedes Präsidiumsmitglied, mit Ausnahme des Vorsitzenden und der für die parlamentarischen Arbeiten zuständigen stellvertretenden Fraktionsvorsitzenden, Carmen Fraga Estévez (Spanien) und Françoise Grossetête (Frankreich), leitete fortan einen der vier bis fünf ständigen Arbeitskreise der Fraktion. Personell sah das so aus: Arbeitskreis A (Auswärtige Angelegenheiten und Konstitutionelle Fragen): Wim van Velsen (Niederlande); Arbeitskreis B (Wirtschaft, Währung, Beschäftigung, Regionalpolitik, Gleichstellungsfrage): Staffan Burenstam-Linder (Schweden), wegen Krankheit nur eine Woche später abgelöst durch Ilkka Suominen (Finnland); Arbeitskreis C (Haushalt, Landwirtschaft, Fischerei): James Elles (Vereinigtes Königreich); Arbeitskreis D (Justiz, Inneres, Rechtsfragen, Umwelt, Kultur): Francesco Fiori (Italien). Außerdem gehörte Othmar Karas (Österreich) als Schatzmeister dem Präsidium an.

Eine schöne Sache war, dass die personelle Besetzung des stellvertretenden Fraktionsvorsitzes nach meiner Wiederwahl am 14. November 2001 fast unverändert blieb. Lediglich Carmen Fraga Estévez schied als stellvertretende Fraktionsvorsitzende aus, dafür kam José Ignacio Salafranca Sanchez-Neyra (Spanien) als neues Mitglied hinzu.

Außer dem Vorsitz in den vier bis fünf Arbeitskreisen waren die Sprecherfunktionen in den Ausschüssen, die sogenannten Koordinatoren oder Obleute, von besonderer Bedeutung. Bereits in der vorhergehenden Wahlperiode hatte ich vorgeschlagen, die Obleute nicht nach dem System D'Hondt zu verteilen, sondern sie wählen zu lassen. Dies führte dazu, dass in der Regel auch diejenigen Personen gewählt wurden, die engagiert arbeiten wollten. Eine Zuordnung der Sprecherfunktion nach D'Hondt unterlag oftmals dem Zufallsprinzip, sodass jemand Koordinator werden konnte, der kein explizites Interesse daran hatte oder nicht besonders engagiert war. Die Zuordnung der Sprecherfunktionen durch Wahl der jeweiligen Mitglieder der Ausschüsse hatte sich bewährt und wurde 1999 wiederholt. So wurden Koordinatoren berufen, die sich zur Wahl gestellt hatten und sich damit freiwillig der Verantwortung stellten.

Ein wichtiges Gremium in der Fraktion war auch die Zusammenkunft des Präsidiums mit den nationalen Delegationschefs. Jede nationale Delegation hatte einen

Vorsitzenden, manchmal zusätzlich auch einen Co-Vorsitzenden. So hatte die CDU/CSU-Gruppe immer einen Vorsitzenden, der für die Gesamtgruppe zuständig war, und darüber hinaus noch einen Co-Vorsitzenden, der das Amt des CSU-Vorsitzenden innerhalb der CDU/CSU-Gruppe bekleidete. 1999 hatten Hartmut Nassauer und Markus Ferber diese Aufgaben inne. Bei der Arbeit in der Fraktion war für mich Ruth Bahnemann, von der ja schon die Rede war, von besonderer Bedeutung. Ein ganz besonders gutes Mitarbeiterverhältnis entwickelte sich zu Klaus Welle, dem Generalsekretär unserer Fraktion. Der aus Westfalen stammende Klaus Welle hatte nach seinem Volkswirtschaftsstudium eine Tätigkeit in der CDU-Bundesgeschäftsstelle angenommen. Dort war er unter anderem für die Europapolitik zuständig gewesen und hatte sich bei der Erarbeitung von Papieren besonders verdient gemacht. Er war 1994 Thomas Jansen – einem überzeugten europäischen Föderalisten, der mich ebenfalls bei meinem europapolitischen Engagement stets unterstützte – als Generalsekretär der europäischen Volkspartei nachgefolgt und hatte mit dem Parteivorsitzenden Wilfried Martens eng zusammengearbeitet. Dann, am 8. Februar 1999, wurde Klaus Welle Generalsekretär der EVP-Fraktion. Dies kam ihm sehr gelegen, weil er damit eine Laufbahn im Europäischen Parlament beginnen konnte. In diesen Jahren war es noch üblich, aber auch sinnvoll, sich mit der Bundestagsfraktion abzustimmen. Dies geschah mit Wolfgang Schäuble, der mit Wilfried Martens und mir die Auffassung teilte, dass der Einsatz von Klaus Welle in der Fraktion eine gute Idee wäre. In der CDU/CSU-Gruppe gab es durchaus auch andere Vorstellungen. Schließlich waren wir aber erfolgreich und Klaus Welle wurde Generalsekretär der Fraktion. Für mich war dies eine gute Entscheidung, da Klaus Welle mein engster und vertrauensvollster Mitarbeiter – ich möchte ihn als Kollegen und Freund bezeichnen – werden sollte. Ihn über viele Jahre an meiner Seite gehabt zu haben, gehört zu den ganz positiven Erfahrungen meines politischen Lebens. 2004 wurde Klaus Welle Generaldirektor im Europäischen Parlament. Nach meiner Wahl zum Präsidenten des Europäischen Parlaments am 16. Januar 2007 wurde er mein Kabinettschef und am 15. März 2009, kurz vor den Europawahlen 2009 und meinem Ausscheiden aus dem Amt des Präsidenten am 14. Juli 2009, Generalsekretär des Europäischen Parlaments. Es war ein großer Erfolg für Klaus Welle – und auch für mich –, dass mein Vorschlag, ihn zum Generalsekretär des Europäischen Parlaments zu berufen, einstimmig im Präsidium des Europäischen Parlaments angenommen wurde. Für die verbleibenden Monate meiner Amtszeit übernahm Katrin Ruhrmann, die bis dahin meine Pressesprecherin gewesen war, Mitte März 2009 von Klaus Welle die Leitung meines Kabinetts. Mein neuer Pressesprecher wurde Jesús Gómez, der diese Aufgabe gut bewältigt hat.

*

Aber zurück ins Jahr 1999. Die Konstituierung des Europäischen Parlaments und der Fraktion ist für die Fraktionsvorsitzenden eine Herkulesarbeit, zumindest eine Zeit der Bewährung. Wenn zu Beginn der Wahlperiode die Zuordnung von Aufgaben misslingt und Kolleginnen und Kollegen nicht zufrieden sind, so kann das die Arbeit in der gesamten Wahlperiode belasten, insbesondere das Vertrauen in den Vorsitzenden und die Fraktionsführung. Schon auf nationaler Ebene ist die Zuordnung von Aufgaben mit Diskussionen, oft Streit, aber auch dem notwendigen Goodwill verbunden. In einem multinationalen Parlament wie dem Europäischen Parlament sind noch weitere Gesichtspunkte zu berücksichtigen: so die Ausgewogenheit zwischen den Nationalitäten, zwischen den verschiedenen Flügeln der Fraktion, zwischen Nord, Süd, West, Ost und so weiter. Das gesamte Verteilungssystem der Aufgaben, von wenigen Ausnahmen abgesehen, unterliegt wie bereits erwähnt den Regeln der mathematischen Aufteilung nach D'Hondt. Natürlich wird die Fraktionsführung gewählt, aber sobald der Vorsitzende oder einer der Stellvertreter gewählt ist, werden der jeweiligen nationalen Delegation Punkte zugerechnet. Ein Fraktionsvorsitzender „kostet" die eigene nationale Delegation zwei Punkte – ebenso der Parlamentspräsident. Ein stellvertretender Fraktionsvorsitzender „kostet" einen Punkt, ein Ausschussvorsitzender ebenfalls einen Punkt und so weiter. Das bedeutet, der Fraktionsvorsitzende oder auch der Präsident des Europäischen Parlaments „verhindert" zwei Ausschussvorsitzende für seine nationalen Kollegen. In der Natur der Sache liegt es daher, dass die Kolleginnen und Kollegen der eigenen nationalen Delegation, die legitimerweise selbst Verantwortung übernehmen wollen, nicht einen „ewigen" Fraktionsvorsitzenden oder auch Parlamentspräsidenten wünschen, da dies ja die eigene Karriere beeinträchtigt oder verhindert. Dass meine Kolleginnen und Kollegen von der CDU/CSU-Gruppe in der EVP-Fraktion mich gleichwohl 15 Jahre für Führungsaufgaben in Fraktion und Parlament (stellvertretender Fraktionsvorsitzender 1994–1999, Fraktionsvorsitzender 1999–2007, Präsident des Europäischen Parlaments 2007–2009) vorschlugen, weiß ich bleibend zu schätzen.

Auf der Ebene des Parlaments wie auch der Fraktion gilt im Übrigen das sogenannte Zugriffsverfahren. Die Fraktionen können sich für einen bestimmten Ausschuss in der Reihenfolge ihrer Größe entscheiden. Ich erinnere mich gut daran, wie die Grüne Fraktion, nach meiner Erinnerung war es 2004, keinen Vorsitz in einem Vollausschuss bekam. Meine Empfehlung an den Fraktionsvorsitzenden Daniel Cohn-Bendit war, doch beim Unterausschuss „Menschenrechte" zuzugreifen, weil dieser eine große Wirkung in der Sache und auch außerhalb des Europäischen Parlaments hat. Nach der Zuteilung der Ausschussvorsitze auf der Ebene des Parlaments – ebenso der stellvertretenden Vorsitzenden – berichten die Fraktionsvorsitzenden ihren Fraktionen, welche Positionen gewonnen werden konnten. Dazu treffen sich das Fraktionspräsidium und die nationalen Delegationschefs zu einer Sitzung, in der dann die nationalen Delegationen im D'Hondt-Verfahren nach den verschiedenen Positionen „zugreifen". Hierbei ist allerdings eine gewissen Flexibilität und auch guter Willen der größeren nationalen Delegationen notwendig, denn die Gefahr besteht, dass nach diesem Verfahren die kleinen Delegationen leer ausgehen. So bedarf es also immer wieder auch der Großzügigkeit der größeren Delegationen, den Kleineren Zugeständnisse zu machen – Zugeständnisse, die nicht dem D'Hondt-Verfahren unterliegen. Das D'Hondt-Verfahren schafft also eine bestimmte Ordnung, aber es ist immer wieder auch notwendig, den kleineren Delegationen entgegenzukommen. Überhaupt ist es in der europäischen Politik erforderlich, dass die großen Staaten nicht den Eindruck erwecken, sie wollten die Europäische Union dominieren. Jedes Mitgliedsland – sei es ein großes oder ein kleines Land – hat seine eigene Würde. Dies immer in einem vernünftigen Gleichgewicht zu halten, ist eine vorrangige Aufgabe der politischen Führung. Neben Größe, Zahlen, Wirtschaftsdaten und so weiter ist die Psychologie in der Europäischen Union von großer Bedeutung. Ist das politische Klima erst einmal beeinträchtigt, so sind politische Erfolge und das Erreichen von Zielen sehr schwierig. Dies gilt in besonderer Weise auch für das Innenleben der Fraktionen. Mein Führungsprinzip als Fraktionsvorsitzender war immer, die großen Delegationen nicht gegen mich zu haben, die kleinen Delegationen aber für mich zu haben. Ich bin im Großen und Ganzen gut damit gefahren und wurde offensichtlich nicht nur als „deutscher" Vorsitzender gesehen.

4. Wahl der Parlamentspräsidentin

Die wichtigste Position im Parlament ist natürlich die des Präsidenten. Heute ist es selbstverständlich, dass die Fraktionen im Europäischen Parlament frei darüber entscheiden, mit welcher sie ein Bündnis für die Wahl des Präsidenten, der jeweils für zweieinhalb Jahre bestimmt wird, eingeht. Da keine Fraktion die absolute Mehrheit im Europäischen Parlament hat und es keine Regel wie in Deutschland gibt, dass die jeweils stärkste den Parlamentspräsidenten stellt, ist eine Koalition für diese Frage immer erneut erforderlich. In der Regel gab und gibt es bei der Wahl des Präsidenten eine Absprache zwischen der EVP- und der sozialistischen/sozialdemokratischen Fraktion. Bis zum Jahre 1999 hatte es hiervon nur zwei Ausnahmen gegeben. 1979 war die liberale Politikerin Simone Veil gewählt worden – davon war schon die Rede – und 1987 war Sir Henry Plumb von der konservativen Fraktion, die damals nicht zur EVP-Fraktion gehört hatte, Präsident geworden. Bis 1999 hatte es folgende Persönlichkeiten in den Ämtern des Präsidenten gegeben: Simone Veil (1979–1982, Liberale), Piet Dankert (1982–1984, Sozialdemokrat) Pierre Pflimlin (1984–1987, EVP), Sir Henry Plumb (1987–1989, Konservativer), Enrique Barón Crespo (1989–1992, Sozialdemokrat), Egon Klepsch (1992–1994, EVP), Klaus Hänsch (1994–1997, Sozialdemokrat) und José María Gil-Robles y Gil-Delgado (1997–1999, EVP). Bei den Europawahlen 1999 gab es die Besonderheit, dass der Vorstand der Sozialistischen Partei, also nicht die Fraktion im Europäischen Parlament, bereits vor den Europawahlen den früheren portugiesischen Staatspräsidenten Mário Soares als Kandidaten für das Amt des Präsidenten des Europäischen Parlaments nominiert hatte. Abgesehen davon, dass es sich dabei um eine Nominierung der Partei und nicht der zuständigen Fraktion handelte, war ein solcher Vorschlag aus Sicht der Sozialisten durchaus plausibel, weil diese davon ausgingen, dass sie wieder die stärkste Fraktion werden würden und ihnen damit das erste Zugriffsrecht zustünde. Nun hatte aber die Wahl, wie zu Beginn des Kapitels berichtet, ein anderes Ergebnis. Erstmalig seit 1979 wurde die Fraktion der Europäischen Volkspartei, die ihren Namen erweitert hatte auf Fraktion der Europäischen Volkspartei/Europäische Demokraten (EVP-ED), die stärkste Fraktion. Folglich konnte uns das Recht nicht genommen werden, darüber zu entscheiden, ob wir in der ersten oder in der zweiten Hälfte der fünfjährigen Wahlperiode den Präsidenten stellen wollten. Die Sozialisten waren nicht bereit, von ihrem Vorschlag abzusehen und beharrten darauf, Mário Soares für die ersten zweieinhalb Jahre der Wahlperiode zu bestimmen. Für den Fall, dass die Sozialisten bereit gewesen wären, zunächst einen Kandidaten der EVP-ED zu unterstützen und dann für die darauffolgenden zweieinhalb Jahre Mário Soares zum Präsidenten zu wählen, wäre die Fraktionsführung, besonders auch ich, dafür offen gewesen. Aber die Sozialisten waren dazu nicht bereit und wichen nicht von Mário Soares ab. Sie sollten es teuer bezahlen. So wurde die EVP-ED-Fraktion gleichsam in die Arme der Liberalen getrieben, da wir ja einen Partner für unseren Kandidaten, beziehungsweise unsere Kandidatin, benötigten. So begannen wir die Verhandlungen mit den Liberalen unter Führung ihres sehr engagierten und tüchtigen, aber auch menschlich überzeugenden Pat Cox aus Irland, der im Übrigen das einzige irische Mitglied in der liberalen Fraktion war. In der EVP-ED-Fraktion war unsere „automatische" Kandidatin Nicole Fontaine aus Frankreich, die als Vizepräsidentin des Europäischen Parlaments die Sitzungen immer hervorragend geleitet und somit einen guten Eindruck hinterlassen hatte. Niemand in der Fraktion wollte sich ihr in den Weg stellen und auch für das Amt des Präsidenten kandidieren. Für mich war es immer klar, dass Nicole Fontaine gewählt werden sollte. Aber ihre Wahl konnte nur erfolgen, wenn wir die Liberalen mit ins Boot holten und die Liberalen nicht zu den Sozialdemokraten überschwenkten. Das bedeutete, dass wir nicht nur über Personalien mit den Liberalen verhandeln mussten, sondern auch über Sachfragen. Die Verhandlungen wurden von Pat Cox und mir geführt und unsere Generalsekretäre, Klaus Welle und Alexander Beels, unterstützten uns dabei. Schließlich wurden wir uns einig, sodass die Verabredung darin bestand, Nicole Fontaine zunächst für die ersten zweieinhalb Jahre zu wählen und dann für die nächsten zweieinhalb Jahre einen Kandidaten der Liberalen, voraussichtlich unseren Verhandlungspartner, den Vorsitzenden der Liberalen, Pat Cox.

Am 20. Juli 1999 wurde Nicole Fontaine im ersten Wahlgang mit 306 Stimmen gewählt (die absolute Mehrheit lag bei 277 Stimmen). Mário Soares erhielt 200 Stimmen, Heidi Hautala, finnische Grüne, erhielt 40 Stimmen. Für Nicole Fontaine und die EVP-ED-Fraktion war dies ein hervorragendes Ergebnis. Auf Seiten von Mário Soares, für den ich höchsten Respekt empfand, war dies ein Ergebnis, das er nur schwer ertragen wollte. Wie ich später erfuhr, haben auch eine Reihe von Sozialdemokraten, insbesondere Frauen, für Nicole Fontaine gestimmt. Allerdings – die historische Wahrheit gebietet es, darauf hinzuweisen – sollten wir mit Nicole Fontaine einige Überraschungen erleben. Diese schrieb später ein Buch, das sie „Mes combats" („Meine Kämpfe") betitelte.[9] In diesem Werk machte sie einige, für uns Deutsche, insbesondere für den Vorsitzenden der CDU/CSU-Gruppe in der EVP-ED-Fraktion Hartmut Nassauer, und auch für mich, sehr unfreundliche Ausführungen. Auch wurde aus einem Telegramm des französischen Staatspräsidenten Jacques Chirac zitiert, in welchem dieser erklärte, dass Nicole Fontaine nur ihrer eigenen überzeugenden Persönlichkeit das Amt der Präsidentin zu verdanken hätte. Erstaunlich. Dies hat auch zu einer längeren Verstimmung zwischen Nicole Fontaine und mir geführt, wir haben uns schließlich aber ausgesprochen und versöhnt. Wenn ich darauf zurückkomme, dann nicht um nachzukarten, sondern nur um eine politische Erfahrung darzustellen. Dieses Beispiel zeigt, wie nationale Reflexe oder Reflexe gegen eine andere Nationalität immer unterschwellig vorhanden sein können. Es wird immer eine Aufgabe bleiben, dass alle Nationalitäten bemüht sind, miteinander in der Europäischen Union, und damit auch im Europäischen Parlament, verständnisvoll umzugehen.

5. Bildung der Kommission von Romano Prodi

Die politisch wichtigste Aufgabe, vor der wir nach der Konstituierung des Europäischen Parlaments standen, war die Wahl der Europäischen Kommission. Dies sollte nicht leicht werden. Die Staats- und Regierungschefs haben Ende März 1999 auf dem Europäischen Rat von Berlin Romano Prodi, Ministerpräsident Italiens von 1996 bis 1998 und später nochmals von 2006 bis 2008, vorgeschlagen. Mir hat dieser Vorschlag sehr missfallen, nicht weil ich Romano Prodi, dem ich heute freundschaftlich verbunden bin, als Person gegenüber Vorbehalte gehabt hätte, sondern weil Romano Prodi nicht zu unserer Parteienfamilie gehörte beziehungsweise nicht mehr gehörte. Romano Prodi war über mehrere Jahrzehnte Mitglied der Democrazia Cristiana in Italien gewesen und hatte sich nach deren Auflösung der linken Mitte angeschlossen, was natürlich zu respektieren war. Lange war es meine Auffassung gewesen, dass das Ergebnis der Europawahlen sich zumindest in der Person des zukünftigen Kommissionspräsidenten widerspiegeln sollte. Dies war keine parteipolitische, sondern eine Grundsatzfrage. Gewann die Europäische Volkspartei die Wahl, so sollte sie ein Anrecht auf das Amt des Kommissionspräsidenten haben und damit auf die grundsätzliche Orientierung der Kommissionspolitik. Sollten die Sozialdemokraten die Wahlen gewinnen, sollte es natürlich auch für diese gelten. Es war also für mich eine Prinzipienfrage. Auch entsprach es meiner Meinung, dass der Kommissionspräsident über eine Richtlinienkompetenz verfügen sollte. Diese Richtlinienkompetenz leitete sich aus dem Wahlergebnis ab. Diese Prinzipien in Übereinstimmung mit den Realitäten zu bringen, war allerdings 1999 (noch) nicht möglich. Gerade erst in das Amt des Fraktionsvorsitzenden gewählt, fühlte ich mich nicht stark genug, gegen den Personalvorschlag Romano Prodi vorzugehen. Hinzu kam, dass ich nicht wollte, dass die Wahl des Kommissionspräsidenten und der gesamten Kommission sich über Monate verzögerte, denn die Europäische Union stand vor wichtigen Aufgaben. So musste also ein Weg gefunden werden, wie der Kandidat Romano Prodi und die gesamte Kommission Unterstützung auch in unserer Fraktion finden konnten, zumal die Begeisterung, für ihn zu stimmen, nicht sehr ausgeprägt war. Dies traf insbesondere auf die CDU/CSU-Gruppe zu. Die CDU/CSU-Gruppe in der EVP-ED-Fraktion war empört über den deutschen Bundeskanzler Gerhard Schröder, der mit Günter Verheugen (SPD) und Michaele Schreyer (Grüne) zwei Kandidaten für die Europäische Kommission vorgeschlagen hatte, die beide der Regierung angehörten. Um dieser Empörung Ausdruck zu verleihen, erklärte ich als Fraktionsvorsitzender für die Gesamtfraktion am 21. Juli 1999 vor dem Europäischen Parlament an Romano Prodi gewandt:

„Es steht im Vertrag: Die Regierungen der Mitgliedstaaten benennen im Einvernehmen mit dem designierten Präsidenten die übrigen Persönlichkeiten, die sie zu ernennen beabsichtigen. Soweit wir wissen, sind Sie an der Benennung der beiden deutschen Mitglieder der Kommission nicht beteiligt worden. Ich muss Ihnen sagen, dass ich es bedaure – die Lautstärke macht Ihre Argumente nicht besser, Herr Cohn-Bendit, und auch nicht die der anderen, die jetzt hinter meinem Rücken laut krakeelen –, wir finden es nicht in Ordnung, wenn das Vereinigte Königreich, Italien, Spanien und Frankreich zwei Kommissare benennen und einer davon der Opposition angehört, wenn in der Bundesrepublik Deutschland nicht diesem Beispiel des Vereinigten Königreichs, Italiens, Spaniens und Frankreichs gefolgt wird! Ich halte dies für nicht in Ordnung!

(Lebhafter Beifall)“[10]

Hinzu kam, dass CDU und CSU eindeutige Gewinner der Europawahl in Deutschland waren. Ich staune noch heute darüber, mit welcher Schärfe ich dieses Verhalten beurteilte, denn wörtlich führte ich vor dem Europäischen Parlament aus: „Es ist eine Haltung der Anmaßung, der Überheblichkeit und der Arroganz des Kanzlers der Bundesrepublik Deutschland!“ Auch an dieser Stelle verzeichnete das Protokoll „Beifall“.

So suchte ich nach einem Weg, wie Romano Prodi dem Parlament institutionelle und politische Zugeständnisse machte, die es erleichterten, ihn zu wählen. Da es in seinem Interesse war, die Zustimmung des Europäischen Parlaments zu erlangen, hat er meine Botschaft schnell verstanden und wir haben uns über Forderungen ausgetauscht, die wir ihm stellten. Es waren die sogenannten Fünf Punkte, die meiner Initiative entsprachen.[11] Dazu gehörte insbesondere, dass wir die Anwesenheit des Präsidenten der Kommission und der Kommissionsmitglieder im Europäischen Parlament zu jedem Zeitpunkt erwarteten, wenn das Parlament es forderte. In der Vergangenheit waren Kommissionspräsident und Mitglieder der Kommission nicht immer respektvoll mit dem Parlament umgegangen, wenn es sich um die Präsenz im

Plenum oder in den Ausschüssen des Parlaments gehandelt hatte. Auf nationaler Ebene war es selbstverständlich, dass der Regierungschef und die Minister dem Parlament zur Verfügung standen. Ein ähnliches Maß an Demokratie und Parlamentarismus musste es auch auf der Ebene der Europäischen Union und im Europäischen Parlament geben. Dies war für mich eine Grundsatzfrage. Romano Prodi hat diesem Prinzip zugestimmt.

Ein weiteres Prinzip bestand darin – und das entsprach auch seinem Interesse –, dass, wenn das Parlament einen Rücktritt eines Kommissars forderte, dies zu gewissen Konsequenzen auf der Ebene der Kommission führen sollte. Nun hatte das Parlament zwar nicht das formale Recht, ein einzelnes Kommissionsmitglied abzuberufen, aber mit der Möglichkeit, dass die Gesamtkommission abgewählt werden konnte, gab es ein indirektes Druckmittel. Wie wir am Beispiel der Santer-Kommission gesehen haben, war diese daran gescheitert, dass Kommissionspräsident Jacques Santer die Kommissarin Edith Cresson nicht hatte entlassen können, weil es im März 1999 (noch) nicht den Regeln der Europapolitik entsprochen hatte, da Jacques Chirac als Präsident Frankreichs dies nicht zugelassen hatte. Einen solchen Zustand aufrechtzuerhalten, der einer nationalen Regierung oder dem Präsidenten eines Landes das Recht gab, darüber zu entscheiden, ob ein Kommissionsmitglied im Amt blieb oder nicht, entsprach auch nicht dem Interesse des Kommissionspräsidenten. Romano Prodi, durchaus listig und klug, hat vor dem Vertrauensvotum für die Kommission jedes zukünftige Mitglied der Kommission gefragt, ob es bereit wäre, aus dem Amt zu scheiden, wenn er als Kommissionspräsident dieses forderte. Diese Frage wurde von jedem zukünftigen Kommissionsmitglied bejaht. Damit hatte er ein politisches Mittel in der Hand, welches ihm ermöglichte, falls notwendig ein Kommissionsmitglied zu entlassen. Dies wiederum baute dem Parlament eine Brücke, sodass Prodi zusagte, er würde, sofern das Parlament den Rücktritt eines Kommissars forderte, dieses ernsthaft erwägen. Rechtlich konnte er keine absolute Verpflichtung eingehen. Aber diese Erklärung war für uns ausreichend und ein guter Schritt nach vorn.

Ein weiteres wichtiges Prinzip war das Initiativrecht der Europäischen Kommission, also das Recht der Kommission, Gesetze (Richtlinien und Verordnungen) vorzuschlagen. Auf nationaler Ebene war dies auch ein Recht der nationalen Parlamente, nicht nur der Regierung. Das Europäische Parlament aber hatte (und hat) dieses Initiativrecht nicht. So war es für uns eine wichtige Forderung gegenüber der neuen Kommission, dass diese zustimmte, einem Begehren des Europäischen Parlaments, einen bestimmten Gesetzesvorschlag zu unterbreiten, auch zu entsprechen.

Die anderen beiden Punkte betrafen die Reform der Kommission sowie die Regierungskonferenz. Über die Reform der Kommission, so forderten wir, sollte ein konstruktiver und regelmäßiger Dialog zwischen dem Europäischen Parlament und der Kommission stattfinden. Auch einigten sich Parlament und Kommission im Hinblick auf die Regierungskonferenz darauf, gemeinsam für eine umfassende institutionelle Reform einzutreten. Am 14. September 1999 wies ich in einer Rede vor dem Europäischen Parlament darauf hin, dass ich diese fünf Forderungen erstmalig am 2. September gestellt hatte und der designierte Kommissionspräsident am 7. September in der Konferenz der Präsidenten (Fraktionsvorsitzenden) hierauf eine zufriedenstellende Antwort gegeben hatte. Im Plenum des Europäischen Parlaments nahm Romano Prodi hierauf noch einmal Bezug.

Vor der Wahl der Kommission wurden durch die Fraktionen, so auch durch mich, diese Forderungen im Plenum des Europäischen Parlaments noch einmal vorgetragen. Wörtlich erklärte ich gegenüber dem designierten Kommissionspräsidenten:

> „Erstens: Der Kalender des Parlaments und seiner Ausschüsse und damit die Präsenz der Kommission im Parlament haben Vorrang vor allen anderen Verpflichtungen der Europäischen Kommission. Zweitens: Aufforderungen des Parlaments an die Kommission, legislative Vorschläge zu unterbreiten, werden weitestgehend befolgt. Drittens: Ein Misstrauensvotum gegen ein Mitglied der Kommission ist für den Kommissionspräsidenten Anlass, dessen Entlassung ernsthaft zu erwägen. Viertens: Über die Reform der Kommission findet mit dem Europäischen Parlament ein konstruktiver Dialog und eine regelmäßige Konsultation statt. Fünftens: Parlament und Kommission treten im Hinblick auf die Regierungskonferenz für eine umfassende institutionelle Reform ein."[12]

Ich fügte hinzu, unsere Fraktion würde sorgfältig darauf achten, dass diese von der Kommission eingegangenen Verpflichtungen wortgetreu eingehalten würden. Wir würden Romano Prodi vertrauen, dass er Wort hielte. Wir würden aber auch von jedem zukünftigen Mitglied der Europäischen Kommission erwarten, dass es sich durch diese Verpflichtung des designierten Präsidenten der Kommission selbst in die Pflicht nähme. Sollte dies nicht der Fall sein, würde es Konsequenzen haben.[13]

Natürlich waren dies starke Worte, aber ich meinte es auch so. Schließlich war das Europäische Parlament in einer guten Position, wollte doch Romano Prodi das Vertrauensvotum für sich und seine Mannschaft gewinnen. Das hier angewandte Prinzip *do ut des* hatte eine moralisch-politische Grundlage, die Demokratie und damit den Parlamentarismus in der Europäischen Union zu stärken. So war ich mir meiner Sache ziemlich sicher. Die anderen Fraktionsvorsitzenden äußerten sich ähnlich. Romano Prodi sicherte in seiner Rede zu, dass nach der Bildung der Kommission mit dem Parlament im Wege eines sogenannten Rahmenabkommens diese Verabredungen rechtlich und damit politisch verbindlich beschlossen werden sollten, wie es dann auch am 5. Juli 2000 geschah.

Darüber hinaus hatte ich noch eine weitere Forderung gegenüber Romano Prodi. Da die Gesamtzusammensetzung der Kommission für uns Christdemokraten nicht zufriedenstellend war, bat ich ihn in zwei Fällen, bei denen er die Berufung beeinflussen konnte, sich für jemanden zu entscheiden, der unserer Parteienfamilie zugerechnet wurde. Dies hat Romano Prodi zuverlässig getan. In einem Fall gehört die Person noch heute der Kommission an – Viviane Reding, Vizepräsidentin der Europäischen

Kommission von 2009 bis 2014, Christdemokratin aus Luxemburg. Bei der anderen Person handelte es sich um Mario Monti, der bereits Mitglied der Santer-Kommission gwesen war. 2011/2012 sollte er Ministerpräsident Italiens werden.

Unsere Unzufriedenheit mit der personellen Besetzung des Kommissionspräsidenten – und ich betone noch einmal, dass es sich dabei nur um eine politische Beurteilung und nicht um eine persönliche handelte – haben wir uns teuer bezahlen lassen, nämlich mit institutionellen Fortschritten, die der Europäischen Union im Allgemeinen und dem Europäischen Parlament im Besonderen zugutekamen. Auf dieser Grundlage wurde Romano Prodi mit seiner Kommission am 15. September 1999, es war mein Geburtstag, mit folgendem Ergebnis bestätigt: 392 Ja-Stimmen, 72 Gegenstimmen, 41 Enthaltungen. Als ich hierüber im Bundesvorstand der CDU berichtete, kommentierte der damalige Ministerpräsident des Freistaates Sachsen, Kurt Biedenkopf, dieses damit, dabei handelte es sich um „eine ganz praktische verfassungspolitische Entwicklung". Das traf genau den Punkt. Durch ganz praktische politische Vereinbarungen wurde eine neue Verfassungswirklichkeit in der Europäischen Union geschaffen, Verfassungsgeschichte geschrieben. Ich hielt es für einen großen Erfolg, auch für mich persönlich. Andererseits habe ich mir angesichts dieser Erfahrungen geschworen, dass sich eine vergleichbare Nominierung bei der Europawahl 2004 nicht wiederholen sollte, sofern ich dann noch politische Verantwortung trüge. Ich war fest entschlossen, einen Vorschlag für den Kommissionspräsidenten zu verhindern, der erneut das Wahlergebnis unberücksichtigt ließe. Was 1999 noch nicht möglich war, haben wir 2004 tatsächlich durchgesetzt.

II. Die „Causa Österreich"

Schnell lernte ich, dass die Aufgabe des Fraktionsvorsitzenden nicht nur darin bestand, „große Politik" zu machen und mit den Verantwortlichen unserer Parteienfamilie aus den Mitgliedstaaten der Europäischen Union zusammenzukommen. Vielmehr waren es die „kleinen Dinge", die im täglichen Ablauf der Fraktionsarbeit eine große Rolle spielten. Der Fraktionsvorsitzende muss sich nahezu um alles kümmern – Anregungen geben, Aufträge erteilen, prüfen, ob Aufgaben wahrgenommen wurden – und dabei lernen, auf wen man sich verlassen kann. Auch begriff ich rasch, dass es Mitarbeiterinnen und Mitarbeiter gab, die es nicht sehr schätzten, wenn man nachfragte, ob eine Aufgabe erledigt wäre. Diese Nachfragen wurden als mangelndes Vertrauen oder als unterstellte Unzuverlässigkeit gewertet. Die Mitarbeiter und Mitarbeiterinnen des Sekretariats unserer Fraktion, mit denen ich auf der Führungsebene zu tun hatte, leisteten ausgezeichnete Arbeit. Auch bemühte ich mich, Kontakt zu den Mitarbeitern zu halten, die auf unteren Ebenen arbeiteten.

Von Ruth Bahnemann war bereits die Rede. Ausgesprochenes Glück hatte ich auch mit Malou Dairomont, die auf Initiative von Klaus Welle aus der Partei in die

Fraktion übergewechselt war. Siebeneinhalb Jahre – die gesamte Zeit meines Fraktionsvorsitzes – habe ich vertrauensvoll mit Malou Dairomont, die meine engste Mitarbeiterin im Vorzimmer wurde, zusammengearbeitet. Dass sie mich dann nicht ins Kabinett des Präsidenten begleitete, habe ich bedauert, aber sie wollte sich einem zusätzlichen Stress nicht aussetzen, was ich natürlich respektieren musste. Sie hat dann für meinen Nachfolger im Amt des Fraktionsvorsitzenden, Joseph Daul, gearbeitet, sodass er von ihrer exzellenten Arbeit profitieren konnte. Ebenso großes Glück hatte ich auch später mit Malou Dairomonts Nachfolgerin, mit Marie-Jeanne Smeets, die umsichtig, resolut und charmant die Arbeiten im Vorzimmer des Präsidenten des Europäischen Parlaments leitete und damit auch über manchen Zugang entschied. Ich bin ein wenig stolz darauf, dass ich mit beiden Damen niemals ein „schiefes Wort" austauschte und wir uns heute über jede Begegnung freuen und uns dabei umarmen. In meiner Zeit als Fraktionsvorsitzender fand ich auch engagierte Mitarbeiter in Johann Friedrich Colsman und Markus Arens, die als aufeinanderfolgende persönliche Referenten mein volles Vertrauen hatten.

Wichtig für einen Fraktionsvorsitzenden ist, dass die Kolleginnen und Kollegen ihm vertrauen. Jeder Abgeordnete muss das Gefühl haben, gleichberechtigt mit allen zu sein und ernst genommen zu werden. Es sind Kolleginnen und Kollegen zu mir gekommen, die sich über andere Kolleginnen und Kollegen beschwert haben. Einmal suchte mich eine Kollegin auf, eine durchaus resolute und emanzipierte Dame, die sich unter Tränen über ihre männlichen Kollegen beklagte. Sie würde von der Mitarbeit ausgeschlossen und regelrecht gemobbt. Ihre Schilderung schien mir durchaus glaubwürdig. Mit den betroffenen Kollegen habe ich dann anschließend gesprochen, woraufhin die Kollegin in die Mitarbeit eingebunden wurde.

Kaum hatte ich mich an die normale Fraktionsarbeit gewöhnt, als ein Ereignis auf uns zuströmte, das zu den schwierigsten Kapiteln meiner Amtszeit als Fraktionsvorsitzender werden sollte: die „Causa Österreich". Am 3. Oktober 1999 wurde in Österreich der Nationalrat gewählt. Das Wahlergebnis ließ es zu, dass eine Koalition zwischen Österreichischer Volkspartei (ÖVP) mit ihrem Vorsitzenden Wolfgang Schüssel und der Freiheitlichen Partei Österreichs (FPÖ) mit ihrem Vorsitzenden Jörg Haider gebildet werden konnte. Dies bedeutete, dass die ÖVP nach Jahrzehnten erstmalig wieder den Bundeskanzler stellen würde. Die Koalitionsverhandlungen der ÖVP mit der Sozialdemokratischen Partei Österreichs (SPÖ), mit der die ÖVP seit 1986 die Regierungsverantwortung geteilt hatte, scheiterten. Am 4. Februar 2000 kam es zur Bildung einer Regierung von ÖVP und FPÖ. Die FPÖ, für die ich keinerlei Sympathie, weder damals noch danach, entwickelte, war eine rechtspopulistische Partei, in deren Reihen es Mitglieder gab, deren Beurteilung des Nationalsozialismus, der Verbrechen Hitlers und der Nazis, nicht eindeutig war. Mit dieser Partei eine Regierung zu bilden, führte zu einem Sturm der Entrüstung in der Europäischen Union, im Europäischen Parlament, in der EVP und in der EVP-ED-Fraktion. Für einen Fraktionsvorsitzenden stellt es eine Art Super-GAU dar, wenn die Einheit der Fraktion gefährdet ist; ist es doch seine wohl wichtigste Aufgabe, die verschiedenen Gruppierungen und Flügel der Fraktion zusammenzuhalten. Als diese Schwierigkeiten auf mich zukamen, erinnerte ich mich an eine Aussage von Wilfried Martens kurz vor seinem Ausscheiden aus dem Amt des Fraktionsvorsitzenden und des Parlaments, also vor den Europawahlen 1999. Auf die zukünftige Zusammensetzung der Fraktion blickend, sagte er zu mir: „Wer soll das alles einmal zusammenhalten?" Zu jenem Zeitpunkt war noch nicht absehbar gewesen, dass mir diese Aufgabe übertragen werden würde. In der Fraktion kam es zu bisher nicht gekannten Turbulenzen. Meine eigene Haltung zu dem Regierungsbündnis in Wien war eindeutig. Zwar war mir der Koalitionspartner der ÖVP, die FPÖ, nicht sympathisch, aber sie grundsätzlich von einer Regierungsbildung auszuschließen, hätte bedeutet, die politische Architektur Europas zu verschieben. Koalitionen von Sozialdemokraten beziehungsweise Sozialisten mit Kommunisten wurden kaum Argumente entgegengehalten. Frankreichs Präsident François Mitterrand hatte Anfang der Achtzigerjahre ohne großen Widerspruch in Europa mit den Kommunisten koaliert. Würde man bürgerlichen Parteien prinzipiell Bündnisse mit Parteien des rechten Spektrums verweigern, würde sich die politische Architektur Europas zu Gunsten der Linken verschieben. Dies konnte nicht richtig sein, und einen solchen Weg durfte man nicht gehen. Deswegen war ein Bündnis von ÖVP und FPÖ nicht grundsätzlich zu verneinen. Entscheidend kam es darauf an, wie sich die wertebezogenen und politischen Grundlagen für eine derartige Koalition gestalteten. Ich hatte volles Vertrauen zu Wolfgang Schüssel, den ich seit vielen Jahren als überzeugten Europäer und – bei aller taktischen Finesse – als prinzipientreuen Politiker kannte. Für die Koalitionsvereinbarung mit der FPÖ setzte er eine Präambel durch, die die Grundlagen der Regierungsarbeit in Österreich klar definierte:

> „Die Bundesregierung bekräftigt ihre unerschütterliche Verbundenheit mit den geistigen und sittlichen Werten, die das gemeinsame Erbe der Völker Europas sind und der persönlichen Freiheit [...] zugrunde liegen, auf denen jede wahre Demokratie beruht."[14]

Die 14 anderen EU-Staaten beschlossen bilaterale Sanktionen gegen Österreich, die erst Ende 2000, nach acht Monaten eines absurden Theaters, auf Empfehlung eines dreiköpfigen Expertenteams, den der Europäische Gerichtshof für Menschenrechte angeregt hatte, wieder aufgehoben wurden.

Im Rahmen der Europäischen Union tat Außenministerin Benita Ferrero-Waldner mit ihren Sprachkenntnissen und ihrem Charme ihr Bestes, die ohne Grundlage in den EU-Verträgen gegen Österreich verhängten Sanktionen rückgängig zu machen. Diese Sanktionen führten zu so unsinnigen Beschlüssen, dass beispielsweise Städte- und Schulpartnerschaften mit Österreich, zum Beispiel in Frankreich und Belgien, eingefroren wurden. Die Begegnungen von Schülerinnen und Schülern wurden durch diese Sanktionen unterbunden. Ich habe dies als verwerflich empfunden.

Innerhalb der EVP und innerhalb der EVP-ED-Fraktion gab es starke Tendenzen, unsere Kolleginnen und Kollegen von der ÖVP in der Fraktion zu isolieren. Dies wollte ich unter allen Umständen vermeiden, da es eine Spaltung der Fraktion zur Folge gehabt hätte. Ich erinnere mich gut an eine Situation – es war während einer Fraktionssitzung, die ich leitete – als der Vorsitzende der Union pour la Démocratie Française (UDF), unser Fraktionskollege François Bayrou, mich aus Paris anrief. Ich übertrug die Sitzungsleitung einem Stellvertreter und telefonierte mit Bayrou im Vorraum des Fraktionssaales in Brüssel. Er forderte mich auf, die Kollegen der ÖVP aus der Fraktion „zu werfen", andernfalls würde er mit seinen neun Abgeordneten die Fraktion verlassen. Ich war schockiert, habe ihm aber keine Zusagen gemacht und nur geantwortet, er sollte zunächst einmal über die Sache schlafen. Bei der Bundeswehr hatte ich gelernt, dass man sich nicht sofort beschweren, sondern sich selbst immer eine gewisse Bedenkzeit einräumen sollte, weil die Emotion am nächsten Tag möglicherweise eine andere war. Daran musste ich mich bei diesem Telefonat erinnern. François Bayrou und seine UDF, der Kern der christdemokratischen Bewegung in Frankreich – zu dessen Vorgängerorganisationen die Partei Mouvement Républicain Populaire (MRP) von Robert Schuman gehörte –, hatte ein tadelloses europapolitisches Programm, das meinen Überzeugungen weithin entsprach. Die Erfahrungen mit François Bayrou als Person jedoch waren, dass sich seine politischen Schlussfolgerungen stets – so war es jedenfalls mein Eindruck – aus der innenpolitischen Situation in Frankreich ableiteten. Sein europapolitisches Handeln war also nach meiner Einschätzung Reflex der nationalen Politik Frankreichs. Wie sein Handeln in Frankreich „ankam", war für ihn der wichtigste Maßstab. Dafür hatte ich keinerlei Verständnis. Für mich war ein solches Verhalten ein Beispiel dafür, dass das beste europapolitische Programm nicht verwirklicht werden kann, wenn es nicht begleitet wird durch kollegiales Verhalten, Verständnis füreinander und der Bereitschaft, nach Kompromissen zu suchen. Loyalität zur Sache und zur Person können nicht voneinander getrennt werden.

Im Ergebnis sind die UDF-Kollegen in der Fraktion verblieben, aber die „Causa Österreich" hatte für die Fraktion in anderer Weise ernsthafte Konsequenzen. Die Kritiker der Koalition in Wien gründeten, und hierbei spielte François Bayrou wieder eine führende Rolle, die sogenannte Schuman-Gruppe. Robert Schuman, dieser große Europäer und gleichsam ein „politischer Heiliger", galt dieser Gruppe, die sich innerhalb der Fraktion bildete, als Symbolfigur für die „reinen und richtigen Europäer". Für mich war dieses Verhalten, das die Einheit der Fraktion gefährdete, natürlich unakzeptabel, aber mehr noch hat mich der anmaßende Anspruch erschüttert, dass praktisch alle diejenigen, die sich nicht dieser Gruppe anschlossen, mit einem europäischen Makel behaftet wurden. Für mein ganzes politisches Leben war Robert Schuman, ebenso wie Konrad Adenauer und Alcide De Gasperi, ein großes Vorbild. Dieses Vorbild gegen uns wegen der „Causa Österreich" auszuspielen, hat mich nicht nur politisch, sondern auch persönlich verletzt. Jahre später hat François Bayrou mit seinen

UDF-Kolleginnen und -Kollegen wegen anderer Gründe unsere Fraktion verlassen. Heute ist seine Partei Teil der liberalen Fraktion des Europäischen Parlaments. In der französischen Nationalversammlung hat sie kaum noch Bedeutung.

Im März 2000 wollte die EVP-ED-Fraktion ihre Studientagung in Paris durchführen. In diesem Zusammenhang war auch ein Empfang im Amtssitz des französischen Präsidenten, im Élysée-Palast durch Jacques Chirac vorgesehen. Wir alle freuten uns auf den Besuch beim französischen Staatspräsidenten. Da erreichte mich aus dem Élysée-Palast die Mitteilung, man sollte ohne die österreichischen ÖVP-Kolleginnen und -Kollegen erscheinen. Diese Aufforderung empfand ich als unakzeptabel, ja als Anmaßung. Spontan, ohne irgendein Mitglied unseres Präsidiums oder eine weitere Person konsultiert zu haben, teilte ich dem Überbringer der Nachricht mit: „Dann geht keiner." Ein solches unmittelbares und spontanes Verhalten war für mich eher untypisch. Aber meine Antwort entsprach so sehr meinen Überzeugungen, dass sie einem wirklichen inneren Impuls folgte.

Schnell aber fragte ich mich: Wie würde die Fraktion auf meine Entscheidung reagieren? Dabei sollte ich positiv überrascht werden. Ein Mitglied des Präsidiums unserer Fraktion, das ausdrücklich gegen das Bündnis in Wien eingestellt war, erklärte mir: „Wir können es niemandem außerhalb der Fraktion erlauben, unsere Fraktion zu spalten. Du hast dich richtig entschieden." Die Reaktion dieses Kollegen sollte sich dann – und darüber war ich sehr froh – als die Ansicht der Gesamtfraktion darstellen. Einstimmig billigte sie meine Haltung, sodass die offizielle Einladung in den Élysée-Palast nicht erfolgte. Eine kleine „Schlitzohrigkeit" als Antwort auf das, was wir aus dem Élysée-Palast hörten, konnte ich mir dann doch nicht verkneifen. Der frühere französische Staatspräsident Valéry Giscard d'Estaing galt nicht gerade als Freund von Jacques Chirac. So haben wir Valéry Giscard d'Estaing, dessen Haltung zur Koalition in Wien weniger kritisch war, zu unseren Studientagen eingeladen. Ich erinnere mich noch sehr genau an seinen beeindruckenden Auftritt im Hotel Intercontinental in Paris, in dem unsere Studientagung stattfand. Die französischen Zeitungen haben darüber berichtet. Lehrreich war für mich auch die Tatsache, wen er gerne beim Abendessen an seinem Tisch haben wollte und wen auf keinen Fall. Ich werde darüber nicht berichten, weil dies wirklich indiskret wäre – schmeichelhaft für einige betroffene Personen wäre es nicht.

Valéry Giscard d'Estaing, den ich bereits als Kollegen im Europäischen Parlament kannte, der Vorsitzender der liberalen Fraktion gewesen und dann von 1991 bis 1993 in unsere Fraktion übergewechselt war, sollte später die führende Rolle als Präsident des Konventes für die Erarbeitung einer Europäischen Verfassung spielen. Auch dabei sind wir häufig zusammengetroffen.

Nun war es natürlich nicht ratsam, einen ständigen Dissens zum französischen Präsidenten und früheren Vorsitzenden der RPR aufrechtzuerhalten. Es war der französische Kommissar Michel Barnier, mit dem ich mich gut verstand, der für den 30. Mai 2000 ein Gespräch mit dem französischen Präsidenten im Élysée-Palast vermittelte.

Etwa eine Stunde war ich bei Jacques Chirac. In der ersten Hälfte unseres Gespräches haben wir unsere Argumente im Hinblick auf das Bündnis in Wien ausgetauscht, ich habe ihm sowohl meinen persönlichen Lebensweg wie auch meine politische Einstellung geschildert, sodass ich den Eindruck hatte, dass jeder Verdacht der „Rechtslastigkeit", wenn diese Vermutung überhaupt bestand, bei ihm beseitigt werden konnte. Die zweite Hälfte unseres Gespräches gestaltete sich ausgesprochen freundschaftlich, menschlich und humorvoll. Durch das Fenster in den Park des Élysée-Palasts blickend, erklärte er mir, wie viele alte Bäume bei einem Sturm, der kürzlich stattgefunden hätte, im Park zu Schaden gekommen wären. Dieser Besuch bei Staatspräsident Jacques Chirac hat sicher dazu beigetragen, die Beziehungen zwischen ihm und unserer Fraktion zu bereinigen und den Willen zu fördern, gemeinsam für die Zukunft der Europäischen Union zu arbeiten. Wir sollten uns später noch mehrfach begegnen und in verschiedenen Aufgaben um die richtigen Antworten für die europäische Politik ringen. Sympathisch an Jacques Chirac fand ich immer – für einen Franzosen nicht gerade typisch – dass er sich beim Mittag- oder Abendessen ein Bier bestellte, während alle anderen Wein tranken. Auch erlebte ich, dass er sich nach einem Mittagessen im Europäischen Parlament in Straßburg in der Küche bei den Köchen und Kellnern bedankte – für einen Staatspräsidenten eine sehr menschliche Geste.

Bedeutsam in diesem Zusammenhang war auch eine Begegnung mit dem spanischen Ministerpräsidenten José María Aznar an dessen Amtssitz La Moncloa. Auch er wollte die ÖVP isolieren. In Spanien standen Wahlen bevor und das Regierungsbündnis in Wien wurde Gegenstand innenpolitischer Debatte. Die Koalition in Wien wurde also für die spanische Innenpolitik instrumentalisiert. José María Aznar, der in überzeugender Weise die Wirtschaft seines Landes im Sinne der Sozialen Marktwirtschaft reformiert und Spanien auf einen guten Kurs gebracht hatte, wollte sich als untadligen Politiker der Mitte darstellen, um ein möglichst überzeugendes Votum der spanischen Wähler zu erhalten. Er selbst kam mit seiner Alianza Popular vom rechten politischen Spektrum. Aus der Alianza Popular wurde die Partido Popular, die sich 1991 der EVP anschloss. Ob Aznars Haltung seinen eigenen Überzeugungen oder nur parteitaktischem Kalkül entsprach, vermag ich nicht zu beurteilen. An dem Gespräch nahmen mehrere Persönlichkeiten der EVP teil – darunter der Parteivorsitzende Wilfried Martens, der Vorsitzende der italienischen Forza Italia, Silvio Berlusconi, sowie die Mitglieder des Präsidiums unserer Fraktion. Ministerpräsident Aznar bestand darauf, dass Othmar Karas, unser österreichisches Präsidiumsmitglied, nicht zu dem Gespräch zugelassen wurde. Berlusconi, der neben mir saß, wollte selbst nicht das Wort ergreifen und ermutigte mich, dem Begehren von Aznar, die ÖVP zu isolieren, zu widersprechen. Ich widersprach Aznars Überzeugungen in der „Causa Österreich" und sagte ihm, mit mir wäre eine Isolierung der ÖVP nicht zu machen. Bewundernswert war bei diesem Gespräch die Haltung meiner schwedischen Kollegin Margaretha af Ugglas, stellvertretende Vorsitzende der EVP und ehemalige schwedische Außenministerin. Margaretha af Ugglas erklärte gegenüber Aznar unumwunden, dass sie und ihre Partei in Schweden, die Moderaterna, starken Angriffen ausgesetzt gewesen wären, als die Partei Aznars, die Alianza Popular, in die EVP aufgenommen wurde. Sie hätte damals die spanischen Parteifreunde verteidigt. Das Gleiche erwartete sie jetzt auch von Aznar gegenüber der ÖVP mit Bundeskanzler Wolfgang Schüssel. Als Aznar – wir trafen uns nach dem Abendessen erneut – diesen Widerspruch, der ihm einhellig entgegentrat, zur Kenntnis nahm, ist er auf die Sache nicht mehr zurückgekommen. Unsere Mission war insoweit erfolgreich.

An ein weiteres Ereignis muss in diesem Zusammenhang erinnert werden. Der österreichische Staatspräsident Thomas Klestil hatte darum gebeten, vor dem Europäischen Parlament die Situation in Österreich darzustellen. Klestil galt als Kritiker des Regierungsbündnisses von ÖVP und FPÖ. Nach seiner durchaus ausgewogenen Rede erklärte Parlamentspräsidentin Nicole Fontaine, sie hoffte, dass

„Österreich wieder ein vollberechtigter Partner für die gesamte Union wird, der es in rechtlicher Hinsicht immer geblieben ist [...,] doch wir wünschen uns, Herr Präsident, dass Ihr Land dies auch in unseren Gedanken und letztlich in unseren Herzen wieder sein kann".[15]

Diese Bemerkung unserer Parlamentspräsidentin führte zu wütenden Reaktionen von Kolleginnen und Kollegen unserer Fraktion. Sie zeigte, wie tief der Graben in der Einschätzung der Situation in Wien zwischen den verschiedenen Persönlichkeiten war.

Respekt hatte ich vor der Haltung der niederländischen Königin Beatrix, die jährlich den österreichischen Wintersportort Lech aufsuchte, um dort mit ihrer Familie Ski zu laufen. Auch im Jahre 2000 entschied sie sich, wieder dorthin zu reisen. Ihre Abwägung, ihr Verhalten aufgrund des Regierungsbündnisses in Wien zu ändern oder aber beizubehalten, führte dazu, sich so zu verhalten wie bisher, also nach Lech zu fahren und nicht zu boykottieren. Mit dieser klugen Monarchin, die mit ihrem Verhalten den Politikern eine Lektion erteilte, zumindest ein Beispiel gab, sollte ich zweimal die Gelegenheit zu einer Unterredung haben. Auf eine Begegnung, zu der sie mich als Präsident des Europäischen Parlaments einlud, werde ich noch zurückkommen.

Die Erfahrungen mit der „Causa Österreich" führten zu Konsequenzen im Vertrag von Nizza. In dem am 11. Dezember 2000 beschlossenen und am 1. Februar 2004 in Kraft getretenen Vertrag wurde eine klare Verhaltensregel der Länder der Europäischen Union für den Fall aufgestellt, dass ein Mitgliedsland den Weg zur Demokratie und des Rechts verließ:

„Artikel 7

(1) Auf begründeten Vorschlag eines Drittels der Mitgliedstaaten, des Europäischen Parlaments oder der Kommission kann der Rat mit der Mehrheit von vier Fünfteln seiner Mitglieder nach Zustimmung des Europäischen Parlaments feststellen, dass die eindeu-

tige Gefahr einer schwerwiegenden Verletzung von in Artikel 6 Absatz 1 genannten Grundsätzen durch einen Mitgliedstaat besteht, und an diesen Mitgliedstaat geeignete Empfehlungen richten. [...]

(2) Auf Vorschlag eines Drittels der Mitgliedstaaten oder der Kommission und nach Zustimmung des Europäischen Parlaments kann der Rat, der in der Zusammensetzung der Staats- und Regierungschefs tagt, einstimmig feststellen, dass eine schwerwiegende und anhaltende Verletzung von in Artikel 6 Absatz 1 genannten Grundsätzen durch einen Mitgliedstaat vorliegt, nachdem er die Regierung des betroffenen Mitgliedstaats zu einer Stellungnahme aufgefordert hat."[16]

Seit dem Inkrafttreten des Vertrages von Nizza und dieses Artikels gibt es also keine willkürlichen Entscheidungen mehr, sondern die Vorgehensweise basiert nun auf einer klaren rechtlichen Grundlage, wenn der Eindruck entsteht, dass die Demokratie in einem Land gefährdet ist. Damit sollte sich eine „Causa Österreich" – und das ist die positive Konsequenz – nicht wiederholen.

Aber die „Causa Österreich" hatte noch weitere unerwünschte Folgen. Am 28. September 2000 fand in Dänemark ein Referendum über die Einführung des Euros statt. 53,2 Prozent der Wähler lehnten die Einführung des Euros ab. Meinungsforscher haben ermittelt, dass fünf Prozent der Nein-Stimmen auf die Sanktionen gegen Österreich zurückzuführen waren. Bei einem Teil der Bevölkerung Dänemarks war der Eindruck entstanden, dass insbesondere die beiden großen Länder – Frankreich und Deutschland – sich mit ihren Sanktionen gegen ein kleines Land, Österreich, gerichtet hatten. Die Dominanz der Großen in der Europäischen Union wurde von diesem Teil der Wähler in Dänemark abgelehnt. Mit anderen Worten: Ohne die „Causa Österreich" und das Verhalten von Frankreich und Deutschland hätte die gemeinsame europäische Währung Zustimmung in Dänemark gefunden. Lassen wir einmal offen, ob dieser Tatbestand, wie die Meinungsforscher ihn darstellten, zutraf oder nicht – auf jeden Fall müssen Frankreich und Deutschland, wenn sie gemeinsam handeln und die Führung in der Europäischen Union übernehmen, immer dabei die Empfindlichkeiten und die Beurteilung der kleineren Länder im Blick haben. Frankreich und Deutschland sollten immer ein Motor Europas sein, aber sie dürfen nicht Europa dominieren. Ohne Gemeinsamkeiten in Paris und Berlin hat die Europäische Union keine Zukunft. Eine Dominanz jedoch ist schädlich. Deswegen muss eine deutsch-französische Führungsrolle, wenn sie wahrgenommen wird, immer eingebettet sein in ein psychologisches Umfeld, das allen anderen Ländern die Möglichkeit und Chance lässt, ihren eigenen Beitrag zu leisten. Die Europäische Union kann nur gemeinsam erfolgreich sein – mit ihren Institutionen und Mitgliedsländern.

III. Die Dienstleistungsrichtlinie: Unterschiedliche Mentalitäten mit Folgen

In der Kommission von Romano Prodi (1999–2004) hatte der für den Binnenmarkt zuständige Kommissar Frits Bolkestein eine Richtlinie für die Dienstleistungsfreiheit in der Europäischen Union vorgeschlagen. Die Dienstleistungsrichtlinie war in diesen Jahren und auch später, besonders zwischen 2004 bis 2006, das meistdiskutierte und umstrittenste europäische Gesetzgebungsvorhaben. Sie hat in einer intensiven, bisweilen heftigen, oftmals sachfremden Diskussion die Europäische Union in einem starken Maße polarisiert. Warum brauchte die Europäische Union überhaupt eine Dienstleistungsrichtlinie? Seit 1958 fand sich die Dienstleistungsfreiheit in den Verträgen. Sie schuf einen Binnenmarkt für Dienstleister und Verbraucher. Die im Laufe der Jahre aufgetretenen Streitfragen sind durch Entscheidungen des Europäischen Gerichtshofs geklärt worden. Viele Branchen waren Gegenstand von sektoriellen Richtlinien. Dennoch gab es entscheidende wirtschaftliche, rechtliche und politische Gründe, die für die Erarbeitung und Verabschiedung der Dienstleistungsrichtlinie gesprochen hatten. Der Dienstleistungssektor ist der wachstumsstärkste Sektor der EU-Wirtschaft, aber nur ein verschwindend geringer Teil dieser Dienstleistungen wurde bisher grenzüberschreitend erbracht. Rechtlich sollte die Dienstleistungsrichtlinie entscheidende Klärungen für Mitgliedstaaten und Unternehmen bringen. Die Rechte des einzelnen Dienstleisters sollten klar umschrieben werden. Schließlich hatte eine Dienstleistungsrichtlinie auch einen politischen Mehrwert, indem sie ein gemeinsames Europa der Dienstleistungen unter Einschluss der neuen Mitgliedstaaten schuf und Vertrauen bildete. Sie ermöglichte die Marktöffnung durch Rechtsklarheit und Rechtsvereinfachung. Sie würde Dienstleistern und Verbrauchern, Unternehmern und Arbeitnehmern nützen.

Das Gesetzgebungsvorhaben stand anfangs unter keinem guten Stern. Frits Bolkestein, der, bevor er Kommissar in Brüssel wurde, die liberale Partei Volkspartij voor Vrijheid en Democratie (VVD) in den Niederlanden geführt hatte, war ein reiner Marktwirtschaftler. Sein Vorschlag für die Dienstleistungsrichtlinie sah die Dienstleistungsfreiheit ohne Einschränkungen und Übergangsfristen vor. Dies führte zu vielerlei Einwänden von allen Mitgliedstaaten, aber auch im Europäischen Parlament. Die abschreckende Wirkung dieses Bolkestein-Entwurfs einer Richtlinie ging so weit, dass sie karikierend als „Frankenstein"-Richtlinie bezeichnet wurde. Besonders groß war der Widerstand erwartungsgemäß in Frankreich. Frankreich ist traditionell zentralistisch organisiert und Staatseingriffe sind nicht unüblich. Zwar gilt das auch für andere Länder, aber in Frankreich ist diese Haltung besonders ausgeprägt. Deswegen ist es umso notwendiger, dass die Europäische Kommission als „Hüterin der Verträge" für einen ungehinderten, freien Binnenmarkt eintritt. Aber die Verwirklichung des freien Binnenmarktes für Dienstleistungen ohne Ausnahmen und Übergangsfristen war dann doch zu viel des Guten.

Die am 1. Mai 2004 erfolgte Erweiterung der Europäischen Union um die mitteleuropäischen Länder rief Ängste von Beschäftigten und Unternehmern in den bisherigen Mitgliedstaaten auf den Plan. Die Notwendigkeit von Marktöffnung und Liberalisierung entsprach nicht dem verbreiteten Wunsch nach Schutz der eigenen Wirtschaft und der Angst vor den Folgen der Globalisierung. Hinzu kam die Tatsache, dass der Kommissionsvorschlag mit seinem Anspruch, alle Dienstleistungen zu erfassen und im Wesentlichen den Dienstleister in jedem Mitgliedstaat zu den gleichen Bedingungen wie in seinem Herkunftsland arbeiten zu lassen, allzu umfassend war. Vor allem das Kernstück, das sogenannte Herkunftslandprinzip, stieß bei vielen auf vehemente Ablehnung. Die Franzosen befürchteten ein Überschwemmen mitteleuropäischer (sie glaubten osteuropäischer) Dienstleistungen in Frankreich. Sie glaubten, osteuropäische Unternehmer und Arbeiter würden den Franzosen in massiver Weise Konkurrenz machen und Arbeitsplätze in Frankreich gefährden. Die Debatte in Frankreich spitzte sich so zu, dass sie gravierende Auswirkungen auf das Referendum über den Verfassungsvertrag im Mai 2005 hatte und zu dessen Scheitern beitrug. Obwohl die Dienstleistungsrichtlinie mit dem Verfassungsvertrag nicht im Zusammenhang stand, wurde aber bei diesem Referendum alles „in einen Topf geworfen". Der frühere französische Staatspräsident Charles de Gaulle (1959–1969) sollte also mit seiner Aussage, bei einem Referendum würde über alles abgestimmt, nur nicht über das Thema, um das es ginge, Recht behalten. Viele Franzosen stimmten gegen die Verfassung, weil sie die Dienstleistungsrichtlinie nicht wollten. Die Diskussion spitzte sich am Ende, in durchaus karikierender Form, auf den „polnischen Klempner" zu, der dem „französischen Klempner" den Arbeitsplatz wegnähme. Auf der Titelseite einer großen französischen Illustrierten wurde ein junger polnischer Klempner in durchaus sympathischer Weise dargestellt, aber eben als Bedrohung für den französischen Arbeitsmarkt. Tatsächlich jedoch benötigte Frankreich, wie Statistiken ergaben, mehrere tausend Klempner, um notwendige Reparaturarbeiten, für die französische Klempner nicht zur Verfügung standen, durchführen zu können.

Ich selbst kann aus eigenem Erleben zwei Beispiele hierfür nennen. Im Juni 2006 tagte der Vorstand unserer Fraktion in Bordeaux, in einem Hotel besserer Qualität. Nach mehreren Stunden Sitzungsleitung begab ich mich auf den Weg zur Toilette. Von dort kam mein schwedischer Kollege Gunnar Hökmark mir entgegen und sagte zu mir: „Hans-Gert, they need the Polish plumber!" („Hans-Gert, sie brauchen den polnischen Klempner!"). Nun möchte ich dem Leser keine Schilderung darüber zumuten, wie ich diese Örtlichkeit vorfand. Aber ich kann nur sagen, Gunnar Hökmark hatte Recht: They needed the polish plumber! Wenige Wochen später war ich in Paris zu einer politischen Veranstaltung und vorher bei einem deutschen Diplomatenehepaar zum Kaffee eingeladen. Dafür blieb zwar nur wenig Zeit, und die Summe der Zeit, in der ich diese kleine Geschichte immer wieder erzählt habe, übertrifft die Dauer meiner Anwesenheit in diesem wirklich vornehmen Appartement. Meine Gastgeber erklärten mir, sie hätten ein Jahr auf einen Heizungsmonteur warten müssen, um ihre Heizung repariert zu bekommen. Diese beiden Beispiele zeigen, wie sehr es im Interesse, in diesem Fall Frankreichs – es lassen sich für andere Länder sicher auch andere Beispiele finden – war, den Dienstleistungsmarkt, hier bezogen auf Klempnerarbeiten, zu öffnen, da die französischen Klempner nicht ausreichten, um die notwendigen Arbeiten zu bewältigen. Die Öffnung des Marktes ist also zum Vorteil für alle Beteiligten. Die Mentalität aber steht dieser Wirklichkeit oft entgegen. Es ist ein häufiges Problem europäischer Politik, dass Einstellungen nicht mit der Wirklichkeit übereinstimmen. Auch müssen wir immer beachten, dass die Mentalitäten in den Ländern der Europäischen Union unterschiedlich sind. Dies ist ja oft schon innerhalb eines Landes der Fall, wenn wir beispielsweise das Bundesland, aus dem ich komme, Niedersachsen, mit dem Freistaat Bayern vergleichen.

Wie aber ging es mit dem parlamentarischen Verfahren der Dienstleistungsrichtlinie weiter? Der erfolgreiche Abschluss des Gesetzgebungsverfahrens nach dem Scheitern der Referenden in Frankreich (Mai 2005) und in den Niederlanden (Juni 2005) konnte – gerade wegen der anfänglich breiten negativen Reaktion – schließlich als Testfall für das Funktionieren der Europäischen Union gewertet werden.

Mit der Benennung der sozialdemokratischen deutschen Abgeordneten Evelyne Gebhardt als Berichterstatterin schien angesichts der allgemeinen Stimmungslage eine ablehnende Position des Europäischen Parlaments vorgegeben. Ihre Strategie, den Kommissionsvorschlag durch Ersetzen des Herkunftslandsprinzips durch das Bestimmungslandprinzip und eine massive Ausweitung der Kontrollrechte der Mitgliedstaaten in sein Gegenteil zu verkehren, rief zwar bei den Mitgliedern der EVP-ED-Fraktion heftigen Widerspruch hervor, die Berichterstatterin konnte sich aber anfangs auf eine von Sozialdemokraten/Sozialisten, Grünen und Linken getragene Position stützen.

In dieser Situation war eine besonders intensive Arbeit der EVP-ED-Fraktion notwendig. Zum einen galt es, den umstrittenen Kommissionsvorschlag inhaltlich zu verbessern, den berechtigten Bedenken vieler Dienstleistungssektoren Rechnung zu tragen, die Interessen der Arbeitnehmer in den Text einfließen zu lassen und dennoch nicht aus dem Auge zu verlieren, dass und wie der wirtschaftliche Zweck der Richtlinie erreicht werden konnte. Zum anderen hieß es, innerhalb des Europäischen Parlaments eine Mehrheit von der Richtigkeit dieser Verbesserungsvorschläge zu überzeugen. Um dies zu erreichen, erarbeitete eine Fraktionsgruppe unter der Leitung des EVP-ED-Koordinators im Ausschuss für Binnenmarkt und Verbraucherschutz, Malcolm Harbour (Vereinigtes Königreich), bis zum Juni 2005 einen vollständigen Gegenentwurf zum Kommissionstext. Der EVP-ED-Text nahm wichtige Klarstellungen im Anwendungsbereich vor, indem er Dienstleistungen von allgemeinem Interesse sowie das Arbeitsrecht und das Verbrauchervertragsrecht eindeutig ausnahm. Spezielleren Vorschriften des Gemeinschaftsrechts wurde Vorrang eingeräumt, um Abgrenzungsschwierigkeiten zu vermeiden. Ein System der computergestützten Verwaltungszusammenarbeit ersetzte die vorgesehene ausschließliche Kontrollbefugnis des Herkunftslands. Beim Herkunftslandsprinzip wurden Klarstellungen aufgenommen, um das Recht der Mitgliedstaaten zur Wahrung der öffentlichen Sicherheit und Ordnung festzuschreiben. Dieser Text konnte mit Hilfe der liberalen Fraktion (ALDE) und der Fraktion Europa der Nationen (UEN) dann auch im federführenden Ausschuss für Binnenmarkt und Verbraucherschutz durchgesetzt werden.

Für die Verabschiedung der Position des Europäischen Parlaments in erster Lesung im Parlamentsplenum bestand aber der Wunsch – und angesichts der gegenseitigen Blockade der Mitgliedstaaten im Rat auch die Notwendigkeit –, diesen Alternativtext der EVP-ED-Fraktion mit einer breiteren Mehrheit zu verabschieden. Die Einlassungen des Binnenmarktkommissars Charlie McCreevy, der Frits Bolkestein in dieser Aufgabe nachgefolgt war, machten deutlich, dass er nur einen Text unterstützen würde, der von einer breiten Mehrheit des Europäischen Parlaments getragen würde. Dies war wichtig, da das formelle Vorschlagsrecht für die Richtlinie bei der Kommission lag (Initiativrecht).

Normalerweise schalten sich die Fraktionsvorsitzenden nicht in die konkrete Gesetzgebungsarbeit ein. Angesichts der Bedeutung der Dienstleistungsrichtlinie machte ich hiervon jedoch eine Ausnahme. Mit dem Vorsitzenden der Sozialdemokraten/ Sozialisten, Martin Schulz, vereinbarte ich eine Verhandlungsgruppe (*High Level Group*) von EVP-ED-Fraktion und der sozialdemokratischen Fraktion im Europäischen Parlament (SPE) unter Leitung der stellvertretenden EVP-ED-Fraktionsvorsitzenden Marianne Thyssen, die einen Kompromiss erarbeiten sollte. Hintergrund dieser Vereinbarung war, dass die beiden größten Fraktionen des Europäischen Parlaments ihre Verantwortung erkannten, damit die Dienstleistungsrichtlinie Wirklichkeit werden konnte. Marianne Thyssen und der von ihr geleiteten Arbeitsgruppe gelang es tatsächlich, in den entscheidenden Punkten einen Kompromiss zu finden. Während der Anwendungsbereich durch den Ausschluss wichtiger Sektoren wie der Gesundheits- und Sozialdienstleistungen erheblich reduziert wurde, konnte sich die EVP-ED-Fraktion mit ihrer Position der grundsätzlichen Aufrechterhaltung des Herkunftslandsprinzips durchsetzen. Die „Dienstleistungsfreiheit", wie der neue Artikel nunmehr heißt, verpflichtet die Mitgliedstaaten, das Recht eines jeden Dienstleisters zu respektieren, seine Leistung in einem anderen Mitgliedstaat zu erbringen. Einschränkungen sind nur aus Gründen der öffentlichen Ordnung und Sicherheit, des Gesundheitsschutzes und des Umweltschutzes zulässig. Das Parlamentsplenum nahm diesen Text in erster Lesung mit einer Zweidrittelmehrheit an. Die erforderliche breite Mehrheit, um das weitere Verfahren entscheidend zu beeinflussen, war also erreicht.

Entsprechend ihrer Zusagen legte die Kommission in kürzester Frist einen revidierten Vorschlag vor, der inhaltlich den Parlamentstext vollständig widerspiegelte. Mit Unterstützung der ihr politisch verbundenen Regierungen erreichte die EVP-ED-Fraktion, dass der Europäische Rat bei seinem Frühjahrsgipfel im April 2006 in Brüssel den Parlamentstext die Zustimmung gab. Damit war die politische Entscheidung auf höchster Ebene gefallen. Die Dienstleistungsrichtlinie würde in der Gestalt angenommen werden, wie sie von der EVP-ED-Fraktion vorgelegt worden war.

Dennoch waren viele Fragen mit den Mitgliedstaaten abzustimmen. Vor allem von der neuen Regelung zur Dienstleistungsfreiheit waren viele Mitgliedstaaten noch im Detail zu überzeugen. Zu ungewohnt auch, dass ein detaillierter Richtlinientext aus dem Europäischen Parlament kommen sollte. Niemals zuvor hatten sich Kommission und Rat in so großem Umfang Formulierungen des Europäischen Parlaments zu eigen gemacht. Auf Einladung des österreichischen Wirtschaftsministers Martin Bartenstein fand erstmalig in der Geschichte der Europäischen Union eine Aussprache zwischen dem Rat auf Ministerebene und dem Europäischen Parlament, vertreten durch die EVP-ED/SPE-Verhandlungsdelegation unter Leitung der stellvertretenden EVP-ED-Fraktionsvorsitzenden Marianne Thyssen, über ein laufendes Gesetzgebungsverfahren statt. Anlässlich des „Informellen Wettbewerbsrats" im Mai 2006 in Graz konnten die anwesenden neun Mitglieder des Europäischen Parlaments, darunter die EVP-ED-Mitglieder Marianne Thyssen aus Belgien, Malcolm Harbour aus dem Vereinigten Königreich, Othmar Karas aus Österreich, József Szájer aus Ungarn und Jacques Toubon aus Frankreich, die Minister davon überzeugen, dass der ihnen vorgelegte Text sowohl den Interessen der Mitgliedstaaten an einer Öffnung der Märkte wie auch ihren Interessen nach ausreichenden Kontrollbefugnissen zur Verhinderung von Missbrauch gerecht wurde.

Der vom Rat im Juni 2006 verabschiedete Gemeinsame Standpunkt nahm dann an diesem Text auch keine inhaltlichen Änderungen vor. Hinzugefügt wurden lediglich Präzisierungen im Bereich der Verwaltungszusammenarbeit und das sogenannte Screening-Verfahren, das den Mitgliedstaaten die gegenseitige Bewertung von möglichen Hemmnissen im freien Dienstleistungsverkehr ermöglichte.

Damit fiel die Bewertung der EVP-ED-Fraktion für die zweite Lesung im Europäischen Parlament durchweg positiv aus. In der Plenartagung vom 14. November 2006 nahm das Europäische Parlament den Text mit noch breiterer Mehrheit als in erster Lesung an. Die Dienstleistungsrichtlinie konnte demnach fristgerecht zum 1. Januar 2007 in Kraft treten.

Die EVP-ED-Fraktion hat bei der Erarbeitung und Verabschiedung der Dienstleistungsrichtlinie unter Beweis gestellt, dass sie die treibende und entscheidende Kraft im Europäischen Parlament war und gleichzeitig, dass das Europäische Parlament willens und in der Lage war, technisch schwierige und politisch umstrittene, aber für die Zukunft Europas entscheidende Vorhaben voranzubringen und im Konsens mit den Mitgliedstaaten und der Kommission zu einem für alle Beteiligten guten Ende zu bringen. Deutschland und Österreich behielten sich allerdings vor, die Freizügigkeit für Dienstleistungen hinauszuzögern, sodass diese für die beiden Länder erst ab dem 1. Mai 2011 eintrat. Allerdings sollte sich diese Verzögerung negativ für Deutschland auswirken, da qualifizierte Arbeitskräfte aus den mitteleuropäischen Nachbarländern in Deutschland dringend gebraucht wurden. Diese suchten sich jedoch Arbeit insbesondere im Vereinigten Königreich und Irland. Als die Dienstleistungsfreiheit schließlich hergestellt wurde, standen diese qualifizierten Arbeitskräfte nicht mehr zur Verfügung.

IV. Der Vertrag von Nizza

1. Unzureichende EU-Reform und Forderung nach mehr Demokratie

Lange war der Vertrag von Nizza besprochen worden. Es handelte sich bei diesen Verhandlungen um eine Regierungskonferenz, also von Vertretern der Regierungen der Länder der Europäischen Union. Das Europäische Parlament war mit zwei Beobachtern an dieser Regierungskonferenz vertreten – mit Elmar Brok, der diese Aufgabe bereits in bewährter Weise bei der Erarbeitung der Verträge von Maastricht und von Amsterdam übernommen hatte, sowie Dimitris Tsatsos für die Sozialdemokraten. Das Ergebnis des Vertrages von Nizza, der nach einer langen Nacht in den Morgenstunden des 11. Dezember 2000 schließlich unter französischem Vorsitz, das heißt unter Vorsitz von Präsident Jacques Chirac, beschlossen wurde, stellte uns in keiner Weise zufrieden. Der Vertrag stellte mich als Fraktionsvorsitzenden darüber hinaus vor große Schwierigkeiten. Die Fraktion war in der Beurteilung des Vertrages von Nizza komplett gespalten.

Am Montag, dem 11. Dezember 2000, wurde die Tagesordnung für die laufende Sitzungswoche in Straßburg festgelegt, also auch für den darauffolgenden Dienstag, an dem Staatspräsident Chirac als der amtierende Präsident des Europäischen Rates seinen Bericht über den Nizza-Gipfel geben sollte. Über das Erscheinen, insbesondere im Hinblick auf die Dauer des Besuchs des französischen Staatspräsidenten, gab es allerlei Gerüchte. Als der Vorsitzende der stärksten Fraktion fühlte ich mich verpflichtet, in einem öffentlichen Redebeitrag darauf hinzuweisen. Ich erklärte vor den Kolleginnen und Kollegen, dass es Informationen gäbe, die besagten, der französische Staatspräsident würde nur für dreißig Minuten in das Europäische Parlament kommen. In diesem Fall könnte er nach seinem eigenen Redebeitrag allenfalls noch die Rede des Kommissionspräsidenten Prodi hören, nicht jedoch die Meinungen der Fraktionsvorsitzenden. Ich erklärte, in der EVP-Fraktion gäbe es für ein solches Verfahren starke Kritik und es wäre „inakzeptabel". Für meine Stellungnahme bekam ich von allen Seiten des Parlaments Zustimmung, was ich auch umgehend in meinem Redebeitrag feststellte. Ich fügte hinzu, ich hoffte, dass diese Informationen falsch wären, und bat die Parlamentspräsidentin, dem französischen Staatspräsidenten mitzuteilen, dass es nicht akzeptabel wäre, in das Parlament zu kommen, ohne die Meinung des „freigewählte[n] Europäische[n] Parlament[s] [...] zu hören."[17]

Der Vorsitzende der liberalen Fraktion, Pat Cox, stimmte meinen Ausführungen ausdrücklich zu und der Vorsitzende der Sozialisten, Enrique Barón Crespo, hatte bereits vor mir in einer etwas allgemeineren Form auf den Ablauf der Tagesordnung für die Debatte mit Jacques Chirac hingewiesen. Daraufhin hatte Präsidentin Nicole Fontaine erklärt, auf dem Gipfel in Nizza wäre ihr die Teilnahme sowohl des Staatspräsidenten als auch des Außenministers angekündigt worden – sie würde die Sache klären.

Nach diesen Interventionen blieb noch die Frage zu entscheiden, ob das Europäische Parlament die Debatte mit Jacques Chirac mit einer Erklärung abschließen sollte. Dazu gab es unterschiedliche Positionen. Ich erklärte, es sollte eine Entschließung geben, welche „eine kurze politische Bewertung" enthielte. Dennoch sollten wir zu einem späteren Zeitpunkt „eine sehr ausführliche Würdigung" des Vertragstextes von Nizza vornehmen.[18]

Da der Vertrag von Nizza im Übrigen noch gar nicht in schriftlicher Form vorläge, wäre ein kurzer Text sinnvoll und wir sollten die Möglichkeit zu einer politischen Stellungnahme nicht verstreichen lassen. Dieser Vorschlag wurde mit Beifall aufgenommen. Für die Fraktion der Grünen erklärte der Kollege Paul Lannoye Unterstützung für meinen Vorschlag einer kurzen Entschließung. Der Vorsitzende der Sozialisten, Enrique Barón Crespo, und der Vorsitzende der Linken, Francis Wurtz, sprachen sich gegen eine Entschließung aus, ebenso der Vorsitzende der Liberalen, Pat Cox. Der Vorsitzende des Ausschusses für Konstitutionelle Fragen, Giorgio Napolitano, der spätere italienische Staatspräsident, erklärte, es wären mehr „Informationen und Zeit zum Nachdenken" notwendig. Der Kollege Gianfranco Dell'Alba, zu dem Zeitpunkt Mitglied der „Technischen Gruppe der Unabhängigen Mitglieder", erklärte Zustimmung zu meinem Vorschlag, ebenso Elmar Brok. Unter Bezugnahme auf die Erklärung von Elmar Brok und mir erläuterte der sozialdemokratische Kollege Klaus Hänsch, es ginge ausschließlich darum, eine erste Stellungnahme abzugeben, nicht darum, die Position des Parlaments festzulegen. Dies könnte erst nach gründlicher Überprüfung durch den Konstitutionellen Ausschuss geschehen. Klaus Hänsch fasste die kurze Aussprache zu diesem Tagesordnungspunkt in dem Satz zusammen:

> „Ich glaube, damit können wir auch die notwendige Einigung finden, wenn wir sagen, wir geben eine Stellungnahme ab, aber wir behalten uns Prüfung und endgültige Position des Parlaments bis nach dem Bericht unseres Ausschusses vor."[19]

Das Parlament quittierte diese Stellungnahme mit Beifall. Und so ist es dann auch gekommen.

Am Dienstagmorgen traf Präsident Jacques Chirac pünktlich im Europäischen Parlament ein und blieb den ganzen Vormittag über. Offensichtlich waren unsere Interventionen vom Vortage erfolgreich gewesen. Parlamentspräsidentin Nicole Fontaine begrüßte den französischen Staatspräsidenten, und das Plenum reagierte mit freundlichem Beifall. Chiracs Rede selbst wurde jedoch, so das Protokoll, zu keinem Zeitpunkt durch Beifall unterbrochen. Lediglich am Ende seiner Rede verzeichnete es

„Beifall". Jacques Chirac hielt vor den Abgeordneten eine Rede, in der er den Vertrag von Nizza in höchsten Tönen lobte. Jedoch erntete er überwiegend kritische Reaktionen der Fraktionsvorsitzenden.

Da meine Rede gegenüber dem französischen Staatspräsidenten und Präsidenten des Europäischen Rates sehr kritisch werden sollte, begann ich zunächst mit einer Höflichkeit.[20] Ich bescheinigte unserem Gast großen Respekt und wies darauf hin, dass wir ihn immer mit großer Wertschätzung im Europäischen Parlament empfangen hatten. Das wäre auch heute so, da wir Jacques Chirac als Persönlichkeit schätzten und auch die Würde seines Amtes achteten. Ich fügte hinzu:

> „[...] aber diese Wertschätzung für Sie persönlich und dieses Amt entbinden uns nicht von der Wahrhaftigkeit, unsere Überzeugungen heute klar und deutlich in Ihrer Gegenwart auszusprechen."

Ich sagte einfach, was ich dachte und was meinen Überzeugungen entsprach. Dann richtete ich mich wieder persönlich an Jacques Chirac:

> „Sie haben [...] gesagt: ‚Der Gipfel von Nizza wird in die Geschichte Europas als ein großer Gipfel eingehen.‘ Ich muss Ihnen leider für unsere Fraktion sagen, dass wir dem nicht zustimmen können."

An den Fernsehgeräten hatten wir nachvollziehen können, wie erschöpft die Staats- und Regierungschefs waren, als der Gipfel in den frühen Morgenstunden zu Ende gegangen war. Ich erklärte, man hätte sehen können, wie sie „an ihre psychischen und physischen Grenzen gestoßen sind". Mit dem Beispiel, dass in einer bestimmten Phase der Konferenz Polen weniger Stimmen im Ministerrat bekommen sollte als Spanien, obwohl Polen zum damaligen Zeitpunkt eine gleiche Bevölkerungszahl hatte, deutete ich an, zu welchem Ergebnis eine solche Arbeitsmethode führen konnte. Wörtlich erklärte ich:
„Welcher Eindruck hätte in Polen entstehen müssen, nach den Erfahrungen des Nationalsozialismus und des Kommunismus, wenn Polen nicht gleichberechtigt behandelt wird wie Spanien? Gott sei Dank ist dies korrigiert worden!"
Das Protokoll des Europäischen Parlaments verzeichnete an dieser Stelle „Beifall". Ich erklärte, dass derartige Vorschläge in der Hektik eines Gipfels entstehen könnten, doch ein solches Prozedere dürfte sich in der Geschichte der Europäischen Union nicht wiederholen. Ich fügte hinzu, dass es unser Wunsch wäre – der ja auch vom Gipfel in Nizza übernommen wurde – sicherzustellen, dass sich die ersten Länder aus der Mitte Europas an den nächsten Europawahlen im Jahr 2004 beteiligen könnten. Darauf hinweisend, dass man in den letzten Monaten hätte beobachten können, dass sich „wie ein schleichendes Gift der Gegensatz zwischen den großen und kleinen Ländern der Europäischen Union entwickelte", sich manche großen Länder sehr

kleinlich und manche kleinen Länder sich großartig verhalten hatten, kam ich zu dem Schluss, dass die Regierungen in den vergangenen Wochen und Monaten immer mehr in einen Intergouvernementalismus zurückverfallen wären, in die reine Regierungszusammenarbeit. Ich gab meiner Hoffnung Ausdruck, dass der Geist von Pierre Pflimlin (der Ende Juni 2000 verstorben war), Robert Schuman und Jean Monnet, also die Gemeinschaftsmethode, das Handeln durch die europäischen Institutionen – Parlament, Kommission, Rat – die Zukunft der Europäischen Union bestimmen würde.

Abschließend nahm ich zu den Bemerkungen von Präsident Chirac Stellung, welche besagten, dass über die Regierungskonferenz hinaus eine umfassende Debatte über einige für die Zukunft der Europäischen Union wesentliche Themen eingeleitet werden sollte, und dass der Europäische Rat beschlossen hätte, einen Überlegungsprozess einzuleiten, „in den das Europäische Parlament selbstverständlich weitgehend einbezogen wird". Dieser Überlegungsprozess sollte 2004 abgeschlossen werden. Daraufhin erklärte ich:

> „Wir haben mit großer Freude gehört, dass das Europäische Parlament voll eingebunden werden soll in den Post-Nizza-Prozess. Davon hängt auch unsere endgültige Antwort ab, ob wir Ja oder Nein sagen zu Nizza. Wir wollen ein Verfahren für den Post-Nizza-Prozess, an dem das Europäische Parlament beteiligt ist im Hinblick auf die Tagesordnung und im Hinblick auf die Beteiligung im Entscheidungsverfahren. Wenn Sie dies sicherstellen, dann wird auch die Möglichkeit gegeben sein, dass wir vertrauensvoll zusammenarbeiten. Wir werden den Rat sehr kritisch begleiten müssen in den nächsten Wochen und Monaten, ob er selber in der Lage ist, diese Transparenz, von der Sie gesprochen haben, auch sicherzustellen."

Ich fügte hinzu, dass wir unsere Arbeiten so erledigen würden, dass die Völker aus der Mitte Europas sich unserer Wertegemeinschaft anschließen könnten. Es wäre notwendig, die Tore zu öffnen, „aber die Entscheidungen müssen so gefällt werden, dass diese Europäische Union auch erweiterungsfähig ist!"

Die Reden der anderen Fraktionsvorsitzenden waren ebenso kritisch. In seiner Antwort auf die Diskussionsbeiträge der Fraktionsvorsitzenden zeigte Jaques Chirac seine reiche politische Erfahrung: Er nahm auf alle Beiträge Bezug und stellte sich als ein wirklicher Meister der politischen Debatte dar. Anders als bei seiner Einführungsrede wurde die Zusammenfassung von Jaques Chirac mehrfach mit Heiterkeit und Beifall aufgenommen. Nach der mehrere Stunden dauernden Erörterung zeigte Jaques Chirac eine freundliche Geste gegenüber den Fraktionsvorsitzenden. Er kam zu unseren Plätzen und begrüßte jeden Einzelnen von uns. Als er mir die Hand schüttelte, erklärte ich ihm: „Herr Präsident, ich bitte um Verständnis, dass ich in meiner Reaktion sehr massiv war." Darauf antwortete er, und dies habe ich hoch geschätzt: „Auch Sie haben Ihre Interessen." Jacques Chirac war ein Politiker und Staatsmann, der die geübte Kritik einordnen konnte aus der Interessenlage desjenigen, der diese Kritik übte.

22 | 23 Zeremonie zur Unterzeichnung des Vertrages von
Lissabon am 13. Dezember 2007

24 Öffnung der Grenzen am 21. Dezember 2007 in Zittau (Deutschland) – Porajów (Polen) – Hrádek
nad Nisou (Tschechien)

25 Unterzeichnung der Gesetzgebung zur Senkung der Roaming-Gebühren am 27. Juni 2007, gemeinsam mit Angela Merkel sowie Paul Rübig, Viviane Reding, José Manuel Durão Barroso und Angelika Niebler (stehend v.l.n.r)

26 Bundeskanzlerin Angela Merkel empfängt die CDU/CSU-Gruppe im Europäischen Parlament mit dem Vorsitzenden Werner Langen (1. Reihe 3.v.l.), dem Co-Vorsitzenden Markus Ferber (1. Reihe 5.v.l.) sowie deren Vorgängern Hartmut Nassauer (2. Reihe 2.v.l.) und Ingo Friedrich (1. Reihe 1.v.l.) am 7. März 2008 in Berlin

27 Empfang durch den Präsidenten der Französischen Republik, Nicolas Sarkozy, am 1. Juli 2008 im Élysée-Palast anlässlich des Beginns der französischen EU-Ratspräsidentschaft

28 Anschließend Defilee am Arc de Triomphe, gemeinsam mit José Manuel Durão Barroso, François Fillon und Nicolas Sarkozy

29   Mit Kofi Annan und Michail Gorbatschow am 27. Mai 2008 in Brüssel

30   Empfang von Gertrude Ibengwe Mongella, Präsidentin des Panafrikanischen Parlaments, am 19. September 2007 in Brüssel

31   „Town Hall Meeting" mit US-Außenministerin Hillary Rodham Clinton am 6. März 2009 in Brüssel

32 Mit dem Präsidenten der Europäischen Kommission, Romano Prodi (1999–2004)

33 Mit dem Hohen Vertreter für Außen- und Sicherheitspolitik, Javier Solana, während der Tagung des Europäischen Rates am 13. März 2008

34 Unterzeichnung der Klimaschutzgesetzgebung, gemeinsam mit dem stellv. tschechischen Ministerpräsidenten Petr Nečas am 23. April 2009 in Straßburg

35 Der Kreisvorstand der Jungen Union Osnabrück-Land mit dem Vorsitzenden, meinem Sohn Benedict, am 26. Mai 2008 in Brüssel

36 Bei der Konferenz der Parlamentspräsidenten der G-8-Staaten auf Einladung von Bundestags-präsident Norbert Lammert vom 7.–9. September 2008 in Berlin neben Michael Martin (GB), Yōhei Kōno (JP), Nancy Pelosi (US), Norbert Lammert (DE), Boris Gryzlov (RU), Bernard Accoyer (FR), Pierluigi Castagnetti (IT), Peter Milliken (CA) (v.l.n.r.)

37 Mit Hollywood-Schauspieler Martin Sheen bei der Verleihung des Energy Globe Awards am 11. April 2007 im Plenarsaal in Brüssel

38 Eine Gruppe französischer und deutscher Sternsinger am 15. Januar 2008 im Europäischen Parlament in Straßburg

39 Übergabe eines Trikots durch den Präsidenten von Real Madrid, Ramón Calderón

40 Eintragung von UEFA-Präsident Michel Platini ins Gästebuch des Präsidenten, gemeinsam mit FIFA-Präsident Sepp Blatter (links)

Zwei Tage später, am Donnerstag, erfuhr ich von Joseph Daul, der mich in seinem Wagen mit zu seinem Bauernhof in Pfettisheim in der Nähe von Straßburg anlässlich eines Abendessens mit seiner Familie nahm, dass er am Montag Präsident Jacques Chirac im Élysée-Palast angerufen hätte. Joseph Daul war aufgrund seines Engagements in der Landwirtschaftspolitik in Frankreich mit Präsident Jacques Chirac gut bekannt und ihm vertrauensvoll verbunden. Bei seinem Telefonat hatte Joseph Daul dem französischen Präsidenten empfohlen, einen längeren Aufenthalt in Straßburg vorzusehen und auf jeden Fall auch noch die Stellungnahmen der Fraktionen zum Vertrag von Nizza anzuhören. Joseph Daul hatte seinem Staatspräsidenten also einen guten Rat gegeben, der diesem auch gefolgt war.

Aber warum waren wir mit dem Ergebnis von Nizza nicht zufrieden? Wir hatten gehofft, dass mit diesem Vertrag die Mitentscheidungsrechte des Europäischen Parlaments bei der Gesetzgebung erneut – wie bei den Verträgen von Maastricht und Amsterdam – deutlich erweitert werden würden. Dies war nicht der Fall. Auch die Mehrheitsentscheidungen im Ministerrat wurden nicht wirklich ausgeweitet. Dies bedeutete: In den Grundfragen des Parlamentarismus und der Entscheidungsfähigkeit der europäischen Institutionen gab es kaum einen Fortschritt. Vielmehr war lange darüber verhandelt, besser gesagt darüber „geschachert" worden, wie die Stimmenverhältnisse im Rat bei den Abstimmungen sein sollten. Deutschland war wiedervereinigt, hatte eine Bevölkerung von achtzig Millionen, aber dies sollte sich in keiner Weise bei dem Beschlussverfahren im Ministerrat widerspiegeln.

Vielmehr wurde im Vertrag von Nizza festgelegt, dass die vier großen Länder, also Deutschland, Frankreich, das Vereinigte Königreich und Italien, 49 Stimmen im Ministerrat und Spanien – in Zukunft ging es ja auch um die Frage der Erweiterung der Europäischen Union um die mitteleuropäischen Länder – sowie Polen 47 Stimmen bekommen sollten. Das Zahlenverhältnis war natürlich in keiner Weise überzeugend. Ihm lag noch der Grundgedanke des Beginns der Europäischen Einigung zugrunde, wonach die vier großen Länder, also das geteilte Deutschland, Frankreich, später das Vereinigte Königreich und Italien, immer dieselbe Stimmenzahl haben sollten. Insbesondere zwischen Frankreich und Deutschland sollte Stimmengleichheit bestehen. Nach der Einheit Deutschlands war dies nicht mehr akzeptabel, aber es war ein psychologisches Problem für einige Länder der Europäischen Union, nun eine deutlich größere Stimmenzahl für Deutschland zu akzeptieren. Spanien und Polen wurden mit der Hälfte der Bevölkerung Deutschlands, circa vierzig Millionen, mit nur zwei Stimmen weniger als Deutschland übermäßig positiv behandelt. Der Ministerpräsident Spaniens, José María Aznar, hatte hierfür stark gekämpft und war dafür bereit, die Mandatszahlen im Europäischen Parlament für Spanien drastisch zu reduzieren.

Dieses Verhalten zeigt, wie bei den Regierungen das Denken in Staatskategorien Vorrang hatte gegenüber dem Demokratieprinzip und der Repräsentanz im Europäischen Parlament. Erst mit dem Vertrag von Lissabon sollten sich diese Verhältnisse drastisch ändern, aber bis es so weit war, stand uns noch viel Arbeit bevor. Bei meinen

Schwierigkeiten, die Fraktion geschlossen zu vertreten, argumentierte ich gegenüber dem französischen Präsidenten, für die EVP-ED-Fraktion wäre für die endgültige Haltung „zu Nizza" entscheidend, wie sich der „Nach-Nizza-Prozess" gestalten würde. Die EVP-ED-Fraktion müsste darauf bestehen, dass sehr schnell eine neue und umfassende Reform begänne.

Die EVP-ED-Fraktion nahm meine Rede mit Beifall auf. So konnte ich die Spaltung unserer Fraktion rhetorisch überwinden, mit Forderungen, die in der Zukunft verwirklicht werden sollten. Die Einheit der Fraktion, die für mich immer ein sehr hoher Maßstab war, konnte so gewahrt werden.

Für die EVP-ED-Fraktion wurde die Diskussion über den Vertrag von Nizza und die Schlussfolgerungen, die wir daraus ziehen sollten, ein großer Erfolg. Es ist nicht übertrieben zu sagen, dass wir einen strategischen Sieg errangen. Die vom Vorsitzenden der sozialistischen Fraktion, Enrique Barón Crespo, und dem Vorsitzenden der liberalen Fraktion, Pat Cox, erwünschte Ablehnung des Vertrages von Nizza mittels einer kurzen Resolution konnten wir abwehren. Am Donnerstag, dem 14. Dezember 2000, nahm das Europäische Parlament mit großer Mehrheit (308 Ja-Stimmen, 95 Nein-Stimmen, 85 Enthaltungen) eine kurze Entschließung zu den Ergebnissen von Nizza an.[21] Die EVP-ED-Fraktion, die liberale Fraktion und die Grünen hatten jeweils einen Entschließungsantrag eingebracht. Das Verfahren im Europäischen Parlament gestaltet sich folgendermaßen: Wenn einzelne Entschließungsanträge eingebracht werden, besteht die Möglichkeit, dass die Fraktionen sich auf einen gemeinsamen endgültigen Entschließungsantrag verständigen können. Bei einem solchen gemeinsamen Entschließungsantrag wollten die Sozialisten, entgegen der zuvor durch ihren Vorsitzenden erklärten Haltung, nicht abseits stehen. Dem erfahrenen und klugen Klaus Hänsch war es gelungen, seine sozialdemokratische Fraktion von der Sinnhaftigkeit einer kurzen Entschließung zu überzeugen. Gleiches gelang Andrew Duff aus dem Vereinigten Königreich in der liberalen Fraktion – in konstitutionellen Fragen ein zuverlässiger Verbündeter.

In unserer Fraktion sollte es sich wieder als sehr vorteilhaft erweisen, dass mein Stellvertreter Wim van Velsen, der den zuständigen Arbeitskreis A leitete, sowie Elmar Brok und Íñigo Méndez de Vigo, der wie Elmar Brok sehr erfahren in allen konstitutionellen und institutionellen Fragen war, meine Meinung teilten. Wir vier haben dann auch den gemeinsamen Entschließungsantrag unterzeichnet. Für die sozialistische Fraktion bestätigten deren Vorsitzender Enrique Barón Crespo, Klaus Hänsch, die Französin Pervenche Berès, die später Vorsitzende des Wirtschafts- und Währungsausschusses werden sollte, Richard Corbett aus dem Vereinigten Königreich, der später dem Kabinett des Präsidenten des Europäischen Rates, Herman Van Rompuy, angehören und für die Beziehungen zum Europäischen Parlament zuständig werden sollte, sowie Dimitris Tsatsos, ein perfekt Deutsch sprechender, griechischer Jurist, der lange in Deutschland gelehrt hatte. Für die Liberalen unterzeichneten Andrew Duff und dessen Fraktionsvorsitzender Pat Cox (in dieser Reihenfolge), für die Grünen

Paul Lannoye, die Fraktionsvorsitzende Heidi Hautala aus Finnland, die später mehrfach Ministerin in der finnischen Regierung werden sollte, sowie Nelly Maes. Sogar die Fraktion der Linken stimmte für den Text. Die EVP-ED-Fraktion zeigte große Geschlossenheit: Nur ein Abgeordneter stimmte gegen die Entschließung, fünf Kollegen enthielten sich der Stimme.

Was war der Inhalt der Entschließung des Europäischen Parlaments? Sie brachte Lob und Tadel für den Europäischen Rat zum Ausdruck. Das Parlament

> „stellt in Erwartung einer detaillierten Prüfung des Vertragsentwurfs fest, dass eine Regierungskonferenz zwar wieder einmal zu einigen Verbesserungen bei den Verträgen geführt hat, das Ergebnis jedoch hinter dem zurückbleibt, was das Parlament für notwendig erachtet hat, um die Fähigkeit der Union zur Erweiterung und ihre demokratische Legitimität zu stärken".[22]

Insbesondere kritisierten wir die „unzureichende Ausweitung der Anwendung der qualifizierten Mehrheit bei Abstimmung über Themen, die für die Erweiterung von Bedeutung sind", also die mangelnde Ausweitung der Mehrheitsentscheidung im Ministerrat.[23] Hinzu kam, und dies fand unsere besondere Kritik, dass es keine automatische Verbindung zwischen Beschlussfassungen mit qualifizierter Mehrheit im Rat und legislativer Mitentscheidung des Europäischen Parlaments gab. Für die Ausweitung der Kompetenzen des Europäischen Parlaments bedeutete Nizza einen Fehlschlag, was der Hauptgrund für unsere Kritik war – obgleich wir einige Fortschritte nicht leugneten: Die „Charta der Grundrechte" war proklamiert worden, obwohl sie nicht Bestandteil des Vertrages wurde, was wir natürlich bedauerten. Dies sollte erst mit dem Vertrag von Lissabon der Fall sein. Wir begrüßten einige Fortschritte bei Themen der Sozialagenda, der gemeinsamen Sicherheits- und Verteidigungspolitik, der Nahrungsmittelsicherheit sowie das Statut für eine Europäische Aktiengesellschaft und einige Fortschritte im Bereich des Umweltschutzes. Auch begrüßte das Europäische Parlament, dass der Europäische Rat den Vorschlag des Parlaments für den Zeitpunkt des Beitritts neuer Länder, also die Europawahlen 2004, akzeptiert hatte. Wir würdigten, dass die Stellung des Präsidenten der Europäischen Kommission gestärkt wurde, wie auch den Artikel 7, der ein Frühwarnsystem für Fälle schaffen sollte, in denen Mitgliedstaaten die Grundsätze, auf denen die Union beruht, verletzten. Auch nahm das Parlament anerkennend zur Kenntnis, dass im Vertrag von Nizza die Rechtsgrundlage für ein Statut der politischen Parteien geschaffen wurde. Dafür hatte ich mich seit langer Zeit in enger Zusammenarbeit mit Wilfried Martens, dem Vorsitzenden der EVP, aber auch mit den anderen Parteivorsitzenden, insbesondere dem der europäischen Sozialisten, Paul Rasmussen, des früheren Ministerpräsidenten Dänemarks, eingesetzt.

Entscheidend für unsere Resolution aber war – und wir erklärten ausdrücklich, dass eine ausführliche Stellungnahme im Konstitutionellen Ausschuss erarbeitet werden sollte –, dass wir uns bereits mit dieser Resolution für einen „Post-Nizza-Prozess" aussprachen. Dies war mein vorrangiges Ziel gewesen. Wichtig war aber auch, dass mit dieser Strategie die unterschiedlichen Positionen in unserer Fraktion zum Nizza-Vertrag nicht deutlich wurden. Die Einheit der Fraktion konnte somit nach außen gewahrt werden.

Damit hatte sich das Europäische Parlament auf einen Weg festgelegt, der zu einer weiteren Reform der Europäischen Union führen sollte. Das Ziel war eine Europäische Verfassung, welche von einem Konvent ausgearbeitet werden sollte, der wiederum nach der Methodik desjenigen Konvents arbeitete, der unter Vorsitz des früheren deutschen Bundespräsidenten Roman Herzog die Grundrechtecharta erarbeitet hatte. Wichtig zu vermerken ist, dass auch die britischen Mitglieder unserer Fraktion, also die Konservativen, selbst die europaskeptischen – die meisten Konservativen in unserer gemeinsamen Fraktion waren immer pro-europäisch eingestellt –, dieser Entschließung zustimmten. Mit dieser Entschließung hatte die EVP-ED-Fraktion erreicht, dass sie sich im Hinblick auf die endgültige Bewertung des Nizza-Vertrages noch nicht festlegen musste, dass ein Ja zum Nizza-Vertrag aber möglich wurde. Voraussetzung hierfür war, dass der „Post-Nizza-Prozess" positiv gestaltet werden würde. So hatte ich es ja in meiner Rede gegenüber dem Präsidenten des Europäischen Rates, dem französischen Staatspräsidenten Jacques Chirac, erklärt. Dieses Ziel war zwar erreicht worden, aber die Arbeit ging weiter. Nun galt es, auch unsere Partei, die Europäische Volkspartei, für diese Strategie zu gewinnen.

*

Die Gelegenheit dazu war günstig. Wenige Wochen später, Anfang Januar 2001, sollte der Kongress der Europäischen Volkspartei in Berlin stattfinden. Es musste jetzt darum gehen, die gesamte EVP mit ihren Mitgliedsparteien und Regierungen auf einen sich Nizza anschließenden Reformprozess einzuschwören. Dies in einer Rede zu fordern, wie es mir als Fraktionsvorsitzendem zustand, war eine Sache, reichte aber natürlich nicht aus. Es mussten Fakten geschaffen werden. Ich wollte, dass der Kongress eine Entschließung annahm, in der eine weitere Konferenz gefordert wurde, so wie es vom Europäischen Parlament in der Entschließung vom 12. Dezember 2000 auch verlangt worden war. Es musste rasch gehandelt werden. Es war kurz vor Weihnachten 2000, die Weihnachtspause begann und Anfang Januar 2001 sollte der Kongress der EVP in Berlin stattfinden. Ich war entschlossen, dass der EVP-Teil der Fraktion dem Kongress eine Resolution vorlegte, über die auch abgestimmt werden sollte. Die Tage vergingen, und ich fand natürlich neben meiner hektischen normalen Fraktionsarbeit nicht die Zeit, eine Resolution als Grundlage für eine Entscheidung des EVP-Kongresses zu formulieren. So bat ich die Person, die am besten dafür geeignet war, möglichst schnell einen Resolutionstext zu verfassen: Klaus Welle, unseren Generalsekretär. Es gelang noch vor Weihnachten, die Zustimmung unserer Fraktion für den Text zu erreichen, sodass wir ihn der Partei für den Kongress in Berlin Anfang Januar 2001 übermitteln konnten.

Auf dem EVP-Kongress in Berlin hielt ich am 13. Januar 2001 meine erste Rede als Fraktionsvorsitzender. Ich verstand diese Rede auch als einen Arbeitsbericht für die gesamte Wahlperiode 1999 bis 2004. Dabei begründete ich auch den Entschließungsantrag unserer Fraktion:

> „Unsere endgültige Haltung, so hat es die Fraktion vereinbart, werden wir im Rahmen der Diskussion des Berichtes des Konstitutionellen Ausschusses [des Europäischen Parlaments], der in den nächsten Monaten erarbeitet wird, festlegen. Aber wir müssen klar sagen: dieser Vertrag entspricht nicht unseren Erwartungen. Weder hat es die erforderliche Ausweitung der Mehrheitsabstimmungen im Ministerrat bei den entscheidenden Fragen gegeben, noch eine wesentliche Ausweitung der Mitentscheidung des Europäischen Parlaments in den Bereichen, in denen der Ministerrat mit Mehrheit entscheidet. Der Vertrag von Nizza ist seinem historischen Auftrag nicht gerecht geworden. Auch hat sich die Methode einer Regierungskonferenz überholt. Bei seinem Bericht vor dem Europäischen Parlament hat Staatspräsident Jacques Chirac dieses freimütig eingeräumt. Daraus müssen wir die Konsequenzen für die Zukunft, für weitere Reformen, ziehen. Die Konferenz, in der die Grundrechtscharta – unter dem Vorsitz des früheren Bundespräsidenten der Bundesrepublik Deutschland, Roman Herzog – erarbeitet wurde, könnte ein Beispiel für eine bessere Arbeitsmethode sein. Vertreter des Europäischen Parlaments, der nationalen Parlamente, der Regierungen und der Europäischen Kommission sollten die nächste Vertragsreform vorbereiten. Darüber hinaus muss es eine intensive öffentliche Debatte geben."[24]

Aber es ging mir nicht nur um methodische, sondern vor allem auch um inhaltliche Fragen der Reform. Diese waren der entscheidende Kern. Dabei sprach ich erstmals auch von einer Europäischen Verfassung. Wörtlich erklärte ich vor den Delegierten:

> „Aber sicher wird die Frage, wie die in Aussicht genommene nächste Reform methodisch vorbereitet wird, unsere Haltung dazu beeinflussen. Die Europäische Union ist in ihrer verfassungspolitischen Entwicklung noch nicht am Ziel. Deswegen muss die nächste Konferenz den entscheidenden Durchbruch bringen. Europa braucht eine Verfassung. Europa braucht handlungsfähige, starke Gemeinschaftsinstitutionen. Europa braucht eine Definition der Zuständigkeiten der Europäischen Union und der Nationalstaaten. Wenn diese Kompetenzabgrenzung erfolgt, ist es Aufgabe der Nationalstaaten zu definieren, welche Zuständigkeiten die Regionen und die kommunalen Gebietskörperschaften, Städte und Gemeinden, die in ihrer Bedeutung gar nicht hoch genug eingeschätzt werden könne, haben. Über all diese Fragen sollte der Dialog möglichst bald beginnen."[25]

Mir war sehr bewusst, dass die Reformdebatte ein schwieriger, langwieriger und kontroverser Prozess sein würde. Denn in unmittelbarem Zusammenhang damit stand die

Frage des Beitritts der von der Diktatur des Kommunismus befreiten Völker Mitteleuropas zur Europäischen Union. Durfte die Entscheidung des Beitritts dieser Länder wegen der nichtvollzogenen Reform der Europäischen Union verzögert werden? So sehr ich die Reform der Europäischen Union wünschte, ja geradezu herbeisehnte, so musste doch die Antwort auf den Beitritt der ehemals kommunistischen Länder Mitteleuropas zur Europäischen Union eindeutig sein. Ich formulierte es auf dem EVP-Kongress für unsere Fraktion so:

„Wie auch immer unsere Entscheidung zu Nizza ausfällt, diese Entscheidung darf den Beitritt der Völker aus der Mitte Europas in die Europäische Union nicht verzögern. Die Erweiterung der Europäischen Union ist für uns eine historische, politische und moralische Verantwortung. Schauen wir zum Beispiel nach Polen. Polen war in den letzten Jahrhunderten immer wieder Opfer der Machtpolitik seiner Nachbarn. Kein Land hat unter der Barbarei des Nationalsozialismus und des Kommunismus so gelitten wie Polen. Fragen wir uns: Darf die Mitgliedschaft Polens in der Europäischen Union, wenn es die Voraussetzungen erfüllt, scheitern oder verzögert werden, weil wir unseren selbst gestellten Aufgaben nicht entsprochen haben? Ich wage zu sagen, dass wir dieses Recht nicht haben. Ohne Solidarność in Polen, ohne den Freiheitswillen der Tschechen und Slowaken, der Ungarn, der Menschen in den baltischen Staaten und all der anderen Völker in der Mitte und im Osten Europas hätte es den Wandel auf unserem Kontinent nicht gegeben. Wenn wir jetzt unsere östlichen Nachbarn aus unserer Wertegemeinschaft ausgrenzen, machen wir uns – dieses ist meine feste Überzeugung – auch als Christen schuldig. Die Wertegemeinschaft Europas – die menschliche Würde, die Freiheit der Person, die Demokratie, der Rechtsstaat, die marktwirtschaftliche Ordnung – ist nicht das Privileg der westlichen Staaten unseres Kontinents, unser Kontinent und seine Werte gehören allen Völkern Europas. Deswegen müssen wir als Europäische Volkspartei dieser Herausforderung entsprechen. Und wir dürfen stolz darauf sein, dass es unsere Fraktion war, die vorgeschlagen hat – und dies hat die Zustimmung nicht nur des Europäischen Parlaments, sondern dann auch der Kommission und jetzt des Gipfels von Nizza gefunden –, dass die Beitritte so erfolgen sollen, dass erste Völker aus der Mitte Europas so rechtzeitig der Europäischen Union beitreten sollen, dass sie sich an den nächsten Wahlen zum Europäischen Parlament im Jahre 2004 beteiligen können. Es war und ist unsere Initiative. Lassen Sie uns entschlossen dafür arbeiten.“[26]

Auf dem Kongress hörte ich vereinzelt Kritik an der Position der Fraktion hinsichtlich des eingereichten Entschließungsantrages. Aber die positiven Reaktionen waren deutlich in der Mehrheit. Ich war meiner Sache absolut sicher. Die erweiterte Europäische Union konnte nicht bestehen, wenn wir nicht auch im Hinblick auf die Entwicklung der europäischen Demokratie mehr Verantwortung für das Europäische Parlament und vereinfachte Verfahren im Rat, also Mehrheitsabstimmungen, erreichten.

In der Politik geht es nicht nur darum, gute Überzeugungen zu haben, sondern man muss sie auch durchsetzen. Man muss konkret werden. Man muss etwas tun. Die

Abstimmung über unseren Antrag fand am Samstagvormittag, dem 13. Januar 2001, statt. Viele Delegierte, insbesondere auch die Kritiker unserer Resolution, waren bereits abgereist. Natürlich war das für den Erfolg unserer Resolution von Vorteil, aber es spricht nicht für die Delegierten, wenn sie nicht bis zum Schluss bleiben. Wir hingegen, der Kern derjenigen in unserer Fraktion, die unbedingt diesen Antrag durchbringen wollten, blieben bis zum Ende des Kongresses und nahmen an der Abstimmung teil. So habe ich es immer gehalten. Unser Entschließungsantrag wurde mit Einstimmigkeit (bei 10 Enthaltungen) angenommen.[27] Ich war sehr zufrieden.

In der Entschließung wurde festgestellt, dass mit dem Vertrag von Nizza zwar eine formale Grundlage für die Erweiterung gelegt wäre, was die Neugewichtung der Stimmen im Rat beziehungsweise die Neuverteilung der Sitze im Europäischen Parlament und die Anzahl der Kommissare in einer erweiterten Europäischen Union anginge.[28] Auch wurde anerkannt, was sehr wichtig war, dass mit dem Vertrag von Nizza nun eine Rechtsgrundlage für die europäischen politischen Parteien geschaffen wurde. Trotzdem war die Beurteilung des Vertrages von Nizza insgesamt sehr kritisch:

> „Die Transparenz wurde nicht erhöht. In weiteren Bereichen entscheidet der Rat mit qualifizierter Mehrheit, ohne dass dem Europäischen Parlament das Recht auf Mitentscheidung eingeräumt wurde. Dort wurde die demokratische Legitimation der Entscheidungen der Union vermindert. Wichtige Bereiche wurden zu großen Teilen unter der Einstimmigkeitsregel belassen, mit dem damit verbundenen Risiko zukünftiger Blockaden in einer erweiterten Europäischen Union."

Es wurde betont, dass es von entscheidender Wichtigkeit wäre, dass der „Post-Nizza-Prozess", der die nächste, bis 2004 zu verabschiedende Reform vorbereiten sollte, klare Perspektiven und Verpflichtungen zur Überwindung dieser Defizite anböte. Für die Zukunft sprach sich die EVP für eine völlig neue Methode der Vertragsrevision aus:

> „Die Vorbereitung der institutionellen Reformen und der Ablauf des Europäischen Rates von Nizza haben deutlich die Grenzen der intergouvernementalen Methode aufgezeigt, der Europäischen Union transparente, effiziente und demokratische Institutionen zu geben. Die für den Post-Nizza-Prozess gewählte Arbeitsmethode muss deshalb die volle Beteiligung der Mitglieder des Europäischen Parlaments und der nationalen Parlamente als demokratisch gewählte Vertreter der Bürger der Europäischen Union sowie auch die Beteiligung der Europäischen Kommission am Entscheidungsprozess gewährleisten. Wir fordern daher neue Wege der Entscheidungsvorbereitung, z. B. eine Konferenz basierend auf dem erfolgreichen Modell des Konvents zur Vorbereitung der Grundrechtscharta abzuhalten, mit wirksamen internen Entscheidungsverfahren unter Einbindung von Experten von außerhalb über spezialisierte Arbeitsgruppen."

In der Entschließung wurde die schwedische Präsidentschaft, die am 1. Januar 2001 begonnen hatte, aufgefordert, die Entscheidungen vorzubereiten und einen Anstoß für eine breite öffentliche Debatte zu geben. Es wurde erwartet, dass unter der belgischen Präsidentschaft in der zweiten Hälfte des Jahres 2001 in Laeken die endgültige Tagesordnung verabschiedet werden würde. Diese müsse „so offen gestaltet werden, dass eine demokratischere, transparentere und handlungsfähigere Europäische Union möglich wird und so die Defizite von Nizza überwunden werden können".

Im Übrigen lautete eine weitere zentrale Forderung:

> „Die Kompetenzverteilung zwischen der Europäischen Union und den nationalen Mitgliedstaaten nach dem Grundsatz der Subsidiarität sowie zwischen Rat, Kommission und Europäischem Parlament muss im Rahmen eines Verfassungsvertrages geklärt werden."

Für die EVP sollte klar sein, dass es eine eindeutige Kompetenzregelung zwischen den verschiedenen politischen Ebenen geben würde. Auch wurde deutlich gemacht, dass es sich nicht nur um eine weitere Vertragsänderung handeln dürfte, sondern eindeutig wurde für die Europäische Union ein „Verfassungsantrag" gefordert. Von besonderer Bedeutung in der Entschließung war außerdem, dass eine bessere Handlungsfähigkeit der Europäischen Union verlangt wurde, und zwar durch die Übertragung weiterer Gebiete in den Bereich der Entscheidung mit qualifizierter Mehrheit (also des Rates) und der Mitentscheidung (also des Europäischen Parlaments).

Der EVP-Kongress schloss sich meiner Haltung zur Bewertung des Vertrages von Nizza an, wie ich sie bereits in meiner Rede vom 12. Dezember 2000 im Europäischen Parlament dargelegt hatte:

> „Eine endgültige Bewertung des Vertrages von Nizza sollte konkrete Fortschritte vor der Ratifizierung und im Nach-Nizza-Prozess im Bereich der oben genannten Punkte berücksichtigen."

Im Übrigen wurden alle Mitgliedsparteien dazu angehalten, diese Forderung während des Ratifizierungsprozesses in ihren nationalen Parlamenten und – sofern EVP-Parteien auch an der Regierung beteiligt waren – auch im Rat zu verteidigen. Mir wurde vom EVP-Kongress folgender Auftrag erteilt:

> „Der Vorsitzende der EVP-ED-Fraktion im Europäischen Parlament wird beauftragt, die Fraktionsvorsitzenden in den nationalen Parlamenten persönlich zweimal im Jahr zu einer gemeinsamen Sitzung einzuladen, um die Stimme der gewählten Volksvertreter im Prozess der Europäischen Integration und insbesondere der wichtigen Änderungen bis 2004 zu stärken."

Über die Annahme dieser von der EVP-ED-Fraktion beziehungsweise des EVP-Teils unserer Fraktion eingebrachten, von mir veranlassten Entschließung war ich außerordentlich glücklich. Ich kann wohl feststellen, dass dieser Beschluss des EVP-Kongresses, der von Anfang an auch die Unterstützung des EVP-Präsidiums mit seinem Vorsitzenden Wilfried Martens fand, in der politischen Zielsetzung mit zu den wichtigsten Entscheidungen gehört, die ich in meinem politischen Leben auf den Weg gebracht habe. Natürlich kann nie jemand für sich die alleinige Autorschaft beanspruchen. Das Erreichen eines politischen Ziels erfordert immer das Mitwirken vieler. Aber das Erreichen dieses Zieles mit dieser Entschließung, und damit den Beschluss des EVP-Kongresses entscheidend verursacht zu haben, war für mich außerordentlich zufriedenstellend. Insofern handelte es sich also politisch als auch für mich persönlich um ein entscheidendes Dokument, das für die Zukunft der Europäischen Union von besonderer Bedeutung sein sollte.

Der EVP-Kongress war damit sowohl für unsere Partei, die Fraktion und für die Zukunft der Europäischen Union, aber auch für mich persönlich ein großer Erfolg. Wenige Tage nach unserem Zusammentreffen in Berlin fand die Sitzung des Europäischen Parlaments in Straßburg statt. Dort begegnete ich dem Vorsitzenden des Konstitutionellen Ausschusses, dem italienischen Sozialisten Giorgio Napolitano und späteren Staatspräsidenten Italiens (ab 2006). Giorgio Napolitano erklärte mir – wir unterhielten uns immer in englischer Sprache –, dass die EVP mit ihrer Entschließung auf dem Kongress etwas „sehr Gutes" beschlossen hätte. Meine Erwiderung war: „Herr Präsident, tun Sie das Gleiche in Ihrer Parteienfamilie." So entwickelte sich bei den pro-europäischen Parteien eine Bereitschaft und Offenheit, weiter mit der Reform der Europäischen Union voranzuschreiten. Eine Lehre von Goethe wurde in diesem Bemühen immer wieder deutlich: „Alles ist einfacher, als man denken kann, zugleich verschränkter, als zu begreifen ist."[29]

2. Eine bewegende Begegnung

Mein schottischer Kollege John Purvis lud mich ein, im Juni 2000 eine Rede vor Mitgliedern der Konservativen Partei in Dundee, nördlich der schottischen Hauptstadt Edinburgh, zu halten. John Purvis und seine Frau Louise waren hervorragende Gastgeber in Gilmerton House, East Lothian. Gilmerton House ist der Mittelpunkt eines großen Farmgeländes, zu dem auch ein „Altenteil" gehört, etwa 150 Meter entfernt von Gilmerton House gelegen. Dort begegnete ich Robert Purvis, dem Vater von John Purvis, der nach 1945 für die britische Besatzung in Deutschland zunächst in Nordrhein-Westfalen, dann in Schleswig-Holstein und Hamburg für *food and agriculture*, also für die Ernährung der dortigen deutschen Bevölkerung, zuständig gewesen war. Robert Purvis war schon hochbetagt, aber wir konnten uns dennoch ein wenig über seine Erlebnisse im zerstörten Deutschland unterhalten.

Nach dem Tode des Vaters leben heute John und Louise Purvis in diesem „Altenteil". In Gilmerton House wohnt ihr Sohn Robert mit seiner deutschstämmigen Ehefrau und Familie. Am Abend des 21. Juni 2000 fuhren wir von Johns und Louises Farm mit dem Auto nach Dundee, wo ich vor etwa einhundert Anhängern der Konservativen Partei meine Rede über „Europa" hielt. Wie jeder historisch Informierte weiß, waren und sind die Schotten „Europa" gegenüber aufgeschlossener als die Engländer. Dies sollte ich auch an diesem Abend erleben. Meine europäische Rede kam gut an, insbesondere der abschließende Satz: „It's not the size of a nation that counts, it's the spirit of a nation that counts; Scotland is a great nation." („Nicht die Größe einer Nation ist entscheidend, sondern ihr Geist. Schottland ist eine große Nation.") Schon früh hatte ich im Europäischen Parlament gelernt, dass das Bekenntnis zur schottischen Nation kein Gegensatz zur Europäischen Einigung war, sondern im Gegenteil: Schottland behauptete immer seine eigene Nationalität gegenüber der englischen, um so die Gleichberechtigung im Vereinigten Königreich zum Ausdruck zu bringen. Meine Schlussformulierung wurde mit Begeisterung aufgenommen. Natürlich freute ich mich darüber, zumal ich meine Rede auf Englisch, also nicht in meiner Muttersprache, gehalten hatte.

Nach der Veranstaltung wurde mir eine etwa siebzigjährige sympathische, redegewandte Dame vorgestellt: Rhoda Fyfe. Das, was sie mir erzählte, war zutiefst bewegend und sollte in den nächsten Monaten zu einigen Konsequenzen führen. Rhoda Fyfe berichtete mir, dass ihr Mann, Zander Paterson, im Jahre 1954 als britischer Soldat auf einem Flug von Hamburg nach Berlin (West) im Rahmen der sogenannten Luftbrücke zum freien Teil Berlins beim Absturz der Militärmaschine auf DDR-Gebiet ums Leben gekommen war. Zander Paterson war Funker gewesen, mit ihm waren zwei weitere britische Soldaten sowie ein Passagier gestorben. Rhoda Fyfe sagte mir, wie gerne sie den Ort des Todes ihres geliebten Mannes besuchen würde, da der Gedanke sie nicht losließe, durch den Besuch dieses Ortes von ihm Abschied nehmen zu können. Es war ergreifend für mich zu spüren, dass die Erfüllung einer solchen Erwartung Rhoda Fyfe innere Ruhe und Frieden vermitteln würde. Rhoda Fyfe erzählte, ihr Sohn Stephen wäre vier Monate alt gewesen, als der Vater ums Leben gekommen war. Mit einem Stapel Beileidsschreiben und vielen offenen Fragen blieben die beiden damals in Hamburg zurück.[30] Ich musste an meinen Vater denken, den ich nie gesehen hatte. Zander Paterson und seine Kameraden hatten ihr Leben für Deutschland gelassen, für Berlin, um die Menschen dort zu versorgen. Berlin (West), eine Insel in der kommunistischen Welt, war nur zu verteidigen, weil Großbritannien, die USA und Frankreich als alliierte Mächte es nicht zugelassen hatten, dass Stalin und seine Nachfolger auch den westlichen Teil der deutschen Hauptstadt okkupierten. 39 Briten und 31 US-Amerikaner sowie 13 Deutsche hatten ihr Leben verloren, um die Versorgung Berlins zu garantieren.

Der Wunsch, ja die Bitte von Rhoda Fyfe, den Ort des Todes ihres geliebten Mannes aufzusuchen, beeindruckte mich nicht nur, sondern bewegte mein Herz. Ich versprach ihr, alles zu tun, um ihrer Bitte nachzukommen. Ein geeigneter Rahmen dafür erschien mir der Kongress der Europäischen Volkspartei und die damit verbundene Sitzung unserer Fraktion. Erfahrungsgemäß ging den EVP-Kongressen immer eine Fraktionssitzung voraus. Ich vereinbarte mit Rhoda Fyfe, sie bei diesen Begegnungen, die Anfang Januar 2001 in Berlin stattfinden würden, zu empfangen. Gesagt, getan. So lud ich Rhoda Fyfe und ihren Sohn Stephen zu unserer Fraktionssitzung Anfang Januar 2001 nach Berlin ein. Bei dem Abendessen der Fraktion im Wintergarten Varieté berichtete ich vor den Mitgliedern unserer Fraktion von meiner Begegnung mit Rhoda Fyfe in Dundee und schilderte ihr Schicksal. Als ich in die Gesichter meiner Kolleginnen und Kollegen schaute, sah ich, dass einige Tränen in den Augen hatten. In dieser Situation erlebte ich für mich erneut, welch weiten Weg zum Guten wir in Europa gegangen sind. Die Einigung unseres Kontinents ist von unschätzbarer Bedeutung, weil sie den Menschen dient: Versöhnung, Verständigung, Frieden – und dieses alles in Freiheit – sind die Grundlage.

Am darauffolgenden Tag empfing der Regierende Bürgermeister von Berlin, Eberhard Diepgen, unsere Fraktion im „Roten Rathaus", das nach der Einheit Deutschlands das gemeinsame Rathaus für ganz Berlin wurde – nicht mehr das Schöneberger Rathaus, das ich erstmals 1962 kennengelernt hatte. Vor dem Empfang hatte ich Eberhard Diepgen über den Besuch von Rhoda Fyfe informiert und er erwähnte sie mit herzlichen Worten und überreichte ihr einen wunderbaren Blumenstrauß. Außerdem trafen Mutter und Sohn auf Helmut Kohl, den „Vater der Einheit". Auch dies waren bewegende Erlebnisse. Die Europäische Einigung ist nicht nur ein abstraktes politisches Ereignis, sondern sie hat tiefe Bedeutung für die Menschen. Bei der populären Kritik an „Brüssel" wird dies bedauerlicherweise völlig übersehen. Es bleibt für immer eine Aufgabe, die den Menschen dienende Bedeutung der Europäischen Einigung zu vermitteln.

An dem auf den Empfang bei Eberhard Diepgen folgenden Tage besuchte Rhoda Fyfe zusammen mit ihrem Sohn Stephen die Absturzstelle der britischen Militärmaschine. Wie gern hätte ich die beiden dabei begleitet. Doch meine Anwesenheit auf dem EVP-Kongress ließ dies nicht zu, da ich dort ja unsere Positionen für die Weiterentwicklung der Europäischen Union und für eine neue vertragliche Grundlage vertreten musste. Aber Markus Arens, mein persönlicher Referent, hatte den Besuch von Rhoda Fyfe und ihrem Sohn hervorragend vorbereitet. Rhoda Fyfe berichtete mir nach dem Besuch der Absturzstelle in Kyritz – und schilderte es mir noch einmal telefonisch vor der Niederschrift dieser Geschichte –, dass sie dort durch die damalige stellvertretende Bürgermeisterin und einen Polizeibeamten, der den Absturz als Zeuge erlebt hatte, begleitet und gut betreut worden wäre. Am 26. Juni 1954 war Zander Paterson in Kyritz ums Leben gekommen, am 21. Juni 2000, 46 Jahre später, begegnete ich Rhoda Fyfe in Dundee und im Januar 2001 besuchte sie den Ort, an dem ihr geliebter Mann sein Leben verloren hatte. Mit großer Dankbarkeit schrieb sie mir nach ihrem Besuch in Kyritz, dass er ihr innere Ruhe und Frieden geschenkt hätte. Es schloss sich ein Lebenskreis.

Rhoda Fyfe hatte sechs Jahre nach dem Tod von Zander Paterson wieder geheiratet, daraus erklärt sich ihr heutiger Name. Vertrauensvoll teilte sie mir mit, dass sie die Unterlagen über den Tod ihres Mannes, die Schilderungen und viele der Beileidsbekundungen vernichtet hätte, um nicht bei ihrem neuen Ehemann den Eindruck mangelnder Liebe zu erwecken. Ich erwähne dies nicht, um indiskret zu sein, sondern um die Größe auch dieser Frau zu schildern, die wie so viele Kriegerwitwen in Deutschland, so meine Mutter, Schweres durchstehen musste und dies mit bewundernswerter Haltung bewältigt hat.

3. Konvent von Laeken – Vorbereitung einer Europäischen Verfassung

Schwerpunkt der politischen Arbeit von Fraktion und Partei im Jahr 2001 war die Vorbereitung des entscheidenden Treffens des Europäischen Rates vom 14. und 15. Dezember 2001 unter belgischem Vorsitz in Laeken.[31] Die Forderung nach einem Konvent wurde von unserer Fraktion ständig wiederholt. Íñigo Méndez de Vigo hielt hieran in seinem Bericht im Namen des Konstitutionellen Ausschusses des Europäischen Parlaments fest:

> „dass die Einberufung einer weiteren Regierungskonferenz auf einem von Grund auf anders beschaffenen Prozess beruht, der transparent ist, der der Mitwirkung des Europäischen Parlaments, der nationalen Parlamente und der Kommission offen steht und an dem sich die Bürger der Mitgliedstaaten und der Bewerberstaaten beteiligen können".[32]

In einer Entschließung[33] zur Vorbereitung des Europäischen Rats in Göteborg im Juni 2001 forderte die Fraktion erneut einen Konvent, vergleichbar dem, der die „Charta der Grundrechte" ausgearbeitet hatte. Die Zusammenarbeit zwischen EVP-ED-Fraktion und der EVP-Partei unter Vorsitz von Wilfried Martens – als Fraktionsvorsitzender gehörte ich dem Präsidium der EVP an – gestaltete sich in dieser Phase besonders konstruktiv.

Wenige Tage vor dem Laekener Gipfel nahm das Präsidium der EVP einen Text mit der Überschrift „Eine Verfassung für ein starkes Europa" an.[34]

Nicht zuletzt aufgrund der konsequenten Position von EVP-ED-Fraktion und -Partei wurde der Europäische Rat von Laeken für die Christdemokraten ein großer Erfolg. Anerkennung ist auch für den damaligen Präsidenten des Europäischen Rates, den belgischen Ministerpräsidenten Guy Verhofstadt, angebracht, der als überzeugter europäischer Föderalist in institutionellen Fragen der Einigung Europas Positionen vertrat, die der EVP nahestanden. In der „Erklärung von Laeken zur Zukunft der

Europäischen Union" äußerte sich der Europäische Rat sehr grundsätzlich zur Geschichte des europäischen Einigungsprozesses und zu den Herausforderungen für die Zukunft. Für die Methodik einer zukünftigen Reform der Verträge betreffend, war folgender Beschluss entscheidend:

> „Im Hinblick auf eine möglichst umfassende und möglichst transparente Vorbereitung der nächsten Regierungskonferenz hat der Europäische Rat beschlossen, einen Konvent einzuberufen, dem die Hauptakteure der Debatte über die Zukunft der Union angehören. Im Lichte der vorstehenden Ausführungen fällt diesem Konvent die Aufgabe zu, die wesentlichen Fragen zu prüfen, welche die künftige Entwicklung der Union aufwirft, und sich um verschiedene mögliche Antworten zu bemühen."[35]

Mit dieser Formulierung behielt sich der Europäische Rat mit der abschließenden Einsetzung einer Regierungskonferenz zwar das letzte Wort vor, aber die Tatsache, dass ein Konvent die Regierungskonferenz vorbereiten sollte, war ein großer Fortschritt. Zum Vorsitzenden des Konventes wurde der frühere französische Staatspräsident Valéry Giscard d'Estaing (1974–1981) berufen, zu seinen Stellvertretern der ehemalige italienische Ministerpräsident Giuliano Amato (1992/93, 2000/01) sowie der einstige belgische Ministerpräsident Jean-Luc Dehaene (1992–1999), der unserer Fraktion angehörte. Im Hinblick auf die Zusammensetzung des Konventes wurden sehr konkrete Beschlüsse gefasst. Neben seinem Präsidenten und seinen beiden Vizepräsidenten sollten dem Konvent 15 Vertreter der Staats- und Regierungschefs der Mitgliedstaaten (ein Vertreter pro Mitgliedstaat), 30 Mitglieder der nationalen Parlamente (zwei pro Mitgliedstaat), 16 Mitglieder des Europäischen Parlaments und zwei Vertreter der Kommission angehören. Die Bewerberländer sollten umfassend an den Beratungen des Konvents beteiligt werden und in gleicher Weise wie die Mitgliedstaaten dabei sein (ein Vertreter der Regierung und zwei Mitglieder des nationalen Parlaments) und „an den Beratungen teilnehmen, ohne freilich einen Konsens, der sich zwischen den Mitgliedstaaten abzeichnet, verhindern zu können".[36]

Zusätzlich wurde eine gleiche Anzahl von Stellvertretern vorgesehen, sofern die Mitglieder des Konventes nicht anwesend wären. Die Stellvertreter waren in derselben Weise zu benennen wie die Mitglieder. Der Konvent sollte von einem Präsidium geleitet werden. Diesem sollten angehören: der Präsident, die beiden Vizepräsidenten und neun Mitglieder des Konvents (die Vertreter aller Regierungen, die während des Konvents den Ratsvorsitz innehätten, zwei Repräsentanten der nationalen Parlamente, jeweils zwei des Europäischen Parlaments und der Kommission). Als Beobachter sollten eingeladen werden: drei Vertreter des Wirtschafts- und Sozialausschusses, drei Bevollmächtigte der europäischen Sozialpartner sowie sechs im Namen des Ausschusses der Regionen (die von diesem unter den Vertretern der Regionen, der Städte und der Regionen mit legislativer Befugnis zu bestimmen waren) und der Europäische Bürgerbeauftragte. Der Präsident des Europäischen Gerichtshofs und der Präsident des Rechnungshofs sollten sich auf Einladung des Präsidiums vor dem Konvent äußern können. Für die Eröffnungssitzung des Konvents wurde der 1. März 2002 bestimmt. Der Konvent sollte in Brüssel tagen und sich in den elf Arbeitssprachen der Union betätigen. Seine Debatten und sämtliche offizielle Dokumente sollten der Öffentlichkeit zugänglich gemacht werden.[37] Damit entsprach die Arbeitsmethodik des Konventes den Vorstellungen des Europäischen Parlaments: absolute Öffentlichkeit. Wenn also die Medien es wollten, könnten sie über die Arbeiten des Konventes umfassend berichten. Auch wurde ein „Forum" vorgesehen, in dem Vertreter der Zivilgesellschaft ihre Überzeugungen einbringen sollten. Eine möglichst umfassende Debatte zwischen politisch Verantwortlichen und der Zivilgesellschaft wurde damit sichergestellt. Transparenter ging es wirklich nicht!

Unsere Fraktion sollte hervorragend im Präsidium und im Konvent vertreten sein. Von den 13 Mitgliedern des Präsidiums des Konventes konnten sieben der EVP zugeordnet werden: Neben dem Präsidenten Valéry Giscard d'Estaing und dem stellvertretenden Präsidenten Jean-Luc Dehaene gehörten dazu Íñigo Méndez de Vigo, Kommissionsmitglied Michel Barnier, die spanische Außenministerin Ana Palacio Vallelersundi, der ehemalige irische Premierminister John Bruton und als Vertreter der Beitrittsländer der Slowene Alojz Peterle, der künftig der Fraktion angehören sollte.[38] Mit Elmar Brok, der Vorsitzender der EVP-Gruppe im Konvent wurde, Íñigo Méndez de Vigo, Timothy Kirkhope, Alain Lamassoure, Hanja Maij-Weggen und Antonio Tajani, die zu ordentlichen Konventsmitgliedern berufen wurden, gehörten 6 der 16 Parlamentsvertreter unserer Fraktion an.[39]

Am 28. Februar 2002 konstituierte sich der Konvent im Plenarsaal des Europäischen Parlaments in Brüssel. An der konstituierenden Sitzung des Konvents nahmen der Präsident der Europäischen Kommission, Romano Prodi, der spanische Ministerpräsident José María Aznar als Präsident des Europäischen Rates sowie der Präsident des Europäischen Parlaments, Pat Cox, die Fraktionsvorsitzenden im Europäischen Parlament und natürlich auch alle Konventsmitglieder teil. Es war eine beeindruckende Konstituierung, die von Valéry Giscard d'Estaing als Präsidenten des Konvents würdevoll geleitet wurde. Die drei Präsidenten der europäischen Institutionen nahmen in kurzen Reden Stellung zur Bedeutung des Konvents.[40] Der Präsident des Europäischen Rates, Spaniens Ministerpräsident José María Aznar, sagte:

> „Mitunter zwingt die Weltlage die Union, ihr Voranschreiten zu beschleunigen. Ein berühmter europäischer Denker, der Spanier Ortega y Gasset, forderte die Einheit der europäischen Staaten, um dem Nationalismus und dem drohenden Verfall in diesem ‚Europa' genannten Teil der Welt Einhalt zu gebieten. In diesem Sinne muss es den europäischen Entscheidungsträgern von heute ein dringendes Anliegen sein, die Rolle Europas in einer Welt, die sich mit dem Eintritt in ein neues Jahrtausend tiefgreifend verändert hat, neu zu bestimmen. [...] Das große Ziel, das die Arbeiten dieses Konvents leiten muss, ist die Gestaltung eines zukunftsfähigen und effizienten Europas. Ein Eu-

ropa, in dem allen Bürgern unter gleichen Bedingungen die Vorteile des Binnenmarktes, der einheitlichen Währung und des europäischen Sozialmodells zugutekommen. Trotz der großen Fortschritte, die bereits erzielt wurden, haben wir noch viel vor uns. Nur wenn es eine Agenda mit konkreten Projekten und Vorhaben gibt, kann der Bürger sich mit dem Aufbau einer politischen Union identifizieren. Wenn Europa eine Zukunft hat – und davon bin ich zutiefst überzeugt – so muss diese so gestaltet sein, dass die europäischen Bürger wirklich an sie glauben, sie unterstützen und sie positiv beurteilen."

Diesen Zielen, so der spanische Ministerpräsident, müsste der Konvent dienen. Der Präsident des Europäischen Parlaments, Pat Cox, zeigte sich erfreut darüber, dass er die Mitglieder des Konvents im Plenarsaal des Europäischen Parlaments begrüßen konnte. Pat Cox wörtlich:

„Der heutige Tag wird in die Annalen der Reform der Europäischen Verträge als entscheidender und revolutionärer Schritt auf dem Weg hin zu Demokratie und Parlamentarismus in Europa eingehen."

Er wies darauf hin, dass das Europäische Parlament dem Dialog mit den Bürgern und der Zivilgesellschaft besondere Bedeutung beimäße. Er forderte dazu auf, dass der Konvent nicht nur redete, sondern auch zuhörte. Der Konvent müsste den Weg für einen permanenten Dialog mit den Völkern der Europäischen Union, den Sozialpartnern, der Zivilgesellschaft, den Staaten und den Regionen ebnen. Und Pat Cox wandte sich noch einmal direkt an die Mitglieder des Konvents:

„Da Sie der parlamentarischen Methode folgen, steht ihre Arbeit im Lichte der Öffentlichkeit und wird über die Website des Europäischen Parlaments gleichzeitig im Internet per Video-Streaming übertragen. Dies ist ein Zeichen dafür, dass Europa offener geworden ist, und Sie müssen diesem Anspruch gerecht werden."

Zum Abschluss seiner Rede erinnerte der Präsident des Europäischen Parlaments an den europäischen Traum und zitierte den irischen Nobelpreisträger William Butler Yeats: „Ich habe meine Träume unter Deinen Füßen ausgebreitet; geh sanften Schrittes, denn Du gehst auf meinen Träumen."

Romano Prodi, der Präsident der Kommission, früherer und zukünftiger Ministerpräsident Italiens, erinnerte an die Persönlichkeiten, die den Weg der Europäischen Einigung vor fünfzig Jahren „mit Mut, Klugheit und Weitblick" gegangen sind und „einen vollkommen neuen Weg eröffnet" haben. Wörtlich erklärte der Präsident der Kommission:

„Sie wählten Versöhnung anstelle von Krieg, Frieden in Unabhängigkeit anstelle von gegenseitiger Zerstörung, Recht und Gesetz anstelle des Rechts des Stärkeren. Sie legten den Grundstein für eine Gemeinschaft der Völker und der Staaten. Supranationale Institutionen wurden gegründet und mit der Zeit ausgebaut. Zusammen mit den im Rat vereinten Mitgliedstaaten arbeiten eine Kommission, die über das europäische Allgemeininteresse wacht, ein in allgemeiner Wahl gewähltes Parlament, das die gesamte europäische Bevölkerung vertritt, und ein Gerichtshof, der für die Einhaltung des Gesetzes Sorge trägt. Diese Zusammenarbeit hat eine neue europäische Identität geschaffen."

Romano Prodi erinnerte daran, die Besonderheit der Europäischen Union bestünde darin, dass sie „eine Gemeinschaft der Völker und der Staaten" bildete. Das Ziel wäre nicht, einen „Suprastaat" zu gründen, sondern

„das eigentliche – von Realismus und einer Zukunftsvision getragene – Ziel besteht darin, diese besondere Struktur schließlich zu einer immer fortschrittlicheren supranationalen Demokratie weiterzuentwickeln. Zu einer europäischen Demokratie der Völker und Staaten Europas."

Er plädierte für „neue, einfachere und transparentere Entscheidungs- und Vollzugsverfahren". Europa wäre keine Allianz, sondern das gemeinsame Haus der europäischen Bürger. Deswegen dürfte sich Europa „nicht nur auf das Recht einiger weniger Länder stützen, nur weil sie größer, stärker oder schon länger im europäischen Klub" wären. Die Europäische Union wäre „eine ‚Union von Minderheiten', in der kein Staat die Möglichkeiten haben darf, andere zu dominieren." Andererseits dürfte man sich aber auch „nicht mit einer schwachen Koordinierung zufrieden geben", sondern die Europäische Union brauche starke und „solide Institutionen". Romano Prodi sicherte den Mitgliedern des Konvents die uneingeschränkte Unterstützung der Europäischen Kommission zu.

In einer ausführlichen Rede wandte sich der Präsident des Konvents, Valéry Giscard d'Estaing, an die 105 Mitglieder (und die ebenso große Anzahl von Stellvertretern) des Konvents. Er erklärte:

„Wenn wir Erfolg haben, das heißt, wenn wir uns darauf einigen, ein Konzept für eine Europäische Union vorzuschlagen, das gleichzeitig der gesamteuropäischen Dimension und den Anforderungen des 21. Jahrhunderts gerecht wird, ein Konzept, das für unseren Kontinent Einheit bringt und die Achtung seiner Vielfalt gewährleistet, werden Sie – ob Sie nun italienischer Europäer, britischer Europäer, polnischer Europäer oder ein anderer Europäer sind – auseinander gehen und mit dem Gefühl nach Hause zurückkehren können, einen bescheidenen, aber nachhaltigen Beitrag zu einem neuen Kapitel der Geschichte Europas geleistet zu haben."

Valéry Giscard d'Estaing erinnerte an die Erfahrungen des europäischen Einigungsprozesses. Europa wäre „Schritt für Schritt, von Vertrag zu Vertrag vorangekommen".

Auf dem Weg hätte es „Teillösungen und Krisen" gegeben, die aber immer überwunden wurden. Am auffälligsten wäre, dass Europa zwar in manchen Zeiten blockiert schien, aber niemals zurückgeschritten wäre. Der frühere französische Staatspräsident sprach von einem „Neuaufbruch zu unserem multinationalen Abenteuer". Dass Europa gegenwärtig nicht weiter vorankäme, wäre mehreren Faktoren zuzuschreiben,

> „insbesondere der unklaren Kompetenzabgrenzung, den komplizierten Verfahren und vielleicht auch dem nachlassenden politischen Willen, vor allem aber, so denke ich, lässt sich dies auf eine zentrale Ursache zurückführen, nämlich auf die Schwierigkeit, ein starkes Gefühl der Zugehörigkeit zur Europäischen Union mit der Wahrung einer nationalen Identität zu verbinden".

Diese Schwierigkeit würde sich noch verstärken, wenn weitere Staaten der Europäischen Union beiträten. Es müsste eine Lösung gesucht werden,

> „wie sich der Wunsch nach Zugehörigkeit zu einer starken Europäischen Union und die Wahrung einer festen Verankerung im nationalen politischen, sozialen und kulturellen Leben miteinander vereinbaren lassen".

Dies entsprach ganz meinen Überzeugungen. Heimat, Vaterland und Europa gehören zusammen. Auf dieser gedanklichen Grundlage habe ich immer versucht, meine Arbeit im Europäischen Parlament zu leisten. Ich freute mich, dass Valéry Giscard d'Estaing es in seiner bemerkenswerten Rede ebenso darlegte, ich also ganz mit ihm übereinstimmen konnte.

Dies in der Wirklichkeit eines Vertrages darzustellen, ist nicht leicht. Die Frage „Wer macht was in Europa?" ist von großer Bedeutung für die Gestaltung des Vertragsrechts, das ja die Grundlage der Europäischen Einigung bildet. Worin sollen die Zuständigkeiten der Union und der Mitgliedstaaten bestehen? Giscard d'Estaing stellte die Frage, ob man den ausschließlichen Zuständigkeiten der Union den Vorzug geben oder einen breiten Bereich geteilter Zuständigkeiten vorsehen sollte. Er erinnerte daran, dass auf die in der Erklärung von Laeken aufgeworfenen Fragen eine Antwort gegeben werden müsse:

> „Diese Fragen lassen sich grob in sechs Gruppen unterteilen: grundlegende Fragen nach der Rolle Europas; die Aufteilung der Zuständigkeiten in der Europäischen Union; die Vereinfachung der Instrumente der Union; die Arbeitsweise der Institutionen und deren demokratische Legitimität; das Erfordernis, dass Europa in internationalen Angelegenheiten mit einer Stimme spricht; und schließlich der Weg zu einer Verfassung für die europäischen Bürger."

Um jeden semantischen Streit auszuschließen, schlug Giscard d'Estaing vor, dass man sich bereits mit der Konstituierung des Konvents auf die Bezeichnung „Verfassungsvertrag für Europa" einigen sollte. Der Präsident des Konvents erinnerte dessen Mitglieder daran, dass sie sich nicht nur als Sprecher derjenigen verstehen sollten, die sie bestellt hatten – Regierungen, Europäisches Parlament, nationale Parlamente und Kommission –, sondern dass man das Große und Ganze sehen müsste. Der Konvent müsste zu einem „Schmelztiegel werden, aus dem heraus Monat für Monat ein gemeinsames Konzept Form" annähme. Die bisherigen Regierungskonferenzen hätten den Charakter diplomatischer Verhandlungen zwischen den Mitgliedstaaten gehabt, bei denen jeder Vertreter möglichst viel für sein eigenes Land herausholen wollte, ohne das Ganze im Auge zu haben. Wenn sich der Europäische Rat mit den großen Themen der Zukunft Europas und seiner Institutionen beschäftigt hätte, wären diese Diskussionen immer unter großem Zeitdruck erfolgt und hätten nur selten länger als einen Tag geführt werden können. Deswegen käme den Arbeiten des Konvents „der Charakter einer neuen geistigen Grundsteinlegung für die Zukunft der Europäischen Union zu". Schließlich erklärte der Präsident des Konvents:

„Erträumen wir also Europa! Lassen wir uns leiten von dem Bild eines befriedeten Kontinents, dessen Schranken und Hindernisse gefallen sind und in dem Geschichte und Geografie endlich miteinander versöhnt sind, sodass alle Staaten Europas, nachdem sie im Westen und im Osten getrennte Wege gegangen sind, gemeinsam ihre Zukunft aufbauen können. Eines Raums der Freiheit und der Chancen, in dem jeder sich bewegen kann, wie er es möchte, um zu lernen, zu arbeiten, unternehmerisch tätig zu werden und seine Bildung zu vervollkommnen. Eines Raums, der gekennzeichnet ist durch die erfolgreiche Synthese von schöpferischer Dynamik, dem Erfordernis der Solidarität sowie dem Schutz der Schwächsten und der am stärksten Benachteiligten. Aber auch eines Raums, in dem ausgeprägte kulturelle Identitäten fortbestehen und sich weiterentwickeln, wo man sich seiner Wurzeln bewusst und zugleich offen ist für gegenseitigen Austausch, der befruchtend sein kann. Denken wir auch an die Stimme Europas in der Welt. Ein Europa, das mit einer Stimme spricht, wird Einfluss und Autorität haben. Jeder kennt den Reichtum seiner Kultur und die nie versiegende Kraft ihrer Kreativität. Europa hat der Welt den Rationalismus, den Humanismus und das Freiheitsideal gebracht. Von ihm kann zu Recht eine Botschaft der Mäßigung, der Suche nach allseitig annehmbaren Lösungen und des leidenschaftlichen Einsatzes für den Frieden ausgehen. Seine kulturelle Vielfalt bietet Gewähr für seine Toleranz."

Und Valéry Giscard d'Estaing fügte hinzu:

„Sollten wir scheitern, so würde jedes Land zu einer Logik des bloßen Warenverkehrs zurückkehren. Niemand von uns, nicht einmal die größten Länder, hätte ein ausreichendes Gewicht gegenüber den Weltmächten. Wir würden alle isoliert dastehen in trübsinnigem Grübeln über die Ursachen unseres Niedergangs und unserer Beherrschung durch andere. Unser Appell an den Enthusiasmus richtet sich an die anderen Europäer, zunächst aber an uns selbst. Um die anderen mitzureißen und zu überzeugen, muss uns der Erfolg unserer Aufgabe leidenschaftlich am Herzen liegen, einer Aufgabe, die ihrer Form nach bescheiden, ihrem Inhalt nach aber gewaltig ist, denn wenn sie entsprechend dem uns erteilten Mandat gelingt, wird sie die Zukunft Europas in neuem Licht erstrahlen lassen. Es lebe Europa!"

Die Rede von Valéry Giscard d'Estaing war begeisternd und anspruchsvoll, vor allem aber ein klarer Arbeitsauftrag, um zum Ziel zu gelangen. Mit seiner Rede zeigte er, dass er die geeignete Persönlichkeit war, dieser großen Aufgabe, Europa eine Verfassung zu geben, gerecht zu werden.

In die Vertreter des Präsidiums und die Mitglieder des Konvents hatte ich vollstes Vertrauen. Dies galt insbesondere für den Vorsitzenden unserer Konventsfraktion, Elmar Brok. Sein pro-europäischer Kurs war die Gewähr dafür, dass die EVP-Mitglieder im Konvent eine zentrale Bedeutung haben würden. Als Vorsitzender der EVP-ED-Fraktion war ich entschlossen, unseren Mitgliedern im Konvent alle denkbare Unterstützung, sowohl politisch durch die Fraktion als auch durch unser Fraktionssekretariat, zu geben. So ist es auch geschehen. Nun konnte die Arbeit im Konvent beginnen.

*

Am Freitag, dem 13. Juni 2003, erklärten die Mitglieder des Konvents ihre Zustimmung zu einem „Vertrag über eine Verfassung für Europa". Ich gehörte ja nicht dem Konvent an. Aber in einer vorbereitenden Sitzung im Rahmen der EVP-Gruppe äußerte ich mich an jenem Tag sehr zustimmend zu den Ergebnissen des Konvents. Alain Lamassoure, den ich sehr schätzte und der einer unserer Vertreter im Konvent war, attestierte mir in seinem Buch „Histoire secrète de la convention européenne", mit meinem Enthusiasmus die eher reservierte niederländische Kollegin Hanja Maij-Weggen, mit der ich mich gut verstand, dazu bewegt zu haben, mit dem beständigen „Nörgeln" aufzuhören, mit dem sie auch unter den eigenen Parteifreunden aufgefallen wäre.[41] Der eher verbindliche René van der Linden, auch Niederländer, der Ire John Bruton, der Slowene Alojz Peterle und mein Landsmann Peter Altmaier hätten sich dann meiner Linie angeschlossen. Elmar Brok, mit mancher Einzelheit des Textes auch nicht einverstanden, „brummelte nun seine Kapitulation", so Lamassoure etwas prosaisch. Ich kann mich an diese psychologische Gemengelage nicht erinnern. Mir ging es um das Ganze, und da konnte uns, die EVP, niemand in dem pro-europäischen Einsatz überbieten. Nur wir selbst konnten uns gegenseitig blockieren, und es war meine Aufgabe als Fraktionsvorsitzender, genau solche Vorgänge zu verhindern. Mir fällt nicht ein, warum ich auch nur einen der genannten Kollegen wegen einer unangemessenen Meinung rückblickend tadeln sollte. Im Gegenteil: Ich möchte ihnen meinen großen Dank und meine Anerkennung aussprechen. Auch liegt mir daran, meinen sozialdemokratischen Kollegen und Vorgänger im Amt des Präsidenten des Europäischen Parlaments von 1994 bis 1997, Klaus Hänsch, zu loben: Ebenso wie von Alain Lamassoure wurden von ihm die Verhandlungen im Konvent in ausgezeichneter Weise in dem Buch „Kontinent der Hoffnungen – mein Europäisches Leben" dargestellt.[42]

Der Verfassungsvertrag bedeutete einen Durchbruch für die Demokratisierung und Parlamentarisierung der Europäischen Union. Der Entwurf sollte dem Europäischen Rat von Thessaloniki vom 20. und 21. Juni 2003 vorgelegt werden. In einer vorbereitenden Debatte des Europäischen Parlaments am 4. Juni in Straßburg habe ich in meiner Rede darauf hingewiesen, dass es „einen gemeinsamen, geschlossenen Entwurf für die Verfassung geben sollte und keine Optionen".[43] Für die Präambel forderte ich für die europäischen Christdemokraten, wie wir es später auch auf unserer Studientagung in Madrid im September 2003 fordern sollten, das jüdisch-christliche Erbe aufzunehmen. Wörtlich erklärte ich:

> „In der Präambel wird auf unser griechisches Erbe, auf unser römisches Erbe sowie auf die Aufklärung Bezug genommen, und wir müssen darauf bestehen, dass auch das christliche Erbe als ein Bestandteil unserer gewachsenen Identität in die Präambel der Europäischen Verfassung aufgenommen wird."

Das Protokoll des Parlaments verzeichnete an dieser Stelle „Beifall". Wir wissen, dass es dazu nicht gekommen ist. Aber gleichwohl ist festzuhalten, dass viele Wertvorstellungen und Prinzipien christlicher Überzeugung in die Präambel und den Verfassungsvertrag aufgenommen wurden. Den Kern stellte die Würde des Menschen dar. Auch der Mensch als „Person", das heißt sich selbst und der Gemeinschaft in gleicher Weise verantwortlich, wurde den Prinzipien des Verfassungsvertrages zugrunde gelegt. Andere Prinzipien, wie Solidarität und Subsidiarität, waren ebenso Bestandteil des Verfassungsvertrages. Die Würde älterer Menschen und das Wohlergehen von Kindern gehörten ebenso dazu.

In meiner Rede am 4. Juni 2003 vor dem Europäischen Parlament in Straßburg verlangte ich für die EVP-ED-Fraktion noch einmal, dass das Europäische Parlament „in allen Fragen der europäischen Gesetzgebung gleichberechtigt" mit dem Ministerrat sein müsste, mit dem es auch das Haushaltsrecht, einschließlich der mittelfristigen Finanzplanung, zu teilen gälte. Auch ließ ich keinen Zweifel daran, dass der Präsident der Europäischen Kommission auf der Grundlage des Ergebnisses der Wahlen zum Europäischen Parlament von den Staats- und Regierungschefs vorzuschlagen und vom Europäischen Parlament zu wählen wäre. Für den Ministerrat forderte ich, dass dieser als Legislative grundsätzlich mit der Mehrheit entschiede und diese Entscheidung transparent, das heißt öffentlich, träfe. Nachdrücklich wies ich noch einmal auf den Rechtscharakter der Europäischen Union hin, die eine Rechtsgemeinschaft wäre. Alles Handeln der Europäischen Union müsste dem europäischen Recht unterliegen,

„denn nur, wenn das europäische Handeln justiziabel ist, gründet es sich auf Recht und nicht auf politische Opportunität". All diese Prinzipien waren im Verfassungsvertrag enthalten, aber mir lag daran, es vor dem Gipfel in Thessaloniki für unsere Fraktion noch einmal unmissverständlich zum Ausdruck zu bringen.

Der Europäische Rat von Thessaloniki beschloss dann, den Entwurf des Verfassungsvertrages als Grundlage für eine Regierungskonferenz zu nehmen.[44] Für das Europäische Parlament nahmen Klaus Hänsch und Elmar Brok an den Beratungen der Regierungskonferenz teil. Am 29. Oktober 2004 wurde der „Vertrag über eine Verfassung für Europa" feierlich in Rom auf dem Kapitol im „Sala degli orazi e curiazi" durch die Staats- und Regierungschefs unterzeichnet, im selben Raum, in dem am 25. März 1957 die „Römischen Veträge" unterzeichnet worden waren. Das Europäische Parlament wurde von Präsident Josep Borrell Fontelles vertreten. Auch die Fraktionsvorsitzenden waren eingeladen, mussten jedoch die Zeremonie in einem anderen Saal verfolgen.

Die Unterzeichnung des „Vertrages über eine Verfassung für Europa" bedeutete noch nicht die Annahme der Verfassung, denn in mehreren Ländern waren Referenden erforderlich. Wenige Tage vor der feierlichen Unterzeichnung in Rom wies ich in einer Debatte am 26. Oktober 2004 vor dem Europäischen Parlament in Straßburg darauf hin, „wie schwierig es ist, bei den Völkern, dort wo es die Referenden gibt, eine Zustimmung zu erreichen".[45] Aus eigener Erfahrung wusste ich, dass die europapolitischen Überzeugungen, der europapolitische Idealismus der Abgeordneten nicht immer mit den Wünschen und dem Handeln der europäischen Völker übereinstimmte. Ich war mir im Klaren darüber, dass noch ein steiniger und harter Weg bis zum Inkrafttreten des „Vertrages über eine Verfassung für Europa" vor uns lag.

Dann geschah es: Am 29. Mai 2005 lehnten die Franzosen in einem Referendum mit 55 Prozent der Stimmen den Vertrag ab. Wenige Tage später, am 1. Juni 2005, folgten die Niederlande, wo 61,6 Prozent gegen den Verfassungsvertrag stimmten. Das jeweilige „Nein" in Frankreich und in den Niederlanden beruhte auf zum Teil sehr unterschiedlichen Gründen. Während in Frankreich die Ablehnung der Dienstleistungsrichtlinie, die mit dem Verfassungsvertrag wie schon betont nicht im direkten Zusammenhang stand, eine große Rolle spielte, war es in den Niederlanden die Debatte um Fragen der Einwanderung. Dabei hatten sich die Niederlande, was die Einwanderungspolitik betraf, viele Jahre als vorbildlich verstanden. Aber mittlerweile erkannten sie, dass ein Übermaß an Einwanderung die Bevölkerung überforderte, wenn die Integration der Eingewanderten nicht gelang.

Ich empfand das „Nein" der Franzosen und Niederländer als eine Katastrophe. Dass die Spanier bereits im Februar mit 76,7 Prozent zugestimmt hatten, war ebenso ein schwacher Trost wie die Zustimmung in Luxemburg, wo Premierminister Jean-Claude Juncker sein politisches Schicksal mit einem „Ja" verbunden hatte. Luxemburg stimmte zu. Aber wohl auch, weil man nicht wollte, dass Jean-Claude Juncker ging. Wieder einmal sah sich Europa einer großen Krise gegenüber. Aber wichtig war es, jetzt nicht die Nerven zu verlieren und nicht in Pessimismus zu verfallen. Es musste einen Ausweg geben. Der niederländische Außenminister, ein überzeugter Europäer und Karrierediplomat, Ben Bot, erklärte nach dem *Nee* der Niederlande den Verfassungsvertrag Anfang 2006 für „tot".[46] Ich hielt diese Stellungnahme für unverantwortlich und auch für falsch. Öffentlich widersprach ich Ben Bot. Das Ergebnis war, dass er mich mit drei führenden Persönlichkeiten seines Außenministeriums in meinem Brüsseler Büro aufsuchte. In einem langen Gespräch erklärte ich ihm, dass wir nach einer Lösung suchen müssten. Schon oft wäre Europa an einem Punkt gewesen, wo es scheinbar nicht weitergegangen wäre. Meine tiefe innere Motivation entsprach dem Grundsatz von Konrad Adenauer, dass, wenn die meisten Politiker eine Sache aufgaben und für verloren hielten, die eigentlichen Bemühungen erst begännen. Ben Bot hat seine Äußerung nicht wiederholt. Die Zukunft sollte mir Recht geben.

Zur Vorbereitung des Europäischen Rates (16./17. Juni 2005 in Brüssel) über die Zukunft der Europäischen Union nach den Referenden über die Verfassung erklärte ich am 8. Juni 2005 im Europäischen Parlament in Straßburg:

„Für die Europäische Volkspartei sind die Abstimmungen in Frankreich und in den Niederlanden eine große Enttäuschung. Aber die größte Gefahr, der wir jetzt begegnen müssen, ist, dass wir in Orientierungslosigkeit verfallen. Deswegen sagen wir: Die Europäische Union kann zwar nicht alle Aufgaben lösen, aber ohne die Europäische Union werden wir keine der großen Herausforderungen bewältigen und deshalb sagen wir: *Das Ziel bleibt richtig!*"[47]

Ich fügte hinzu, dass Frankreich und die Niederlande nicht für 25 Länder der Europäischen Union handeln könnten. Zehn Länder, die den Verfassungsvertrag bereits ratifiziert hätten, repräsentierten 220 Millionen Menschen. Diese zehn Ratifizierungen „dürfen und können nicht unter den Tisch fallen". Die dreizehn Länder, die den Vertrag noch ratifizieren müssten, hätten ein Recht darauf, ihre Meinung zur Verfassung zu sagen. Und ich fügte hinzu:

„Deswegen empfehlen wir, dass wir nachdenken. Keiner hat heute die schnelle Lösung. [...] Wir müssen besonnen sein. Wir müssen aber in gleicher Weise Besonnenheit mit Entschlossenheit verbinden und wahrscheinlich ist es die richtige Lösung – das müssen die Staats- und Regierungschefs entscheiden –, eine Phase der Besinnung, des Nachdenkens einzulegen und die Referenden für einen bestimmten Zeitraum auszusetzen."

Ich setzte mich mit den möglichen Gründen für das „Nein" in den Niederlanden und in Frankreich auseinander. Auch erinnerte ich vor dem Europäischen Parlament an die bereits zitierte Bemerkung des französischen Staatspräsidenten Charles de Gaulle (1959–1969), bei einem Referendum würde über alles abgestimmt, nur nicht über den Sachgegenstand, um den es ginge. Zu den Gründen für ein „Nein" gehörte sicher die Unbeliebtheit der Regierung, das Empfinden vieler Bürgerinnen und Bürger, dass sich die Europäische Union mit ihrer Gesetzgebung um zu viele Sachthemen kümmerte, wie auch die Frage der Erweiterung der Europäischen Union, um nur einige Gründe zu nennen. Ich forderte, darüber kritisch nachzudenken. Ich plädierte dafür, dass die Europäische Union sich auf das Wesentliche konzentrierte, dass Europa dort stark sein müsste, wo nur Europa handeln könnte, dass wir aber im Übrigen verstärkt das Subsidiaritätsprinzip anwenden müssten. Auch, so erklärte ich, „dürfen wir diese Europäische Union politisch, kulturell und geografisch nicht überdehnen". Dies wäre eine Sorge der Bürgerinnen und Bürger, die in den Referenden zum Ausdruck gekommen wäre. Das müsste ernst genommen werden.

Unsere Fraktion, zumindest ihr EVP-Teil, und deren Vorsitzender waren entschlossen, den Inhalt des Verfassungsvertrages nicht aufgeben und eine Lösung zu suchen. In einer Welt großer Herausforderungen war es für mich immer klar, dass kein Land der Europäischen Union allein die notwendigen Antworten geben konnte. Nur gemeinsam, wenn überhaupt, war europäisches Handeln erfolgreich. Wir sollten in den nächsten Monaten und Jahren erleben, dass die Verantwortlichen in der Europäischen Union mit dieser Einschätzung übereinstimmten. Nicolas Sarkozy, der Kandidat der UMP für das Amt des Staatspräsidenten in Frankreich, erklärte im Wahlkampf 2007, er träte für einen neuen Vertrag ein, der dann im Parlament (Nationalversammlung und Senat) abgestimmt werden sollte. Jede Französin und jeder Franzose wusste also: Für den Fall seiner Wahl würde Nicolas Sarkozy seine Zustimmung für einen neuen Vertrag geben. Dies war ein hoffnungsvolles Zeichen. Es war dieses staatsmännische Verhalten, das Nicolas Sarkozy für das Amt des französischen Staatspräsidenten empfahl. Die UMP, die Präsidentenpartei, trat in diesen Jahren geschlossener auf als beim Referendum zum Vertrag von Maastricht (20. September 1992), bei dem zwar die Mehrheit der RPR (Vorgängerpartei der UMP) für den Vertrag von Maastricht gestimmt hatte, aber auch eine Minderheit dagegen. Mit hauchdünner Mehrheit war der Vertrag von Maastricht mit 51 Prozent Ja-Stimmen gegen 49 Prozent Nein-Stimmen in Frankreich angenommen worden. Im Hinblick auf den Verfassungsvertrag, der dann mit der Aufnahme einiger Änderungen zum Vertrag von Lissabon wurde, war die Haltung der französischen Sozialisten und ihrer Präsidentschaftskandidatin Ségolène Royal „weniger klar", wie Klaus Hänsch mit Recht festgestellt hat.[48]

V. Explosives und Erfreuliches im Parlamentsleben

1. Eine unangenehme Überraschung zu Jahresbeginn

Anfang Januar 2004, ich befand mich noch zu Hause in Bad Iburg, erreichte mich ein Anruf aus meinem Brüsseler Büro. Eine Praktikantin, die ihren ersten Arbeitstag in Brüssel hatte, hatte die Post geöffnet und eine böse Überraschung erlebt. Als sie einen anonymen Umschlag aufgemacht hatte, war dieser in Flammen aufgegangen. Glücklicherweise wurde die Mitarbeiterin dabei nicht verletzt. Wie sie berichtete, hatte es sich um einen wattierten DIN-A-5-Umschlag gehandelt, bei dessen Öffnung sich eine heftige Stichflamme entwickelt hatte. Reflexartig hatte sie den Brief fallen gelassen, der dann fast vollständig verbrannt war, ohne größere Schäden am Boden anzurichten. Als ich von diesem Vorfall erfuhr, machte ich mich umgehend auf den Weg nach Brüssel, um mir selbst ein Bild zu machen, insbesondere um der geschockten Mitarbeiterin meine Solidarität und mein Mitgefühl zum Ausdruck zu bringen. Der Anschlag war ja gegen mich gerichtet, nicht gegen sie als unbeteiligte Person. Im Europäischen Parlament nahmen wir alle diesen Vorfall sehr ernst, insbesondere weil wir nicht wussten, was wirklich dahintersteckte.

Auch andere Kollegen hatten diese Briefbombe erhalten, so Gary Titley, Labour-Abgeordneter, bei dem die Sendung in seinem Büro in Manchester eingegangen war. Das an ihn adressierte Paket hatte sich wie in meinem Fall in Flammen aufgelöst. An meinen spanischen, unserer gemeinsamen EVP-ED-Fraktion angehörenden Kollegen José Ignacio Salafranca Sanchez-Neyra war eine Briefbombe adressiert worden, die aber rechtzeitig entdeckt und entschärft werden konnte. Wie sich herausstellte, hatten bereits Ende Dezember der Präsident der Europäischen Kommission, Romano Prodi, sowie der Präsident der Europäischen Zentralbank, Jean-Claude Trichet, ähnliche Sendungen erhalten. Ebenso waren an die europäischen Polizei- und Justizbehörden Europol und Eurojust Briefbomben gerichtet worden. In keinem Fall war jemand zu Schaden gekommen. Trotzdem war die Angelegenheit besorgniserregend. Wer wollte was erreichen? Ich äußerte mich bestürzt über diese Vorgänge. Der Hohe Beauftragte für die Außen- und Sicherheitspolitik der Europäischen Union, Javier Solana, erklärte, dass die Sicherheitsbehörden ihren Einsatz erhöhten, „um die Unversehrtheit aller Einrichtungen und Führungskräfte sicherzustellen".[49] Das italienische Innenministerium kündigte an, dass eine multinationale Ermittlergruppe den Vorgang mit Anti-Terror-Experten von Europol untersuchen würde. Eine Vereinigung namens „Informelle Anarchisten" bekannte sich in zwei Fällen zu dem Versand der Briefbomben. Eine andere Organisation, die „Vereinigung italienischer Anarchisten" (FAI), erklärte in einer E-Mail, sie hätte mit den Bomben nichts zu tun.

Die Briefbomben waren, so viel schien festzustehen, am 22. Dezember 2003 in Bologna abgeschickt worden. Bei meiner Ankunft in Brüssel forderte ich eine genaue Untersuchung der Hintergründe des Anschlags, warnte jedoch vor Vorverurteilungen. Ich wollte insbesondere die Sicherheitsdienste des Europäischen Parlaments nicht kritisieren, da das Europäische Parlament bisher nicht Ziel von Anschlägen gewesen war. Ich forderte jedoch, dass in Zukunft die gesamte Post an die Abgeordneten schärfer kontrolliert werden sollte. Auf jeden Fall, so erklärte ich, müsste der Vorgang sehr ernst genommen werden, da man nicht wüsste, ob es einen terroristischen Zusammenhang gäbe, ob es eine Warnung sein sollte oder eben nur ein „übler Scherz".[50]

Bis heute habe ich nicht erfahren, was hinter der Angelegenheit steckte. Eine offizielle Mitteilung hat es von keiner Sicherheitsbehörde gegeben. Meine eigene Schlussfolgerung war – dies ist durchaus ironisch festzustellen – dass die Urheber dieser Anschläge mit den europäischen Institutionen gut vertraut sein mussten. Immerhin hatten sie die Bedeutung der wichtigsten Fraktion, der Fraktion der Europäischen Volkspartei und Europäischer Demokraten, der größten Fraktion, deren Vorsitzender ich gewesen war, erkannt. Diese Aufmerksamkeit würden wir uns, allerdings in friedlicher Weise, in der Berichterstattung in unseren Medien permanent wünschen, unabhängig von solchen Attacken. Aber immerhin war dieses besorgniserregende Vorkommnis der Berichterstattung im deutschen Fernsehen, wenn ich mich recht entsinne, die erste Meldung in der Tagesschau um zwanzig Uhr wert.

2. Reise durch die Beitrittsländer

Im Spätsommer 2003 begannen Überlegungen darüber, wie die EVP-ED-Fraktion im Vorfeld der EU-Erweiterung Präsenz in den zukünftigen Mitgliedstaaten zeigen könnte. Außerdem sollte den nationalen Abgeordneten aus den befreundeten Parteien dieser Länder, die damals schon als Beobachter unserer Fraktion angehörten, eine Möglichkeit gegeben werden, die EVP in ihren Ländern als europaweite politische Familie darzustellen.

Damals wurde die Idee geboren, eine Bustour durch die acht mittel- und osteuropäischen Beitrittsländer zu unternehmen. Natürlich war solch ein Unterfangen aufwändiger als Besuche in den jeweiligen Hauptstädten. Andererseits war die Idee reizvoll, sich Zeit zu nehmen für die Länder, ihre Weiten, ihre Landschaften und die Eindrücke im wahrsten Sinne des Wortes zu erfahren. Wir wollten die Menschen in ihren Ländern besuchen und mit ihnen ins Gespräch kommen, von ihren Erfahrungen in der Vergangenheit lernen, davon, wie sie in ihren Ländern die Demokratie errungen hatten; wir wollten aber auch über ihre Zukunft sprechen und darüber, welche Chancen sich in einem gemeinsamen Europa für sie ergaben.

Das Programm der Reise entstand in Zusammenarbeit zwischen dem Büro des Fraktionsvorsitzenden, den nationalen Beobachtern und den EVP-Mitgliedsparteien in den jeweiligen Ländern. Auf der Reise begleiteten uns meine Pressesprecherin Katrin Ruhrmann, ein Fernsehteam von Euronews, ein Fernsehjournalist des elsässischen Fernsehsenders, die jeweiligen Pressemitarbeiter der Fraktion aus den Ländern, die wir besuchten, sowie Michael Hahn als Organisator der Reise aus dem Büro des Fraktionsvorsitzenden. Der Bus war von einer Wiener Firma gemietet worden und bot ideale Voraussetzungen für die Reise. Die mitreisenden Journalisten und Mitarbeiter hatten Arbeitsplätze im vorderen Bereich des Busses und in einem abgetrennten hinteren Teil gab es einen eigenen Arbeitsbereich mit einem großen Konferenztisch für politische Gespräche während der Fahrt.

Die erste Station und der Beginn der Reise war Klagenfurt an der österreichisch-slowenischen Grenze. Unmittelbar nach dem Eintreffen in Klagenfurt fand ein Treffen mit dem regionalen ÖVP-Europaabgeordneten Hubert Pirker statt. Auf der österreichischen Seite der Alpen starteten wir am 15. März 2004, noch umgeben vom

Schnee in den Bergen. Auf der slowenischen Seite wurden wir bei mediterraner Frühlingssonne von den Vorsitzenden unserer drei Partnerparteien empfangen: Janez Janša von der Slowenischen Demokratischen Partei (SDS), Andrej Bajuk von Nova Slovenija (NSi) und Janez Potočnik von der Slowenischen Volkspartei (SLS). Darüber hinaus empfingen uns der Vizepräsident des slowenischen Parlaments, Miha Brejc, der ehemalige Premierminister Alojz Peterle und der Landwirtschaftsminister Franci Brut.

Den ersten Zwischenhalt machten wir in der Kleinstadt Tržič am Fuße des Gebirges. Nach einem Gespräch mit dem Bürgermeister und Lokalpolitikern besuchten wir eine Joint Venture-Kabelfabrik und sprachen mit einem deutschen Manager über Investitionsmöglichkeiten im Zuge der EU-Erweiterung. Anschließend fuhren wir weiter in die Hauptstadt Ljubljana für eine Pressekonferenz. In Moravce, einer Kleinstadt auf dem halben Weg zur kroatischen Grenze, trafen wir politisch aktive Frauen aus unseren Partnerparteien und diskutierten über „Frauen in der Politik".

In Celje, einer Kleinstadt nahe Maribor, nahmen wir an einer Diskussion mit Bürgermeistern aus der Umgebung zum Thema „Europa der Regionen" teil. In Maribor schließlich organisierten unsere politischen Partner am Abend ein Popkonzert auf einem Platz in der Innenstadt. Auch traf ich hier mit meinem Freund Ivan Stuhec, einem katholischen Priester aus Maribor, zusammen, der mich schon Anfang der Neunzigerjahre in meinem Wohnort Bad Iburg zusammen mit Schwester Gerharda aus dem Kloster Thuine bei Lingen besucht hatte. Damals war das Zusammentreffen mit einem slowenischen Bürger noch eine ganz besondere Erfahrung gewesen. Am nächsten Tag, am 16. März 2004, fuhren wir weiter in Richtung Ungarn. Dabei kreuzten wir Kroatien – beinahe ein Ausblick auf kommende Erweiterungen.

In Ungarn angekommen fuhren wir zuerst nach Siófok, einer Kleinstadt im Südwesten Ungarns. Der Bürgermeister der Stadt, Arpad Balász, und der stellvertretende Vorsitzende von Fidesz, Pál Schmitt, späterer Europaabgeordneter und ungarischer Staatspräsident, begrüßten uns. Als Geschenk bekamen wir einen großen Korb mit köstlichen Äpfeln, die wir auf dem Rest der Reise mit Genuss verzehrten. Auf dem Marktplatz diskutierten wir mit lokalen Politikern zum Thema „Der Tourismusstandort Ungarn auf dem Weg in die erweiterte EU".

Lange fuhren wir an den Ufern des Plattensees entlang nach Székesfehérvár, wo wir mit Unternehmern und Lokalpolitikern über die neuen Möglichkeiten für kleine und mittlere Unternehmen durch die Erweiterung sprachen. Schließlich erreichten wir am späten Nachmittag Budapest. Auf einem Platz nahe der Donau veranstalteten unsere ungarischen Freunde eine Begegnung mit dem Fidesz-Vorsitzenden Viktor Orbán zur Rolle Budapests als europäischer Metropole. Es waren mehrere hundert Menschen gekommen. Im Spiegelsaal der deutschsprachigen Andrássy-Universität in Budapest überreichte ich im Rahmen einer feierlichen Veranstaltung die „Mérite Européen Medaille", verliehen durch die Stiftung Mérite Européen in Luxemburg, an Viktor Orbán.

Unsere damals zweite ungarische Mitgliedspartei, das Ungarische Demokratische Forum (MDF), stand in durchaus schwieriger Beziehung zur größeren Fidesz. Daher wollte MDF eine separate Veranstaltung durchführen. Abends trafen wir uns in einem traditionsreichen Kaffeehaus mit der MDF-Vorsitzenden, Ibolya Dávid, zu einem Gespräch. Als nach den Europawahlen im Jahr 2009 der einzige Europaabgeordnete der MDF nicht in die EVP-Fraktion, sondern in die europaskeptische Fraktion ECR (Europäische Konservative und Reformisten) und in die von dieser gegründeten Partei Allianz der Europäischen Konservative und Reformisten eintrat, wurde die MDF aus der EVP ausgeschlossen.

Am Morgen des 17. März brachen wir von Budapest nach Bratislava, der Hauptstadt der Slowakei, auf. Im Gebäude des Nationalrates der Slowakischen Republik hatte die Konrad-Adenauer-Stiftung eine Konferenz zur EU-Erweiterung mit Vertretern unserer befreundeten Parteien, Bela Bugar, Jan Figel und Pavol Kubovic, organisiert, zu der auch der Präsident der Robert-Schuman-Stiftung, Jacques Santer, eingeladen war. Im Anschluss führten wir eine Pressekonferenz durch. Am Nachmittag besuchten wir den slowakisch-ungarischen Grenzübergang Rusovce-Rajka und diskutierten mit Grenzpolizisten über die EU-Erweiterung und über die Schengen-Perspektive beider Länder. Am Abend fand eine große öffentliche Veranstaltung auf dem zentralen Hviezdoslav-Platz in Bratislava statt.

Noch in Bratislava erreichte uns die Nachricht, dass die tschechische Präsidialkanzlei den für den nächsten Tag vorgemerkten Termin für ein Treffen mit Präsident Václav Klaus ohne Nennung von Gründen absagte. Wir bemühten uns noch um einen Ausweichtermin oder zumindest um eine Erklärung, aber offensichtlich hatte Präsident Václav Klaus seine Meinung geändert und kein Interesse mehr an einem Gespräch über Europa. Über diese Gesprächsabsage war ich sehr verärgert. Entsprechend äußerte ich mich in einer Pressestellungnahme, in der ich erklärte, in Diktaturen würde wenigstens der Grund für eine Terminabsage mitgeteilt. Hierauf reagierte Präsident Klaus wiederum seinerseits und bezeichnete meine Stellungnahme als Ausdruck eines „mangelnden Verständigungsbemühens".[51]

Als wir am nächsten Tag morgens in die tschechische Republik einreisten, zeigte sich, dass Grenzen nach wie vor trennen können. Es gab Schwierigkeiten mit den Einreiseformalitäten für eines unserer Fernsehteams. Wir entschieden uns aber zu warten, bis unsere Mitreisenden die Erlaubnis zur Einreise bekamen. Mit Verspätung erreichten wir die Stadt Hodonin in Mähren. Wir trafen dort den Bürgermeister Jiří Koliba und außerdem Miroslav Kalousek, den Vorsitzenden unserer christdemokratischen Mitgliedspartei KDU-ČSL (Christliche und Demokratische Union – Tschechoslowakische Volkspartei), Zuzana Roithová, die Spitzenkandidatin der KDU-CSL für das Europäische Parlament, sowie Jan Březina, den Gouverneur der Region Olomouc. Nach einer Eintragung in das Goldene Buch der Stadt besichtigten wir Ölquellen nahe Hodonin – eine unerwartete Attraktion.

Am 2. Dezember 1805 waren 19.000 russische, österreichische und französische Soldaten in der Schlacht von Austerlitz in Südmähren gestorben. Noch heute erinnert ein großes Mahnmal an die blutige Vergangenheit Europas. Wir besichtigten den „Turm des Friedens" auf dem ehemaligen Schlachtfeld und trafen den Gouverneur der Region Südmähren, Stanislav Juránek, sowie den Bürgermeister von Brünn, Petr Duchon. Am Nachmittag erreichten wir Prag. Im Außenministerium kamen wir mit unserem Parteifreund und Außenminister Cyril Svoboda zu einem Gespräch zusammen, anschließend mit dem Präsidenten des tschechischen Senats, Petr Pithart. Danach diskutierten wir mit Journalisten und unseren christdemokratischen Partnern Miroslav Kalousek, Cyril Svoboda und Petr Pithart über die EU-Erweiterung und die neuen Herausforderungen für die EU der 25. Im Rathaus trafen wir den Prager Bürgermeister Pavel Bém, den Vorsitzenden der Demokratischen Bürgerpartei (ODS) und späteren Ministerpräsidenten, Mirek Topolánek, sowie den europaskeptischen Jan Zahradil, der Beobachter in unserer Fraktion war. Die Atmosphäre war freundlich, und Pavel Bém, der starke Mann im Hintergrund der ODS, machte Späße darüber, dass seine Frau eine Anhängerin des Euros wäre. Thema war natürlich auch hier die Absage von Präsident Klaus, die den anwesenden ODS-Führern sichtlich peinlich war.

Am Morgen des 19. März trafen wir schon zum Frühstück mit jungen Kandidaten der ODS für die Europawahl zusammen. Gerade diese jungen Leute waren deutlich weniger skeptisch gegenüber der EU. Leider waren sie jedoch nur für hintere Listenplätze nominiert und kamen daher nach den Wahlen nicht in unsere Fraktion. Im „Toskanischen Palast" hatte die ODS zusammen mit der Konrad-Adenauer-Stiftung eine internationale Konferenz zur Außen- und Sicherheitspolitik nach der Erweiterung organisiert. Die Verbindung von europäischer Integration und transatlantischer Kooperation stand im Zentrum der Diskussionen.

Da es bei der Absage durch Präsident Klaus geblieben war, hatten wir etwas freie Zeit. Kurzfristig konnten wir mit Hilfe von Cyril Svoboda einen Termin bei dem Prager Miloslav Kardinal Vlk auf dem Berg der Prager Burg, direkt gegenüber dem Präsidentensitz auf dem Hradschin, organisieren. Kardinal Vlk war (und ist) eine beeindruckende Persönlichkeit. In der Zeit des Kommunismus hatte sich der Priester als Tellerwäscher Geld verdienen müssen. Danach war er höchster Repräsentant der katholischen Kirche in Tschechien geworden. Mit seinem Nachbarn, Präsident Klaus, verband ihn keine besondere Freundschaft. Im Anschluss an das Gespräch mit dem Kardinal hatten wir ein wenig Zeit für einen Spaziergang auf dem Burgberg im Sonnenschein und besichtigten den beeindruckenden Veitsdom.[52]

Nach dem Besuch von Slowenien, Ungarn, der Slowakei und Tschechien unterbrachen wir die Reise. Die Fraktion führte Studientage in Wien durch und anschließend musste ich für die Sitzungswoche des Europäischen Parlaments in Straßburg sein. So konnten wir unsere Reise erst am 16. April 2004 in Polen fortsetzen. Von Berlin aus fuhren wir mit dem Zug nach Posen. Wir besichtigten ein Werk der deutschen Firma Schattdecor nahe Posen, wo Holzfurniere in einer modernen Fabrik für den europäischen Markt hergestellt wurden. Roland Auer, der Leiter des Werkes, zeigte uns die Fabrik und erklärte die Firmenphilosophie. Das Werk in Polen ersetzte nicht deutsche Arbeitsplätze und es fungierte nicht als „Billigproduktion". Wie uns Roland Auer erklärte, sicherte die Produktion in Polen das Mutterwerk in Ziegelberg, weil sich beide Produktionsorte ergänzten und damit gegenseitig stabilisierten. Bis zu 1.000 Euro im Monat erhielt ein polnischer Facharbeiter – 2004 auch in Westpolen ein sehr guter Lohn, der mit den Einkommen im Osten Deutschlands durchaus konkurrieren konnte. Im späteren Verlauf der Reise besichtigten wir in Ostpolen nahe der ukrainischen Grenze eine Glasfabrik, die ihren Arbeitern weniger als die Hälfte bezahlte.

Mit EU-Mitteln wurde das moderne Klärwerk in Tarnowo Podgórne errichtet. Mit dem Direktor und mit lokalen Politikern der Bürgerplattform (PO) diskutierten wir über die Modernisierung der polnischen Infrastruktur und die Umsetzung von EU-Normen. Später trafen wir zahlreiche Mitglieder der PO aus der Region Wielkopolska (Großpolen) und sprachen über die Veränderungen seit der Wende und die Aussichten durch die EU-Erweiterung.

Am Nachmittag besuchten wir die Adam-Mickiewicz-Universität in Posen und nach einem Gespräch mit dem Rektor, Professor Dr. Stanisław Lorenc, hielt ich vor 250 Studenten einen Vortrag über die Zukunft Europas. Abends fuhren wir weiter nach Łódź. Die drittgrößte polnische Stadt ist bekannt für ihre Schwerindustrie und ihre Filmhochschule. Bei einem Besuch der polnischen Filmhochschule Leon Schiller stellte uns der Rektor Professor Jerzy Woźniak die Arbeiten von Studenten vor und sprach mit uns über die europäische Perspektive des Kulturstandortes Polen.

Zum gleichen Zeitpunkt veranstaltete die Jugendorganisation der Bürgerplattform ihren Kongress in Łódź, auf dem ich ein Grußwort hielt. Zum Mittagessen trafen wir die Führung der PO, ihren Vorsitzenden Donald Tusk, den späteren polnischen Ministerpräsidenten, die stellvertretende Vorsitzende Zyta Gilowska, den Fraktionsvorsitzenden aus dem Sejm Jan Rokita und den Generalsekretär Pawel Piskorski. Anschließend diskutierten wir mit Mitgliedern des Regionalrates über die EU-Erweiterung und die Regionalpolitik.

Im Europainstitut Łódź nahmen am Abend Studenten, Journalisten und interessierte Bürger an einer Podiumsdiskussion zwischen dem Europaexperten der PO und früherem Europaminister Jacek Saryusz-Wolski und mir teil. Saryusz-Wolski wurde 2004 Abgeordneter des Europäischen Parlaments und Vorsitzender der polnischen Delegation in der EVP-Fraktion. Am späteren Abend trafen wir auf die Führung unserer zweiten polnischen Partnerpartei, der Bauernpartei (PSL). Bevor ich am 18. April 2004 zurück nach Brüssel fliegen musste, besuchten wir noch die Eröffnung eines landesweit bekannten Sportwettkampfes, des Ostrzeszów Cross. Ich war Schirmherr der Veranstaltung, die 2004 zum 40. Mal ausgetragen wurde. Obwohl ich keine Sportkleidung dabeihatte, forderte mein neuer Kollege Andrzej Grzyb, der 2003/2004 als Beobachter und danach als gewählter Abgeordneter dem Europäischen Parlament und meiner Fraktion angehörte, mich und andere Parteifreunde auf, am

100-Meter-Lauf teilzunehmen. Ich verweigerte mich nicht der Aufforderung und lief mit Anzug und Krawatte die 100 Meter. Es muss einen komischen Eindruck gemacht haben.

Am 22. April erreichte der Bus die litauische Hauptstadt Vilnius. Nachdem meine Begleiter einige Tage lang ohne mich Veranstaltungen in polnischen Städten durchgeführt hatten, stieß ich in Vilnius dann wieder zu der Gruppe und wurde vom Vorsitzenden der Homeland Union und mehrmaligen Ministerpräsidenten Andrius Kubilius sowie dem ersten Präsidenten des freien Litauens und späteren Kollegen im Europäischen Parlament Vytautas Landsbergis und dem Vorsitzenden der litauischen Christdemokraten Valentinas Stundys empfangen.

Der nächste Morgen begann mit einem Live-Radiointerview im Studio des litauischen Rundfunks. Anschließend diskutierten wir mit Studenten des Instituts für Internationale Beziehungen und Politische Wissenschaften der Universität Vilnius über die Entwicklung Europas und die weitere europäische Integration. Gespräche mit den Vorständen der Homeland Union und der Christdemokraten Litauens (LKD) folgten. In manchen Ländern war es schwierig, den Besuch von verschiedenen Mitgliedsparteien zu koordinieren. Obwohl wir keinen Wahlkampf machten, standen die Europawahlen dennoch bevor und es gelang selten, gemeinsame Veranstaltungen zu organisieren.

Am Nachmittag des 23. April fuhren wir von Vilnius nach Riga, der Hauptstadt Lettlands. Zum Abendessen trafen wir den stellvertretenden Premierminister Ainārs Šlesers sowie den Vorsitzenden der Latvia's First Party, Ēriks Jēkabsons, sowie deren Fraktionsvorsitzenden im lettischen Parlament, Oskars Kastens. Am folgenden Morgen hatten unsere politischen Freunde von der Lettischen Volkspartei eine Diskussion in ihrer Parteizentrale organisiert. Mit Verteidigungsminister Atis Slakteris, Außenminister Rihards Piks, später Kollege im Europäischen Parlament, und dem Vorsitzenden des Auswärtigen Ausschusses, Artis Pabriks, diskutierte ich über die „Europäische Verfassung".

Bei einer Veranstaltung auf dem Marktplatz Rigas sprachen wir mit Bürgern über ihre Erwartungen und auch Ängste im Hinblick auf die bevorstehende EU-Erweiterung. Am Nachmittag fuhren wir nach Valmiera in die Region Vidzeme, ungefähr drei Stunden Fahrt von Riga entfernt. In dieser Region lag der Schwerpunkt unserer dritten lettischen Mitgliedspartei New Era. Bei einer öffentlichen Konferenz ging es hauptsächlich um EU-Regionalpolitik und die Entwicklung Lettlands seit der Unabhängigkeit. Valdis Dombrovskis, der frühere Finanzminister, späteres Mitglied der EVP-ED-Fraktion und schließlich erfolgreicher lettischer Premierminister, führte durch die Diskussion und beschrieb äußerst sympathisch seine Vision für Lettland.

Nach einem Abendessen in Valmiera begannen wir eine nächtliche Fahrt nach Estland. Spät trafen wir in Pärnu, einem bekannten Ferienort im Westen Estlands, ein. Das Zentrum bestand aus wunderschönen Jugendstilvillen und in einer solchen übernachteten wir. Am Morgen des 25. April trafen wir zu einem Frühstücksgespräch

Mart Laar, den früheren Premierminister Estlands und jetzt Beobachter in unserer Fraktion, sowie lokale Mitglieder einer unserer Partnerparteien, der Pro Patria Union (PPU). Später diskutierten wir auf dem Marktplatz von Pärnu mit Bürgern über die EU-Erweiterung, bevor wir nach Tallinn fuhren, der letzten Station unserer Reise.

In Tallinn sprach ich auf dem Kongress der PPU zur „Vision der EVP-ED-Fraktion über Europas Zukunft", bevor wir – an einem noch ziemlich kühlen Nachmittag – eine öffentliche Veranstaltung mit Tunne Kelam, dem Vorsitzenden der PPU, und Mart Laar im Tammsaare Park im Zentrum Tallinns besuchten. Schließlich traf ich mit Premierminister Juhan Parts zu einem Gespräch zusammen und reiste direkt nach einem Treffen mit einigen Unternehmern zurück nach Brüssel.

Insgesamt haben wir mit dem Bus beinahe sechstausend Kilometer quer durch Mitteleuropa zurückgelegt. Es war eine beeindruckende Reise, die Vergangenheit, Gegenwart und Zukunft miteinander verbunden hat. Überall haben wir viel Gastfreundschaft erleben dürfen und vor allem viel gelernt über die unterschiedlichen Mentalitäten in Europa, die Menschen und Landschaften unseres so vielfältigen europäischen Kontinents. Für meine Arbeit als Fraktionsvorsitzender war es außerordentlich wertvoll, auch nahezu alle Verantwortlichen in den neuen Mitgliedsparteien der EVP näher kennenzulernen. So wurde Vertrauen geschaffen und Freundschaften wurden begründet.

*

Vom 10. bis 13. Juni 2004 fanden erneut Wahlen zum Europäischen Parlament statt. Seit dem 1. Mai 2004 waren die drei baltischen Staaten Estland, Lettland und Litauen, die einmal von der Sowjetunion okkupiert waren, sowie Polen, die Tschechische Republik, die Slowakei, Ungarn, Slowenien, Malta und Zypern Mitglieder der Europäischen Union. Damit war das von der EVP-Fraktion anvisierte Ziel, dass mit den Europawahlen 2004 die Erweiterung um diese Staaten erfolgen sollte, erreicht. Wieder einmal war eine Idee, die ihren Ursprung in unserer Fraktion hatte, Wirklichkeit geworden. Die Mitgliedschaft der gerade genannten früheren kommunistischen Länder in der Europäischen Union war für mich wie die Erfüllung eines politischen Traums. In der Europäischen Union waren wir jetzt vereint durch gemeinsame Werte, die Würde des Menschen, die Freiheit, die Demokratie, das Recht und den Frieden. Vor allem verband die Länder der Europäischen Union und ihre Völker das Band der Solidarität. Welch großartige Entwicklung in unserer Generation! Dies alles ist bei der ersten Europawahl 1979 nicht vorhersehbar gewesen – es musste aus der Sicht von 1979 wie ein Wunder erscheinen. Man muss an Wunder glauben, dann können sie auch Wirklichkeit werden. Wie im Jahre 1999 sollte unsere Fraktion auch 2004 wieder – und dies mit großem Abstand – die größte Fraktion des Europäischen Parlaments werden.

3. Verhandlungen und Disput mit den britischen Konservativen

Doch ehe wir uns mit der Konstituierung des Europäischen Parlaments, der Konstituierung unserer Fraktion und der Bildung der neuen Kommission befassen, müssen wir einen Blick zurückwerfen auf die Zusammensetzung unserer Fraktion, wie sie bereits vor der Europawahl vorbereitet worden war. 2001 hatten die britischen Konservativen einen neuen Vorsitzenden als Nachfolger von William Hague gewählt: Iain Duncan Smith. Mit seiner Wahl waren neue Forderungen gegenüber unserer Fraktion im Europäischen Parlament erhoben worden. Die britischen Konservativen im Vereinigten Königreich waren mit Iain Duncan Smith europaskeptischer geworden. Duncan Smith verlangte, dass in den ED-Teil der gemeinsamen Fraktion Abgeordnete aufgenommen werden konnten, ohne dass der EVP-Teil diesem widersprechen können sollte. Diese Forderung war für mich nicht annehmbar, da sie die Einheit der Fraktion und vor allen Dingen die Dominanz der Christdemokraten in der gemeinsamen Fraktion von EVP-ED gefährdet hätte. Für mich war die Aufnahme von Mitgliedern in die Fraktion, die keine Christdemokraten waren, nur so lange akzeptabel, wie gesichert war, dass die christdemokratischen Überzeugungen mit dem engagierten Einsatz für die Einigung Europas durch die Mehrheit der Fraktion gewährleistet war.

Die größte Fraktion im Europäischen Parlament zu sein war kein Wert an sich, sondern ein Mittel zum Zweck. Wenn der Zweck, mit der größten Fraktion die Europäische Einigung zu unterstützen, nicht mehr erreichbar war, wurde auch die Größe der Fraktion nicht nur fragwürdig, sondern für unser europäisches Engagement sinnlos. Unsere Bereitschaft gegenüber den britischen Konservativen zu kooperieren sollte dem Ziel der Einigung Europas dienen. Denn in der Konferenz der Präsidenten, also der Fraktionsvorsitzenden, hatte der Fraktionsvorsitzende immer so viele Stimmen, wie die Fraktion Mitglieder hatte. Für mich bedeutete dies, dass ich in der Konferenz der Präsidenten die Stimmen der britischen Konservativen für unsere Sache nutzen konnte. Im Übrigen bemühte ich mich immer um ein gutes persönliches Einverständnis mit den britischen Kolleginnen und Kollegen, die in ihrer Mehrzahl sehr viel europäischer waren als die Partei in London. Ihnen missfiel, dass sie aus London „ferngesteuert" wurden. Verhandlungen mit Iain Duncan Smith scheiterten jedoch gänzlich. Seine Forderungen waren für unsere Fraktion unakzeptabel. Dabei legte ich immer größten Wert darauf, dass meine persönliche Haltung durch Präsidium, Vorstand und nationale Delegationschefs der Fraktion gebilligt wurde. Niemals unternahm ich etwas im Hinblick auf die britischen Konservativen, ohne die Rückendeckung der Fraktionsgremien zu haben. Dies war für mich nicht nur eine persönliche Überlebensfrage, sondern eine Frage des Prinzips. Iain Duncan Smith scheiterte mit seinen Forderungen uns gegenüber, er scheiterte aber auch in Großbritannien als Parteiführer der britischen Konservativen. Ihm folgte 2003 Michael Howard, der sehr viel flexibler war. Howard forderte nicht länger einen autonomen ED-Teil der Fraktion, sondern er wollte die Satzung unserer Fraktion dahingehend ändern, dass den britischen Konservativen bestimmte Rechte, nicht nur in der politischen Wirklichkeit, sondern auch nach der Satzung unserer Fraktion, zugestanden wurden.

Bereits in der Vergangenheit hatten wir uns immer flexibel gegenüber den britischen Konservativen verhalten. Sie stellten in der Regel einen stellvertretenden Fraktionsvorsitzenden und hatten in konstitutionellen und institutionellen Fragen immer das Recht, ihre eigene Position zu vertreten. Aber satzungsrechtlich war dies nicht festgeschrieben. Michael Howard wollte nun genau dies erreichen, um vor allem gegenüber seinen Europaskeptikern in London ein Argument zu haben, warum die britischen Konservativen in unserer Fraktion bleiben konnten. Sofern sie Sonderrechte eingeräumt bekamen, war es aus Sicht der britischen Konservativen nicht schädlich, in einer pro-europäischen Fraktion zu verbleiben. Infolgedessen haben wir eine Arbeitsgruppe in unserer Fraktion gebildet, der auch die Delegationschefin unserer sehr pro-europäischen und föderalistischen Belgier, Marianne Thyssen, angehörte.

Auf die Anwesenheit von Marianne Thyssen legte ich besonderen Wert, denn wenn sie einem Verhandlungsergebnis zustimmen konnte, würde es auch die Mehrheit der Fraktion können. Von Seiten der Briten wurde die Verhandlung von dem von Michael Howard beauftragen Michael Ancram, Marques of Lothian, der dem Unterhaus angehörte, geführt. Michael Ancram, ein Schotte, der in den Regierungen von Margaret Thatcher und von John Major als Parlamentarischer Staatsekretär und dann als Staatsminister für Nordirland tätig gewesen war, war als Persönlichkeit zwar sehr angenehm, aber er vertrat die britischen Interessen so, wie er sie sah, mit allem Nachdruck. Endlich kamen wir zu einem Ergebnis, das Folgendes beinhalten sollte: Dem ED-Teil der Fraktion sollte nach unserer Geschäftsordnung ein eigener Stellvertreter zuerkannt werden. Die wichtigste Änderung der Geschäftsordnung bestand jedoch darin, dass dem ED-Teil unserer Fraktion in konstitutionellen und institutionellen Fragen ein eigener Standpunkt zugebilligt wurde. Im Kern lief dies darauf hinaus, dass dies von den britischen Konservativen beansprucht werden konnte, da die tschechischen Kollegen von der ODS zahlenmäßig nicht so ins Gewicht fielen.

Am Dienstagabend, 10. Februar 2004, während der Sitzungswoche des Europäischen Parlaments in Straßburg wollte ich über das Verhandlungsergebnis abstimmen lassen. Dabei sollte sich zeigen, dass ich die Stimmung in Teilen der Fraktion, insbesondere bei der französischen Delegation, falsch eingeschätzt hatte. Meine Erwartung war, dass die Fraktion diesem Verhandlungsergebnis zustimmen würde. Die Vorsitzende der französischen Delegation, Margie Sudre, eine sehr umgängliche und freundliche Kollegin von der Insel Réunion, mit der ich immer gut zusammengearbeitet habe, erklärte, die französische Delegation könnte nicht zustimmen und würde den Saal verlassen. Ich war in höchstem Maße alarmiert: zum einen über meine Fehleinschätzung, aber auch über das Verhalten der französischen Delegation. Wieder einmal schien die Einheit unserer Fraktion gefährdet. Ich suchte Margie Sudre in ihrem Büro auf, was durchaus ungewöhnlich war, denn normalerweise kamen die Kolleginnen und Kollegen zu mir, ihrem Fraktionsvorsitzenden. So wollte ich die Situation entspannen, was auch gelang. Die Dinge entwickelten sich dann nicht so dramatisch, wie ich es zunächst befürchtet hatte und der Auszug der Franzosen aus der Fraktion stellte sich als ein nur zeitweiliger Auszug für diesen Abend heraus. An den nächsten Fraktionssitzungen, bei denen es dann nicht um dieses Thema ging, waren die Franzosen wieder dabei. Natürlich war ich erleichtert. Aber immer wenn es Anzeichen gab, dass die Einheit der Fraktion gefährdet sein könnte, war ich im höchsten Maße besorgt. Vielleicht stärker als es jeweils angebracht war, aber dies zeigte meine tiefe innere Haltung zur Einheit der Fraktion, die zu verteidigen meine Hauptaufgabe als Fraktionsvorsitzender war. Sollte die Einheit der Fraktion nicht verteidigt werden können, bedeutete dies, so verstand ich es jedenfalls, auch das Scheitern ihres Vorsitzenden.

Nach den für die Fraktion und besonders auch für mich bitteren Erfahrungen des 10. Februar 2004 habe ich telefonischen Kontakt zum Vorsitzenden der UMP, Alain Juppé, dem Oberbürgermeister von Bordeaux, aufgenommen. Alain Juppé war ein enger Vertrauter von Präsident Jacques Chirac, war Außenminister Frankreichs von 1993 bis 1995 gewesen, Ministerpräsident von 1995 bis 1997 und als erster Vorsitzender der UMP von 2002 bis 2004 Vorgänger von Nicolas Sarkozy. Ich schilderte Alain Juppé die Situation und er versprach, hilfreich zu sein. Er hat Wort gehalten. Alain Juppé sprach mit den Abgeordneten seiner Partei in unserer Fraktion und so konnten wir nach einem gewissen zeitlichen Abstand die Satzungsänderung am 31. März 2004 doch noch beschließen.

Die Änderung der Geschäftsordnung konnten wir am 31. März 2004 in der Fraktionssitzung in Straßburg beschließen. Die Abstimmung brachte folgendes Ergebnis: 170 Stimmen für die Änderung der Geschäftsordnung, 10 Gegenstimmen und 15 Enthaltungen. Unsere französischen Freunde haben zwar nicht zugestimmt, aber sich immerhin der Stimme enthalten. So konnte die Einheit der Fraktion gewahrt werden. Alain Juppé habe ich dies niemals vergessen und ich habe es sehr zu schätzen gewusst, dass unsere CDU-Bundesvorsitzende Angela Merkel ihn, als er im Jahre 2004 politische Schwierigkeiten in Frankreich bekam, zur Auftaktveranstaltung des Europawahlkampfes nach Saarbrücken eingeladen hat, an der ich als Spitzenkandidat der CDU Deutschlands teilnahm.[53]

Nachdem also unsere Satzung im Interesse unserer britischen Kollegen geändert war, stand deren Mitgliedschaft in unserer Fraktion nach den Wahlen 2004 nichts mehr im Wege. Michael Howard veranlasste, dass alle konservativen Kandidatinnen und Kandidaten vor der Europawahl ein Manifest unterzeichneten, in dem sie erklärten, dass sie für den Fall ihrer Wahl wieder der EVP-ED-Fraktion beitreten würden. Diese Verpflichtung galt für die gesamte zukünftige Wahlperiode, also bis 2009.

*

2005/2006 ergab sich erneut ein Wechsel im Vorsitz der Konservativen Partei Groß-britanniens. Das Verfahren für die Wahl des Parteiführers ist mehrstufig. Zunächst benötigt der Kandidat oder die Kandidatin die Unterstützung der Unterhausabgeord-neten der Konservativen. Dabei wird, sofern sich mehrere Personen bewerben, eine erste Auswahl getroffen, sodass die zwei Bewerber mit den meisten Stimmen sich ei-ner Urwahl durch die Parteimitglieder der Konservativen Partei stellen. Einer der Be-werber war David Cameron, der spätere Premierminister. Um die Unterstützung der Europaskeptiker in seiner Fraktion zu erhalten, versprach er, die britischen Konserva-tiven für den Fall seiner Wahl aus unserer Fraktion abzuziehen – jedoch nicht erst 2009, sondern schon unmittelbar nach seiner Wahl. Dieses Vorhaben hat viele in un-serer Fraktion, besonders mich, schockiert. Eine Verwirklichung dieses Plans bedeu-tete einen klaren Rechtsbruch, ganz abgesehen von der, wie wir überwiegend fanden, politischen Torheit einer solchen Maßnahme. Für mich bedeutete der Austritt der britischen Konservativen während der Wahlperiode 2004/2009 einen schweren Wort- und Vertrauensbruch. Mein bisheriges Verständnis der britischen Politik, insbesondere der Konservativen, war gewesen, dass die Briten sehr engagierte, oftmals bis an die Grenze gehende Auseinandersetzungen führten und dabei auch nicht vor Schärfen zurückwichen. Aber wenn eine Entscheidung getroffen war, so hart auch die Kontro-verse gewesen sein mochte, so wurde diese respektiert. Es galt die Mehrheitsabstim-mung. Es galt das Wort. Vertrauen wurde nicht infrage gestellt.

Natürlich war ich bereit, alles zu tun, um die Briten bei uns zu halten und war entschlossen, allen Widerstand zu leisten, um ihren Austritt zu verhindern. Dabei war ich meiner Sache absolut sicher, da es eine klare rechtliche und politische Verpflich-tung für die Briten gab, unserer Fraktion – zumindest bis 2009 – anzugehören. Das Verlassen der gemeinsamen Fraktion war auch ein Wortbruch gegenüber den Wählern in Großbritannien, da alle Kandidaten vor der Europawahl 2004 das bereits erwähnte Manifest unterzeichnet hatten, in dem sie den Beitritt zu unserer Fraktion erklärt hatten.

Im Januar 2006 besuchte ich Großbritannien, auch um am St. Antony's College der Universität Oxford eine Rede zu halten. Die Begegnung dort mit Timothy Garton Ash, dem glänzenden Chronisten der europäischen Freiheitsrevolution, bestärkte meine Überzeugung von der europäischen Bestimmung der Briten. Der Grund mei-nes Besuches war aber das Gespräch mit David Cameron, dem neuen Parteivorsitzen-den. Es fand am 26. Januar 2006 im Rahmen eines Frühstücks im Londoner Hotel Mandarin Oriental in Anwesenheit seines außen- und europapolitischen Beraters, des früheren Parteivorsitzenden und späteren Außenministers William Hague, statt. Das Gespräch hatte der Vertreter der Konrad-Adenauer-Stiftung in London, Thomas Bernd Stehling, vermittelt, der auch bei dem Gespräch anwesend war. Auch aus der Sicht von heute kann ich sagen, dass ich kaum ein politisches Gespräch geführt habe, bei dem ich meiner Sache so sicher gewesen war. Ich habe David Cameron erklärt, ein Auszug der Briten aus der Fraktion wäre eine Verletzung von Verpflichtungen und ein massiver Wortbruch. Er erklärte, er wäre diese Verpflichtung nicht eingegangen. Dies machte nach meinen Vorstellungen von Verlässlichkeit sein Verhalten nur noch schlimmer. Jeder Verantwortliche in der Politik lebt in der Kontinuität der Zeit, das heißt des Vorgängers und der Geschichte, die vorangegangen ist. Mit einem neuen Akteur in der Politik beginnt die Politik nicht von Neuem. Gerade von einem so traditionsreichen Land wie Großbritannien musste man erwarten können, dass ein Parteiführer sich in die Kontinuität seiner Partei stellte, Verpflichtungen des Vorgängers übernahm und die rechtliche Situation respektierte. Ohne Umschweife und Zurückhaltung teilte ich meine Überzeugung, die die Haltung unserer Fraktion war, David Cameron mit.

Jahre später hat David Cameron meinem Nachfolger im Fraktionsvorsitz, Joseph Daul, gesagt, wie unerfreulich das Gespräch mit mir gewesen wäre. Er hatte es also nicht vergessen und das freute mich. Trotz der Härte des Gespräches wollte ich unsere Begegnung doch mit einem versöhnlichen Ausklang beenden. Ich habe David Cameron und William Hague von dem Raum, in dem wir uns trafen, bis zum Ausgang des Hotels begleitet, was ein längerer Weg war. Wir haben uns dann am Eingang des Hotels verabschiedet. In meinem politischen Leben habe ich es immer so gehalten: bestimmt in der Sache, freundlich in der Form (*suaviter in modo, fortiter in re*). Wir sollten uns später noch einmal, als ich in meiner Aufgabe als Präsident des Europäischen Parlaments London besuchte, kurz begegnen.

Nach dem Gespräch mit David Cameron wurde ich in Downing Street Nr 10 von Premierminister Tony Blair freundlich, ja freundschaftlich, empfangen. Es war eine Atmosphäre wie unter sich gut verstehenden Parteifreunden. Der Amtssitz des britischen Premierministers beeindruckte mich durch seine Schlichtheit, aber gleichzeitig durch die ausstrahlende Würde. An den Wänden der Treppen, die in die erste und zweite Etage führten, hingen die Bilder aller früheren britischen Premierminister – eine beeindruckende Abfolge. Dabei wurde mir die Vergänglichkeit allen politischen und menschlichen Tuns bewusst. Jeder Premierminister hatte die ihm gegebene Zeit, bevor er von einem Nachfolger oder einer Nachfolgerin – Margaret Thatcher war bisher die einzige Frau in der langen Reihe – abgelöst wurde. Alles hat seine Zeit. In der Gegenwart leben wir in dem Bewusstsein und mit der Last oder dem Guten der Vergangenheit und der Verantwortung für die Zukunft. Die Zeit, die uns gegeben ist, müssen wir nutzen, um nach unserem eigenen Bewusstsein und Gewissen das Beste daraus zu machen. Für mich bedeutete dies immer, meinen Beitrag zur Europäischen Einigung zu leisten und auch an diesem Ort, Downing Street Nr. 10, Großbritannien immer als einen Teil Europas zu verstehen. Großbritannien ist die älteste Demokratie unseres Kontinents – wenn auch Großbritannien, als die Demokratie dort begonnen hatte, sich nicht als Teil unseres Kontinents verstanden, sondern den Kontinent als „Europe" bezeichnet hatte, ohne sich gedanklich dazugehörig zu erklären. Immer habe ich eine besondere Nähe, ja Bewunderung, für Großbritannien, diese große Nation, empfunden.

Nach dem Besuch beim britischen Premierminister hielt ich aus Anlass eines Mittagessens (*Lunch*) eine Rede im Carlton Club, einem Club der Konservativen Partei mit vielen Porträts konservativer Persönlichkeiten an den Wänden – traditionsbewusst, stil- und würdevoll. Schade, dass wir im Europäischen Parlament Vergleichbares bisher nicht haben. Es muss eine Aufgabe sein, auch durch Räume des Gemeinschaftsgeistes die Geschichte des gemeinsamen Europas, der Europäischen Union, der europäischen Institutionen am Leben zu halten. Wir brauchen auch in der EU Symbole, die unsere Identität – das uns Verbindende – ausdrücken. An diesem würdevollen Ort beim *Lunch* eine Rede zu halten, empfand ich als eine große Ehre. Ich hatte mir vorgenommen, nicht anders zu reden, als es meinen Überzeugungen entsprach, also auch ganz offen die Mitgliedschaft der britischen Konservativen in unserer Fraktion anzusprechen. Der Raum war bis auf den letzten Platz gefüllt, nach meiner Erinnerung achtzig bis einhundert Persönlichkeiten, überwiegend Pro-Europäer, darunter die früheren Außenminister Douglas Hurd und Geoffrey Howe.

In der Diskussion fand ich für meine Ausführungen, dass die britischen Konservativen Teil der EVP-ED-Fraktion bleiben sollten, aber auch für meine anderen Überzeugungen, viel Zustimmung. Auch hatte ich in meiner Rede Gelegenheit, Douglas Hurd, der zur Zeit der deutschen Wiedervereinigung britischer Außenminister und damit Kollege des deutschen Außenministers Hans-Dietrich Genscher gewesen war, für seinen Beitrag zur deutschen Einheit zu danken. Ich musste dies in behutsamer Weise tun, da er ja der Außenminister von Premierministerin Margaret Thatcher gewesen war, die bekanntermaßen keine große Begeisterung für die deutsche Einheit entwickelt hatte. Douglas Hurd hatte immer versucht, die Wogen zu glätten und für die Einheit Deutschlands hilfreich zu sein. Seinen Dissens mit Margaret Thatcher nicht zu sehr in Erscheinung treten zu lassen verlangte, sofern ich ihn für seine Haltung loben wollte, diplomatisches Geschick. Ohne Margaret Thatcher zu kritisieren und ohne ihn zu sehr von ihr zu distanzieren, hat doch meine Anerkennung für ihn und mein Dank ihn, Douglas Hurd, und das Publikum erreicht. Die Begegnung im Carlton Club mit unseren pro-europäischen, britischen Freunden habe ich in bester Erinnerung. Sie gibt mir auch die Hoffnung, dass die europapolitische Orientierung der Konservativen Partei sich wieder positiv entwickeln möge. Auch bei der Labour Party hatte es in den Siebzigerjahren des vorigen Jahrhunderts eine stark anti-europäische Strömung gegeben, die sich dann korrigieren sollte. Deswegen sollten wir auch die Hoffnung bei den britischen Konservativen nicht aufgeben. Die Konservativen mussten aber den ersten Schritt tun, denn unsere Selbstachtung gebot es, ihnen nicht nachzulaufen.

Doch zurück zu David Cameron. Am 13. Juli 2006 vereinbarte er mit dem Vorsitzenden der tschechischen ODS, Mirek Topolánek, nach der Europawahl 2009 gegebenenfalls eine neue Fraktion im Europäischen Parlament zu gründen. Später hat Cameron gesagt, er hätte seine Leute bis 2009 nicht aus unserer Fraktion geholt und wäre daher vertragstreu geblieben. Ich bezweifle, dass diese Darstellung seine Absichten so korrekt wiedergibt. Andere Faktoren führten dazu, dass Camerons Absicht, unsere Fraktion 2006 zu verlassen, nicht Wirklichkeit wurde: Unsere britischen Kolleginnen und Kollegen in der EVP-ED-Fraktion wollten mit großer Mehrheit in der Fraktion bleiben. Eine kleine Gruppe, der sogenannte H-Block, die Abgeordneten Hannan, Heaton-Harris, Helmer und wenige andere, verfolgten weiterhin einen Kurs, der darauf aus war, unsere Fraktion zu verlassen. Aber die große Mehrheit der britischen Konservativen wollte die Fraktionsgemeinschaft aufrechterhalten. Ganz klar machten unsere britischen Kolleginnen und Kollegen unter Vorsitz von Timothy Kirkhope und Philip Bradbourn gegenüber London deutlich, dass sie nicht sogenannte *Non-Inscrits*, also Fraktionslose sein wollten, ohne jeden Einfluss im Parlament. Dies schien seine Wirkung in London nicht zu verfehlen, denn Allianzpartner für eine neue Fraktion waren 2006 nicht in Sicht. Um eine Fraktion zu bilden, war es zu Beginn der Wahlperiode 2004 bis 2009 notwendig, mindestens zwanzig Abgeordnete aus mindestens einem Fünftel der Mitgliedsländer zu finden. Zu den Europawahlen 2009 wurden diese Anforderungen noch einmal angehoben.[54] Die Fraktion Europa der Nationen (UEN), die von meinem Kollegen und Freund, dem Iren Brian Crowley geführt wurde – oder Teile davon – wären gegebenenfalls als Partner für eine neue Fraktion in Betracht gekommen. Aber die in dieser Fraktion versammelten Parteien, so die irische Fianna Fáil, die polnische Partei Recht und Gerechtigkeit (die Partei von Lech und Jarosław Kaczyński) sowie einige andere, hatten ihr Wort gegeben, bis 2009 die Einheit dieser Fraktion nicht infrage zu stellen. Und Brian Crowley, mit dem ich in einem ständigen Kontakt war und hervorragend zusammenarbeitete, hielt ich für einen ehrlichen und aufrichtigen politischen Partner. Er hatte kein Interesse daran, dass die von ihm geführte Fraktion die britischen Konservativen aufnahm oder seine Fraktion sich spaltete. Brian Crowley hatte also einen großen Anteil daran, dass die britischen Konservativen bis 2009 praktisch unsere Fraktion nicht verlassen konnten.

Oppositionsführer David Cameron besuchte 2008 Berlin und traf dort mit Bundeskanzlerin Angela Merkel, auch in ihrer Eigenschaft als Vorsitzende der CDU, zusammen. Am Tage nach dem Besuch in Berlin verkündete Cameron am 18. September in der *Frankfurter Allgemeinen Zeitung* seine Absicht, die Fraktion nach den Europawahlen 2009 verlassen zu wollen.[55] Abgesehen vom Inhalt dieser Aussage ist es eine Frage des Stils, wann und in welcher Weise man eine derartige Absicht verkündet. Der Austritt der britischen Konservativen aus der EVP-ED-Fraktion erfolgte dann nach den Wahlen 2009. Rechtlich und politisch war David Cameron 2009 frei, diesen Schritt zu tun; politisch halte ich ihn nach wie vor für einen schweren Fehler. Premierminister Tony Blair hat einmal im Unterhaus an die Adresse von David Cameron, dem Oppositionsführer, gesagt, selten wäre das Handeln der Opposition von großer Bedeutung. Aber es wäre wichtig, dass die Opposition zu einer der großen Parteienfamilien in Europa gehörte. Diese Empfehlung des Labour-Führers und Premierministers an den Führer der Konservativen, und im Amt des Premierministers – nach Gordon Brown – sein Nachfolger, halte ich für absolut richtig. Wenn ein großes Mitgliedsland der EU mit seiner Regierungspartei – oder auch als Opposition – nicht in einer der großen europäischen Parteienfamilien vertreten ist, bedeutet dies sowohl eine Schwächung des jeweiligen Landes als auch der europäischen Politik insgesamt.

*

Ein weiteres Handeln David Camerons fand ebenso mein völliges Unverständnis, ja entschiedenen Widerspruch. David Cameron verkündete, er würde den Vertrag von Lissabon einer Volksabstimmung im Vereinigten Königreich unterwerfen, sofern der Vertrag noch nicht in Kraft getreten wäre, wenn er Premierminister würde.[56] Diese Äußerung wurde zu einem Zeitpunkt gemacht, als sowohl das Unterhaus wie das Oberhaus den Vertrag von Lissabon bereits ratifiziert, Königin Elizabeth II. die Ratifikationsurkunde unterzeichnet hatte und der Vertrag in Rom hinterlegt worden war. Das Vereinigte Königreich hatte also durch das Ratifizierungsverfahren und die Unterschrift der Königin gegenüber der Europäischen Union sein Wort gegeben. Dieses Wort wollte Cameron mit einem Referendum, bei dem er sicher nicht zu Unrecht eine Ablehnung des Vertrages erwartete, zurücknehmen. Es ist das gute Recht eines jeden Politikers, für oder gegen eine Sache, demnach auch für oder gegen einen Vertrag zu sein. Aber dieses Wort zurückzunehmen, nachdem das eigene Land sich verpflichtet und gegenüber der Europäischen Union sein Wort gegeben hatte – auch wenn dies durch ein Referendum geschieht –, ist ein Verhalten, das nur als Wortbruch bezeichnet werden kann. Meiner Bewertung nach entsprach dieses Verhalten Camerons dem gleichen Grundmuster, wie er es bereits bei der Frage der Mitgliedschaft der britischen Konservativen in unserer Fraktion zum Ausdruck gebracht hatte. Es war das gleiche Denken. Glücklicherweise ist David Cameron die Chance, den Vertrag von Lissabon zu zerstören, nicht gegeben worden. Wir werden später darauf zurückkommen. Seit Mai 2010 ist David Cameron der Premierminister des Vereinigten Königreichs. Ich wünsche ihm Glück und Erfolg bei der Führung dieser großen traditionsreichen Demokratie, vor allem wünsche ich ihm, dass sein Land im 21. Jahrhundert immer ein verlässlicher Partner ist und seinen Weg mit den anderen Völkern in der Europäischen Union geht.

Dieser Wunsch ist leider nicht in Erfüllung gegangen, wie ich nach dem Referendum im Vereinigten Königreich am 23. Juni 2016 diesem Text hinzufügen muss. Die, wenn auch knappe, Mehrheit für ein Ausscheiden aus der Europäischen Union ist für mich eine der größten Enttäuschungen meines politischen Lebens. Die Entscheidung ist in ihren Konsequenzen sowohl für die Zukunft des Vereinigten Königreichs als auch der EU unvorhersehbar. Alle politisch Verantwortlichen in den europäischen Institutionen und den Mitgliedstaaten sind in der Pflicht, die 27 Mitgliedstaaten zusammenzuhalten und eine partnerschaftliche Beziehung zum Vereinigten Königreich zu entwickeln. Diese Beziehung darf aber einer bedeutenden europäischen Nation keinen Sonderstatus erlauben, der für andere EU-Staaten Anreize für ein ähnliches Verhalten geben könnte. Die Lehre aus dem britischen Referendum ist vor allem, dass David Cameron, der viele Jahre eine Europa-skeptische Haltung vertreten hatte, nicht hinreichend vertrauenswürdig war, um für einen Verbleib des Vereinigten Königreichs eine Mehrheit des britischen Volkes zu gewinnen. Die Lehre ist, dass eine über viele Jahre geübte Kritik an der Europäischen Union nicht in einer Kampagne von wenigen Wochen in ein „Ja zu Europa" umgewandelt werden kann.

Es bleibt zu hoffen, dass das zukünftige Verhältnis des Vereinigten Königreichs zur Europäischen Union von Zusammenarbeit und Partnerschaft geprägt sein wird, so wie das hoffentlich auch zwischen der Türkei und der Europäischen Union der Fall sein wird. Eine solche, vertraglich vereinbarte partnerschaftliche Beziehung könnte auch für andere Nachbarländer der EU – z.B. die Ukraine – angestrebt werden. Die Europäische Union wäre umgeben von mit ihr kooperierenden befreundeten Staaten, ohne dass diese Mitglied der EU sind. Der Begriff „privilegierte Partnerschaft" könnte diese besonderen Beziehungen beschreiben.

VI. Machtproben

1. Wahl des Parlamentspräsidenten

Die Wahlen zum Europäischen Parlament vom 10. bis 13. Juni 2004 brachten für die EVP-ED-Fraktion ein außerordentlich erfreuliches Ergebnis. Mit Abstand wurden wir wieder die stärkste Fraktion. Es erwies sich auch als klug, dass wir die Frage der Mitgliedschaft der britischen Kollegen vor den Wahlen hatten klären können, sodass hierüber nach den Wahlen keine Verhandlungen mehr geführt werden mussten. Unsere Fraktion war damit groß und einig.

Nun mussten die normalen Arbeiten beginnen, die Fraktionsführung gewählt werden, dann waren Verhandlungen zu führen mit anderen Fraktionen über den Parlamentspräsidenten und schließlich musste die neue Kommission gebildet werden. Viele Aufgaben lagen vor uns. Was die Bildung der Kommission betraf, lagen die schwierigsten Wochen meines politischen Lebens vor mir. Dieselbe Aufgabe im Jahr 1999 zu meistern war zwar kein „Kinderspiel", aber vergleichsweise leicht. Am 13. Juli 2004 wurde das Fraktionspräsidium gewählt. Auf mich als den zum dritten Mal in Folge kandidierenden Vorsitzenden entfielen etwas über 96 Prozent der Stimmen. Von den 244 Abstimmenden votierten 229 mit Ja, 10 mit Nein und 5 enthielten sich der Stimme. Das war ein schöner Vertrauensbeweis, eine gute Basis für die Fortführung meiner Arbeit. Zu den stellvertretenden Fraktionsvorsitzenden wurden gewählt: Othmar Karas (Österreich) als Schatzmeister, João de Deus Pinheiro (Portugal), József Szájer (Ungarn), Ville Itälä (Finnland), Marianne Thyssen (Belgien), Lorenzo Cesa (Italien), Jaime Mayor Oreja (Spanien), Françoise Grossetête (Frankreich) und Timothy Kirkhope, der später durch Struan Stevenson (Vereinigtes Königreich) abgelöst wurde. Die Konstituierung der Fraktion gestaltete sich im Großen und Ganzen problemlos. Dies sollte sich aber bei der Frage der Wahl des Parlamentspräsidenten ändern.

In der Legislaturperiode 1999–2004 hatten wir uns für ein Bündnis mit den Liberalen entschieden, waren quasi dazu gezwungen worden, weil die Sozialdemokraten uns keine andere Wahl gelassen hatten. 1999 war Nicole Fontaine problemlos gewählt worden, aber bei der Wahl von Pat Cox im Januar 2002 hatte es dreier Durchgänge bedurft, bis er schließlich ausreichend Stimmen erhalten hatte. Am Ende bekam er 298 Stimmen, für seine Gegenkandidaten David Martin und Jens-Peter Bonde votierten 237 beziehungsweise 33 Abgeordnete.[57] Ein Bündnis mit den Liberalen hätte auch 2004 eine absolute Mehrheit der Mitglieder des Europäischen Parlaments ergeben, aber da die Fraktionen nie vollkommen geschlossen abstimmen und bedauerlicherweise auch nicht immer alle Kollegen bei der Wahl anwesend sind, stand eine Koalition zwischen den Christdemokraten und Liberalen auf wackligen Beinen. Deswegen war ich seit langem davon ausgegangen, dass eine Vereinbarung mit den Sozialdemokraten erstrebenswert wäre. Es sicherte eine breite Mehrheit für den Präsidenten. Obwohl die Absprache über den Präsidenten nicht identisch war mit einer Koalition, also einer Absprache in Sachfragen, kam noch hinzu, dass während der vergangenen Wahlperiode die liberale Fraktion mit ihrem Vorsitzenden Graham Watson, den ich persönlich schätzte, oftmals Positionen vertrat, die – mit Ausnahme in der Wirtschaftspolitik – weit links von unseren Positionen angesiedelt waren. Die psychologische Bereitschaft, mit den Liberalen eine Vereinbarung zu treffen, war also nicht sehr groß. Eine Vereinbarung mit den Sozialdemokraten einzugehen bedeutete natürlich auch keine automatische Übereinstimmung in Sachfragen, wobei es auch immer meine Überzeugung war, dass es bei großen Themen erforderlich war, dass Christdemokraten und Sozialdemokraten den gleichen Weg gingen. Das Präsidium unserer Fraktion und die nationalen Delegationschefs gaben mir grünes Licht, eine Vereinbarung mit den Sozialdemokraten zu treffen. Nun traten allerdings Schwierigkeiten auf. Naturgemäß muss die Fraktion, die jeweils den Präsidentschaftskandidaten stellt, diesen selbst bestimmen können. In der Regel ist es nicht akzeptabel, dass der „Koalitionspartner" über die Auswahl des Kandidaten mitentscheidet.

Lange hatte es so ausgesehen, dass die Sozialisten für ihre Fraktion den früheren französischen Ministerpräsidenten Michel Rocard (Ministerpräsident von 1988 bis 1991 unter Staatspräsident François Mitterrand) als Kandidaten aufstellen würde. Für uns wäre das eine ideale Lösung gewesen, da Michel Rocard als ein Mann der Mitte galt und auch in der Zusammenarbeit außerordentlich kollegial und offen war. Jedoch wollte die französische Delegation, die innerhalb der sozialdemokratischen Fraktion weit links stand, ihren eigenen Landsmann nicht akzeptieren. So kam es zur Nominierung von Josep Borrell Fontelles, dem früheren spanischen Vorsitzenden der Sozialisten. Josep Borrell Fontelles war eine erfahrene Persönlichkeit, hatte als Staatssekretär für Finanzen (ab 1984) und als Minister für Infrastruktur, Transport und Umwelt (ab 1991) in Regierungsämtern gearbeitet und kannte aus der Arbeit des Ministerrates die Europäische Union gut. Aber er war neues Mitglied im Europäischen Parlament, war also bei der Wahl im Juni 2004 erstmalig gewählt worden. Dementsprechend kannte er das Parlament nicht, was man ihm natürlich nicht vorwerfen konnte. Aber seine Nominierung provozierte bei den Gegnern dieser Kandidatur in unserer Fraktion sofort das Argument, man könnte ein neues Mitglied nicht wählen – ein Argument, das nicht ganz von der Hand zu weisen war. Nun reagierten die Liberalen, die sich von einer Vereinbarung mit uns ausgeschlossen sahen, aber ebenso von einer Vereinbarung mit den Sozialdemokraten, die ja einen eigenen Kandidaten stellten. Die Liberalen entschieden sich für eine überzeugende, im Kampf gegen den Kommunismus bewährte Persönlichkeit: Bronisław Geremek. Bronisław Geremek gehörte zu den Begründern von Solidarność und war zweifelsohne nicht nur in Polen, sondern in Europa und darüber hinaus eine bekannte und anerkannte Persönlichkeit. Ihm war im Jahre 1998 der Karlspreis in Aachen verliehen worden, ein Preis, der besondere Verdienste um die Europäische Einigung würdigt. Was die EVP betraf, hatte er allerdings einen „Schönheitsfehler“. Seine Partei Unia Wolności (UW), zu Deutsch Freiheitsunion, war einst Mitglied der EVP gewesen, hatte diese aber verlassen. Gleichwohl war diese Kandidatur sehr ernst zu nehmen, zumal es sich auch erstmalig um die Kandidatur einer Persönlichkeit aus den früheren kommunistischen Ländern handelte. Vielen in unserer Fraktion erschien diese Kandidatur zu Recht als sehr sympathisch. Von dem Gesichtspunkt stabiler Mehrheiten aus blieb ich jedoch bei der Meinung, die von unserer Fraktionsführung unterstützt wurde, eine Vereinbarung mit den Sozialdemokraten einzugehen. Das Argument, Josep Borrell Fontelles wäre ein neues Mitglied des Europäischen Parlaments, konnte auch nicht nur gegen ihn verwendet werden, weil dies ebenso für Bronisław Geremek zutraf. Auch er war neu in das Europäische Parlament gewählt worden.

Beide Kandidaten luden wir zur Vorstellung in unsere Fraktion ein. Beide machten ihre Sache gut. Eine formelle Abstimmung in der Fraktion, wen wir unterstützen sollten, haben wir nach dieser Vorstellung nicht vorgenommen. Die Führungsgremien unserer Fraktion hatten ja bereits beschlossen, den Kandidaten der Sozialdemokraten zu unterstützen – aus den grundsätzlichen Erwägungen, die weniger mit der Person zu tun hatten. Da ich großen Respekt vor Bronisław Geremek hatte, war ich ihm gegenüber besonders achtungsvoll. Am 20. Juli 2004 fand die Abstimmung über den Präsidenten statt. Sie ergab folgendes Ergebnis: Josep Borrell Fontelles 388 Stimmen, Bronisław Geremek 208 Stimmen, Francis Wurtz 51 Stimmen.[58] Damit war Josep Borrell Fontelles für die ersten zweieinhalb Jahre der fünfjährigen, bis 2009 dauernden Wahlperiode zum 11. Präsidenten des direkt gewählten Europäischen Parlaments gewählt, also bis zum Januar 2007. Ihm sollte dann ein Angehöriger unserer Fraktion nachfolgen. So sah es die Vereinbarung mit den Sozialdemokraten vor.

2. Bildung der Kommission von José Manuel Durão Barroso

Die Entscheidung für einen Kandidaten für das Amt des Präsidenten der Europäischen Kommission und das Vertrauensvotum für die Gesamtkommission sollte sich wie angekündigt sehr viel schwieriger gestalten als die Wahl des Parlamentspräsidenten. Schwierigkeiten deuteten sich bereits im Vorfeld der Europawahlen an. Der französische Staatspräsident Jacques Chirac und der deutsche Bundeskanzler Gerhard Schröder hatten schon vor den Wahlen den belgischen Ministerpräsidenten Guy Verhofstadt als Kandidaten für das Amt des Kommissionspräsidenten vorgeschlagen.[59] Damit bestand die Gefahr, dass sich 2004 die Ereignisse von 1999 wiederholen würden, was zu verhindern ich mir damals zum unbedingten Ziel gesetzt hatte: Wir, die EVP, die die Wahlen gewonnen hatten, sollten erneut nicht an der Spitze der Kommission vertreten sein. Dies war für mich nicht hinnehmbar. Anders als 1999 war ich durch das dreimalige Vertrauensvotum unserer Fraktion für mich als deren Vorsitzender anerkannt und die Fraktion vertraute mir.

In den vergangenen Jahren hatte ich nach der Wahl von Romano Prodi zum Kommissionspräsidenten immer wieder die Frage thematisiert, dass die stärkste Fraktion auch den Kommissionspräsidenten stellen sollte. Mittlerweile war dies innerhalb der EVP und auch unserer Fraktion die allgemeine Meinung. In einem Interview der *Frankfurter Allgemeinen Zeitung* vom 24. Mai 2004 sprach ich mich bereits vor den Europawahlen gegen eine Wahl von Guy Verhofstadt zum Kommissionspräsidenten aus. Gegen ihn als Person hatte ich keinerlei Einwände, Guy Verhofstadt war ein überzeugter Europäer, und seine europapolitischen Vorstellungen im Hinblick auf eine bundesstaatliche und föderale Ordnung der Europäischen Union entsprachen auch meinen Überzeugungen. Aber als liberaler Politiker würde er kaum der Repräsentant des Gewinners dieser Wahl sein. Wie ich erfuhr, war Guy Verhofstadt über meine Äußerungen nicht erfreut. Aber er wusste auch, dass sie sich nicht gegen ihn als Person richteten, sondern es grundsätzliche Überzeugungen waren. Das Ergebnis der Europawahl bestärkte mich in meiner Meinung. Es musste Konsequenzen für die Führung der Kommission haben. Wenn auch die Zusammensetzung der Kommission im Wesentlichen alle politischen Familien beinhalten sollte, sollte doch der Kommissionspräsident im Rahmen einer Art Richtlinienkompetenz die politische Haltung zum Ausdruck bringen, die bei den Wahlen die größte Zustimmung gefunden hatte – und das war in diesem Fall eben erneut die EVP. Deswegen war ich mir meiner Sache absolut sicher. Als ich mit dem französischen Außenminister Michel Barnier, dem früheren EU-Kommissar, dem ich seit langer Zeit freundschaftlich verbunden war, telefonierte, teilte ich ihm mit, dass Verhofstadt als Kandidat für uns nicht akzeptabel wäre. Michel Barnier erklärte mir, er wäre auf dem Weg zu seinem Staatspräsidenten und ich bat ihn, diesem unsere Ansicht auszurichten. Es konnte ja nicht schaden, wenn Präsident Chirac von der Entschlossenheit der größten Fraktion im Europäischen Parlament wusste. Die Zeiten waren vorbei, in denen alles in den nationalen Hauptstädten am Europäischen Parlament vorbeientschieden werden konnte. Das Parlament, dies zeigte sich in dieser Frage, war nicht nur selbstbewusster geworden, sondern hatte auch die politischen Mittel errungen, um seine Positionen – zumindest teilweise – durchzusetzen. Keine Institution und keine Regierung allein kann die Europäische Union gestalten, sondern alle sind aufeinander angewiesen: die europäischen Institutionen und die Mitgliedstaaten müssen partnerschaftlich zusammenarbeiten, so schwierig dies im Einzelfall auch sein mag.

Aber wer konnte die Aufgabe des zukünftigen Kommissionspräsidenten übernehmen? Oftmals waren ehemalige oder aktive Ministerpräsidenten in dieses Amt gewählt worden, so Romano Prodi, Jacques Santer, Gaston Thorn. Natürlich war dies kein Naturgesetz und wie das Beispiel von Jacques Delors zeigte, konnten auch Persönlichkeiten als Kommissionspräsidenten hervorragende Arbeit leisten, die nicht vorher das Amt des Ministerpräsidenten in einem Mitgliedsland der Europäischen Union bekleidet hatten. Viele Jahre nach seiner Amtszeit als Präsident der Europäischen Kommission wurde Jacques Delors im Jahr 2015 vom Europäischen Rat zum dritten Ehrenbürger Europas berufen – nach Jean Monnet und Helmut Kohl. Ich habe es immer bedauert, dass ich in meinen Aufgaben als Fraktionsvorsitzender und Präsident des Europäischen Parlaments nicht mit Jacques Delors als Kommissionspräsidenten zusammenarbeiten konnte. Wir gehörten zwei unterschiedlichen politischen Generationen an.

Auch war und bin ich der Meinung, dass eines Tages auch die Vorsitzenden der großen Fraktionen oder der Präsident des Europäischen Parlaments für dieses Amt in Betracht kommen. Dafür war die Zeit im Jahre 2004 aber noch nicht reif. Aber irgendwie lag es in der Luft, dass für das Amt des Kommissionspräsidenten ein Ministerpräsident vorgesehen werden sollte. Die Auswahl war nun nicht sehr groß. Auf Journalistenfragen hatte ich wiederholt den Namen des österreichischen Bundeskanzlers Wolfgang Schüssel genannt. Aber würden die Franzosen diesem Vorschlag zustimmen, da er als Österreicher gleichsam Deutschland als Partner zugerechnet werden würde? Auch die Namen des finnischen Ministerpräsidenten Paavo Lipponen sowie des dänischen Ministerpräsidenten Anders Fogh Rasmussen, des heutigen NATO-Generalsekretärs, wurden genannt. Für uns kamen jedoch weder Lipponen noch Rasmussen in Betracht, denn Ersterer war Sozialdemokrat, der Zweite Liberaler. Seit langem sah ich im Ministerpräsidenten Luxemburgs Jean-Claude Juncker den idealen Kandidaten, aber Jean-Claude Juncker, mit dem ich mehrfach über diese Frage gesprochen hatte, wollte sich nicht bewerben. Er hatte Wahlen in Luxemburg zu bestehen und wollte das Amt des Ministerpräsidenten – dort spricht man von Staatsminister – weiterhin wahrnehmen und sein Volk nach den Wahlen mit einem Weggang nicht enttäuschen. Leider schied er somit als Bewerber aus.

Sympathien hatte ich auch für den Ministerpräsidenten Portugals, José Manuel Durão Barroso. Im Rahmen der Treffen der EVP hatte er sich immer sehr verständnisvoll gegenüber dem Parlament und unserer Fraktion verhalten, insbesondere hatte er sich bei der Stabilitätspolitik in seinem Lande bewährt. Ihm und seiner Regierung war es zu danken, dass in Portugal die Maastricht-Kriterien für die Stabilität der europäischen Währung eingehalten wurden. Mir erschien er daher für die Aufgabe des Präsidenten der Europäischen Kommission als geeignet. Aber seinen Namen konnte man nicht direkt gegen Guy Verhofstadt ins Spiel bringen, da diejenigen, die für den belgischen Ministerpräsidenten eintraten, insbesondere Präsident Chirac und Bundeskanzler Schröder, wohl nicht sofort einen EVP-Kandidaten akzeptieren würden. So entwickelte sich das, was Wilfried Martens in seinen Memoiren eine „partie triangulaire" genannt hat, ein „Spiel über die Bande".[60] Beim EVP-Treffen in Meise am 16. und 17. Juni 2004, an dem neben dem Präsidium der Partei, zu dem ich als Vorsitzender der Fraktion gehörte, die Partei- und Regierungschefs der Mitgliedsparteien der EVP teilnahmen, wurde beschlossen, dass der älteste Ministerpräsident aus dem EVP-Kreis, der Ministerpräsident Italiens, Silvio Berlusconi, beim Europäischen Rat Chris Patten ins Spiel bringen sollte. Ich drängte Wilfried Martens in besonderer Weise, den Namen von Chris Patten zu nennen.[61] Chris Patten war Mitglied der Europäischen Kommission und zuständig für die Außenbeziehungen der EU. Zwar war er britischer Konservativer, aber es handelte sich bei ihm um einen überzeugten Europäer, und es gibt keinen Zweifel, dass er das Amt des Kommissionspräsidenten gut ausgefüllt hätte.

Unterdessen hatte ich mit dem britischen Premierminister Tony Blair Kontakt aufgenommen und auch ihm in einem Telefongespräch unseren entschlossenen Widerstand gegen Guy Verhofstadt angekündigt. Tony Blair, der aus anderen Gründen nicht für Verhofstadt war, wurde so zu einem Verbündeten. Bald zeichnete sich ab, dass erwartungsgemäß auch Chris Patten im Kreis der Staats- und Regierungschefs nicht durchsetzbar war. Vor allem der Wind aus Paris wehte ihm ins Gesicht, wie er selbst einsehen musste.[62] Im Ergebnis mussten beide Vorschläge – Chris Patten und Guy Verhofstadt – zurückgenommen werden. Damit war das Spiel neu eröffnet.

Die Beteiligten arbeiteten gut zusammen, darunter insbesondere die CDU-Vorsitzende Angela Merkel, die zu diesem Zeitpunkt noch nicht Bundeskanzlerin war und somit noch nicht zum Europäischen Rat gehörte. Schlussendlich wurde José Manuel Durão Barroso, der Ministerpräsident Portugals, vom Europäischen Rat als Kandidat für das Amt des Präsidenten der Europäischen Kommission vorgeschlagen.

Der zukünftige Kommissionspräsident muss sich zweimal einem Vertrauensvotum des Europäischen Parlaments unterwerfen: einmal als Person und Präsident, sodann in einem zweiten Schritt mit seiner gesamten Kommission. Gegebenenfalls kann das bedeuten, dass der Kommissionspräsident als Person gewählt wird, aber anschließend gemeinsam mit seiner Kommission scheitert, wenn diese nicht das Vertrauen des Europäischen Parlaments bekommt. Diese Gefahr sollte sich in den nächsten Wochen entwickeln. Als mögliches Erschwernis für die EVP-ED-Fraktion kam hinzu, dass der Parlamentspräsident, also Josep Borrell Fontelles, am 20. Juli 2004 gewählt werden sollte, der Kommissionspräsident, also José Manuel Durão Barroso, einen Tag später. Würden die Sozialdemokraten, nachdem ihr Kandidat zum Präsidenten des Europäischen Parlaments gewählt worden war, am nächsten Tag ihr Wort halten und auch eine Mehrheit für Barroso ermöglichen, obwohl dies nicht Bestandteil einer formellen Vereinbarung war? Ein hochrangiger Vertreter der CDU sagte im CDU-Präsidium: „Wenn der Sozialdemokrat gewählt wird, aber nicht Barroso am Tag danach, dann haben wir ein Problem." Diese Gefahr war mir natürlich auch bewusst und wieder einmal sah ich meine These bestätigt: „Alles ist erst sicher, wenn es sicher ist." Aber andererseits vertraute ich auch darauf, dass die Sozialdemokraten mit ihrem Vorsitzenden Martin Schulz eine vernünftige Zusammenarbeit mit uns im Europäischen Parlament anstrebten. Ein geschlossenes Votum gegen Barroso hätte der zukünftigen Zusammenarbeit den Boden entzogen. So wurde José Manuel Durão Barroso am 22. Juli 2004 im Wesentlichen mit den Stimmen der EVP-ED, der Liberalen und, wie zu vermuten ist, einem Teil der Sozialdemokraten zum Kommissionspräsidenten gewählt. Das Ergebnis der 664 abgegebenen Stimmen lautete: 413 Ja-Stimmen und 251 Gegenstimmen.[63] Wenn man den ursprünglichen Vorschlag Jacques Chiracs und Gerhard Schröders bedenkt, welcher Guy Verhofstadt vorgesehen hatte, so war dies für uns, auch für mich als Fraktionsvorsitzenden, ein großer Erfolg.

3. Das Kollegium der Kommission

Die Berufung einer Kommission gehört zu den schwierigsten „Regierungsbildungen" der Welt; das Amt des Kommissionspräsidenten zu den anspruchsvollsten Aufgaben, wenn es nicht sogar das komplizierteste Amt überhaupt ist. Sicher hat der amerikanische Präsident mehr Macht, aber der Kommissionspräsident muss eine nahezu unerfüllbare Aufgabe verwirklichen: Er muss sowohl den Regierungen mit ihren unterschiedlichen Positionen gerecht werden und gleichzeitig dem Europäischen Parlament, das wiederum durch seine Fraktionen auch sehr unterschiedliche Positionen vertritt. Die einen ziehen in die eine Richtung, die anderen ziehen in die andere Richtung. Ihnen allen gegenüber muss der Kommissionspräsident versuchen, gerecht zu werden. Es ist ein Spielen mit zehn Kugeln gleichzeitig in der Luft. Die Kommissionsmitglieder werden von den Nationalstaaten vorgeschlagen. Im manchen Fällen geschieht dies vollkommen unkompliziert, wenn überzeugende Persönlichkeiten aufgestellt werden; in anderen Fällen gestaltet sich dieser Prozess problematisch und manchmal folgenreich. Alle Bewerber für die Kommission müssen sich einer Anhörung (*Hearing*) des Europäischen Parlaments stellen. Dabei können den Bewerbern und Bewerberinnen sehr schnell Fehler unterlaufen. Meine Empfehlung an die Kandidatinnen und Kandidaten war immer, sich vor dem Vertrauensvotum möglichst wenig in der Öffentlichkeit zu äußern, um in den Anhörungen anfechtbare Bemerkungen zu vermeiden. Denn eine Fraktion gibt es immer, die an Äußerungen Kritik zu üben hat. Leider halten sich nicht immer alle an diese Grundsätze. Die schnelle Schlagzeile erscheint manchen Bewerbern wichtiger als die langfristige positive Wirkung, die sich ein Mitglied der Kommission erarbeiten kann.

Ein Sturm sollte aufziehen. Die italienische Regierung Berlusconi schlug als Mitglied für die Kommission den Christdemokraten von der UDC, Rocco Buttiglione vor. Rocco Buttiglione, den ich seit vielen Jahren kannte und dem ich auch heute freundschaftlich verbunden bin, sprach hervorragend Deutsch und fand deswegen bei den deutschen Christdemokraten immer besondere Zustimmung. Er war Politiker, Philosoph und Theologe, der katholischen Kirche sehr verbunden – aus meiner Sicht positive und begrüßenswerte Eigenschaften. Doch erweckte er auch immer wieder den Eindruck, „päpstlicher als der Papst" zu sein.

Der durch Präsident Barroso vorgenommenen Aufgabenzuordnung zufolge sollte Rocco Buttiglione Kommissar für Justiz, Freiheit und Sicherheit sowie Vizepräsident der Europäischen Kommission werden. Bei der Anhörung im Ausschuss für bürgerliche Freiheiten, Justiz und Inneres unter Vorsitz von Jean-Louis Bourlanges, der zur französischen UDF gehörte, die die EVP-ED-Fraktion nach der Wahl 2004 verlassen hatte und in die liberale Fraktion übergewechselt war, erklärte Rocco Buttiglione Anfang Oktober 2004 unter anderem:

> „Wenn wir Politik machen, verzichten wir nicht auf das Recht, Überzeugungen zu haben, dass Homosexualität eine Sünde ist, und dies hat keinen Einfluss auf die Politik, so lange ich nicht sage, dass Homosexualität ein Verbrechen ist."[64]

Auch seine persönliche Meinung zur Ehe hätte kaum Bedeutung für das Amt eines EU-Justizkommissars. Dennoch erläuterte der verheiratete Vater von vier Töchtern den Abgeordneten seine Ansicht bereitwillig: Das lateinische Wort für Ehe, *matrimonium*, bezeichnete den „Schutz der Mutter" und „so besteht die Familie, damit Frauen Kinder bekommen können und den Schutz eines Mannes, der sich um sie kümmert, und dies ist die traditionelle Sicht der Ehe, die ich verteidige".[65]

Diese Äußerungen führten zu einem Sturm der Entrüstung: bei Bourlanges und auch bei anderen Mitgliedern des Ausschusses, insbesondere den Liberalen, Grünen und Sozialdemokraten, aber auch bei einigen Mitgliedern in unserer Fraktion. Schnell wurde der Ruf laut, die italienische Regierung sollte ihren Kandidaten zurückziehen. Nun begann ein Spießrutenlaufen, das mehrere Wochen anhalten sollte. Für unsere Fraktion führte dies zu einer unvorstellbaren Belastungsprobe, wie wir sie bisher nicht erlebt hatten. Für mich war diese Zeit, um in der Nähe der Sprache von Rocco Buttiglione zu bleiben, ein wahres „Fegefeuer". Während der Innenausschuss des Europäischen Parlaments Buttiglione als Kandidaten ablehnte, befürwortete der Rechtsausschuss seine Kandidatur. Etwa zwei Drittel der Abgeordneten unserer Fraktion waren der Meinung, Rocco Buttiglione unter allen Umständen zu verteidigen, ein Drittel der Fraktion hielt seine Äußerungen für untragbar. Unter derartigen Umständen die Fraktion zusammenzuhalten, war fast unmöglich. Immer, wenn ich in meinem politischen Leben schwierige Situationen zu meistern hatte, und diese sollte die schwierigste Situation überhaupt werden, wurde ich äußerlich ganz ruhig. Innerlich jedoch war ich von Unruhe, Zweifel und der Suche nach dem besten Weg, aus dieser Situation wieder herauszukommen, betroffen. Nicht nur Silvio Berlusconi fragte mich nach meiner Meinung, auch Rocco Buttiglione wollte von mir wissen, ob er durchhalten oder von sich aus seinen Verzicht erklären sollte. Wie konnte ich ihm zum Rückzug raten, wenn zwei Drittel der Fraktion sein Durchhalten in jedem Fall forderten? Wie hätte ich dagestanden, wenn Rocco Buttiglione in der Öffentlichkeit behauptet hätte, ich hätte ihn zum Rückzug aufgefordert? Später soll er am Rande einer Pressekonferenz behauptet haben, er hätte sich schon längst zurückgezogen gehabt, wenn ich es ihm nicht anders geraten hätte.

Die Sozialdemokraten und andere hatten ihren Willen erklärt, einer Kommission mit Rocco Buttiglione auf keinen Fall zuzustimmen. Während die öffentliche Debatte über Rocco Buttiglione geführt wurde, fand in Rom am 29. Oktober 2004 die Unterschriftsleistung unter den Europäischen Verfassungsvertrag statt. Ministerpräsident Silvio Berlusconi war Gastgeber, sein innenpolitischer Gegner, der noch amtierende Kommissionspräsident Romano Prodi, war ebenso anwesend wie der Präsident des Europäischen Parlaments, Josep Borrell Fontelles. Auch die Fraktionsvorsitzenden waren in Rom, und ich nutzte die Gelegenheit zu Gesprächen mit Martin Schulz, dem Vorsitzenden der Sozialdemokraten im Europäischen Parlament. Zu Martin Schulz hatte sich in den vergangenen Monaten ein von gegenseitigem Respekt und Vertrauen gekennzeichnetes Verhältnis gebildet. Wenn er sein Wort gab, konnte man in der Regel auch darauf bauen – „in der Regel" deswegen, weil er sich bemühte, das von ihm gegebene Wort auch in seiner Fraktion durchzusetzen, was ihm natürlich nicht immer gelang. Aber im Laufe der Zeit entwickelten wir ein Vertrauensverhältnis, was in der Politik, bei aller parteipolitischen Unterschiedlichkeit, einen großen Vorteil bedeutet. Martin Schulz erklärte mir unmissverständlich, dass eine Kommission mit Rocco Buttiglione nicht die Zustimmung der Sozialdemokraten finden würde. Die Feierlichkeiten in Rom mit der Unterzeichnung des Verfassungsvertrages einerseits und die Wirklichkeit im Hinblick auf die Bildung der Kommission mit dem Kommissionspräsidenten José Manuel Durão Barroso zeigten das ganze Spannungsverhältnis der politischen Realität in diesen Tagen. Eine Abstimmung über die Kommission mit Rocco Buttiglione drohte zu einem Scherbenhaufen für die EVP-ED-Fraktion zu werden. Wir hatten José Manuel Durão Barroso in einem schwierigen Prozess durchgesetzt und nun schien wegen der Nominierung von Rocco Buttiglione alles gefährdet. Ein negatives Vertrauensvotum für die Kommission hätte das Ende des Kommissionspräsidenten Barroso und für mich eine möglicherweise mein Amt als Fraktionsvorsitzender kostende Niederlage bedeutet.

Was konnte die Lösung sein? Schließlich setzte sich in unserer Fraktion die Meinung durch, wenn wir ein Opfer bringen müssten, dann müsste dies auch von den Sozialisten verlangt werden. Als „Opfer" wurde der für Steuerfragen vorgesehene László Kovács auserwählt, der Kandidat der ungarischen sozialistischen Regierung. Kovács hatte der Kommunistischen Partei angehört, war Vorsitzender der Sozialisten gewesen und sollte nun Ungarn in der Europäischen Kommission vertreten. Insbesondere Viktor Orbán, der Parteivorsitzende von Fidesz und stellvertretende Vorsitzende der EVP, Ministerpräsident Ungarns von 1998 bis 2002 und erneut seit Mai 2010, verlangte von

Barroso eine Initiative gegenüber der ungarischen Regierung, Kovács wegen seiner Vergangenheit zurückzuziehen. Auch wenn dieses Begehren ohne Erfolg bleiben sollte, konnte es doch innenpolitisch verwendet werden. Schließlich ergab sich eine zusätzliche Komplikation. Aus Berlin erreichten mich Anrufe, dass wir doch Kovács nicht opfern könnten, denn er hätte 1989 Deutschland bei der Grenzöffnung von Ungarn nach Österreich geholfen. Für mich war es ein *Circulus vitiosus*: Die Hardliner in unserer Fraktion forderten ein Opfer auf der Linken, die Parteifreunde in Berlin hielten es für unanständig, dieses Opfer zu bringen. Wie konnten wir aus einer solchen Situation herauskommen? Die Initiative wurde von Silvio Berlusconi ergriffen. Er sah ein, dass es keinen Sinn hatte, an Buttiglione festzuhalten und daran die ganze Kommission scheitern zu lassen. Er rief mich an und nannte mir drei Namen für die Kommission, darunter Außenminister Franco Frattini. Meine Antwort war, mit Franco Frattini würde Italien einen ausgezeichneten Kommissar entsenden. So sollte es dann auch kommen. Franco Frattini bestand die Anhörung hervorragend, und er wurde ein guter Kommissar, zuständig für Justiz, Freiheit und Sicherheit und Vizepräsident der Kommission. José Manuel Durão Barroso unternahm gegenüber der ungarischen Regierung eine im Ergebnis zwar erfolglose Initiative, Kovács zurückzuziehen, aber mit der Folge, dass auch Viktor Orbán zufrieden sein konnte: Kovács wurde nicht Kommissar für Energie, sondern für Steuern und Zölle. Am 18. November 2004 wurde über die Kommission abgestimmt. Sie erreichte eine überzeugende Mehrheit. Das Ergebnis lautete: 449 Abgeordnete stimmten mit Ja, 149 mit Nein, 82 enthielten sich der Stimme.

Damit war für mich das bisher schwierigste Kapitel meines politischen Lebens abgeschlossen. Die Reaktionen auf mein Verhalten waren zwiespältig: Einerseits wurde mir vorgeworfen, zu lange an Rocco Buttiglione festgehalten zu haben, andererseits musste ich mir aber auch anhören, ihn geopfert zu haben. Der CSU-Vorsitzende, Bayerns Ministerpräsident Edmund Stoiber, warf mir vor, unsere konservativen Werte „vernachlässigt" zu haben.[66] Diese unterschiedliche Kritik spiegelte den Spagat wider, den ich als Fraktionsvorsitzender aushalten musste. Aber man soll sich nicht beschweren. Niemand hatte mich gezwungen, Politik zu machen – es war mein eigener Entschluss gewesen. Politik zu gestalten, insbesondere Europapolitik, ist nur möglich, wenn man einen klaren inneren Kompass hat und weiß, wohin man will. Oft ist dieser Weg mit Freude verbunden, weil die Ziele erreicht werden. Oft sind diese Wege aber auch steinig, wie sich beim Zustandekommen der ersten Kommission Barroso erwies. Aber das Ziel ist doch erreicht worden. Am Ende wurden das Europäische Parlament und auch unsere Fraktion gestärkt, denn wir haben unseren Kandidaten – der das Wahlergebnis repräsentierte – für das Amt des Kommissionspräsidenten durchgesetzt. Alles in allem konnte ich sehr zufrieden sein.

Die Zusammenarbeit mit José Manuel Durão Barroso gestaltete sich sehr positiv. Wir entwickelten Vertrauen zueinander. Ohne meine entschlossene Unterstützung wäre er nicht Präsident der Europäischen Kommission geworden. Wenn es notwendig war, telefonierten wir. Wir hatten vereinbart, uns zweimal im Monat zu treffen: einmal zum Frühstück, ein anderes Mal mit ihm und allen der EVP-ED angehörenden Kommissaren sowie mit dem Präsidium unserer Fraktion bei einem Abendessen. So bestand die Möglichkeit, dass die Verantwortlichen in Kommission und Fraktion sich austauschen konnten. Dieses Verfahren hatten wir auch schon bei Romano Prodi, obwohl er nicht unserer Parteifamilie angehörte, mit Erfolg angewandt. Hinzu kam natürlich, dass der Kommissionspräsident immer wieder einmal die Fraktion besuchte, um dort über die gemeinsamen Aufgaben zu sprechen und sich mit den Abgeordneten auszutauschen. Die Zusammenarbeit mit Kommissionspräsident Barroso, dem ich auch heute freundschaftlich verbunden bin, war aus meiner Sicht sehr erfreulich. Allerdings muss ich auch anmerken, dass er wenig Verständnis dafür hatte, wenn ich die Kommission einmal kritisierte. Auch das gehörte zu meinen parlamentarischen Pflichten als Vorsitzender der größten Fraktion: Wenn ich Defizite bei der Kommission erkannte, so musste ich sie klar benennen. Dies betraf ja nicht den Kommissionspräsidenten persönlich. Gleichwohl hat er es nicht immer so verstanden. Wenn Barroso mich dann gelegentlich, nachdem ich Kritik geäußert hatte, darauf ansprach, lautete meine Antwort, wenn es einmal wirklich ernst würde, könnte ich ihn am besten verteidigen, wenn ich bei weniger wichtigen Sachverhalten auch einmal Kritik äußern würde. So wäre ich, wenn es wirklich darauf ankäme, glaubwürdig und könnte hilfreich sein.

4. Finanzielle Vorausschau 2007–2013

Im Dezember 2005 berieten die Staats- und Regierungschefs der Länder der Europäischen Union über die Finanzperspektiven 2007–2013. Der Voranschlag der Kommission vom Februar 2004 für den siebenjährigen Haushalt der Europäischen Union hatte bei 1.022 Milliarden Euro gelegen. Die Einigung des Europäischen Rates sah einen Finanzrahmen von 862,4 Milliarden Euro (1,045 Prozent des Bruttoinlandsproduktes der EU) vor – ein deutliches Minus gegenüber dem ursprünglichen Kommissionsvorschlag. Dies ist für eine Gemeinschaft von über 500 Millionen Bürgerinnen und Bürger kein zu hoher Betrag, wenn man bedenkt, dass der Haushalt der Bundesrepublik Deutschland im Jahr 2010 319,5 Milliarden Euro betrug. Gleichwohl haben die Staats- und Regierungschefs im Zuge ihrer Verhandlungen die Mittel stark zusammengestrichen. In der Öffentlichkeit entstand der Eindruck, dies wäre für die zukünftigen Haushaltsjahre das letzte Wort. Natürlich traf das nicht zu, denn das Europäische Parlament hat auch bei der Beschlussfassung über die finanzielle Vorausschau das Recht der Mitentscheidung. Regierungen und Europäisches Parlament müssen gemeinsam den jährlichen Haushalt und auch die Finanzperspektiven beschließen. Für mich und unsere Fraktion war nicht akzeptabel, dass die Mittel für die junge Generation, insbesondere das Studentenaustauschprogramm Erasmus und weitere Austauschprogramme, um circa drei Milliarden Euro gekürzt wurden. In der Fraktion war dies auf großen Unmut gestoßen. Ich selbst fand es auch falsch, im Bereich der Kultur zu sparen. Natürlich sind Agrar- und Regionalpolitik, die den größten Teil des Haushalts beanspruchen, wichtig. Aber die europäische Kultur darf nicht vernachlässigt werden. Die Europäische Union ist eine Wertegemeinschaft, die Begegnung junger Menschen, das gemeinsame Studium, das Kennenlernen anderer Länder der Europäischen Union sind für die Zukunft der Union von besonderer Bedeutung. Wenn diese menschliche und kulturelle Dimension verloren geht und der Haushalt der Europäischen Union nur noch eine Umverteilungsmasse für bestimmte Politikbereiche darstellt, dann hat – so ist es meine feste Überzeugung – Europa keine Zukunft. Deswegen war ich fest entschlossen, diese Kürzung nicht zu akzeptieren, und war dankbar dafür, dass die gesamte Fraktion diese Meinung teilte und mich unterstützte. Schließlich setzte sich auch in der Öffentlichkeit durch, dass das Europäische Parlament ein Wort mitzureden hatte. Dies sollte schon bald geschehen.

Es war eine gute Übung, dass jede zukünftige Präsidentschaft der Europäischen Union mit der Konferenz der Präsidenten, das heißt mit dem Parlamentspräsidenten und den Fraktionsvorsitzenden, zu einer die Präsidentschaft vorbereitenden Begegnung zusammentraf. Am 1. Januar 2006 sollte Österreich die Präsidentschaft in der Europäischen Union übernehmen. Damit war Bundeskanzler Wolfgang Schüssel als zukünftiger Präsident des Europäischen Rates in der Rolle desjenigen, der einen Kompromiss in der Finanzfrage suchen musste. Kurz vor Weihnachten 2005 fand die Konferenz der Präsidenten in der Hofburg in Wien statt. Dieser historische Ort, von dem aus die Habsburger über Jahrhunderte regiert hatten, war der Ort, an dem wir mit Bundeskanzler Wolfgang Schüssel die Kontroverse suchten. Das Prozedere bei solchen Begegnungen ist, dass der Gastgeber kurz begrüßt – er hat in der Regel mehrere Ministerinnen und Minister für die verschiedenen Fachressorts mitgebracht –, dann erwidert der Präsident des Europäischen Parlaments, also in diesem Fall Josep Borrell Fontelles, die Begrüßung, bevor der zukünftige Präsident des Europäischen Rates und die verschiedenen Minister zu den unterschiedlichen Fachbereichen im Hinblick auf die Vorhaben der zukünftigen Präsidentschaft vortragen. Dann folgt die Diskussion mit den Fraktionsvorsitzenden. Präsident Josep Borrell Fontelles erteilte mir als Vorsitzendem der größten Fraktion als Erstem das Wort. Im Anschluss sprach Martin Schulz als Vorsitzender der zweitgrößten Fraktion und so weiter. Gegenüber Bundeskanzler Schüssel – einem politischen und persönlichem Freund – begann ich förmlich:

> „Herr Bundeskanzler, Herr zukünftiger Präsident des Europäischen Rates, für unsere Fraktion ist die Kürzung der Mittel bei der Finanzperspektive 2007 bis 2013 im Hinblick auf die junge Generation völlig inakzeptabel. Sollten die Mittel für die Jugendprogramme, insbesondere für Erasmus, nicht wieder aufgestockt werden, wird meine Fraktion den Vorschlag des Rates ablehnen."[67]

An diesem Beispiel zeigt sich, dass die politischen Positionen zu Sachfragen bei den europäischen Institutionen nicht notwendigerweise von parteipolitischen Erwägungen

bestimmt sind. Sowohl Bundeskanzler Wolfgang Schüssel, dessen ÖVP zur EVP gehörte, als auch Bundeskanzlerin Angela Merkel, die Vorsitzende meiner Partei, hatten
dem Beschluss im Europäischen Rat zugestimmt. Aber gleichwohl konnten sie nicht
erwarten, dass wir aus parteilicher Treue unsere Zustimmung geben würden. Europa
bedeutet immer einen Interessenausgleich und den Kompromiss. Die Regierungen
und die europäischen Institutionen müssen aufeinander zugehen, kein Partner kann
alleine den Weg weisen und sich durchsetzen. Auch war das Europäische Parlament
im Jahre 2005/2006 nicht mehr das Parlament des Jahres 1979. Es war selbstbewusst
und einflussreich geworden.

Anfang 2006 sprach mich Bundeskanzlerin Angela Merkel, mit der ich in meinen
verschiedenen Aufgaben – als Fraktionsvorsitzender, als Präsident des Europäischen
Parlaments und später als Vorsitzender der Konrad-Adenauer-Stiftung – immer vertrauensvoll zusammengearbeitet hatte und es nach wie vor tue, auf die Haltung unserer
Fraktion zu Erasmus an. Das war nur zu verständlich, denn die Wiederaufstockung der
Mittel bedeutete für den deutschen Haushalt eine deutliche Mehrbelastung. Aber dies
konnte nicht unser Maßstab sein. Wenn schon gekürzt werden sollte, dann durften nicht
die Kulturprogramme, und schon gar nicht die Programme für die jungen Menschen in
der Europäischen Union, das Opfer bringen. Dabei haben wir nie infrage gestellt, dass
die Kulturpolitik als solche in ihren Inhalten und in ihrem Kern Sache der Mitgliedsländer ist, in der Bundesrepublik Deutschland sogar Aufgabe der Bundesländer. Aber die
Europäische Union muss eine koordinierende, ergänzende Rolle wahrnehmen, so bei
den Jugendbegegnungen und dem Studentenaustauschprogramm Erasmus. Diesen
Standpunkt unserer Fraktion, der auch mein ganz persönlicher war, erklärte ich Angela
Merkel. Sie nahm ihn zur Kenntnis und hat nicht widersprochen. Daraus schloss ich –
und diese Einschätzung sollte sich später bewahrheiten – dass sie eine Lösung im Sinne
der Auffassung unserer Fraktion befürworten würde. Auch in persönlichen Gesprächen
mit Wolfgang Schüssel und anderen machte ich deutlich, dass die Zustimmung zur finanziellen Vorausschau von der Wiedereinsetzung der Mittel für die Jugendprogramme
abhängig wäre. An unserer Entschlossenheit ließen wir keinen Zweifel. Die anderen
Fraktionen verhielten sich ähnlich. Es ist im Übrigen im Europäischen Parlament eine
gute Erfahrung, dass bei wichtigen Fragen die meisten Fraktionen zu gleichen Ergebnissen kommen, weil sie das Ideal Europas in den Vordergrund stellen. Bei aller notwendigen parteipolitischen Kontroverse ist es gerade in der Europäischen Union bedeutsam,
die nationalen parteipolitischen Scheuklappen abzulegen. Nach langem Verhandeln
wurde schließlich ein Weg gefunden, die Mittel für die Jugend- und Kulturprogramme,
so auch für Erasmus, wieder aufzustocken, und man einigte sich auf einen Finanzrahmen in Höhe von 865 Milliarden Euro. Bei dieser Auseinandersetzung und Debatte
ging es für mich auch um die „Seele" Europas. Kulturprogramme der Europäischen
Union ermöglichen stärker als beispielsweise die Ausgaben in den kostenintensiven Bereichen (Agrar- und Regionalpolitik) die Werte, die uns Europäer verbinden, zu vertreten. Für die junge Generation ist dies von ganz besonderer Bedeutung.

Vierter Teil: Parlamentspräsident inmitten der Suche nach einer Europäischen Verfassung

I. Präsident des Europäischen Parlaments: Führungsauftrag und Alltagsarbeit

1. Meine Wahl zum Präsidenten des Europäischen Parlaments am 16. Januar 2007

Siebeneinhalb Jahre lang habe ich die Fraktion der Europäischen Volkspartei und Europäischer Demokraten (EVP-ED-Fraktion) als größte Fraktion des Europäischen Parlaments mit Abgeordneten aus allen 27 Mitgliedsländern geführt. Es war oft eine unglaublich schwierige Arbeit, aber gleichwohl hat diese Aufgabe mir überwiegend Freude bereitet, vor allem deshalb, weil ich die politischen Ansichten der verschiedenen Flügel der Fraktion zusammenführen konnte, ohne meine eigenen Überzeugungen aufzugeben. Menschen und Meinungen zusammenzuführen entsprach immer eher meinem Naturell als die Konfrontation. In einem Interview habe ich einmal gesagt, Europa wäre der Konsens, nicht der Krawall.[1] Meine Kolleginnen und Kollegen gingen wie selbstverständlich davon aus, dass ich im Januar 2007 Josep Borrell Fontelles im Amt des Präsidenten des Europäischen Parlaments nachfolgen sollte. Weder gab es einen anderen Bewerber noch eine andere Bewerberin, sodass die Kandidatur auf mich hinauslief. Am 14. November 2006 nominierte mich meine Fraktion auf Vorschlag der CDU/CSU-Gruppe.

Schließlich kam der Zeitpunkt, vom Amt des Fraktionsvorsitzenden Abschied zu nehmen. Am 9. Januar 2007 wurde Joseph Daul zu meinem Nachfolger gewählt. In einer kurzen Erklärung dankte ich der Fraktion für die gute, freundschaftliche und stets respektvolle Zusammenarbeit. Die Kolleginnen und Kollegen ihrerseits spendeten stehend Beifall, um so ihrem Dank an den scheidenden Vorsitzenden Ausdruck zu verleihen. Sie hatten wohl ein Gespür dafür, wie schwierig es war, eine so große und vielfältige Fraktion zusammenzuhalten. Ob ich wirklich dem Rat des klugen Balthasar Gracian gerecht geworden bin, nie aus der Fassung zu geraten, mögen andere beurteilen. Aber seine Empfehlung hat mir schon gefallen, sich im Umgang mit anderen Menschen zu beherrschen, „dass weder im größten Glück noch im größten Unglück man die Blöße einer Entrüstung gebe".[2]

*

Mein Ausscheiden als Fraktionsvorsitzender führte zu wichtigen personellen Veränderungen in der Führungsstruktur der CDU/CSU-Gruppe. Es war selbstverständlich, dass diese wieder prominent in der Spitze der Fraktion vertreten sein musste, wie es stets der Fall gewesen war. So wechselte Hartmut Nassauer vom Vorsitzenden der CDU/CSU-Gruppe in die Aufgabe des stellvertretenden Fraktionsvorsitzenden. Zu seinem Nachfolger wurde Werner Langen, der bisherige Parlamentarische Geschäftsführer der CDU/CSU-Gruppe, gewählt. Werner Langen, ein erfahrener Politiker, war 1994 Egon Klepsch ins Europäische Parlament nachgefolgt und zuvor Landesvorsitzender der CDU in Rheinland-Pfalz und dort auch Landwirtschaftsminister gewesen. Co-Vorsitzender blieb der Vorsitzende der CSU-Gruppe, Markus Ferber. Mit beiden verstand ich mich gut, was nicht nur unter menschlichen Gesichtspunkten von Bedeutung war, sondern insbesondere für meine zukünftige Aufgabe als Präsident des Europäischen Parlaments. Es ist wichtig, Freunde zu haben, auf die man sich – besonders in schwierigen Situationen – verlassen kann. Das war bisher der Fall gewesen und sollte sich auch in Zukunft so bewähren. Die Solidarität und Freundschaft der CDU/CSU-Gruppe als Basis meiner Aufgaben als Fraktionsvorsitzender und dann als Präsident des Europäischen Parlaments habe ich immer sehr zu schätzen gewusst und bleibe dafür dankbar. Hartmut Nassauer schied 2009 aus dem Europäischen Parlament aus, sein Nachfolger als stellvertretender Fraktionsvorsitzender wurde Manfred Weber (CSU), der diese Aufgabe mit Erfolg wahrnimmt. Markus Ferber verblieb im Amt des Co-Vorsitzenden der CDU/CSU-Gruppe, Werner Langen blieb Vorsitzender. Er übertrug 2012 diese Aufgabe an Herbert Reul, der sie mit sichtbarer Freude ausübt.

*

Der Abschied von einer Aufgabe beziehungsweise einem Amt ist mir nie schwer gefallen. Nun hatte ich auch in der Regel das Glück, dass immer neue Aufgaben, meistens noch verantwortungsvollere, auf mich zukamen. So war es auch jetzt. Für den 16. Januar 2007 war die Wahl des Präsidenten des Europäischen Parlaments vorgesehen. Mit Zuversicht konnte ich diesen Wahlen entgegenblicken, da die EVP-ED-Fraktion zu Beginn der Wahlperiode eine Vereinbarung mit den Sozialdemokraten/Sozialisten getroffen hatte und auch die liberale Fraktion keinen Kandidaten aufstellte. Das Gleiche traf für die UEN-Fraktion (Union für ein Europa der Nationen) zu. Für die Fraktion der Grünen/Europäische Freie Allianz kandidierte Monica Frassoni, für die Fraktion der Vereinten Europäischen Linken/Nordische Grüne Liste Francis Wurtz. Für die Gruppe Unabhängigkeit und Demokratie kandidierte der Europakritiker Jens-Peter Bonde. Der Kommunist Francis Wurtz hatte mich sogar zu einem Gespräch aufgesucht, um mir seinen Respekt zum Ausdruck zu bringen. Wenn er gleichwohl für seine Fraktion kandidierte, wäre es keine Kandidatur, die sich persönlich gegen mich richtete. Ich empfand dies als Ausdruck der Hochachtung, was bei Politikern so unterschiedlicher Herkunft und Ansichten nicht selbstverständlich war.

Die Wahl des neuen Parlamentspräsidenten fand am 16. Januar 2007 statt. Die Sitzung wurde um 10:05 Uhr durch den Alterspräsidenten Giovanni Berlinguer (so-

zialdemokratische Fraktion) eröffnet. Er teilte dem Plenum die Namen der eingereichten Kandidaturen mit und wies darauf hin, dass der Geschäftsordnung zufolge
ein Kandidat die absolute Mehrheit der abgegebenen Stimmen in den ersten drei
Wahlgängen erhalten musste, um gewählt zu werden. Leere und ungültige Wahlzettel
würden bei der Auszählung der Stimmen nicht berücksichtigt. Im Anschluss daran
gab er allen Bewerbern die Möglichkeit zu einer kurzen Vorstellung. Ich stellte mich
mit meinem wichtigsten Ziel vor:[3]

> „Ich bewerbe mich heute um das Amt des Präsidenten des Europäischen Parlaments, um
> zusammen mit Ihnen den Bürgerinnen und Bürgern in der Europäischen Union, dem
> Recht und der Solidarität zwischen unseren Völkern zu dienen."

Aufbauend auf meine bisherigen Erfahrungen, sagte ich weiter,

> „möchte ich mit Ihnen Folgendes erreichen: Europa muss ein Europa der Bürgerinnen
> und Bürger sein. Es ist unsere gemeinsame Aufgabe, durch überzeugende Arbeit die
> Menschen für unser großartiges Projekt der Einheit unseres Kontinents unter Bewah-
> rung der Identitäten unserer Völker zu gewinnen."

Dann wurde ich konkret:

> „Ich möchte meinen entschlossenen Beitrag dazu leisten, dass wir die Substanz des Ver-
> fassungsvertrags verwirklichen. Diese Europäische Union mit 500 Millionen Menschen
> braucht Reformen. Wir müssen friedlich dafür kämpfen, dass diese Reformen Wirklich-
> keit werden. Ich füge hinzu: Dieses Europa hat nur dann eine Zukunftschance, wenn wir
> uns zu unseren Werten bekennen."

Ich sprach dann das Anliegen an, das mir besonders am Herzen lag:

> „Schließlich möchte ich zusammen mit Ihnen meinen Beitrag zum Dialog der Kulturen
> leisten, besonders mit der arabischen und islamischen Welt. Ich habe in den letzten fünf,
> sechs Jahren 16 arabische Länder besucht. Wir brauchen eine bessere Zusammenarbeit.
> Wir wollen Partnerschaft und – wenn es geht – Freundschaft mit der arabischen und is-
> lamischen Welt auf der Grundlage unserer Überzeugungen."

Ich konnte nicht enden ohne ein Wort des Dankes:

> „Herzlich danken möchte ich der EVP-ED-Fraktion und ihrem Vorsitzenden Joseph
> Daul, der sozialdemokratischen Fraktion und ihrem Vorsitzenden Martin Schulz für ihre
> Unterstützung, ebenso für die Unterstützung aus der liberalen und demokratischen Frak-
> tion mit ihrem Vorsitzenden Graham Watson, für die Unterstützung der UEN-Fraktion

mit ihrem Vorsitzenden Brian Crowley sowie für die Unterstützung weiterer Kolleginnen und Kollegen."

Meinen Mitbewerbern zollte ich Respekt und bat um das Vertrauen meiner Kolleginnen und Kollegen: „Ich verspreche Ihnen, ein fairer und objektiver Präsident des Europäischen Parlaments zu sein."

Dem Wahlergebnis blickte ich natürlich mit Spannung entgegen und wartete das Ergebnis in meinem bisherigen Büro, dem Büro des Fraktionsvorsitzenden der EVP-ED-Fraktion, der ich ja nicht mehr war, ab. Joseph Daul, der am 9. Januar 2007 zu meinem Nachfolger in diesem Amt gewählt worden war, war so verständnisvoll, mir das Büro für die wenigen Tage zwischen Aufgabe des Fraktionsvorsitzes und Wahl zum Parlamentspräsidenten zu überlassen. Klaus Welle, der mein Kabinettschef werden sollte, teilte mir telefonisch das Ergebnis mit: Hans-Gert Pöttering: 450 Stimmen; Monica Frassoni: 145 Stimmen; Francis Wurtz: 48 Stimmen und Jens-Peter Bonde: 46 Stimmen.

Nach der Unterbrechung der Sitzung berief Alterspräsident Giovanni Berlinguer die Sitzung wieder ein und verkündete das Ergebnis. Es war schon ein besonderes Gefühl, erstmalig den Platz des Präsidenten des Europäischen Parlaments am Präsidiumstisch einzunehmen. In einer kurzen Erklärung richtete ich mich an die Abgeordneten.[4] Ich bedankte mich für das mir entgegengebrachte Vertrauen:

„Ich möchte meinen Beitrag für eine demokratische, starke und handlungsfähige Europäische Union in Europa und in der Welt leisten. Die Würde des Menschen, die Beachtung des Rechts und das Bekenntnis zur Solidarität zwischen den Völkern der Europäischen Union werden die Leitprinzipien meines Engagements sein. Den Bürgerinnen und Bürgern der Europäischen Union möchte ich sagen: Nur gemeinsam haben unsere Völker die Chance, unsere Werte und Interessen in der Welt zu verteidigen."

Ich begrüßte ausdrücklich den anwesenden Präsidenten der Parlamentarischen Versammlung des Europarates, René van der Linden, „der Präsident jener Institution, die so viel für die Werte Europas getan hat und weiterhin tun wird".

Und ich fügte hinzu, bezogen auf die vor mir liegenden Aufgaben:

„Wo immer wir politisch stehen, welche Überzeugungen und Ideale uns auch immer leiten mögen, wir sind verbunden durch den entschlossenen Willen, unter Bewahrung der Identität unserer Völker eine immer engere Union der Völker der Europäischen Union zu schaffen, wie die Verträge es vorschreiben."

Selbstverständlich dankte ich meinem Vorgänger im Amt, Josep Borrell Fontelles, und würdigte seinen unermüdlichen Einsatz.

Ich hatte mich für eine kurze Erklärung entschieden, da meine Programmrede am 13. Februar 2007 folgen sollte. Die Fraktionsvorsitzenden, so war es üblich im Europäischen Parlament, äußerten sich ebenfalls nach der Wahl des neuen Präsidenten.[5] Alle fanden zum Teil sehr freundschaftliche und ermutigende Worte. Im Namen der Fraktion der Europäischen Volkspartei und der europäischen Demokraten sprach mein Nachfolger als Fraktionsvorsitzender, Joseph Daul, große Worte:

> „Wir wissen, dass Sie über alle nötigen Qualitäten verfügen, um Ihre neuen Aufgaben mit viel Mut, Entschlossenheit, Überzeugung und vor allem Menschlichkeit wahrzunehmen […]. Wir wissen, Sie werden sicherstellen, dass alle Mitglieder des Europäischen Parlaments von Ihrer Erfahrung, Ihrem Wissen und Ihrer Überzeugung profitieren.“

Ironisch reagierte ich:

> „Wie mir gesagt wurde, wurden nach den Erfahrungen der bisherigen Präsidenten die größten Erwartungen immer von der politischen Familie gestellt, aus der man kommt, und das sei immer am schwierigsten. Ich hoffe, dass es diesmal vielleicht so ist, wie Sie es zum Ausdruck gebracht haben.“

Für die sozialdemokratische Fraktion ergriff Martin Schulz das Wort:

> „Es war ein würdiger Wahlkampf, eine würdige Auseinandersetzung, stets fair und in jeder Hinsicht kollegial […]. Sie sind im September 1945 geboren, und jeder, der Sie kennt, weiß, dass Ihr Vater im März 1945, in den letzten Tagen des Zweiten Weltkrieges, gefallen ist. Sie haben ihn selbst nie kennen gelernt. Ich bin sicher, dass dieses Erlebnis, diese Erfahrung der vaterlosen Kindheit und Jugend, Sie in die europäische Politik und zum europäischen Einigungswerk gebracht hat und dass diese in Deutschland eigentlich nicht einzigartige, sondern alltägliche Erfahrung Ihrer Generation Sie motiviert hat, für das europäische Einigungswerk in der Form zu streiten, wie Sie das getan haben […]. Wenn unsere Nation, unser Volk einen anderen Weg hätte gehen können, als es gehen musste, wenn Ihr Vater nicht gefallen wäre, wenn er hätte erleben dürfen, wohin der Weg des Hans-Gert Poettering geführt hat, er wäre mit Sicherheit stolz auf seinen Sohn gewesen, so wie Ihre Söhne heute zu Recht stolz auf ihren Vater sein können.“

Graham Watson, im Namen der Fraktion der Allianz der Liberalen und Demokraten in Europa:

> „Sie wissen, dass meine Fraktion die Art und Weise ablehnte, mit der Sie und die Sozialdemokraten das Hohe Haus während dieser Wahlperiode unter sich aufgeteilt haben. Abgesehen davon glaube ich, dass die Mehrheit meiner Fraktion für Sie gestimmt hat, Ihre Erfahrung anerkennt, Ihr politisches Wirken in diesem Hohen Hause bewundert

und von Ihrer Fähigkeit überzeugt ist, dass Sie ein objektiver und fairer Präsident sein werden."

Cristiana Muscardini, im Namen der Fraktion Union für ein Europa der Nationen, führte aus:

„In meinen vier Wahlperioden im Europäischen Parlament konnte ich sehen, wie Sie arbeiten, und daher bin ich zuversichtlich, dass in dieser Wahlperiode – der zweiten Hälfte dieser Wahlperiode – ein Weg eingeschlagen wird, der es dem Europäischen Parlament ermöglicht, sich nicht mehr mit so vielen nutzlosen Angelegenheiten zu beschäftigen und entschlossener an die Bewältigung bestimmter wichtiger Aufgaben heranzugehen."

Daniel Cohn-Bendit, im Namen der Fraktion der Grünen/Europäische Freie Allianz, begann launig:

„Herr Präsident, lieber Hans-Gert! Wer hätte geglaubt, dass Du ein Anhänger von Jimmy Cliff bist: You can get it if you really want! Du hast so lange davon geträumt, dass ich Dir von Herzen dazu gratuliere, dass Du jetzt Deinen Traumjob hast. Bravo! Es war an der Zeit, dass Du Präsident wurdest; das erkennen wir an. Wir haben – wie alle anderen auch – überhaupt keine Zweifel, dass Du ein unabhängiger Präsident sein wirst. Manchmal wird es schwer sein, zum Beispiel, wenn Du unser Haus repräsentieren sollst und am liebsten eine Regierungschefin umarmen möchtest. Das geht nicht mehr, das kannst Du als Fraktionsvorsitzender tun. Als Präsident dieses Hauses musst Du die europäische Idee vor Deine Liebe für eine Regierungschefin setzen. Ich möchte sehen, wie sich das entwickeln wird."

Dann wurde er noch ernster: „Wir wollen keine politisch gefärbte Verwaltung, sondern eine unabhängige Verwaltung! Dies ist ein Arbeitsauftrag an Dich, Hans-Gert Poettering, als unabhängiger Präsident." Francis Wurtz, einer meiner Gegenkandidaten, nahm im Namen der Fraktion der Vereinigten Europäischen Linken/Nordische Grüne Linke das Wort:

„Eingedenk der Machtkämpfe, die derzeit in diesem Hohen Haus vor sich gehen, ist Ihre Wahl nicht nur vollkommen legitim, sondern auch in jeder Hinsicht folgerichtig. Sie sind nun unser aller Präsident. Ich selbst habe keinerlei Zweifel weder an Ihrer Entschlossenheit noch an Ihrer Fähigkeit, diese Rolle wahrzunehmen, ohne dabei natürlich Ihre Vorstellungen oder den Charakter Ihres Engagements aufzugeben. Sie haben feste Überzeugungen, die oft der Grund für unsere Meinungsverschiedenheiten sind. Sie haben jedoch auch einen Moralkodex, für den Sie aufrichtig respektiert werden, und Sie fühlen sich einem Pluralismus verpflichtet, der eine konstruktive Zusammenarbeit ermöglicht. Daher haben wir Vertrauen in Sie."

Jens-Peter Bonde, im Namen der Fraktion Unabhängigkeit und Demokratie:

„Ihre Wahl stellte keine große Überraschung dar, da wir seit 2004 wussten, wie das Ergebnis aussehen würde. Immerhin haben wir eine Krönung verhindert und eine Aussprache geführt [...]. Sie sind auch mein Präsident, und Sie kennen meine Reformwünsche: einen einzigen Sitz, besser organisierte Abstimmungen, bessere Gesetzgebung, eine faire Verteilung von Berichterstattern und Posten, saubere Fassaden in Straßburg, faire Repräsentanz im Ausland, neutrale Mitarbeiter und einen fairen Vorsitz."

Bruno Gollnisch, im Namen der Fraktion Identität, Tradition, Souveränität, folgte ihm:

„Selbstverständlich beglückwünscht Sie die Fraktion Identität, Tradition, Souveränität. Sie beglückwünscht Sie als Person, wegen Ihrer Höflichkeit und anderen menschlichen Qualitäten, und auch in der Hoffnung auf Ihre unparteiische Leitung dieses Parlaments, das wir bilden [...]. Wir verlassen uns darauf, Herr Präsident, dass Sie für die Wahrung der Rechte der Abgeordneten sorgen, die für alle gleich sein müssen. Die parlamentarische Immunität eines Europaabgeordneten, dessen Recht auf freie Meinungsäußerung beeinträchtigt wurde, ist nicht minder zu schützen, wenn der betreffende Abgeordnete der vorherrschenden politischen Strömung angehört oder eine Minderheit vertritt."

Irena Belohorská sprach namens der Fraktionslosen:

„Ich wünsche Ihnen beste Gesundheit in dieser Funktion und große Geduld in Ihrer Entscheidungsfindung. Ich habe da eine Bitte an Sie, die in den vorangegangenen Reden nicht erwähnt wurde, da alle Redner aus den fünfzehn alten Mitgliedstaaten stammten. Ich möchte Sie also bitten, nicht zu vergessen, dass die Europäische Union heute aus 27 Mitgliedstaaten besteht, und ich darf Sie ebenfalls bitten, die Funktionsträger aus den zwölf neuen Mitgliedstaaten, deren Europaparlamentarier auch in der Hoffnung gewählt wurden, dass ihre Stimmen hier Gehör finden, zu achten und ihnen Unterstützung angedeihen zu lassen."

Schließlich ergriff auch der Präsident der Europäischen Kommission, José Manuel Barroso, das Wort:

„Heute hat das Europäische Parlament einen neuen Vorsitzenden gewählt, dessen Qualitäten als Mensch und als Politiker für dieses hohe Amt in hervorragender Weise geeignet sind. Ich kenne den Präsidenten als einen Menschen mit politischen Visionen und Integrität – Eigenschaften, die in diesem äußerst anspruchsvollen Amt gebraucht werden [...]. Ihr Beitrag zu den Grundwerten Gerechtigkeit, Menschenrechte und die Würde des Menschen war viele Jahre lang das Gütesiegel Ihrer Arbeit. Ich möchte Ihre Fairness jedem gegenüber erwähnen, angefangen von Ihrer Forderung, dass jeder im Europäischen Parlament gleich behandelt werden sollte bis hin zu der Ansicht, dass in der Europäischen Union kein Land größer ist als das andere. Wir alle schätzen Ihre Ehrlichkeit und Transparenz: Man weiß, mit Herrn Pöttering gilt eine abgemachte Sache wirklich als abgemacht, und er erfüllt die Abmachung mit Respekt und Würde."

Darum, so versprach ich allen Anwesenden, wollte ich mich weiterhin und jederzeit gegenüber jedermann bemühen. In dieser Stunde erlebte ich, dass die oft so schwierigen Bemühungen um die Einigung Europas ein geradezu familiäres Band selbst unter parteipolitischen Wettbewerbern schaffen kann. Das ist ein gutes Zeichen für Europa. Mir wurde in dieser Stunde bewusst, dass mein nun 27 ½ Jahre währendes Engagement im Europäischen Parlament Früchte trug; dass ein breites Band des gegenseitigen Vertrauens entstanden war. Dieses gegenseitige Vertrauen ist gerade bei schwierigen Entscheidungen eine gute Grundlage für Kompromisse, die es ermöglichen, in der Sache weiterzukommen und gleichwohl jeden das Gesicht wahren zu lassen. Ich war sehr dankbar, dass meine Söhne Johannes und Benedict auf der Tribüne des Europäischen Parlaments diesen Tag und diese Reden miterleben konnten.

2. Angela Merkel – Präsidentin des Europäischen Rates

Der Beginn meiner Amtszeit als Präsident des Europäischen Parlaments fiel in eine gute Zeit. Am 1. Januar 2007 hatte die deutsche Ratspräsidentschaft begonnen. Einen Tag nach meiner Wahl am 16. Januar 2007 zum zwölften Präsidenten des direkt gewählten Europäischen Parlaments – nach Simone Veil (1979–1982), Piet Dankert (1982–1984), Pierre Pflimlin (1984–1987), Sir Henry Plumb (1987–1989), Enrique Barón Crespo (1989–1992), Egon Klepsch (1992–1994), Klaus Hänsch (1994–1997), José María Gil-Robles y Gil-Delgado (1997–1999), Nicole Fontaine (1999–2002), Pat Cox (2002–2004) und Josep Borrell Fontelles (2004–2007) – kam Bundeskanzlerin Angela Merkel in ihrer Eigenschaft als Präsidentin des Europäischen Rats am 17. Januar 2007 in das Europäische Parlament nach Straßburg. Angela Merkel war der erste Gast, den ich nach meiner Wahl zum Präsidenten des Europäischen Parlaments offiziell im Europäischen Parlament begrüßen konnte. Ich empfing die deutsche Bundeskanzlerin am Diplomateneingang, wo ich sie dem Generalsekretär des Europäischen Parlaments, Julien Priestley, meinem Kabinettschef Klaus Welle und weiteren Mitarbeiterinnen und Mitarbeitern vorstellte. Wir schritten über den roten Teppich, vor der Europafahne und der deutschen Flagge wurden Fotos gemacht, dann begleitete ich Angela Merkel zum Protokollraum.

Ihre Rede vor den Abgeordneten des Europäischen Parlaments begann die Bundeskanzlerin mit einem starken Bekenntnis zur Europäischen Einigung:[6]

„Europa gelingt nur gemeinsam. Ich bekenne mich zu einem Europa, das sich auf das konzentriert, was auf europäischer Ebene am besten zu steuern ist – dies dann aber auch mit dem nötigen Einsatz und effektiv. Ich bekenne mich zu einem Europa, das andererseits Politikbereiche, bei denen eine europäische Regulierung eher hinderlich wäre, ganz bewusst auch den Mitgliedstaaten, ihren Regionen und ihren Kommunen überlässt. Ich bekenne mich zu einem Europa, das ganz ausdrücklich auf europäische Lösungen setzt, wo es gemeinsam vorgehen will und muss, um den Herausforderungen des 21. Jahrhunderts gewachsen zu sein: der Globalisierung, der Bedrohung von Frieden und Sicherheit durch neue Gefahren, wie z. B. den Terrorismus."

Sie zeigte sich entschlossen, auch nach den negativen Volksabstimmungen in Frankreich und in den Niederlanden eine Verbesserung der Grundlagen des Handelns in der Europäischen Union zu finden:

„Die Phase des Nachdenkens ist vorbei. Jetzt gilt es, bis Juni neue Entscheidungen zu erarbeiten. Ich setze mich dafür ein, dass am Ende der deutschen Ratspräsidentschaft ein Fahrplan für den weiteren Prozess des Verfassungsvertrages verabschiedet werden kann."

Das war für uns im Europäischen Parlament eine ermutigende Botschaft. Die Vorsitzende des Europäischen Rates sprach dann einige zentrale Themen an, bei denen von allen Seiten Erwartungen an die EU gerichtet wurden: Im außen- und sicherheitspolitischen Bereich war dies die Statusfrage im Kosovo und die gesamte Entwicklung des westlichen Balkans; der Friedensprozess im Nahen Osten, der gemeinsam mit der UNO, den USA und Russland durch die EU wieder vorangetrieben werden sollte; die erfolgreiche Entwicklung Afghanistans auf Basis einer Kombination von militärischen und zivilen Anstrengungen; eine Vertiefung der transatlantischen Wirtschaftspartnerschaft; verlässliche Beziehungen zu Russland, gerade im Energiebereich; ein weltweites Klimaabkommen ab 2012.

Im Inneren Europas betonte Angela Merkel „die Vision eines wachstumsstarken und sozialen Europas [...], das dabei auch verantwortungsvoll mit seiner Umwelt umgeht." Sie forderte, dass es bei allen Diskussionen um Wirtschaftswachstum an erster Stelle um die Bereitstellung von Arbeitsplätzen gehen müsste. Schließlich bekräftigte sie, dass „der Abbau überflüssiger Bürokratie eine Daueraufgabe für die Europäische Union" wäre. Sie machte dann einen bemerkenswerten Vorschlag: Sie wünschte,

„dass wir in diesem Zusammenhang auch einmal über das sogenannte Diskontinuitätsprinzip diskutieren, also darüber, dass in der Europäischen Union nicht erledigte Gesetzesvorhaben am Ende einer Legislaturperiode des Europäischen Parlaments verfallen."

Angela Merkel wusste, uns im Europäischen Parlament an unseren Ehrgeiz zu erinnern. Unvergesslich in der Rede ist mir ein Satz geblieben, den sie gleich zu Anfang gesagt hatte: „Wir müssen Europas Seele finden. Denn eigentlich brauchen wir sie Europa nicht zu geben, weil sie schon bei uns ist." Und sie ergänzte:

> „Es gibt einen einfachen Weg zur Seele Europas, zur Toleranz: Man muss auch mit den Augen des anderen sehen. Versuchen Sie es einmal! Es ist ein reizvolles Abenteuer, mit den Augen der vielen Völker Europas die Vielfalt unseres Kontinents zu entdecken, also unseren Reichtum."

Alle Fraktionsvorsitzenden äußerten sich im Plenum sehr positiv zu den Ausführungen der Präsidentin des Europäischen Rates. Um 13 Uhr schloss sich eine Pressekonferenz an, an der Bundeskanzlerin Angela Merkel, der Ministerpräsident Portugals und zukünftige Präsident des Europäischen Rates, José Sókrates, sowie dessen Nachfolger im Amt des Präsidenten des Europäischen Rates, der slowenische Premierminister Janez Janša – die sogenannte Troika – sowie der Präsident der Europäischen Kommission, José Manuel Durão Barroso, und ich als gastgebender Präsident des Europäischen Parlaments teilnahmen. Diese Persönlichkeiten sollten für die nächsten eineinhalb Jahre die Kontinuität der Europapolitik dokumentieren. Die Präsidentschaft baut jeweils auf die vorhergehende auf, die nachfolgende ist Bestandteil dessen, was vorher geleistet wurde. Die Anwesenheit der drei Präsidenten der europäischen Institutionen sollte im Übrigen symbolisieren, dass trotz aller Unterschiede das gemeinsame Ziel entscheidend war. Die Europäische Union ist eine unglaublich komplizierte Gemeinschaft. Jede Institution hat in sich sehr viele unterschiedliche Positionen, die zu einem Kompromiss zusammengeführt werden müssen. Noch schwieriger ist es, wenn nicht eine, sondern drei Institutionen zusammenwirken müssen. Es ist viel guter Wille notwendig, um die unterschiedlichen Überzeugungen und Auffassungen zu einem überzeugenden Kompromiss zusammenzuführen. Dies kann immer nur gelingen, wenn die handelnden Persönlichkeiten nicht nur Vertrauen zueinander haben, sondern von der Notwendigkeit der Europäischen Einigung überzeugt sind. Das war bei uns der Fall. Als Präsident des Europäischen Parlaments habe ich fünf Ratspräsidentschaften von jeweils einem halben Jahr erlebt. Es gehört zu den positiven Erfahrungen meiner Amtszeit, dass ich mit allen Präsidenten des Europäischen Rates (Deutschland, Portugal, Slowenien, Frankreich, Tschechien) gut zusammenarbeiten konnte. Es lag in der Natur der Sache, dass die Zusammenarbeit mit der deutschen Präsidentschaft, insbesondere mit Bundeskanzlerin Angela Merkel – zugleich meine Parteivorsitzende –, besonders eng und vertrauensvoll war. Hervorheben möchte ich auch die guten Beziehungen und die Freundschaft zu Nicolas Sarkozy, dem Präsidenten Frankreichs, und Janez Janša, dem Ministerpräsidenten Sloweniens. Die schwedische Präsidentschaft (Beginn 1. Juli 2009) konnte ich nur für wenige Tage begleiten – bis zum Ende meiner Amtszeit am 14. Juli 2009.

3. Die Aufgaben beginnen

Zwei Tage nach meiner Wahl sollte ich lernen, wie anstrengend es war, Sitzungen des Europäischen Parlaments zu leiten. Das betraf nicht die Sitzungen, in denen man dem Präsidenten des Europäischen Rates oder der Europäischen Kommission und dann den Kolleginnen und Kollegen das Wort erteilte, sondern vielmehr die Sitzungsleitung während der Abstimmungen. Bereits für Donnerstag, den 18. Januar 2007, war ich vorgesehen, die Abstimmungen zu leiten. Sie begannen herkömmlicherweise immer um zwölf Uhr und dauerten in der Regel mindestens eine Stunde. Über hunderte von Anträgen wurde abgestimmt. Auf jede Abstimmung habe ich mich sorgfältig vorbereitet. Dies geschah, indem ein außergewöhnlich tüchtiger Beamter des Europäischen Parlaments, Paul Dunstan, zu mir ins Büro kam und wir zwischen einer halben und einer Stunde die Abstimmung geprobt haben. Dabei wurde jede Seite der umfangreichen Abstimmungslisten durchgesehen. Paul Dunstan beantwortete meine Fragen, die ich zum Verfahren hatte, immer zuverlässig und nahezu hundertprozentig. Bei der Abstimmung im Plenum selbst saß er neben mir und hatte eine Karte, auf welcher auf der einen Seite vermerkt war, ob ein Antrag angenommen und auf der anderen Seite, ob er abgelehnt war. Entsprechend zeigte er mir mit dieser Karte das Ergebnis. Nur ganz selten hat er sich geirrt, was ich manchmal erkannte und worauf ich dann natürlich stolz war. Paul Dunstan ist in seinem Fachgebiet ein wirklicher Profi und darüber hinaus ein Sprachgenie: Er beherrscht mehr als zehn Sprachen fließend. Die Abstimmungen selbst waren eine psychische und physische Herausforderung. Sie erforderten große Konzentration. Namentliche Abstimmungen wurden geführt mit den Worten:

> „Namentliche Abstimmung.
> Die Abstimmung ist eröffnet.
> Hat jeder abgestimmt?
> Die Abstimmung ist geschlossen."

Ich habe dann, wenn das Abstimmungsergebnis vorlag und am Monitor angezeigt wurde, nicht das Abstimmungsergebnis genannt, das ja für alle am Monitor ersichtlich war, sondern nur mitgeteilt, ob ein Antrag angenommen oder abgelehnt wurde. Bei nicht namentlichen Abstimmungen wurde durch Handaufzeigen abgestimmt. Im Laufe der Zeit bekam ich ein Gefühl dafür, ob ein Antrag angenommen oder abgelehnt wurde. Die Stimmführer der Fraktionen saßen in der ersten Reihe und machten mit Handzeichen das Abstimmungsverhalten deutlich: Erhobener Daumen bedeutete Zustimmung, gesenkter Daumen Ablehnung. Wenn die beiden großen Fraktionen EVP-ED und die Sozialisten gegen einen Antrag waren, war klar, wie die Mehrheit ausfiel. Das Gleiche traf zu, wenn Sozialisten, Liberale und Grüne gemeinsam abstimmten. Doch gab es auch Fälle, bei denen die Übersicht unklar blieb. Dann bat ich, einfach elektronisch abzustimmen. Das ist nicht mit einer namentlichen Abstimmung zu verwechseln. Ich wundere mich selbst darüber, dass ich mich nicht sehr oft geirrt habe, aber gleichwohl konnte es passieren, dass ich, obwohl ich die Situation richtig einschätzte, mich beispielsweise einfach versprach und dann aus dem Plenum gerufen wurde: „Check!" Mit einer humorvollen Bemerkung versuchte ich mein Versagen zu kaschieren. Das gefüllte Plenum vor sich zu haben und dabei korrekt und schnell durch die Abstimmungen zu führen, verlangte absolute Konzentration. Nach den Abstimmungen war ich immer schweißgebadet. Meine Oberschenkel waren so angestrengt, dass ich während der ersten Meter nach dem Verlassen des Präsidentenstuhls ein wenig wackelig auf den Beinen war. Bei dem Niederschreiben dieser Erfahrung fällt mir auf, dass ich niemals mit einem früheren Präsidenten des Europäischen Parlaments – oder meinen Nachfolgern – darüber gesprochen habe, ob es ihnen ähnlich ergangen war. Bei mir jedenfalls war es so und ich will es nicht verheimlichen. Gleichwohl haben mir diese physisch und psychisch anstrengenden Abstimmungen immer Freude bereitet, da wir zügig unser umfangreiches Programm erledigen konnten. Ich hatte den Eindruck, dass auch die Kolleginnen und Kollegen wohl damit zufrieden waren.

*

Außer der Leitung der Sitzungen des Plenums des Europäischen Parlaments ist der Präsident der Vorsitzende der Konferenz der Präsidenten, das heißt der Konferenz der Fraktionsvorsitzenden. In dieser hat er selbst keine Stimme; er ist Moderator, kann aber trotzdem durch seine eigenen Argumente die Sitzung beeinflussen. Jeder Fraktionsvorsitzende hat in dieser Konferenz so viele Stimmen, wie die Fraktion Mitglieder hat. Die Konferenz der Präsidenten ist zuständig für die strategischen und politischen Entscheidungen des Europäischen Parlaments, auch für die Tagesordnung. Anders als im Präsidium des Parlaments (*Bureau*) geht es in der Konferenz der Präsidenten mitunter durchaus hart zu, da es sich oftmals um fundamentale politische Überzeugungen dreht. Das Präsidium des Parlaments, das aus dem Parlamentspräsidenten, den 14 Vizepräsidenten und 5 Quästoren besteht, ist eher ein auf Konsens ausgerichtetes Gremium. Diese Tatsache schließt aber in Einzelfällen auch Kontroversen nicht aus. Das Präsidium des Parlaments befasst sich schwerpunktmäßig mit der inneren Ordnung (Verwaltung, Organisation, Finanzen und so weiter) des Parlaments. Der Präsident besitzt dort Stimmrecht. Bei Stimmengleichheit zweier unterschiedlicher Positionen hat der Präsident zwei Stimmen, sodass sein Votum den Ausschlag gibt. Aber dieser Fall ist in meiner Amtszeit nie eingetreten. Sowohl die Konferenz der Präsidenten als auch das Präsidium tagen zweimal im Monat, jeweils einmal in Straßburg und in Brüssel. Während meiner Amtszeit als Präsident des Europäischen Parlaments setzte sich das Präsidium wie folgt zusammen:
Vizepräsidenten:

1. Rodi Kratsa-Tsagaropoulou (EVP-ED-Fraktion, Griechenland)
2. Alejo Vidal-Quadras (EVP-ED-Fraktion, Spanien)
3. Gérard Onesta (Die Grünen/Europäische Freie Allianz, Frankreich)
4. Edward McMillan-Scott (EVP-ED-Fraktion, Vereinigtes Königreich)
5. Mario Mauro (EVP-ED-Fraktion, Italien)
6. Miguel Ángel Martínez Martínez (Progressive Allianz der Sozialdemokraten, Spanien)
7. Luigi Cocilovo (Allianz der Liberalen und Demokraten für Europa, Italien)
8. Mechtild Rothe (Progressive Allianz der Sozialdemokraten, Deutschland)
9. Luisa Morgantini (Vereinte Europäische Linke/Nordische Grüne Linke, Italien)
10. Pierre Moscovici (Progressive Allianz der Sozialdemokraten, Frankreich) bis zum 25. Juni 2007, wurde abgelöst durch
11. Martine Roure (Progressive Allianz der Sozialdemokraten, Frankreich) ab dem 10. Juli 2007
12. Manuel António dos Santos (Progressive Allianz der Sozialdemokraten, Portugal)
13. Diana Wallis (Allianz der Liberalen und Demokraten für Europa, Vereinigtes Königreich)
14. Marek Siwiec (Progressive Allianz der Sozialdemokraten, Polen)
15. Adam Bielan (Union für ein Europa der Nationen, Polen)

Quästoren:[7]

1. James Nicholson (Union für ein Europa der Nationen, Nordirland)
2. Astrid Lulling (EVP-ED-Fraktion, Luxemburg)
3. Mia De Vits (Progressive Allianz der Sozialdemokraten, Belgien)
4. Ingo Friedrich (EVP-ED-Fraktion, Deutschland)
5. Szabolcs Fazakas (Progressive Allianz der Sozialdemokraten, Ungarn)
6. Jan Mulder (Allianz der Liberalen und Demokraten für Europa, Niederlande)

*

Die Anstrengung der ersten von mir geleiteten Abstimmung am Donnerstag, dem 18. Januar 2007, war schnell vergessen. Unmittelbar nach der Abstimmung fuhr ich mit meinem tüchtigen Fahrer Peter Jager nach Luxemburg. Auf dem Heimweg zu meinem Wohnort Bad Iburg in Niedersachsen wollte ich einen Zwischenstopp in Luxemburg machen, um meine Verbundenheit mit dem Großherzogtum, dem nach Bevölkerungszahl und Geografie nach Malta kleinsten Land der Europäischen Union, zum Ausdruck zu bringen. Seinem Ministerpräsidenten, in Luxemburger Bezeichnung „Staatsminister", Jean-Claude Juncker, war ich seit vielen Jahren freundschaftlich verbunden und ich habe ihn immer hoch geschätzt.

Um 15 Uhr wurde ich von Großherzog Henri in seinem mitten in der Stadt gelegenen Palais empfangen. Wir hatten ein außerordentlich angenehmes Gespräch. Es war der erste Besuch bei einem Staatsoberhaupt nach meiner Wahl. Großherzog Henri war für seine religiöse Haltung, insbesondere im Hinblick auf die Verteidigung des ungeborenen Lebens bekannt. Diese Haltung gefiel mir sehr. Mir wurde ein Orangensaft angeboten; nach den Anstrengungen des Morgens hätte ein Kaffee mich wohl ein wenig besser aufgemuntert. Aber die Begegnung mit Großherzog Henri, den ich auch später noch einmal am selben Ort zu einem guten Gespräch treffen sollte, hat mich in jeder Weise entschädigt. In das Gästebuch des Großherzogs schrieb ich: „Luxemburg ist ein großes europäisches Vorbild."

Mit Jean-Claude Juncker unterhielt ich mich über gemeinsame politische Freunde und insbesondere die Orientierung der Europapolitik. Wie immer waren wir, beide überzeugte europäische Föderalisten, einig, dass wir das Gemeinschaftseuropa stärken müssten, das heißt die europäischen Institutionen. Wir betonten, die Europäische Union dürfte nicht zurückfallen in eine bloße Zusammenarbeit der Regierungen. Vor der Presse erklärte ich in Anwesenheit von Jean-Claude Juncker, Luxemburg und er wären ein Vorbild für Europa. Luxemburg, auch durch die Vorgänger von Jean-Claude Juncker – sein unmittelbarer Vorgänger war der frühere Kommissionspräsident Jacques Santer –, hat sich immer durch eine besonders überzeugende Europapolitik ausgewiesen. Für das kleine Land in der Mitte der Europäischen Union, das in der Vergangenheit unter seinen Nachbarn, insbesondere auch Deutschland, immer wieder gelitten hatte, war die europäische Einigungspolitik die Antwort auf diese geschichtlichen Erfahrungen.

Bei meinen Besuchen in Ländern der Europäischen Union, aber auch außerhalb der Europäischen Union habe ich immer Wert darauf gelegt, auch mit Menschen zusammenzukommen, die keine offiziellen politischen Aufgaben wahrnahmen. So bildete den Abschluss meines Luxemburgbesuches eine wunderbare Begegnung mit der portugiesischen Gemeinschaft. Mit 73.000 Angehörigen stellen die Portugiesen in Luxemburg über 15 Prozent der Gesamtbevölkerung des Großherzogtums. Die portugiesische Gemeinschaft, die ich in einem Restaurant traf, war außerordentlich herzlich. Es waren kultivierte Menschen, die sich in mehreren Sprachen ausdrückten: Deutsch, Französisch, Englisch. Sie waren sehr gastfreundlich und die Begegnung mit der portugiesischen Gemeinschaft in Luxemburg zeigte mir, dass es eine europäische Verbundenheit gab. Ermutigt von dieser Begegnung fuhr ich dann heim ins niedersächsische Bad Iburg. Dort fand ich die Tür unseres Hauses geschmückt mit einem Transparent meiner Iburger Freunde, die den neuen Präsidenten des Europäischen Parlaments begrüßten. Welch schöne Geste!

4. Meine Programmrede im Europäischen Parlament am 13. Februar 2007

Selbstverständlich kann ein neugewählter Präsident des Europäischen Parlaments keine „Regierungserklärung" abgeben, da er nicht über ein Regierungsamt verfügt. Aber ein Präsident hat gewisse Vorstellungen, die er verwirklichen will. So war es mir ein wichtiges Anliegen, meinen Kolleginnen und Kollegen des Europäischen Parlaments die Auffassung von meiner bevorstehenden Amtszeit in einer angemessenen, wenn möglich „Feierlichen Sitzung" zu unterbreiten. Wenn die jeweilige Präsidentschaft des Rates ihr Programm dem Parlament vorstellt, so wie Bundeskanzlerin Angela Merkel das deutsche Programm am 17. Januar 2007, wird mit Recht die Anwesenheit des Präsidenten des Europäischen Parlaments erwartet. Was für den Rat galt, also für die Regierungen, sollte auch für das Europäische Parlament gelten, so war es meine Meinung. Warum sollte nicht die Präsidentin des Europäischen Rates bei meiner Programmrede anwesend sein? Diese Auffassung übermittelte ich rechtzeitig Angela Merkel, sodass sie ihre Teilnahme zusagte. Nach meiner Erinnerung hatte es einen vergleichbaren Fall vorher nicht gegeben. Als ich sie dann am 13. Februar 2007 am Eingang des Europäischen Parlaments in Straßburg empfing, sagte sie: „Ich bin gerne gekommen."

Zu dieser „Feierlichen Sitzung" hatte ich außerdem alle früheren Präsidentinnen und Präsidenten des Europäischen Parlaments eingeladen, die sich bereits im Protokollsaal versammelt hatten, als die Präsidentin des Europäischen Rates eintraf. Emilio Colombo, Simone Veil, Lord Plumb, Enrique Barón Crespo, Egon Klepsch, Klaus Hänsch, José María Gil-Robles y Gil-Delgado, Nicole Fontaine, Pat Cox und mein unmittelbarer Vorgänger Josep Borrell Fontelles – alle waren gekommen. Emilio Colombo war der letzte Präsident des Europäischen Parlaments, das noch aus delegierten Abgeordneten bestand. Piet Dankert und Pierre Pflimlin waren leider nicht mehr unter uns. Ich empfand die Teilnahme aller meiner Vorgängerinnen und Vorgänger als schönes Zeichen der Zusammengehörigkeit. Damit wollte ich auch eine Tradition begründen. Die europäischen Institutionen und das Europäische Parlament verfügten über wenige Traditionen und Gebräuche, weshalb ich der Meinung war, dass man sie entwickeln sollte. Angela Merkel nahm auf der Ratsbank Platz, die ehemaligen Präsidentinnen und Präsidenten im Rund des Plenarsaals in der Nähe des Präsidiums. Es war ein schöner Anblick, die früheren Präsidentinnen und Präsidenten des Hohen Hauses alle versammelt zu sehen. Bei meiner Begrüßung bat ich das Plenum, alle ehemaligen Präsidentinnen und Präsidenten gemeinsam durch Beifall willkommen zu heißen. Als ich den ersten Namen, nämlich den von Emilio Colombo nannte, erhob sich dieser fast neunzigjährige frühere Präsident so schnell, dass er den Beifall auf sich zog. So wurde jeder einzeln mit Beifall begrüßt. Außer der Vertreterin des Europäischen Rates, Bundeskanzlerin Angela Merkel, war natürlich auch der Präsident der dritten Institution, nämlich der Europäischen Kommission, José Manuel Durão Barroso, anwesend. Es verstand sich von selbst, dass auch alle Fraktionsvorsitzenden anwesend waren. Der Plenarsaal war besser als bei sonstigen Debatten üblich besetzt. Ich wies zu Beginn meiner Rede darauf hin, dass es der Tradition des Europäischen Parlaments seit seiner ersten Direktwahl im Juni 1979 entsprach, dass ein Präsident jeweils für zweieinhalb Jahre gewählt wurde. In historischen Maßstäben sind zweieinhalb Jahre eine kurze Zeit. Bedenken wir jedoch, dass ein Präsident des Europäischen Parlaments fünf Präsidentschaften des Europäischen Rates begleitet, so wird die Verantwortung deutlich, die unserem Parlament gerade in einer Zeit zukommt, in der das europäische Einigungswerk weit fortgeschritten, aber noch nicht vollendet ist, ja wegen des Scheiterns des Verfassungsvertrages in Frankreich und den Niederlanden sogar gefährdet bleibt. Das Europäische Parlament müsste sich seiner Verantwortung bewusst sein und dürfte sich von niemandem übertreffen lassen, wenn es darum ginge, die Einheit unseres europäischen Kontinents zu vollenden. So formulierte ich zu Beginn meiner Rede meine tiefen europäischen Überzeugungen.[8]

Ich fuhr fort, indem ich daran erinnerte, dass ich mit den Kollegen Klaus Hänsch, Ingo Friedrich, Karl von Wogau, Francis Wurtz und Jens-Peter Bonde das Privileg hätte, dem Europäischen Parlament seit seiner ersten Wahl im Jahre 1979 anzugehören. Ich fügte hinzu: „In dieser Zeit haben wir Höhen und Tiefen der europäischen Politik erlebt." Ich erinnerte an die Einheit Deutschlands am 3. Oktober 1990 und die Aufnahme früherer kommunistischer Staaten – Estland, Lettland, Litauen, Polen, Tschechische Republik, Slowenien, Ungarn, Slowakei – sowie Maltas und Zyperns in die Europäische Union am 1. Mai 2004. Ich erinnerte an die Aufnahme der ebenfalls ehemals kommunistischen Staaten Bulgarien und Rumänien am 1. Januar 2007. Ich erinnerte daran, dass man in den Achtzigerjahren von „Euro-Sklerose" gesprochen hätte. Dann jedoch wären der Europäische Binnenmarkt und die gemeinsame Währung verwirklicht worden. Ich erinnerte daran, dass sich das Europäische Parlament seine Rechte erkämpft hätte und dass wir es weiter tun würden. Das Europäische Parlament, so sagte ich, wäre heute einflussreich und selbstbewusst. Die Erfahrung lehrte uns, dass wir für unseren Kontinent Erfolg hatten, wenn wir selbst es wollten, wenn unser Wille stark und entschlossen bliebe, die Einheit unseres Kontinents bei der Bewahrung seiner Vielfalt zu verwirklichen. „Um diese Entschlossenheit", so richtete ich mich direkt an die Kolleginnen und Kollegen sowie die Vertreter der europäischen Institutionen, „möchte ich sie alle bitten".

Die Europäische Einigung könnte nur erfolgreich sein, wenn die Bürgerinnen und Bürger der Europäischen Union neben ihrer Verbundenheit zur Heimat und zum eigenen Vaterland sich auch als Europäerinnen und Europäer begriffen und sich bewusst wären, was die Europäer verbände. Gemeinschaftsbewusstsein und Wir-Gefühl wären notwendige Voraussetzungen für unsere gemeinsame Zukunft. Vor allem käme es aber darauf an, dass die Europäische Einigung nicht nur ein Anliegen des Verstandes, sondern auch des Herzens wäre. Dies den Menschen deutlich zu machen wäre vielleicht die größte Aufgabe, die wir gemeinsam zu bewältigen hatten. Ich appellierte an das Selbstbewusstsein der Europäer. Sie könnten stolz darauf sein, was sie sich über die Jahrhunderte erkämpft hatten – an Werten, Freiheit, Recht und Demokratie. Es war ein langer Weg gewesen. Ich erinnerte an unsere europäischen Wurzeln in der griechischen Philosophie, dem römischen Recht, ich erinnerte an das jüdisch-christliche Erbe, die Aufklärung – also an unsere gemeinsame europäische Kultur –, aber auch an die tragischen europäischen Kriege, die menschenverachtenden Ideologien des Totalitarismus im 20. Jahrhundert sowie den Mut der Gründerväter, nach 1945 den Weg des Vergebens und der Versöhnung zu gehen, um ein neues, besseres, friedliches, gemeinsames Europa zu bauen. Daran müssten wir anknüpfen.

Ich erinnerte an Jacques Delors, den früheren Präsidenten der Europäischen Kommission, der in der Tradition von Robert Schuman davon gesprochen hatte, Europa eine Seele zu geben. Ich sprach dann von den europäischen Werten, deren Kern die Würde des Menschen wäre.

„In der Würde der Person achten wir den Anderen, verpflichten uns selbst und bauen so eine Ordnung der Verantwortung und Solidarität. In unserem praktischen politischen Handeln sollten wir immer der Würde des Menschen dienen und ich möchte uns alle ermuntern, die Menschenwürde und die Menschenrechte in der ganzen Welt zu verteidigen. Das ist keine abstrakte Forderung. Wir sind nicht der Lehrmeister der Welt, aber unser Menschenbild und unsere Werte werden für andere überzeugender, wenn wir sie selbst glaubwürdig leben."

Ich erinnerte an Anna Politkowskaja, die russische Journalistin, deren Mörder immer noch nicht gefasst waren und die für die Pressefreiheit in ihrem Land so viel getan hat (ich werde später auf sie zurückkommen); ich erinnerte an „Guantanamo", das mit unserer europäischen Rechtsordnung nicht vereinbar wäre. Ich fügte hinzu:

„Wir schützen das menschliche Leben. Wer den Holocaust, das böseste aller Verbrechen, leugnet, wie der Staatspräsident einer großen Kulturnation, dem müssen wir mit Entschiedenheit begegnen, damit ein neuer Holocaust nicht wieder als Schrecken über uns kommt. Wir sind überzeugt: Die Menschen in Israel und Palästina sind durch die gleiche Würde verbunden. Wir treten daher ebenso für das Existenzrecht Israels ein wie für das Recht des palästinensischen Volkes, in einem eigenen Staat zu leben. Wir stehen an der Seite derjenigen, die für Freiheit und Demokratie friedlich kämpfen. Deswegen gilt unsere Solidarität unserem Sacharow-Preisträger Aljaksandr Milinkewitsch und seinen Mitstreitern für ein freies und demokratisches Weißrussland ohne Angst und Unterdrückung. Die gleiche Solidarität gilt unseren Sacharow-Preisträgern ‚Las Damas de Blanco' (Die Damen in Weiß) in Kuba und Aung San Suu Kyi in Burma, Myanmar."

Auch forderte ich die europäischen Institutionen auf, sich für die Abschaffung der Todesstrafe weltweit einzusetzen.

Vor den Abgeordneten des Europäischen Parlaments erläuterte ich meine Überzeugung, dass sich die Idee der Einigung Europas seit der Unterzeichnung der Römischen Verträge am 25. März 1957 erfolgreich entwickelt hätte. Die Einigung Europas wäre zum Ausdruck einer der glücklichsten Perioden in unserer langen europäischen Geschichte geworden, fügte ich hinzu. Wenn die „Idee Europa" nach dem Zweiten Weltkrieg ihre Kraft aus dem Willen zu Frieden und Freiheit geschöpft hätte, dann die Mehrung des Wohlstands und der soziale Ausgleich als Auftrag und Antrieb für die Europäische Einigung folgte, so strebte unser zu lange geteilter Kontinent nach seiner Wiedervereinigung vor allem heute nach Sicherheit. Die Bekämpfung des Terrorismus, die Bewältigung der Globalisierung, die Stärkung unserer Wettbewerbsfähigkeit bei gleichzeitiger Bewahrung unseres europäischen Sozialmodells wären große Aufgaben. Dazu gehörte auch, dass wir über den dramatischen Klimawandel nicht nur redeten, sondern – zusammen mit unseren Partnern in der Welt – die notwendigen Maßnahmen ergriffen und sie entschlossen durchsetzten, bevor es zu spät wäre. Zum Thema Sicherheit gehörte die gemeinsame Energieversorgung ebenso wie eine gemeinsame Politik der Zuwanderung, die die Menschenrechte achtete und die notwendige Integration der zu uns kommenden Migranten in unsere Gesellschaft. Ich fügte hinzu:

„Wir können unsere Sicherheit nicht in einer Welt finden, die in Flammen steht, in Armut lebt, unter sozialem Druck steht, in Unordnung ist und in der die natürlichen Umweltbedingungen weiter zerstört werden. Wenn wir in Europa in Sicherheit leben wollen, müssen wir uns als Partner für Sicherheit in der Welt in allen ihren Aspekten engagieren. Und wir müssen wissen: Ohne europäische Lösungen lassen sich die meisten Herausforderungen, vor denen unser Kontinent und unsere Welt stehen, nicht mehr bewältigen. Europas Einigung ist stets durch Krisen gestärkt worden, auch wenn dies zunächst paradox erscheint. Ich sage nicht, dass wir Krisen brauchen, weil wir unfähig wären, das Gute aus sich selbst heraus voranzubringen. Die Europäische Union braucht einen neuen Aufbruch, eine Erneuerung. Der Weg ist mühsam, das ist wohl wahr. Aber ich bin zutiefst davon überzeugt: Unser Kontinent ist heute besser für seine Zukunft in der Welt des 21. Jahrhunderts gerüstet als vor 15 oder 20 Jahren.“

Was die weitere Einigung Europas betraf, so forderte ich von uns Politikern Führungskraft. Notwendig wäre, dass Europa an sich selbst glaubte, seine Kraft aus seinen Werten schöpfte und ein guter Partner in der Welt sein wollte und so auch sein könnte. Dann richtete ich mich an die Medien, ohne die Europa nicht vermittelt werden konnte. Ich appellierte an die nationalen Medien, besonders an die Fernsehanstalten, private und öffentlich-rechtliche, ihren Beitrag zu einer europäischen Öffentlichkeit zu leisten. Es wäre nicht zeitgemäß, so sagte ich, die Europäische Einigung jeweils nur aus der nationalen Perspektive heraus darzustellen. Nationale Fernsehanstalten sollten ihre Studios für europäische Themen öffnen und hierzu auch Abgeordnete des Europäischen Parlaments als Gesprächspartner einladen.

Ich plädierte für eine „bessere Gesetzgebung". Bei jeder beabsichtigten europäischen Gesetzgebung sollten wir uns fragen, ob sie den Menschen und der Umwelt diente. War die Gesetzgebung auf europäischer Ebene unter Beachtung des Grundsatzes der Subsidiarität notwendig? Stärkte sie die Wettbewerbsfähigkeit? Reduzierte sie Bürokratie und Kosten? Nur wenn diese Fragen positiv beantwortet werden könnten, sollte das Europäische Parlament als Gesetzgeber tätig werden.

Ich trat dafür ein, unseren Respekt vor dem Engagement europäischer Bürgerinnen und Bürger zum Ausdruck zu bringen und eine Auszeichnung des Europäischen Parlaments einzuführen. Hierbei sollten besonders junge Menschen, die sich um die Europaidee verdient machten, gewürdigt werden.

Dann regte ich die Errichtung eines „Hauses der Europäischen Geschichte" an:

„Die europäische Geschichte wird fast immer nur national in nationalen Museen dargestellt. Ich möchte einen Ort der Erinnerung und der Zukunft anregen, in der der Gedanke der Idee Europas weiterwachsen kann. Ich möchte den Aufbau eines ‚Hauses der Europäischen Geschichte' vorschlagen. Es soll kein langweiliges, trockenes Museum werden, sondern ein Ort, der unsere Erinnerung an die europäische Geschichte und das europäische Einigungswerk gemeinsam pflegt und zugleich offen ist für die weitere Gestaltung der Identität Europas durch alle jetzigen und künftigen Bürger der Europäischen Union. Ein solches ‚Haus der Europäischen Geschichte' sollte am Sitz der Europäischen Institutionen gegründet und vernetzt werden mit vergleichbaren Einrichtungen in den Mitgliedstaaten."

Dann wandte ich mich dem wichtigsten Projekt zu, der Verwirklichung des Inhalts des Verfassungsvertrages. Wenn unsere europäische Wertegemeinschaft, die sich in der Europäischen Union niederschlug, weiterhin Bestand haben sollte, so war ich fest überzeugt, müsste sie fundamental reformiert werden. Durch eine Umsetzung des zuvor in Frankreich und in den Niederlanden in Referenden gescheiterten Verfassungsvertrages würde das Europäische Parlament entscheidend gestärkt und die Umsetzung würde einen Zuwachs an Parlamentarismus und Demokratie auf europäischer und nationaler Ebene mit sich bringen. Auch wurde mit dem Verfassungsvertrag die kommunale Selbstverwaltung erstmals anerkannt. Freimütig wandte ich mich an die Kolleginnen und Kollegen:

„Ich verstehe diejenigen nicht, die einerseits ‚Brüssel' kritisieren – und dazu gibt es gelegentlich ebenso eine Berechtigung, wie man die nationale Politik kritisieren kann –, aber gleichzeitig den Verfassungsvertrag ablehnen, der ja gerade das Mittel ist, dazu beizutragen, die erkannten Defizite abzubauen und zu korrigieren."

Als neugewählter Präsident des Europäischen Parlaments ließ ich keinen Zweifel daran, dass das Europäische Parlament zum Inhalt des Verfassungsvertrages stehen müsste. Das Europäische Parlament müsste mithelfen, dass die Substanz des Verfassungsvertrages einschließlich des Wertekapitels rechtliche und politische Realität werden würde.

Dann richtete ich den Blick auf den 25. März 2007, wenn in Berlin in Erinnerung an die Römischen Verträge vom 25. März 1957 die „Erklärung zur Zukunft Europas" von Europäischem Rat, Europäischem Parlament und Europäischer Kommission verabschiedet werden sollte. Es war wohl ursprünglich daran gedacht worden, die „Erklärung" nur durch die Staats- und Regierungschefs der Länder der Europäischen Union beschließen zu lassen. Der Präsident der Europäischen Kommission, José Manuel Durão Barroso hatte die gute Idee, dass die drei europäischen Institutionen gemeinsam die Erklärung verabschieden sollten. Natürlich stimmte ich dieser Idee sofort zu. Dies zu fordern war eine Sache; sich auf einen gemeinsamen Text der Erklärung zu verständigen eine andere. Schon im Europäischen Rat war es schwierig, eine Übereinkunft herbeizuführen. Das Europäische Parlament war es gewohnt, Erklärungen nur seine Zustimmung zu geben, wenn darüber zunächst im Europäischen Parlament entschieden wurde. Am leichtesten war es wohl für die Kommission, solch einem Text zuzustimmen.

Im Europäischen Parlament benannte ich in Anwesenheit der Präsidentin des Europäischen Rates und des Präsidenten der Kommission den Kern einer solchen „Erklärung zur Zukunft Europas" aus meiner Sicht: Die Erklärung sollte das Bekenntnis zu unseren Werten und zu den notwendigen Reformen beinhalten; ebenso die Verpflichtung, die Herausforderungen der Zukunft gemeinsam zu bewältigen. Auch müsste die Erklärung das Bekenntnis zur Solidarität zwischen unseren Völkern und die Geltung des Rechts als Grundlage unseres Handelns benennen. Kein Land, kein Volk der Europäischen Union dürfte mit seinen Problemen alleingelassen werden, forderte ich. Dies schlösse ebenfalls nationalen Egoismus aus:

„Wer nur den Interessen seines eigenen Landes dient, wird am Ende auch diese verspielen, weil er die Solidarität zerstört, die zur Verteidigung der eigenen Interessen notwendig ist",

stellte ich fest. Unter der deutschen Ratspräsidentschaft, auf dem Gipfel am 21. und 22. Juni, so schlug ich vor, sollte in Brüssel ein Fahrplan und ein Mandat verabredet werden, an dessen Ende die volle Verwirklichung des inhaltlichen Kerns der Europäischen Verfassung bis zur nächsten Wahl des Europäischen Parlaments im Juni 2009 stünde. Ich erinnerte an die Verpflichtungen der 27 Regierungen, die alle den Verfassungsvertrag unterzeichnet hatten. Es musste ein Weg gefunden werden, einerseits die Referenden zu respektieren, andererseits die Verträge einzuhalten: *pacta sunt servanda*.

So forderte ich das Europäische Parlament auf, sich angemessen an den Arbeiten zu beteiligen. Ich stellte nicht nur Forderungen an Rat und Kommission, sondern war auch selbstkritisch mit unserer eigenen Arbeit, zum Beispiel was die Präsenz bei wichtigen Abstimmungen und Debatten anbelangte. Ich kündigte an, schon bald Vorschläge für eine umfassende Reform der Arbeitsmethoden des Europäischen Parlaments vorzulegen. Die Vorschläge sollten in einer von der Konferenz der Präsidenten eingerichteten Arbeitsgruppe zur Verbesserung unserer Arbeitsweise erarbeitet und beraten werden. Ich forderte dazu auf, mit der Arbeit zu beginnen und so rasch wie möglich Arbeitsergebnisse vorzulegen.

Ein weiteres großes Thema, das ich ansprach, war das Zusammenleben der Kulturen und Religionen, der wechselseitige Dialog. Meiner Überzeugung nach musste der Dialog der Kulturen ein Markenzeichen Europas sein. Nach meiner Einschätzung war Europas Zukunft in hohem Maße davon abhängig, wie es der Europäischen Union gelang, mit unseren Nachbarn, vor allem in der arabischen und islamischen Welt, friedlich zusammenzuleben.

„Wir leben auf dem Kontinent der drei großen Kulturen und Religionen, der christlichen, der jüdischen und der islamischen. Und wir haben Mitbürger, die aus einer der anderen großen Kulturen dieser Welt stammen und in den anderen Religionen dieser Erde ihre Heimat haben. Wir als Europäisches Parlament müssen Beispiele der europäischen Zivilgesellschaft ermutigen und unterstützen, die dem Dialog der Kulturen verpflichtet sind."

Ich rief das Europäische Parlament dazu auf, Beispiele zu geben für das gute Zusammenleben von Christen, Muslimen und Juden und natürlich auch mit denen, die sich nicht zu diesen Religionen bekannten. Wir sollten es als eine entscheidende Investition in unsere eigene geistige Entwicklung verstehen.

„Es ist zugleich der beste Beitrag, um Anstöße zu geben für den Dialog der Kulturen über das Mittelmeer hinweg in den Nahen Osten und nach Nordafrika. Wir wollen nicht den ‚clash of civilisations', sondern wir wollen Frieden in Freiheit und Gerechtigkeit zwischen allen Völkern und Glaubensrichtungen. Dafür wollen wir eine geistige und kulturelle Brücke über das Mittelmeer bauen."

Dabei war ich davon überzeugt, dass uns der Erfolg des Dialogs der Kulturen nicht geschenkt wurde. Den *clash of civilisations* zu verhindern, hat Voraussetzungen. Diese Voraussetzungen sind Toleranz und Wahrheit.

„Toleranz bedeutet nicht Beliebigkeit. Toleranz bedeutet unter Wahrung der eigenen Überzeugungen die Überzeugungen des anderen zu respektieren und so gewaltfrei zusammenzuleben. Bei einem meiner vielen Besuche in arabischen Ländern wurde ich einmal von einem hohen islamischen Würdenträger gefragt, wie Muslime in Europa leben. Meine Antwort war, dass sie oft nicht hinreichend integriert sind, aber ihren eigenen Glauben leben können und ihre Gebetshäuser und Moscheen haben. Meine Gegenfrage lautete, ob es wahr sei, dass in seinem Land eine Muslima oder ein Muslim mit dem Tode bestraft werden könne, wenn sie oder er zum christlichen Glauben übertreten wolle. Die mir nicht gegebene Antwort war die Antwort."

Ich regte an, die arabischen Nachbarstaaten der Europäischen Union zu besuchen und bei meinen Besuchen in den Ländern der Europäischen Union das Gespräch mit ethnischen Minderheiten, gerade auch mit jungen Menschen, zu suchen. Außerdem wies ich auf die Bedeutung der Euromediterranen Parlamentarischen Versammlung (Euromed) hin, die eine wichtige parlamentarische Institution für den Dialog mit dem Nahen Osten, einschließlich Israels und der arabischen Welt darstellte. Von März 2008 bis März 2009 sollte ich ihr Präsident werden. Ich sprach mich in meiner Programmrede dafür aus, diese Institution wirksam für Frieden, Partnerschaft, und – wenn möglich – für Freundschaft zu nutzen. Ich regte an, Israel, Palästina und den Libanon zu besuchen. Bereits kurz nach meiner Amtsübernahme hatte der Botschafter Israels, Oded Eran, mit dem ich schon als Fraktionsvorsitzender ein vertrauensvolles Verhältnis entwickelt hatte und der ein ausgezeichneter Diplomat war, mir eine Einladung der Präsidentin der Knesset, Dalia Itzik übermittelt, vor der Knesset zu sprechen. Das empfand ich als eine besondere Auszeichnung, aber gleichzeitig auch als eine sehr große Herausforderung, weil mir bewusst war, dass eine Rede vor der Knesset, dem Parlament Israels, für einen Deutschen eine besonders schwierige Aufgabe sein würde. Wie Recht sollte ich schon bald mit dieser Einschätzung behalten.

Für meine zweieinhalbjährige Amtszeit hatte ich mir also viel vorgenommen. Ich zitierte den früheren Kanzler der Bundesrepublik Deutschland, Helmut Kohl, den einzigen noch lebenden Ehrenbürger Europas, der einmal gesagt hat: „Wir haben nicht viel Zeit. Die Welt in der wir leben, ist nicht bereit zu warten, bis wir unsere inneren Probleme gelöst haben." Ich fügte als meine Überzeugung hinzu: „Nicht zu handeln, die Gleichgültigkeit, wäre die größte Schuld, die wir auf uns laden können."

Abschließend richtete ich einen Appell und eine Bitte an das Europäische Parlament:

„Unsere Arbeit ist oft nüchtern, auch aufreibend und wenig spektakulär. Aber unsere Ziele sind groß und die Erwartungen an uns auch. Ihnen zu genügen, das ist unser Anspruch. Ich möchte Sie in dieser Aufgabe alle so vertreten, dass die Würde des Europäischen Parlaments, die Einigung unseres europäischen Kontinents und die Wirksamkeit der Europäischen Union gestärkt werden. Ich bitte um Ihre Mithilfe, danke Ihnen für Ihr Vertrauen und hoffe, dass wir gemeinsam unsere Ziele erreichen."

Meine Rede fand eine freundliche und – alles im allem – zustimmende Aufnahme. Auf der Besuchertribüne des Europäischen Parlaments verfolgten viele Gäste aus meiner Heimat – darunter meine Söhne Johannes und Benedict sowie mein Bruder Manfred – meine Ausführungen. Sie alle waren auch zu dem festlichen Mittagessen eingeladen, bei dem ich neben den offiziellen Gästen, unter ihnen die Präsidentin des Europäischen Rates, Bundeskanzlerin Angela Merkel, ebenfalls meine Besucher aus der Heimat begrüßen konnte. Damit sollte zum Ausdruck kommen, dass ich an diesem besonderen Tag auch meiner Heimat nahe sein wollte.

II. „Zu unserem Glück vereint": Die Berliner Erklärung

Unmittelbar nach der sich meiner Programmrede anschließenden Debatte im Europäischen Parlament ging es an die Arbeit. Angela Merkel, José Manuel Durão Barroso und ich trafen uns zu einem inoffiziellen Gespräch. Dabei sprachen wir vor allem auch über die „Erklärung zur Zukunft Europas", also die Erklärung vom 25. März 2007, die in Berlin verabschiedet werden sollte. Wir Präsidenten der drei europäischen Institutionen waren uns einig, dass die europäischen Werte und die Reformen der Europäischen Union sowie das Bekenntnis zur Weiterführung und Vertiefung der Europäischen Einigung den Kern der sogenannten Berliner Erklärung bilden sollten. Die „Erklärung zur Zukunft Europas" sollte also ein wichtiger Schritt auf dem Weg zur Verwirklichung des Inhalts des Verfassungsvertrages sein. Bis zum 25. März 2007 waren es zwar noch gut sechs Wochen, aber uns stand eine schwierige Aufgabe bevor, mussten doch Europäischer Rat, Europäisches Parlament und Europäische Kommission auf einen gemeinsamen Text verpflichtet werden. In den vor mir liegenden Wochen sollte die „Berliner Erklärung" zum Schwerpunkt meiner Arbeit werden, weil die Teilnahme des Europäischen Parlaments an einer so wichtigen Erklärung nicht selbstverständlich war. Aus diesem Grund machte ich diese Arbeit zu meinem ganz persönlichen Anliegen.

Das war gar nicht so einfach, denn ich brauchte ein Mandat für einen Text, der dem Europäischen Parlament vor der Unterzeichnung durch seinen Präsidenten gar nicht zur Kenntnis gegeben werden konnte. Was tun? Mehrfach lud ich die Koordinatoren und führenden Mitglieder des Konstitutionellen Ausschusses – ich nannte sie unsere „konstitutionellen Päpste" – in mein Büro ein, um über die „Berliner Erklärung" zu beraten. Auch bat ich die Kolleginnen und Kollegen, sich in mein Gästebuch, eine Art Goldenes Buch, einzutragen. So entstand eine besondere Atmosphäre der Verbundenheit und des Vertrauens. Sie ermöglichte es mir, dass ich am 25. März 2007 die „Berliner Erklärung" unterzeichnen konnte, ohne dass ich dafür von unseren „konstitutionellen Päpsten", die ja auch für ihre Fraktionen sprachen, Kritik erwarten musste.

1. Europäischer Rat am 8./9. März 2007 in Brüssel: Ein Kompromiss

Am 8. und 9. März 2007 tagte der Europäische Rat in Brüssel, es war der erste Gipfel, an dem ich teilnahm. Am Vorabend war im Schloss Val Duchesse zu einem Abendessen geladen, an dem Bundeskanzlerin Angela Merkel und auch der belgische Ministerpräsident Guy Verhofstadt teilnahmen. Wir saßen zusammen, sodass wir uns auch über von mir geäußerte Gedanken austauschen konnten. Lange hatte ich mich schon als Fraktionsvorsitzender bemüht, das christlich-jüdische Erbe beziehungsweise einen Gottesbezug in den Verfassungsvertrag aufzunehmen. Damit waren wir insbesondere aufgrund des Widerspruchs Frankreichs und Belgiens gescheitert. Nun hatte ich die Idee, das christlich-jüdische Erbe in die „Berliner Erklärung" aufzunehmen. Dieses teilte ich mit Zustimmung von Angela Merkel dem neben mir sitzenden Guy Verhofstadt mit, welcher sich mit meinem Vorhaben einverstanden erklärte. Darüber war ich außerordentlich erfreut, weil damit endlich einem wichtigen Anliegen der christlichen Kirchen entsprochen werden würde. Wenn wir einen solchen Bezug schon nicht in die Verfassung beziehungsweise in einen die Verfassung ersetzenden Vertrag hineinbekamen, so war doch eine Bezugnahme im Rahmen der „Berliner Erklärung" ein Erfolg. Zu meinem Bedauern ließ Guy Verhofstadt über einen Mitarbeiter am nächsten Tag meinem Kabinettschef Klaus Welle mitteilen, dass seine Koalitionspartner einer solchen Idee nicht zustimmten, was mich natürlich sehr enttäuschte. Damit war die Sache gescheitert, aber ich wollte doch noch einen neuen Anlauf nehmen.

In meiner Rede vor dem Europäischen Rat am 8. März 2007 konnte ich nicht direkt fordern, auf das christlich-jüdische Erbe in der „Berliner Erklärung" Bezug zu nehmen, da diese Forderung nicht der Mehrheitsposition des Europäischen Parlaments entsprach. Bedauerlicherweise! Als sein Präsident musste ich dies akzeptieren und respektieren. Also nahm ich in meiner Rede allgemein zur Erklärung zur Zukunft Europas, die zweieinhalb Wochen später, am 25. März, in Berlin verabschiedet werden sollte, Bezug. Ich sagte, dass die „Berliner Erklärung"

> „ein wichtiger Meilenstein [...] zu einem stärkeren und zukunftsorientierten Europa sein [könnte]. Einem Europa, das an sich selbst glaubt, das seine Kraft aus seinen Werten schöpft und deshalb in der Lage ist, ein guter und verlässlicher Partner in der Welt zu sein."[9]

Ich erinnerte daran, dass der Verfassungsvertrag von allen 27 Mitgliedstaaten unterschrieben worden war und dass alle Staats- und Regierungschefs der Europäischen Union mit ihrer Unterschrift dazu auch ein Bekenntnis abgelegt hätten. Die Regierungswechsel in einigen Ländern wären kein Grund, sich den Verpflichtungen zu entziehen.

> „Unser Wille zur Sicherung der Substanz des Verfassungsvertrags muss stark und entschlossen sein. Wir müssen diese Reformen in einer Art und Weise durchführen, die uns näher zueinander führt, unter angemessener Beteiligung und Mitwirkung des Europäischen Parlaments."[10]

Nach meiner Rede fragte die Präsidentin des Europäischen Rates, Bundeskanzlerin Angela Merkel, ob es Bemerkungen zu meiner Rede gäbe. Es meldete sich der Präsident der Europäischen Kommission, José Manuel Durão Barroso, und sagte einige Freundlichkeiten an meine Adresse. Sonst gab es keine Debatte. Dies entsprach der allgemeinen Erfahrung, von wenigen Ausnahmen abgesehen, wie ich sie bei jedem

Europäischen Rat erleben sollte: Der Präsident des Europäischen Parlaments trug seine Position beziehungsweise die des Europäischen Parlaments vor und durfte dann den Saal verlassen. Die Regierungschefs waren gerne unter sich. Einmal hatte es sogar eine generelle Debatte, so hat man mir berichtet, von mehr als zwanzig Minuten über die Frage gegeben, ob der Präsident des Europäischen Parlaments an einem Abendessen teilnehmen sollte. Die Position des Europäischen Parlaments war, dass der Präsident dann an einem Abendessen teilnehmen sollte, wenn es sich um konstitutionelle oder institutionellen Fragen handelte, was bei der „Berliner Erklärung" in Vorbereitung auf das weitere Verfahren im Hinblick auf den Verfassungsvertrag ja zutraf. Aber es gab natürlich immer Grenzfälle und deshalb entstanden wiederholt Diskussionen darüber im Kreise der Staats- und Regierungschefs.

Im Anschluss an meinen Wortbeitrag vor dem Europäischen Rat am 8. März begleitete mich der Hohe Beauftragte für die Außen- und Sicherheitspolitik, Javier Solana, der links neben mir saß – rechts saß die Präsidentin des Europäischen Rates, Angela Merkel – aus dem Raum. Es war eine freundliche Geste und beim ersten Mal gleich den richtigen Ausgang zu finden, wenn man hinauskomplimentiert wurde, war durchaus angenehm. Es war ein langer Weg, bis dem Präsidenten des Europäischen Parlaments ermöglicht wurde, vor dem Europäischen Rat die Position des Europäischen Parlaments vortragen zu können. Erstmalig war dies bei einem meiner Vorgänger, Lord Plumb, beim Europäischen Rat im Juni 1987 in Luxemburg der Fall. Das Europäische Parlament hat sich dieses Recht erkämpft. Denn den Verträgen nach ist zwar der Kommissionspräsident Teil des Europäischen Rates, nicht aber der Parlamentspräsident.

*

Für das Abendessen am 8. März, bei dem über das weitere Verfahren im Hinblick auf den Verfassungsvertrag und insbesondere über die „Berliner Erklärung" beraten werden sollte, wurde ich eingeladen. Der belgische Ministerpräsident Guy Verhofstadt sprach mich vor dem Essen an und berichtete mir noch einmal, was mir bereits durch Klaus Welle mitgeteilt worden war: dass er leider seine endgültige Zustimmung für einen Bezug auf das christlich-jüdische Erbe in der „Berliner Erklärung" nicht geben könnte, da seine Koalitionsparteien diesem widersprachen. Obwohl mein Anliegen und das der EVP-ED-Fraktion insoweit erledigt waren, wollte ich in diesem Zusammenhang noch ein letztes Experiment während des Abendessens wagen. Mein Platz war zwischen Angela Merkel, die links von mir saß, und dem französischen Staatspräsidenten Jacques Chirac, rechts von mir. Ich meldete mich zu Wort und schlug „in eigenem Namen" für die „Berliner Erklärung" einen Bezug auf das christlich-jüdische Erbe vor. Sofort meldete sich Jacques Chirac und bemerkte, mit Frankreich wäre dies nicht zu machen. Frankreich hätte ein laizistisches Staatsverständnis und damit wäre ein Bezug auf das christlich-jüdische Erbe nicht vereinbar. Jacques Chirac bekam Zustimmung vom österreichischen Bundeskanzler Alfred Gusenbauer. Dankbar war ich für die Unterstützung des polnischen Präsidenten Lech Kaczyński, der sich für die Aufnahme des christlich-jüdischen Erbes aussprach. Ebenso stimmte der Ministerpräsident der Niederlande, Jan Peter Balkenende, meinem Vorschlag zu. Guy Verhofstadt meldete sich nicht. Der Verlauf der Debatte entsprach genau den Erfahrungen, die die Mitglieder des Konvents zur Erarbeitung der Europäischen Verfassung bereits gemacht hatten. Besonders Frankreich und Belgien waren gegen jede religiöse Bezugnahme.

Bundeskanzlerin Angela Merkel leitete diese Sitzung wie auch alle nachfolgenden professionell, rief jeden Teilnehmer mit seinem Vornamen auf und führte auch vor den offiziellen Sitzungen Einzelgespräche. Ihre unprätentiöse Art, die Sitzungen zu leiten, hat mich stets beeindruckt. Natürlich war meine erstmalige Teilnahme an einem Europäischen Rat und auch an dem der Sitzung folgenden Abendessen eine ganz besondere Erfahrung. Nichtsdestotrotz lernte ich auch schnell, dass selbst in diesem europäischen Spitzengremium nur „mit Wasser gekocht wurde" und die Regierungschefs Menschen mit Stärken und Schwächen waren, wie im ganz normalen Leben. Nach dem Abendessen war ich zuversichtlich, dass es – trotz der Ablehnung, darin das christlich-jüdische Erbe zu benennen – eine gute „Berliner Erklärung" geben würde.

Die Verantwortung für die konkrete Formulierung der „Berliner Erklärung" lag bei der Präsidentin des Europäischen Rates, bei Angela Merkel. Ich hatte alles Vertrauen zu ihr, dass sie Formulierungen finden würde, denen auch ich für das Europäische Parlament zustimmen konnte. Vor dem Europäischen Gipfel am 25. März 2007 rief sie mich an, um meine Zustimmung zu erhalten. Aus Überzeugung und mit Freude konnte ich einem gemeinsamen Text von Europäischem Rat, Europäischer Kommission und Europäischem Parlament zustimmen.

2. Das EVP-Treffen in Berlin vom 24. März 2007

Am Samstag, dem 24. März 2007, reisten die meisten der Gipfelteilnehmer in Berlin an. Vor einem jeden Treffen der europäischen Staats- und Regierungschefs traf der EVP-Gipfel zusammen, das heißt alle Gipfelteilnehmer, die der EVP angehörten, berieten sich unter dem Vorsitz von Wilfried Martens, dem Vorsitzenden der Europäischen Volkspartei. Ich berichtete von meinem Gespräch mit Papst Benedikt XVI., das ich einen Tag zuvor, also am Freitag, dem 23. März, in Rom geführt hatte. Den Heiligen Vater hatte ich über die Situation im Hinblick auf die Erwähnung des „christlich-jüdischen Erbes" informiert. Natürlich war Benedikt XVI. enttäuscht, dass ein Bezug hierauf nicht Eingang in die „Berliner Erklärung" gefunden hatte, aber er erkannte den guten Willen, den sowohl Angela Merkel, weite Teile der EVP als auch ich bei diesem Anliegen gezeigt hatten. Benedikt XVI. hatte ich Grüße von Angela Merkel übermittelt und er hatte mich gebeten, in gleicher Weise seine besten Grüße der Bundeskanzlerin zu übermitteln, was ich gerne tat. Der EVP erklärte ich, wie wichtig es wäre, dass die Kirchen, insbesondere auch die katholische Kirche, uns mit Blick auf die Europäische Einigung „nicht wegbrächen".

Die Kirchen hatten sich immer für die Europäische Einigung eingesetzt – ihre Unterstützung war nicht nur wichtig für die Teilnahme der Gläubigen bei den Wahlen zum Europäischen Parlament, sondern die Kirchen bildeten auch ein unverzichtbares Element für die Werteverfassung der Europäischen Union. Das Anliegen, „Europa eine Seele zu geben", wäre zum Scheitern verurteilt, wenn die Kirchen den Weg der Europäischen Einigung nicht mehr mitgehen würden. In weiten Teilen der Kirchen, vor allem der katholischen, war die Enttäuschung darüber verbreitet, dass es im Verfassungsvertrag nicht gelungen war, den Gottesbezug beziehungsweise das christlich-jüdische Erbe zu benennen. Dass dieses nun erneut mit der „Berliner Erklärung" scheitern sollte, bedeutete einen weiteren Dämpfer.

Nach der Audienz bei Papst Benedikt XVI. hielt ich eine Rede bei COMECE, der Bischofskonferenz bei der Europäischen Union, die von dem Rotterdamer Bischof Adrianus van Luyn geleitet wurde. Offen sprach ich die Enttäuschung an, fügte allerdings hinzu, wenig wäre gewonnen, wenn wir die gewünschten Formulierungen in den Vertrag bekommen hätten und sich die Christen dann selbstgewiss zurücklehnen würden. Entscheidend für die Zukunft der christlichen Kirchen blieben das Engagement der Christen selbst und ihr Bekenntnis zum Glauben. Auch verwies ich bei der CO-MECE darauf, dass im Verfassungsvertrag ein besonderer Artikel enthalten war, der die Rechtsposition der Kirchen achtete und einen besonderen Dialog der Kirchen mit den europäischen Institutionen vorsah. Des Weiteren war ich der Ansicht, dass viele christliche Überzeugungen in den Verfassungsvertrag aufgenommen wurden, ohne dass ein ausdrücklicher christlicher Bezug ausgesprochen worden war. Ich konnte nachweisen, dass meine politischen Freunde und ich uns redlich um die christlichen Werte im Hinblick auf den Verfassungsvertrag bemüht hatten. Für meine Ausführungen erhielt ich viel Beifall, was für mich eine starke Ermutigung war.

Nach dem EVP-Gipfel vom 24. März in Berlin fand abends vor einer wunderbaren Aufführung in der Berliner Philharmonie mit dem Dirigenten Simon Rattle ein Empfang statt, zu dem Bundeskanzlerin Angela Merkel eingeladen hatte. Jeder Gipfelteilnehmer wurde laut angekündigt und durch die Bundeskanzlerin und ihren Mann Joachim Sauer freundlich begrüßt. Während des Empfanges stand ich eine Zeit lang neben dem Präsidenten der Europäischen Kommission, José Manuel Durão Barroso, wozu sich dann der Präsident Tschechiens, Václav Klaus, gesellte. Er machte dem Kommissionspräsidenten das Kompliment, dass er von Mal zu Mal jünger aussähe. Undiplomatisch mischte ich mich ein und sagte zum europaskeptischen tschechischen Präsidenten: „Dies würde auch für Sie zutreffen, wenn Sie etwas europäischer wären." Dafür revanchierte sich Präsident Klaus wenig später, als ich ihn fragte, wie er die „Berliner Erklärung" bewerte. Seine Antwort: „Sie ist so schlecht, dass Sie sie geschrieben haben könnten." Ich verstand diese Bemerkung als großes Kompliment für die Qualität der „Berliner Erklärung" (und auch für mich).

Im Anschluss an das Konzert bat Bundespräsident Horst Köhler zu einem Abendessen ins Schloss Bellevue. Da es bereits späterer Abend und dunkel war, wirkten die Fackeln, die den Weg zum Eingang des Schlosses erleuchteten, beeindruckend. Ich begleitete den zypriotischen Präsidenten Tassos Papadopoulos, der seine Frau „verloren" hatte, wie er mir sagte, denn sie war in einen anderen Bus als er eingestiegen. Es war ein beeindruckender und festlicher Abend, den Bundespräsident Horst Köhler und seine Frau Eva Luise den Gästen des Europäischen Rates boten.

3. Fünfzig Jahre Römische Verträge: Die „Berliner Erklärung" vom 25. März 2007

Der 25. März 2007, ein Sonntag, wird immer in meiner Erinnerung bleiben. Nach der Übernachtung im traditionsreichen Hotel de Rome am Berliner Bebelplatz gegenüber der Humboldt-Universität und einem Interview für ZDF und ARD ging es mit offizieller Eskorte zum Deutschen Museum, wo im Schlüterhof die Festveranstaltung zum 50. Jahrestag der Römischen Verträge stattfinden sollte.

Frühzeitig vor Beginn waren die Delegationen eingetroffen, sodass viel Zeit blieb, miteinander zu sprechen. Da ich immer versucht habe, meine europäischen Kontakte auch für meine Heimat im Landkreis Osnabrück zu nutzen, lud ich den Präsidenten Litauens, Valdas Adamkus, der lange im Exil in Amerika gelebt hatte, ein, meine Heimatstadt Bad Iburg zu besuchen. Bad Iburg hatte nach dem Zusammenbruch des Kommunismus eine inoffizielle Partnerschaft mit Pagègiai (Litauen) begründet. Initiator war Werner Kiupel, Studienrat am Gymnasium Bad Iburg, gewesen. Oftmals hatte er Bürger aus Bad Iburg nach Pagègiai geführt und Menschen aus Pagègiai nach Bad Iburg eingeladen. Viele von ihnen habe ich kennengelernt und auch selbst mit meinem Sohn Johannes, der Schüler am Gymnasium Bad Iburg war, Pagègiai besucht. Ich war der Meinung, dass Werner Kiupel – unterstützt durch seine Frau Heidi – und seine Freunde, die diese verdienstvolle Partnerschaft ins Leben gerufen hatten, es verdienten, durch den Präsidenten Litauens in Bad Iburg gewürdigt zu werden. Präsident Adamkus nahm die Einladung an und im Anschluss an einen Europäischen Gipfel in Brüssel sind wir einige Monate später gemeinsam von Brüssel zum Flughafen Münster/Osnabrück gereist. Bad Iburg bereitete dem Präsidenten Litauens einen sehr freundlichen Empfang. Im Rittersaal des Schlosses wurde zu diesem Anlass dann offiziell die Partnerschaft zwischen Bad Iburg und Pagègiai begründet. Meine Überzeugung war stets: Europa darf sich nicht auf Gipfeltreffen beschränken, so notwendig diese auch sind, sondern die europäische Idee muss sich in den Herzen der Menschen verwirklichen. Zu diesen Menschen gehörte Werner Kiupel. Ich möchte seinen Namen beispielhaft für viele einzelne Bürgerinnen und Bürger nennen, die sich für die Europäische Einigung verdient gemacht haben. Der Beitrag dieser vielen ist ebenso wichtig, wie der notwendige Beitrag der Staatsmänner und Staatsfrauen, der Politikerinnen und Politiker.

*

Im Deutschen Museum konnte ich mich auch mit Maria Helena Kaczyńska, der Ehefrau des polnischen Staatspräsidenten Lech Kaczyński, unterhalten. Sie war eine außerordentlich angenehme und freundliche Gesprächspartnerin und bot mir an, mir bei einem meiner Besuche in Warschau das Königsschloss zu erklären. Leider ist es nicht dazu bekommen. Zweimal, als ich Warschau besuchte, befand sich die „First Lady" Polens nicht in der Hauptstadt. Am 10. April 2010 ist sie zusammen mit ihrem Mann, dem Präsidenten Polens, und nahezu einhundert Persönlichkeiten der polnischen Führung, bei einem Flugzeugabsturz nahe der russischen Stadt Smolensk auf tragische Weise ums Leben gekommen. Dieses furchtbare Ereignis hat alle Europäer sehr berührt. Auch mich hat es, gerade auch in der Erinnerung an Maria Helena Kaczyńska, sehr betroffen gemacht. Die Persönlichkeit von Maria Helena Kaczyńska hat mein Urteil über ihren Mann, den Staatspräsidenten, der die Unterzeichnung des Vertrages von Lissabon so lange hinausgezögert hatte, gemildert.

*

Der Saal zur Feier des 50. Jahrestages der Römischen Verträge im Schlüterhof war festlich geschmückt, die zwölf Sterne Europas visualisierten Geschichte, Gegenwart und Zukunft der Europäischen Union. Für die Präsidenten der europäischen Institutionen und alle Staats- und Regierungschefs waren protokollgerecht feste Plätze vorgesehen. Bundeskanzlerin Angela Merkel, die Präsidentin des Europäischen Rates und Gastgeberin, nahm den Platz in der Mitte ein. Als Redner waren für den Festakt vorgesehen: Romano Prodi, der Ministerpräsident Italiens als Vertreter des Landes, in dem am 25. März 1957 auf dem Kapitol in Rom die Römischen Verträge unterschrieben wurden; José Manuel Durão Barroso als Präsident der Europäischen Kommission, dann ich als Präsident des Europäischen Parlaments sowie Bundeskanzlerin Angela Merkel. Alle Redner würdigten die Erfolge der europäischen Einigungspolitik und forderten, diese als Grundlage zu sehen für die weitere Einigung Europas in Gegenwart und Zukunft.

Romano Prodi erinnerte an den langen und mühsamen Weg, den Europa seit 1957 genommen hatte. Der Weg der Europäischen Einigung wäre die Antwort auf das Böse in Europa geworden, die ideologischen und menschlichen Übel. Jetzt stünde Europa für Frieden und Solidarität. Das bliebe ein Auftrag der Hoffnung für die Zukunft. Prodi erinnerte, dass die Institutionen immer nur Instrumente der Werte und Ideen Europas wären.

Kommissionspräsident Barroso beeindruckte alle Anwesenden, indem er zunächst recht ausführlich in deutscher Sprache zu uns redete: Er betonte, dass Deutschland „von Anfang an [...] ein verlässliches und treibendes Mitglied dieses vereinten Europas" gewesen wäre. Berlin wäre daher nicht nur Symbol Deutschlands, sondern „auch ein Symbol des vereinten und neuen Europas". Europa bliebe unser gemeinsames Projekt. Barroso endete wieder auf Deutsch: „Europa gelingt gemeinsam."[11]

Bundeskanzlerin Angela Merkel als amtierende Ratsvorsitzende erinnerte daran, dass sie auf der östlichen Seite von Berlin aufgewachsen war.[12] Sie hätte als Kind und Jugendliche nie geglaubt, einmal in den Westen reisen zu können: „Wenige Meter von hier endeten meine Wege. Aber dann fiel die Mauer doch. Ich habe am eigenen Leib die Erfahrung gemacht: Nichts muss so bleiben, wie es ist." In diesem Geiste müsste Europa die gegenwärtige Phase der Ernüchterung und Ermüdung überwinden:

„Alles muss immer wieder aufs Neue gestärkt und verteidigt werden. Stillstand bedeutet Rückschritt. Vertrauen aufbauen braucht Jahrzehnte. Vertrauen enttäuschen geht über Nacht. Bei einer Spaltung kommt Europa schneller aus dem Tritt, als mancher glauben mag. Kurzum, die Europäische Einigung muss immer wieder neu erarbeitet und gesichert werden. Das ist der Auftrag, der in die Zukunft weist. Das ist der Kern unserer heutigen Jubiläumsfeier."

Fünfzig Jahre Römische Verträge – das hieße für sie

„kurz und knapp und in einem Satz: Ein Traum ist wahr geworden! Wahr werden konnte dieser Traum, weil wir Bürger Europas in den letzten 50 Jahren gelernt haben, aus unserer Eigenständigkeit und den vielfältigen Traditionen, aus der lebendigen Vielfalt der Sprachen, Kulturen und Regionen das Meiste zu machen."

Bewahren und weiterentwickeln ließe sich dieses einzigartige europäische Projekt, „indem wir uns auf die stärkste Kraft des Menschen konzentrieren: auf die Kraft der Freiheit, auf die Freiheit in all ihren Ausprägungen." Sie machte deutlich, dass Europa schneller werden müsste in der Bewältigung der anstehenden Aufgaben:

„Denn wir sollten uns nicht täuschen: Die Welt wartet nicht auf Europa. Andere Weltregionen entwickeln sich in geradezu atemberaubender Geschwindigkeit. Deshalb braucht Europa vor allem eines: Es braucht Dynamik. Denn ohne Dynamik kein Wohlstand in Europa. Und ohne Dynamik auch immer weniger Solidarität in Europa."

Unzweifelhaft wäre für sie, dass die EU mehr und klarere Zuständigkeiten bräuchte:

„für die Energiepolitik, in der Außenpolitik, in der Innen- und Rechtspolitik. Sie muss klarer abgrenzen, wofür die Mitgliedstaaten zuständig sind und wofür die Gemeinschaft. Sie muss sich auf das Wesentliche konzentrieren und wo immer möglich die nationalen Eigenheiten der Mitgliedstaaten bewahren. Sie muss sicherstellen, dass ihre Institutionen auch mit 27 und mehr Mitgliedstaaten effizient, demokratisch und nachvollziehbar funktionieren."

Dann wurde sie konkret:

> „Ich setze mich dafür ein, dass dafür am Ende der deutschen Ratspräsidentschaft ein Fahrplan verabschiedet werden kann, und ich setze dabei auf Ihre Unterstützung. Ich bin überzeugt: Es ist nicht nur im Interesse Europas, sondern auch der einzelnen Mitgliedstaaten und uns Bürgern Europas, dass dies gelingt. Ein Scheitern wäre ein historisches Versäumnis. Was wir entscheiden, wird lange nachwirken, im Guten wie im Schlechten.“

In meiner Rede bezeichnete ich die Europäische Gemeinschaft als das größte Friedens- und Demokratieprojekt der europäischen Geschichte.[13] Ich erinnerte daran, dass die Europäische Einigung für die heutigen Bürgerinnen und Bürger der Europäischen Union Perspektiven geschaffen hätte, die sich unsere Eltern und Großeltern so nicht vorstellen konnten. Nicht ohne ein gewisses Maß an Stolz wies ich darauf hin, dass die Unterzeichnung der Römischen Verträge am 25. März 1957 noch ein Treffen von Regierungen und Diplomaten gewesen wäre, dass aber am 25. März 2007 der Präsident des direkt gewählten Europäischen Parlaments zusammen mit einigen Vorsitzenden der Fraktionen im Europäischen Parlament die Bürgerinnen und Bürger der Europäischen Union in Berlin, der Hauptstadt des am 3. Oktober 1990 wiedervereinigten Deutschlands, vertreten könnte. Dies war ein Symbol des demokratischen Weges, den die europäischen Völker seit 1957 gegangen waren. Aber eines, so sagte ich, wäre gleich geblieben: „Die Menschen müssen im Mittelpunkt der Europäischen Einigung stehen. Schon 1950 sagte Jean Monnet, einer der Gründungsväter der Gemeinschaft: ‚Wir wollen keine Staaten verbünden, sondern Menschen vereinen‘.“

Es war immer meine Überzeugung, dass die Europäische Einigung kein Projekt der Eliten bleiben durfte. So notwendig diese Eliten für die Europäische Einigung waren, die Menschen insgesamt müssten diesen Weg mitgehen, damit er erfolgreich würde. So richtete ich meine Worte an die Bürgerinnen und Bürger Europas, vor allem an die jungen Menschen und sagte:

> „Wo immer Sie in der Europäischen Union leben, für Sie und für uns alle beginnt Europa in unserer Heimat, wo wir zu Hause sind. Unsere Heimat vermittelt uns allen die europäische Bürgerschaft. Heimat, Vaterland, Europa: Das gehört untrennbar zusammen. Wir sind Europäer, gleichwertige Europäer, wo immer wir in der Europäischen Union leben.“

Ich erinnerte an unsere gemeinsamen Werte: die Würde des Menschen, die Menschenrechte, die Demokratie, das Recht, und erwähnte auch die Soziale Marktwirtschaft.

„In der Welt des 21. Jahrhunderts können wir diese Werte nur gemeinsam verteidigen. Deswegen ist die Europäische Einigung eine Notwendigkeit. Wenn wir alle, die Völker Europas, solidarisch handeln und uns als Familie begreifen, wird Europa eine gute Zukunft haben."

Selbstbewusst erinnerte ich daran, dass das Europäische Parlament heute Menschen aus 27 Ländern, also über 500 Millionen Bürgerinnen und Bürger der Europäischen Union vertrat. Das Parlament entschied gleichberechtigt mit dem Ministerrat und hatte das letzte Wort beim Haushalt. Ohne das Vertrauen der 785 Abgeordneten käme keine neue Kommission ins Amt. Wenn ein Kommissar-Kollegium nicht mehr das Vertrauen des Europäischen Parlaments genösse, könnte das Parlament die Kommission abberufen. Die Bürgerinnen und Bürger hätten heute eine starke Interessenvertretung, organisiert in politischen Fraktionen und europäischen politischen Parteien. Nicht ohne Stolz erinnerte ich an den starken Einsatz des Europäischen Parlaments für die deutsche Einheit und den Beitritt der zehn Länder Estland, Lettland Litauen, Polen, Tschechien, Slowakei, Ungarn, Slowenien, Malta und Zypern rechtzeitig zu den Europawahlen 2004. Diese gemeinsamen Wahlen in einem vereinten Europa symbolisierten wie nie zuvor den Sieg der europäischen Demokratie über die Unfreiheit. Am 1. Januar 2007 kamen Bulgarien und Rumänien hinzu. Vor den Staats- und Regierungschefs erinnerte ich daran, dass sich das Europäische Parlament seit der ersten Direktwahl 1979 seine Rechte schrittweise erkämpft hätte. Heute wäre das Europäische Parlament einflussreich und selbstbewusst.

„Aber wir wissen auch: Wir müssen weiter bemüht sein, die Europäische Union demokratischer, offener und bürgernäher zu machen. Das Europäische Parlament steht deshalb zum Verfassungsvertrag, gemeinsam erarbeitet von europäischen und nationalen Abgeordneten, Vertretern der Regierungen und der Europäischen Kommission. Wir wollen, dass die Substanz des Verfassungsvertrages, einschließlich unserer gemeinsamen Werte, bis zu den europäischen Wahlen im Juni 2009 rechtlich verbindlich wird!"

Das Europäische Parlament wollte mehr Demokratie auf allen politischen Ebenen. Ich erinnerte daran, dass im Verfassungsvertrag erstmalig die kommunale Selbstverwaltung in einem europäischen Vertrag festgeschrieben würde. Die nationalen Parlamente erhielten mehr Einfluss auf die europäische Politik. Mit dem Verfassungsvertrag würde das Europäische Parlament in fast allen Bereichen zum gleichberechtigten Gesetzgeber mit dem Ministerrat. Der Ministerrat würde in der Regel mit Mehrheit unter Berücksichtigung fairer demokratischer Prinzipien entscheiden. Nach unserer Überzeugung wären das Europäische Parlament und die nationalen Parlamente Partner. Unsere Arbeit ergänzte sich und zusammen wäre es unsere Aufgabe, das demokratische Europa zu gestalten. Dann zitierte ich Konrad Adenauer, den damaligen Bundeskanzler der Bundesrepublik Deutschland, der vor fünfzig Jahren gesagt hatte:

„Die Einheit Europas war ein Traum von wenigen. Sie wurde die Hoffnung für viele. Sie ist heute die Notwendigkeit für alle."[14] Abschließend erklärte ich:

> „Wir brauchen europäische Lösungen, um den großen Herausforderungen des 21. Jahrhunderts, der Globalisierung, dem Klimawandel, der Energieversorgung, dem Dialog der Kulturen oder der Terrorismusbekämpfung gerecht werden zu können. Wir blicken heute in Dankbarkeit auf jenen Tag vor fünfzig Jahren in Rom zurück, als mutige Frauen und Männer sich entschieden, die einst verfeindeten Länder in Frieden und Freiheit zu versöhnen und auf Dauer Konflikte statt durch Krieg und Gewalt durch Dialog und Kompromisse zu lösen. Das ist oft mühsam, verlangt Geduld und vor allem Vertrauen zueinander. Lassen wir uns inspirieren durch diesen Mut der Gründungsväter Europas, damit auch wir den Mut zu einem neuen Aufbruch finden: Für eine gemeinsame Zukunft unseres alten, sich immer wieder erneuernden europäischen Kontinents im 21. Jahrhundert."

Die dann von Angela Merkel, José Manuel Durão Barroso und mir für den Europäischen Rat, die Europäische Kommission und das Europäische Parlament unterzeichnete „Berliner Erklärung" ist nicht nur ein außerordentlich bedeutsames politisches Dokument, sondern sie ist auch ein ihrem Inhalt und ihrer Sprache nach beeindruckendes Dokument. Ich möchte sie in ihrem ganzen Wortlaut zitieren:

> „Erklärung anlässlich des 50. Jahrestages der Unterzeichnung der Römischen Verträge[15]
>
> Europa war über Jahrhunderte eine Idee, eine Hoffnung auf Frieden und Verständigung. Diese Hoffnung hat sich erfüllt. Die europäische Einigung hat uns Frieden und Wohlstand ermöglicht. Sie hat Gemeinsamkeit gestiftet und Gegensätze überwunden. Jedes Mitglied hat geholfen, Europa zu einigen und Demokratie und Rechtsstaatlichkeit zu stärken. Der Freiheitsliebe der Menschen in Mittel- und Osteuropa verdanken wir, dass heute Europas unnatürliche Teilung endgültig überwunden ist. Wir haben mit der europäischen Einigung unsere Lehren aus blutigen Auseinandersetzungen und leidvoller Geschichte gezogen. Wir leben heute miteinander, wie es nie zuvor möglich war.
>
> Wir Bürgerinnen und Bürger der Europäischen Union sind zu unserem Glück vereint.

I.

> Wir verwirklichen in der Europäischen Union unsere gemeinsamen Ideale: Für uns steht der Mensch im Mittelpunkt. Seine Würde ist unantastbar. Seine Rechte sind unveräußerlich. Frauen und Männer sind gleichberechtigt.

Wir streben nach Frieden und Freiheit, nach Demokratie und Rechtsstaatlichkeit, nach gegenseitigem Respekt und Verantwortung, nach Wohlstand und Sicherheit, nach Toleranz und Teilhabe, Gerechtigkeit und Solidarität.

Wir leben und wirken in der Europäischen Union auf eine einzigartige Weise zusammen. Dies drückt sich aus in dem demokratischen Miteinander von Mitgliedstaaten und europäischen Institutionen. Die Europäische Union gründet sich auf Gleichberechtigung und solidarisches Miteinander. So ermöglichen wir einen fairen Ausgleich der Interessen zwischen den Mitgliedstaaten.

Wir wahren in der Europäischen Union die Eigenständigkeit und die vielfältigen Traditionen ihrer Mitglieder. Die offenen Grenzen und die lebendige Vielfalt der Sprachen, Kulturen und Regionen bereichern uns. Viele Ziele können wir nicht einzeln, sondern nur gemeinsam erreichen. Die Europäische Union, die Mitgliedstaaten und ihre Regionen und Kommunen teilen sich die Aufgaben.

II.

Wir stehen vor großen Herausforderungen, die nicht an nationalen Grenzen halt machen. Die Europäische Union ist unsere Antwort darauf. Nur gemeinsam können wir unser europäisches Gesellschaftsideal auch in Zukunft bewahren zum Wohl aller Bürgerinnen und Bürger der Europäischen Union. Dieses europäische Modell vereint wirtschaftlichen Erfolg und soziale Verantwortung. Der Gemeinsame Markt und der Euro machen uns stark. So können wir die zunehmende weltweite Verflechtung der Wirtschaft und immer weiter wachsenden Wettbewerb auf den internationalen Märkten nach unseren Wertvorstellungen gestalten. Europas Reichtum liegt im Wissen und Können seiner Menschen; dies ist der Schlüssel zu Wachstum, Beschäftigung und sozialem Zusammenhalt.

Wir werden den Terrorismus, die organisierte Kriminalität und die illegale Einwanderung gemeinsam bekämpfen. Die Freiheits- und Bürgerrechte werden wir dabei auch im Kampf gegen ihre Gegner verteidigen. Rassismus und Fremdenfeindlichkeit dürfen nie wieder eine Chance haben.

Wir setzen uns dafür ein, dass Konflikte in der Welt friedlich gelöst und Menschen nicht Opfer von Krieg, Terrorismus oder Gewalt werden. Die Europäische Union will Freiheit und Entwicklung in der Welt fördern. Wir wollen Armut, Hunger und Krankheiten zurückdrängen. Dabei wollen wir auch weiter eine führende Rolle einnehmen.

Wir wollen in der Energiepolitik und beim Klimaschutz gemeinsam vorangehen und unseren Beitrag leisten, um die globale Bedrohung des Klimawandels abzuwenden.

III.

Die Europäische Union lebt auch in Zukunft von ihrer Offenheit und dem Willen ihrer Mitglieder, zugleich gemeinsam die innere Entwicklung der Europäischen Union zu festigen. Die Europäische Union wird auch weiterhin Demokratie, Stabilität und Wohlstand jenseits ihrer Grenzen fördern.

Mit der europäischen Einigung ist ein Traum früherer Generationen Wirklichkeit geworden. Unsere Geschichte mahnt uns, dieses Glück für künftige Generationen zu schützen. Dafür müssen wir die politische Gestalt Europas immer wieder zeitgemäß erneuern. Deshalb sind wir heute, 50 Jahre nach der Unterzeichnung der Römischen Verträge, in dem Ziel geeint, die Europäische Union bis zu den Wahlen zum Europäischen Parlament 2009 auf eine erneuerte gemeinsame Grundlage zu stellen.

Denn wir wissen: Europa ist unsere gemeinsame Zukunft.

Mit den letzten Worten verpflichteten sich alle Regierungen und die europäischen Institutionen, die Europäische Union auf eine erneuerte gemeinsame Grundlage zu stellen, was bedeutete, dass der Verfassungsvertrag in seinem Inhalt verwirklicht werden sollte. Bis zum Vertrag von Lissabon war es an diesem Tag gleichwohl noch ein langer Weg.

*

Musikalisch gestaltet wurde diese historische Stunde durch das Europäische Jungendorchester (EUYO). Es hatte einiger Bemühungen bedurft, das Europäische Jugendorchester in den feierlichen Rahmen einzubeziehen. Joy Bryer, diese unermüdliche, sich seit Jahrzehnten für ihre jungen Musikerinnen und Musiker einsetzende „Mutter" des Europäischen Jugendorchesters, hatte mich gebeten, bei der deutschen Bundesregierung darauf hinzuwirken, dass „ihr" Orchester, dessen Schirmherr ich als Präsident des Europäischen Parlaments war, die musikalische Gestaltung des 50. Jahrestages der Römischen Verträge übernehmen sollte. Über Wochen und Monate hinweg war dies keineswegs klar gewesen. Schließlich hatte ich Bundeskanzlerin Angela Merkel gebeten, sich persönlich dafür einzusetzen, was sie dann auch getan hatte. So war die Jugend Europas durch das Europäische Jugendorchester Teil dieser beeindruckenden Manifestation des gemeinsamen Europas.

Später, im Jahre 2010, sollte ich lernen, dass das Europäische Jugendorchester ausgerechnet durch Deutschland gefährdet wurde. Das Orchester wurde durch finanzielle Beiträge aus dem europäischen Haushalt sowie durch die Mitgliedsländer der Europäischen Union gefördert. Im Rahmen der durch die Finanzkrise notwendigen Sparmaßnahmen in den nationalen Haushalten sah das Bundesaußenministerium, aus dessen Etat das Europäische Jugendorchester mit jährlich 20.000 Euro gefördert wurde, vor, diese Förderung für das Jahr 2011 noch vorzunehmen, danach jedoch die Förderung vollständig einzustellen. Durch einen Brief des deutschen Botschafters in London, Georg Boomgaarden, – das Europäische Jugendorchester wurde von London aus betreut – und durch eine mich alarmierende Intervention von Joy Bryer, die sehr aufgebracht war, erfuhr ich von diesem Vorhaben des Bundesaußenministeriums. Ich war ziemlich empört und geschockt. Mit Entschlossenheit wollte ich eine solche Entwicklung verhindern, denn die Streichung der deutschen Förderung für das Jugendorchester wäre verheerend und ein negatives Beispiel für alle anderen Mitgliedsländer der Europäischen Union gewesen. Warum sollten sich die kleinen Mitgliedsländer künftig noch an der Förderung beteiligen, wenn schon das große und finanzstarke Deutschland seine Förderung einstellte? Der ganze Vorgang ärgerte mich. So nahm ich Kontakt zu ranghohen Persönlichkeiten im Auswärtigen Amt auf, sowohl durch persönliche Gespräche als auch durch formelle Schreiben. Bewirkt hat es nichts. Nun musste wieder einmal das Bundeskanzleramt helfen. Ich wandte mich an den Beauftragten der Bundesregierung für Kultur und Medien, Bernd Neumann. Sofort war er bereit, nach einer Lösung zu suchen. Ergänzend teilte ich auch Bundeskanzlerin Angela Merkel diesen, wie ich es empfand, skandalösen Vorgang mit. So wurde schließlich ein Weg gefunden, das Europäische Jugendorchester – was den deutschen Beitrag anging – aus dem Etat des deutschen Kulturstaatsministers für die kommenden Jahre zu fördern.

Dieser Vorgang zeigt, wie viel Schaden angerichtet werden kann, obwohl es sich nur um einen relativ geringen finanziellen Beitrag handelt. Ein Sachbearbeiter im Außenministerium, der wahrscheinlich weder kulturelles Verständnis noch ein Herz für Europa und die Jugend hatte, wollte mit einem Federstrich die Förderung des Europäischen Jugendorchesters durch die Bundesrepublik Deutschland beenden. Als ich Bundesaußenminister Guido Westerwelle dies später einmal in einem Gespräch mitteilte, war er erstaunt darüber, weil er von dem Vorgang keine Kenntnis hatte. Er sagte mir, ich hätte mich direkt an ihn wenden sollen. Damit hatte er Recht und es sollte mir eine Lehre sein. Die Freude bei Joy Bryer war unbeschreiblich, als ich ihr die Entscheidung von Bernd Neumann mitteilte. In einem dankbaren Schreiben an Bernd Neumann hat Joy Bryer ihrer großen Freude Ausdruck verliehen.

*

Aber noch einmal zurück zum 25. März 2007. Angela Merkel nutzte das Mittagessen für die Gipfelteilnehmer im Hotel de Rome, um den Präsidenten Frankreichs, Jacques Chirac, zu verabschieden. Es war die letzte Begegnung der Staats- und Regierungschefs, an der Jacques Chirac teilnahm. Angela Merkel dankte ihm mit angemessenen und würdigen Worten und schenkte ihm, dem begeisterten Biertrinker, einen Bierseidel aus Porzellan, gefertigt in der Napoleonzeit. Die Tischordnung sah vor, dass mein Platz wieder zwischen Angela Merkel und Jacques Chirac war. Ich setzte mich mit meinem Stuhl etwas zurück, sodass Angela Merkel sich im direkten Blickkontakt an

Jacques Chirac wenden konnte. Jacques Chirac nahm das Geschenk mit Freude entgegen. Aber es muss für ihn auch ein sentimentaler Moment gewesen sein, aus dem Kreis der Staats- und Regierungschefs der Länder der Europäischen Union auszuscheiden – einem Kreis, dem er zwölf Jahre lang, von 1995 bis 2007, angehört hatte. Alles hat seine Zeit.

Nach dem Mittagessen fuhren alle Gipfelteilnehmer für ein „Familienfoto" zum Brandenburger Tor. Es war wunderbares Wetter, das Brandenburger Tor eine herrliche Kulisse für das „Familienfoto". 27 Staats- und Regierungschefs, die Präsidenten der europäischen Institutionen, der Hohe Beauftragte für die Außen- und Sicherheitspolitik der Europäischen Union, Javier Solana, und Bundesaußenminister Frank-Walter Steinmeier bildeten die „Familie". Wenn ich dieses Bild betrachte, muss ich immer wieder an Jean Monnet denken, der gesagt hat: „Nichts ist möglich ohne die Menschen, nichts dauerhaft ohne die Institutionen."[16] Nach dem Berliner Gipfel verabschiedeten sich einige Staats- und Regierungschefs aus ihren Ämtern. Alles ist in ständigem Fluss. Es ist gut zu wissen, dass die Europäische Union heute – bei allen Unzulänglichkeiten – auf vertraglicher Grundlage gefestigte Institutionen hat. Dies ist ein großer Fortschritt. Aber neben den rechtlichen Grundlagen der Europäischen Union kommt es immer wieder auf die Handelnden, auf Menschen an, die von dem Willen beseelt sein müssen, die Europäische Einigung in eine gute Zukunft zu führen. Der 25. März 2007 gehört zu den beeindruckendsten und freudigsten Erfahrungen meines politischen Lebens. Der Satz aus der „Berliner Erklärung": „Wir sind zu unserem Glück vereint", ist nicht nur eine schöne Formulierung, die in den anderen Sprachen Europas keinen vergleichbaren Klang hat (englisch: „We are united for the better"), sondern angesichts der Tragödien der europäischen Geschichte deutlich macht, welch weiten Weg zum Guten wir gegangen sind. Dieser Satz ist auch ein Auftrag für die Zukunft, dass es so bleibt. Hoffen wir, dass die Europäer dies niemals vergessen werden und das hohe Gut der Europäischen Einigung bewahren und weiterführen.

*

Mit dem „Familienfoto" vor dem Brandenburger Tor endete dieser historische Tag aber noch keineswegs. Ich hatte den britischen Premierminister Tony Blair, mit dem ich in verschiedenen Anliegen gut zusammenarbeitete, in meine Heimat, nach Osnabrück, eingeladen. Osnabrück war seit den Fünfzigerjahren britische Garnisonsstadt gewesen. Die Stadt war von britischen Soldaten geprägt, die jahrzehntelang dort stationiert waren. Zusammen mit Tony Blair und seiner Frau Cherie flogen wir nach Osnabrück. Unsere Ankunft war ursprünglich für 17 Uhr vorgesehen, doch verzögerte sich die Abreise in Berlin um mehr als eine Stunde, sodass wir letztendlich erst um 18 Uhr in Osnabrück ankamen. Der Besuch war natürlich über die Presse angekündigt worden und trotz der doch beachtlichen Verspätung warteten noch über eintausend Menschen vor dem Rathaus, um den britischen Premierminister zu begrüßen.

Eine Stunde vorher war es, wie man uns berichtete, noch die doppelte Anzahl gewesen. Tony Blair war ganz in seinem Element, als er die Hände vieler Menschen schüttelte. Man sah ihm förmlich an, wie ihm dieser herzliche Empfang in Osnabrück Freude machte. Oberbürgermeister Boris Pistorius bereitete dem britischen Premierminister und seiner Frau einen würdigen Empfang. Das Rathaus war gefüllt mit Menschen, darunter auch der Landrat des Landkreises Osnabrück, Manfred Hugo, viele Landtags- und Kreistagsabgeordnete, vor allem aber britische Soldaten, die sich aufrichtig freuten, ihren Premierminister in Osnabrück begrüßen zu dürfen. Boris Pistorius, Tony Blair und ich hielten kurze Reden. Es herrschte eine wirkliche Festtagstimmung und ausgesprochen gute Laune. Bei einer kleinen Pressekonferenz fragte ein Journalist, warum Tony Blair nach Osnabrück gekommen wäre, worauf er antwortete: „I am here because of Hans-Gert Pöttering, really!" („Ich bin hier wegen Hans-Gert Pöttering!"). Dies entsprach der Wahrheit, denn ich hatte ihn ja vor langer Zeit eingeladen und er hatte Wort gehalten. Im zum Rathaus benachbarten Restaurant La Vie wurde ein ausgezeichnetes Essen gereicht. Die Blairs waren begeistert. Am Tage nach ihrem Besuch, an dem auch meine Söhne Johannes und Benedict teilgenommen hatten, schickte ich Tony Blair und seiner Frau ein Dankschreiben mit der Presseberichterstattung. Euphorisch bedankte er sich in einem handgeschriebenen Brief, insbesondere auch für das gute Essen. Nun konnte ich Cherie Blair verstehen, die beim Abschied auf dem Flughafen Münster/Osnabrück am Flugzeug sagte: „Now reality begins again." („Nun beginnt wieder die Realität"). In Großbritannien hatte das Ehepaar Blair schon lange nicht mehr einen derartigen Empfang erlebt. Für mich war dies ein schöner Abschluss eines bedeutenden und fröhlichen Tages gewesen. Gute menschliche Beziehungen in der Politik sind von großer Bedeutung, auch über Parteigrenzen hinweg, wie es bei Tony Blair, dem Labour-Politiker, und mir, dem Christdemokraten, der Fall war. Das Ringen um die Zukunft der EU hielt an. Ich erlebte es einstweilen in markanten persönlichen Diskussionen, von denen drei herausragten.

4. Besondere Gespräche mit Polen und Frankreich: Jarosław Kaczyński, Donald Tusk und Nicolas Sarkozy

Am 18. April 2007 besuchte mich Polens Ministerpräsident Jarosław Kaczyński, Vorsitzender der Partei Recht und Gerechtigkeit (PiS). Er kam 15 Minuten zu spät und sagte bei der Begrüßung im Vorraum meines Amtszimmers im elften Stock in Brüssel: „Wir haben uns schon getroffen." Er hatte Recht. Es war vor einigen Jahren gewesen, als ich Fraktionsvorsitzender der EVP-ED-Fraktion im Europäischen Parlament gewesen war. Das damalige Gespräch hatte unter keinem sehr glücklichen Stern gestanden. Als ich Jarosław Kaczyński in Warschau aufgesucht hatte, hatte mich ein Frühstückstisch erwartet – reich gedeckt mit vielen Speisen, die für eine ganze Woche gereicht hätten. Es war jedoch nicht vereinbart gewesen, dass ich zum Frühstück kommen sollte, sodass ich schon gegessen hatte. Ich hatte deshalb nichts anrühren können, auch nicht aus Höflichkeit. Seit meiner Kindheit ist das Frühstück meine wichtigste Mahlzeit, bei der ich viel Zeit brauche und viel esse. So war es auch damals vor der Begegnung mit Jarosław Kaczyński gewesen. Natürlich erinnerte ich mich bei unserem erneuten Treffen daran. Als weiteres Erschwernis unserer Begegnung kam hinzu, dass die Beobachter seiner Partei Recht und Gerechtigkeit, die 2003 – also ein Jahr vor dem Beitritt Polens zur Europäischen Union am 1. Mai 2004 – in unsere Fraktion gekommen waren, sich nach einiger Zeit klamm und heimlich verabschiedet hatten, ohne es mir mitzuteilen. Der Grund hatte darin bestanden, dass die EVP-ED-Fraktion, gemeint gewesen war natürlich der EVP-Teil, also die Christdemokraten, zu europäisch, zu föderalistisch wäre – insbesondere auch der Fraktionsvorsitzende. Im Übrigen war ich auf die Partei Recht und Gerechtigkeit mit ihrem Vorsitzenden Jarosław Kaczyński, aber auch auf seinen Zwillingsbruder, den Präsidenten Polens, Lech Kaczyński, nicht besonders gut zu sprechen. Im polnischen Präsidentschaftswahlkampf des Jahres 2005 hatten die beiden eine Kampagne gegen den Großvater von Donald Tusk, Präsidentschaftskandidat der uns befreundeten Bürgerplattform, begonnen, um damit Donald Tusk zu treffen. Man hatte dem Großvater vorgeworfen, mit Nazi-Deutschland und der Wehrmacht kooperiert zu haben, was nicht zugetroffen hatte. Donald Tusk, der in den Umfragen lange vorne gelegen hatte, hatte an Boden und so auch die Wahl verloren.

Verantwortliche Politik besteht nun nicht darin, vergangene Divergenzen oder Erschwernisse in jedem Fall in die Zukunft zu tragen. Als Präsident des Europäischen Parlaments verstand ich es auch als meine Pflicht, dem polnischen Ministerpräsidenten bei seinem Besuch in Brüssel im Frühjahr 2007 positiv zu begegnen, ging es doch um gute Beziehungen zwischen Polen und der Europäischen Union, insbesondere auch dem Europäischen Parlament. Ich hatte mir vorgenommen, Jarosław Kaczyński besonders freundlich zu behandeln, damit das Eis ein wenig brechen konnte. Bei einem nationalkonservativen polnischen Politiker, der im Übrigen überzeugt war, den „wahren" Katholizismus seines Landes zu vertreten, war das nicht einfach. Aber ich hatte schon schwerere Situationen durchgestanden. Wie ich es auch bei meinen anderen Gästen tat, bat ich Jarosław Kaczyński, sich in mein Gästebuch einzutragen. Er schrieb: „Z nadzieją na to, że Unia Europejska będzie coraz większa, silniejsza i piękniejsza." („In der Hoffnung, dass die Europäische Union größer, stärker und schöner sein wird."). Danach führte ich ihn zu der Stelle in meinem Arbeitszimmer, wo ein Dokument von Johannes Paul II. hing, in dem dieser unserer Fraktion und auch mir persönlich für unser christliches Engagement dankte. Damit wollte ich gegenüber Jarosław Kaczyński zum Ausdruck bringen, dass auch ich katholisch war, wenn auch möglicherweise nicht ein so „guter" Katholik wie mein Gast. Vom größten Sohn Polens, Papst Johannes Paul II., christliches und katholisches Engagement bestätigt zu bekommen, das, so hoffte ich, musste und sollte meinen Gast beeindrucken.

Wir sprachen dann von seinem Bruder Lech, dem Staatspräsidenten, der auf seiner linken Wange eine Warze hatte. Dies wäre bei meinem Gast nicht der Fall, bemerkte ich, demnach müsste er der Ministerpräsident sein. So schaffte ich eine humorvolle Atmosphäre. Auch über die Frau des polnischen Präsidenten, Maria Helena, äußerte ich mich freundlich. Ihr war ich mehrfach begegnet und hatte mich immer gut mit ihr unterhalten. So versuchte ich, so gut es ging, freundliche Beziehungen zur Familie Kaczyński herzustellen. Jarosław Kaczyński, der Junggeselle, antwortete, es wäre gut, dass er keine Frau hätte, denn ich würde sie ihm möglicherweise ausspannen. Ich erwiderte, aber er hätte eine außergewöhnliche Mutter. Ich hatte erfahren, dass er bei ihr lebte und dass diese Widerstandskämpferin im Zweiten Weltkrieg gewesen war. Jarosław Kaczyński berichtete von seinen Vorfahren, die aus Lettland, der Ukraine und Russland gekommen waren. „Sie sind ein wirklicher Europäer", sagte ich ihm und berichtete von meinem Vater, der gegen Ende des Zweiten Weltkrieges in Ostdeutschland, in einem Gebiet, das heute zu Polen gehört, umgekommen wäre. Ich berichtete ihm weiter, dass ich im September 1945 geboren wurde, also meinen Vater nie gesehen hatte. Ich schilderte meine Einstellung zu Polen, die auch aus diesen persönlichen Gründen sehr emotional wäre. Jarosław Kaczyński offenbarte mir, dass er immer Ministerpräsident hatte werden wollen und es lange würde bleiben mögen. Dann sprachen wir über das Alter und ich berichtete über eine Begebenheit von Papst Leo XIII. (1878–1903), der einem Gratulanten, der ihm zu seinem neunzigsten Geburtstag mit den Worten gratuliert hatte: „Heiliger Vater, ich wünsche Ihnen, dass Sie hundert Jahre alt werden", geantwortet hätte: „Warum wollen Sie der Gnade Gottes so enge Grenzen setzen?". Wir hatten wieder einen Grund zum Lachen. Auf den Wunsch meines Gastes, dass er lange Ministerpräsident würde sein wollen, erwiderte ich, dass mein Mandat als Präsident des Europäischen Parlaments nur zweieinhalb Jahre dauerte.

Für das Gespräch waren nur dreißig Minuten angedacht gewesen, aber es dauerte dann etwa eine Stunde. Jarosław Kaczyński erklärte mir, dass, was den Reformvertrag – den späteren Vertrag von Lissabon – anginge, Polen eine positive Einstellung hätte und auf dem bevorstehenden Juni-Gipfel einen Beitrag leisten wollte, zu einem Ergebnis zu kommen. Das war eine gute Botschaft. Nach unserem Gespräch äußerten wir uns im Vorraum meines Amtszimmers bei einem *press point* gegenüber der Öffentlichkeit. Ich sprach positiv über die polnische Politik, und Jarosław Kaczyński sagte, er hätte eines der außergewöhnlichsten Gespräche geführt, das in guter Atmosphäre stattgefunden hätte. Damit war ich sehr zufrieden und hatte mein Ziel erreicht. Ich hatte harte Themen und eine konfrontative Situation vermieden. Recht haben zu wollen ist kein Ziel an sich, da dies zu Verstimmungen, gar zu Verhärtungen führen kann. Man muss diese möglichst vermeiden, um die europäischen Ziele zu erreichen. Dies war bei dem Gespräch mit Jarosław Kaczyński der Fall, wenn auch wegen der lang überzogenen Gesprächsdauer mein Terminplan an diesem Tage total durcheinander geriet. Aber die gute europäische Sache war es wert.

*

Der Wunsch von Jarosław Kaczyński, lange Ministerpräsident Polens zu bleiben, erfüllte sich nicht. Seine Regierung geriet in Schwierigkeiten, was im Oktober 2007 zu Neuwahlen in Polen führte. Aus diesen Wahlen ging die Bürgerplattform mit ihrem Vorsitzenden Donald Tusk als klarer Sieger hervor. Donald Tusk wurde Ministerpräsident. Ich kannte ihn seit vielen Jahren. Bereits um das Jahr 2000 herum hatte ich als Vorsitzender der EVP-ED-Fraktion vor mehreren tausend Mitgliedern seiner Partei gesprochen. Es war eine fantastische Atmosphäre gewesen. Ich hatte mich bemüht, einige Sätze auf Polnisch zu sprechen, was eine begeisterte Reaktion hervorgerufen hatte, obwohl meine Aussprache sicher alles andere als gelungen war. Seitdem hatten Donald Tusk und ich immer Kontakt gehalten, waren uns in Warschau begegnet, in den Gremien der EVP in Brüssel oder bei EVP-Kongressen. Auch hatte ich immer wieder einmal vor Mitgliedern der Bürgerplattform gesprochen.

*

Folgende Begegnung habe ich in besonders guter Erinnerung. Der Erzbischof von Gnesen (Gniezno), Henryk Muszyński, hatte Bundeskanzler a. D. Helmut Kohl und mich zu einer europapolitischen Tagung nach Gnesen eingeladen. Sie fand am Tag der Bundestagswahl in Deutschland, am Sonntag, dem 18. September 2005, statt. Ich hatte bereits durch Briefwahl meine Stimme abgegeben, sodass ich guten Gewissens an dieser Konferenz teilnehmen konnte. Henryk Muszyński und mein Freund Alfons Nossol, der Erzbischof von Oppeln, ein überzeugter Europäer mit hervorragenden Deutschkenntnissen, freuten sich über die Teilnahme ihrer beiden deutschen Gäste.

Der Tag begann in wunderbarer freundschaftlicher Atmosphäre bei einem mehrstündigen Frühstück, zu dem Donald Tusk, der zu diesem Zeitpunkt Kandidat für die Präsidentenwahl war, Helmut Kohl und mich eingeladen hatte. Für mich war es wie eine Geschichtsstunde, den ehemaligen deutschen Bundeskanzler im Gespräch mit dem aussichtsreichen, wahrscheinlich nächsten Präsidenten Polens zu erleben.

Polen stand im Übrigen vor Parlamentswahlen, am 25. September sollte der Sejm gewählt werden. Tusks Mitbewerber war Lech Kaczyński, der Bruder des Vorsitzenden der Partei Recht und Gerechtigkeit, Jarosław Kaczyński. Aus der Parlamentswahl ging überraschenderweise die Partei der Kaczyński-Brüder knapp als Gewinner hervor. Um die Wahl seines Bruders Lech zum Staatspräsidenten nicht zu gefährden, verzichtete Jarosław Kaczyński auf das Amt des Ministerpräsidenten. Es wurde eine vorläufige Minderheitsregierung unter Führung von Kazimierz Marcinkiewicz gebildet. Später, im Mai 2006, kam es zu einer Koalition von PiS mit den rechtsnationalen Parteien Samoobrona RP (Selbstverteidigung der Republik Polen) und LPR.

Am Tage unserer Begegnung, dem 18. September 2005, lag Donald Tusk nach Meinungsumfragen weit vor Lech Kaczyński. Aber es sollte anders kommen. Wie bereits berichtet, führte die Partei der beiden Kaczyński-Brüder eine Kampagne gegen Donald Tusk, indem man seinen Großvater beschuldigte, mit den Nazis und der Wehrmacht kollaboriert zu haben. Heute mögen solche Beschuldigungen in Polen wohl nicht mehr die gleiche Wirkung haben wie 2005, aber für Donald Tusks Wahl zum Staatspräsidenten sollten diese verheerend sein. Im ersten Wahlgang, am 9. Oktober 2005, lag er noch drei Punkte vor seinem Mitbewerber, verlor dann aber im zweiten Wahlgang, am 23. Oktober, deutlich mit 45,96 Prozent gegenüber Lech Kaczyński, der mit 54,04 Prozent zum Präsidenten Polens gewählt wurde.

*

Am Nachmittag desselben Tages, also des Tages der Bundestagswahl, begleitete ich Helmut Kohl in dessen Wagen nach Berlin. Noch während der Fahrt erfuhren wir das Ergebnis der Wahlen in Deutschland. Knapp führten CDU und CSU vor der SPD. Zusammen mit der FDP sollte dies zu einer Koalition und damit zur Wahl von Angela Merkel zur Bundeskanzlerin der Bundesrepublik Deutschland führen. So sollte sich mir der 18. September 2005 aus mehreren Gründen in mein Gedächtnis einprägen.

*

An all dies musste ich denken, als mich Donald Tusk, der neue Ministerpräsident Polens, am 4. Dezember 2007 in Brüssel besuchte. Vor meinem Arbeitszimmer im elften Stock des Europäischen Parlaments herrschte ein gewaltiger Medienrummel. Im Angesichte dieser Öffentlichkeit begrüßte ich Donald Tusk aufs Herzlichste und sagte: „Dies ist ein schöner Tag für das Europäische Parlament, Herr Ministerpräsident, lieber Donald." Seine Worte waren ebenfalls sehr freundschaftlich und persönlich. Vor den Flaggen Polens und Europas wurden zunächst Fotos gemacht und im Anschluss daran begleitete ich Donald Tusk in mein Arbeitszimmer, wo er sich vor der deutschen Flagge und der Europaflagge in mein Gästebuch eintrug. Donald Tusk schrieb: „Przyjacielowi Polski i mojemu – z wiarą, że razem zrobimy coś naprawdę dobrego dla Europy." („An einen Freund von Europa und von mir – mit dem Vertrauen darauf, dass wir gemeinsam etwas wirklich Gutes für Europa schaffen können.") Welch wunderbare Worte!

Bei meinem offiziellen Besuch in Warschau wenige Monate vorher, Anfang Juni 2007, hatte ich mit Donald Tusk nicht zusammentreffen können, da er nicht in Warschau gewesen war. Seine Mutter und seine Schwester waren erkrankt, sodass er bei ihnen hatte sein wollen. Bei unserer Begegnung am 4. Dezember erkundigte ich mich nach den beiden und war erfreut zu hören, dass es ihnen wieder besser ging. Donald Tusk machte einige sehr gefühlvolle Bemerkungen über das Leben in seiner Familie. Ich schilderte Donald Tusk – nicht zum ersten Mal – meine große Zuwendung zu Polen, meine Zuneigung zu Solidarność, ihrer historischen Leistung mit Lech Wałęsa an der Spitze und der geistig-moralischen Unterstützung von Papst Johannes Paul II. Ohne den Freiheitswillen der Polen würde es die Einheit Deutschlands nicht geben, erklärte ich dem polnischen Ministerpräsidenten. Donald Tusk sparte nicht mit anerkennenden Worten mir gegenüber und dankte dafür, dass ich immer wieder an Kongressen seiner Bürgerplattform teilgenommen hatte. Polen würde ein zuverlässiger europäischer Partner sein. Daran hatte ich keinen Zweifel. Donald Tusk erläuterte auch die Schwierigkeiten, die Grundrechtecharta als Teil des Vertrages von Lissabon in das geltende polnische Recht einzubeziehen. Die Partei von Lech und Jarosław Kaczyński, Recht und Gerechtigkeit, war dafür nicht zu gewinnen. Aber ohne diese Stimmen war der Vertrag von Lissabon nicht zu ratifizieren. Ich erklärte Donald Tusk, die Nichteinbeziehung der Grundrechtecharta wäre zwar bedauerlich, aber entscheidend wäre, dass der Vertrag von Lissabon ratifiziert werden würde. Donald Tusk zeigte sich für diese Erklärung dankbar. Ich kann ohne jede Einschränkung sagen, dass dieses Gespräch mit dem polnischen Ministerpräsidenten, meinem Freund Donald Tusk, zu den emotionalen Höhepunkten meiner Amtszeit als Präsident des Europäischen Parlaments gehörte. Wie lange und unter welchen Schwierigkeiten hatte Donald Tusk dafür gekämpft, Ministerpräsident Polens zu werden! Ihn dabei ein Stück seines Weges begleitet zu haben, macht mich dankbar und auch ein wenig stolz.

Bei unserem *press point* betonten wir unsere große politische Übereinstimmung und die herzliche Atmosphäre während unseres Gespräches. Obwohl es nicht dem Protokoll des Europäischen Parlaments entsprach, begleitete ich Donald Tusk zum Ausgang des Europäischen Parlaments – dies ist normalerweise nur für Staatspräsidenten vorgesehen –, wo wir uns mit einer Umarmung verabschiedeten.

Wir sollten uns am selben Tage noch einmal begegnen. Am Nachmittag kam Donald Tusk in die Konferenz der Präsidenten, also die Konferenz der Fraktionsvorsitzenden, die vom Parlamentspräsidenten geleitet wurde. Dort erklärte der polnische Ministerpräsident noch einmal die Politik Polens und das klare Bekenntnis zur Europäischen Einigung. In der Konferenz der Fraktionsvorsitzenden sprach er auch über ethische Fragen. Er hätte nichts gegen die Empfängnisverhütung, wäre aber gegen die Abtreibung. Der Schutz des ungeborenen Lebens hätte für ihn eine hohe Priorität. Dies entsprach genau meinen Überzeugungen. Am Ende der Konferenz der Präsidenten fasste ich unsere Diskussion zusammen und erklärte, die Solidarität wäre die Grundlage für das gemeinsame Handeln in der Europäischen Union. Diesen 4. Dezember 2007 empfand ich als einen glücklichen Tag – für Europa und die polnisch-deutschen Beziehungen.

*

In der Zukunft sollte ich Donald Tusk immer wieder begegnen – zweimal auch in meiner Heimat, im Osnabrücker Land. Als Fraktionsvorsitzender und dann als Präsident des Europäischen Parlaments hatte ich Polen wiederholt besucht. Deshalb empfand ich es als durchaus angemessen, Donald Tusk zu bitten, meine Heimat ebenfalls zu besuchen. Am 11. September 2008 sollte es soweit sein. Morgens landete Donald Tusk mit seiner Delegation auf dem Flughafen Münster/Osnabrück, wo ich ihn erwartete. Gemeinsam fuhren wir nach Bersenbrück, meinem Geburtsort, um im dortigen Gymnasium mit Schülern zu diskutieren. Es war ein überwältigender Empfang.

Der Schulchor begrüßte Donald Tusk mit der polnischen Nationalhymne, die von den Jugendlichen auch in Polnisch gesungen wurde. Natürlich wurde auch die Europahymne gespielt. Die Aula – bis auf den letzten Platz gefüllt – war mit den Flaggen Polens, Deutschlands und der Europäischen Union festlich geschmückt. Schulleiter Peter Seeger hatte für alles gesorgt. Donald Tusk war von diesem Empfang und der Begegnung mit den jungen Deutschen begeistert. Danach machten wir einen Besuch bei der *Neuen Osnabrücker Zeitung* (*NOZ*) in Osnabrück, zum Kaffee waren wir in unserem Hause in der Sophienstraße 8 in Bad Iburg. Dazu hatte ich auch einige Freunde und Bekannte eingeladen. Es war eine angenehme Runde, die in entspannter, freundschaftlicher Atmosphäre zusammenkam. Ein Foto erinnert daran, wie Donald Tusk ein Bild mit Papst Johannes Paul II., meinen Söhnen Johannes und Benedict sowie mir, das einen besonderen Platz in unserem Wohnzimmer gefunden hatte, betrachtet. Hätte mir jemand bei meiner Wahl ins Europäische Parlament am 10. Juni 1979 vorausgesagt, der polnische Ministerpräsident würde mich am 11. September 2008 in Bad Iburg besuchen und dabei ein Foto mit dem polnischen Papst Johannes Paul II., meinen Söhnen und mir betrachten, ich hätte es wohl als eine Vision aus einer anderen Welt empfunden. Aber es war die Wirklichkeit. Nach einem kurzen Besuch auf dem Kreisparteitag der CDU Osnabrück-Land in der Kurhalle Bad Iburg reiste Donald Tusk nach Warschau zurück. Karl-Heinz Hornhues, der frühere Vorsitzende des Auswärtigen Ausschusses des Deutschen Bundestages, begleitete den polnischen Ministerpräsidenten zum Flughafen. Welch unvergesslicher Tag.

*

Am 18. Mai 2007 hielt ich mich in Athen zu einer Vorstandssitzung der Euromediterranen Parlamentarischen Versammlung (APEM) auf. Präsidentin dieser Versammlung war Anna Benaki, Präsidentin des griechischen Parlaments. Außer Anna Benaki und mir gehörten die Präsidenten der Parlamente von Ägypten und Tunesien dem Vorstand an. Sie ließen sich vertreten. Am Vormittag erreichte mich ein Anruf von Klaus Welle, meinem Kabinettschef. Es wäre eine Einladung in den Élysée eingetroffen, man erwartete mich heute um 18:30 Uhr. Ich war empört. Wie konnte man gegenüber dem Präsidenten des Europäischen Parlaments eine so kurzfristige Einladung aussprechen? Das war ja wie eine Vorladung! Ich bat Klaus Welle, meine Empörung dem französischen Botschafter bei der Europäischen Union mitzuteilen. Sie einigten sich darauf, den Besuch um drei Tage zu verschieben, auf Montag, den 21. Mai. Das Treffen im Élysée war für 9:15 Uhr, die Gesprächsdauer für eine Stunde vorgesehen. Eine Reihe von Vorbereitungen mussten getroffen werden. Das Wochenende über hatte ich Verpflichtungen in meiner Wahlregion, die ich weder absagen wollte noch konnte. Folglich wurde – ausnahmsweise – ein Privatflugzeug organisiert, das am Montagmorgen, dem 21. Mai, um 7:00 Uhr den Flughafen Münster/Osnabrück verlassen sollte. Dabei waren meine engsten Mitarbeiter, Klaus Welle sowie Katrin Ruhrmann, meine Pressesprecherin, aber auch das für Frankreich zuständige Mitglied meines Kabinetts, Gerard Bokanowski. Diese kamen am Vorabend in mein Haus in Bad Iburg, um den Besuch im Élysée vorzubereiten.

Pünktlich um 7:00 Uhr verließ das Flugzeug den Flughafen Münster/Osnabrück in Greven, im Landkreis Steinfurt. Um 8:15 Uhr landeten wir in Paris. Der Aufenthalt dort verzögerte sich, wir mussten dreißig Minuten warten, der Grund wurde uns nicht mitgeteilt. Mit einer aus mehreren Motorrädern bestehenden Polizei-Eskorte wurden wir durch den dichten Verkehr vom Flughafen durch Paris zum Élysée chauffiert, wo wir um kurz nach 9:15 Uhr ankamen. Vor dem Eingang erwartete uns eine Militärformation. Der Protokollchef begrüßte uns und begleitete mich zum Präsidenten. Auf dem Weg dorthin begegneten wir François Fillon, dem Ministerpräsidenten, der auch an dem Gespräch teilnahm. In dem Salon, in dem ich am 30. Mai 2000 von Präsident Jaques Chirac empfangen worden war, um mit ihm über die Situation in Österreich zu sprechen, begrüßte mich der neue Präsident Frankreichs, Nicolas Sarkozy, sehr freundlich, wir umarmten uns kurz und ich sagte: „Monsieur le Président, cher Nicolas!" Ich gratulierte ihm zu seiner überzeugenden Wahl zum Präsidenten Frankreichs und wünschte ihm alles Gute. Sarkozy bemerkte, ich wäre der erste Nichtfranzose, der seit seiner Amtsübernahme im Élysée empfangen würde. Darauf erwiderte ich, das wäre für mich eine große Ehre – und fügte lachend hinzu, dass dies aber meine Positionen bei den Sachfragen nicht ändern würde. Allgemeine Heiterkeit. Dann sagte Nicolas Sarkozy: „Ich spreche ganz offen zu dir, als Freund." Darauf ich: „Herr Präsident, lieber Nicolas, auch ich spreche ganz offen, als Freund zu dir." Seit meiner ersten Begegnung mit Nicolas Sarkozy mochte ich ihn. Er entsprach so gar nicht dem Bild, das wir uns von ihm in Deutschland machten. Nicolas Sarkozy war direkt, aufrichtig und offenherzig. Wenn auch seine Spontanität gewöhnungsbedürftig war, so wusste man doch, woran man bei ihm war. Immer hatte ich auch den Eindruck, dass er es zu schätzen wusste, wenn man nicht „um den heißen Brei herumredete".

Schnell kamen wir auf den in Frankreich und in den Niederlanden gescheiterten Verfassungsantrag zu sprechen. Ich hatte es Nicolas Sarkozy immer hoch angerechnet, dass er im Präsidentschaftswahlkampf dem französischen Volk mitgeteilt hatte, er würde einen neuen Vertrag im Parlament, also in der Nationalversammlung und im Senat, ratifizieren lassen. Er meinte, ein Vertrag mit sieben Artikeln wäre ausreichend. Darauf erwiderte ich, das wäre kaum möglich, da 18 Länder dem Vertrag bereits zugestimmt hätten. Auch wäre Europa zu kompliziert, um es auf sieben Artikel zu reduzieren. Dann sagte Nicolas Sarkozy zu meiner Überraschung, die Idee eines *mini traité*, also eines „Mini-Vertrages", wäre ein Fehler gewesen. Diese Einschätzung, die unmittelbar nach meinem Widerspruch hinsichtlich der sieben Artikel erfolgte, fand ich bemerkenswert. Ich sagte an die Adresse von Nicolas Sarkozy: „Du bist ein wirklicher Staatsmann, denn nur Staatsmänner geben Fehler zu." Ich erklärte, und das war mir besonders wichtig, dass die Grundrechtecharta in den Vertrag einbezogen werden müsste. Eine Bezugnahme auf die Grundrechtecharta durch einen entsprechenden Artikel reichte dazu aus. Nicolas Sarkozy erklärte kurz und bündig: „D'accord" („Einverstanden"). Darüber freute ich mich sehr. Wir redeten über die Volksnähe der Politiker, auf europäischer und nationaler Ebene. Um nicht indiskret zu sein, will ich die Namen europäischer und nationaler Politiker nicht erwähnen, die in diesem Zusammenhang Gegenstand kritischer Bewertung waren. Ausführlich tauschten wir uns über unsere gemeinsame Währung, den Euro, aus, den wir übereinstimmend als von größter Bedeutung für die Europäische Union bezeichneten. Es ist kein Geheimnis, dass Nicolas Sarkozy den Euro für zu stark bewertet hielt. Diese Meinung hatte er in der Öffentlichkeit häufig vertreten und äußerte sie auch mir gegenüber. Durch die Stärke des Euros im Verhältnis zum amerikanischen Dollar würden die europäischen Exporte erschwert. Damit hatte er nicht ganz Unrecht. Aber wie wollte man als Politiker – sofern die Unabhängigkeit der Europäischen Zentralbank (EZB) garantiert werden sollte – den Eurokurs beeinflussen? Ich bemerkte, dass der deutsche Export sehr gut wäre. Wenn dies auf Frankreich nicht zuträfe, müsste es andere Gründe als den Euro haben. Ich ergänzte, dass der Präsident der Europäischen Zentralbank, Jean-Claude Trichet, der ja ein Landsmann des Präsidenten war, seine Sache sehr gut machte.

Im Rahmen unseres Gespräches nahm die Frage einer möglichen Mitgliedschaft der Türkei in der Europäischen Union einen breiten Raum ein. Im Ziel waren wir uns einig: Für die Türkei müsste eine besondere Form der Zusammenarbeit mit der Europäischen Union gefunden werden, aber keine Mitgliedschaft. Ich war seit langem überzeugt, dass die Aufnahme der Türkei aus politischen, kulturellen, finanziellen und geografischen Gründen eine Überforderung der Europäischen Union bedeutete. Dieser Grundposition stimmte Nicolas Sarkozy absolut zu. Gleichwohl trat ich dafür ein, die Verhandlungen mit der Türkei weiterzuführen, um den Reformprozess sich weiterentwickeln zu lassen. Die Frage der Mitgliedschaft stellte sich erst am Ende der Verhandlungen, sofern es überhaupt dazu kommen sollte. Auch mit dieser Haltung war ich mit dem französischen Staatspräsidenten einig. Ich erlaubte mir dann auch den Hinweis, dass sein Amtsvorgänger, Jaques Chirac, mit zu denjenigen gehört hatte, die den Beginn der Verhandlungen mit der Türkei vorangetrieben hatten. Überhaupt wäre der französische Einfluss in der EU, was ich gar nicht kritisierte, sondern nur feststellte, sehr groß. Mit Jean-Claude Trichet, dem Präsidenten der Europäischen Zentralbank, und dem früheren französischen Staatspräsidenten und Präsidenten des Konvents für eine Europäische Verfassung, Valéry Giscard d'Estaing, wäre der französische Einfluss bedeutend. Ich meinte das durchaus positiv und wollte damit in keiner Weise zum Ausdruck bringen, dass Frankreich zu großen Einfluss hätte. Ich wollte es nur feststellen. Nicolas Sarkozy sagte darauf sehr offenherzig: „Hast du schlecht geschlafen, warum bist du so offensiv?" Wir lachten. So war dieses Gespräch offen, freundschaftlich und herzlich. Nach unserem mehr als einstündigen Gespräch begleiteten mich der Staatspräsident Nicolas Sarkozy und Ministerpräsident François Fillon zum Ausgang, wo der Staatspräsident mich auf den Stufen des Élysée verabschiedete.

*

Nicolas Sarkozy hatte mich eingeladen, an den Feierlichkeiten zum französischen Nationalfeiertag am 14. Juli 2007 in Paris teilzunehmen. Es sollte ein grandioses Erlebnis werden. Am Morgen des 14. Juli wurde ich mit einer Polizeieskorte von meinem Pariser Hotel abgeholt. Ministerpräsident François Fillon begrüßte mich auf dem Place de la Concorde, wo wie in jedem Jahr die Tribüne aufgebaut war, von der der französische Präsident die Ehrenformationen des Militärs abnahm. Auf der Ehrentribüne war für mich in der ersten Reihe ein Platz zwischen dem Präsidenten der Europäischen Kommission, José Manuel Durão Barroso, und dem Hohen Beauftragten für die Außenpolitik, Javier Solana, vorgesehen. Neben Barroso saß außerdem der portugiesische Ministerpräsident José Sócrates, seit dem 1. Juli Präsident des Europäischen Rates. Nicolas Sarkozy, der Präsident Frankreichs, traf ein, als alle Gäste bereits anwesend waren. Er begrüßte seine Gäste, umarmte mich. An der Seite von Solana saß auch der Bürgermeister von Paris, Bertrand Delanoë. Neben dem französischen Präsidenten hatte außer José Sócrates auch der Emir von Katar, Hamad bin Chalifa Al Thani, Platz genommen.

Die Situation war mehr als beeindruckend. Von meinem Platz überblickte ich den Place de la Concorde mit dem Obelisken, man schaute die Champs-Élysées hinunter bis zum Arc de Triomphe. Links erblickte man das Gebäude der Nationalversammlung, rechts das Hôtel de Crillon, das nach dem deutschen Angriff auf Frankreich 1940 zum Hauptquartier der deutschen Besatzungstruppen geworden war. Die furchtbare NS-Zeit ging mir durch den Kopf, die Fahrt Hitlers durch Paris. Doch an diesem Tag war der deutsche Präsident des Europäischen Parlaments Ehrengast bei dem höchsten französischen Feiertag. Welch glückliche Entwicklung der europäischen Geschichte! Präsident Nicolas Sarkozy sah man sein Glück an, wenn er von seinem Sessel in der Mitte der Ehrentribüne den vorbeimarschierenden Formationen zuschaute. Es war das erste Mal, dass Nicolas Sarkozy als Präsident Frankreichs den französischen Nationalfeiertag beging. Die Symbole waren überwältigend. Auf dem Élysée-Palast, dem Amtssitz des französischen Präsidenten, wehte nicht nur die französische Fahne, die Trikolore, sondern auch die Europaflagge mit den zwölf Sternen auf blauem Grund. Die Symbole sollten nach dem Willen einiger Regierungen zwar aus dem Verfassungsvertrag gestrichen werden (um die Annahme des neuen Vertrages zu erleichtern), aber Frankreich bekannte sich gleichwohl dazu. Nicolas Sarkozy, der frühere Europaabgeordnete, musste es wie einen Triumph empfinden, dass Soldaten aus den 27 Ländern der Europäischen Union an ihm vorbeizogen. Eine Gruppe von Soldaten repräsentierte vier aufeinanderfolgende Präsidentschaften: Deutschland, Portugal, Slowenien und Frankreich selbst. Ein schwarzer Jugendlicher las aus der Erklärung Robert Schumans vom 9. Mai 1950 vor. Welch wunderbare Inszenierung! Zum Abschluss der Zeremonie wurden die französische Nationalhymne und dann die Europahymne gespielt. Als Letztere begann, schlug ich dem französischen Staatspräsidenten vor: „Nicolas, sollten wir nicht aufstehen?" Der französische Staatspräsident – und damit wir alle – erhoben uns. Es war sehr bewegend. Nach der Zeremonie bat der französische Präsident die drei Präsidenten der europäischen Institutionen sowie den Hohen Beauftragten, mit ihm die Soldaten, die

die 27 EU-Länder repräsentierten, zu begrüßen und ihnen die Hand zu geben. Ich empfand es wie einen Friedensgruß. Anschließend begrüßten wir eine Gruppe von Behinderten, die sich darüber erkennbar freuten.

Nachdem wir zu unseren Plätzen zurückgegangen waren, begrüßte ich Michel Barnier (Minister für Landwirtschaft und Fischerei), Michèle Alliot-Marie (Ministerin für innere Angelegenheiten, Übersee und Gebietskörperschaften), Brice Hortefeux (Minister für Einwanderung, Integration, nationale Identität und Entwicklungshilfe), und Pierre Lequiller (Vorsitzender des Europaausschusses der französischen Nationalversammlung). Danach trafen wir uns in einem Salon des Hôtel Matignon, dem Amtssitz des Ministerpräsidenten. Außer François Fillon waren seine aus England stammende Frau, Mutter von fünf Kindern, der Emir von Katar mit einer seiner beiden Ehefrauen sowie Javier Solana mit seiner Frau anwesend. Dann betrat Präsident Nicolas Sarkozy den Raum und bezeichnete mich gegenüber François Fillon als einen Freund, worauf ich erwiderte: „C'est vrai" (Das ist wahr).

Anschließend gingen wir gemeinsam durch den Garten zum Élysée. Nicolas Sarkozy sprach zu hunderten, ja möglicherweise mehr als tausend geladenen Gästen. Auf der Tribüne war das ganze Kabinett versammelt; der Präsident des Europäischen Parlaments wurde dazugebeten. Der Präsident Frankreichs begrüßte mich, die Gäste applaudierten freundlich, ich winkte ihnen zu. Europaminister Jean-Pierre Jouyet brachte mich zu Außenminister Bernard Kouchner, den ich schon als Kollegen im Europäischen Parlament kennengelernt hatte, und stellte mich dem Generalsekretär des Élysée, Claude Gueant, vor. Mit ihm hatte ich am Wahlabend bereits zweimal telefoniert, um vergeblich zu versuchen, mit dem neugewählten Präsidenten verbunden zu werden. Ich traf auch auf Wirtschafts- und Finanzministerin Christine Lagarde und auf Charles Pasqua, den früheren Innenminister, dann Vorsitzenden der Fraktion Union für ein Europa der Nationen im Europäischen Parlament – ein altes „Schlachtross". Wir haben uns immer gut verstanden. Auch traf ich Simone Veil, die erste Präsidentin des direkt gewählten Europäischen Parlaments, und gratulierte ihr noch einmal zur Vollendung ihres achtzigsten Lebensjahres. Ich unterhielt mich mit ihrem Mann, Antoine Veil, der hervorragend Deutsch sprach. Das wunderbare Wetter, der herrliche Park, die entspannte Stimmung, die Atmosphäre von Freundschaft lassen diesen 14. Juli 2007 für mich für immer unvergesslich bleiben. Ich sollte noch einmal, am 14. Juli 2008, den französischen Nationalfeiertag in Paris erleben. Es war ein vergleichbar schönes Ereignis.

5. „Tag der Heimat" in Berlin

Alljährlich fand in Berlin der „Tag der Heimat" statt. Die Präsidentin des Bundes der Vertriebenen, Erika Steinbach, mit der ich gemeinsam dem Bundesvorstand der CDU Deutschlands angehörte, hatte mich gebeten, auf dem „Tag der Heimat" des Jahres

2007 zu sprechen. Weiterer Redner war Roland Koch, der Ministerpräsident von Hessen. Obwohl ich immer eine sehr positive Einstellung gegenüber den Vertriebenen hatte und viele Reden auf Veranstaltungen der Vertriebenen gehalten habe, war ich über diese Einladung nicht glücklich. Als Präsident des Europäischen Parlaments vor den Vertriebenen zu sprechen, konnte – so war zu befürchten – zu Schwierigkeiten mit unseren polnischen Nachbarn führen. So schätzte ich die Situation ein. Andererseits wollte ich aber auch nicht kneifen. Es war legitim, dass der deutsche Präsident des Europäischen Parlaments auf dem „Tag der Heimat" eine Rede hielt und so nahm ich die Einladung an.

An der Veranstaltung in Berlin am Sonntag, dem 18. August 2007, nahmen etwa fünfhundert bis sechshundert Menschen teil. Gleich zu Beginn bat ich um Verständnis, dass diese Rede nicht nur eine Rede für die anwesenden Zuhörer wäre, sondern auch in anderen Ländern, besonders in einem bestimmten anderen Land, zur Kenntnis genommen werden würde. Ich bat die Anwesenden, dies bei ihrer Beurteilung zu berücksichtigen.[17] Ich machte gleich zu Beginn deutlich, dass ich gerne gekommen wäre,

„zumal sich das Europäische Parlament seit jeher – und weitaus stärker als die meisten anderen europäischen Institutionen – für die Wahrung der Menschenrechte engagiert, nicht nur in Europa, sondern weltweit."

Ich schilderte den Einsatz des Europäischen Parlaments für die Menschenwürde und rühmte die Grundrechtecharta:

„In der Grundrechtecharta sind unter anderem die Würde des Menschen und das Recht auf Unversehrtheit verankert. Das umfasst sowohl den Respekt gegenüber der individuellen Person als auch die Verantwortung gegenüber der Gesellschaft."

Für die europäische Politik, so führte ich aus, würde dieser Artikel

„weitreichende Konsequenzen haben, insbesondere für die Menschenrechtspolitik. Eine konsequente europäische Außenpolitik muss die Menschenrechte der bedrängten Christen im Sudan oder der moslemischen Zivilbevölkerung in Tschetschenien ebenso verteidigen wie die durch den Terrorismus herausgeforderte internationale Gemeinschaft, sei es auf dem amerikanischen oder auf dem europäischen Kontinent oder wo auch immer in der Welt. Die Würde eines Palästinensers ist die gleiche wie die eines Israelis, die Menschen in China haben Anspruch auf ihre Menschenrechte, die Häftlinge in Guantanamo Anspruch auf ein rechtsstaatliches Gerichtsverfahren. Wir sind nur glaubwürdig, wenn wir uns ohne Opportunismus und Parteilichkeit, so gut es geht, gerecht und fair für die Menschenrechte überall in der Welt einsetzen."

Ich solidarisierte mich mit dem Motto des Tages des Heimat „Heimat ist Menschenrecht":

> „Sie rufen damit zu Recht in Erinnerung, dass wir auch im Zeitalter der Globalisierung, in der viele Menschen in erster Linie die Sorge um ihre Arbeitsplätze, die Umwelt, ihre Gesundheit oder ihre Sicherheit beschäftigt, nicht vergessen dürfen, dass auf der ganzen Welt Millionen von Menschen etwas verloren haben, was man nicht mit Fortschritt oder Wohlstand ersetzen kann: ihre Heimat."

14 Millionen Flüchtlinge auf der heutigen Welt – das wäre wahrlich eine Tragödie. Ich zitierte Papst Johannes Paul II. und die Prinzipien des Völkerrechts. Ich legte ein Plädoyer ab für die EU, die heute ein Schutzraum der Heimat für ihre über 500 Millionen Bürgerinnen und Bürger wäre. Wir dürften aber nie diejenigen vergessen, die Opfer von Unrecht und Gewalt in der Geschichte Europas geworden wären – auch diejenigen, „die durch Flucht und Vertreibung ihre Heimat verloren haben". „Großes Leid ist geschehen", so setzte ich meine Rede fort.

> „Millionen Menschen haben furchtbares Unrecht erlitten. Ich verneige mich in Ehrfurcht vor allen Opfern von Flucht und Vertreibung. Wir dürfen ihr Schicksal nie vergessen, denn sonst werden wir schwach in unserer Bereitschaft, etwas Vergleichbares in Europa nie wieder zuzulassen."

Ich rühmte den Beitrag der deutschen Heimatvertriebenen zur Versöhnung mit Polen. Sie hätten den Weg zu einem neuen Miteinander zwischen Polen und Deutschen geebnet. Die deutschen Bischöfe, die pommersche Landsmannschaft und viele andere hätten Wegweisendes für ein neues, friedliches und respektvolles Europa geleistet.

> „Es verlangt Einfühlungsvermögen und Respekt vor jedem einzelnen Opfer, wenn wir einen gemeinsamen europäischen roten Faden um die vielen Dramen und Tragödien von Flucht und Vertreibung spannen wollen."

„Aber", so fuhr ich fort –

> „wir sollten es versuchen – allein schon um unserer Kinder und Enkelkinder willen. Wir müssen es versuchen, damit ihnen auf alle Zeiten in der Europäischen Union und wo immer möglich darüber hinaus in Europa die Tragödie von Flucht, Vertreibung und der Zwangsentwurzelung aus ihrer Heimat erspart bleibt."

Ich endete mit einem Ausblick:

> „Erinnerung, Vergebung und Versöhnung gehören zusammen. Das lehrt uns jedes einzelne Opfer von Flucht und Vertreibung. Für diesen Gleichklang von Erinnerung, Vergebung und Versöhnung treten wir ein."

Ich verschwieg nicht die Irritationen, die in jüngster Zeit wieder aufgebrochen seien. Ich plädierte aber auch dafür, dass jedem einzelnen Opfer der Schrecken der Geschichte nur Gerechtigkeit entgegengebracht werde durch

> „die Anerkennung der Einzigartigkeit seines Leids. Das gebietet die Menschenwürde. Und alle Opfer haben das Recht, dass wir die Lehren niemals vergessen, die sie uns hinterlassen. Das gebietet unsere Selbstachtung."

Für den „Gleichklang von Erinnerung, Vergebung und Versöhnung zu wirken" – diese Sicht auf Geschichte, Gegenwart und Zukunft, so schien es mir, wurde von den Anwesenden an diesem Berliner Sommertag geteilt.

Die Reaktion war überaus positiv, es gab keine Missfallenskundgebungen, die Vertriebenen spendeten mir freundlichen Beifall. Dies war umso bemerkenswerter, weil aus meiner Sicht der Inhalt der Rede keinen Widerspruch von polnischer Seite auslösen konnte. Meine Ausführungen wurden von einem Nachrichtensender unmittelbar nach Polen übertragen. Ich empfand diese Rede – nach meiner Rede vor der Knesset in Jerusalem, über die ich noch berichten werde, – als die zweitschwierigste meines Lebens.

Es kam dann auch so, wie ich es erwartet hatte. In Polen gab es viel Kritik. Weniger am Inhalt, sondern dafür, dass ich die Einladung der Vertriebenen angenommen hatte. Die Partei Liga Polnischer Familien (LPR) bezeichnete mich als eine „Persona non grata".[18] Jarosław Kaczyński, der Ministerpräsident Polens und Vorsitzende der Partei Recht und Gerechtigkeit, nutzte meine Rede für eine Polemik gegenüber der Bürgerplattform, meinen Parteifreunden in Polen. Er kritisierte aber auch mich für meine Teilnahme am Treffen der Vertriebenen. Ich wäre ein Mann, der Polen angeblich aufgefordert hätte, auf seine nationalen Interessen zu verzichten – und dann jetzt eine solche Rede: „Das, meine Herrschaften, ist unerhört und wirklich außerordentlich. Nach dieser Regel kann nur eine Sache gelten: ,In der Europäischen Union ist der Stärkere auch der Bessere.'"[19] Der Präsident Polens, Jarosławs Bruder Lech Kaczyński, übte keine Kritik am Inhalt meiner Rede, aber an der Tatsache, dass ich zu den Vertriebenen gegangen wäre. Folglich müsste diese Organisation in Deutschland sehr wichtig sein. Verteidigt wurde mein Auftreten beim Bund der Vertriebenen von Władysław Bartoszewski, dem früheren Außenminister und späteren Staatsminister im Amt des Ministerpräsidenten Donald Tusk, der bemerkte, inhaltlich könnte man nichts gegen diese Rede sagen. Als ich einige Tage später meinen Freund Alfons Nossol, Erzbischof von Oppeln, anrief, erklärte mir dieser: „Wir sind stolz darauf, dass du unser Ehrendoktor bist" – die Oppelner Universität hatte mir wenige Monate vorher die Ehrendoktorwürde verliehen. Wenn dieser Ehrenmann, Alfons Nossol, der so viel für die Aussöhnung, Verständigung und Freundschaft zwischen Polen und Deutschen getan hat, meine Rede derart kommentierte, dann konnte ich zufrieden sein.

Auch musste ich in diesem Zusammenhang an meinen bayerischen Kollegen Bernd Posselt, ein engagierter Europäer, denken, der sich als Bundesvorsitzender der Sudetendeutschen Landsmannschaft immer für die aus der Tschechoslowakei vertriebenen Deutschen eingesetzt hat.

6. Zeremonie in Verdun anlässlich des Endes des Ersten Weltkrieges vor neunzig Jahren

Aus Anlass des Endes des Ersten Weltkrieges vor neunzig Jahren lud Frankreichs Staatspräsident Nicolas Sarkozy zum 11. November 2008 zu einer Gedenkfeier nach Douaumont in der Nähe des Schlachtfelds von Verdun ein. Immer wieder hatte dieser Ort in kriegerischen Auseinandersetzungen zwischen Frankreich und Deutschland beziehungsweise Frankreich und Preußen eine ganz besondere Bedeutung gehabt. Nach einer verheerenden, über dreihundert Tage andauernden Schlacht in Verdun mit mehr als 300.000 Toten hatte schließlich am 11. November 1918 der sogenannte Große Krieg geendet. Zusammen mit José Manuel Durão Barroso, dem Präsidenten der Europäischen Kommission, Javier Solana, Hoher Repräsentant der Europäischen Union für die Außenpolitik, und Klaus Welle, meinem Kabinettschef, reiste ich mit einem gecharterten Flugzeug nach Verdun. Diesen Tag sollte ich nicht mehr vergessen, denn er hat mich sehr bewegt. Nicolas Sarkozy betonte in seiner Rede, er wolle nicht nur der gefallenen französischen Soldaten gedenken, sondern aller Soldaten – also auch der deutschen:

> „[...] alors que les haines se sont éteintes, que l'esprit de revanche a disparu, que nul parmi ceux qui se sont tant combattus ne songe plus à dominer l'autre, le temps est venu d'honorer tous les morts."[20]

> „[...] da der Hass erloschen ist und es keine Rachegefühle mehr gibt, da keiner derer, die sich so sehr bekämpft haben, mehr über den anderen herrschen will, ist die Zeit gekommen, alle Toten zu ehren."

Sogar die fahnenflüchtigen Soldaten erwähnte er. Auch würdigte der französische Staatspräsident die heutigen Beziehungen zwischen dem französischen und dem deutschen Volk, die „durch Freundschaft vereint" wären und „der Zukunft gemeinsam entgegensehen".[21] Die Bemerkungen von Nicolas Sarkozy habe ich als ein großes Zei-

41 Unterzeichnung der Grundrechtecharta mit dem portugiesischen EU-Ratspräsidenten José Sócrates und dem Präsidenten der Europäischen Kommission, José Manuel Durão Barroso (rechts), im Europäischen Parlament in Straßburg am 12. Dezember 2007

42 Israelische und palästinensische Nachwuchsführungskräfte auf Einladung des Europäischen Parlaments im Rahmen des Europäischen Jahres des Dialogs der Kulturen am 25. Mai 2008 in Brüssel

43 Teilnahme an der Schumanparade, gemeinsam mit dem ersten Ministerpräsidenten des freien Polens, Tadeusz Mazowiecki, dem Marshall des Polnischen Sejm und späteren Staatspräsidenten, Bronisław Komorowski, Anna Radwan-Röhrenschef, Vorsitzende der Robert-Schuman-Stiftung Polen, und Genowefa Grabowska MdEP (v.r.n.l.) am 10. Mai 2008 in Warschau

44 Besuch einer Kindertagesstätte in Midrand, Johannesburg am 28. Oktober 2008

45 Mit Elena Bonner, Witwe von Andrej Sacharow, bei der Verleihung des Sacharow-Preises an Hu Jia in Abwesenheit, da ihm die chinesischen Behörden die Ausreise verweigerten

46 Treffen mit dem Präsidenten der Palästinensischen Autonomiebehörde, Mahmoud Abbas, in Gaza Stadt am 29. Mai 2007

47 Gespräch mit dem Präsidenten Israels, Shimon Peres, am 24. Februar 2009 in Jerusalem

48 Meine schwierigste Rede –
vor der israelischen Knesset am
30. Mai 2007

49 Verneigung vor den Opfern der
Shoah. Holocaust-Gedenkstätte Yad
Vashem in Jerusalem, Israel

Gäste anlässlich des Europäischen Jahres
des Dialogs der Kulturen 2008

50 Ahmad Badr al-Din Hassun, Großmufti von Syrien, am 15. Januar 2008

51 Der Ökumenische Patriarch von Konstantinopel, Bartholomeos I., am 24. September 2008

52 Lord Jonathan Sacks, Großrabbiner der United Hebrew Congregations of the Commonwealth, am 19. November 2008

53 Der Dalai Lama am 4. Dezember 2008

54 Die Mitarbeiterinnen und Mitarbeiter meines Kabinetts zum Ende meiner Amtszeit als Präsident des Europäischen Parlaments im Jahr 2009[23]

55 Mit dem Präsidium des Europäischen Parlaments (Vizepräsidenten und Quästoren, v.l.n.r.): Astrid Lulling (Q, LU), Mario Mauro (VP, IT), Marek Siwiec (VP, PL), Manuel António dos Santos (VP, PT), Gérard Onesta (VP, FR), Jan Mulder (Q, NL), Rodi Kratsa-Tsagaropoulou (VP, GR), Ingo Friedrich (Q, DE), Mechtild Rothe (VP, DE), Alejo Vidal-Quadras (VP, ES), Diana Wallis (VP, GB), Klaus Welle (Generalsekretär, DE), Edward McMillan-Scott (VP, GB), Mia De Vits (Q, BE), Adam Bielan (VP, PL), Miguel Ángel Martínez Martínez (VP, ES), Szabolcs Fazakas (Q, HU), nicht im Bild: Luigi Cocilovo (VP, IT), Martine Roure (VP, FR), Luisa Morgantini (VP, IT), James Nicholson (Q, GB)

chen der Versöhnung und Freundschaft zwischen Frankreich und Deutschland verstanden. Besonders aber berührte mich, dass er mit der ausnahmslosen Berücksichtigung aller Soldaten indirekt auch meinen Vater ansprach, obwohl dieser im Zweiten Weltkrieg gefallen war. Welch große politische und menschliche Geste des französischen Präsidenten. Erneut wurde mir deutlich, welch weiten Weg zum Guten wir in Europa zurückgelegt haben.

Nicolas Sarkozy gab ein weiteres Zeichen der Verbundenheit Frankreichs mit Deutschland. Nach der Zeremonie in Douaumont legten der Präsident Frankreichs und der Präsident des Deutschen Bundesrates, der saarländische Ministerpräsident Peter Müller, welcher Bundespräsident Horst Köhler und Bundeskanzlerin Angela Merkel vertrat, Kränze auf einem benachbarten deutschen Soldatenfriedhof nieder. Kommissionspräsident Barroso sowie weitere Persönlichkeiten und auch ich begleiteten die beiden Repräsentanten Frankreichs und Deutschlands. Nach der Zeremonie wandten sich Nicolas Sarkozy und Peter Müller den weiteren Teilnehmern zu und ich bedankte mich beim französischen Präsidenten, dass er auch die deutschen Soldaten gewürdigt und von der dauerhaften französisch-deutschen Freundschaft gesprochen hatte. Darauf erwiderte Nicolas Sarkozy in meine Richtung: „Je suis toujours dans les mains du Parlement européen." („Ich bin immer in den Händen des Europäischen Parlaments"). Ich entgegnete Nicolas Sarkozy, der sich bei seiner Frau Carla Bruni untergehakt hatte: „Non, tu es dans les mains de ta femme!" („Nein, du bist in den Händen deiner Frau!"). Alle lachten herzhaft. So zeigte diese kleine Szene an diesem traurigen Ort, wie wunderbar sich die Beziehungen zwischen Frankreich und Deutschland, auch die sehr persönlichen Beziehungen, entwickelt haben.[22]

III. Der Vertrag von Lissabon: Ringen um seine Ratifizierung

Mit der „Berliner Erklärung" war der Weg frei für eine Erneuerung und Verbesserung der Arbeitsbedingungen in der Europäischen Union. In einer Rede in der Humboldt-Universität zu Berlin am 14. Mai 2007, der „Humboldt-Rede zu Europa", mit dem Titel „Vor dem Juni-Gipfel 2007: Was wird aus der Verfassung für Europa?" setzte ich mich nachdrücklich für die Bewahrung der Substanz des Verfassungsvertrages ein. Wenn der Begriff „Verfassung" jetzt bedauerlicherweise nicht zu verwirklichen wäre, müsste der Inhalt des Verfassungsvertrages einschließlich der Grundrechtecharta aber Vertragsrecht werden. Diese Prinzipien vertrat ich auch in meiner Rede vor dem Europäischen Rat am 21. Juni 2007. Dieser beschloss am 22. Juni die zügige Einberufung einer Regierungskonferenz, um vor Ende 2007 zu einem neuen Vertragstext zu finden, der wiederum rechtzeitig vor den nächsten Wahlen zum Europäischen Parlament im Jahr 2009 in allen Mitgliedstaaten würde ratifiziert werden können. Mir war in meinem Vortrag vor den Staats- und Regierungschefs wichtig, auf die Rolle des Europäischen Parlaments in jedem nachfolgenden Schritt hinzuweisen. Wir wollten

Transparenz und Öffentlichkeit bei jedem der nächsten Schritte garantiert wissen. Als „Herren der Verträge" bestimmten die Staats- und Regierungschefs das Mandat für die bewusst kurz gehaltene Regierungskonferenz wie folgt:

Die Regierungskonferenz sollte den Begriff „Verfassung" in „Reformvertrag" ändern. Dieser sollte aus zwei Teilen bestehen: einem Vertrag über die Europäische Union (EUV) und einem über die Arbeitsweise der Union, der den Vertrag zur Gründung der Europäischen Gemeinschaft ersetzte. Die Europäische Union erhielte eine einheitliche Rechtspersönlichkeit, und der Ausdruck „Gemeinschaft" würde durchgängig durch den Ausdruck „Union" getauscht. Der im Verfassungsvertrag verwendete Begriff des „Außenministers der Union" sollte durch den Titel „Hoher Vertreter der Union für Außen- und Sicherheitspolitik" ersetzt werden. Auf die im Verfassungsvertrag geplanten Begriffe „Gesetz" und „Rahmengesetz" wurde verzichtet, stattdessen sollten die bestehenden Bezeichnungen für Rechtsakte der EU – „Verordnung", „Richtlinie" und „Entscheidung" (beziehungsweise „Beschluss") – beibehalten werden. Hinsichtlich des Vorrangs des EU-Rechts sollte auf die bestehende und allseits anerkannte Rechtsprechung des Europäischen Gerichtshofes verwiesen werden. Die Symbole der Europäischen Union – Fahne, Hymne, Europatag – blieben faktisch bestehen, wurden aber nicht explizit genannt.

Für das Europäische Parlament nahmen mein Fraktionskollege Elmar Brok, der liberale Andrew Duff und der sozialdemokratische Kollege Enrique Barón Crespo an der Regierungskonferenz teil. Die Regierungskonferenz wurde bei einem Außenministertreffen am 23. Juli 2007 eröffnet und legte unter der engagierten portugiesischen Ratspräsidentschaft bald konkrete Ergebnisse vor. Schon bei ihrem nächsten Ratstreffen konnten die Staats- und Regierungschefs am 18. und 19. Oktober 2007 in Lissabon den endgültigen Vertragstext verabschieden. Am 13. Dezember 2007 wurde er – ebenfalls in Lissabon – unterzeichnet. Nach Abschluss des Ratifizierungsverfahrens trat der Vertrag von Lissabon am 1. Dezember 2009 in Kraft. Der Weg dahin war für mich mit wichtigen Stationen versehen.

1. Plädoyer für den Inhalt des Verfassungsvertrages

Der Europäische Rat vom 21. und 22. Juni 2007 sollte für die Zukunft der Europäischen Union von größter Bedeutung werden. Ging es doch um nichts weniger als darum, wie der gescheiterte Verfassungsvertrag doch noch würde gerettet werden können. Da Angela Merkel als Präsidentin des Europäischen Rates den Vorsitz und damit eine hohe Verantwortung hatte, war ich zuversichtlich, dass es ihr gelingen würde, zu einer Lösung zu kommen. Hierzu wollte das Europäische Parlament, natürlich besonders ich als dessen Präsident, einen entscheidenden Beitrag leisten. Wie bei jedem Gipfel üblich, erhielt der Präsident des Europäischen Parlaments als Erster das Wort. Mit Entschlossenheit und tiefer Überzeugung trug ich die Position des Europäischen

Parlaments, die mit den Fraktionsvorsitzenden abgestimmt worden war, vor.[24] Sollte es nicht zu einem neuen Vertrag, der mit seinem Inhalt dem Verfassungsvertrag entspräche, kommen, würde dies einen großen Rückschritt, ja eine Krise für die Europäische Union bedeuten. Ich bezeichnete den Europäischen Rat vom 21. und 22. Juni 2007 als einen „historischen Gipfel" und erinnerte daran, dass vor fünfzig Jahren, am 25. März 1957, mit den Römischen Verträgen „das größte Friedens- und Demokratieprojekt der europäischen Geschichte auf seinen Weg gebracht" worden war.

Direkt wandte ich mich an die anwesenden Staats- und Regierungschefs, die „Herren der Verträge", da jeder Vertrag der Europäischen Union ein Vertrag zwischen den Mitgliedstaaten ist:

> „Sie alle können sich, wenn es gelingt, in die europäischen Geschichtsbücher eintragen. Mit dem Beitritt der lange unter der Diktatur des Kommunismus lebenden Völker Europas – sowie Maltas und Zyperns – zu unserer Wertegemeinschaft in den Jahren 2004 und 2007, besteht jetzt die große Chance, die Errungenschaften der Europäischen Union der letzten 50 Jahre für die kommende Zeit zu sichern und neue Wege zu öffnen."

Ich erinnerte daran, dass wir eine starke und handlungsfähige Europäische Union, die sich auf unsere gemeinsamen Werte gründete, bräuchten und zitierte Artikel 1–2, Abs. 2 des Verfassungsvertrages:

> „Die Achtung der Menschenwürde, Freiheit, Demokratie, Gleichheit, Rechtsstaatlichkeit und die Wahrung der Menschenrechte einschließlich der Rechte der Personen, die Minderheiten angehören. Diese Werte sind allen Mitgliedstaaten in einer Gesellschaft gemeinsam, die sich durch Pluralismus, Nichtdiskriminierung, Toleranz, Gerechtigkeit, Solidarität und die Gleichheit von Frauen und Männern auszeichnet."

Etwas dramatisch fügte ich hinzu, dass uns aus der Geschichte der Begriff des „Kairos", des entscheidenden Moments bekannt wäre, an dem ein Erfolg gelingen müsste, oder aber die Geschichte würde einen anderen, möglicherweise verhängnisvollen Verlauf nehmen: „Heute ist so ein Tag." Sollte die Vertiefung der Europäischen Union mit ihren über 500 Millionen Bürgerinnen und Bürgern nicht gelingen, das heißt, eine handlungsfähige und erweiterungsfähige Union mit den notwendigen Instrumenten auszustatten, „laden wir eine schwere Last auf uns".

Der jeweils aktuelle Augenblick, in dem man sich befindet, wird von uns Menschen nur selten als „historisch" wahrgenommen. Ich aber war überzeugt, dass dieses Ratstreffen am 21. und 22. Juni 2007 historisch war. Daran erinnerte ich die Regierungschefs der 27 Mitgliedsländer der Europäischen Union und kam auf die Gründerväter der Europäischen Einigung zu sprechen:

„Robert Schuman, Konrad Adenauer, Alcide De Gasperi, Jean Monnet, Paul-Henri Spaak und viele andere haben entschlossen zugegriffen und uns gegen viele Bedenkenträger eine gemeinsame Zukunft ermöglicht. Um die gleiche Entschlossenheit bitte ich auch Sie, die Verantwortlichen Europas in unseren Tagen, im Namen des Europäischen Parlaments, das unsere Völker und die Bürgerinnen und Bürger der Europäischen Union vertritt. Der Verfassungsvertrag ist das großartige Ergebnis der Zusammenarbeit vieler Frauen und Männer, Abgeordneter aus den nationalen Parlamenten und dem Europäischen Parlament, Vertretern der Kommission und der Regierungen. Die Vertreter der Völker und Staaten Europas haben sich verständigt auf einen neuen Aufbruch, gemeinsam die Zukunft in der multipolaren Welt des 21. Jahrhunderts in die Hand zu nehmen, unsere Werte zu verteidigen und Europa eine starke Stimme zu geben.“

Ich erinnerte daran, dass alle Regierungen der 27 Staaten der Europäischen Union den Verfassungsvertrag unterzeichnet hatten. Zwei Drittel der Mitgliedstaaten hätten diesen Vertrag nach Referenden oder Parlamentsbeschluss ratifiziert, die Volksabstimmungen in Frankreich und den Niederlanden verlangten nun nach einer erneuten Verständigung. Das Europäische Parlament unterstützte mit großer Mehrheit die deutsche Präsidentschaft in dem Bemühen,

„bei dieser Tagung des Europäischen Rates zu einem präzisen Fahrplan und zu klaren inhaltlichen Vorgaben für die Eröffnung einer Regierungskonferenz zu kommen“.

Wichtig wäre jetzt das weitere Verfahren, insbesondere auch der Kontakt mit den Bürgerinnen und Bürgern. Ich äußerte meine Überzeugung, dass die Referenden in Frankreich und in den Niederlanden nicht verlangten, „dass die Fortschritte auf dem Weg zu mehr Demokratie, Transparenz und Handlungsfähigkeit zurückgedrängt werden. Im Gegenteil.“ Ich warnte ausdrücklich davor, die Demokratie, die Handlungsfähigkeit und die Transparenz der Europäischen Union einzuschränken. Wörtlich erklärte ich:

„Wir brauchen nicht weniger Demokratie, sondern mehr Demokratie, nicht weniger Transparenz, sondern mehr Transparenz und nicht weniger Handlungsfähigkeit, sondern mehr Handlungsfähigkeit.“

Der Vertrag von Nizza böte keine ausreichende Basis für eine erfolgreiche und konstruktive Zusammenarbeit von 27 Staaten, noch viel weniger für weitere Erweiterungen. Wer an der Erweiterungsperspektive festhalten wollte, müsste die Handlungsfähigkeit sichern.

„Heute und morgen entscheiden Sie nicht zuletzt auch über die Chancen des westlichen Balkans und wer weiß, vielleicht auch eines Tages von Ländern wie der Ukraine.“

Die Ausdehnung der Entscheidungen mit qualifizierter Mehrheit im Rat und das Mitentscheidungsverfahren zwischen Rat und Parlament wären unverzichtbar, und ich forderte die Staats- und Regierungschefs auf, diesen Fortschritt entschlossen zu verteidigen. Gerade in den für die Zukunft so wichtigen Bereichen, wie etwa dem Kampf gegen den Terrorismus und die organisierte Kriminalität, wäre es, um erfolgreich zu sein, erforderlich, die gemeinsame Handlungsfähigkeit herzustellen.

Ausdrücklich betonte ich die Bedeutung der nationalen Parlamente, die die europäische Demokratie durch die Kontrolle ihrer jeweiligen Regierung, sofern diese europäisch handelte, ergänzten. Ich berichtete von einer Konferenz des Europäischen Parlaments mit Vertretern der Parlamente der 27 Mitgliedstaaten vor wenigen Tagen, die einstimmig beschlossen hatte, dass es für die nationalen Parlamente in der europäischen Gesetzgebung keine „rote Karte" geben sollte. Zusätzliche Hürden und Blockaden müssten vermieden werden. Das Europäische Parlament verteidigte das gemeinschaftliche Europa mit starken Institutionen ebenso wie die Prinzipien der Solidarität und Subsidiarität. Wörtlich fügte ich hinzu:

„Wir werden es nicht zulassen, dass die Vorrangigkeit des europäischen Rechts gegenüber dem nationalen Recht in Frage gestellt wird."

Die Vorrangigkeit des europäischen Rechts vor dem nationalen Recht ist für den Bestand der Europäischen Union von größter Bedeutung. Wenn jedes Mitgliedsland sein nationales Recht über das Europäische Recht stellt, zerbricht die Rechtsgemeinschaft, da jeder sich sein eigenes Recht schaffen würde. Die Europäische Union als Rechtsgemeinschaft ist die große Errungenschaft der Europäischen Einigung, die Erfahrung aus den kriegerischen Auseinandersetzungen, die unseren Kontinent über Jahrhunderte geprägt haben. Die Rechtsgemeinschaft sichert das friedliche Handeln der Europäischen Union. Das Recht hat die Macht und nicht die Macht das Recht. Der friedliche Konflikt- und Interessenausgleich ist der wichtigste Grundstein der Europäischen Union und hängt unmittelbar zusammen mit den Entscheidungsverfahren im Rat sowie im Europäischen Parlament. Die Mehrheitsentscheidung ist das Mittel der Konfliktregelung. Mehrheitsentscheidung bedeutet, dass jedes Land, sei es groß oder klein, akzeptiert, überstimmt zu werden. So sind das Recht und die demokratischen Verfahren ein Mittel, den Frieden in der Europäischen Union zu sichern. Welch historischer Fortschritt nach den Tragödien, die Europa durchlebt hat.

Erneut kam ich auf die europäischen Werte zu sprechen, die die europäische Familie verbänden. Wir müssen ihnen mit Respekt begegnen und unsere Gleichberechtigung achten. Wörtlich erklärte ich:

„Aus vielen Gesprächen und Begegnungen weiß ich, was das den Bürgerinnen und Bürgern bedeutet. Die Europäische Union war erfolgreich, weil wir auch die großen gesellschaftlichen Organisationen, darunter die Kirchen und Gewerkschaften, auf unserem langen Weg bei uns hatten. Diese Menschen schauen auch heute auf uns. Sie erwarten viel. Enttäuschen wir sie nicht. Das Europäische Parlament besteht auf einer rechtsverbindlichen Anerkennung der Werte, auf denen die Europäische Union beruht. Das Europäische Parlament befindet sich in Übereinstimmung mit der großen Mehrheit der Mitgliedstaaten, wenn es dafür eintritt, an der Grundrechtscharta und deren rechtsverbindlichem Charakter festzuhalten. Die Rechtsverbindlichkeit der Charta der Grundrechte ist für das Europäische Parlament unverzichtbarer Bestandteil jeder Einigung. Das ist eine Frage der europäischen Selbstachtung. Die Charta ist für uns nicht verhandelbar."

Ich erinnerte daran, dass die Konferenz der Fraktionsvorsitzenden des Europäischen Parlaments mich ausdrücklich zu dieser Erklärung, die auch zutiefst meiner persönlichen Meinung entspräche, nicht nur ermutigt, sondern aufgefordert hätte. Die Position des Europäischen Parlaments war klar und eindeutig. Ich äußerte meine Enttäuschung darüber, dass die europäischen Symbole, nicht zuletzt die Flagge und Hymne, aus dem Vertrag gestrichen werden sollten. Ich stellte den Staats- und Regierungschefs die Frage:

„Wie wollen wir das Gefühl der Menschen, in der Europäischen Union als Gemeinschaft zusammenzugehören, stärken, wenn wir uns nicht zu unseren Symbolen bekennen, die diese Gemeinschaft zum Ausdruck bringen?"

In diesem Zusammenhang sprach ich für das Europäische Parlament dem neugewählten Präsidenten Frankreichs, Nicolas Sarkozy, meine Anerkennung aus, dass er bei seinem offiziellen Portrait nicht nur die Flagge Frankreichs, sondern auch die Flagge der Europäischen Union als symbolhaften Ausdruck der Gegenwart und Zukunft Frankreichs gewählt hätte.

Dann stellte ich einen Zusammenhang zwischen der Annahme der Reform des Verfassungsvertrages und jeder Form der Erweiterung her. Diese Argumentation war natürlich ein wenig listig, denn in der Regel sind gerade diejenigen Mitgliedsländer der Europäischen Union für eine rasche Erweiterung, die die Vertiefung am wenigsten wollen.

„Für das Europäische Parlament sage ich unmissverständlich: Ohne Reformen, wie sie im Verfassungsvertrag vorgesehen sind, wird es mit unserer Zustimmung, mit Ausnahme von Kroatien, keine neuen Mitgliedstaaten in der Europäischen Union geben. Diejenigen, die eine Reform verhindern, würden eine große politische und auch moralische Verantwortung auf sich nehmen."

Diese „Drohung" war absolut ernst gemeint. Jeder Beitritt bedarf zwingend der Zustimmung des Europäischen Parlaments, das heißt ohne seine Zustimmung keine Erweiterung der Europäischen Union. Im Europäischen Parlament würde es keine

Mehrheit für eine weitere Erweiterung geben, sofern nicht vorher die notwendigen Reformen Wirklichkeit geworden wären. Dies war im Europäischen Parlament eine eindeutige Haltung. Schon zu oft waren wir gezwungen worden, einer Erweiterung zuzustimmen, ohne die notwendigen Reformen vorher zu verwirklichen. „Vertiefung und Erweiterung" war immer das Programm des Europäischen Parlaments. Kontinuierlich zu erweitern, dabei aber notwendige Reformen zu unterlassen, würde schließlich zur Auflösung der Europäischen Union führen beziehungsweise dazu, dass die Europäische Union künftig nur noch ein lockerer Zusammenschluss von Staaten wäre, die durch einen gemeinsamen Markt verbunden wären. Dies war für das Europäische Parlament unannehmbar. Diejenigen, die zum Beispiel für die Aufnahme der Türkei in die Europäische Union waren, sollten klar wissen: ohne Reform kein Türkeibeitritt. Das bedeutete im Umkehrschluss natürlich nicht, dass mit der Reform der Beitritt der Türkei zwingend werden würde.

Dann erinnerte ich an die „Berliner Erklärung" vom 25. März 2007, in der alle Mitgliedstaaten sowie die drei Institutionen dem Ziel zugestimmt haben, „die Europäische Union bis zu den Wahlen zum Europäischen Parlament im Jahre 2009 auf eine erneuerte gemeinsame Grundlage zu stellen". Das Europäische Parlament, so erklärte ich den Staats- und Regierungschefs, hätte kein Verständnis dafür, wenn jetzt ein längerer Zeitraum für Verhandlungen verlangt würde. Vereinbarungen wären einzuhalten. Wer dagegen verstoße, zerstöre das notwendige Grundvertrauen.

Schließlich forderte ich jene Länder, die den Verfassungsvertrag zwar unterschrieben, aber noch nicht ratifiziert hatten, auf, ihrer Verantwortung gerecht zu werden und den Vertag zu ratifizieren. Hier mag man fragen, warum der Verfassungsvertrag noch ratifiziert werden sollte, nachdem er ja in Frankreich und den Niederlanden gescheitert war. Die Position des Europäischen Parlaments war: Je mehr Staaten den Verfassungsvertrag ratifizierten, umso größer die Chance, einen erneuerten Vertrag Wirklichkeit werden zu lassen. Schließlich plädierte ich für „Kompromissbereitschaft auf allen Seiten", um eine Lösung zu erreichen. Das Europäische Parlament wäre zu diesem Kompromiss bereit. „Ein vereinfachter Vertrag ist vorstellbar, ein inhaltsleerer jedoch nicht!", erklärte ich. Ich verwies darauf, dass alle Grundprinzipien, die in Teil I des Verfassungsvertrages enthalten waren, gewahrt werden müssten. Dazu gehörten selbstverständlich, wie schon erwähnt, die Beibehaltung des Prinzips des Primats des europäischen Rechts, die Zusammenführung der verschiedenen Entscheidungsverfahren sowie die einheitliche Rechtspersönlichkeit der Europäischen Union. Wesentlich für das Europäische Parlament wäre auch die Neuordnung der Rechtsakte und Verfahren, die durch die Reduzierung der Entscheidungsverfahren von derzeit 15 auf 6 für Klarheit und Transparenz sorgte und damit erstmals auch eine umfassende Information der nationalen Parlamente sicherte. Dann kam meinerseits noch einmal ein Imperativ:

„Unverhandelbar ist für das Europäische Parlament vor allem: Wir bestehen auf der Beibehaltung der doppelten Natur der Europäischen Union als eine Union der Staaten
einerseits sowie der Bürgerinnen und Bürger andererseits. In einer Union von heute
27 Staaten ist dies ein Kernelement der Fairness und der Demokratie. Die in der Verfassung enthaltenen neuen Abstimmungsregeln, die sogenannte Doppelte Mehrheit, sind
ein Eckpfeiler des europäischen Ausgleichs."

Ich fügte hinzu, jedes Land hätte natürlich das Recht, Wünsche zu äußern und seine
Positionen auf den Tisch zu legen. Aber es gälte auch, dass kein Land, egal welcher
Größe, ob groß, mittel oder klein, erzwingen könnte, was alle anderen nicht wollten.
An die Adresse der zu erwartenden Zögerer oder Neinsager fügte ich hinzu:

„Für das Europäische Parlament gilt: Die institutionellen Fragen, das Gleichgewicht zwischen den Institutionen, sind im Konvent unter Vorsitz von Valéry Giscard d'Estaing
lange beraten, abgewogen und entschieden worden. Dieses Ergebnis wurde dann von allen 27 Mitgliedstaaten durch ihre Unterschrift gebilligt. Wer das ändern will, benötigt
dafür eine ebensolche Mehrheit, mit der diese Grundsätze beschlossen wurden. Ein Veto
ist ein Verstoß gegen die europäische Solidarität. Sollte ein Veto eingelegt werden, ohne
ernsthaft auf die Partner zugegangen zu sein, würde es die anderen Völker und die Institutionen der Europäischen Union von der Solidarität entbinden."

Dies waren starke Worte, aber sie waren genauso gemeint. Bei dem Verfassungsvertrag
ging es nicht um eine Kleinigkeit, sondern um die Zukunft der Europäischen Union.
Das rechtfertigte eine solche klare Sprache, machte sie nach meiner Überzeugung
gerade zu notwendig. Die große Mehrheit des Europäischen Parlaments hinter mir zu
wissen, verstärkte meine innere Sicherheit und das Selbstbewusstsein, mit dem ich
diese Überzeugung, für die ich so lange gekämpft hatte, vor den europäischen Regierungschefs vertrat.

Auseinandersetzungen gab es schließlich noch über die genaue Bezeichnung des
europäischen Außenministers. Ich erklärte, dass die Außen- und Sicherheitspolitik in
Rat und Kommission sachlich und personell in der Funktion eines Vizepräsidenten der
Kommission, der gleichzeitig Vorsitzender des Außenministerrates war, zusammengeführt werden sollten. Bisher hatten Javier Solana als Hoher Beauftragter für die Regierungen und Benita Ferrero-Waldner für die Kommission diese Aufgaben
wahrgenommen. Aus den institutionell unterschiedlichen Aufgaben waren aber ganz
naturgemäß Konflikte erwachsen. Das Europäische Parlament war davon überzeugt,
dass die Europäische Union eine einheitliche Stimme in der Außenpolitik bräuchte. Ich
erinnerte unsere britischen Freunde daran, dass sie mit der Unterschrift unter den Verfassungsvertrag diesen Grundsätzen zugestimmt hatten. Das Europäische Parlament
würde kein Verhandlungsergebnis billigen, dass diese Substanz des Verfassungsvertrages
nicht enthielte. Gleichwohl wären wir wie bereits erwähnt zu Kompromissen bereit.

Dann wandte ich mich direkt an den polnischen Präsidenten Lech Kaczyński:

„Solidarität gilt für alle Bereiche der Tätigkeit der Europäischen Union. Polen erlebt zurzeit den Wert der europäischen Solidarität: Bei einem schwierigen Problem erfährt Polen die volle Rückendeckung der Europäischen Union. Die Frage des Fleischexportes Polens nach Russland ist eine Herausforderung für die gesamte Europäische Union. Mit der gleichen Solidarität können Polen sowie andere Länder in großen Fragen wie der Energieversorgung rechnen. Heute ist jeder aufgerufen, auch Solidarität mit seinen Partnern zu zeigen und den Weg der Verständigung zu gehen. Solidarität ist keine Einbahnstraße!"

Polen hatte nach den negativen Referenden in Frankreich und in den Niederlanden das Verfahren zur Ratifizierung des Verfassungsvertrages wenn nicht beendet, so doch zumindest unterbrochen. Im Juli 2006 war der Zwillingsbruder von Präsident Lech Kaczyński, Jarosław, zum Ministerpräsidenten einer nationalkonservativ geprägten Koalitionsregierung gewählt worden. Auf dem EU-Gipfel im Juni 2007 hatte Polen sich mit seinen Forderungen zur Zukunft der EU ziemlich isoliert gesehen. Viele Beobachter hatten gemeint, Polen hätte bei diesem Gipfel verloren, während das Land doch zugleich auf die Solidarität der übrigen EU bei den von mir angesprochenen Fragen bauen müsste. Im August 2007 scheiterte die Koalitionsregierung und Ministerpräsident Jarosław Kaczyński kündigte für den 21. Oktober 2007 Neuwahlen an, nachdem sich der polnische Sejm am 7. September 2007 aufgelöst hatte.

Schließlich forderte ich noch „einen sehr präzisen Zeitplan sowie klare inhaltliche Vorgaben für die geplante Regierungskonferenz" unter portugiesischem Vorsitz. Gegenüber dem zukünftigen Präsidenten des Europäischen Rates, dem Ministerpräsidenten Portugals, José Sócrates, äußerte ich mein „volles Vertrauen". Das Europäische Parlament würde die Verhandlungen im Europäischen Rat „heute und morgen genau verfolgen, [...] auch wenn wir feststellen, nicht an allen Beratungen beteiligt zu sein". Diese Bemerkung bezog sich darauf, dass der Präsident des Europäischen Parlaments nicht zum Abendessen, bei dem es ja um die Zukunft des Vertrages gehen sollte, eingeladen war. Natürlich konnte das Europäische Parlament die Teilnahme an dem informellen Abendessen nicht erzwingen, aber es war doch im Allgemeinen üblich, das Europäische Parlament dabei zu haben, wenn konstitutionelle und institutionelle Fragen behandelt wurden. Die Einladungen wurden vom jeweiligen Präsidenten des Europäischen Rates ausgesprochen, mehr oder weniger in Absprache mit den anderen Regierungschefs. Ich habe mit Angela Merkel darüber gesprochen, aber sie blieb bei ihrer Meinung. Dies war keine persönliche, sondern eine institutionelle Frage. Ich nahm an, dass Angela Merkel als Präsidentin des Europäischen Rates bei den Konsultationen mit den Regierungen völlig frei sein wollte. Zu weit gehende Forderungen des Europäischen Parlaments konnten da aus Sicht der Regierungen für eine Kompromissfindung nur hinderlich sein. Auch war mir bewusst, dass Frankreich, vertreten durch Staatspräsident Nicolas Sarkozy, die Teilnahme des Europäischen Parlaments am Abendessen ablehnte. Auch darauf hat die deutsche Bundeskanzlerin sicher Rücksicht genommen. Nicolas Sarkozy, mit dem ich mich persönlich sehr gut verstand, hatte mir gegenüber einmal erklärt, in Frankreich wäre es undenkbar, dass der Präsident der Nationalversammlung an einem Treffen der Regierung teilnähme. Meine Antwort darauf hatte gelautet: „Wir sind hier nicht in Frankreich!" Dieses Beispiel zeigt, wie sehr wir die Traditionen der Mitgliedstaaten, die unterschiedlichen Verhaltensweisen und die politischen wie psychologischen Voraussetzungen stets im Auge behalten müssen.

Zur Eröffnung einer Regierungskonferenz bedarf es nach Artikel 48 der Verträge der Zustimmung des Europäischen Parlaments. Deswegen, so erklärte ich den Staats- und Regierungschefs, würde das Europäische Parlament das Ergebnis des Gipfels genau darauf hin prüfen, ob es der Substanz des Verfassungsvertrages tatsächlich entspräche. Wörtlich erklärte ich hierzu:

„Ich sage daher in aller Deutlichkeit: Jedes Verhandlungsergebnis, das im Vergleich zum Vertrag über eine Verfassung zu einem geringeren Schutz der Rechte der Bürgerinnen und Bürger führen und weniger Demokratie, Transparenz und Effizienz für die Funktionsweise der Union bewirken würde, werden wir nicht unterstützen."

Und ich fügte hinzu:

„Als direkt gewählter Vertreter der Bürgerinnen und Bürger der Europäischen Union besteht das Europäische Parlament darauf, auf allen Ebenen der Verhandlungen bei der kommenden Regierungskonferenz angemessen mitbeteiligt und vertreten zu sein: auf der Ebene der Staats- und Regierungschef durch seinen Präsidenten, in der Regierungskonferenz auf Minister- oder Staatssekretärsebene durch eine, in der wesentlich erweiterten Union aus jedenfalls mehr als zwei Abgeordneten bestehenden Delegation sowie im Sekretariat der Regierungskonferenz."

Bevor das Europäische Parlament seine Zustimmung zu einer Regierungskonferenz erklärte, müsste hierüber eine Vereinbarung getroffen werden.

Abschließend äußerte ich meine Zuversicht, dass mit gutem Willen ein neuer Vertrag unter portugiesischer Präsidentschaft zu erreichen wäre: „Alle haben jetzt eine große Verantwortung. Seien Sie ehrgeizig! Dann steht das Europäische Parlament an Ihrer Seite." Ich dankte der Präsidentin des Europäischen Rates, Bundeskanzlerin Angela Merkel, „für ihren guten Willen und ihren großen Einsatz."

Als ich diese Rede später noch einmal las, fühlte ich mich noch im Nachhinein bestätigt über die Entschlossenheit, die Sprache, die Klarheit und die Konsequenz, mit der ich meine Forderungen formuliert hatte. Aber wie das Ergebnis zeigte, hatte es sich gelohnt. Dies war vor allem dem Geschick der Bundeskanzlerin zuzuschreiben, die als Präsidentin des Europäischen Rates auf kluge und verständnisvolle Weise auf alle Partner einging. Es war ihr Erfolg. Auch dafür ist Angela Merkel zu Recht im Jahre 2008 der Internationale Karlspreis zu Aachen verliehen worden.

*

Im Laufe des Gipfeltreffens führte die Präsidentin des Europäischen Rates, Bundeskanzlerin Angela Merkel, wie es bei wichtigen Entscheidungen des Europäischen Rates üblich war, viele „Beichtstuhlgespräche". So auch mit dem Präsidenten des Europäischen Parlaments. Als ich ihren Konferenzraum betrat, kam mir der Premierminister Luxemburgs, Jean-Claude Juncker, entgegen. Er hatte sich gerade von Angela Merkel verabschiedet, sah mich und umarmte mich. So ging ich in den Raum der Präsidentin des Europäischen Rates. Wir berieten die Situation und waren uns einig, dass um jeden Preis der Inhalt des Verfassungsvertrages verwirklicht werden müsste. Angela Merkel äußerte noch einige Bitten an das Europäische Parlament, die ich leicht erfüllen konnte. Sie verabschiedete mich und enteilte weit auf den Flur vor ihrem Besprechungszimmer, um dort den Präsidenten Polens, Lech Kaczyński, freundlich zu begrüßen.

Angela Merkel begleitete Lech Kaczyński zu dem Konferenzraum, und ich hatte den Eindruck, dass er ohne Gruß an mir vorbeigehen wollte. Dafür hatte ich sogar Verständnis, da ich mich während meiner Rede auf dem Europäischen Rat an Polen gewandt hatte, mit der Bitte, doch zügig auch einem neuen Vertrag die Zustimmung zu geben. In einem neuen Vertrag sollte die Forderung Polens berücksichtigt werden, bei der Energiepolitik eine Solidaritätsklausel vorzusehen. Sollte ein Mitgliedsland der Europäischen Union bei der Belieferung mit Energie durch einen Drittstaat benachteiligt beziehungsweise boykottiert werden, so geböte es die Solidarität der Europäischen Union, für einen Ausgleich zu sorgen. Im Verfassungsvertrag war ein solcher Artikel nicht vorgesehen. Diese Neuerung im späteren Vertrag von Lissabon war sehr berechtigt, und Polen verdiente dabei Unterstützung. In meiner Rede vor dem Europäischen Rat hatte ich den Präsidenten Polens angeblickt und gesagt:

> „Diese Solidarität wird zu Recht verlangt, aber es verlangt auch von demjenigen, der die Solidarität beansprucht, seinen Beitrag zur Verwirklichung des Vertrags insgesamt zu leisten."[25]

Über diese Bemerkung meinerseits hat sich Lech Kaczyński bei einer anderen Persönlichkeit, die es mir berichtete, beschwert. Meine Reaktion darauf war: „Dann hat er ja verstanden, was ich meinte." Die Sturheit, mit der Lech Kaczyński vor dem Konferenzzimmer Angela Merkels an mir vorbeizugehen versuchte, führte ich auf diese Begebenheit zurück. Ich streckte ihm jedoch freundschaftlich die Hand entgegen, die er kurz ergriff, und dann schloss sich die Tür hinter ihm und Angela Merkel.

Mit dem Gipfel am 21. und 22. Juni 2007 in Brüssel war ein Durchbruch für den, wie er später heißen sollte, Vertrag von Lissabon gelungen. Aber wie wir aus der Geschichte der europäischen Einigungspolitik wissen, kann immer etwas dazwischenkommen, besonders dann, wenn es nicht erwartet wird. In der Politik ist alles erst sicher, wenn es sicher ist.

2. Ein Kompromiss: Gipfeltreffen vom 18./19. Oktober 2007 in Lissabon

Am 1. Juli 2007 ging der Vorsitz auf die portugiesische Regierung über. Damit hatte Portugals Ministerpräsident José Sócrates eine große Verantwortung übernommen. Viele Detailfragen, die aber durchaus wichtig waren, waren noch zu klären. Dazu gehörte auch die Mandatszahl des Europäischen Parlaments.

Auf der Regierungskonferenz war das Europäische Parlament hervorragend vertreten: mit Enrique Barón Crespo, dem früheren Präsidenten des Europäischen Parlaments und ehemaligen Vorsitzenden der sozialistischen Fraktion, mit Elmar Brok, der erfolgreich das Europäische Parlament auf mehreren Regierungskonferenzen vertreten hatte und wohl der erfahrenste Kollege in diesem Bereich war, sowie mit Andrew Duff, dem „konstitutionellen Papst" der liberalen Fraktion. Auf dem Gipfeltreffen am 18. und 19. Oktober 2007 in Lissabon galt es, Bilanz zu ziehen. Der neue Vertragsentwurf lag vor. Er sicherte im Wesentlichen die Substanz des Verfassungsvertrages, was ein großer Erfolg war. Aber es gab auch Defizite. Wie bereits erwähnt sollten die europäischen Symbole wie Hymne und Flagge im überarbeiteten Vertrag nicht mehr vorkommen mit der Begründung, man wollte jeden Anschein einer Staatlichkeit der Europäischen Union vermeiden. So gab es auch Bestrebungen, das Konzept der Europäischen Unionsbürgerschaft infrage zu stellen. Dies war für das Europäische Parlament in keiner Weise hinnehmbar, da die europäische Unionsbürgerschaft bereits seit dem Vertrag von Maastricht zum Europäischen Recht gehörte. Schließlich konnte aber die Unionsbürgerschaft im Artikel 8 des Vertrages über die Europäische Union gesichert werden.

Gefährdet war auch die Grundrechtecharta. Im ersten Dokument der Ratspräsidentschaft zu Beginn der Arbeiten der Regierungskonferenz war vorgesehen, diese nur in Form einer Erklärung zu verabschieden. Ich war alarmiert. Für das Europäische Parlament war dies völlig unannehmbar. Entsprechend entschlossen war ich, dieses Vorhaben zu verhindern. Die Europäische Union war für mich im Kern eine Wertegemeinschaft. Dies musste durch die Grundrechtecharta zum Ausdruck kommen. Mit unseren Bemühungen hatten wir Erfolg. Die „Charta der Grundrechte" bekam also, wie ich vor den Staats- und Regierungschefs feststellen konnte, als Bestandteil des Vertrages

„einen rechtsverbindlichen Charakter, was das Europäische Parlament äußerst begrüßt. Im Namen des Europäischen Parlaments möchte ich die vereinbarte Lösung der Veröffentlichung ausdrücklich befürworten."[26]

Praktisch bedeutete dies, dass durch einen Artikel im Vertrag auf die „Charta der Grundrechte" Bezug genommen werden sollte, was ihre Rechtsverbindlichkeit sicherte. Der Text selbst sollte nicht im Vertrag enthalten sein, aber veröffentlicht werden. Ich kündigte an, dass die Grundrechtecharta zusätzlich durch eine „Feierliche Erklärung" der drei Institutionen, des Europäischen Parlaments, des Rates und der Kommission, im Rahmen einer Plenarsitzung des Europäischen Parlaments proklamiert und im Amtsblatt der EU veröffentlicht werden sollte.

Ich stellte Frankreich als Vorbild für die Ratifizierung des Vertrages dar, da es durch seinen Präsidenten Nicolas Sarkozy angekündigt hatte, als erstes Land den Vertrag zu ratifizieren. Für das Europäische Parlament äußerte ich aber das Bedauern über die Tatsache, dass das Vereinigte Königreich und Polen durch Ausnahmeklauseln die „Charta der Grundrechte" nicht akzeptierten. Ich wies darauf hin, dass aufgrund der nicht einheitlichen Anwendung des EU-Rechts im Bereich der Grundrechte und der sozialen Prinzipien es in Zukunft zwei Klassen von Bürgern geben würde, was dem Geist der europäischen Integration widerspräche. Weiter erklärte ich, dass die „Charta der Grundrechte" die gemeinsamen Werte der Europäischen Union festlegte und die Grundrechte der Bürgerinnen und Bürger im Tätigkeitsbereich der Europäischen Union schützte. Die Grundrechtecharta griffe nicht in die öffentliche Ordnung der Mitgliedstaaten ein und stellte auch keinen Versuch dar, die Kompetenzen der Europäischen Union in Bezug auf die Grundrechte zu erweitern. Ich sagte im Hinblick auf die Ausnahmeregelungen für das Vereinigte Königreich und Polen, dass diese nicht „auf ewig" verankert werden dürften. Es müsste möglich sein, diese Ausnahmeregelungen aufzuheben, ohne dafür eigens eine Regierungskonferenz einzuberufen. So wurde es dann auch vereinbart, sodass die Länder, die die Grundrechtecharta nicht übernehmen wollten – später sollte Tschechien noch zu diesen Skeptikern hinzukommen –, einseitig ihren Beitritt erklären könnten.

Ich bedauerte für das Europäische Parlament die Aufschiebung der Mehrheitsentscheidung im Rat nach den Prinzipien der „doppelten Mehrheit" auf 2014 beziehungsweise 2017. Der Rat der Europäischen Union, also die Fachministerräte, die legislativ tätig waren, fassten demnach Entscheidungen unter Berücksichtigung einer Mehrheit von mindestens 55 Prozent der Mitgliedstaaten, die mindestens 65 Prozent der EU-Bevölkerung repräsentierten. Abweichend vom im Vertrag von Nizza festgelegten System, wonach die Stimmen der einzelnen EU-Mitgliedstaaten im Rat entsprechend ihrer Einwohnerzahl gewichtet waren (so hatte zum Beispiel Deutschland 29 Stimmen gehabt, Portugal und Ungarn je 12 Stimmen, Luxemburg 4 Stimmen und Estland 3 Stimmen), würde nach dem neuen, transparenteren Verfahren ab dem 1. November 2014 jeder Staat eine Stimme besitzen. Allgemein gültig sollte dieses

Verfahren ab 2017 sein. Bis zum 31. März 2017 konnte ein Ratsmitglied beantragen, dass eine qualifizierte Mehrheit nach dem System des Nizza-Vertrages bestimmt würde. Diese zeitliche Verschiebung war ein Zugeständnis an Polen, das für die Sitzverteilung im Rat die „Quadratwurzel-Methode" forderte. Jedes Land sollte so viele Stimmen erhalten, wie die Quadratwurzel aus der Bevölkerungszahl gezogen ergab. Dies hätte insbesondere Vorteile für kleinere Länder bedeutet. Am Ende konnte sich Polen mit diesem Vorschlag aber nicht durchsetzen.

Ich wies darauf hin, dass es nunmehr zwei Verträge gäbe – den Vertrag über die Europäische Union und den Vertrag über die Arbeitsweise der Europäischen Union (AEUV). Darüber hinaus wäre durch die zahlreichen Erklärungen, Protokolle und Ausnahmen die Lesbarkeit und Verständlichkeit im Vergleich zur Verfassung nicht unbedingt erleichtert worden. Dies waren Bedenken, die ich vorbringen musste, ohne den gesamten Vertrag infrage zu stellen. Ich wertete es als einen großen Erfolg, dass es gelungen war, die Substanz des Verfassungsvertrages zu erhalten, auch wenn das Europäische Parlament und besonders ich uns gewünscht hätten, es wäre beim ursprünglichen Verfassungsvertrag geblieben. Aber mit Cicero konnte man sagen, dass die neue Ordnung der EU „ausgewogen und gemischt" sein würde, so wie die Verfassung eines gelungenen Gemeinwesens sein sollte.[27]

*

Zu dem folgenden Abendessen des Europäischen Rates, das sich um etwa eineinhalb Stunden verzögerte, war ich vom Präsidenten des Europäischen Rates, José Sócrates, eingeladen worden. Soweit es mir ersichtlich war, hatte es dagegen keinen Widerspruch gegeben, was ja nicht selbstverständlich war. Die Verzögerung des Abendessens nutzte ich für zahlreiche Gespräche, so mit dem spanischen Ministerpräsidenten José Luis Rodríguez Zapatero, dem irischen Ministerpräsidenten (Taoiseach) Bertie Ahern, dem Präsidenten Litauens, Valdas Adamkus, und einigen weiteren Persönlichkeiten. Während des Gipfeltreffens hatte ich bereits eine längere Unterhaltung mit dem britischen Premierminister Gordon Brown und seinem Außenminister David Miliband geführt, mit denen ich mich gut verstand. Wir redeten über einen von mir beabsichtigten offiziellen Besuch in Großbritannien, und sie empfahlen mir diesen für März 2008. Bei dem Abendessen wurden verschiedene Fragen behandelt, unter anderem die Frage über die Stiftungen europäischer Parteien, des Nominierungszeitpunktes für den Hohen Vertreter, der gleichzeitig Vizepräsident der Europäischen Kommission sein sollte, sowie insbesondere auch die der Mandatszahl der Abgeordneten der verschiedenen Länder.

Seit den Wahlen 2004 waren 736 Abgeordnete im Europäischen Parlament, davon 99 aus Deutschland. Mit dem Beitritt Rumäniens und Bulgariens 2007 erhöhte sich die Zahl der Abgeordneten vorübergehend auf 785. Der Vertrag von Lissabon legte eine Obergrenze von 751 Abgeordneten fest. Da der Vertrag von Lissabon aber erst am 1. Dezember 2009 in Kraft trat, wurde das Europäische Parlament 2009 noch einmal nach den Modalitäten des Vertrages von Nizza gewählt – mit 754 Abgeordneten. Infolge des Beitritts von Kroatien am 1. Juli 2013 erhöhte sich die Gesamtzahl der Abgeordneten des Europäischen Parlaments vorübergehend von 754 auf 766. Für die Wahlen zum Europäischen Parlament 2014 wird der Vertrag von Lissabon maßgeblich, demzufolge sinkt die Zahl der Volksvertreter von 766 auf 751. In der 8. Legislaturperiode ab 2014 müssen dann insgesamt 13 Staaten Abstriche gegenüber der Anzahl von EU-Abgeordneten in der vorangegangenen Wahlperiode hinnehmen. Demnach verliert Deutschland 3 Sitze und ist folglich nur noch mit 96 Abgeordneten im Europäischen Parlament vertreten.

3. Unterzeichnung der „Charta der Grundrechte" am 12. Dezember 2007

Der 12. Dezember 2007, ein Mittwoch, sollte an sich ein bedeutender und würdiger Tag werden. Ein bedeutender Tag bleibt er, aber die Würde fehlte. Für diesen Tag, einen Tag vor der Unterzeichnung des „Vertrages von Lissabon" durch die Staats- und Regierungschefs, sollte die „Charta der Grundrechte" im Europäischen Parlament in Straßburg durch den Präsidenten des Europäischen Rates, Ministerpräsident José Sócrates, den Präsidenten der Europäischen Kommission, José Manuel Durão Barroso und mich, den Präsidenten des Europäischen Parlaments, unterzeichnet werden. Der Beginn der „Feierlichen Sitzung" war für 11:30 Uhr vorgesehen. José Sócrates traf dreißig Minuten verspätet ein. Im Anschluss an die Zeremonie zur Unterzeichnung der „Charta der Grundrechte" war eine Rede des Königs von Jordanien, Abdullah II. geplant. Was war zu tun? Sollte es trotz der Verspätung von Sócrates bei der Unterzeichnung der Grundrechtecharta bleiben, oder sollten wir die Rede des Königs von Jordanien vorziehen? Ich entschied, dass es zunächst bei der Unterzeichnung der Charta bleiben sollte, da sonst auch Änderungen im Aufbau des Plenums des Europäischen Parlaments hätten vorgenommen werden müssen, weil der Tisch für die Unterzeichnung der Charta bereits aufgebaut war. Einige der Kolleginnen und Kollegen, die wegen der Verspätung von Sócrates warten mussten, wurden unruhig. Aber es blieb bei der Reihenfolge. Dieses erklärte ich dem König, der es gelassen ertrug; im Gegensatz zu seiner „Entourage", die sehr unruhig wurde, weil wir ihren König warten ließen. Am Rednerpult – also nicht vom Präsidiumstisch aus – begrüßte ich die Präsidenten der anderen Institutionen und begann mit meiner Rede.[28] Im Plenum kam es zu lauten Rufen, Transparente wurden hochgehalten, die ein Referendum forderten, die Europagegner formierten sich. Meine Rede konnte ich jedoch einigermaßen zum Abschluss bringen. Ich sprach davon, dass es eine Freude wäre,

> „heute im Zentrum der europäischen Demokratie, im Europäischen Parlament, aus Anlass der feierlichen Unterzeichnung der Charta der Grundrechte der Europäischen Union"

alle willkommen zu heißen. Dies wäre „für die Bürgerinnen und Bürger der Europäischen Union ein glücklicher Tag". Ich erinnerte an die Gründerväter Europas, die aus den Ruinen eines zerstörten Kontinents die Europäische Gemeinschaft ins Leben gerufen hatten. Die „Charta der Grundrechte" symbolisierte den bedeutenden Weg hin zu einer Union der Bürgerinnen und Bürger, den wir gemeinsam in den letzten fünfzig Jahren zurückgelegt hätten. Ich sprach von unseren Werten:

„Die Achtung der Würde eines jeden einzelnen Menschen, die Bewahrung der erworbenen Freiheit, des Friedens und der Demokratie, die Geltung des Rechts, sind für uns auch heute Antriebskraft der Europäischen Einigung."

Ich sprach davon, dass Freiheit nicht ohne den Respekt vor den Rechten des anderen entstehen könnte, Frieden nicht ohne fairen Ausgleich untereinander. Wie so oft betonte ich, dass die Europäische Union eine Rechtsgemeinschaft wäre, in der

„nicht die Macht das Recht, sondern das Recht die Macht [hat]. Das ist das eigentlich Moderne und Zukunftsorientierte an unserer europäischen Wertegemeinschaft. Nur das Recht sichert uns allen den Frieden!"

Ich erinnerte an den Fall des Eisernen Vorhangs und die Aufnahme von zwölf Ländern in die Europäische Gemeinschaft, was möglich geworden war, weil der Ruf nach Freiheit und Demokratie, die Kraft gleicher Rechte für alle Menschen stärker gewesen waren als menschenverachtende Ideologien im 20. Jahrhundert. Ich bezeichnete die Überwindung der Teilung unseres Kontinents als „Wunder unserer Generation". Ich erinnerte an die Unterzeichnung der „Berliner Erklärung" am 25. März 2007 in der Erinnerung an den 50. Jahrestag der Römischen Verträge vom 25. März 1957, in der der schöne Satz formuliert ist: „Wir Bürgerinnen und Bürger der Europäischen Union sind zu unserem Glück vereint." Nicht ohne Stolz wies ich auf den großen Erfolg des Europäischen Parlaments hin, dass es erreicht hätte, dass die Grundrechtecharta unverzichtbarer Bestandteil der Reform der Europäischen Verträge geworden war. Vor allem wäre es dem Europäischen Parlament zu danken, dass die Grundrechtecharta den gleichen rechtlich bindenden Charakter wie die Verträge selbst hätte. Das Wichtigste wäre, dass es jetzt einen umfassenden Katalog von Grund- und Menschenrechten gäbe, auf die sich alle Bürgerinnen und Bürger der Union gleichermaßen beim Handeln der Institutionen der Europäischen Union berufen und diese einklagen könnten. Ich stellte die Grundrechtecharta dann in einen Zusammenhang mit der internationalen Politik:

„Ohne dieses klare Wertefundament, auf das wir uns immer wieder besinnen müssen, hat die Europäische Union keine Zukunft. Wir wären auch nicht berechtigt, in der Welt die Menschenrechte einzuklagen, wenn wir daran scheitern würden, unsere Werte selbst als geltendes Recht in der Europäischen Union anzuerkennen."

Dann sprach ich davon, dass das Europäische Parlament sich von niemandem – ob innerhalb oder außerhalb der Europäischen Union – bei der entschlossenen Verteidigung der Menschenrechte einschränken lassen dürfte: „Wir als Europäisches Parlament haben die moralische und politische Verpflichtung, die Menschenwürde immer zu verteidigen!" Wenn die Europäische Union als Wertegemeinschaft aufträte, deren Kern die Würde des Menschen wäre,

> „müssen wir den Dialog der Kulturen suchen. Wir dürfen dies mit Selbstbewusstsein tun und wir müssen dies mit nie nachlassendem Engagement tun. Und niemand wird uns daran hindern!"

Zum Abschluss meiner Rede wies ich darauf hin, dass mit der „Charta der Grundrechte" zum ersten Mal sowohl die wirtschaftlichen und sozialen als auch die politischen Rechte und die Freiheitsrechte gleichberechtigt verankert würden. Die Grundrechte würden im Tätigkeitsbereich der Union und in der Anwendung des Gemeinschaftsrechts geschützt. Und mit der Grundrechtecharta würde für alle Bürgerinnen und Bürger der Europäischen Union der Rechtsweg zum Europäischen Gerichtshof in Luxemburg ermöglicht. Immer habe ich es als eine glückliche Fügung empfunden, dass das letzte Wort der Europäische Gerichtshof hat, und dass dessen Sitz in einem kleineren Mitgliedsland ist, nämlich in Luxemburg. „Luxemburg" hat das letzte Wort – welch schöne Symbolik. Dann äußerte ich die Hoffnung, dass der Tag kommen mochte, an dem die „Charta der Grundrechte" für alle Mitgliedstaaten geltendes Recht würde. Und abschließend führte ich aus:

> „Diese heutige feierliche Erklärung sollte aber auch Anlass für alle Bürgerinnen und Bürger sein, die mit der Grundrechtecharta ihre eigenen Rechte in Anspruch nehmen können, sich auch ihrer Pflichten gegenüber der Gemeinschaft der Europäerinnen und Europäer, der Welt und der zukünftigen Generation bewusst zu werden. Rechte gibt es nicht ohne Pflichten. Es ist die Solidarität, die uns vereint."

Von Solidarität zu sprechen ist bei einem feierlichen Anlass Teil des Pflichtprogramms, in der Realität aber war es oft nicht einfach, diese Solidarität zu wahren. In schwierigen Situationen, waren sie politischer, wirtschaftlicher, finanzieller oder kultureller Art, war es immer wieder wichtig, sich an die gemeinsame Solidarität zu erinnern. Probleme eines Mitgliedslandes der Europäischen Union sind zugleich Probleme aller Mitgliedsländer. Das entspricht dem Gedanken der Einheit, der Gemeinsamkeit und der Solidarität. Das bedeutet auch, dass die Beziehungen innerhalb der Europäischen Union immer von einer größeren Solidarität geprägt sein müssen als die Beziehungen eines Mitgliedslandes der Europäischen Union zu einem Land außerhalb der Europäischen Union. Die Länder der Europäischen Union sind durch das Band der Solidarität miteinander verbunden und können so gemeinsam auch nach außen Solidarität mit anderen üben. Die Solidarität untereinander darf niemals infrage gestellt werden. Es würde die Einheit der Union beeinträchtigen, ja zerstören. Das wollte ich mit meinen Worten zum Ausdruck bringen:

„Heute wird diese Wertegemeinschaft in der europäischen Bevölkerung verankert und den Menschen in der Europäischen Union ans Herz gelegt. Der heutige Tag ist ein großer Erfolg für die Bürgerinnen und Bürger in der Europäischen Union, und wir können uns alle darüber von Herzen freuen",

schloss ich meine Rede.

Nun begann der Präsident des Europäischen Rates, José Sócrates, seine Rede.[29] Es entstand ein unglaublicher Lärm. José Sócrates schien derartige Situationen zu kennen und wusste damit umzugehen. Er formulierte:

„Wie laut manche auch lärmen mögen, um andere am Reden zu hindern, heute ist ein denkwürdiger Tag in der Geschichte Europas. Und ich möchte Ihnen auch sagen, dass dieser Tag, diese Zeremonie wahrscheinlich die wichtigste ist, an der ich die Ehre hatte teilzunehmen. Die wichtigste Zeremonie meiner gesamten politischen Laufbahn."

Er bekam dafür von der großen Mehrheit des Europäischen Parlaments tosenden Beifall.

Es ist außerordentlich bedauerlich, dass diese denkwürdige Feierstunde derart von unverbesserlichen Abgeordneten gestört wurde. Mich hat es in meiner Haltung bestärkt, gegen jeden Widerstand, natürlich immer auf der Grundlage der Mehrheit, die Europäische Einigung durchzusetzen. Entscheidend an diesem Tag war, dass die „Charta der Grundrechte" durch die Präsidenten der drei europäischen Institutionen unterzeichnet wurde. Mit auf dem Foto, welches im Anschluss an die Unterzeichnung aufgenommen wurde, waren außer den drei Präsidenten die drei Vertreter der Regierungskonferenz, also Elmar Brok, Enrique Barón Crespo und Andrew Duff, sowie Jo Leinen als Vorsitzender des Konstitutionellen Ausschusses und Íñigo Méndez de Vigo als Sprecher des Europäischen Parlaments im Grundrechtekonvent. Am nächsten Tag überschrieb die *Frankfurter Allgemeine Zeitung* ihre Berichterstattung über die feierliche Deklaration der „Charta der Grundrechte": „Zwischen Buhrufen und Beethoven".[30]

*

Das empörende Verhalten der Abgeordneten – Kollegen möchte ich sie nicht nennen – musste Konsequenzen haben. Hierzu war ich fest entschlossen. Die Würde des Europäischen Parlaments stand auf dem Spiel. In einer bedeutenden Stunde der Europäischen Einigung, insbesondere des Europäischen Parlaments, war es für frei gewählte Abgeordnete würdelos, sich in dieser, wie ich es empfand, abstoßenden Weise zu verhalten. In Fällen, in denen Abgeordnete die Ordnung des Europäischen Parlaments störten, sah die Geschäftsordnung Maßnahmen, die durch den Präsidenten zu treffen sind, vor.

Diese Maßnahmen gingen von Ermahnung bis zum Entzug von Tagegeldern, was Abgeordnete verständlicherweise besonders traf. Für die Verhängung von Ordnungsmaßnahmen war allerdings erforderlich, dass der Präsident – und dieser persönlich, er konnte es nicht delegieren – die „Beschuldigten" hörte. So forderte ich etwa zehn Abgeordnete, die die Parlamentsverwaltung mit ihrem unbotmäßigen Handeln hatte identifizieren können, auf, zu jeweils persönlichen Gesprächen in meinem Arbeitszimmer zu erscheinen. Einige Abgeordnete äußerten ihr Bedauern über ihr Verhalten, andere waren uneinsichtig. Ein besonders heikler Fall war der eines österreichischen Abgeordneten, der verschiedene Delegierte des Europäischen Parlaments jahrelang mit einer Videokamera heimlich bei der Eintragung in die Anwesenheitslisten beobachtet hatte. Dies hatte zu einigem Wirbel in der europäischen Presse geführt. Die sozialistische Fraktion hatte ihn bereits lange vor dem Bekanntwerden seiner „Bespitzelungen" wegen unsolidarischen Verhaltens aus der Fraktion ausgeschlossen. Bei den Turbulenzen am 12. Dezember war er damit identifiziert worden, dass er zumindest zu den Trägern eines großen Transparents gehört hatte. Trotz Aufforderung hatte er dieses nicht entfernt. Bei der Anhörung in meinem Arbeitszimmer wollte er unser Gespräch auf Band aufnehmen. Dies lehnte ich ab, weil ich bei ihm keine korrekte Wiedergabe erwartete. Er zeigte keinerlei Einsicht. Sein Verhalten habe ich mit der Zahlung von drei Tagegeldern geahndet.

Dieser Abgeordnete hat sich später im Plenum damit „revanchiert", dass er mich immer, wenn ich ihm das Wort erteilen musste, als „Willkürpräsident" bezeichnete. Ich habe diese Bezeichnung ignoriert und nicht darauf reagiert, weil ich ihm keinen Anlass zu einer öffentlichen Kontroverse mit dem Präsidenten des Europäischen Parlaments geben wollte, was seine Person nur stärker in den Mittelpunkt gestellt hätte. In Österreich war er Autor der ihn massiv unterstützenden, europaskeptischen *Kronen Zeitung*, in der er mich später auf, wie ich es empfand, unanständige Weise angriff. Nach der Europawahl 2009 wurde er von einem früheren Mitarbeiter, der zum Abgeordneten des Europäischen Parlaments gewählt wurde, wegen des Missbrauchs von für Assistenten zur Verfügung gestellten Geldern des Europäischen Parlaments angezeigt.

*

Obwohl die feierliche Deklaration der „Charta der Grundrechte" durch diese unschönen Umstände begleitet wurde, war doch der 12. Dezember 2007 ein großer Tag für das Europäische Parlament. Für mich persönlich bedeutete es, dass ich als Präsident des Europäischen Parlaments im Jahre 2007 zwei wichtige Dokumente unterschrieben beziehungsweise mit unterschrieben hatte: Die „Berliner Erklärung" vom 25. März 2007, die zum Vertrag von Lissabon führte, sowie die „Charta der Grundrechte" – die Charta, die die Werte der Europäischen Union beschreibt. Zufrieden und selbstbewusst konnte ich nach Lissabon reisen, wo am folgenden Tag, am 13. Dezember 2007, der Vertrag von Lissabon durch die Staats- und Regierungschefs unterzeichnet werden sollte.

4. Eine neue „Verfassung" für die Europäische Union: Lissabon, 13. Dezember 2007

Die Zeremonie der Unterzeichnung des Vertrages von Lissabon fand im historischen Hieronymus-Kloster in Lissabon statt. Das prachtvolle Gebäude, der bedeutendste Bau der portugiesischen Spätgotik, enthielt neben vielen portugiesischen Königsgräbern auch die Sarkophage des Weltreisenden Vasco da Gama. Er war Symbol der Weltoffenheit und Größe Portugals, das in der EU eine neue europäische Verankerung gefunden und uns zugleich den Blick über die Weltmeere geschenkt hat.

Dieses alte Kloster, das die europäische Kultur verkörperte, war eine herrliche Kulisse für diesen bedeutenden Tag, an dem sich die 27 Länder der Europäischen Union eine neue „Verfassung" gaben, auch wenn diese nicht mehr so heißen durfte. Wunderbare Farben beleuchteten die alten Mauern. Der Präsident des Europäischen Rates, Portugals Ministerpräsident José Sócrates, begrüßte die Gäste und eröffnete die feierliche Zeremonie. Nach ihm sprach der Präsident der Europäischen Kommission, José Manuel Durão Barroso, danach der Präsident des Europäischen Parlaments.[31] In meiner Rede berichtete ich davon, dass gestern der Präsident des Europäischen Rates, der Präsident der Europäischen Kommission und der Präsident des Europäischen Parlaments die „Charta der Grundrechte" als „Verkörperung unserer Wertegemeinschaft" im Europäischen Parlament in Straßburg unterzeichnet hatten.

> „Heute tragen Sie, die Staats- und Regierungschefs, mit Ihrer Unterschrift unter den Reformvertrag von Lissabon dazu bei, dass – 50 Jahre nach der Unterzeichnung der Römischen Verträge – die Europäische Union einen gemeinsamen Weg in unsere europäische Zukunft im 21. Jahrhundert geht",

so formulierte ich es. Dies wäre ein „schönes Geburtstagsgeschenk" für die Europäische Union. Ich dankte dem Präsidenten des Europäischen Rates, José Sócrates, für die erfolgreiche Regierungskonferenz, aber ebenso der deutschen Ratspräsidentschaft, insbesondere Bundeskanzlerin Angela Merkel, die auf dem Gipfeltreffen im Juni eine grundsätzliche Einigung über den Reformvertrag herbeiführen konnte. Ich erinnerte daran, dass man noch Anfang des Jahres von einer „unüberwindbaren Krise" der Europäischen Union gesprochen hätte.

> „Heute aber, wie schon oft in den vergangenen Zyklen von Krisen und Selbstzweifeln, die unsere Union durchlaufen hat, tritt die Europäische Union gestärkt aus dieser Krise hervor",

stellte ich die Erfahrung der europäischen Einigungspolitik dar. Dabei dachte ich daran, ohne es auszusprechen, dass 1954 die Europäische Verteidigungsgemeinschaft gescheitert war, in den Sechzigerjahren Frankreichs Politik des „leeren Stuhls" zu einer Blockade der Entscheidungen in der damaligen Europäischen Gemeinschaft geführt hatte, in den Achtzigerjahren von „Euro-Sklerose" die Rede gewesen war und schließlich an das Scheitern des Verfassungsvertrages. Nach all diesen Krisen war es zuletzt immer möglich gewesen, Lösungen zu finden. Dies hatte jedoch stets den entschlossenen Willen einiger erfordert, die nicht gewollt hatten, dass das europäische Einigungswerk scheiterte. Dazu gehörten in den Achtziger- und Neunzigerjahren insbesondere Bundeskanzler Helmut Kohl und der französische Präsident François Mitterrand. Viele Gedanken gingen mir durch den Kopf. In meiner Rede im Hieronymus-Kloster wies ich noch einmal darauf hin, dass für das Europäische Parlament die „Substanz des Verfassungsvertrages verteidigungswert und verteidigungsfähig" war.[32] Dafür hatten wir ja so lange gearbeitet, nämlich seit „Nizza", dem nicht so gelungenen Vertrag, welcher auf einem Gipfel im Dezember 2000 ausgehandelt worden war. Ich erinnerte noch einmal an den Verfassungsvertragsentwurf, der in einem „offenen und demokratischen Konvent" erarbeitet worden war. Der Hinweis auf die „rechtsverbindliche Verankerung der Grundrechtecharta", was ja insbesondere das Europäische Parlament durchgesetzt hatte, war ebenso wichtig. Nicht fehlen durfte auch der immer wieder von mir wiederholte Satz: „In der Europäischen Union hat nicht die Macht das Recht, sondern das Recht die Macht. Nur das Recht sichert uns allen den Frieden!"

Auch erinnerte ich erneut an die Bedeutung des Wertes der Solidarität:

„Wir wollen ein faires Modell des Gebens und Nehmens sein und keines unserer Mitgliedsländer alleine lassen, wenn es irgendeinem Druck von außen, etwa bei seiner Energieversorgung oder in Bezug auf die Einwanderung ausgesetzt ist."

Ich mahnte vor den Staats- und Regierungschefs und den Präsidenten der europäischen Institutionen, dass unsere Werte zu unserem gelebten Selbstverständnis werden müssten, ohne dass einzelne Staaten sich nur an die Ziele hielten, die ihnen gerade am meisten entsprachen.

„Wir nehmen Rechte in Anspruch, aber wir haben auch Pflichten gegenüber der Gemeinschaft der Europäerinnen und Europäer, gegenüber der Welt und zukünftigen Generationen. Rechte gibt es nicht ohne Pflichten. Es ist die Solidarität, die uns vereint."

Dann machte ich eine persönliche Bemerkung. Ich wies darauf hin, dass ich seit der ersten Direktwahl des Europäischen Parlaments im Jahre 1979 Abgeordneter des Europäischen Parlaments war. Damals hatte das Parlament keinerlei Gesetzgebungsbefugnisse besessen. „Heute steht das Europäische Parlament im Zentrum einer europäischen parlamentarischen Demokratie, von der wir 1979 nur träumen konnten." Die Entstehungsgeschichte der Europäischen Union beruhte zu einem großen Teil also auch auf dem beständigen Aufbau der parlamentarischen Demokratie in der Europäischen Union. Wie immer erwähnte ich aber nicht nur das Europäische Parlament, sondern die parlamentarische Demokratie als solche, die ohne die nationalen Repräsentationen nicht denkbar war. Ich wies darauf hin, dass die nationalen Parlamente mit dem Reformvertrag gestärkt würden und eine gute Zusammenarbeit zwischen dem Europäischen Parlament und den nationalen Parlamenten von ganz besonderer Bedeutung wäre. Die gute Zusammenarbeit mit den nationalen Parlamenten, die mir nicht nur als Präsident des Europäischen Parlaments, sondern schon als Fraktionsvorsitzender und auch stellvertretender Fraktionsvorsitzender ein besonderes Anliegen gewesen war, personalisierte sich insbesondere in der engen Kooperation mit Norbert Lammert, dem Präsidenten des Deutschen Bundestages während meiner Amtszeit als Präsident des Europäischen Parlaments. Wir sollten uns später, nach meinem Ausscheiden aus diesem Amt, in verantwortungsvollen Aufgaben in der Konrad-Adenauer-Stiftung wieder begegnen.

Abschließend erinnerte ich daran, dass mit der Unterschrift unter den Vertrag von Lissabon die Staats- und Regierungschefs auch die Verantwortung für eine baldige Ratifizierung übernahmen. Der Vorstellung des Europäischen Parlaments nach sollte dies spätestens zum ersten Januar 2009 der Fall sein, damit der Vertrag in Kraft wäre, wenn das nächste Europäische Parlament im Juni 2009 gewählt werden würde. Wir wissen, dass dieses Ziel nicht erreicht wurde. Es dauerte bis zum 1. Dezember 2009, ehe der Vertrag in Kraft trat. Bis dahin waren noch viele mühsame Diskrepanzen zu bewältigen, aber anders als der Vertrag über eine Verfassung für Europa, der feierlich am 29. Oktober 2004 im Saal der Horatier und Curiatier im Konservatorenpalast auf dem Kapitol in Rom unterzeichnet worden und letzten Endes nicht in Kraft getreten war, blieb dem Vertrag von Lissabon dieses Schicksal erspart. Es waren noch beträchtliche Anstrengungen notwendig, damit er geltendes Recht und damit politische Wirklichkeit wurde. Aber am 13. Dezember 2007 konnte man im ehrwürdigen Hieronymus-Kloster nicht ahnen, wie steinig der Weg bis dahin noch sein sollte. Vorläufig jedoch war der 13. Dezember 2007, wie ich es im letzten Satz meiner Rede formulierte, „ein großer Erfolg für die Bürgerinnen und Bürger der Europäischen Union und wir können uns alle darüber freuen".

Für mich als Präsident des Europäischen Parlaments bedeutete die Unterzeichnung des Vertrages von Lissabon am 13. Dezember 2007 den formellen Abschluss der inhaltlichen Gestaltung des Vertrages, keinesfalls aber den Abschluss meines Engagements für dessen Ratifizierung in den Parlamenten der Mitgliedsländer der Europäischen Union, die jetzt bevorstand.

Ein großer Marmorstein vor dem Hieronymus-Kloster erinnert an die Unterzeichnung des Vertrages von Lissabon am 13. Dezember 2007. Die Namen der Staats- und Regierungschefs, die den Vertrag unterzeichneten, sowie die der Präsidenten des Europäischen Rates, der Europäischen Kommission und des Europäischen Parlaments sind darin eingraviert.

5. Zittau: Die Grenzen fallen endgültig

Nach allen Turbulenzen um die Europäische Verfassung endete das Jahr 2007 mit einem, wie ich es dankbar empfand, historischen Ereignis. Im Gebrauch des Wortes „historisch" sollte man zurückhaltend sein, aber der Freitag, der 21. Dezember 2007, verdient diese Charakterisierung. Es handelte sich um nichts weniger als die Aufhebung der Grenzkontrollen zwischen Deutschland, Polen und Tschechien. Eingeladen hatte die Präsidentin des Europäischen Rates, Bundeskanzlerin Angela Merkel.

Bereits am Vorabend war ich aus Wien kommend mit meiner Delegation auf dem Flughafen Dresden gelandet, von wo aus wir zum Schlosshotel Althörnitz fuhren, um dort zu übernachten. Der Parlamentarische Staatssekretär beim Bundesminister des Inneren, Peter Altmaier, lud uns zum Abendessen ein. Peter Altmaier war als Abgeordneter ein von mir sehr geschätzter Kollege und gleichzeitig Präsident der Europa-Union Deutschland, ein Amt, das ich von 1997 bis 1999 – bis zu meiner Wahl zum Vorsitzenden der EVP-ED-Fraktion im Europäischen Parlament – auch wahrgenommen hatte. Peter Altmaier, der seit Oktober 2009 das Amt des Ersten Parlamentarischen Geschäftsführers der CDU/CSU-Bundestagsfraktion innehatte, bevor er am 22. Mai 2012 zum Bundesumweltminister berufen worden war, war überzeugter Europäer und hatte in jungen Jahren in der Europäischen Kommission gearbeitet. Im Schlosshotel Althörnitz übernachteten auch der Präsident des Europäischen Rates, Ministerpräsident José Sócrates, der aus Lissabon gekommen war, sowie José Manuel Durão Barroso, der Präsident der Europäischen Kommission, der aus Tallin, der Hauptstadt Estlands, angereist war, wo die Grenzen zwischen den baltischen Staaten bereits symbolisch freigegeben worden waren. Am Freitagmorgen traf gegen neun Uhr die Wagenkolonne der Präsidenten der europäischen Institutionen am Grenzübergang Zittau-Friedensstraße ein. Dort trafen wir Bundeskanzlerin Angela Merkel, den Ministerpräsidenten Polens, Donald Tusk, den Ministerpräsidenten Tschechiens, Mirek Topolánek, Bundesinnenminister Wolfgang Schäuble, den Innenminister Polens, Grzegorz Schetyna, Sachsens Ministerpräsidenten Georg Milbradt, außerdem den tschechischen Innenminister Ivan Langer und den Oberbürgermeister von Zittau, Arnd Voigt. Weitere Innenminister aus den Bundesländern waren ebenfalls anwesend.

Das Bundespolizeiorchester Berlin spielte die Europahymne, was ich als sehr bewegend empfand. Vierzig Kinder aus Deutschland und Polen standen mit Luftballons, die die europäischen Sterne darstellten, im Halbkreis hinter den Vertretern der europäischen Institutionen und den Regierungschefs. Als die Europahymne endete, wurde die Grenzschranke durch zwei Bundespolizisten und zwei polnische Grenzschützer angehoben und geöffnet. Wir klatschten dazu Beifall. Nun gingen wir unter der erhobenen Schranke hindurch und befanden uns auf polnischer Seite in Porajów. Die Kinder folgten uns und ließen die Luftballons aufsteigen. Welch bewegender Moment – Luftballons mit den zwölf Sternen, die die Einheit Europas symbolisieren, stiegen in den deutsch-polnischen Himmel. An einem Mikrofon hielten in dieser Reihenfolge Angela Merkel, Donald Tusk, José Sócrates und ich kurze Ansprachen.

Mir ging in diesen Minuten viel durch den Kopf. Wer ein Bewusstsein für die Geschichte und ihre Tragödien, für die Tragödien in den Beziehungen Deutschlands zu seinen Nachbarn hat, wurde sich bewusst, was in diesen Minuten des 21. Dezembers 2007 geschah. Ich habe versucht, es in meinem kurzen Statement auszudrücken, in dem ich den 21. Dezember 2007 als einen „glücklichen Tag für Deutschland, Polen und die Tschechische Republik sowie für alle Länder, zwischen denen die Grenzkontrollen abgebaut werden" bezeichnete.[33]

Es war in der Tat ein glücklicher Tag für die Bürgerinnen und Bürger der Europäischen Union, weil wir jetzt „einen wichtigen und neuen Schritt zur weiteren Einigung unseres europäischen Kontinents, für die Gemeinschaft der Völker Europas" gingen. Durch die Abschaffung der Grenzkontrollen wurde für Millionen von Menschen die Freizügigkeit als ein Grundprinzip der Union zur erlebbaren Wirklichkeit. Wörtlich fügte ich hinzu:

„Dieses ist das sichtbare Zeichen der Überwindung der ehemaligen Teilungen in Europa – die Überwindung von Grenzen im Leben und hoffentlich auch immer mehr in den Köpfen der Menschen. Wir befinden uns hier in Zittau an einem Dreieck der Geschichte. Hier stoßen drei Grenzen aneinander, die in Jahrhunderten einer bewegten, oftmals von Kriegen geprägten europäischen Geschichte mehrfach verschoben und dabei doch immer nur Menschen getrennt haben."

Auch erinnerte ich an die Außengrenzen, die jetzt verstärkt würden. Dabei dachte ich insbesondere an die Grenzen zu unseren östlichen Nachbarn, insbesondere an die Grenze zur Ukraine. Ich forderte dazu auf zu verhindern, dass an diesen Außengrenzen, hinter denen auch Europäerinnen und Europäer lebten, neue unsichtbare Mauern entstünden. Ich schloss meinen kurzen Redebeitrag mit den Worten:

„Heute ziehen wir in der Europäischen Union einen Schlussstrich unter diese Geschichte der Trennung. Heute ist dieses Dreiländereck zwischen Deutschland, Polen und der Tschechischen Republik Symbol der Vereinigung und des offenen Austausches zwischen den Völkern Europas. Die Abschaffung der Grenzkontrollen ist Ausdruck dafür, dass wir in der Europäischen Union auf einzigartige Weise zusammenleben. Die Abschaffung der Grenzkontrollen zeigt die Kraft des alten, sich erneuernden Europa. Heute können wir sagen, wie es so schön in der „Berliner Erklärung" vom 25. März 2007 formuliert ist: *Wir sind zu unserem Glück vereint.*"

Nach dieser beeindruckenden Zeremonie begaben sich Angela Merkel, José Sócrates, José Manuel Durão Barroso, Donald Tusk, Mirek Topolánek, Georg Milbradt, Arnd Voigt und ich in das Dienstgebäude und trugen uns in das Goldene Buch der Stadt Zittau ein. Danach fuhren wir mit Bussen zum polnisch-tschechischen Grenzübergang Porajów-Hrádek nad Nisou. Dort erwartete uns eine vergleichbare Zeremonie. Das tschechische Polizeiorchester spielte, und die Ministerpräsidenten Donald Tusk und Mirek Topolánek zersägten eine auf der Grenzlinie aufgestellte Schranke aus Holz. Danach gab es Statements von Mirek Topolánek, Donald Tusk und José Manuel Durão Barroso. Nach einem „Familienfoto" wurde die Zeremonie abgeschlossen.

Welch bedeutender Tag! In den Generationen vor uns zogen Soldaten über die Grenzen, die Folge waren Elend, Not, Tod und Krieg. Am 1. September 1939 hatte Hitler den Zweiten Weltkrieg mit dem Angriff auf Polen begonnen. Er sollte Deutschland und Europa an den Abgrund führen. Jetzt, 68 Jahre später, konnten sich Deutsche, Polen und Tschechen frei über die Grenzen bewegen. Polen und Tschechen sind in Deutschland willkommen und umgekehrt. Technisch war das, was sich am 21. Dezember 2007 zwischen Deutschland, Polen und Tschechien ereignete, die „Erweiterung des Schengenraums", benannt nach dem kleinen Städtchen in Luxemburg, wo das Abkommen von Schengen zur Herstellung der Freizügigkeit im Jahre 1985 beschlossen worden war. Aus diesem Grund war auch als Vertreter des Großherzogtums Luxemburg, der Europa-Minister Nicolas Schmit, bei den Zeremonien anwesend.

Wann auch immer die Freizügigkeit zwischen den Ländern der Europäischen Union gefährdet sein sollte, müssen wir diesen Bedrohungen mit aller Kraft widerstehen. Eine Wiedererrichtung von Grenzen würde zwangsläufig dazu führen, dass auch wieder neue Grenzen in den Köpfen der Menschen entstehen, und die Tragödien könnten wieder von vorne beginnen. Barrieren, Mauern und Stacheldraht dürfen in Europa nie wieder errichtet werden!

6. Ein hochverehrter Kollege aus Warschau: Am Sarg von Bronisław Geremek

Im Juli 2008 verunglückte Bronisław Geremek, früherer Außenminister Polens und dann mein Kollege im Europäischen Parlament, auf dem Wege von Warschau nach Brüssel mit seinem PKW tödlich. Die Nachricht von seinem Tod bestürzte uns alle. Besonders auch mich, da ich ja durch die politischen Umstände eine besondere Beziehung zu Bronisław Geremek, dieser Persönlichkeit, die ich so hoch schätzte, bekommen hatte. Niemals hätte ich mir vorstellen können, dass ich ihn als Präsident des Europäischen Parlaments auf seinem letzten Weg begleiten würde, um ihn darüber hinaus auch noch zu würdigen. Am 21. Juli 2008 fand das Staatsbegräbnis für Bronisław Geremek in der St. Johannes Kathedrale von Warschau statt. Die gesamte

Führung der polnischen Nation, sowohl von Kirche als auch Politik und Gesellschaft, war vertreten. Bronisław Geremek, ein polnischer Jude und Weltbürger, wurde von der ganzen Nation geehrt. Nation und katholische Kirche erschienen mir dabei, wie schon so oft in der polnischen Geschichte, eine Einheit.

Die Erzbischöfe Kazimierz Nycz und Tadeusz Goclowski zelebrierten die Messe. Die höchstrangigen politischen Persönlichkeiten waren anwesend: Präsident Lech Kaczyński mit seiner Frau Maria Kaczyńska, die beide später in Smolensk zusammen mit fast einhundert weiteren Polen einen so tragischen Tod finden sollten, Ministerpräsident Donald Tusk, der ehemalige Ministerpräsident Tadeusz Mazowiecki, Lech Wałęsa, der große Arbeiterführer von Solidarność und ehemalige Präsident Polens, dessen Sohn Jarosław Wałęsa 2009 mein Kollege im Europäischen Parlament werden sollte, sowie viele weitere Persönlichkeiten. Als Präsident des Europäischen Parlaments saß ich in der Mitte dieser für die neuere Geschichte Polens so bedeutsamen Menschen. Im Altarraum würdigte eine Reihe dieser Persönlichkeiten den verstorbenen großen Polen und Europäer, dessen Sarg vor den Stufen des Altars aufgebahrt war. Auch ich sollte Bronisław Geremek wenig später auf dem Friedhof Powazki, auf dem er in einem Ehrengrab in der Allee der Ehrwürdigen seine letzte Ruhe fand, würdigen. Mit Ausnahme von mir, dem Deutschen, wurden alle Würdigungen ausschließlich von Polen vorgenommen.

Tief bewegend war für mich, dass nach mir Marek Edelman, der stellvertretende Kommandant des Warschauer Ghetto-Aufstandes von 1943, sprach. Marek Edelman, nahezu neunzig Jahre alt (er starb am 2. Oktober 2009), reichte und drückte mir die Hand. Mich, den im September 1945 geborenen Deutschen, erfüllte dieser Händedruck mit einer unaussprechlichen Verbindung aus Scham, Dankbarkeit und Freude, die ich mein Leben nicht vergessen werde. Am Grab eines Juden, Polen und Europäers eine versöhnliche Geste, die keiner Worte bedurfte. Meine Rede hielt ich in englischer Sprache. Da sie polnische und europäische Geschichte beinhaltete, europäische Tragödie und europäische Freiheit, möchte ich ein paar Zeilen daraus hier wiedergeben.[34] Ich würdigte Bronisław Geremek als einen „großen polnischen Patrioten und einen großen Europäer", dem wir unseren Respekt und unsere Dankbarkeit bekundeten. Ich sprach von seinem außergewöhnlichen Leben, das ich in Erinnerung rufen wollte. Im Leben von Bronisław Geremek konzentrierte sich die jüngere Geschichte seines Landes:

„Bronisław Geremek hat sein Leben als Dienst gelebt. Jahrzehntelang hat er dafür gekämpft, für das polnische Volk die Grundwerte Demokratie, Freiheit, Menschenrechte und Rechtsstaatlichkeit zu erringen, Grundwerte, die im Westen unseres Kontinents seit dem Ende des Zweiten Weltkrieges zum Alltag gehören. Seine Hingabe an die demokratische Opposition und die große Volksbewegung Solidarność haben Früchte getragen. Seit nunmehr fast zwei Jahrzehnten nimmt Polen den ihm gebührenden Platz in der Gemeinschaft der freien und demokratischen Nationen Europas ein. Seit dem 1. Mai 2004 ist Polen Mitglied der Europäischen Union, der einzigartigen Familie europäischer

Nationen. Im Jahre 1999 wurde Polen Mitglied der NATO. Die Mitwirkung von Bronisław Geremek an dieser Entwicklung lässt ihn zweifellos zu einem der Gründungsväter und der Schlüsselarchitekten des neuen Polens werden."

In der Person von Bronisław Geremek verkörperten sich, so führte ich weiter aus, „unsere jeweiligen nationalen, regionalen und lokalen Identitäten", die wir achteten. Die Einheit Europas wäre für Bronisław Geremek ein Spiegelbild seiner Ideale und Überzeugungen gewesen:

> „Versöhnung, Dialog, Kompromiss, Partnerschaft und nach Möglichkeit Freundschaft. Seine einzigartige Fähigkeit, gleichzeitig nahe an Polen und an Europa zu sein, habe ich stets zutiefst bewundert."

Das Wunder unserer Generation, das sich im Zerfall des totalitären Kommunismus gezeigt hätte, würde stets untrennbar mit der Solidarność-Bewegung und Persönlichkeiten wie Bronisław Geremek verbunden bleiben. Wir sollten das Andenken an Bronisław Geremek dadurch ehren, dass wir unseren nachdrücklichen Einsatz für die Europäische Einheit auf der Grundlage der Solidarität fortsetzten. Ich schloss meine Rede mit: „Merci, danke, dziękuję drogi Bronisławie Geremku."

In besonderen Ereignissen konzentrieren sich nationale und europäische Geschichte. Vergessen wir nie die uns trennende, aber denken wir immer wieder auch an die uns verbindende Geschichte Europas. Ohne das Bewusstsein für unsere Geschichte wissen wir nicht, warum wir dort sind, wo wir sind, und wohin wir gehen wollen. Möge die Geschichte Europas uns immer Lehre sein, um so den Weg in die Zukunft unseres Kontinents gemeinsam zu gehen.

7. Vermittelnder Besuch bei der katholischen Bischofskonferenz in Irland

Das „Nein" der Iren in einem ersten Referendum vom 12. Juni 2008 zum Vertrag von Lissabon war nach der Ablehnung des Verfassungsvertrages in Frankreich und den Niederlanden im Jahre 2005 ein weiterer großer Schock. Ich verstand es als meine Aufgabe und Pflicht, einen Beitrag zu leisten, dass bei einem erneuten Referendum in Irland die Mehrheit mir Ja stimmen würde. Dafür war die Haltung der katholischen Kirche in Irland von großer Bedeutung. Im Rahmen eines mehrtägigen Besuchs auf der irischen Insel Ende November 2008 maß ich der Begegnung mit der katholischen Bischofskonferenz der Republik Irland größte Bedeutung zu. Nachdem ich am 24. November eingeladen war, vor dem nordirischen Parlament zu sprechen, folgte ich einen Tag darauf, am 25. November, der Einladung von Séan Kardinal Brady und Erzbischof Diarmuid Martin, um mit der Bischofskonferenz von Irland zusammenzutreffen, die aus 26 Diözesanbischöfen und 7 Weihbischöfen zusammengesetzt war.

Die Begegnung fand im St. Patrick's College in Maynooth statt, welches auch das nationale Seminar für Irland ist (National Seminary for Ireland). Das wunderbare alte Gebäude, mit einer historischen Kirche in einem Park gelegen, erzeugte eine ganz besondere, geradezu spirituelle Atmosphäre. Zwei Persönlichkeiten der Bischofskonferenz waren mir seit Längerem bekannt: Noël Treanor, Generalsekretär von CO-MECE, der Bischofskonferenz für die Europäische Union, und späterer Bischof von Down and Connor (Belfast) sowie Erzbischof Diarmuid Martin, Vizepräsident von COMECE und Bischof von Dublin. Beiden, besonders Noël Treanor, war ich immer wieder in Brüssel begegnet. Diese beiden waren es auch, denen ich mein so wichtiges Gespräch mit der irischen Bischofskonferenz zu verdanken hatte.

In meiner kurzen Rede vor den Bischöfen hob ich die besondere Bedeutung der katholischen Kirche Irlands für die COMECE hervor, die die Kontakte zu den europäischen Institutionen hielt.[35] Für ein Land wie Irland war es nicht selbstverständlich, dass es über viele Jahre hinweg sowohl den Generalsekretär als auch den Vizepräsidenten der COMECE stellte. Die Betonung dieser Tatsache schaffte meiner Einschätzung nach eine gute psychologische Grundlage für das Gespräch mit den Repräsentanten der katholischen Kirche in Irland. Ich erinnerte daran, dass Irland die europäische Einigungspolitik immer unterstützt hätte und dass die Haltung der Kirche bezüglich der Europäischen Einigung für die Zukunft lebenswichtig wäre. Ich verschwieg nicht die Schwierigkeiten, die die irische katholische Kirche in den letzten Jahren durchgemacht hatte, und wies darauf hin, dass trotz des Rückgangs der Religiosität die Kirche in Irland einen „großen moralischen Einfluss auf die irische Gesellschaft" hätte. Ich betonte, dass die katholische Kirche nicht einfach Ja oder Nein in einem Referendum sagen könnte. Dies wäre die Aufgabe der politischen Parteien und anderer politisch organisierter Gruppen. Aufgabe der Kirche wäre es aber, moralische Führung zu übernehmen, insbesondere bei Fragen, die den Glauben und das Gewissen betrafen. Ich erinnerte in meiner Rede daran, dass es im Zuge der Referendumskampagne viele falsche Informationen gegeben hätte. Diese waren zum Teil sogar aus dem Europäischen Parlament gekommen, von Gegnern der Europäischen Einigung, die den Eindruck erweckt hatten, dass zum Beispiel die Abtreibung durch den Vertrag von Lissabon ermöglicht beziehungsweise sogar gefördert würde. Dies war ein Missbrauch von „Argumenten", die mir besonders widerwärtig erschienen.

Es gab Leute, denen jedes Mittel recht war, die Europäische Einigung zu diffamieren – unter bewusster Inkaufnahme von Unwahrheit und Lüge. Dies machte mich in meinem Einsatz für den Vertrag von Lissabon nur noch entschlossener. Wir durften diesen destruktiven Kräften nicht das Feld überlassen. Zum Teil nahmen diese Gruppen auch, soweit sie aus Irland selbst stammten, für sich in Anspruch, „traditionelle Katholiken" zu sein. Nun musste die Kirche, so war es meine Überzeugung, einen Beitrag leisten, die Gewissen dieser Gläubigen zu erleichtern. Ich erinnerte daran, dass die Europäische Union die Würde des Menschen als den Kern ihrer Werte ansähe. Wenn bei Gläubigen Befürchtungen und Besorgnisse bestünden, wäre es auch Aufgabe der kirchlichen Autoritäten, zu einer Kampagne beizutragen, die auf korrekten Informationen, auf Wahrheit, beruhte. Vor den Bischöfen der irischen Kirche bekannte ich mich dazu, dass Christen sich mit ihren religiösen Überzeugungen in der Öffentlichkeit äußern können müssten. Ein Laizismus, der das Religiöse aus der öffentlichen Debatte ausschloss, hätte noch niemals meine Zustimmung gefunden. Natürlich wäre die Trennung von Kirche und Staat eine wichtige Errungenschaft der Aufklärung, aber religiöse und spirituelle Überlegungen könnten aus dem mitmenschlichen Dialog und Gespräch auch in der Öffentlichkeit nicht vernachlässigt werden, denn sie gehörten zu den Grundwerten unserer Gesellschaft.

Ich erinnerte an den Artikel 17 des Lissabonner Vertrages, der eine rechtliche Grundlage für einen strukturierten Dialog zwischen den Kirchen und der Europäischen Union schuf. Ich schloss meine in englischer Sprache gehaltene Rede mit folgenden Worten:

> „Eminenz, verehrte Erzbischöfe und Bischöfe, jeder von Ihnen trägt große Verantwortung in der Gesellschaft, da die Menschen zu Ihnen schauen und moralische und ethische Führung erwarten. Ich möchte Ihnen erneut danken, dass Sie mir Gelegenheit geben, mit Ihnen zusammenzutreffen und zu sprechen und freue mich jetzt, Ihre Ansichten zu hören."[36]

Die sich anschließende Diskussion war außerordentlich offen, konstruktiv und für mich in jeder Weise erfreulich. Es verstand sich von selbst, dass sowohl Generalsekretär Noël Treanor als auch Erzbischof Diarmuid Martin, die so eng mit der COMECE verbunden waren und sind, ganz an meiner Seite standen. Natürlich wurden auch kritische Fragen gestellt, aber im Großen und Ganzen konnte ich doch darauf hinweisen, dass viele ethische Fragen, so auch die der Abtreibung, nicht europäische Gesetzgebung wären, sondern in der nationalen Verantwortung blieben – genauso, wie es das von der katholischen Kirche ebenfalls geförderte und geforderte Prinzip der Subsidiarität vorsähe. Mit freundlichem Beifall verabschiedeten mich die Bischöfe. Niemals hätte ich mir in meiner Jugend als junger Messdiener in der Pfarrkirche St. Vincentius in Bersenbrück vorstellen können, einmal vor der katholischen Bischofskonferenz eines ganzen Landes zu sprechen und dabei für Europa, wie ich glaubte, etwas Gutes zu tun. So erfüllte mich beim Verlassen des St. Patrick's College in Maynooth auch ein Gefühl der Dankbarkeit für das, was ich tun konnte.

*

Von Maynooth reiste ich nach Dublin, wo ich mit Michael Martin, dem irischen Außenminister, sowie dem „Unterausschuss für Irlands Zukunft in der Europäischen Union" des Oireachtas, also des Irischen Parlaments, zusammentraf. Bei diesem Unterausschuss, der nach dem negativen Referendum zum Vertrag von Lissabon eingesetzt worden war, handelte es sich um einen gemeinsamen Ausschuss beider Häuser des Parlaments, also des Dáil Éireann (Abgeordnetenhaus) und des Seanad Éireann (Senat). Seine Aufgabe bestand darin, die Herausforderungen, denen Irland gegenüberstand, zu analysieren und einen Beitrag zu einer offenen, ehrlichen und umfassenden Debatte über Irlands Beziehungen zur Europäischen Union zu leisten. Dieser Unterausschuss hörte über achtzig Zeugen von über fünfzig Organisationen an. Zu ihnen gehörte der Präsident des Europäischen Parlaments. Einleitend sagte ich zu den Abgeordneten, dass ich gekommen wäre, um zu hören, zu lernen und zu sehen, wie wir gemeinsame Lösungen fänden. Ich würdigte die wichtige Rolle des Unterausschusses und wiederholte, was ich am Tage zuvor schon vor der nordirischen Versammlung gesagt hatte:

„Wir im Europäischen Parlament hoffen, dass Irland für die gegenwärtige Situation eine Lösung findet, sodass der Vertrag auch hier ratifiziert werden und in Kraft treten kann."[37]

Wie wir wissen, sollte sich diese Hoffnung erfüllen. Am 11. und 12. Dezember 2008 beschloss der Europäische Rat, dass in Irland ein zweites Referendum abgehalten werden sollte. In entscheidenden Punkten kam der Europäische Rat den irischen Sorgen und Kritikern entgegen: Auch in Zukunft würde jedes Mitgliedsland einen EU-Kommissar stellen können und die nationale Souveränität in Steuerfragen würde nicht angetastet werden. In Irland selbst bildeten sich engagierte pro-europäische Gruppen (vor allem die Generation Yes und die Bewegung Ireland for Europe). Die unterdessen ausgebrochene weltweite Finanzkrise, die Irland stark belasten sollte, verhalf mit zu der Erkenntnis, dass die Stärkung der EU doch im Interesse Irlands wäre. Mit 67,1 Prozent der abgegebenen Stimmen wurde am 2. Oktober 2009 der Vertrag von Lissabon in einem zweiten Referendum von der irischen Bevölkerung angenommen. Mit 58 Prozent lag die Wahlbeteiligung diesmal sogar deutlich höher als im Juni 2008.

8. Ein provokativer Präsident aus Prag: Dispute mit Václav Klaus

Auf die Prager Burg, den Hradschin, war die Konferenz der Präsidenten, also der Fraktionsvorsitzenden zusammen mit dem Präsidenten des Europäischen Parlaments, am 5. Dezember 2008 vom tschechischen Staatspräsidenten Václav Klaus eingeladen. Der Besuch der Konferenz der Präsidenten in Prag sollte der Vorbereitung der am 1. Januar 2009 beginnenden tschechischen Präsidentschaft dienen. Meistens waren diese Zussammenkünfte mit Repräsentanten der zukünftigen Präsidentschaft „Goodwill-Veranstaltungen". Aber dieses Mal sollte es anders kommen. Die Begegnung mit Staatspräsident Václav Klaus führte zu einem Eklat, zu einem Vertrauensbruch durch den tschechischen Staatspräsidenten, da er das Gespräch ohne unsere Zustimmung aufzeichnen und das Protokoll gegen Abend desselben Tages veröffentlichen ließ. Dieses Verhalten war ohne Beispiel, galten doch die Treffen mit der je-weiligen zukünftigen Präsidentschaft und ihren Repräsentanten als vertrauliche Begegnungen. Der tschechische Rundfunk sprach davon, dass der Termin bei Präsi-dent Václav Klaus auf der Prager Burg zum „Höhepunkt der Visite" hatte werden sollen, sich dann jedoch atmosphärisch und inhaltlich zu einem „absoluten Tief-punkt" entwickelt hatte.[38]

An dem Gespräch nahmen teil: Martin Schulz, Vorsitzender der sozialdemokrati-schen Fraktion; Graham Watson, Vorsitzender der liberalen Fraktion; Brian Crowley, Vorsitzender der Fraktion Europa der Nationen; Francis Wurtz, Vorsitzender der Fraktion der Vereinigten Europäischen Linken/Nordische Grüne Liste; Daniel Cohn-Bendit, Co-Vorsitzender der Fraktion Die Grünen/Europäische Freie Allianz; Hanne Dahl für die Fraktion Unabhängigkeit und Demokratie, die Slowakin Irena Belo-horská für die Fraktionslosen sowie ich. Der Vorsitzende der EVP-ED-Fraktion, Jo-seph Daul, konnte wegen einer Finnlandreise an der Begegnung nicht teilnehmen. Bereits zu Beginn des Gesprächs kam es zwischen Václav Klaus und Daniel Cohn-Bendit zu einer außergewöhnlichen Kontroverse. Daniel Cohn-Bendit überreichte dem tschechischen Präsidenten eine Tischflagge mit den zwölf Sternen Europas. Be-kanntlich gab es auf der Prager Burg außer der tschechischen Flagge und der Präsi-dentenstandarte nicht, wie an allen anderen vergleichbaren Orten in der Europäischen Union, die Europafahne. Der Co-Vorsitzende der Grünen wollte mit seiner Geste daran erinnern, dass endlich auch diese am Amtssitz des tschechischen Staatspräsi-denten Einzug halten sollte. Ich selbst empfand diese Geste von Daniel Cohn-Bendit als originell und hatte nichts dagegen einzuwenden. Als Daniel Cohn-Bendit im Laufe der Begegnung jedoch auf den Vertrag von Lissabon zu sprechen kam, spitzte sich die Situation dramatisch zu. Cohn-Bendit sagte, an den tschechischen Präsiden-ten gewandt:

> „Ihre Ansichten darüber interessieren mich nicht, ich will wissen, was Sie tun werden, wenn er [der Vertrag von Lissabon] vom tschechischen Abgeordnetenhaus und vom Se-nat angenommen wird. Werden Sie den demokratischen Willen der Volksvertreter re-spektieren? Sie werden ihn unterschreiben müssen. Weiter will ich, dass Sie mir das Ausmaß Ihrer Freundschaft mit Herrn Ganley [dem Chef der irischen Libertas-Partei, die mit ihrer Kampagne maßgeblich das Nein der Iren zu Lissabon hervorgerufen hatte] in Irland erklären. Wie können Sie sich mit einem Mann treffen, von dem nicht klar ist, wer ihn bezahlt? In Ihrer Funktion haben Sie sich nicht mit ihm zu treffen. Das ist ein Mann, dessen Finanzen sich aus problematischen Quellen speisen und der die jetzt zur Finanzierung seiner Wahlkampagne für das Europaparlament nutzen will."[39]

Darauf entgegnete Václav Klaus:

„Ich muss sagen, dass niemand mit mir seit sechs Jahren [so lange Klaus Präsident ist] in diesem Stil und in diesem Ton gesprochen hat. Sie sind hier nicht auf den Pariser Barrikaden. Ich habe geglaubt, dass diese Methoden für uns vor 19 Jahren ein Ende gefunden hatten. Ich sehe, dass ich mich geirrt habe. Ich würde mir nicht erlauben, Sie zu fragen, womit die Aktivitäten der Grünen finanziert werden. Falls es Ihnen, Herr Präsident, in der halben Stunde, die wir für dieses Treffen haben, um eine rationale Diskussion geht, bitte ich Sie, das Wort einem anderen zu erteilen."

Die von der Kanzlei des Staatspräsidenten veröffentlichte Version meiner Reaktion hierauf lautete:
„Nein, wir haben genügend Zeit. Mein Kollege darf fortfahren, weil jeder der Abgeordneten Sie das fragen wird, was er möchte. [Zu Cohn-Bendit:] Fahren Sie nur fort."
Václav Klaus reagierte entrüstet: „Das ist unglaublich, so etwas habe ich noch nicht erlebt."
Nicht enthalten in dem von Präsident Klaus veröffentlichten Protokoll war meine Bemerkung, dass der tschechische Präsident eingangs von der Freiheit gesprochen hatte – und wegen ebendieser Freiheit könnte ich meinem Kollegen Cohn-Bendit das Wort jetzt nicht entziehen. Martin Schulz, der Vorsitzende der sozialdemokratischen Fraktion, schob mir einen kleinen Zettel zu, auf den er geschrieben hatte: „Herr Präsident, schön, wie Du das Rederecht Deiner Kollegen verteidigst."
Auch zwischen Brian Crowley und Václav Klaus entwickelte sich eine scharfe Kontroverse.

„Ich komme aus Irland und bin Mitglied der dortigen Regierungspartei. Mein Vater hat sein Leben lang für die Unabhängigkeit von der britischen Übermacht gekämpft. Viele meiner Verwandten kamen dabei ums Leben. Deshalb erlaube ich mir zu sagen, dass die Iren den Vertrag von Lissabon wünschen. Dadurch, dass Sie während Ihres Irland-Besuchs Ganley trafen, erlaubten Sie sich eine Beleidigung des irischen Volkes. Dieser Mensch hat nicht bewiesen, womit er seine Kampagne finanziert. Es ist eine ungeheuerliche Beleidigung des irischen Volkes, sich mit jemandem zu treffen, der kein Wählermandat hat. Ich will Sie nur informieren, wie das die Iren empfinden. Ich wünsche Ihnen, dass es Ihnen gelingt, das Programm Ihrer Präsidentschaft durchzusetzen. Dass Ihnen gelingt, durchzusetzen, was sich die europäischen Bürger wünschen."

Irena Belohorská, die slowakische Abgeordnete, die die Fraktionslosen vertrat, erinnerte den tschechischen Präsidenten daran, dass der Vertrag von Nizza (in Kraft getreten am 1. Februar 2003) noch ein Vertrag von 15 Ländern war, der Vertrag von Lissabon hingegen ein Vertrag von 27 Ländern – und fügte hinzu:

„deshalb bin ich nicht glücklich darüber, wenn der höchste Vertreter eines der neuen Mitgliedsländer gegen diesen Vertrag aufsteht, an dem wir alle gemeinsam gearbeitet haben.“

Darauf antwortete Václav Klaus:

„Ich danke Ihnen für die Erfahrung, die ich mit diesem Treffen mit Ihnen machen kann. Ich habe nicht geahnt, dass so etwas möglich ist, und ich habe so etwas Ähnliches seit 19 Jahren nicht erlebt. Ich dachte, dass das der Vergangenheit angehört, dass wir in der Demokratie leben, aber in der EU funktioniert wirklich eine Post-Demokratie. Sie haben über europäische Werte gesprochen. Europäische Werte sind vor allem Freiheit und Demokratie, und darum geht es den Bürgern der Mitgliedstaaten der EU vor allem, und heute sind die in der EU sehr im Verschwinden begriffen“.

Zum Abschluss unseres Gespräches erinnerte ich daran, dass Präsident Klaus den Wunsch geäußert hätte, vor dem Europäischen Parlament eine Rede zu halten. Die Konferenz der Präsidenten hätte sich mit diesem Anliegen bereits befasst und lüde den Präsidenten Tschechiens gerne ein, vor den europäischen Abgeordneten zu sprechen. Und ich schloss mit den Worten:

„[I]ch will im Guten diesen Ort verlassen. [...] Jeder von uns hat tiefe Wurzeln in seinem Land und in seinem Wahlkreis. Es geht uns um Freiheit und Demokratie, um Versöhnung in Europa, Wir unterstützen die tschechische Präsidentschaft, wir haben guten Willen und sind nicht naiv.“

Die Aufzeichnung des vertraulichen Gesprächs ohne unser Einverständnis war für mich ohne Beispiel. Ganz offensichtlich hatte Präsident Klaus mit der Aufnahme des Gespräches von vornherein beabsichtigt, dieses zu veröffentlichen, was nicht anders als eine bewusste Provokation verstanden werden konnte. Bei meiner langjährigen Arbeit im Europäischen Parlament habe ich mich immer von der Überzeugung leiten lassen, dass Europa nur gebaut werden kann, wenn die Beteiligten guten Willens sind. Dazu gehört vor allem gegenseitiges Vertrauen und nicht der offensichtliche Missbrauch von Vertrauen. Unterschiedliche politische Auffassungen sind selbstverständlich und natürlich, sie sind zu respektieren. Aber ein Verhalten, dass das Vertrauen verletzt, ist unannehmbar. Gleichwohl war uns der Präsident Tschechiens im Europäischen Parlament als der Vertreter der tschechischen Präsidentschaft und damit des tschechischen Volkes willkommen.

*

Eigentlich hatte mit Václav Klaus alles so gut begonnen. Zum ersten Mal waren wir uns im Jahre 1992 begegnet. Vom 26. bis 28. Oktober 1992 hatte der dritte Parteitag der CDU Deutschlands in Düsseldorf getagt. Ich hatte dem Tagungspräsidium angehört und hatte, so verstand ich es damals, die ehrenvolle Aufgabe, Václav Klaus in seiner Eigenschaft als Ministerpräsident Tschechiens zu begrüßen und ihn um sein Grußwort an die Delegierten des Parteitages zu bitten.[40] Ich hatte an den Besuch von Hans-Dietrich Genscher und Rudolf Seiters erinnert, die im Herbst 1989 tausenden von Deutschen aus der DDR, die in die Botschaft der Bundesrepublik Deutschland in Prag geflüchtet waren, mitgeteilt hatten, dass sie in die Bundesrepublik Deutschland, in die Freiheit, ausreisen hatten können. Welch bewegendes Erlebnis war dies gewesen, als wir es im Fernsehen verfolgt hatten. Daran hatte ich nun in Düsseldorf erinnert. Ich hatte hinzugefügt, wir hätten es uns damals nicht träumen lassen, dass wir auf unserem Bundesparteitag 1992 einen

> „frei gewählten Ministerpräsidenten aus einem Land östlich von Deutschland bei uns begrüßen dürfen. Deswegen ist es eine ganz besondere Freude, dass wir heute auf dem Bundesparteitag der CDU Deutschlands den Vorsitzenden der Demokratischen Bürgerpartei (ODS), den Ministerpräsidenten der Tschechischen Republik, unseren Freund Václav Klaus, begrüßen dürfen. Seien Sie sehr herzlich willkommen auf unserem Bundesparteitag."

Das Protokoll hatte „Beifall" verzeichnet. Václav Klaus hatte sein Grußwort in einem perfekten Deutsch begonnen und gesagt, es wäre für ihn eine große Ehre gewesen, die Gelegenheit zu haben, vor den Delegierten zu sprechen: „Das war für mich vor drei Jahren wirklich etwas Unvorstellbares. Ihre Einführung war wirklich ausgezeichnet."[41] Václav Klaus hatte Ausführungen zur ODS gemacht, die er als eine „eindeutig [...] konservative Partei" definiert hatte. Er hatte von der Europäischen Demokratischen Union (EDU), einem Zusammenschluss christdemokratischer und konservativer Parteien als „Verbündete[...] und Freunde" gesprochen und davon, dass die CDU dabei „eine recht bedeutende Rolle" gespielt hätte. Er hatte die Mitglieder der CDU als „Freunde" bezeichnet und man wäre sich wohl bewusst gewesen, dass man gute Freunde hätte und sich auf diese hätte verlassen können. Václav Klaus hatte dann zum Abschluss seines Grußwortes die Konrad-Adenauer-Stiftung erwähnt, mit deren Unterstützung sein Besuch auf dem Parteitag vorbereitet worden war. Er hatte betont, „dass uns mit der Adenauer-Stiftung eine enge und vertrauensvolle Zusammenarbeit verbindet, für die wir sehr dankbar sind".

Václav Klaus hatte für seine Rede „anhaltenden Beifall" bekommen. Ich hatte ihm für seine Ausführungen sehr herzlich gedankt und mit der Bemerkung geschlossen:

> „Wir wünschen, dass wir den Tag erleben, dass neben Deutschen, Franzosen und anderen Partnern in der Europäischen Gemeinschaft, die mit dem Vertrag von Maastricht zu europäischen Bürgern werden, auch Tschechen, Slowaken, Polen und Ungarn europäische Staatsbürger sein werden. Das ist der Wunsch, den wir Ihnen heute übermitteln möchten."

Damals hatten wir nicht ahnen lönnen, dass Václav Klaus seine Partei schließlich immer mehr von den Christdemokraten entfernen sollte. Mit dem Beitritt Tschechiens zur Europäischen Union wurden die Europaabgeordneten der ODS am 1. Mai 2004 Mitglied des ED-Teils der EVP-Fraktion, die ich von 1999 bis 2007 geführt hatte. Nach den europäischen Wahlen im Juni 2009 verließen die ODS-Kollegen zusammen mit den britischen Konservativen unsere gemeinsame Fraktion.-

*

Vorerst aber sollte Präsident Václav Klaus am 19. Februar 2009 vor dem Europäischen Parlament sprechen. Mir lag sehr daran – es war nicht nur meine Absicht, sondern ich verstand es auch als meine Pflicht –, dass der Besuch des tschechischen Präsidenten im Europäischen Parlament nicht zu einem Eklat führte, wie es am 5. Dezember 2008 auf der Prager Burg der Fall gewesen war. Deswegen gab ich mir im Plenum des Europäischen Parlaments alle Mühe, den Gast freundlich zu begrüßen.[42] Für die Begrüßung gebrauchte ich das Wort „herzlich" und äußerte für mich und die Kolleginnen und Kollegen unsere „Freude", dass der tschechische Staatspräsident als Vertreter der tschechischen Präsidentschaft „im Europäischen Parlament, der demokratischen Vertretung der Bürgerinnen und Bürger des wiedervereinigten Europa" sprechen werde. Ich erinnerte daran, dass das Land unseres Gastes „im Laufe der Geschichte stets im Herzen Europas [...] erheblich zur Mitgestaltung der europäischen Geschichte beigetragen" hätte.

Ich rief Karl IV. in Erinnerung, der als Kaiser des Heiligen Römischen Reichs im 14. Jahrhundert Prag zur Kultur- und Geisteshauptstadt Europas gemacht hatte. Nicht ohne Hintersinn erinnerte ich daran, dass der böhmische König Georg von Podiebrad zu den ersten großen Europäern gezählt hätte, der sich bereits 1462 um die Errichtung einer europäischen Staatengemeinschaft bemüht hatte. In Fortsetzung dieser Tradition sähen wir auch die Präsidentschaft Tschechiens und seine Rolle „als starkes Herz europäischen Denkens und Handelns". Ich beglückwünschte Václav Klaus dazu, dass das Abgeordnetenhaus der Tschechischen Republik am Vortage mit großer Mehrheit den Vertrag von Lissabon ratifiziert hätte. Damit würde die Bereitschaft der Präsidentschaft zum Ausdruck gebracht, „zur raschen und positiven Fortsetzung des Ratifizierungsprozesses und [...] zum Erfolg des neuen Vertrages beizutragen". Schließlich zitierte ich ein altes Sprichwort aus dem Königreich Böhmen, das besagt: „Es ist besser, zwei Jahre lang zu verhandeln, als zwei Wochen einen Krieg zu führen." Dialog, Kompromiss und Zusammenarbeit, die sich seit einem halben Jahrhundert in der Europäischen Union so erfolgreich bewährt hätten, wären sicher auch Anliegen des tschechischen Präsidenten und der Menschen seines Landes. Bevor ich Václav Klaus bat, zu uns zu sprechen, wünschte ich der Tschechischen Republik noch „eine erfolgreiche und fruchtbare Präsidentschaft der Europäischen Union".

Václav Klaus bedankte sich dafür, dass er erstmalig vor dem Europäischen Parlament sprechen könnte.[43] Die Europäische Union wäre „ein einzigartiges und im wahrsten Sinne des Wortes revolutionäres Experiment". Er äußerte seine Überzeugung, dass die Mitgliedschaft in der EU „alternativlos" war. Ab dann jedoch äußerte er mehr Zweifel, als Positives hervorzuheben. In Brüssel würden „definitiv mehr Entscheidungen getroffen, als idealerweise getroffen werden sollten". Er wollte deshalb die Frage stellen, ob die Abgeordneten des Europäischen Parlaments sich bei jeder Abstimmung sicher wären, dass die Fragen im Europäischen Parlament entschieden werden sollten oder nicht „näher bei den Bürgern, anders ausgedrückt, in den einzelnen europäischen Staaten?" Die Annahme, „dass eine immer engere Union, anders gesagt eine immer tiefere politische Integration der Mitgliedstaaten den einzig möglichen und richtigen Kurs zur Entwicklung der Europäischen Union darstellt", bezeichnete er als einen „Fehler". Gerade bei Menschen, die lange Zeit im 20. Jahrhundert die Tyrannei erfahren hätten, wäre die Sorge über die „Auswirkungen einer dysfunktionalen, zentralistisch geplanten Staatswirtschaft [...] stärker ausgeprägt".

Dann kam Václav Klaus auf das Europäische Parlament zu sprechen. Das System der Entscheidungsfindung in der Europäischen Union unterschiede sich von den historisch erprobten, traditionellen Formen der parlamentarischen Demokratie. Es gäbe nicht das Wechselspiel von Regierung und Opposition:

> „Hier gibt es nur eine Alternative, und wer es wagt, andere Alternativen zu erwägen, wird als Feind der europäischen Integration gebrandmarkt. Jener Teil Europas, in dem ich lebe, war bis vor nicht allzu langer Zeit von einem politischen System beherrscht, das keine Alternativen zuließ und in dem folglich auch keine parlamentarische Opposition existierte. Durch bittere Erfahrung haben wir gelernt: Wo es keine Opposition gibt, gibt es auch keine Freiheit."

Das waren ein frontaler Angriff auf das Europäische Parlament und ein Vergleich mit den Zeiten der Sowjetunion. Für mich war klar, dass ich die Rede von Präsident Klaus nicht unkommentiert lassen durfte und eine Antwort geben musste.

Dann sprach der Gast von der großen Distanz zwischen den Abgeordneten des Europäischen Parlaments und den Bürgern, dem „demokratischen Defizit, Verlust demokratischer Verantwortlichkeit, Entscheidungsfindung durch auserwählte Beamte und nicht durch gewählte Vertreter, Bürokratisierung der Entscheidungsfindung".

Und der tschechische Staatspräsident fügte hinzu, die in der zurückgewiesenen Europäischen Verfassung vorgeschlagenen Veränderungen und die sich davon nicht sehr stark unterscheidenden Bestimmungen im Vertrag von Lissabon würden diesen Mangel noch verstärken. Dies war eine ebenso unglaubliche wie absurde Feststellung, sollte doch gerade durch den Vertrag von Lissabon das Mitentscheidungsrecht des Europäischen Parlaments in der Gesetzgebung maßgeblich gestärkt werden. Der wie ich dem Europäischen Parlament seit seiner ersten Direktwahl im Jahre 1979, als dieses noch keinerlei Gesetzgebungsbefugnisse hatte, angehörte und hatte miterleben können, wie der Vertrag von Lissabon in nahezu allen Bereichen europäischer Gesetzgebung die Mitentscheidung des Europäischen Parlaments ermöglicht hatte, der musste diese Feststellung nicht nur als einen unberechtigten Vorwurf, sondern eine Umkehrung der tatsächlichen Verhältnisse verstehen.

Das Protokoll der Sitzung des Europäischen Parlaments vom 19. Februar 2009 verzeichnete während der gesamten Rede des tschechischen Staatspräsidenten keinerlei Reaktionen. Auch am Ende registrierte es keinen Beifall. Nach den Reden unserer Gäste hatte ich es stets so gehalten, den Rednern freundlich für ihren Beitrag zu danken. Dazu hatte es auch immer Anlass gegeben. Nach der Rede von Václav Klaus fühlte ich mich nicht nur inhaltlich, sondern auch den Kolleginnen und Kollegen gegenüber verpflichtet, einen Kommentar abzugeben. Dabei bemühte ich mich, die angespannte Stimmung nicht noch zu verstärken, aber gleichwohl deutliche Worte zu wählen. Ohne das Wort Sowjetunion auszusprechen, hatte Klaus uns indirekt mit dieser verglichen. So richtete ich unmittelbar nach der Rede unseres Gastes das Wort an die

> „[l]iebe[n] Kolleginnen und Kollegen! Herr Präsident, es war Ihr Wunsch, vor dem Europäischen Parlament zu sprechen. Wir sind diesem Wunsch gerne nachgekommen. Herr Präsident, in einem Parlament der Vergangenheit hätten Sie diese Rede bestimmt nicht halten können."[44]

Das Protokoll verzeichnete „Beifall". Ich fügte hinzu: „Gott sei Dank leben wir in einer europäischen Demokratie, in der jeder seine Meinung äußern kann!" Das Protokoll erfasste „Beifall" und „Unruhe". Den Äußerungen unseres Gastes, in denen er gefordert hatte, dass hätte überprüft werden müssen, welche Entscheidungen auf der Ebene der Europäischen Union und welche in den Nationalstaaten getroffen werden sollten, fügte ich hinzu, dass man sich in den nationalen Hauptstädten ebenso fragen müsste, welche Entscheidungen in den Städten und Gemeinden anstatt auf nationaler Ebene zu treffen wären. Man protokollierte auch an dieser Stelle „Beifall". Dann äußerte ich mich zum Selbstverständnis des Europäischen Parlaments:

> „Wir danken Ihnen für die von Ihnen ausgesprochene Erkenntnis, dass dieses Europäische Parlament eine wichtige Institution ist. Wären wir heute nicht so einflussreich, wären wir heute nicht in 75 Prozent der Fälle der Gesetzgeber, und wären wir nicht mit dem Vertrag von Lissabon in nahezu 100 Prozent der Fälle der Mitgesetzgeber, dann wäre es in der tat so, dass die Bürokratie in Europa entscheiden würde. Aber jetzt entscheidet das Europäische Parlament!"

Das Protokoll verzeichnete „anhaltenden Beifall". Ich schloss die „Feierliche Sitzung" mit der Bemerkung:

> „Herr Präsident, wir danken Ihnen für Ihren Besuch. Er war der Ausdruck unserer Meinungsvielfalt in Europa, er war der Ausdruck unserer europäischen Demokratie, und in

der Demokratie gilt am Ende die Mehrheit. Ich fordere uns gemeinsam auf, für diese Demokratie, für Europa, für die Einheit, für den Frieden weiter einzutreten!"

Und wiederum das Protokoll: „Das Parlament erhebt sich und spendet dem Redner Beifall."

Ein Kommentator beschrieb meine Reaktion auf die Rede von Václav Klaus mit den Worten, dass ich „versuchte, die Wogen nach den harten Worten des Tschechen mit Diplomatie zu glätten". Ich hätte „überraschend milde Worte [gefunden], gilt das Verhältnis zwischen ihm und Klaus doch als angespannt". In dem Kommentar wurde auch noch einmal darauf hingewiesen, dass der tschechische Präsident im vergangenen Jahr Auszüge eines vertraulichen Gesprächs mit den Fraktionschefs des Europäischen Parlaments veröffentlicht hätte, bei dem es zu heftigen Wortwechseln zwischen mehreren Abgeordneten und ihm gekommen wäre. „Pöttering hatte sich damals ‚sehr erstaunt' über das Vorgehen gezeigt", so der abschließende Kommentar.[45]

IV. Aus dem Innenleben des Europäischen Parlaments

1. Disziplinarmaßnahmen – unangenehm, aber manchmal unumgänglich

Führungsaufgaben im Europäischen Parlament wahrzunehmen, bedeutet vor allem, Geduld zu haben – Geduld mit den Kolleginnen und Kollegen, Geduld im Hinblick auf die Zeitabläufe, in denen Entscheidungen möglich sind. Zuhören, Kompromissbereitschaft und vor allen Dingen Respekt voreinander, sowohl hinsichtlich der Person als auch deren Überzeugungen, sind notwendige Voraussetzungen, erfolgreich eine Fraktion oder gar das Europäische Parlament zu führen. Aber alles hat seine Grenzen! Wenn der politische Sachgegenstand oder die Glaubwürdigkeit beziehungsweise die Autorität der Verantwortlichen es erfordern, kann Handeln in Form von Disziplinarmaßnahmen auch gegenüber Kollegen als letztes Mittel notwendig sein.

*

Ein schwerwiegender, ja beunruhigender Vorfall ereignete sich gleich am Anfang meiner Amtszeit als Präsident des Europäischen Parlaments. Der Sachverhalt betraf einen älteren polnischen Kollegen, Jahrgang 1936, und dessen Anschauungen bezüglich der jüdischen Gemeinschaft – angesichts der Verbrechen Nazi-Deutschlands gegenüber Polen und den Juden ein für mich als Deutschen besonders sensibles Thema. Als deutscher Präsident des Europäischen Parlaments durfte ich aber, dessen war ich mir bewusst, mich von keinen anderen Maßstäben leiten lassen als ein Präsident des Europäischen Parlaments anderer Nationalität. Selbstverständlich fühlte ich mich zu absoluter Objektivität, aber gleichzeitig sehr verantwortlichem, der Sache angemessenem Handeln verpflichtet. Worum ging es?

Am Donnerstagabend der Februar-Plenarwoche 2007 erhielt meine Pressesprecherin Katrin Ruhrmann einen Anruf von einem französischen Journalisten, der sie darüber informierte, dass der fraktionslose polnische Abgeordnete Maciej Giertych soeben seine Broschüre mit dem Titel „Civilisations at War in Europe" mit rassistischem und anti-semitischem Inhalt im Pressesaal vorgestellt hätte.[46]

Wir sind der Sache sofort nachgegangen und nachdem meine Mitarbeiter eine Kopie beschafft hatten, haben wir sehr schnell mit einer Presseerklärung reagiert, die den anti-semitischen Inhalt der Broschüre verurteilte. Gleichzeitig habe ich Generalsekretär Julian Priestley beauftragt darzulegen, dass sie ausschließlich im Namen und in eigener Verantwortung des Abgeordneten und ohne finanziellen Beitrag des Parlaments veröffentlicht worden war, obwohl das Parlamentslogo auf der Titelseite verwendet worden war. Der Generalsekretär hat in der Tat sehr schnell bestätigen können, dass das Parlament finanziell nicht daran beteiligt gewesen war.

Die Veröffentlichung der Broschüre, die weltweit Reaktionen ausgelöst hatte, so zum Beispiel auch durch den European Jewish Congress, war ein schwerwiegendes Ereignis, sodass ich am 1. März das Präsidium über meine Absicht informierte, gegen den Abgeordneten Giertych ein Sanktionsverfahren nach Artikel 9 und 147 der Geschäftsordnung einzuleiten. Demnach können Sanktionen verhängt werden bei außergewöhnlich schwerwiegenden Verstößen gegen die Ordnung des Parlaments unter Missachtung der Grundsätze des gegenseitigen Respekts, der Werte und Grundsätze der Europäischen Union und der Würde des Parlaments.[47] Das Präsidium hat nach einer intensiven Debatte einstimmig den Inhalt der Broschüre verurteilt und sich für die Einleitung eines Sanktionsverfahrens ausgesprochen.

Unmittelbar nach dieser Präsidiumssitzung hat mein Büro dann versucht, einen Termin mit dem Abgeordneten Maciej Giertych zu vereinbaren, da der Präsident gemäß den Bestimmungen der Geschäftsordnung verpflichtet ist, den betroffenen Abgeordneten anzuhören, bevor er eine Sanktion verhängt. Allerdings war es zunächst nicht möglich, Giertych zu erreichen, da sein Büro einige Tage nicht besetzt war. Schließlich konnte der Kontakt per E-Mail hergestellt werden und fast zwei Wochen später gelang es dann, für den 13. März während der Plenartagung in Straßburg einen Termin festzusetzen. Noch am selben Abend, unmittelbar im Anschluss an dieses Gespräch, habe ich den Abgeordneten schriftlich über meine Entscheidung informiert, eine Rüge nach Artikel 147 der Geschäftsordnung gegen ihn auszusprechen.

Am Morgen des 14. März wurden, wie in der Geschäftsordnung vorgesehen, zunächst das Präsidium, die Fraktionsvorsitzenden und die Parlamentsorgane, in denen Maciej Giertych Mitglied war, über meinen Beschluss informiert, eine Rüge gegen ihn auszusprechen, bevor schließlich das Plenum hiervon in Kenntnis gesetzt wurde. Dem Plenum habe ich den Inhalt des Briefes an Maciej Giertych vorgetragen, der auf das Gespräch, das am Vorabend mit ihm stattgefunden hatte, Bezug nahm:

„Ich habe bei dieser Gelegenheit zutiefst bedauert, was zweifelsfrei eine schwerwiegende Verletzung der Grundrechte und insbesondere der Würde des Menschen darstellt, zu denen sich unsere Institution mit allem Nachdruck bekennt. [...] Ich habe die Absicht, in meiner Amtszeit sowohl die Meinungsfreiheit und die Verhaltensregeln von Abgeordneten als auch die Würde dieses Hauses aufrechtzuerhalten."[48]

Und weiter teilte ich den Abgeordneten aus meinem Brief an Maciej Giertych mit:

„Wie ich am 13. Februar 2007 in meiner Antrittsrede im Plenum erklärte, sind Toleranz und gegenseitiger Respekt wichtige europäische Werte, die im Mittelpunkt meiner politischen Prioritäten stehen und denen das Europäische Parlament zutiefst verpflichtet ist. Ich gehe davon aus, dass Sie verstehen, dass das Europäische Parlament, das lebendige politische Debatten braucht und das alle Formen der Fremdenfeindlichkeit scharf verurteilt, unter keinen Umständen mit den Meinungen, die in dieser Broschüre veröffentlicht wurden, in Verbindung gebracht werden darf."[49]

Die Rüge des Abgeordneten Giertych wurde im März 2007 – einen Monat nach meiner Antrittsrede, in der ich dem Parlament das Programm für die zweieinhalb Jahre meiner Präsidentschaft vorgestellt hatte – ausgesprochen. In gewisser Weise war dies auch ein Testfall, in dem es zu beweisen galt, dass wir die uns zur Verfügung stehenden Instrumente zur Verteidigung unserer gemeinsamen Werte jederzeit einzusetzen bereit waren. Tatsächlich hätte es im Falle einer Wiederholung dieses Verhaltens durch den Abgeordneten die Möglichkeit zu noch weiteren Sanktionen gegeben, einschließlich des Verlustes von Tagegeldern oder der Suspendierung von der Teilnahme an den Tätigkeiten des Parlaments. Glücklicherweise gab der betroffene Abgeordnete keinen weiteren Anlass, diese Schritte einzuleiten.

*

Immer wieder kam es vor, dass Abgeordnete im Plenum durch Anträge zur Geschäftsordnung oder zum Verfahren den ordnungsgemäßen Ablauf der Parlamentssitzungen behinderten. Damit stellte sich die Frage, inwieweit der Präsident einen Ermessensspielraum hatte, solche Beeinträchtigungen zu unterbinden. Nach Artikel 19 der damaligen Geschäftsordnung (GO) des Europäischen Parlaments leitete der Präsident

„sämtliche Arbeiten des Parlaments und seiner Organe. Er besitzt alle Befugnisse, um bei den Beratungen des Parlaments den Vorsitz zu führen und deren ordnungsgemäßen Ablauf zu gewährleisten."[50]

Ich war überzeugt, dass missbräuchliches Verhalten, welches die Beratungen des Parlaments durch immer neue Anträge zu sabotieren beziehungsweise zu verzögern versuchte, dem Präsidenten das Recht gab, dieses zu unterbinden. Da ich aber absolut korrekt verfahren wollte, habe ich gemäß Artikel 201[51] den Konstitutionellen Ausschuss um eine Auslegung der Geschäftsordnung gebeten.

Nach Absatz 2 des Artikels 201 beschließt der Ausschuss, ob es erforderlich ist, eine Änderung dieser Geschäftsordnung vorzuschlagen. Und nach Absatz 3 entscheidet der Ausschuss, dass, wenn eine Auslegung der bestehenden Geschäftsordnungsbestimmungen genügt, er seine Auslegung dem Präsidenten übermittelt, der das Parlament auf seiner nächsten Tagung unterrichtet. Die mir gegebene Antwort des Konstitutionellen Ausschusses stützte sich auf Artikel 201, Absatz 3 der Geschäftsordnung; der Ausschuss schlug also keine Änderung der Geschäftsordnung vor, sondern legte die Geschäftsordnung aus und kam zu folgender Schlussfolgerung:

> „Artikel 19, Absatz 1 kann dahingehend ausgelegt werden, dass die durch diesen Artikel eingeräumten Befugnisse auch das Recht beinhalten, eine unverhältnismäßig große Zahl von Anträgen, z. B. Bemerkungen zur Anwendung der Geschäftsordnung, Anträge zum Verfahren, Erklärungen zur Abstimmung sowie Anträge auf gesonderte, getrennte oder namentliche Abstimmung zu unterbinden, wenn diese nach Überzeugung des Präsidenten offensichtlich eine dauerhafte und ernsthafte Obstruktion der Verfahren im Parlament oder der Rechte anderer Mitglieder bezwecken und bewirken."[52]

Diese Auslegung der Geschäftsordnung trug ich dem Europäischen Parlament in seiner Sitzung vom 30. Januar 2008 in Brüssel vor. Ich fügte bezüglich des Verfahrens hinzu, dass diese Auslegung als angenommen gälte, wenn nicht eine Fraktion oder mindestens vierzig Mitglieder vor der Genehmigung des Protokolls dieser Sitzung Einspruch gegen die Auslegung erhoben (Artikel 201, Absatz 4 GO). Andernfalls würde die Angelegenheit dem Parlament zur Abstimmung vorgelegt.[53]

Gegen diese Auslegung der Geschäftsordnung, wie ich sie soeben vorgetragen hatte, lief der britische Abgeordnete meiner eigenen EVP-ED-Fraktion, Daniel Hannan, Sturm.[54] Er verstieg sich zu der Bemerkung, dass „dieses Parlament seinem Anspruch an Rechtmäßigkeit beziehungsweise Rechtsstaatlichkeit nicht mehr gerecht wird". Er fügte hinzu, ich hätte den Ausschuss für Konstitutionelle Fragen „willkürlich um die Gewährung eines Ermessensspielraums" gebeten. Hannan zitierte noch einmal den ersten Satz von Artikel 19, Absatz 1 der GO, dass der Präsident „unter den in dieser Geschäftsordnung vorgesehenen Bedingungen sämtliche Arbeiten des Parlaments und seiner Organe" leitete. Demnach hätte der Präsident keinen Ermessensspielraum, die Geschäftsordnung „außer Kraft zu setzen". Ich antwortete ihm:

> „Herr Abgeordneter Hannan! Wenn Sie zitieren, würde es Ihre Glaubwürdigkeit steigern, wenn Sie alles zitieren. Denn es heißt im Artikel 19 auch: ‚Er' – also der Präsident – ‚besitzt alle Befugnisse, um bei den Beratungen des Parlaments den Vorsitz zu führen und deren ordnungsgemäßen Ablauf zu gewährleisten.'"

Ich fügte hinzu, ich hätte nicht alleine entscheiden wollen und wäre damit den demokratischen Weg gegangen und hätte diejenigen konsultiert, die am meisten von der Geschäftsordnung verstünden, nämlich den Ausschuss für Konstitutionelle Fragen. Wenn dieser zu der dargestellten Schlussfolgerung käme, könnte dies nicht als undemokratisch bezeichnet werden, sondern es entspräche einem „demokratische[n] und faire[n] parlamentarische[n] Verfahren, das hier eingehalten wird". Das Plenum reagierte darauf mit „Beifall". In seiner Einlassung – vor meiner Antwort – hatte Hannan im Übrigen die fast verleumderische Bemerkung gemacht:

> „Könnte es sein, dass Sie so willkürlich gehandelt haben und die Rechtsstaatlichkeit mit Füßen treten, weil Sie Ihre Verachtung der nationalen Wählerschaft, die gegen den Vertrag von Lissabon stimmt, wann immer sie Gelegenheit dazu erhält, ersatzweise an uns auszulassen?"

Diese Bemerkungen von Hannan zeigten die Gegnerschaft, ja den Hass auf den Vertrag von Lissabon und die Verachtung für die parlamentarische Abstimmung über den Vertrag, dessen In-Kraft-Setzen er nur durch Referenden für gerechtfertigt hielt. Am darauffolgenden Tage, dem 31. Januar 2008, sollte es noch schlimmer kommen.

Um neun Uhr eröffnete ich die Sitzung und gab dem Parlament bekannt, dass ich von Daniel Hannan einen Antrag zur Auslegung von Artikel 19 der Geschäftsordnung erhalten hätte.[55] Darauf erteilte ich diesem das Wort. Er erklärte, was sein gutes Recht war, dass die Auslegung des Ausschusses für Konstitutionelle Fragen angefochten werden würde.[56] Aber er verband dies mit Erklärungen, wie ich sie im Europäischen Parlament noch nicht gehört hatte. Er sprach davon, dem Präsidenten würde „die willkürliche Macht eingeräumt, unsere Geschäftsordnung mit Füßen zu treten". Und er fügte hinzu:

> „Ich bin fast geneigt, dieses Vorgehen mit dem Ermächtigungsgesetz von 1933 zu vergleichen, denke aber, dass das unverhältnismäßig und vielleicht ein wenig unhöflich gegenüber unserem Präsidenten wäre, der ein überzeugter Demokrat und ein anständiger Mensch ist."

Abgesehen von den freundlichen Worten mir gegenüber war der Inhalt, der Vergleich mit dem Ermächtigungsgesetz, das Hitler 1933 unumschränktes Handeln ermöglicht hatte, ungeheuerlich. Hannan bemühte dann auch noch Edmund Burke, den, wie er ihn nannte, „Urvater des britischen Widerstands gegen den Totalitarismus".[57] Daniel Hannan zitierte Edmund Burke so:

> „Diejenigen müssen mehr als blind sein, die nicht sehen, mit welcher unbeirrbaren, systematischen Gleichmäßigkeit sie in diesem, wie in allen anderen Fällen, ihren Plan zur vollständigen Zerstörung jeder unabhängigen Macht verfolgen. [...] Ihr Wille ist das

Gesetz, nicht allein in ihrer Heimat, sondern im Hinblick auf die Belange aller Nationen. [...] Sie haben eben diejenigen Verfassungen hinweggefegt, nach denen die Gesetzgeber handelten."

Die Sitzung wurde um 10:50 Uhr unterbrochen und um 11 Uhr wieder aufgenommen, um über die Auslegung der Geschäftsordnung abzustimmen. Vor der Abstimmung meldete sich der Abgeordnete Nigel Farage im Namen der Fraktion Unabhängigkeit und Demokratie.[58] Er sprach davon, dass der abzustimmende Vorschlag dem Präsidenten „willkürliche und diktatorische Macht" verliehe, und forderte eine Verschiebung der Abstimmung. Dem entgegnete Martin Schulz, der Vorsitzende der sozialdemokratischen Fraktion, seine Fraktion hätte intensiv über die Auslegung der Geschäftsordnung beraten – und da der Präsident das Parlament noch einmal konsultierte, wären

> „Vorwürfe eines autoritären Vorgehens völlig ungerechtfertigt [...]. Ganz im Gegenteil! Insofern gibt es überhaupt keinen Grund, von Formulierungen Gebrauch zu machen, wie der Kollege, der gerade gesprochen hat, das getan hat."

Martin Schulz plädierte dafür, im Sinne der Interpretation des Konstitutionellen Ausschusses zu verfahren und abzustimmen. Dann erteilte ich noch einmal dem Abgeordneten Hannan das Wort, weil nach der Geschäftsordnung ein Kollege einen gestellten Antrag – in diesem Falle also den Antrag des Abgeordneten Nigel Farage – unterstützen konnte. Hannan sprach noch einmal von einem „Akt willkürlicher und despotischer Herrschaft" und fügte hinzu:

> „Einzig meine Hochachtung für Sie, Herr Präsident, und meine persönliche Zuneigung zu Ihnen halten mich davon ab, dieses Vorgehen mit dem Ermächtigungsgesetz von 1933 zu vergleichen, das ebenfalls mit Hilfe einer parlamentarischen Mehrheit durchgesetzt wurde."

Ebenso wie Farage verlangte Hannan, nicht abzustimmen. Das Protokoll vermerkte „Zurufe". In meiner Antwort auf die Bemerkungen des Kollegen Hannan war ich sehr maßvoll und antwortete ihm: „[D]iese Vergleiche sollten wir uns nicht zu eigen machen". Aber dann kam die eigentliche Antwort, und zwar vom Vorsitzenden der EVP-ED-Fraktion, Joseph Daul:

> „Herr Präsident, ich habe einige Tage, einige Wochen lang Geduld gezeigt. Jetzt gibt es Grenzen. In unserer Fraktion haben wir noch keine Entscheidung getroffen. Diese Ausführungen sind nicht hinnehmbar. Wir werden fraktionsinterne Sanktionen verhängen, und ich werde beantragen, dass Herr Hannan aus der Fraktion ausgeschlossen wird."

Das Protokoll verzeichnete „Beifall". Joseph Daul verhielt sich bei diesem ungeheuerlichen Vorgang so, wie ich bei den völlig unakzeptablen Äußerungen des Abgeordneten Helmer im Mai 2005. Das Parlament lehnte den Antrag auf Verschiebung der Abstimmung ab und billigte die Auslegung des Ausschusses für Konstitutionelle Fragen.

Joseph Daul leitete ein Fraktionsausschussverfahren gegen Hannan ein. Darauf trat dieser am 19. Februar 2008 selbst aus der Fraktion aus und blieb für den Rest der Legislaturperiode fraktionsloser Abgeordneter. Nach 2009 wurde er Mitglied der neugegründeten Fraktion der Europäischen Konservativen und Reformisten (ECR). Wenn ich Daniel Hannan begegnet bin, war er immer außerordentlich freundlich und höflich. Aber wenn er über Europa redete, musste ich immer unwillkürlich an Maximilien de Robespierre denken. Aber ich würde so etwas im Europäischen Parlament niemals ausgesprochen haben.[59]

2. Reform der Arbeitsmethoden des Europäischen Parlaments.[60] Der erste Schritt: ein besser strukturiertes Plenum[61]

Ein Präsident des Europäischen Parlaments muss dieses nicht nur repräsentieren, Reden halten und Sitzungen leiten, sondern er hat als vorrangige Aufgabe auch seinen Beitrag dazu zu leisten, dessen Arbeiten besser und effizienter zu gestalten. Bei einem multinationalen Parlament, das mit über 750 Abgeordneten mehr als 500 Millionen Menschen repräsentierte, war dies ein ständiger Prozess. Dieser Aufgabe wollte auch ich mich stellen und habe dies bereits in meiner Antrittsrede am 13. Februar 2007 angekündigt:

> „Wir als Europäisches Parlament müssen auch zur Reform bei uns selbst bereit sein. [...] Hier bleibt noch viel zu tun. Deshalb werde ich [...] den Fraktionsvorsitzenden einen Vorschlag für eine umfassende Reform der Arbeiten des Europäischen Parlaments vorlegen."[62]

Vor Inkrafttreten des Vertrages von Lissabon hatte das Europäische Parlament die Entscheidungsbefugnisse in mehr als zwei Dritteln der Politikbereiche der Europäischen Union mit dem Ministerrat geteilt. In zunehmendem Maße hatte sich das Europäische Parlament zum entscheidenden Ort der politischen Kompromissfindung auf europäischer Ebene entwickelt. Die mit den verschiedenen Verträgen (Einheitliche Europäische Akte, Verträge von Maastricht, Amsterdam und Nizza) einhergegangene Zunahme des politischen und gesetzgeberischen Einflusses des Europäischen Parlaments machte es naheliegend, dass dies Auswirkungen auf dessen Arbeitsweise sowie auf seine Beziehungen zu den anderen Institutionen der Europäischen Union und seine Vertretungen in wichtigen Gremien haben musste. Nun konnte der Präsident des Europäischen Parlaments nicht einfach eine Reform anordnen. Er brauchte dafür die Unterstützung des Präsidiums, insbesondere aber der Fraktionsvorsitzenden, also der Konferenz der Präsidenten. Reformen konnten auch nicht von einen auf den anderen Tag durchgesetzt werden, sondern sie mussten in einer kompetenten Arbeitsgruppe vorbereitet werden, sodass es zu einem Konsens zwischen den verschiedenen Fraktionen, zumindest zu einer deutlichen Mehrheit, kommen konnte.

Als Vorsitzende einer solchen Arbeitsgruppe für die Reform der Arbeitsmethoden des Europäischen Parlaments schlug ich – nach Abstimmung mit den Fraktionsvorsitzenden – die energische, durchsetzungsfähige und leidenschaftliche Parlamentarierin Dagmar Roth-Behrendt, sozialdemokratische Abgeordnete aus Berlin, vor. Wie sich aufgrund der Arbeitsergebnisse erweisen sollte, war dies eine gute Wahl. In die Arbeitsgruppe konnte jeder Fraktionsvorsitzende einen persönlichen Vertreter entsenden. Der Auftrag an sie lautete, Vorschläge für die Verbesserung der Arbeitsweise des Parlaments auf der Ebene des Plenums und der Ausschüsse zu unterbreiten. Die Arbeitsgruppe hat schließlich eine Agenda für die Reform des Parlaments vorgeschlagen, die in drei Schritten erfolgen sollte.

Mit dem ersten Reformschritt, der im Oktober 2007 von den Fraktionsvorsitzenden einstimmig angenommen wurde, erfolgte die Einführung einer wesentlich klareren Struktur der monatlichen Plenartagungen in Straßburg und einer besseren Planung ihrer Tagesordnung. Dabei ging es darum, die Aussprachen lebendiger, zielgerichteter und interessanter zu gestalten. Die betreffenden Maßnahmen traten Anfang 2008 in Kraft.

Die Tagungen des Parlaments in Straßburg wurden nunmehr in klar abgegrenzte Zeiträume für Aussprachen über vorrangige Themen unterteilt. Debatten über wichtige Rechtsvorschriften fanden jetzt normalerweise dienstagmorgens oder -nachmittags statt, während wichtige politische Aussprachen mittwochmorgens und Diskussionen über aktuelle Themen mittwochnachmittags geführt wurden. „Dringlichkeiten" wurden weiterhin donnerstagnachmittags behandelt. Abstimmungen über wichtige Rechtsvorschriften oder andere Beschlüsse, die eine absolute Mehrheit erforderten, fanden nunmehr dienstags und mittwochs um zwölf Uhr statt. Im Interesse einer besseren Verknüpfung zwischen Aussprachen und Abstimmungen wurden die Aussprachen zu wichtigen Themen möglichst unmittelbar vor der betreffenden Abstimmung angesetzt.

Darüber hinaus wurde eine „Bedenkzeit" von mindestens einem Monat zwischen der Abstimmung über einen Mitentscheidungsbericht im Ausschuss (in erster Lesung) und der Abstimmung im Plenum eingeführt. So hatten die Fraktionen mehr Zeit, das Ergebnis der Ausschussarbeit zu prüfen, bevor im Plenum über den betreffenden Vorschlag abgestimmt wurde.

Den Berichterstattern wurde mehr Redezeit eingeräumt, damit sie auf Argumente eingehen oder die Debatte zusammenfassen konnten. Ferner wurde den Mitgliedern nun in wesentlich stärkerem Maße die Möglichkeit geboten, sich spontan zu äußern, das heißt bei Aussprachen beim Parlamentspräsidenten per Handzeichen Redezeit zu beantragen („*Catch-the-eye*"-Verfahren). Diese Änderungen fanden bei den Abgeordneten besondere Zustimmung, da es ihnen ermöglichte, sich stärker zu beteiligen, was die Aussprachen spontaner und abwechslungsreicher machte.

Aufgrund der Vorschläge der Arbeitsgruppe beschloss die Konferenz der Präsidenten, ein neues Konzept für die Fragestunde zu entwickeln, um sie straffer und effizienter zu gestalten und auf diese Weise die Rechenschaftspflicht des Rates und der Kommission gegenüber dem Parlament stärker hervorzuheben. Ab Januar 2009 wurde eine neue „Fragestunde" mit dem Präsidenten der Europäischen Kommission und anderen Kommissionsmitgliedern eingeführt. Diese Fragestunde, die ein fester Bestandteil der monatlichen Plenartagung war, umfasste zwei Teile. Der erste Teil sollte vorab vereinbarten politischen Themen gewidmet sein (jedoch ohne vorbereitete Fragen). Der zweite Teil sollte vollkommen spontan ablaufen. In beiden Teilen wurde den Mitgliedern das Wort im Rahmen des „*Catch-the-eye*"-Verfahrens erteilt. Die Kommission selbst hat als Reaktion auf die Reformstrategie des Parlaments überarbeitete interne Regeln angenommen, um darauf hinzuwirken, dass die Antworten in der Fragestunde knapper und die Erklärungen im Plenum kürzer ausfielen.

3. Der zweite Reformschritt: Rechenschaftspflicht und bessere Rechtsetzung[63]

2008 ging die Arbeitsgruppe zur Parlamentsreform zur zweiten Etappe ihrer Arbeit über, die auf die Verbesserung des Rechtsetzungsprozesses und des Regelungsumfelds der Europäischen Union gerichtet war. Dabei berücksichtigte sie auch die Verbindung des Parlaments zu den anderen Organen der EU und zu den nationalen Parlamenten der Mitgliedstaaten. Insgesamt ging es darum, eine verstärkte Rechenschaftspflicht und bessere Rechtsetzung zu fördern.

Im Rahmen des zweiten, im September 2008 vereinbarten Reformpakets wurde einer besseren gesetzgeberischen Programmplanung besondere Bedeutung beigemessen. Um die politischen Prioritäten des Parlaments kohärenter und öffentlichkeitswirksamer zu gestalten und die gesetzgeberische Programmplanung zwischen den Organen der EU zu verbessern, hatte das Plenum nunmehr im Verlauf des jährlichen Programmplanungszyklus bei drei Aussprachen Gelegenheit, sich zu den Schwerpunkten der künftigen Gesetzgebung zu äußern. Es konnte Entschließungen zur jährlichen Strategieplanung der Europäischen Kommission annehmen, nachdem diese im Frühjahr eines jeden Jahres veröffentlicht worden ist. Ferner konnte es Entschließungen zum Jahresgesetzgebungs- und Arbeitsprogramm der Kommission annehmen, und zwar sowohl vor als auch nach dessen Veröffentlichung im Herbst eines jeden Jahres (normalerweise während der zweiten Plenartagung im September und der Plenartagung im Dezember). Diese Maßnahmen sollten schrittweise umgesetzt werden.

Es wurde ein formeller Verhaltenskodex für Verhandlungen im Rahmen von Mitentscheidungsverfahren vereinbart und im Mai 2009 in die Geschäftsordnung des Europäischen Parlaments aufgenommen. Dies ist in Anbetracht der Zunahme von Einigungen in erster Lesung – der nunmehr häufigsten Methode der Einigung zwischen Rat und Parlament über Rechtsvorschriften – ein sehr aktuelles Thema. Ebenso wurde die Geschäftsordnung angepasst, um der Rolle sowie den Rechten und Pflichten von Berichterstattern, Schattenberichterstattern und Koordinatoren der Fraktionen im Rechtsetzungsprozess in angemessener Weise Rechnung zu tragen. Die Arbeitsgruppe konzentrierte sich auf Fragen der besseren Rechtsetzung, die einen interinstitutionellen Aspekt aufwiesen, wie zum Beispiel Vereinfachung, Folgenabschätzung, Komitologie (System der Verwaltungs- und Expertenausschüsse innerhalb der Europäischen Union) sowie Umsetzung und Durchführung von EU-Recht.

Die stärkere Einbindung der Abgeordneten in die Gesetzgebungsarbeit bedeutete auch, dass deren Unterstützung verstärkt werden musste. Eine gute Rechtsetzung hängt auch davon ab, dass den Mitgliedern des Parlaments qualitativ hochwertige politische Analysen entsprechend ihrer persönlichen Anforderungen zugänglich gemacht werden. Daher beschloss das Präsidium des Parlaments, einen neuen analytischen Informationsdienst (*Briefing Service*) in der Bibliothek des Parlaments einzurichten. Dieser Dienst wurde im Jahr 2008 auf den Weg gebracht und im Jahr 2009 ausgeweitet. Auch wurden personenbezogene Dolmetscherleistungen ausgebaut, um Schwierigkeiten zu überwinden, die sich den Mitgliedern bei der Erfüllung ihrer täglichen Aufgaben stellen konnten. Personenbezogene Dolmetscherleistungen waren nunmehr in 23 Amtssprachen (zunächst 21) nicht nur für die Berichterstatter, sondern auch für die Vizepräsidenten, Quästoren, Ausschussvorsitzenden und Koordinatoren der Fraktionen verfügbar. „Bessere Rechtsetzung" bedeutet insbesondere, dass die Abgeordneten eine Folgeabschätzung der europäischen Gesetzgebung vornehmen können. Dazu bedurfte es auch einer verbesserten Ausstattung der Sekretariate der Ausschüsse. So hat das Europäische Parlament der Überprüfung des gesamten Rechtsetzungsverfahrens von der obersten bis zur untersten Ebene immer mehr Aufmerksamkeit gewidmet.

Die Vereinfachung, das heißt die Verbesserung der Qualität der geltenden Rechtsvorschriften und die Verringerung unnötigen Verwaltungsaufwands sind in schwierigen Zeiten wirtschaftlicher Entwicklung von größter Bedeutung für Bürger und Unternehmen. „Kodifizierung" ist die Zusammenfassung einer Reihe älterer Rechtsakte in einem einzigen Rechtsakt ohne eine inhaltliche Änderung der Bestimmungen. Bisher waren Verordnungen oder Richtlinien oftmals durch wenige oder Einzelbestimmungen verändert worden, ohne dass der Text der Verordnung oder der Richtlinie dann in einen Duktus auf den neusten inhaltlichen und formellen Stand gebracht worden war, das heißt, die Änderung war nicht direkt in den bisherigen Text eingearbeitet worden. Dies hatte zu einer mangelnden Übersichtlichkeit und entsprechend zu mehr Komplexität geführt. Eine Vereinfachung war geboten. Dafür wollte ich mich einsetzen. Ebenso für die „Neufassung". Dies bedeutete die gleichzeitige Änderung und Kodifizierung bestehender Rechtsakte. Aufgrund der Vorschläge der von Dagmar Roth-Behrendt geleiteten Arbeitsgruppe setzte ich mich gegenüber der Europäischen Kommission dafür ein, insoweit Korrekturen zu schaffen. Damit sollte die „Neufassung" bei wichtigen Rechtsetzungsinitiativen zum Standardverfahren werden. Nach Auffassung des Parlaments sollten die bestehenden Rechtsvorschriften – falls eine „Neufassung" nicht möglich war – kodifiziert werden. Dementsprechend forderte ich die Europäische Kommission auf, Vereinfachungsinitiativen in ihre jährliche Strategieplanung aufzunehmen, die jeweils Anfang des Jahres veröffentlicht wurde.

Meiner Ansicht nach war die Folgenabschätzung bei neuen Initiativen ein Kernstück des Arbeitsprogramms „Bessere Rechtsetzung". Der Folgenabschätzung sollte sehr viel mehr Aufmerksamkeit gewidmet werden. So habe ich gegenüber dem Präsidium eine Aufstockung des Etats für Personal und für die entsprechenden Gutachten vorgeschlagen. Die parlamentarischen Ausschüsse mussten in die Lage versetzt werden, die Folgen wesentlicher Legislativvorschläge und auch Änderungsanträge zu prüfen. Das Präsidium stimmte meinen Vorschlägen zu.

4. Der dritte Reformschritt: Verbesserung der Ausschussarbeit und der interinstitutionellen Beziehungen[64]

Im dritten Bereich der Reformvorschläge der Arbeitsgruppe standen die Arbeitsweise der Parlamentsausschüsse und interparlamentarischen Delegationen und deren Koordinierung im Mittelpunkt. Mit dem zu erwartenden Inkrafttreten des Vertrages von Lissabon sollten insbesondere die Arbeiten der Ausschüsse noch größere Bedeutung bekommen, da das Europäische Parlament mit dem Vertrag von Lissabon in nahezu hundert Prozent der Gesetzgebung zum Mitgesetzgeber wurde (mit Ausnahme der Steuerfrage). Aber dies betraf nicht nur die Arbeit der Ausschüsse bei der Mitgesetzgebung, sondern die Ausschüsse konnten auch Initiativberichte zu jedem politischen Bereich fassen. Es wurde eine verbesserte Vorgehensweise für Initiativberichte beschlossen, bei denen es sich zumeist um nicht-legislative Berichte handelte. So wurde entschieden, dass jeder Parlamentsausschuss grundsätzlich gleichzeitig bis zu sechs Initiativberichte erarbeiten konnte. Auch wurden die Regeln für die Zusammenarbeit der Ausschüsse konkretisiert und damit verbessert. Die Stellung des mitberatenden Ausschusses gegenüber dem federführenden Ausschuss wurde erheblich gestärkt. Bei Uneinigkeit über die Abgrenzung der Zuständigkeiten wurde die Angelegenheit an die Konferenz der Präsidenten (das heißt an die Fraktionsvorsitzenden) überwiesen. Änderungsanträge, die Fragen betrafen, welche in die ausschließliche Zuständigkeit des mitberatenden Ausschusses fielen, wurden ohne Abstimmung übernommen. Bei Zuständigkeitskonflikten wurde die Konferenz der Ausschussvorsitzenden gestärkt. Diese war nunmehr verpflichtet, der Konferenz der Präsidenten innerhalb einer vorgegebenen Frist eine Empfehlung dafür zu übermitteln, wie ein bestehender Konflikt gelöst werden sollte. Auf diese Weise sollten die Verfahren beschleunigt werden. Aber das letzte Wort hatte die Konferenz der Präsidenten.

Im März 2009 wurden die drei Reformschritte erfolgreich abgeschlossen. Zahlreiche Vorschläge der Arbeitsgruppe wurden von der Konferenz der Präsidenten gebilligt. Ein Großteil der Reformen ist bereits umgesetzt worden, was zu einer erheblichen Verbesserung der Arbeitsmethoden des Parlaments geführt hat. Änderungsvorschläge, die eine Überarbeitung der Geschäftsordnung erforderlich machten, wurden im Mai 2009 im Plenum der letzten Sitzung des Europäischen Parlaments vor den Europawahlen vom 4. bis 7. Juni 2009 angenommen.

In der Amtszeit jedes Präsidenten des Europäischen Parlaments ergab sich die Notwendigkeit, aufgrund von Erfahrungen im Alltag des Parlaments Korrekturen einführen zu müssen. So gut ich konnte, habe ich dies immer unterstützt. Ein Parlament, insbesondere ein multinationales Parlament wie das Europäische Parlament, musste sich immer fragen, wie die Arbeitsmethoden verbessert werden könnten. Insoweit bestand ein ständiger Reformbedarf. Aufgabe des Präsidenten ist, diese Reformen anzustoßen, sie zu fördern und zu einem Abschluss zu bringen.

5. Der vierte Reformschritt: Das Abgeordneten- und Assistentenstatut

Ein Parlament mit über 750 Abgeordneten – mit dem Beitritt von Bulgarien und Rumänien zur Europäischen Union am 1. Januar 2007 erreichte das Europäische Parlament mit 785 Abgeordneten seine größte Anzahl – bedarf für die Besoldung der Abgeordneten und deren Assistenten klare Regeln. Dies war jedoch einfacher gesagt als getan. Abgeordnete aus 27 Ländern kamen aus sehr unterschiedlichen, auch unterschiedlichen parlamentarischen, Kulturen, was die finanzielle Vergütung anbelangte. Von der ersten Direktwahl des Europäischen Parlaments im Jahre 1979 bis zur siebten Europawahl im Juni 2009 – also dreißig Jahre lang – waren die Abgeordneten des Europäischen Parlaments wie die nationalen Abgeordneten „besoldet" worden. Dies hatte zu einer völlig unterschiedlichen Bezahlung für die gleiche Arbeit geführt. Ein Abgeordneter aus Italien verdiente etwa das Zehnfache wie ein Abgeordneter aus Estland, Lettland oder Litauen. Die deutschen Europaabgeordneten, „entschädigt" wie die Kollegen im Deutschen Bundestag, lagen mit ihren Diäten im guten Mittelfeld. Eine einheitliche europäische Regelung zu finden war eine Frage der Gerechtigkeit, um für gleiche Arbeit auch die gleiche finanzielle Anerkennung zu bekommen. Erst 2005 gelang es, ein europäisches Statut für die Abgeordneten des Europäischen Parlaments zu beschließen. Damit waren viele Rechtsfragen, aber auch finanzielle Konsequenzen verbunden, die einer besonderen praktischen Umsetzung und Regelung bedurften. Viele Konkretisierungen waren offen geblieben und damit noch zu entscheiden. Gleiches betraf die Frage der Besoldung der Assistenten, weil es auch hier sehr unterschiedliche Bedingungen gab.

Ich war entschlossen, diese Fragen in meiner Amtszeit zu klären und auch zu einer juristischen und damit politisch transparenten und, so gut es ging, gerechten Lösung hinzuführen. Damit wollte ich als Nebeneffekt auch erreichen, dass über diese finanziellen Fragen nicht mehr in den Medien als vermeintliche Skandale berichtet wurde. Die angestrebte Regelung sowohl für das Abgeordneten- als auch für das Assistentenstatut sollte mit der nächsten Wahlperiode Anwendung finden, also nach der Wahl im Juni 2009. Wie immer in solchen Fällen wurde vom Präsidium eine Kommission eingesetzt. Den Vorsitz übertrug das Präsidium der französischen sozialistischen Vizepräsidentin des Europäischen Parlaments, Martine Roure, ihr Stellvertreter wurde der Quästor und CSU-Abgeordnete Ingo Friedrich. Bereits nach wenigen Monaten, am 14. Januar 2008, präsentierte Martine Roure die Ergebnisse der Arbeitsgruppe im Hinblick auf das Abgeordnetenstatut. Ihre Vorschläge fanden überwiegend Zustimmung, aber die Sache musste noch in der Konferenz der Präsidenten (Fraktionsvorsitzenden) und natürlich in den Fraktionen beraten werden. Am 22. April 2008 unterstützte das Plenum in einer Entschließung meine Absicht, dass das Statut der Assistenten gleichzeitig mit dem Abgeordnetenstatut in Kraft treten sollte.[65] Entsprechend wurden Kommission und Rat, die dafür formell zuständig waren – der Rat entschied auf Vorschlag der Kommission –, aufgefordert, „umfassend mit dem Parlament zusammenzuarbeiten, um sicherzustellen, dass das neue Statut für die Assistenten vor den nächsten Europawahlen im Juni 2009 verabschiedet wird".[66]

Im April schrieb ich einen Brief an den Präsidenten der Kommission, José Manuel Durão Barroso, in welchem ich ihm die Vorschläge des Europäischen Parlaments präsentierte. Wir forderten die Kommission auf sicherzustellen, dass die Abgeordneten die notwendige Assistenz, die für die freie und unabhängige Bewältigung ihrer Aufgaben und Pflichten nötig war, bekamen. Auch forderte ich, dass die Kommission für ihren Vorschlag an den Rat die Vorschläge der Arbeitsgruppe des Parlaments unter Vorsitz von Martine Roure berücksichtigte. Zur gleichen Zeit schloss das Parlament ein „*gentlemen's agreement*" mit dem Rat, das zusicherte, nicht ohne Zustimmung des Parlaments zu entscheiden. So ist es geschehen.

*

Was die Durchführungsbestimmungen für das Abgeordnetenstatut betraf, brauchte das Parlament keine Zustimmung von Kommission oder Rat. Für die Diäten der Abgeordneten war in dem 2005 beschlossenen Statut entschieden worden, dass die Entschädigung für die Abgeordneten 38,5 Prozent des Grundgehalts eines Richters am Europäischen Gerichtshof betragen sollte. Das bedeutete zu jenem Zeitpunkt 7.412,69 Euro. Für die Reisekosten des Parlaments besagte das Statut, dass diese nicht mehr pauschaliert abgerechnet, sondern nach den tatsächlichen Kosten erstattet werden sollten. Auch beschloss das Parlament, dass künftig für Abgeordnete die Beschäftigung von Ehepartnern und Verwandten ersten Grades (das heißt Eltern und Kindern) über die Sekretariatszulage für Assistenten nicht mehr möglich sein sollte (Präsidiumsbeschluss). Aus deutscher Sicht mag dies selbstverständlich sein, aber im Vereinigten Königreich war es üblich, Ehepartnerinnen und Ehepartner als Assistenten einzustellen. Einige dieser Fälle gab es auch im Europäischen Parlament. Wir schufen nun jedoch eine europäische Regelung, die ebendies verbot. Teil des Abgeordnetenstatuts war auch, dass die Entschädigung der Gemeinschaftssteuer unterlag. Die Nationalstaaten konnten auf die Entschädigung allerdings nationales Steuerrecht anwenden. Im Hinblick auf die Pensionen der Abgeordneten regelte das Statut, dass Anspruch auf ein Ruhegehalt nach Vollendung des 63. Lebensjahres bestand. Die Höhe entsprach 3,5 Prozent der parlamentarischen Entschädigung pro Mandatsjahr mit einer Obergrenze von 70 Prozent nach zwanzig Jahren.

Jeder im Jahr 2009 neugewählte Abgeordnete des Europäischen Parlaments unterlag dem neuen Abgeordnetenstatut, allerdings wurde eine Ausnahme vorgesehen: Abgeordnete, die bereits in der Wahlperiode 2004–2009 (oder vorher) dem Europäischen Parlament angehört hatten und 2009 wiedergewählt wurden, konnten sich hinsichtlich der Entschädigung, des Ruhegehalts und der Hinterbliebenenversorgung für die gesamte Dauer ihrer Tätigkeit für das bisherige nationale System (mit einer Finanzierung aus den Haushalten der Mitgliedstaaten) entscheiden.[67]

Eine wichtige Frage war darüber hinaus der sogenannte Freiwillige Pensionsfond, der vom Europäischen Parlament subventioniert wurde und der in der Öffentlichkeit immer wieder eine Rolle spielte. Da es bisher für die Abgeordneten des Europäischen Parlaments kein allgemein verbindliches Pensionssystem gegeben hatte, hatten sich viele Abgeordnete entschieden, in einen sogenannten Freiwilligen Pensionsfond einzuzahlen. Mit dem neuen Abgeordnetenstatut wurde geregelt, dass keine neuen Mitglieder mehr in den „Freiwilligen Pensionsfond" aufgenommen werden konnten. Damit war auch ein in der Öffentlichkeit vielfach kritisch diskutiertes Thema erledigt.

Am 1. Juli 2008 beschloss die von Martine Roure geleitete Arbeitsgruppe Vorschläge, die zwei Typen von Assistenten vorsahen:

a) diejenigen, die an den drei Standorten des Parlaments (Brüssel, Luxemburg, Straßburg) beschäftigt waren und damit internen europäischen Arbeitsrechts-, Besteuerungs- und Sozialversicherungsstandards unterlagen und

b) diejenigen, die direkt beim Abgeordneten (in der Regel in den Wahlregionen) angestellt waren und nationalen Bestimmungen unterlagen.

Diese Vorschläge wurden während der Konferenz der Präsidenten am 9. Juli 2008 diskutiert und für eine Entscheidung an das Präsidium weitergeleitet. Der Vorsitzende des Rechtsausschusses und gleichzeitig Berichterstatter, Giuseppe Gargani, trug die Überlegungen dazu am 16. Dezember 2008 vor. Er wies darauf hin, dass der Rechtsausschuss in wenigen Tagen über einen Vorschlag der Kommission beraten musste, der auf den Vorschlägen der von Martine Roure geleiteten Arbeitsgruppe basierte. Nun musste das Europäische Parlament darüber abstimmen. Die Entschließung wurde mit 598 Ja-Stimmen, 19 Nein-Stimmen und 47 Enthaltungen angenommen.[68] Mehr als zehn Jahre lang hatte das Europäische Parlament über ein Assistentenstatut diskutiert, aber erst jetzt kam es zu einer Entscheidung. In einer Verordnung des Rates „zur Änderung der Beschäftigungsbedingungen für die sonstigen Bediensteten der Europäischen Gemeinschaften" vom 23. Februar 2009 fanden die Überlegungen des Parlaments Eingang in das Europäische Recht. Im Artikel 1 wies die Verordnung des Rates darauf hin, dass das Europäische Parlament mit Entscheidung vom 28. September 2005 ein Abgeordnetenstatut beschlossen hatte, in dem der Anspruch der Abgeordneten geregelt war, „durch persönliche Mitarbeiter, die von ihnen frei ausgewählt werden", ihre Arbeit unterstützen zu lassen.[69] Es wurde darauf hingewiesen, dass die Abgeordneten bisher Mitarbeiter beschäftigt hatten, die dem nationalen Recht unterlegen waren, aber die dafür anfallenden Kosten vom Europäischen Parlament erstattet worden waren.[70] Ferner wurde darauf hingewiesen, dass das Präsidium des Europäischen Parlaments am 9. Juli 2008 die Durchführungsbestimmungen zum Abgeordnetenstatut des Europäischen Parlaments angenommen hatte. Danach beschäftigen die Abgeordneten

a) „Akkreditierte Parlamentarische Assistenten" an einem der drei Arbeitsorte des Europäischen Parlaments, für die die besondere rechtliche Regelung galt, die auf der Grundlage von Artikel 283 des EG-Vertrages erlassen worden war und deren Verträge direkt vom Europäischen Parlament abgeschlossen und verwaltet wurden und

b) natürliche Personen, die sie in dem Mitgliedstaat, in dem sie gewählt worden waren, unterstützten und die mit ihnen einen Arbeits- und Dienstleistungsvertrag nach dem jeweils geltenden nationalen Recht zu den in den genannten Durchführungsbestimmungen festgelegten Bedingungen abgeschlossen haben, nachstehend als „Örtliche Assistenten" bezeichnet.[71]

Dies bedeutete, dass das Europäische Parlament für die „Akkreditierten Parlamentarischen Assistenten", die natürlich frei von den Abgeordneten ausgewählt wurden, im Hinblick auf die Ausgestaltung des Rechtsverhältnisses (Besoldung, Steuern, Sozialversicherung und so weiter) zuständig war. Die Verträge mit den „Örtlichen Assistenten" kamen direkt zwischen dem Abgeordneten und dem Assistenten zustande. Die dem Assistenten zustehenden finanziellen Zuwendungen wurden, so überwiegend in Deutschland, durch einen Steuerberater abgewickelt, der dem Assistenten das Gehalt überwies und auch für die Abwicklung von Steuern und Sozialabgaben zuständig war.

Im März 2009, nur ein Jahr nach der Zustimmung der beteiligten Institutionen und wenige Monate vor Ende meines Mandats als Präsident des Europäischen Parlaments, setzte das Präsidium die Maßnahmen um. Siebenundzwanzig verschiedene nationale Systeme der Besteuerung sowie der Sozialversicherung der Assistenten wurden danach ab Juli 2009 durch ein einheitliches System ersetzt.

Die Reformen am Abgeordneten- und Assistentenstatut waren außerordentlich schwierig, mussten doch viele Interessen – die der Abgeordneten, der Assistenten sowie einer ebenso korrekten wie effizienten Verwaltung – zusammengeführt werden. In den vergangenen Jahren waren diese Fragen oft Gegenstand kritischer Berichterstattung in den Medien gewesen. Dies ein für alle Mal einer Lösung zuzuführen, war mein entschlossener Wille. Seit der Verabschiedung dieser Reformen hat es insoweit keine kritische Berichterstattung mehr gegeben. Den Kolleginnen und Kollegen, die an der Reform des Abgeordneten- und Assistentenstatuts so sorgfältig und detailliert gearbeitet haben – allen voran Martine Roure und Ingo Friedrich –, gilt mein bleibender Dank. Ausdrückliche Anerkennung möchte ich auch Reimer Böge aussprechen, der als Vorsitzender des Haushaltsausschusses (2007–2009) mit seinem Ausschuss diese schwierigen Arbeiten konstruktiv begleitet hat.

Fünfter Teil: Eintreten für die Menschenwürde

I. Gerechtigkeit und Solidarität: Das geeinte Europa als Auftrag

1. Die Schöpfung bewahren – Gerechtigkeit gegenüber künftigen Generationen

Immer wieder wird der Politik vorgeworfen, sie befasse sich am liebsten mit sich selbst. In der Europäischen Union heiße dies, dass Diskussionen um die Ausgestaltung der Institutionen am wichtigsten seien. Ich muss diese Kritik nach mehr als drei Jahrzehnten der Zugehörigkeit zum Europäischen Parlament entschieden zurückweisen. Den allermeisten Kolleginnen und Kollegen, denen ich begegnet bin, ging und geht es um die Sache. Sie engagieren sich für ihre Ideen von einer besseren Welt, sie wollen Ziele erreichen und Dinge in Bewegung setzen. Sie wollen den Menschen dienen, die sie gewählt haben. Richtschnur für mein politisches Leben in Europa war und bleibt die Würde jedes einzelnen Menschen. Ob ich immer alles getan oder erreicht habe, was die Menschenwürde stärkt, mögen andere beurteilen. Aber bei jedem Thema, für das ich mich eingesetzt habe, war dies stets meine Absicht.

Der erste Europäische Rat, an dem ich am 8. März 2007 als neugewählter Präsident des Europäischen Parlaments teilnahm, befasste sich nicht nur mit der wichtigen Frage der Weiterentwicklung des gescheiterten Verfassungsvertrages, sondern auch mit der Zukunftsfrage des Klimawandels. Dabei traf es sich gut, dass die deutsche Ratspräsidentschaft dieses Thema, eine der wichtigsten Herausforderungen des 21. Jahrhunderts, ebenso entschlossen aufgriff wie das Europäische Parlament. Für mich, der ich bisher nicht so sehr mit Umweltfragen befasst gewesen war, aber immer das Prinzip der Bewahrung der Schöpfung verteidigt habe, war dies auch eine persönliche Herausforderung. Je mehr ich mich mit dem Klimawandel beschäftigte, umso mehr war ich davon überzeugt, dass wir eine große Verantwortung hatten, zu Lösungen zu kommen. Ich führte dies bereits in meiner ersten Rede vor dem Europäischen Rat aus:[1]

> „Lassen Sie mich von einer großen Herausforderung der höchsten Priorität sprechen, die unsere Erde betrifft: ‚global warming', dem Klimawandel. Manche bezeichnen dieses als eine Herausforderung, die dem Gewinn eines Krieges gleichkommt. Ich möchte lieber davon sprechen, dass wir den Frieden mit unserer Umwelt, unserer Schöpfung, gewinnen müssen."

Ich erinnerte daran, dass das Bewusstsein der Bedrohung durch den Klimawandel bei unseren Bürgerinnen und Bürger gestiegen war. Fast neunzig Prozent der europäischen Bürger hielten den Klimawandel für eine Bedrohung. Der Kampf dagegen würde zu einem Kampf gegen die Uhr. Für das Europäische Parlament äußerte ich die Überzeugung, dass sich die Europäische Union „zu entschlossenen, schnellen und verantwortungsbewussten Schritten" verpflichten müsste und dass die Europäische Union im Rahmen einer „ambitionierten Strategie der globalen Zusammenarbeit" die Führungsrolle übernehmen sollte. Dabei schien mir wichtig, dass das Europäische Parlament nicht nur eng mit der Europäischen Kommission und dem Ministerrat, also den Regierungen, zusammenarbeiten müsste, sondern auch mit den nationalen Parlamenten der Mitgliedsländer der Europäischen Union. Im Übrigen kam es natürlich darauf an, dass eine weltweite Zusammenarbeit entwickelt werden musste, die zwar vorrangig Aufgabe der Europäischen Kommission und der Regierungen war. Aber auch die Parlamentarier sollten weltweit zusammenarbeiten, waren sie es doch, die die dazu notwendigen Gesetze in den Parlamenten beschließen mussten.

Gegenüber den Staats- und Regierungschefs wies ich darauf hin, dass die Erderwärmung in alarmierendem Maße anstiege. Die Jahre zwischen 1995 und 2006 zählten zu den zwölf heißesten Jahren seit 1850. Und der vierte Bewertungsbericht des UN Intergovernmental Panel on Climate Change sähe einen weiteren Temperaturanstieg um mehr als fünf Grad in diesem Jahrhundert als reale Möglichkeit. Ein derartiger Anstieg der globalen Temperatur wäre ein massiver Sprung – verglichen mit der Tatsache, dass fünf Grad gerade einmal den Unterschied zwischen dem heutigen Klima und dem der letzten Eiszeit ausmachen.

Ich erinnerte an meine Begegnung mit Sir Nicholas Stern, dem in Großbritannien führenden Experten für diese Fragen, von dem ich mich ausführlich über den Klimawandel hatte unterrichten lassen. Seine Einschätzung, dass ein Nichthandeln bei Weitem die Kosten jetzt zu beschließender Maßnahmen übersteigen würde, überzeugte mich. Nichthandeln würde ein Problem schaffen, für das zukünftige Generationen einen hohen Preis zahlen müssten. Es entsprach meiner Überzeugung, dass der Kampf gegen den Klimawandel auch eine Frage der Gerechtigkeit zwischen den heutigen und zukünftigen Generationen war.

Eine Beschränkung der globalen Erwärmung auf ein Niveau von nicht mehr als zwei Grad über vorindustriellen Temperaturen wäre nach Expertenberechnungen sowohl technisch als auch wirtschaftlich möglich, wenn schnell und entschlossen gehandelt werden würde. Um dieses Ziel zu erreichen, so führte ich aus, müssten wir in insgesamt vier Bereichen Maßnahmen ergreifen:

„Erstens sind verpflichtende Zielvorgaben notwendig. Diese sind ein Schlüssel zur Glaubwürdigkeit unseres Handelns – und würden gleichzeitig ein starkes Signal an unsere Partner weltweit aussenden. Das Europäische Parlament befürwortet eine verpflichtende einseitige Reduktion von Treibhausgasen um 30 Prozent bis zum Jahr 2020 und eine europaweit verpflichtende Zielvorgabe von 25 Prozent erneuerbarer Energien bis zum selben Zeitpunkt.

Zweitens müssen wir die Entwicklung neuer, sauberer Energietechnologien ernsthaft angehen und Energieeffizienz verstärkt verfolgen. Hier geht es um nichts weniger als um eine ‚neue industrielle Revolution' – um die Verfolgung einer ehrgeizigen Forschungspolitik zur Förderung von Öko-Innovationen und zur Entwicklung neuer Technologien wie der CO_2-Speicherung und -Lagerung, wie es die Kommission und das Europäische Parlament beide empfehlen. Dafür unterstützt das Parlament eine Erhöhung der Mittel zur Energieforschung im Rahmen der Mid-Term-Review des 7. Forschungsrahmenprogramms – damit die Europäische Union zum Spitzenreiter in diesen neuen und zukunftsweisenden Umweltindustrien werden kann.

Drittens müssen unsere Bestrebungen im Kampf gegen den Klimawandel durch einen echten, auf Solidarität beruhenden Energiebinnenmarkt unterstützt werden. Dies stellt eine Vorbedingung für ein reibungsloses Funktionieren und den Ausbau des europäischen Emissionshandelssystems dar, dessen bevorstehende Überprüfung für die Effizienz des Systems ausschlaggebend sein wird.

Viertens müssen wir unsere globale Verantwortung wahrnehmen. Das Parlament erwartet, dass die Europäische Union die Führungsrolle bei der Erzielung eines Übereinkommens über ein Post-Kyoto-Regime im Laufe der kommenden drei Jahre übernimmt. Die Europäische Union ist jedoch nur für 14 Prozent der weltweiten Emissionen verantwortlich; wir können und werden diese Last daher nicht alleine tragen."

Unsere Aufgabe wäre es nun, unsere Partner in der Welt davon zu überzeugen, dass wir gemeinsam handeln müssten. Denn jedes Übereinkommen, dem nicht die USA, China und Indien ebenfalls beiträten, würde große Schwierigkeiten haben, tatsächlich eine CO_2-Reduktion zu erreichen. Ich plädierte für schnelle Verhandlungen. Eine Differenzierung zwischen Entwicklungsländern und entwickelten Nationen, die ihrerseits dann auch den größten Teil der globalen Anstrengungen zur Schadstoffreduktion im Laufe der nächsten zehn Jahre leisten müssten – aber ebenso zwischen den Schwellenländern und den am wenigsten entwickelten Staaten –, könnte sich als Schlüssel zur Erreichung einhaltbarer und durchsetzbarer Verpflichtungen erweisen. Notwendig wäre vor allem der Transfer sauberer Technologien. Erfreulicherweise wäre festzustellen, dass auch in China und Indien ein Umdenken in diesen Fragen stattfände. Notwendig wäre als erster Schritt, dass sich die Entscheidungsträger weltweit auf die grundlegenden Prinzipien eines neuen verbindlichen internationalen Übereinkommens verständigten.

Ich erwähnte noch einmal die Zusammenhänge zwischen dem europäischen Energiebinnenmarkt und dem Prinzip der Solidarität:

„Lassen Sie mich hier erneut unterstreichen, dass die Beziehungen zwischen den Völkern und Staaten der Europäischen Union stets Vorrang haben müssen vor bilateralen Beziehungen von Mitgliedsländern gegenüber Drittstaaten. Solidarität ist eine der wichtigsten Grundlagen der Europäischen Einigung, auch im Energiebereich."

In diesen Fragen zeigte sich also erneut, dass Solidarität kein hehres theoretisches Prinzip, sondern in der praktischen Politik wie in der konkreten Wirtschaft von großer Bedeutung ist. Es lag im gemeinsamen Interesse der Europäischen Union, dass der Energiemarkt für alle funktionierte. So folgten auch hier die Interessen den Werten, in diesem Fall dem Wert der Solidarität. Werte und Interessen sind untrennbar verbunden, sie sind die Prinzipien der Europäischen Einheit. Abschließend forderte ich in meiner Rede eine „glaubwürdige globale Führungsrolle im Kampf gegen den Klimawandel" der Europäischen Union. In einem Umstieg zu einer CO_2-armen Wirtschaft sah ich auch eine moralische Verpflichtung gegenüber künftigen Generationen. Der Europäischen Union wurde häufig vorgeworfen, dass sie keine Führung übernähme. Gibt es eine schönere Wahrnehmung von Führung als den Kampf gegen den Klimawandel, also die Bewahrung der Schöpfung?

*

Das Europäische Parlament nahm seine Verantwortung im Hinblick auf den Kampf gegen den Klimawandel sehr ernst. Immer wieder tat ich dies als sein Präsident aus Überzeugung. Am 22. Mai 2007 trat der Nicht-Ständige Ausschuss des Europäischen Parlaments zum Klimawandel (CLIM) unter Vorsitz des italienischen Sozialdemokraten Guido Sacconi (Berichterstatter war mein EVP-Kollege Karl-Heinz Florenz) zum ersten Mal zusammen. Mit Ausnahme des britischen Parlaments, welches ein Joint Committee on the Draft Climate Change Bill gebildet hatte, war der CLIM-Ausschuss das einzige parlamentarische Gremium weltweit, das sich tatsächlich mit dem Klimawandel befasste. In einer Rede vor diesem Gremium am 4. Oktober 2007 in Brüssel wies ich darauf hin, dass wir als Mitglieder des Europäischen Parlaments darauf stolz sein könnten.[2]

Ich erklärte, dass nach einem neuen Bericht des Weltklimarates der Vereinten Nationen noch einmal klar geworden wäre, dass der Klimawandel im Wesentlichen von Menschen verursacht würde und zu dramatischen Schäden führte. Seit August 2007 wäre wegen der Eisabschmelzung am Nordpol die Nord-West-Passage – jene Seeroute, die entlang der Küstenlinie Nordamerikas verläuft und normalerweise stark mit Eis bedeckt war – schiffbar geworden. Dieses Phänomen, so führte ich aus, wäre nicht nur ein erneuter Beweis für die Erderwärmung. Es zeigte auch, dass der Klimawandel nicht allein eine Umwelt- und Entwicklungsfrage und auch nicht nur eine technologische Herausforderung wäre. Vor meinen Kolleginnen und Kollegen erinnerte ich daran, dass die Bekämpfung des Klimawandels ein Gebot der Vernunft und ein Gebot der Gerechtigkeit den zukünftigen Generationen gegenüber wäre.

Dann berichtete ich von einem Treffen mit nationalen Parlamentariern im Frühjahr dieses Jahres, bei dem Einigkeit über ein gemeinsames europäisches Vorgehen in diesen Fragen bestanden hatte. Überhaupt war es meine Erfahrung, dass Konferenzen zwischen Abgeordneten des Europäischen Parlaments und Abgeordneten der nationalen Parlamente über wichtige Fragen fast immer zu gemeinsamen Positionen führten. Weiter plädierte ich vor dem Ausschuss dafür, dass ein Kyoto-Nachfolgeprotokoll sowohl verbindlich als auch auf einer für alle Staaten fairen Lastenverteilung beruhen müsste. Das bedeutete konkret:

„Schwellenländer und Entwicklungsländer sollten natürlich auch in dieses Abkommen einbezogen sein, aber in einer differenzierten Art und Weise. Selbstverständlich würden keine bindenden Verpflichtungen von den am wenigsten entwickelten Ländern verlangt werden, die ja auch die niedrigsten Emissionen aufweisen. Diese am wenigsten entwickelten Länder sind aber auch die am meisten vom Klimawandel betroffenen Länder: Wir müssen den Klimawandel daher auch in die Entwicklungszusammenarbeit mit einbeziehen, um die Auswirkungen des Klimawandels beispielsweise in Bangladesch, in den Inselstaaten oder in Afrika zu minimieren."

Und ich fügte hinzu:

„Kompensierungen für Nicht-Entwaldung müssen Teil einer umfassenden Strategie zur Bekämpfung des Klimawandels sein. Auch im Stern-Bericht[3] wird ja die Entwaldung zusammen mit der Energieeffizienz als wichtiger Hebel für eine globale Antwort auf den Klimawandel dargstellt."

Ich äußerte meine Überzeugung, dass das Prinzip der Differenzierung, verbunden mit einem Technologietransfer zu Gunsten der Entwicklungsländer sowie einem globalen Emissionshandelssystem, dem für die Attraktivität sauberer Technologien eine bedeutende Rolle zukäme, sich als Schlüssel zur Erreichung einhaltbarer und durchsetzbarer Verpflichtungen erweisen könnte.

Ich dankte den Kolleginnen und Kollegen für ihre bedeutsame Arbeit, insbesondere auch der Kollegin Satu Hassi für ihren Bericht zur CO_2-Emission, der am Tage meines Erscheinens vor dem Nicht-Ständigen Ausschuss beraten wurde und der am 15. November 2007 in Form einer Resolution mit Forderungen für die UNO-Konferenz zum Klimawandel (Bali, Dezember 2007) im Plenum angenommen werden sollte.

Meine Ausführungen vor dem Nicht-Ständigen Ausschuss zum Klimawandel habe ich damit beendet, dass ich meine Kollegen daran erinnerte, dass auch das Europäische Parlament „grüner" werden sollte. Kurz danach bat ich Generalsekretär Harald Rømer zu überprüfen, wie das Europäische Parlament seine eigenen CO_2-Emmissionen reduzieren könnte. Daraufhin gab das Präsidium des Europäischen Parlaments auf meine Initiative eine externe Studie in Auftrag, bis März 2008 den CO_2-Ausschuss des Parlaments zu messen. Seit Oktober 2007 haben wir uns also aufgemacht, die Gebäude in Brüssel und Luxemburg Schritt um Schritt auf einhundert Prozent „grünen Strom" einzustellen. Das „Grüner Strom"-Label zertifiziert Ökostrom, das heißt Strom, der zu einhundert Prozent aus erneuerbaren Quellen stammt.

*

Bei vielen weiteren Gelegenheiten setzte ich mich für unsere Klimaschutzpolitik sowohl in Europa als auch international ein. So nahm ich am 11. Februar 2008 in New York an einer Podiumsdiskussion der UN-Generalversammlung zum Thema „Bewältigung des Klimawandels: Die UN und die Welt bei der Arbeit" teil. Unser Panel behandelte das Thema „Den Herausforderungen begegnen: Partnerschaften zum Klimawandel". Nach den einführenden Worten des Präsidenten der UN-Generalversammlung, Srgjan Kerim, diskutierte ich mit der Bürgermeisterin von Mailand, Letizia Moratti, dem Exekutivsekretär des Sahara and Sahel Observatory, Youba Sokona, dem Direktor des Third World Network, Martin Khor, mit Chen Ying von der China Enterprise Confederation und Fiona Harvey von der *Financial Times*. So konnte ich im Rahmen der Vereinten Nationen über die europäischen Erfahrungen im Hinblick auf Partnerschaften bei der Lösung der Aufgaben, vor die uns der Klimawandel stellte, berichten:[4]

> „Es ist der Europäischen Union bereits gelungen, dauerhaften Frieden zwischen den Ländern Europas zu schaffen. Jetzt entwickeln wir eine integrierte Politik, um Frieden mit dem Planeten zu schaffen, auf dem wir leben. Einen Beitrag zum Klimaschutz zu leisten, heißt aber, traditionelle Grenzen zu überschreiten und neue Partnerschaften auf regionaler, nationaler, aber auch auf internationaler Ebene zu schaffen."

Ich unterrichtete das Auditorium davon, dass der am 13. Dezember 2007 unterzeichnete Vertrag von Lissabon den Kampf gegen den Klimawandel in den Mittelpunkt gemeinsamer zukünftiger Vorhaben der Europäischen Union stellte. Darüber hinaus erinnerte ich an die ehrgeizigen Ziele des Europäischen Rates vom März 2007. Ich berichtete über die Vorschläge der Europäischen Kommission vom 23. Januar 2008 – Maßnahmen zur Senkung der Emissionen, zur Förderung erneuerbarer Energiequellen und zur CO_2-Abscheidung sowie eine Überprüfung des Systems für den Handel mit Emissionsrechten – welche jetzt auf dem Wege der europäischen Gesetzgebung konkret umgesetzt werden würden. Ich berichtete darüber, dass das Europäische Parlament in all diesen Fragen gleichberechtigter Gesetzgeber mit dem Ministerrat, den Regierungen der EU-Mitgliedstaaten, wäre, und das Europäische Parlament einen Nicht-Ständigen Ausschuss zum Klimawandel eingerichtet hätte. Kernelement dieser Arbeit wäre, dass die Betroffenen aus Wirtschaft und Zivilgesellschaft eingebunden würden. Zudem berichtete ich darüber, dass der CLIM-Ausschuss Anhörungen zu verschiedenen Aspekten der Klimaschutzpolitik durchführte, in die die Parlamente und Regierungen von EU-Mitgliedstaaten und Drittländern, internationale Organisationen sowie Vertreter der Wissenschaft, der Wirtschaft und Zivilgesellschaft einbezogen würden. Die Berücksichtigung der Ansichten dieser Akteure trüge entscheidend dazu bei, die Akzeptanz und Umsetzung der Gesetzgebung zu erleichtern.

*

Der Kampf gegen den Klimawandel ist eine der wichtigsten Herausforderungen des 21. Jahrhunderts. In einem umfangreichen Dokument hat der Hohe Vertreter für Außen- und Sicherheitspolitik, Javier Solana, auf die gravierenden Auswirkungen des Klimawandels für die Sicherheit in der Welt hingewiesen.[5]

Im Rahmen meines Besuches bei den Vereinten Nationen am 11. Februar 2008 in New York bin ich auch mit UN-Generalsekretär Ban Ki-moon zusammengetroffen. Alle Zusammentreffen mit dem Höchsten Repräsentanten der Vereinten Nationen habe ich – sowohl was die persönliche Atmosphäre als auch die behandelten Themen anging – in sympathischer und bester Erinnerung.

Die französische Ratspräsidentschaft im zweiten Halbjahr 2008 hatte sich zum Ziel gesetzt, bis zum Ende der sechsmonatigen Ratspräsidentschaft, also bis Ende 2008, mit der Klimaschutzgesetzgebung zum Abschluss zu kommen. Dies bedeutete eine ungeheure Arbeit für die zuständigen Ausschüsse, insbesondere den von meiner geschätzten Kollegin Angelika Niebler geleiteten Industrieausschuss sowie für den Umweltausschuss unter dem Vorsitz von Miroslav Ouzký. An dieser starken Arbeitsbelastung war ich nicht unbeteiligt. Der französische Umweltminister Jean-Louis Borloo suchte mich zu Beginn der französischen Präsidentschaft im Sommer 2008 in meinem Amtszimmer in Straßburg auf, um mit mir den Zeitrahmen zu besprechen. Er bat mich, dass die Gesetzgebung möglichst bis Ende 2008, also noch unter französischer Präsidentschaft, zum Abschluss kommen sollte. Ich erklärte mich damit einverstanden, sodass diese schwierige Materie nicht von der am 1. Januar 2009 nachfolgenden tschechischen Präsidentschaft wieder aufgegriffen werden musste. Meine Kolleginnen und Kollegen in den zuständigen Ausschüssen waren über meine Entscheidung nicht nur erfreut. Dieses Beispiel zeigt, dass ein Parlamentspräsident, der bei der konkreten Gesetzesarbeit in den Ausschüssen nicht beteiligt war, diese aber gleichwohl durch Reden wie auch prozedurale Entscheidungen maßgeblich beeinflussen konnte. So verhielt es sich auch bei der Frage des Klimaschutzes. Dabei war es für mich von großer Bedeutung, dass meine beiden deutschen Kollegen und Freunde Karl-Heinz Florenz und Peter Liese, denen ich vertraute, mich bei meiner Arbeit unterstützten. Auch bei meiner bayerischen Kollegin Angelika Niebler war ich sicher, dass sie alles in ihrer Macht stehende tun würde, um sowohl inhaltlich wie auch zeitlich zu einem guten Ergebnis zu kommen.

Nun lag der Ball im Hinblick auf den Klimaschutz beim Europäischen Rat, der am 11. und 12. Dezember 2008 letztmalig unter französischem Vorsitz zusammenkam. In meiner Rede vor dem Europäischen Rat erinnerte ich daran, dass wir heute „vor einer historischen Vorentscheidung über das Klima- und Energiepaket" ständen.[6] Ich erinnerte daran, dass das Europäische Parlament sehr verantwortlich gehandelt hätte:

> „Wir waren pragmatisch in der Gestaltung des Verfahrens und im Rahmen der Verhandlungen. Wir haben unsere Ausschussberatungen um viele Monate vorgezogen und alles daran gesetzt, rechtzeitig zu einer Einigung zu kommen. Wir sind den europäischen Weg gegangen!"

Das erklärte ich nicht ohne Selbstbewusstsein vor den Staats- und Regierungschefs. Ich wies darauf hin, dass wir uns bemüht hätten, einen „ausgewogenen Ansatz" zu verfolgen, um „zwischen Klimazielen und den Bedürfnissen unserer Wirtschaft" eine gute Balance zu finden.

Im Rahmen des Mitentscheidungsverfahrens hätte das Europäische Parlament flexibel gehandelt. Es bestünde aber darauf, dass die Finanzierung für Investitionen in neue, saubere Technologien der Zukunft, wie die Kohlenstoffspeicherung, gesichert werden müsste. Abschließend wandte ich mich noch einmal direkt an die Vertreter der Mitgliedsländer der Europäischen Union, den Europäischen Rat:

> „Jetzt ist der Rat in der Pflicht, die Verantwortung liegt nun bei Ihnen. Wenn wir jetzt nicht zu einem annehmbaren Ergebnis kommen, ist die Annahme des Pakets im geplanten Zeitrahmen in Frage gestellt. Weder der Rat noch das Europäische Parlament wollen dies. Es würde auch die Führungsaufgabe der Europäischen Union weltweit gefährden. Jede Vereinbarung, die Sie heute als Staats- und Regierungschefs treffen, muss aber auch für das Europäische Parlament annehmbar sein und im Parlament eine Mehrheit finden, wenn wir noch eine Lösung unter französischer Präsidentschaft wollen. Das Ergebnis muss daher auch die demokratisch zustande gekommene Position des Europäischen Parlaments als gleichberechtigter Gesetzgeber berücksichtigen. Wir werden auf die Rechte des Europäischen Parlaments im Mitentscheidungsverfahren nicht verzichten, die Annahme des Gesamtpakets in der kommenden Woche hängt zu einem großen Maße davon ab. Entscheidend ist daher ein enger und regelmäßiger Austausch des Rates mit den Entscheidungsträgern des Europäischen Parlaments während der hier geführten Verhandlungen."

*

Bis zur Ausfertigung der Richtlinie dauerte es noch einige Wochen. Am 23. April 2009 unterzeichneten der stellvertretende Ministerpräsident Tschechiens, Petr Nečas, der am 28. Juni 2010 der Ministerpräsident Tschechiens werden sollte, und ich die Europäische Klimaschutzgesetzgebung. Ich unterzeichnete den Text mit einem Füller, den mir der niedersächsische Fußballverband geschenkt hatte. In Reden vor Bürgerinnen und Bürgern zückte ich später, wenn ich über den Klimaschutz sprach, oft diesen Füller aus der Tasche und zeige ihn den Zuhörern. Ich formulierte es in der Regel dann so:

„Mit diesem Füller, der ein Geschenk des niedersächsischen Fußballverbandes ist – solche Geschenke darf man noch behalten – habe ich die Europäische Klimaschutzgesetzgebung unterschrieben. Ich wundere mich darüber, dass die Europäer so wenig stolz darauf sind, dass sie in einer für unsere Welt im 21. Jahrhundert so wichtigen Zukunftsfrage die Führung in der Welt übernommen haben."

2. Wirtschafts- und Finanzkrise: Solidarität in Europa

Ein zweites großes Thema, das alle Menschen in Europa in Atem hielt, bestimmte meine Führungsaufgabe als Präsident des Europäischen Parlaments. Zunächst hatte es so ausgesehen, als ob der Zusammenbruch von Lehman Brothers nur ein amerikanisches Problem gewesen wäre. Aber bald wurde jedem klar, dass wir einer ungeahnt starken weltweiten Finanzkrise gegenüberstanden, die sich zu einer Wirtschaftskrise ausdehnen sollte. Für mich ging es sofort darum, an die Menschenwürde zu erinnern, die es vor allem zu schützen gälte.

Im Europäischen Rat am 15. Oktober 2008 in Brüssel nahm ich für das Europäische Parlament ausführlich zur Wirtschafts- und Finanzkrise Stellung.[7] Ich begann meine Ausführungen vor den Staats- und Regierungschefs damit, dass die internationalen Finanzmärkte wahrscheinlich mit der größten Krise seit dem Zweiten Weltkrieg konfrontiert wären. Auch wenn diese Krise in ihrem Umfang kaum vorhersehbar war, so wären doch seit einigen Jahren klare Anzeichen gravierender Mängel im System erkennbar gewesen, die früher oder später sehr ernste Probleme erwarten lassen mussten. Mit der Globalisierung des Finanzhandels hätte man sich auf den Geld- und Finanzmärkten zu sehr auf das „laissez faire" und die Selbstregulierung verlassen. Die Regulierung und Beaufsichtigung der Finanzmärkte hätte mit der raschen Entwicklung und Zusammenführung der Finanzmärkte nicht Schritt halten können. Das Europäische Parlament hätte wiederholt auf diese Mängel in den Bereichen der Regulierung und Beaufsichtigung der Finanzmärkte in der Europäischen Union hingewiesen und die Europäische Kommission mehrfach aufgefordert, Maßnahmen vorzulegen, um das europäische Aufsichtssystem zu stärken.

In der Tat hatte das Europäische Parlament bereits 2002 die Unzulänglichkeiten im Regulierungsrahmen für Finanzdienstleistungen sowie damit verbunden die Risiken für Finanzstabilität sowie die unangemessenen, auf Risiko und kurzfristige Gewinne ausgerichteten Gehälter und die Probleme rund um die Hedgefonds aufgezeigt. Im Jahr 2004 hatte das Europäische Parlament auf die teils gravierenden Mängel in der Arbeit der Rating-Agenturen aufmerksam gemacht. In der laufenden Legislaturperiode (2004–2009) wurden diese Themen erneut und regelmäßig vom Europäischen Parlament aufgegriffen und Initiativen der Kommission angemahnt. Ich erinnerte daran, dass sich die Europäische Kommission in der Rahmenvereinbarung über die Beziehungen zwischen dem Europäischen Parlament und der Kommission aus dem

Jahre 2005 verpflichtet hatte, Aufforderungen des Parlaments, Gesetzgebungsvorschläge zu unterbreiten, Rechnung zu tragen und jeweils eine umgehende und ausreichend detaillierte Antwort zu geben. Dies war nicht geschehen. Insbesondere der zuständige Kommissar Charlie McCreevy hatte es immer abgelehnt, Vorschläge zu unterbreiten. Natürlich reichte es nicht, nur ihm beziehungsweise der gesamten Kommission Vorwürfe zu machen. Der Fehler lag auch beim Europäischen Parlament selbst: Es hätte stärker insistieren, notfalls bei Nichthandeln der Kommission mit einem Misstrauensvotum drohen müssen. Auch dies war nicht geschehen.

Das Nichthandeln der Kommission hatte seinen Grund auch darin, dass einige Mitgliedstaaten nichts unternehmen wollten. Gleichwohl wies ich darauf hin, dass jetzt nicht die Zeit für Schuldzuweisungen wäre, sondern die Zeit, um gemeinsame Lösungen zu finden. Es wäre wichtig, Vertrauen zu schaffen und auch unsere Erfolge nicht zu vergessen. Wörtlich führte ich aus:

> „Wir sind mit dem Euro als gemeinsamer Währung weit besser gerüstet als wir es früher mit unseren jeweiligen nationalen Währungen waren. Auch die Europäische Zentralbank hat sich in den letzten Wochen als äußerst handlungsfähig erwiesen. Sie hat fast täglich interveniert, um dem Markt Liquidität zu verschaffen und hat damit erneut bewiesen, dass nur koordiniertes Handeln Vertrauen bilden kann.

> Der Umfang dieser Krise erinnert uns erneut daran, wie verflochten und gegenseitig abhängig unsere Wirtschaften sind. Aus unserer Geschichte und den großen Wirtschaftskrisen des 20. Jahrhunderts kennen wir nur zu gut die drastischen Auswirkungen des Alleingangs und der mangelnden Berücksichtigung grenzüberschreitender Auswirkungen nationaler Entscheidungen. Eben weil wir daraus gelernt haben, wurden nach dem Zweiten Weltkrieg internationale Finanzorganisationen geschaffen und die Europäische Union gegründet. Die Lehre heute muss sein: Nicht isoliertes, unkoordiniertes, nationales Handeln kann Lösungen ermöglichen, sondern nur gemeinsame Verantwortung. Wir brauchen europäische Lösungen für die Finanzkrise, um in der Europäischen Union und damit im globalen Wettbewerb für die Zukunft gerüstet zu sein."

Deshalb begrüßte das Europäische Parlament den Aktionsplan zur Entlastung der Kreditmärkte, der einige Tage zuvor beim Sondertreffen der Staats- und Regierungschefs der Eurogruppe angenommen worden war.

Ich dankte Nicolas Sarkozy als Präsident des Europäischen Rates, Jean-Claude Trichet, Präsident der Europäischen Zentralbank, Jean-Claude Juncker, Präsident der Eurogruppe, sowie José Manuel Durão Barroso, dem Präsidenten der Europäischen Kommission, für ihre Bemühungen. Die Benennung dieser vier Persönlichkeiten zeigte auch, wie dringlich es war, die verschiedenen Verantwortungsträger zusammenzuführen, um zu gemeinsamen europäischen Lösungen zu kommen. Ich empfahl den 27 Staats- und Regierungschefs, die Beschlüsse der Eurogruppe zu übernehmen.

Allerdings äußerte ich auch mein Erstaunen darüber, dass bei dem Treffen der Länder der Eurozone das Europäische Parlament im Gegensatz zu anderen Institutionen kein einziges Mal erwähnt wurde. Das war keine Frage der Höflichkeit, sondern nicht verständliche Ignoranz, da die zu treffenden legislativen Maßnahmen der Mitentscheidung oder der Zustimmung des Europäischen Parlaments bedürften. Das Europäische Parlament zu ignorieren war nicht nur unangemessen, sondern auch unklug. Aber dies hatten wir bei den Regierungen in diesem Jahr nicht zum ersten Mal erlebt. Folglich musste sich das Europäische Parlament, in diesem Fall durch seinen Präsidenten, selbst entschieden zu Wort melden, was ich tat.

Es entsprach auch meiner Überzeugung von einem selbstbewussten Europäischen Parlament. Ich äußerte meine Auffassung, dass die Europäische Union bei gemeinsamem Handeln gestärkt aus der Krise hervorgehen könnte. Dieses war eine allgemeine Erfahrung aus der Geschichte der europäischen Einigungspolitik.

Ich setzte mich dafür ein, dass die systemrelevanten Finanzinstitute in der Europäischen Union vor einer Insolvenz bewahrt bleiben müssten. Ich begrüßte auch den Beschluss des Ecofin-Rates (Rat der Wirtschafts- und Finanzminister), den Schutz der Einlagen von Privatpersonen vorübergehend auf mindestens 50.000 Euro zu erhöhen. Nun ginge es darum, in der Europäischen Union ein verlässliches System ohne weitere Wettbewerbsverzerrungen und ohne neue Bedrohungen für den Wirtschafts- und Finanzkreislauf durch einen Abfluss von Spareinlagen aus einem Mitgliedstaat in einen anderen zu schaffen. Ich plädierte für eine Neuordnung der Finanzmärkte in Europa und darüber hinaus. Entscheidend wäre jetzt, nach welchem Modell die Finanzmärkte der Europäischen Union und weltweit geordnet sein sollten oder ob das Konzept selbstregulierender Märkte glaubwürdig wäre. Dann kam ich auf grundsätzliche Fragen zu sprechen:

„Freiheit ist immer auch mit Ordnung verbunden: Das Prinzip des Marktes ist eben nicht mit der Zügellosigkeit unregulierter Märkte gleichzusetzen. Wir brauchen bessere Regeln und eine nachhaltige Aufsicht, Ordnungspolitik im Sinne einer Sozialen Marktwirtschaft! Die Soziale Marktwirtschaft ist ein europäisches Wirtschafts- und Sozialmodell, wie es erstmalig im Vertrag von Lissabon auch rechtlich beschrieben wird. [...] Um in Zukunft Krisen besser abzuwehren, liegt die Antwort in mehr Transparenz, Offenlegung und besserem Risikomanagement. Doch das ist nicht genug. Wir müssen die Regulierung und Aufsicht des europäischen Finanzdienstleistungssystems einer umfassenden Reform unterziehen. Wir brauchen einen angemessenen und einheitlichen europäischen Rahmen, um die Finanzinstitute zu verantwortlichen Partnern zu machen."

Es entsprach der Auffassung des Europäischen Parlaments, insbesondere auch meiner eigenen Meinung, dass, sollten massiv Steuergelder verwendet werden, um Finanzinstitute durch Kapitaleinlagen zu retten, dies mit klaren Forderungen in Bezug auf angemessene Grundsätze der Unternehmensführung verbunden werden müsste. Die

Kommission hatte dazu eine Reihe von Vorschlägen vorgelegt, bei deren Verabschiedung, so erklärte ich, das Europäische Parlament engagiert mitarbeiten würde. Den Vorschlag zur Überarbeitung der Eigenkapital-Richtlinie bezeichnete ich als einen ersten Schritt, doch wäre dieser weder weitgehend noch umfangreich genug. Unter anderem wäre vom zuständigen Kommissar McCreevy entschiedenes Handeln zu erwarten, um das Vertrauen ihm gegenüber wieder zu stärken. Dann kam ich auf die Vorschläge des Europäischen Parlaments zu sprechen, die Folgendes umfassten:

„(1) die Regulierung aller Finanzdienstleister, inklusive der Hedgefonds, um mehr Transparenz und ein verantwortungsvolles Verhalten herbeizuführen,

(2) verbindliche risikoabhängige Eigenkapitalvorschriften für alle Finanzinstitute,

(3) Verhaltensregeln und Überprüfung der Ratingagenturen mit mehr Einblick in ihre Bewertungsregeln,

(4) die Neuordnung der Managergehälter, die Verlust und Gewinn gleichermaßen abbilden und nicht zu kurzfristigem risikoreichem Handeln verführen sollen,

(5) die Verbesserung der Transparenz und der guten Unternehmensführung in der Anwendung der Bilanzierungsregeln; dies ist für die Unternehmen sehr wichtig.“

Nun käme es darauf an, sich ohne weitere Verzögerung auf eine gemeinsame institutionalisierte Aufsicht der Finanzinstitute zu einigen. Es müsste sichergestellt werden, dass die 44 größten Finanzgruppen und Holdings, deren Tätigkeit für die Stabilität des gesamten Finanzsystems von großer Bedeutung wäre, einer europaweiten Aufsicht unterliegen. Finanzaufseher müssten nach gemeinsamen Regeln arbeiten und ihre Tätigkeit wirksam vernetzen.

Wichtig wäre vor allem, dass die Europäische Zentralbank in den zukünftigen europaweiten Aufsichtsrahmen einbezogen würde. Das Europäische Parlament erwartete, dass es aufmerksamer gehört und in die Ausarbeitung der neuen Aufsichtsarchitektur voll einbezogen würde. Das war eigentlich eine Selbstverständlichkeit, weil für die meisten der zu treffenden Maßnahmen das Europäische Parlament neben dem Ministerrat Gesetzgeber war. Aber die Staats- und Regierungschefs mussten immer wieder darauf hingewiesen werden, dass sie nicht allein handeln konnten, sondern hierfür den Gesetzgeber brauchten.

Nicht ohne Stolz wies ich darauf hin, dass das Europäische Parlament innerhalb von 24 Stunden den Vorschlag der Kommission zur Flexibilisierung der Bilanzierungsregeln gebilligt hätte. Dabei ging es um viel Geld.

In seiner Antwort auf meine Rede würdigte Nicolas Sarkozy als Präsident des Europäischen Rates ausdrücklich das schnelle und verantwortungsvolle Handeln des Europäischen Parlaments.

Schließlich fügte ich hinzu, dass die Krise eine umfassende Antwort auch weltweit verlangte. Sobald die Europäische Union die Reform ihrer eigenen Regeln eingeleitet hätte, sollte sie vorangehen, und die Weichen für eine umfassende Überarbeitung der für die Finanzmärkte anzuwendenden Regeln stellen. Auch in dieser Situation war mir wieder bewusst, dass die Europäische Union Teil einer immer enger verbundenen Welt war.

3. Auftrag des Grundgesetzes: Das vereinte Europa

Die Finanz- und Schuldenkrise war also nicht auf die Europäische Union beziehungsweise ihren Euroraum beschränkt. Die dramatische Verschuldung der USA, die immer wieder vor dem Staatsbankrott stand, der nur – in der Regel in letzter Minute – durch einen Beschluss des Kongresses abgewendet werden konnte; die Verschuldung Japans, die ohne Beispiel in der Welt war; oder der immer stärkere Ankauf von Staatsanleihen durch die Bank of England waren Beispiele für die Herausforderungen der Finanz- und Verschuldungskrise in Ländern außerhalb der Eurozone. Deswegen war es auch falsch, von einer „Eurokrise" zu sprechen; es handelte sich vielmehr um eine Finanz- und Verschuldungskrise, die weltweit eine Herausforderung war. Damit sollten die Herausforderungen in der Eurozone keineswegs relativiert werden, aber es war psychologisch, und damit politisch, von größter Bedeutung, dass die Herausforderungen nicht auf den Euroraum beschränkt wurden, denn eine gedankliche Reduzierung der Probleme auf den Euroraum kann schnell zu einer Entmutigung in der Europäischen Union führen und damit zu einem Pessimismus gegenüber der Europäischen Einigung überhaupt. Im Übrigen lehrte die Erfahrung der Europäischen Einigung, dass Europa beziehungsweise die an der Einigung beteiligten Staaten bei entschlossener politischer Führung immer gestärkt aus einer Krise hervorgegangen waren – so wie Jean Monnet es ja schon in den Fünfzigerjahren formuliert hat. Und so wird es auch heute sein.

Aber wir dürfen die Augen vor der Größe der Herausforderungen nicht verschließen. Dabei muss die Grundlage für die Lösung der Probleme, vor denen wir stehen, die Antwort auf die Frage sein, welches Verständnis wir von der Europäischen Union haben. Die Europäische Union ist nicht eine zufällig entstandene geografische Gemeinschaft von Staaten, sondern sie ist eine Wertegemeinschaft. Man kann sie mit einer Familie vergleichen: Wenn ein Mitglied einer Familie in Schwierigkeiten gerät, die durchaus selbstverschuldet sein können, so schließt man dieses Mitglied nicht aus der Familie aus, sondern man sucht nach einem Weg, wie die Familie zusammenbleiben kann. Dies erfordert Solidarität. So ist es auch in der Europäischen Union beziehungsweise ihren Mitgliedsländern, die den Euro eingeführt haben. Aber Solidarität ist keine Einbahnstraße – sie muss von denen geübt werden, die helfen können und auch von denen, die Hilfe beanspruchen. Für die Finanz- und Verschuldungskrise bedeutet dies, dass Solidarität und Solidität zusammengehören. Die Europäische Union ist eine Rechtsgemeinschaft, die alle ihre Mitgliedsländer, Bürgerinnen und Bürger, die Unionsbürgerinnen und Unionsbürger sind, bindet. An der Einhaltung des vereinbarten Rechtes führt kein Weg vorbei. Dies bedeutet, dass die Regeln des Vertrages von Maastricht mit den klaren Vorgaben für die Stabilitäts- und Haushaltspolitik eingehalten werden müssen, ebenso die Vereinbarungen in Bezug auf den Fiskalpakt, der die Regeln für die Maastricht-Kriterien konkretisiert. Die notwendigen wirtschaftlichen Strukturreformen müssen hinzukommen. Im Zeitalter der Globalisierung muss die gesamte Europäische Union wettbewerbsfähig sein.

Der Bundesrepublik Deutschland als dem bevölkerungsmäßig und wirtschaftlich größten beziehungsweise stärksten Mitgliedsland der Europäischen Union und der Eurozone kommt dabei eine besondere Verantwortung zu. Für Übermut besteht aber kein Anlass. Wir sollten nicht vergessen, dass Anfang des Jahrhunderts die Bundesrepublik Deutschland noch als „der kranke Mann Europas" galt. Auch war es kein Ruhmesblatt, dass die deutsche Regierung zusammen mit der französischen Regierung 2003 darauf hingewirkt hat, dass die Europäische Kommission Deutschland und Frankreich wegen der Verletzung der Maastricht-Kriterien nicht den „blauen Brief" schickte. Das war kein gutes Vorbild. Auch muss Deutschland jeden Eindruck vermeiden, als solle „am deutschen Wesen die Welt genesen". Diese Politik ist uns schon in unserer Geschichte nicht gut bekommen. Deswegen ist nicht nur das deutsche Handeln, sondern insbesondere auch die Rhetorik der deutschen Politik für den Zusammenhalt in der Europäischen Union von großer Bedeutung. Wie wir in einigen Ländern des Euroraums gesehen haben, lässt sich durch die Medien die psychologische Situation – und damit das Verhältnis zwischen Staaten in der Europäischen Union – schnell hochschaukeln. Aus diesem Grund sollten sich alle Verantwortlichen einer respektvollen Sprache bedienen. Wie im ganz normalen Leben, so ist es auch in der Europäischen Union (und es ist nicht auf sie beschränkt): Wir sind alle Sünder, der eine mehr, der andere weniger. Wie die Geschichte lehrt, haben viele europäische Länder in der Vergangenheit Schuld auf sich geladen, aber auch große Beiträge zu unserer gemeinsamen europäischen Kultur geleistet. Die Europäische Union, die Einigung Europas, ist die Antwort auf diese historischen Erfahrungen. Das Bemühen der Bundesregierung, bei der Bewältigung der Finanz- und Verschuldungskrise maßgeblich beizutragen, entspricht im Übrigen dem Auftrag des Grundgesetzes, nämlich „als gleichberechtigtes Glied in einem vereinten Europa dem Frieden der Welt zu dienen" (Präambel). Und in Artikel 23, Absatz 1 unserer Verfassung heißt es unter anderem:

„Zur Verwirklichung eines vereinten Europas wirkt die Bundesrepublik Deutschland bei der Entwicklung der Europäischen Union mit, die demokratischen, rechtstaatlichen, sozialen und föderativen Grundsätzen und dem Grundsatz der Subsidiarität verpflichtet ist".

Die Bundesregierung handelt im Rahmen dieses Auftrages unserer Verfassung, weil die Stabilisierung der Europäischen Union beziehungsweise ihres Euroraums ein Beitrag zum vereinten Europa ist.

Über einzelne praktische Maßnahmen im Rahmen der Bewältigung der Finanz- und Verschuldungskrise mag man streiten. Die Schaffung des Europäischen Stabilitätsmechanismus (ESM) 2012 ist Ausdruck der Solidargemeinschaft der Europäischen Union beziehungsweise des Euroraums. Die Ablehnung von Eurobonds, also gemeinsamer gleicher Zinsen für Staatsanleihen in allen Euroländern, ist ebenso richtig, solange sich nicht alle Länder an die miteinander vereinbarten Spielregeln für strikte Haushaltsdisziplin halten. Eine Einführung von Eurobonds zum jetzigen Zeitpunkt würde zum einen die Zinslast auf die Länder mitverlagern, die ihre wirtschaftlichen und finanziellen Strukturen bereits wieder einigermaßen ins Gleichgewicht gebracht haben und zum anderen insbesondere die notwendigen Reformanstrengungen in den Ländern reduzieren, die Strukturreformen einleiten beziehungsweise weiterführen müssen.

4. Plädoyer für einen Präsidenten der Europäischen Union

Die Erfahrungen mit der Finanz- und Verschuldungskrise zeigen, dass dem Europäischen Rat, also den Regierungen, immer mehr Einfluss zugewachsen ist. Die Verantwortlichkeit der Europäischen Kommission ist ganz offensichtlich zumindest in der Wahrnehmbarkeit reduziert. Dies sollte künftig kein Dauerzustand bleiben. Vielmehr sollte die Europäische Kommission als die zukünftige Regierung der Europäischen Union verstanden werden anstatt als „Behörde", wie sie vielfach in den Medien bezeichnet wird. Die Europäische Kommission ist Ausdruck des gemeinschaftlichen Europas, der Europäische Rat Ausdruck des gouvernementalen Europas. Zwischen beiden Konzeptionen wird es immer ein Spannungsverhältnis geben, aber das Gleichgewicht muss aufrechterhalten werden. Im Rahmen der Außen- und Sicherheitspolitik der Europäischen Union waren bis zum Inkrafttreten des Vertrages von Lissabon am 1. Dezember 2009 der Hohe Vertreter – als Vertreter der Regierungen – und ein Mitglied der Europäischen Kommission verantwortlich, zuletzt Javier Solana und Benita Ferrero-Waldner. Diese Aufgaben sind in der Person von Lady Catherine Ashton, Hohe Vertreterin der EU für Außen- und Sicherheitspolitik und Erste Vizepräsidentin der Kommission, zusammengeführt worden. Es sollte eine Debatte darüber geführt werden, auch die Positionen des Präsidenten der Kommission und des Präsidenten des

Europäischen Rates in einer Person zusammenzuführen, um den Dualismus zwischen Europäischer Kommission und Europäischem Rat zu vermeiden. Eine solche Persönlichkeit wäre dann der Präsident beziehungsweise die Präsidentin der Europäischen Union. Eine weitere Frage wäre, ob diese Persönlichkeit direkt durch die Bürgerinnen und Bürger der Europäischen Union gewählt werden sollte, oder aber ein Verfahren entwickelt wird, welches das Europäische Parlament und die Regierungen der Mitgliedstaaten wie bei der europäischen Gesetzgebung gleichberechtigt beteiligt. Auch eine Einbeziehung der nationalen Parlamente sollte in die Überlegungen eingebunden werden. Ein Präsident oder eine Präsidentin der Europäischen Union würde die Wahrnehmung der Europäischen Union in den Köpfen der Bürgerinnen und Bürgern der Europäischen Union, aber auch international, deutlich stärken.

5. Europäische Demokratie und Bundesverfassungsgericht

Die Europäische Union – es wurde vielfach betont – ist eine Rechtsgemeinschaft. Das bedeutet auch, dass europäisches Recht Vorrang hat vor dem nationalen Recht der gegenwärtig 28 Mitgliedstaaten der Europäischen Union. Das deutsche Bundesverfassungsgericht erweckt bisweilen den Eindruck, dass dieses Prinzip nicht in jedem Fall gebilligt wird. Vor allem die Rechtsprechung im Hinblick auf das Europäische Parlament gibt Anlass zur Sorge. Auf der Ebene der Europäischen Union gibt es heute – alles in allem – ein gleiches Maß an Demokratie und Parlamentarismus wie auf der Ebene der Mitgliedstaaten. Die demokratischen Verfahren in den 28 Mitgliedstaaten sind sehr unterschiedlich. Insofern können auch Demokratie und Parlamentarismus auf der Ebene der Europäischen Union kein Spiegelbild der Maßstäbe von Demokratie und Parlamentarismus aller 28 Mitgliedstaaten der Europäischen Union sein. Diese Erkenntnis sollte wachsen. Insbesondere der kritischen Haltung des Bundesverfassungsgerichts im Hinblick auf die Legitimität des Europäischen Parlaments kann nicht zugestimmt werden. Das Bundesverfassungsgericht spricht dem Europäischen Parlament eine vollständige Legitimität mit der Begründung ab, dass bei der Wahl des Europäischen Parlaments die Stimmen der Bürgerinnen und Bürger unterschiedlich gewichtet seien und somit das Prinzip *one man, one vote* nicht gelte.[8] Das Bundesverfassungsgericht übersieht dabei, dass dieses Prinzip im Europäischen Parlament natürlicherweise keine Anwendung finden kann, da es ansonsten entweder mehrere tausend Abgeordnete haben müsste oder aber eine Anzahl von Ländern gar nicht vertreten wäre. Daher gilt für die Repräsentanz im Europäischen Parlament das System der „degressiven Proportionalität". Würde dieses Sachverhaltes wegen die Legitimität des Europäischen Parlaments letztlich infrage gestellt, so hätte dies zur Konsequenz, dass es in der Europäischen Union keine „wahre" Demokratie geben könnte. Damit wäre die Fortentwicklung, die weitere Einigung Europas im Kern zweifelhaft. Deswegen ist immer wieder daran zu erinnern: Die Europäische Union und damit die Europäische

Einigung sind ohne Beispiel in der Welt, deshalb kann sie auch keinem Modell folgen (Modell *sui generis*). Im Übrigen wurde mit dem Vertrag von Lissabon das „Prinzip der doppelten Mehrheit" bei den Entscheidungen des Ministerrats eingeführt. Ein Beschluss kommt demnach nur zustande, wenn eine Mehrheit von Staaten (55 Prozent) zustimmt, die eine Mehrheit der Bevölkerung (65 Prozent) vertreten. Diese Regelung tritt 2014, bei Widerspruch im Rat, spätestens 2017 in Kraft. Diese Bestimmung im Vertrag von Lissabon war ein Korrektiv im Hinblick auf die Proportionalität der Repräsentanz im Europäischen Parlament. Die Europäische Union und das Europäische Parlament können kein Spiegelbild der Verfassungsordnung der Bundesrepublik Deutschland sein. Und immer sollte bedacht werden: Die Präambel und Artikel 23 unserer Verfassung sind ein Auftrag, bei der Entwicklung der Europäischen Union mitzuwirken und so das vereinte Europa zu verwirklichen.

II. Europa in der Welt: Friedenspartner

1. UN-Generalsekretär Ban Ki-moon zur Rolle der EU

Einer meiner ersten Gäste als Präsident des Europäischen Parlaments war UN-Generalsekretär Ban Ki-moon. Ich begleitete ihn in mein Arbeitszimmer im elften Stock des Europäischen Parlaments, wo er sich an diesem 24. Januar 2007 mit entschiedenen Worten in mein Gästebuch eintrug: „I am committed to work closely with the EU for world peace, prosperity and enhancement of human rights." („Ich habe mich der engen Zusammenarbeit mit der EU verschrieben, zur Erlangung von Weltfriede, Wohlergehen und der Stärkung der Menschenrechte.") Ban Ki-moon ist ein außerordentlich freundlicher, erfahrener und kompetenter Politiker. Wir sprachen über Menschenrechte, die immer im Mittelpunkt stehen müssten. Er betonte die große Rolle der EU, gerade auch im Nahen Osten. Ich plädierte für einen Sitz der Europäischen Union im Weltsicherheitsrat. Ban antwortete lapidar, dass Europäer dafür nicht einträten.

2. Reise nach Israel und Palästina

Immer hatte ich – und habe es bis heute – große Sympathie für Israel. Nach dem schlimmsten aller Verbrechen, dem Holocaust, war am 14. Mai 1948 von David Ben-Gurion der Staat Israel ausgerufen worden. Viele Juden der Welt hatten in der Heimat ihrer Vorfahren eine neue Heimat gefunden. Seitdem aber hat es keinen Frieden mehr im Nahen Osten gegeben. Immer neue Kriege gefährdeten nicht nur die Sicherheit des Staates Israel, sondern beeinträchtigten auch die Würde der Palästinenser. Frieden zwischen Israel und Palästina ist aber die Voraussetzung, damit beide Völker friedlich und partnerschaftlich miteinander leben. Es ist auch die Vorraussetzung dafür, dass im 21. Jahrhundert die Kulturen in der Welt, insbesondere Europa und die Vereinigten Staaten einerseits und die arabische und muslimische Welt andererseits, friedlich miteinander leben. Dies ist so wichtig, damit es nicht zu einem *clash of civilisations*, einen Zusammenprall der Kulturen, kommt, sondern ein die Kulturen verbindender Dialog möglich wird mit dem Ziel des friedlichen Zusammenlebens auf der Welt. Je mehr ich mich mit diesen Fragen beschäftigte, umso mehr verfestigte sich meine Meinung, dass es Frieden im Nahen Osten geben musste, damit Frieden zwischen den Kulturen möglich war.

Bereits 1968 und 1976 hatte ich Israel besucht, erneut 2001 und dabei zum ersten Mal auch die palästinensischen Gebiete. Als Präsident des Europäischen Parlaments war ich eingeladen, vor der Knesset zu sprechen. In meinen Jugendjahren hätte ich mir dies nicht vorstellen können. Wie der Kongress der Vereinigten Staaten, das Britische Unterhaus oder der Deutsche Bundestag bedeutete die Knesset für mich immer ein ganz besonderes Parlament. Dort zu sprechen empfand ich als außerordentliche Auszeichnung und Ehre. So führte mich meine erste Reise außerhalb Europas nach meiner Wahl zum Präsidenten des Europäischen Parlaments Ende Mai 2007 in den Nahen Osten. Dies sollte ein ganz bewusstes Signal sein. Frieden im Nahen Osten war und ist für mich ein Herzensanliegen, nicht nur, weil der Frieden zwischen den Völkern dort von so großer Bedeutung ist, sondern weil der Frieden im Nahen Osten eine weltweite Bedeutung hat.

Von Sonntag, dem 27. Mai, bis Donnerstag, dem 31. Mai 2007, besuchte ich mit meinen Mitarbeiterinnen und Mitarbeitern Katrin Ruhrmann, Astrid Worum und Alexandre Stutzmann Israel und Palästina. Mit dabei war auch mein Freund Ludger Kühnhardt, Direktor des Zentrums für Europäische Integrationsforschung (ZEI) in Bonn, dem ich viele gute Beratungen zu verdanken habe. Nach der Ankunft am Sonntagnachmittag in Tel Aviv folgten wir einer Einladung des Vertreters der Europäischen Kommission, Ramiro Cibrian Uzal, – ich bevorzuge zu sagen des Vertreters der Europäischen Union, was nach dem Inkrafttreten des Vertrages von Lissabon am 1. November 2009 auch so zutrifft – zu einem Abendessen mit Vertretern der Israeli Peace Initiative, also einer israelischen Friedensinitiative, wozu auch der frühere Botschafter Israels in Deutschland, Avi Primor, sowie Eyal Zisser, ein Nahost-Experte von der Universität Tel Aviv gehörte. Wir waren uns in den meisten Fragen, insbesondere der Notwendigkeit, Israel in sicheren Grenzen und Palästina in sicheren Grenzen jeweils als Staaten anzuerkennen, einig. Beide regten an, dass die Situation in Gaza durch internationale Truppen gesichert werden sollte. Es war ein außerordentlich angenehmer Abend und ich freute mich, insbesondere Avi Primor, für den ich, ohne ihn bisher persönlich zu kennen, große Hochachtung entwickelt hatte, nun persönlich kennenzulernen. Es war ein Abend unter Freunden.

Am nächsten Morgen besuchten wir im historischen Teil von Jerusalem den Felsendom. Trotz vorheriger Zusage durch die israelischen Behörden durfte uns ein Fernsehteam nicht begleiten. Zu unserer Delegation kam der EU-Vertreter für Palästina, der Däne John Kjaer, hinzu. Von dort aus ging es über den Checkpoint Qalandia nach Ramallah, wo wir ein Krankenhaus besuchten, das durch die United Nations Relief and Works Agency for Palestine Refugees in the Near East (UNWRA) versorgt wird. Wir besuchten eine palästinensische Schule und trafen natürlich auf Jungen und Mädchen, wie man sie überall in der Welt trifft. Die Lehrerinnen und Lehrer waren uns gegenüber sehr zurückhaltend und verschlossen. Sie vermittelten einen eher ängstlichen Eindruck. Dann besuchten wir eine Familie mit zwei Jungen im Alter von zehn und zwölf Jahren, die von Mutter und Großmutter betreut wurden. Der Vater war im Gefängnis. Wir erfuhren nicht den Grund. Was sollte aus diesen Kindern werden? Ich musste an meine beiden eigenen Söhne denken. „Lernen ist das Beste, was ihr für euch tun könnt", sagte ich diesen beiden sympathischen Burschen. Was wohl aus ihnen geworden ist? Von einem Mittagessen mit palästinensischen Unternehmern blieb mir insbesondere in Erinnerung, dass jemand sagte, eines Tage würde Israel noch froh sein, wenn man es mit Leuten wie der Hamas zu tun hätte. Am Nachmittag trafen wir mit dem Vizepräsidenten des palästinensischen Parlaments, Hassan Kreishe, sowie vier weiteren Abgeordneten, davon ein Vertreter der Hamas, zusammen. Der Vertreter der Hamas ergriff nicht das Wort, so entsprach es unserer Vereinbarung, denn ich wollte keinen offiziellen Kontakt mit der Hamas. Er hatte sich mit einer solchen Lösung einverstanden erklärt und sich daran gehalten. Am frühen Abend bezogen wir unsere Zimmer im Bethlehem Intercontinental Hotel, das, obwohl ein sehr schönes Gebäude, kaum belegt war. Bevor wir die Geburtskirche in Bethlehem besuchten, machten wir einen Abstecher zur „Mauer", die Bethlehem von Israel trennte, und begegneten dort vielen sehr sympathischen Jungen und Mädchen, die gegen diese Mauer demonstrierten. In meiner Rede vor der Knesset sollte ich darauf zurückkommen. In der Geburtskirche wurden wir durch den christlichen Bürgermeister von Bethlehem sowie christliche Gemeinschaften begrüßt. In der Geburtskirche Jesu Christi nahmen wir an einer Heiligen Messe mit Pater Johannes teil. In seiner Predigt sprach er von Dialog, Versöhnung und Vergebung – ohne dies würde es keinen Frieden im Nahen Osten geben. Zum Abendessen waren wir vom lateinischen Patriarchen Michael Sabah eingeladen. Er sprach sehr pessimistisch über die Möglichkeiten eines Friedens zwischen Israel und Palästina. Er warf die Frage auf, ob Israel überhaupt zwei Staaten wollte. Der größte Fehler, so Sabah, bestünde darin, dass Israel nicht nur Okkupationsmacht wäre, sondern dies auch täglich unter Beweis stellte.

Am Dienstag, dem 29. Mai 2007, sollte ich ursprünglich den Präsidenten der palästinensischen Autonomiebehörde, Mahmoud Abbas, auch genannt Abu Mazen, in Ramallah treffen. Ich wurde jedoch gebeten, nach Gaza-City zu kommen, wo sich Mahmoud Abbas aufhielt, um Streitigkeiten zwischen Fatah und Hamas beizulegen. Natürlich erklärte ich mich bereit, ihn in seinem Amtssitz in Gaza-City zu treffen. Über den Grenzübergang Erez, wo wir von einer in Zivil gekleideten Sicherheitsbeamtin Israels sorgfältig gecheckt wurden, bekamen wir „Ausreiseerlaubnis". In unserem Wagen umfuhren wir dicke Steinbrocken und landeten schließlich auf der anderen Seite, im Gaza-Streifen. Dort wartete der Protokollchef von Präsident Mahmoud Abbas, Dr. Hussein. Wir stiegen in eine gepanzerte Limousine und fuhren mit Blaulicht und Sicherheitskräften über die Straße nach Gaza-City. Der Blick aus dem Auto in die uns umgebende Landschaft war deprimierend: dreckige Szenerie, man spürte die Isolation, es kam mir wie ein Gefängnis vor. Vor seiner Residenz erwartete uns Präsident Mahmoud Abbas mit vielen örtlichen Repräsentanten. Viele Medien, darunter ZDF und ARD, waren anwesend.

Die Unterredung mit Mahmoud Abbas dauerte etwa eine Stunde. Sie war ihrem Inhalt nach sehr ernst, aber trotzdem menschlich und herzlich. So trostlos und von einer unsicheren Lage geprägt die Situation außerhalb der Residenz war, so ruhig war es innerhalb der Residenz selbst. Auch Präsident Abbas schien völlig ruhig und gelassen. Diese Ausgeglichenheit hatte ich bei ihm auch schon bei anderen Gelegenheiten bewundert. Mein Instinkt sagte mir auch bei dieser Begegnung, dass wir Mahmoud Abbas vertrauen und nach Kräften unterstützen sollten. Er bat, die Israelis aufzufordern, 700 Millionen US-Dollar aus Zolleinnahmen, die den Palästinensern gehörten, freizugeben. Auf der sich unserem Gespräch anschließenden Pressekonferenz teilte er mit, dass er am 7. Juni den Ministerpräsidenten Israels, Ehud Olmert, sehen würde. Das Gespräch wurde dann allerdings von Abbas abgesagt, „da Olmert zu Zugeständnissen nicht bereit" wäre, wie es aus palästinensischen Quellen hieß. Im Gespräch mit mir und auch in der Pressekonferenz bat Mahmoud Abbas die Europäische Union um weitere Unterstützung. Eine Friedenskonferenz nach dem Beispiel von Madrid (1991) wäre sinnvoll. US-Präsident George Bush und die Sowjetunion hatten gemeinsam zu der Friedenskonferenz von Madrid eingeladen, bei der am 30. Oktober für drei Tage Vertreter Israels, Syriens, Jordaniens und der Palästinenser neben denen Spaniens, der USA und der Sowjetunion verhandelt hatten. Die Friedenskonferenz von Madrid hatte schließlich zum Oslo-Abkommen 1993 geführt, einer israelisch-palästinensischen Rahmenvereinbarung über eine vorübergehende Selbstverwaltung, wobei die Frage des endgültigen Status der Palästinensergebiete bis heute nicht geklärt werden konnte.

Nach der Pressekonferenz fragte mich Präsident Abbas, ob ich sein Badezimmer aufsuchen wollte. Dieses Angebot nahm ich gerne an, ging durch sein Schlafzimmer in das Badezimmer. Dort stand ein Laufband. Abbas erzählte mir, er müsste täglich ein wenig trainieren, um sein Herz stabil zu halten. Draußen spazieren gehen könnte er nicht, sagte er, und zeigte deprimiert auf den menschenleeren schönen Strand von Gaza. Dort hinzugehen wäre zu gefährlich für ihn. Danach verabschiedete Präsident Abbas mich am Ausgang seiner Residenz, wo er noch ein Interview mit der ARD führte. Am gleichen Abend wurde in der ZDF-*heute*-Sendung in einem von Petra Gerster moderierten dreiminütigen Film über meinen Besuch bei Präsident Abbas und im Gaza-Streifen berichtet. Wenige Tage später, nachdem die Verhandlungen zwischen Fatah und Hamas gescheitert waren und die Hamas den Amtssitz von Präsident Mahmoud Abbas verwüstet hatte, sah ich in einer deutschen Zeitung ein Bild schwarz vermummter Hamas-Milizen vor dem Spiegel des Badezimmers, wo die verschiedenen Toilettenartikel noch genau so standen, wie ich sie gesehen hatte.

Nach dem Besuch in Gaza-City fuhren wir nach Jerusalem. Der Nachmittag war für einen Besuch im Yad Vashem Memorial vorgesehen. Beim Betreten der „Halle der Erinnerung" in Yad Vashem, diesem dunklen Raum mit dem leuchtenden Feuer, ergriff mich Nachdenklichkeit, Betroffenheit, ja Scham. Der Holocaust, an den hier so bedrückend wie mahnend erinnert wurde, dieses schlimmste aller Verbrechen, beherrschte meine Gedanken. Ich trug eine Kippah auf dem Kopf, legte vor der Flamme im Namen des Europäischen Parlaments einen Kranz nieder, verneigte mich und verharrte in Schweigen. In das Buch des Gedenkens schrieb ich die Worte:

„Der Holocaust, das böseste aller Verbrechen, verpflichtet uns für alle Zukunft, für das Leben, die Menschenrechte, Frieden und Freiheit einzutreten."

Nach dem Besuch der „Halle der Erinnerung" gingen wir in das Museum zur Geschichte des Holocaust. Die Bilder und Gegenstände dort waren erschütternd und mit Worten nicht zu beschreiben. Das Museum war bedrückend wie beeindruckend.

＊

Außenministerin Tzipi Livni begrüßte mich anschließend am Eingang ihres Ministeriums. Sie galt als eine Vertreterin Israels, die für den Frieden mit den Palästinensern, für die Zwei-Staaten-Lösung eintrat. In unserem Gespräch sollte sich zeigen, dass unsere Vorstellungen insoweit übereinstimmten. Es entwickelte sich jedoch eine Verstimmung. Ich sprach die 700 Millionen Dollar Zolleinnahmen an, die den Palästinensern zuständen, sich aber auf israelischen Konten befänden. Darauf erwiderte Tzipi Livni: „Wir haben ihnen bereits 100 Millionen gegeben!" Diese Bemerkung verärgerte mich und ich antwortete: „Es ist das Geld der Palästinenser, es ist nicht euer Geld." In der Bemerkung von Frau Livni kam eine Mentalität des unberechtigten Besitzdenkens zum Ausdruck, die das Verhalten von Israelis gegenüber Palästinensern charakterisierte. Man kann nicht etwas geben, was einem nicht gehört. Das Gespräch mit Tzipi Livni wurde dann aber doch versöhnlich beendet und wir verabschiedeten uns freundlich. Auch möchte ich betonen, dass ich für die Haltung von Tzipi Livni, die später die Friedensverhandlungen mit Saeb Erekat, dem Vertreter der Palästinenser, führen sollte, im Hinblick auf die Zwei-Staaten-Lösung großen Respekt habe.

Im King David Hotel traf ich mit dem damaligen Oppositionsführer Benjamin Netanjahu zusammen. Er wies auf die vom Iran ausgehende Gefährdung hin, falls der Iran über Nuklearwaffen verfügen sollte. Diese Meinung teilte ich völlig. Der Präsident eines Landes, der den Holocaust leugnete und Israel von der Karte verschwinden sehen mochte, stellte eine große Gefahr dar, sollte er über Nuklearwaffen verfügen. Auch, wenn ich in dieser Frage völlig mit Netanjahu übereinstimmte, so schien er kein großes Interesse daran zu haben, über den Frieden mit den Palästinensern zu sprechen. Für mich aber gehörte beides zusammen: zwei Staaten, die friedlich nebeneinander leben und alles dafür tun, damit dies Wirklichkeit wird und dabei gleichzeitig der vom Iran ausgehenden Gefahr mit Entschiedenheit begegnen. Das eine ohne das andere hielt und halte ich nicht für verantwortliche Politik.

Den Abend beschloss ein Gespräch mit Vertretern der arabischen Minderheit in Israel. Sie sagten uns: „Wir werden als Menschen zweiter Klasse behandelt." Mir ging durch den Kopf, dass das jüdische Volk, das in seiner Geschichte so unendlich viel gelitten hatte und dem so unendlich viel Unrecht angetan worden war, ein besonderes Empfinden für die Würde und das Leid anderer Menschen haben müsste. Ausgesprochen habe ich es nicht.

3. Meine Rede vor der Knesset

Am 30. Mai 2007 wurde ich um 12:30 Uhr von der Sprecherin der Knesset, Dalia Itzik, vor der Knesset empfangen. Sie war auch amtierende Staatspräsidentin, da gegen Staatspräsident Mosche Katzav staatsanwaltlich ermittelt wurde. In der Eingangshalle des Parlamentsgebäudes erwartete uns eine Musikkapelle, die unsere Delegation mit Beethovens „Ode an die Freude", der Europahymne, begrüßte. Danach wurde die israelische Nationalhymne gespielt. Dalia Itzik und ich standen nebeneinander. Es war sehr bewegend. Dann schritten wir an der Musikkapelle vorbei und ich wurde gebeten, mich in das Gästebuch der Knesset einzutragen. Ich schrieb in das Buch: „Shalom – für Israel und Palästina und gute Nachbarschaft für alle Zukunft."

Anschließend begaben wir uns in das Amtszimmer von Dalia Itzik. Dort erwarteten uns mehrere Abgeordnete. Ich übermittelte meiner Kollegin Grüße von Präsident Mahmoud Abbas, der mir gegenüber erklärt hatte, dass er die Präsidentin der Knesset sehr schätzte. Dalia Itzik bezeichnete ihn als Freund. In unserer Unterredung kamen wir auf meine Rede in der Knesset zu sprechen und auf die Verhaftung des palästinensischen Erziehungsministers wenige Tage zuvor. Ich sprach mich dafür aus, ihn freizulassen. Sie widersprach mir. In der Knesset sollte dies schon wenige Minuten später eine wichtige Rolle spielen.

Etwa gegen 13:30 Uhr begann meine Rede in der Knesset, die mit einer langen Erklärung der Präsidentin eingeleitet wurde. Mit einiger Spannung trat ich an das Rednerpult, das an der Seite von der israelischen Flagge mit dem Davidstern geschmückt war. Ich hatte bis um zwei Uhr der vergangenen Nacht an der Rede gearbeitet. Für einen deutschen Politiker ist es eine besondere Herausforderung, sich zu Fragen des Holocausts, des Leidens des jüdischen Volkes und der Existenz des Staates Israel und seiner Beziehung zu Palästina zu äußern. Bundestagspräsident Philipp Jenninger hatte 1988 nach einer verunglückten Rede im Deutschen Bundestag zum 50. Jahresgedenken der Novemberpogrome 1938 von seinem Amt zurücktreten müssen. Dabei war seine Rede von so viel gutem Willen geprägt gewesen. Hieran musste ich denken, als ich mit meinen Ausführungen in der Knesset begann. Ich wusste: Dies ist eine der wichtigsten Reden, die ich in meinem Leben halten würde. Aber ich war auch entschlossen, so zu sprechen, wie es meinen Überzeugungen entsprach. Meinen Überzeugungen zu folgen hielt ich für meine Pflicht. Ich wusste, jetzt begann vor der Knesset eine politische Gratwanderung. Ich dankte in hebräischer Sprache für die Ehre, vor der Knesset sprechen zu dürfen, und sagte:[9]

> „Ich spreche zu Ihnen als Präsident des Europäischen Parlaments, das [...] 500 Millionen Bürgerinnen und Bürger aus 27 Mitgliedstaaten vertritt. Ich spreche aber auch zu Ihnen als Deutscher und damit im Bewusstsein einer besonderen Verantwortung. Erlauben Sie mir, zu Ihnen in meiner Muttersprache zu sprechen, in der Sprache von Moses Mendelssohn, Heinrich Heine und Theodor Herzl."

Ich erinnerte an die Reden früherer Präsidenten des Europäischen Parlaments – Klaus Hänsch, Nicole Fontaine und Josep Borrell Fontelles –, die auch an dieser Stelle gestanden hatten.

> „Wie diese [...] bekenne ich mich mit allem Nachdruck zu einem dauerhaften Existenzrecht Israels, zu dem Recht Israels, friedlich in gesicherten Grenzen und in einer Nachbarschaft zu leben, die Israel anerkennt. Als Präsident des Europäischen Parlaments sowie als Person und als deutscher Europäer stehe ich hier als Freund, dessen Sympathie und Solidarität allen Menschen in Israel gilt."

Ich erinnerte an meinen gestrigen Besuch in Yad Vashem und daran, dass alle Worte versagten, um die Tiefe der Gefühle auszudrücken, die dort von mir Besitz ergriffen hatten.

> „Sie ergreifen mich heute wieder, wo ich zu Ihnen in der Sprache sprechen darf, in der Lessing uns in seinem Werk ‚Nathan der Weise' die ‚Ringparabel' ans Herz gelegt hat, dieses große Werk der deutschen Aufklärungsliteratur. Es ist das wertvollste sprachliche Symbol der Toleranz zwischen den Religionen, das in deutscher Sprache geschrieben worden ist."

Und ich fügte hinzu:

> „Wir in Europa werden niemals die bitteren und auf alle Zeit unvergleichbaren Leiden vergessen, die dem jüdischen Volk angetan worden sind. Dass dies im Namen meines eigenen, des deutschen Volks geschehen ist, erfüllt mich mit Scham. Ich verneige mich vor allen Opfern der Shoah. Ich danke für den neuen Anfang, der zwischen Deutschen und Israelis möglich geworden ist. Ich danke für das Vertrauen, das heute zwischen der

Europäischen Union und Israel besteht. Es ist eine besonders enge Beziehung, die uns als Demokratien und Wertegemeinschaften verbindet und als Partner näher bringt."

Ich brachte dann zum Ausdruck, dass wir das Erbe Israels achteten, welches zu unserem eigenen europäischen Erbe gehörte. Wo immer wir unser jüdisches Erbe in Europa gering schätzen würden, würden wir unsere eigenen Werte gering schätzen. Wo immer wir Israels Beitrag zu unserer eigenen Zivilisation missachteten, würden wir einen wertvollen Teil unserer eigenen Identität missachten. Wo immer wir das Leiden des jüdischen Volkes leugneten, würden wir unsere eigene Würde leugnen. Deutlicher konnte ein Bekenntnis zum jüdischen Volk nicht sein!

Dann brachte ich meine tiefe Sorge über den Präsidenten des Irans zum Ausdruck. Ich bezeichnete die Iraner als ein großes Volk. Deswegen dürfte man von ihrem Präsidenten erwarten, dass er nicht länger Reden hielte, die den Weltfrieden infrage stellten.

> „Als Deutscher und als Europäer sage ich: Wer den Holocaust leugnet, der leugnet die Menschlichkeit; der leugnet den menschlichen Willen, aus der Geschichte zu lernen; der leugnet die Grundlagen der zivilisatorischen Gemeinschaft in der Welt."

Vor der Knesset, die ich als Symbol der demokratischen und freiheitlichen Kraft Israels verstand, wiederholte ich, was ich am Vortage in das Buch des Gedenkens von Yad Vashem geschrieben hatte: „Der Holocaust, das böseste aller Verbrechen, verpflichtet uns für alle Zukunft, für das Leben, die Menschenrechte, Frieden und Freiheit einzutreten." Im Hinblick auf den iranischen Präsidenten versicherte ich den Abgeordneten, dass, wann immer durch solche Reden oder gar Handlungen die Sicherheit und die Existenz Israels infrage stünden, die Europäische Union ohne Zögern an der Seite Israels stehen würde. Ich erinnerte daran, dass das jüdisch-christliche Erbe des europäischen Kontinents die gemeinsamen Werte der heutigen Europäischen Union, insbesondere den Respekt vor der unantastbaren Würde des Menschen, entscheidend mitgeprägt hätte.

Dann wandte ich mich der immer enger gewordenen Zusammenarbeit zwischen Israel und der Europäischen Union zu. Ich erinnerte daran, dass im Rahmen der europäischen Nachbarschaftspolitik Israel der erste Partner wäre, mit dem die Europäische Union einen Aktionsplan vereinbaren konnte, von welchem Israel profitierte. Israel wäre das erste und bislang einzige nicht-europäische Land, das vollständig in die EU-Rahmenprogramme für Forschung und Entwicklung eingebunden würde. Ich erinnerte an die wirtschaftlichen Verflechtungen, daran, dass die Europäische Union der wichtigste Handelspartner Israels wäre: Mehr als dreißig Prozent der Ausfuhren gingen in Richtung Europäische Union, und vierzig Prozent der Einfuhren Israels kämen aus der Europäischen Union – mit steigender Tendenz. Das Europäische Parlament wäre bereit, auch in anderen Bereichen die Beziehungen auszudehnen. Dazu gehörte die Energiesicherheit ebenso wie die Zusammenarbeit zur Entwicklung erneuerbarer Energien. Wichtig für das Europäische Parlament wäre die Förderung der menschlichen Kontakte: die Intensivierung des Austausches zwischen Künstlern, der Zivilgesellschaft, Unternehmen und insbesondere zwischen jungen Menschen. Bereits in Kürze würde ein neues Stipendium israelischen Studenten ermöglichen, am Europa-Kolleg in Brügge zu studieren. Auch gäbe es bei anderen Fragen Möglichkeiten der Annäherung und Vertiefung des politischen Dialogs wie beispielsweise beim Schutz der Minderheiten oder beim Kampf gegen Rassismus und Fremdenfeindlichkeit – Fragen, bei denen ich persönlich besonders engagiert wäre.

Ich erinnerte daran, welchen Weg die Europäer mühsam, aber entschlossen zurückgelegt hatten, um friedlich miteinander zu leben. Ich erinnerte an die „Berliner Erklärung" vom 25. März 2007 und wiederholte vor der Knesset die Worte dieser Erklärung:

> „Diese Hoffnung [auf Frieden und Verständigung] hat sich erfüllt. Sie hat Gemeinsamkeit gestiftet und Gegensätze überwunden. Wir Bürgerinnen und Bürger der Europäischen Union sind zu unserem Glück vereint."

Ich sagte den Kolleginnen und Kollegen der Knesset, dass ich diese Bemerkung nicht machte, um die Europäer zu loben, sondern um zum Ausdruck zu bringen, dass diese Entwicklung uns verpflichtete. Für uns, die Europäer, hätte der Begriff der Sicherheit eine neue Bedeutung bekommen: „Sicherheit verstehen wir nicht mehr als Sicherheit voreinander, sondern als Sicherheit miteinander." Gerade weil wir aus der Geschichte unseres Kontinents gelernt hätten, wäre es uns ein Anliegen und eine Verpflichtung zugleich, das Streben nach friedlichem Zusammenleben durch Toleranz und Kooperation auch außerhalb der Europäischen Union zu fördern. Deswegen leisteten europäische Soldaten zum Schutz der See vor der Küste Israels und des Libanons einen wichtigen Friedensbeitrag. Dann richtete ich den Blick auf das Jahr 2008, den 60. Jahrestag der Entstehung des Staates Israel.

> „Wäre es nicht jetzt an der Zeit, die Sehnsucht der Menschen nach einem friedlichen Leben in Sicherheit und Respekt für ihre Mitmenschen zu erfüllen, eine Sehnsucht, die für so viele ein Grund war für die Rückkehr in das ‚gelobte Land'?"

Heute stünde die Region wieder in Flammen, erneut wären zahlreiche unschuldige Opfer zu beklagen. Die Situation erschiene so kritisch wie seit längerer Zeit nicht mehr. Ich verurteilte „auf das Schärfste" den fortgesetzten Abschuss von Kassam-Raketen aus dem Gazastreifen auf den Staat Israel. Im Namen des Europäischen Parlaments rief ich dazu auf, einerseits die entführten israelischen Soldaten Ehoud Goldwasser, Eldad Regev und Gilad Shalit sowie den britischen Korrespondenten Alan Johnsten freizulassen und andererseits die verhafteten palästinensischen Parlamentsabgeordneten und andere Politiker, darunter den Bildungsminister Nasser al-Din Shaer, aus der Haft zu entlassen. Dann kam ich auf den politischen Kern meiner Rede zu sprechen:

„Israel hat ein Recht auf Notwehr. Ich ersuche Israel jedoch auch, unschuldige Opfer in der Zivilbevölkerung und unverhältnismäßige Reaktionen zu vermeiden. Denn das Völkerrecht verpflichtet uns alle. Es gibt keinen Frieden ohne Gerechtigkeit.

Nach Jahrzehnten der immer wieder aufflackernden kriegerischen Auseinandersetzungen und des Unfriedens: Ist nicht jetzt die Zeit gekommen, über den Frieden zu verhandeln? Ich verstehe durchaus, dass in diesen Tagen das Interesse Israels an einem Dialog eher zurückhaltend ist. Aber gibt es nicht auch das hebräische Wort ‚Tikkun Olam‘, mit dem die spirituelle Verpflichtung bezeichnet wird, immer wieder aufs Neue an der Heilung der zerbrochenen Welt zu arbeiten? Ich glaube daran, dass eine friedliche Lösung beruhen sollte auf Dialog, Versöhnung und Vergeben. Nur so kann ein dauerhafter Frieden zwischen Völkern entstehen.

Wir müssen alle Voraussetzungen befördern, die Vertrauen aufbauen und die das Ziel einer Zwei-Staaten-Lösung voranbringen. Zu viel Leid hat es im Nahen Osten gegeben, zu viele Chancen sind verpasst worden. Der UN-Generalsekretär Ban Ki-Moon hat kürzlich zu Recht festgestellt, dass es mit der Friedensinitiative des saudi-arabischen Königs unterdessen eine ‚neue Entschlossenheit in der arabischen Welt‘ gibt. Ich möchte hinzufügen: Wir sollten noch mehr Anstrengungen unternehmen. Wir sollten alle miteinander die Araber beim Wort nehmen. Wir sollten die Chance nutzen, die ihr neues Engagement eröffnet.

Es wäre aus der Sicht der Europäischen Union wünschenswert, wenn sich das Nahost-Quartett, das heute Abend in Berlin zusammenkommt, auch in der Region treffen könnte. Multilaterale Ansätze und eine besonnene Politik der vielen kleinen Schritte – das ist der einzige Weg, um auf der Straße des Friedens weiterzugehen. Wir sind ermutigt über die weitsichtige Reaktion Ihres Ministerpräsidenten auf die Vorschläge des arabischen Gipfeltreffens. Und Herr Ministerpräsident Olmert, ich weiß es zu würdigen, dass Sie heute hier bei uns sind.

Das Umfeld muss stimmen, damit alle Beteiligten sich an einen Tisch setzen. Wie erfolgreich ein internationales Forum am Ende sein kann, haben wir mit der Madrid-Konferenz 1991 erlebt. Heute sind die Umstände andere. Aber stimmt denn die Grundidee nicht auch heute und in noch stärkerem Maße als damals? Eine Konferenz ist stets der Anfang von Verhandlungen und nicht ihr Ende. Niemand wird allein gelassen und alle bauen miteinander Vertrauen. auf.

Ich sage es geradeheraus: Es gibt für mich keinen besseren Prozess als eine gemeinsame Konferenz, für die das Europäische Parlament eintritt, um über Frieden und Sicherheit, über die Zukunft der Entwicklung und über das friedliche Nebeneinander von Israel und einem palästinensischen Staat, in gesicherten Grenzen, ohne Gewalt und in guter Nachbarschaft zu verhandeln. Wäre es nicht möglich, wenn Israel, die Palästinenser, die arabischen Staaten und das Nahost-Quartett gemeinsam über Format, Prozeduren und Inhalte einer solchen Konferenz nachdenken würden? Der Weg dorthin ist sicherlich noch lang und schwierig. Aber wir alle müssen erste Schritte gehen, damit er zum Weg wird.

Das Europäische Parlament ist überzeugt, dass eine Zwei-Staaten-Lösung, deren Ausgangspunkt die Grenzen von 1967 sind, der einzige Weg zu einer zufriedenstellenden Lösung ist und bleibt. Das Prinzip ‚Land gegen Frieden' bietet die gerechteste und fairste Vorgangsweise für ein ausgeglichenes und dauerhaftes Ergebnis.

Ich glaube fest daran, dass ein palästinensischer Staat mit dauerhaften Grenzen auch für die israelischen Bürger mehr Sicherheit und Stabilität brächte."

Dann äußerte ich meine Überzeugung, dass jede Aussicht auf eine Lösung nach gegenseitigem Respekt verlangte. Ich zitierte Immanuel Kant, der einst schrieb, dass „die Freiheit eines jeden im Respekt der Freiheit des anderen und dessen Würde beginnt". Die Menschen in Israel und Palästina wären durch die gleiche Würde verbunden. Gleichgültig, ob Jude, Muslim oder Christ, die Würde eines jeden Menschen wäre von gleicher Bedeutung.

Dann kam ich auf die Euro-Parlamentarische Versammlung zu sprechen, die Abgeordnete des Europäischen Parlaments, der EU-Mitgliedstaaten sowie derjenigen Mittelmeerstaaten zusammenführte, die nicht zur Europäischen Union gehörten – also die Staaten Nordafrikas und des Nahen Ostens. Die Euromed war die einzige parlamentarische Versammlung, in der sich israelische Abgeordnete mit Abgeordneten arabischer Länder begegneten. Ich bezeichnete sie als eine wichtige Institution, die kein euro-arabischer Club wäre, sondern vielmehr ein außerordentliches Forum zur Förderung des interkulturellen Dialogs, um zu einem besseren gegenseitigen Verständnis beizutragen. Immer wieder hatte Israel mit einem Boykott gedroht, sodass ich vor der Knesset darum bat, Israel möchte als Vollmitglied dieses Prozesses seine Rolle und Verantwortung wahrnehmen und an allen Initiativen aktiv mitwirken. Der Dialog wäre der erste Schritt zum besseren Kennenlernen und dieser könnte zur Versöhnung führen, wie es in den vergangenen fünfzig Jahren schrittweise auch in Europa möglich geworden war.

Dann berichtete ich von meinem am Vortage geführten Gespräch mit Präsident Mahmoud Abbas in Gaza-City. Wörtlich erklärte ich vor den Abgeordneten der Knesset:

„Die wirtschaftliche, soziale und humanitäre Situation hat mich tief betroffen gemacht. Was ich gesehen habe, ist unzumutbar für die betroffenen Menschen, es ist unannehmbar für die arabische Welt, und es ist inakzeptabel für die internationale Staatengemeinschaft. Ich bitte die Regierung Israels: Geben Sie die etwa 700 Millionen Dollar palästinensischen Gelder, die auf Zolleinnahmen beruhen, an Präsident Abbas frei, sodass er damit Lehrer und Polizei entlohnen kann."

Israelis und Palästinenser haben die gleiche Würde, den gleichen Wert, niemand ist dem anderen überlegen. In diesem Sinne wandte ich mich als Mensch, als Vater an die Abgeordneten der Knesset:

„Die Augen eines palästinensischen Babys – und ich sage das als Vater – strahlen ebenso wie die eines israelischen Babys. Das Lachen von palästinensischen Schülerinnen ist ebenso herzerfrischend wie das Lachen israelischer Mädchen. Palästinensische Jungen lernen ebenso fleißig wie israelische Jungen. Palästinensische Mütter und Ehefrauen weinen ebenso wie israelische, wenn ihre Männer keine Arbeit haben, im Gefängnis sitzen oder tot sind. Wir müssen alles tun, um die Würde eines jeden Menschen zu achten, gleichgültig ob er Israeli oder Palästinenser ist."

Ich plädierte dafür, den Weg des Dialogs beständig weiterzugehen, einen Weg, an dessen Anfang zwingend die Anerkennung des Existenzrechts Israels und das Ende aller Gewalt stehen müssten. Guter Wille wäre von allen zu geben, guter Wille wäre allen möglich. Gewalt und Terror, Mauern und Abgrenzungen stünden dem Ideal, für das ich warb, leider noch viel zu oft im Wege. Ich stellte die Frage, was die Europäer, die Israelis und die Nachbarstaaten Israels tun könnten, um mehr voneinander zu erfahren, sich kennenzulernen und in Frieden miteinander zu leben. Ich machte den Vorschlag, im Jahre 2008, dem Jahre des Dialogs der Kulturen, im Europäischen Parlament junge Menschen aus Israel und Palästina, aus arabischen Staaten und aus den Ländern der Europäischen Union zusammenzubringen.

Ich machte einen weiteren Vorschlag: Frieden begänne mit der Erziehung unserer Kinder und mit den Bildern, die Jugendliche übereinander hätten. Wäre es daher nicht von Nutzen, wenn wir unsere Schulbücher wechselseitig darauf untersuchen könnten, inwieweit sie noch immer Vorurteile übereinander vermittelten und falsche Stereotype pflegten? Jeder Staat hätte das Recht, die Inhalte seiner Bildungssysteme zu bestimmen, aber wir würden bestimmt keinen Souveränitätsverlust erleiden, wenn sich europäische, arabische und israelische Experten zusammensetzen würden, um ihre Erfahrung über die Rolle der Friedenserziehung auszutauschen. Noch im Zeichen des Kalten Krieges hatte die deutsch-polnische Schulbuchkommission große Verdienste erlangt. Daran hatte mein Doktorvater, Professor Hans-Adolf Jacobsen, verantwortlich mitgewirkt.

„Warum könnten nicht Schulbuchexperten aus Europa, den arabischen Ländern und auch aus Israel im Blick auf die Bilder, die unsere Kinder und Jugendliche übereinander erlernen, der Politik vorarbeiten und zuarbeiten?",

fragte ich. In Europa hätten wir leider auch immer wieder Anlass, gegen antisemitische und rassistische Hetze vorzugehen. Derartige Hetze wäre auf das Schärfste zu verurteilen, und wir müssten dafür eintreten, dass Muslime, Christen und Menschen anderer Religionszugehörigkeit oder auch ohne religiöse Bindung sich auf gleiche Weise in Europa wohl fühlten.

Dann kam ich auf die geistlichen Stätten des Heiligen Landes zu sprechen:

„Als katholischem Christen liegen mir, wie Sie verstehen werden, die geistlichen Städte des Heiligen Landes besonders am Herzen. Ich freue mich über jeden Bericht, der deutlich macht, dass sich die Christen beispielsweise in Nazareth und an anderen Orten Israels in Ihrem Land wohl fühlen. Auch konnte ich bei meinem Besuch in Bethlehem feststellen, dass dort alle drei Religionen in einem interreligiösen Dialog engagiert sind. Jedoch steht diesem Dialog, der die reale Mauer in den Köpfen und den Herzen abbauen soll, die reale Mauer gegenüber.

Ich habe Verständnis für das israelische Sicherheitsbedürfnis an den Grenzen. Aber wenn wir ehrlich sind, müssen wir zugeben, und ich spreche hier als Freund ehrlich meine Gedanken aus, dass die neuen Sicherheitsvorkehrungen bedrückende Auswirkungen auf das Leben der Menschen auf der anderen Seite der Mauer haben.

Ich habe Kinder gesehen, deren Väter keiner geregelten Arbeit mehr nachgehen können. Und ich habe Jugendliche gesehen, die nicht wissen, wie eine überlebensfähige Wirtschaft aussehen könnte. Ich habe Männer und Frauen gesehen, die Sorge haben, dass dadurch die Mauer in den Köpfen – und somit die Mauer der Angst und der Aggression – in die Zukunft hineingetragen werden. Und ich frage mich, liebe Kolleginnen und Kollegen: Was wird aus Kindern, die hinter der Mauer aufwachsen? Welchen Ideen werden sie eines Tages folgen? Zu welchen Handlungen werden sie sich verleiten lassen? Wenn wir ehrlich sind, müssen wir diese Frage stellen.

Beide, die Politik und die Religionen können zum Frieden beitragen. Die Ausübung der Religionsfreiheit ist ein zentraler Wert. Und deswegen sollten die Heiligtümer aller Religionen allen ihren Angehörigen stets frei zugänglich sein, vor allem auch in Jerusalem.

Moses stieg vom Berg Sinai herunter und brachte uns die Gesetzestafeln. Wir werden nicht seine Höhen erreichen und wir sollten in Demut vor unseren eigenen Grenzen dankbar dafür sein. Aber wir sollten schon neue Berge zu ersteigen versuchen in unserer eigenen Zeit. Das ist die Chance des Augenblicks. Der Frieden im Nahen Osten muss eine neue Chance finden. Das ist die Botschaft, die uns anruft aus den vielen Enttäuschungen der letzten Jahre und Jahrzehnte. Das ist die Botschaft, die wir der Jugend schuldig sind, die hier und rund um das Mittelmeer lebt. Das ist die Botschaft, auf die die Welt hofft, und es ist die Botschaft, die wir miteinander mit Leben erfüllen sollten.

Das Europäische Parlament steht an der Seite Israels, weil das jüdische Volk das Recht auf eine sichere Existenz hat. Das Europäische Parlament steht an der Seite der Palästinenser, weil sie genau dasselbe Recht haben, und damit auch ein Recht haben, faire Chancen für ihre wirtschaftliche und soziale Entwicklung zu bekommen.

Lassen Sie uns miteinander die Spirale der Angst überwinden, in der sich keiner traut, den ersten Schritt gehen zu wollen. Wo dies gelingt, mit Mut und Verstand, mit Vorsicht und Weitsicht, da kann das heiligste Land der Welt zu einem Land des Heils für alle werden, für alle, die hier leben und für alle, die mit Bewunderung auf dieses Land Israel schauen.

David Ben-Gurion, dem ersten Ministerpräsidenten Israels, wird das Wort zugeschrieben: ‚Wer nicht an Wunder glaubt, ist kein Realist.‘

Wir sollten den Mut haben, miteinander neu aufzubrechen. Ein großes, noch ungeschöpftes Potenzial liegt vor uns. Nur so streben wir dem Ziel zu, das uns die Psalmen weisen: ‚Es begegnen einander Huld und Treue; Gerechtigkeit und Friede küssen sich.‘ (Psalm 85).

Shalom.“

Als ich meine Rede beendet hatte, war ich erleichtert. Ich wusste, dass der erste Teil, in dem ich über den Holocaust und den iranischen Präsidenten gesprochen hatte, untadlig gewesen war und die volle Zustimmung der Abgeordneten finden musste. Auch der zweite Teil bezüglich der Beziehungen Israels zur Europäischen Union war nicht zu kritisieren. Im Hinblick auf den dritten Teil, der sich mit den politischen und psychologischen Bedingungen des Friedensprozesses auseinandersetzte, fürchtete ich kritische Reaktionen von Abgeordneten oder dass sogar Abgeordnete die Knesset verlassen würden. Doch das geschah zu meiner Erleichterung nicht. Während der Rede hatte ich keinen Beifall bekommen. Das Plenum war im Übrigen nicht gut besetzt, von den 120 Abgeordneten waren vielleicht 40 anwesend. Nach der Rede gab es freundlichen, aber keinen euphorischen Beifall und Präsidentin Dalia Itzik gab eine Erklärung ab, die ich allerdings nicht ganz verstehen konnte.

Sie widersprach mir im Hinblick auf meine Ausführungen zu den palästinensischen Abgeordneten und dem Erziehungsminister. Über den Sachverhalt wäre ich wohl nicht richtig informiert. Am selben Abend forderte das Nahost-Quartett in Berlin ebenfalls die Freilassung der palästinensischen Politiker. „The Quartet [...] noted that the detention of elected members of the Palestinian Government and legislature raises particular concerns and called for them to be released."[10] Das bedeutete, dass meine vor der Knesset geäußerte Forderung dem entsprach, was die Vertreter von EU, UNO, Russland und den USA am selben Tage vom fernen Berlin aus forderten. Es macht eben einen Unterschied, ob man vor der Knesset spricht oder in Berlin eine Erklärung abgibt, die unkommentiert bleibt. In einer Meldung der *Katholischen Nachrichten-Agentur* (KNA) war später von einem „Eklat" die Rede, was *Die Welt* übernahm.[11] Die *Frankfurter Allgemeine Zeitung* berichtete über meine Rede, ohne auf diesen Vorgang zu sprechen zu kommen.[12]

Ich empfand die Reaktion von Präsidentin Itzik nicht dramatisch. Vor den Abgeordneten verneigte ich mich nach links und rechts und ging. Freundlicher Beifall begleitete mich, stärker als unmittelbar nach meiner Rede. Ich war erleichtert. Die schwierigste Rede meines Lebens lag hinter mir. Was ich gesagt hatte, entsprach meiner Überzeugung, mehr noch, ich hatte es als meine Pflicht empfunden, diese vor den Abgeordneten Israels auszusprechen. Anschließend traf ich die EU-Delegation der Knesset im Rahmen eines Mittagessens. Es war von vornherein vorgesehen, dass Präsidentin Dalia Itzik daran nicht teilnahm. Besonders beeindruckend war die Begegnung mit einem Abgeordneten orthodox-jüdischen Glaubens, der aus Rumänien stammte. Er sprach mich auf Deutsch an und teilte mir mit, er wäre „im Großen und Ganzen" mit meiner Rede einverstanden. Ihm wäre die Pflege der jüdischen Friedhöfe in Rumänien ein besonderes Anliegen. So begegnete sich die europäische Geschichte mit der Gegenwart Israels. Die Vorsitzende der EU-Delegation der Knesset, Amira Dotan, plädierte für eine stärkere Rolle der Europäischen Union im Friedensprozess. Ich konnte ihr nur zustimmen. Es bleibt eine Aufgabe für Gegenwart und Zukunft.

*

Um Frieden im Nahen Osten – zwischen Israel und Palästina – zu erreichen, müssen auch die Menschen aus Israel und Palästina zu Begegnungen und zum Austausch zusammengeführt werden. Dazu habe ich versucht, einen Beitrag zu leisten. 2008 verliehen mir die Universität Frankfurt und die Stadt Frankfurt in Erinnerung an den ersten Präsidenten der Europäischen Kommission den „Walter-Hallstein-Preis". Er war mit 20.000 Euro dotiert. Diese Summe stellte ich für eine Begegnung von etwa zwanzig jungen Israelis, Palästinensern und Europäern zur Verfügung, die vom Europäischen Parlament im November 2008 nach Brüssel eingeladen wurden. Das Europäische Parlament hat auch in den Folgejahren diese Einladungen ausgesprochen. Die Begegnungen mit diesen jungen Menschen haben mir immer wieder gezeigt, dass auf diese Weise Mauern in den Köpfen abgebaut werden – und das ist auch eine Voraussetzung dafür, dass die wirklichen Mauern und Grenzbarrieren beseitigt werden können.

4. Besuch bei König Abdullah II. in Jordanien

Den Abschluss dieser Nahost-Reise sollte Amman bilden, die Hauptstadt Jordaniens. Unsere Delegation war über die Allenby-Brücke bei Jericho eingereist. Für Donnerstag, den 31. Mai 2007, war für 12:15 Uhr ein Treffen mit König Abdullah II. vorgesehen. Er kam ein wenig verspätet, weil er zuvor an einer Militärübung teilgenommen hatte und – so sagte er – seine Militäruniform noch in zivile Kleidung hätte tauschen müssen. Er trug keine Krawatte, sprach ein exzellentes amerikanisches Englisch. Sein Vater, König Hussein, hatte bei seinem letzten Krankenhausaufenthalt in den Vereinigten Staaten ihn – nicht Prinz Hassan, den Bruder Husseins – als seinen Nachfolger bestimmt. So war der junge Abdullah im Alter von 37 Jahren Nachfolger seines Vaters Hussein, der 47 Jahre regiert hatte. König Abdullah II. war ich bereits im Europäischen Parlament begegnet und hatte ihn als einen umgänglichen und außerordentlich gut informierten Monarchen kennengelernt. Von seiner Umgebung wusste ich, dass er gern erneut das Europäische Parlament besuchen würde. Deswegen teilte ich ihm mit, dass er erneut im Europäischen Parlament willkommen wäre. Diese Einladung nahm er freudig an. König Abdullah II. war einer der wenigen Monarchen, die – ebenso wie Königin Beatrix der Niederlande – nicht nur einmal im Europäischen Parlament gesprochen haben. Seine Hauptbotschaft war: Europa sollte sich stärker engagieren. Auch gewann ich den Eindruck, dass er nicht überzeugt war, dass Israel eine Zwei-Staaten-Lösung anstrebte. Das Gespräch fand in einer außerordentlich entspannten und angenehmen Atmosphäre statt. Gäbe es doch mehr Staatsmänner, seien sie Könige oder Regierungschefs, die so realistisch und gleichzeitig mit gutem Willen beseelt die Lage im Nahen Osten beurteilen und eine friedliche Lösung anstrebten! Später sollte ich König Abdullah II noch mehrere Male begegnen.

Ursprünglich war im Zusammenhang mit dieser Nahost-Reise auch ein Besuch im Libanon geplant gewesen. Jedoch war die innenpolitische Situation so gespannt, dass Parlamentspräsident Nahib Berri uns dringend aufforderte, diesen Besuch zu verschieben. Unsere Sicherheit könnte nicht gewährleistet werden. Dies war sehr bedauerlich, da ein Besuch Israels, der palästinensischen Gebiete, Jordaniens und des Libanons einen guten Gesamtüberblick über die Region vermittelt hätte. Aber aufgeschoben war nicht aufgehoben. Die Verschiebung des Besuches des Libanons bedauerte ich aber auch, weil der Sohn meines früheren Kollegen aus dem Deutschen Bundestag, Karl-Heinz Hornhues, als deutscher Soldat zusammen mit anderen Europäern Dienst im Libanon zur Sicherung der politischen und militärischen Situation ableistete und sich darauf, wie er sagte, gefreut hätte, mich mit „seinem" Hubschrauber zu fliegen.

Ich kehrte nicht sehr optimistisch nach Europa zurück. Dennoch darf man niemals die Hoffnung aufgeben, auch nicht bei der Friedenssuche im Nahen Osten. Immer muss es einen neuen Anlauf geben – bis endlich Frieden erreicht ist. Die Alternative wäre furchtbar.

5. Internationale Aufwertung des Europäischen Parlaments

Am Wochenende des 8. und 9. September 2007 fand auf Einladung des Präsidenten des Deutschen Bundestages, Norbert Lammert, das sogenannte G8-Präsidententreffen statt. Dabei handelte es sich um eine Begegnung der Parlamentspräsidenten der G8-Länder, also von den USA, Russland, Frankreich, dem Vereinigten Königreich, Japan, Italien, Deutschland und Kanada. Norbert Lammert lud mich zu diesem Treffen ein, um über die Rolle des Europäischen Parlaments in der internationalen Politik zu sprechen. Seine Absicht war, meine Rede zum Anlass für eine Entscheidung zu nehmen, dass der Präsident des Europäischen Parlaments in Zukunft immer an diesen Treffen teilnehmen sollte. So hielt ich eine Rede, die freundlich aufgenommen wurde. Nach einem Essen bei Bundespräsident Horst Köhler sollte in meiner Abwesenheit die Entscheidung getroffen werden. Wie ich später erfuhr, waren die Sprecherin des Repräsentantenhauses, Nancy Pelosi, der Präsident des japanischen Parlaments, Yōhei Kōno, und der Vertreter des italienischen Parlaments, Vizepräsident Pierluigi Castagnetti, der einmal dem Europäischen Parlament angehört hatte und dessen Fraktionsvorsitzender ich gewesen war, und natürlich der Präsident des Deutschen Bundestages, Norbert Lammert, für eine ständige Teilnahme.

Dann äußerte sich der Sprecher des britischen Unterhauses, Michaeál Martin, der sich mir gegenüber äußerst freundlich verhalten hatte. Listig sagte er, man sollte doch den Präsidenten der Duma und auch Bernard Accoyer, den Präsidenten der französischen Nationalversammlung, fragen, was sie von der Idee hielten. Sowohl Präsident Boris Gryzlov als auch Bernard Accoyer, den ich seit vielen Jahren schon als Fraktionsvorsitzenden der UMP in der Nationalversammlung kannte und mit dem mich ein gutes Vertrauensverhältnis verband, sprachen sich für die Teilnahme aus. So musste auch der Sprecher des House of Commons, Michael Martin, die zukünftige Anwesenheit des Präsidenten des Europäischen Parlaments akzeptieren.

Ich war froh, dass an jenem Septemberwochenende des Jahres 2007 das Europäische Parlament wieder einen Schritt weitergekommen war, sich internationales Ansehen zu erwerben. Bundestagspräsident Norbert Lammert, der das Europäische Parlament unter Wahrung der Kompetenzen des Deutschen Bundestages immer unterstützt hatte, war dies zu verdanken. Ich werde es ihm nicht vergessen.

III. Dialog der Kulturen: Partnerschaft und Toleranz

1. Europäisches Jahr des interkulturellen Dialogs 2008

Meine Amtszeit als Präsident des Europäischen Parlaments vom 16. Januar 2007 bis zum 14. Juli 2009 fiel in eine für meine eigenen Überzeugungen und Prioritäten günstige Zeit. Dazu gehörte, dass 2008 das „Europäische Jahr des interkulturellen Dialogs" war. Dies wurde am 8. Januar 2008 in Ljubljana, der Hauptstadt Sloweniens, eröffnet. Wenige Tage vorher, am 1. Januar 2008, hatte Slowenien die Ratspräsidentschaft übernommen. Dies markierte drei wichtige Tatsachen: Zum ersten Mal stand eines der jungen Beitrittsländer aus Mitteleuropa am Steuerrad der Europäischen Union, zweitens war Slowenien das erste früher kommunistisch regierte Land, dem diese Aufgabe zufiel und drittens hatte erstmals ein mehrheitlich slawisches Land die Ratspräsidentschaft inne.

Der Präsident des Europäischen Rates war Janez Janša, der Ministerpräsident Sloweniens und Vorsitzender der Slowenischen Demokratischen Partei, einer Mitgliedspartei der Europäischen Volkspartei. Er hatte einen besonders schwierigen politischen Weg hinter sich. Von den Kommunisten war er noch inhaftiert worden und hatte sich später, im freien Slowenien, als Verteidigungsminister und dann als Vorsitzender der Slowenischen Demokratischen Partei bewährt. Nicht wenige hielten ihn für den besten Politiker Sloweniens – soweit es die EVP betraf. Den Wahlkampf hatte er als Oppositionsführer geführt, das Wahlergebnis ihm die Regierungsbildung erlaubt. Nur wenige aus unserer europäischen Parteienfamilie hatten ihn unterstützt. Als Fraktionsvorsitzender der EVP-ED-Fraktion im Europäischen Parlament war es mir jedoch ein Anliegen, mich klar zu Janez Janša und seinen politischen Freunden zu bekennen, sodass ich zwei Tage seinen Wahlkampf unterstützt hatte. Ich hatte dies aus Überzeugung getan und auch gehofft, dass er der Ministerpräsident Sloweniens werden würde. Meine politische Erfahrung sagte mir, dass man politischen Freunden gerade dann helfen sollte, wenn diese Beistand besonders nötig haben. Sofern sie Charakter haben und etwas geworden sind, werden sie sich daran erinnern. So war es bei Janez Janša, mit dem ich mich immer gut verstanden hatte. Nun war er Präsident des Europäischen Rates, der erste aus einem ehemals kommunistischen Beitrittsland.

Die Eröffnung des Europäischen Jahres des interkulturellen Dialogs durch Janez Janša und den Präsidenten Sloweniens, Danilo Türk, war ein feierliches Ereignis. Auch der Präsident der Europäischen Kommission, José Manuel Durão Barroso, war anwesend. So waren also alle drei Präsidenten der wichtigsten europäischen Institutionen beteiligt. Meine Rede gab mir die Gelegenheit, meine Überzeugungen im Hinblick auf den Dialog der Kulturen zum Ausdruck zu bringen.[13] Zunächst wandte ich mich Slowenien zu, das durch sein Verständnis für die vielfältige Kultur und Identität der Völker der Region als einzigartige Drehscheibe zwischen Mitteleuropa und dem westlichen Balkan dienen und dank seiner Erfahrung den Dialog der Kulturen einen entscheidenden Impuls geben könnte. Mit der Ausrufung des Jahres 2008 zum Jahr des interkulturellen Dialogs, so fügte ich hinzu, setzte die Europäische Union ein eindeutiges Zeichen ihres zunehmenden politischen Engagements zur Einbeziehung interkultureller Fragen in die Politiken der Union. Schon lange wäre es meine Überzeugung gewesen, dass sich die Politik der Europäischen Union nicht nur auf Wirtschafts- und Finanzfragen konzentrieren dürfte. Meiner Auffassung nach war es nie zu spät, auch Fragen der Kultur in das Engagement der Europäischen Union einzubeziehen. Das

„Europäische Jahr des interkulturellen Dialogs" war dazu eine gute Gelegenheit. Deswegen, so formulierte ich es im Namen des Europäischen Parlaments, hätte das „Europäische Jahr des Dialogs der Kulturen" für uns große Bedeutung:

> „Ein friedliches Zusammenleben von Kulturen und Religionen sowohl in der Europäischen Union als auch mit den Völkern der Regionen der Welt, insbesondere jenseits des Mittelmeers, im Nahen Osten, ist möglich und von größter Bedeutung für unsere gemeinsame Zukunft. Wir müssen jetzt gemeinsam eine geistige und kulturelle Brücke über das Mittelmeer bauen, die auf gegenseitigem Verständnis und gemeinsamen Werten beruht."

Dann kam ich auf die Bedeutung der Toleranz zu sprechen:

> „Der Kern des interkulturellen Dialogs ist die Toleranz. Toleranz bedeutet nicht Beliebigkeit. Toleranz bedeutet, eigene Standpunkte zu vertreten und die Überzeugung des anderen zu hören und zu respektieren. Dort, wo es nicht möglich ist, den anderen Standpunkt zu akzeptieren, ist es gleichwohl notwendig, den Auffassungen mit Respekt zu begegnen und sich friedlich auszutauschen und, wo immer es geht, gemeinsames Handeln zu ermöglichen. Wir müssen unsere Gemeinsamkeiten, die Substanz unserer gemeinsamen Werte betonen. Dazu gehören vor allem die Würde des Menschen und die unveräußerlichen Menschenrechte."

Das Wort „Dialog" kommt aus dem Altgriechischen. Es bedeutet unter anderem eine Unterhaltung zwischen zwei oder mehr Menschen in Form von Rede und Gegenrede. Eine leicht abgewandelte Bedeutung ergibt sich, wenn man das Wort von den griechischen Wurzeln *dia* („durch") und *logos* („Wort" oder „Bedeutung") ableitet. Der Dialog wird dann zu einem „Strom der Bedeutung", einem Gedankenaustausch, einem Prozess der gegenseitigen Kommunikation zwischen Partnern auf der Grundlage der gegenseitigen Achtung. Folgerichtig konnte ich in Ljubljana sagen:

> „Dialog bedeutet Zuhören, Kennenlernen, Verstehen, Austausch und, wo es dann möglich ist, gemeinsames Handeln. Nur wenn sich die Menschen offen austauschen, werden wir einander näherkommen und Verständnis füreinander entwickeln."

Dem Dialog lägen aber weitere Voraussetzungen zugrunde, fügte ich hinzu:

> „Vor allem muss sich der Dialog gründen auf Wahrhaftigkeit. Ein solcher Dialog verlangt den gegenseitigen Respekt der Würde, der Glaubensüberzeugungen und der Ansichten eines jeden Partners, ohne dabei die kulturellen Unterschiede der Völker vereinheitlichen zu wollen. Wir müssen die Vielfalt, wenn sie sich friedlich gestaltet, als gegenseitige Bereicherung und Stärke verstehen."

Aber natürlich darf man sich beim Dialog der Kulturen nicht auf die Prinzipien beschränken und nur zu sich selbst sprechen. Ein Dialog der Kulturen muss ein wirklicher Austausch sein. Deswegen wies ich in Ljubljana darauf hin, dass das Europäische Parlament hochrangige politische und religiöse Führer aus der ganzen Welt eingeladen hätte, um mit ihnen den Dialog zu führen. Das Europäische Parlament würde Wochen der arabischen und afrikanischen Kultur abhalten und mit Kommission und Rat am jährlich stattfindenden Gipfel der europäischen religiösen Führer in Brüssel teilnehmen. Ich kündigte an, das Europäische Parlament würde junge Menschen aus Israel, Palästina und arabischen Ländern einladen, um mit europäischen Jugendlichen über gemeinsame Zukunftsfragen zu diskutieren. Der Dialog der Kulturen dürfte sich nicht auf das Jahr 2008 beschränken, er müsste eine ständige Aufgabe bleiben und alle 27 Mitgliedstaaten der Europäischen Union sollten eigene, individuelle Dialogformen entwickeln.

Erneut wies ich auf die große Bedeutung des interkulturellen Dialogs für den Nahen Osten hin. Das Europäische Parlament würde mit einer Reihe besonderer Initiativen den Nahen Osten vorrangig berücksichtigen. Die Erfolgsgeschichte der Europäischen Einigung müsste eine Inspiration für diese Region sein, die in vielerlei Hinsicht die Wiege unserer eigenen Zivilisation darstellte. Auch auf unserem europäischen Kontinent erführen wir die Vielfalt der Kulturen und Religionen. Wir müssten bereit sein, das tagtägliche „Zusammenleben-Wollen" zu fördern.

In Südosteuropa wären Verständigung und Versöhnung eine besonders dringliche Aufgabe. Die slowenische Ratspräsidentschaft böte in dieser Hinsicht eine große Chance. Die Mitgliedschaft der Länder Südosteuropas, des Balkans, in der Europäischen Union bezeichnete ich als ein bedeutendes Ziel für die Stabilität auf unserem Kontinent. Aber diese Mitgliedschaft hätte Voraussetzungen und könnte nur mit „großen Anstrengungen und viel Geduld" erreicht werden. Wieder einmal fügte ich hinzu, dass viele unserer Ziele aber nur dann verwirklicht werden könnten, wenn der am 13. Dezember 2007 unterschriebene Vertrag von Lissabon auch ratifiziert würde. Ich erinnerte an unsere gemeinsamen Werte, die mit der „Charta der Grundrechte" am 12. Dezember 2007 feierlich im Europäischen Parlament in Straßburg proklamiert worden waren. Ich beendete meine Rede damit, dass wir „dem Dialog der Kulturen eine lebendige Seele geben [müssen], für ein friedliches Zusammenleben der Völker in Europa und in der Welt".

*

Das ganze Jahr 2008 hindurch und auch danach äußerte ich mich vielerorts zu diesen Fragen. In einer Rede vor Studenten in der London School of Economics am 27. Februar 2008 beschäftigte ich mich insbesondere mit unserem Verhältnis zum Islam:[14]

„Die islamische Kultur ist ganz wie die europäische reich und vielfältig. Unsere Kulturen fundamental entgegengesetzt zu betrachten, ist eine simplifizierende und außerdem gefährliche Sichtweise. Die Vorstellung einer Konfrontation zwischen Islam und Christentum ist schlicht und einfach irreführend. Es muss keinen ‚Kampf der Kulturen' geben. In der Tat geht durch den Islam eine Kluft, die wahrscheinlich ebenso groß ist wie die zwischen christlichen Werten und islamischen Werten. Die wirkliche Trennlinie verläuft zwischen denen, die sich der Achtung der Identität und Persönlichkeit des Menschen gleich welcher Glaubensrichtung verpflichtet fühlen, und denen, die dies nicht tun."

Und ich fügte hinzu:

„Wer alle Muslime in eine Schublade steckt – und sie mit dem radikalen Fundamentalismus gleichsetzt – erweist der islamischen Gemeinschaft einen schlechten Dienst. Gleichzeitig macht er es uns schwerer, intelligent mit dieser Herausforderung umzugehen."

Immer wieder wären wir Zeugen, dass Missverständnisse aufeinanderprallten. Durch die Medien würde dies häufig noch verstärkt. Es gäbe keinen Grund, weshalb unser Verhältnis in der Konfrontation enden müsste, und es wäre von größter Wichtigkeit, dass genau das nicht passierte. Ich warnte vor einer *self-fulfilling prophecy* (einer sich selbsterfüllenden Prophezeiung):

„Wenn wir dem Gedanken eines ‚Kampfes der Kulturen' verhaftet sind, sind wir vielleicht selbst schuld daran, wenn aus dieser pessimistischen Theorie eine Prophezeiung wird, die sich dann auch erfüllt. Wenn wir uns jedoch für das einsetzen, was die Vereinten Nationen als den ‚Dialog der Kulturen' bezeichnen, dann können wir offen bleiben, um andere Kulturen, Ethnien und Religionen zu entdecken, zu verstehen und mit ihnen zusammenzuarbeiten."

Es war meine Erfahrung, dass durch ehrlichen Dialog, bei dem man sich natürlich niemals von Naivität leiten lassen dürfte, Ergebnisse erzielt würden. Ich berichtete den Studenten davon, dass ich erst vor wenigen Tagen in Kairo gewesen war. Der Präsident des ägyptischen Parlaments, Fathi Sorour, hatte mich angerufen und sich über eine Entschließung des Europäischen Parlaments, die sich mit Fragen der Menschenrechte in Ägypten befasst hatte, beschwert. Wenn diese Resolution nicht korrigiert werden würde, würde Ägypten seine Zusammenarbeit in der Euromediterranen Parlamentarischen Versammlung, wo Sorur und ich Vizepräsidenten waren, einstellen. Die Beziehungen zwischen Ägypten und dem Europäischen Parlament hatten somit vor einer harten Belastungsprobe gestanden. Deswegen hatte ich mich entschlossen, Ägypten zu besuchen und mit Abgeordneten über unsere Entschließung zu sprechen. Etwa einhundert Abgeordnete hatten an der Begegnung im ägyptischen Parlament teilgenommen. Schon nach kurzer Zeit war die Situation sehr entspannt gewesen. Ich hatte den Abgeordneten gesagt, wir müssten uns gegenseitig respektieren und offen sein für jeweils berechtigte Kritik. Wenn die Europäer etwas in Ägypten kritisierten, so hätten die Ägypter das gleiche Recht, sich gegenüber den Europäern auch kritisch zu äußern. Wer Recht hätte, könnte Gegenstand des Dialogs sein. Aber man dürfte nicht vom Präsidenten des Europäischen Parlaments erwarten, dass er eine vom Parlament verabschiedete Resolution korrigierte oder zurücknähme. Das wäre weder in seinen Möglichkeiten noch entspräche es seinen Absichten. Vor den ägyptischen Abgeordneten hatte ich mich auch zu den Karikaturen, die es immer wieder über Mohammed gegeben hatte, erklärt. Ich legte dar, dass ich mit diesen Karikaturen nicht einverstanden wäre, wir aber die Presse in Europa, die frei wäre, nicht kontrollieren könnten und wollten. Aber ich würde zur Zurückhaltung seitens der Presse selbst raten. Sie müsste bei allem, was sie schriebe und bildnerisch darstellte, berücksichtigen, welche Empfindungen und Konsequenzen dies bei Menschen außerhalb Europas auslösen könnte. Als Katholik wollte ich auch nicht, dass der Papst in Rom in für Katholiken verletzender Weise karikiert würde.

Es hatte mich nicht überrascht, dass diese Überlegungen von den ägyptischen Abgeordneten gut aufgenommen worden waren. Präsident Sorur war mit dem Verlauf dieses Gespräches zufrieden gewesen, ich ebenfalls. Wir hatten uns in der Diskussion nichts geschenkt, aber uns verstanden. Man muss die Meinung des anderen nicht akzeptieren, ihr aber mit Respekt begegnen. So können Konflikte vermieden beziehungsweise bereinigt werden. Der *clash of civilisations* ist nicht zwangsläufig, er kann durch Dialog verhindert werden. Dies entsprach meiner Erfahrung, die ich auch in Kairo gemacht hatte und nun den Studenten der London School of Economics als ein Beispiel für notwendigen Dialog berichtete.

Für den Dialog der Kulturen, so führte ich vor meinen Zuhörern in London weiter aus, wäre es auch wichtig, dass sich die Demokratie in der Welt entwickelte. Demokratie ohne Parlamentarismus wäre nicht möglich. Zur Förderung der Bereitschaft zum internationalen Austausch könnten die Parlamente einen wichtigen Beitrag leisten. Aus diesem Grunde bemühte sich das Europäische Parlament, zum Beispiel dem Panafrikanischen Parlament Unterstützung zu geben.

2. Dialog der Kulturen im Europäischen Parlament

Im Plenum des Europäischen Parlaments in Straßburg und Brüssel sollte das Jahr des Dialogs der Kulturen besondere Beachtung finden. Deswegen luden wir prominente Vertreter von Kulturen und Religionen ein, im Europäischen Parlament zu sprechen. Nicht jede Idee ließ sich verwirklichen. Leider scheiterte es an einer möglichen terminlichen Koordinierung, dass der Präsident Israels, Shimon Peres, und der Präsident der palästinensischen Autonomiebehörde, Mahmoud Abbas, am selben Tage vor dem Europäischen Parlament sprachen. Auch gelang es nicht, Papst Benedikt XVI., den ich während einer Privataudienz am 23. März 2007 eingeladen hatte, für eine Rede vor dem Europäischen Parlament zu gewinnen. Es wäre ohne Zweifel der Höhepunkt des Jahres des Dialogs der Kulturen im Europäischen Parlament gewesen.

So war der erste Repräsentant einer Kultur, beziehungsweise Religion, den ich im Europäischen Parlament begrüßen konnte, Sheikh Ahmad Badr al-Din Hassun, der Großmufti von Syrien, der am 15. Januar 2008 das Europäische Parlament in Straßburg besuchte und uns mit einer Rede beehrte. In meiner Begrüßung vor dem gut besetzten Plenum erneuerte ich meine Überzeugung, dass ein friedliches Zusammenleben von Kulturen und Religionen sowohl in der Europäischen Union als auch zwischen den Völkern aller Regionen der Welt, insbesondere jenseits des Mittelmeeres, im Nahen Osten, zugleich möglich und notwendig wäre.[15] Das Ergebnis eines solchen Vorhabens würde unsere Zukunft nachhaltig prägen:

> „Wir müssen gemeinsam eine geistige und kulturelle Brücke über das Mittelmeer bauen, die auf gegenseitiger Bereicherung und gemeinsamen Werten beruht. Diese Brücke bauen wir durch einen ständigen, ehrlichen und offenen Dialog, in dem wir einander zuhören, unsere Meinungen offen austauschen und ein gegenseitiges Verständnis entwickeln.“

Erneut wies ich darauf hin, dass der Kern des interkulturellen Dialogs die Toleranz wäre. Diese bedeutete aber nicht Beliebigkeit. Toleranz hieß, eigene Standpunkte zu vertreten und die Überzeugungen des anderen zu hören und zu respektieren. Von Bedeutung wäre, dass wir unsere Gemeinsamkeiten, ja die Substanz der universellen demokratischen Werte betonten. Dazu gehörten vor allem die Würde des Menschen und die Verteidigung der unveräußerlichen Menschenrechte. Ich bekräftigte dies gegenüber dem höchsten Vertreter des muslimischen Glaubens aus Syrien so deutlich, weil Syrien kein demokratisches Land war. Die Herrschaft von Baschar al-Assad, Nachfolger seines Vaters Hafiz al-Assad, stützte sich auf die Alawiten, eine schiitische Glaubensrichtung, die gegenüber den Sunniten in der Minderheit war. Ich begrüßte Sheikh Ahmad Badr al-Din Hassun, den früheren Mufti von Aleppo, „als herausragenden Verfechter des interreligiösen Dialogs in einem Lande, wo die religiösen Gemeinschaften in ihrer Vielfalt bis heutzutage friedlich zusammenleben und wirken“. Das entsprach der Wahrheit. Trotz der in Syrien herrschenden Diktatur lebten die verschiedenen Bekenntnisse friedlich miteinander. Folglich war der Großmufti auch von hochrangigen religiösen Führern begleitet, was überdies seinem ausdrücklichen Wunsch entsprach, und ich begrüßte stellvertretend für die nichtmuslimischen Religionen den Vorsitzenden der chaldäischen Bischöfe, Bischof Antoine Audo.

Großmufti Ahmad Badr al-Din Hassun machte in seiner Rede, die mit viel Beifall aufgenommen wurde, folgende Äußerungen zum Kern seiner Aussage:[16] „Ich glaube nicht an heilige Kriege, weil ein Krieg niemals heilig sein kann: Frieden ist heilig!“ Er appellierte daran, eine Kultur des Friedens für alle Menschen zu schaffen. Jeder Mord an einem israelischen oder einem irakischen Kind wäre verachtenswert. Ahmad Badr al-Din Hassun formulierte eine klare Botschaft gegen die Gewalt, gegen den Krieg und gegen den Terrorismus. Niemand dürfte die Religion missbrauchen, um zu töten; vielmehr müsste jeder das Leben unterstützen. In Syrien, so der Großmufti, genoss die Frau ein hohes Ansehen – „sie ist würdevoll, ganz gleich, ob sie Jüdin, Christin oder Muslimin" wäre und sie würde auf allen Ebenen des Landes am Leben teilnehmen. Die Frau – so ließ sich aus der Argumentation des Großmuftis erschließen – würde also vom Menschen und nicht von der Religion unterdrückt.

*

Später, im Juni 2011, sollte mich Großmufti Ahmad Badr al-Din Hassun sehr enttäuschen. Im Rahmen der „Arabellion" forderte auch das syrische Volk, forderten hunderttausende von Demonstranten Freiheit und Selbstbestimmung. Dabei kamen durch die Reaktion des Regimes, durch Militär und Polizei, unzählige Menschen um. In einem Schreiben an Ahmad Badr al-Din Hassun forderte ich diesen auf, zusammen mit anderen religiösen Führern für Gewaltfreiheit und angemessene Reaktionen des Regimes auf die Demonstrationen einzutreten. Eine schriftliche Antwort erhielt ich nicht, aber einen Anruf von Großmufti al-Din Hassun. Ein Dolmetscher des Goßmuftis übersetzte mir die arabischen Ausführungen meines Gesprächspartners, die diesem flüssig von den Lippen gingen. Er verteidigte Präsident Assad, bemerkte, es wären mehr Soldaten und Polizisten ums Leben gekommen als Demonstranten. Er rechtfertigte ohne Einschränkung das Vorgehen des Regimes. Es müsste verhindert werden, dass religiöse Intoleranz Syrien ergriffe. Der muslimische Fundamentalismus dürfte in Syrien keine Chancen haben. Mich erstaunte die bedingungslose Verteidigung des Regimes durch al-Din Hassun. Unmissverständlich war meine Reaktion auf die Ausführungen des Großmuftis, mit dem ich mich früher gut verstanden hatte. Ich hatte im Jahr 2008 seine Residenz und sein Privathaus in Damaskus besucht und ihn 2010 auch zu einem Vortrag in die Konrad-Adenauer-Stiftung eingeladen. In unserem Telefonat forderte ich, dass nur freie Wahlen über die Zukunft Syriens entscheiden könnten. Der Gewalt müsste ein Ende bereitet werden, die Menschen wollten über ihr eigenes Schicksal entscheiden, sie wollten in Würde leben. Unser Telefonat endete unversöhnlich. Die Gewalttaten in Syrien gingen danach weiter.

Ich bedaure sehr, dass unser früher freundschaftliches Verhältnis ein abruptes Ende fand. Aber ich sollte noch einmal Kontakt zum Großmufti aufnehmen. Im Laufe des sich entwickelnden Bürgerkrieges wurde einer seiner Söhne, ein Student, ermordet. Von Vater zu Vater erklärte ich in einem Kondolenzschreiben an al-Din Hassun mein aufrichtiges Beileid. Über eine in Deutschland lebende Vertrauensperson ließ der Großmufti mir seinen Dank für mein Zeichen menschlicher Solidarität aussprechen.

*

Am 24. September 2008 konnte ich Seine Heiligkeit Patriarch Bartholomeos I., ökumenischer Patriarch von Konstantinopel, im Europäischen Parlament in Brüssel begrüßen.[17] Ich hieß den Vertreter des Christentums in einer längeren Rede willkommen und erinnerte daran, dass der Großmufti von Syrien als Vertreter des muslimischen Glaubens und Verfechter des friedlichen Zusammenlebens der Religionen bereits im Europäischen Parlament gesprochen hatte. Nach Patriarch Bartholomeos würde Großrabbiner Jonathan Sacks im November vor dem Europäischen Parlament sprechen. Das Europäische Parlament unterstützte alle Bemühungen, dass die Kulturen und Religionen im Nahen Osten und überall in der Welt friedlich zusammenlebten. Dann sagte ich:

> „Die Europäische Union ist eine Wertegemeinschaft, und einer unserer grundlegenden Werte ist die jedem Menschen innewohnende Würde. In dieser Hinsicht ist die Religionsfreiheit ein wesentlicher Aspekt der Menschenwürde und geht weit über alle Befugnisse hinaus, auf die sich staatliche Autoritäten berufen. Die Trennung von Kirche und Staat, die wir so hoch schätzen, ist ein Garant für die Freiheit der religiösen Gemeinschaften, ihre internen Angelegenheiten und ihre Beziehungen selbst zu gestalten. Im Vertrag von Lissabon, für dessen Inkrafttreten wir engagiert sind, werden diese Grundsätze bestätigt."

Diese Bemerkungen machte ich aus einem besonderen Anlass. Im Europäischen Parlament hatte sich Widerspruch gegen die Einladung an Patriarch Bartholomeos erhoben von Abgeordneten, die für einen strikten Laizismus eintraten. Sie verstanden den Laizismus so, dass die Religion im öffentlichen und politischen Leben nicht präsent sein dürfte. Dies hielt ich für einen fundamentalen Fehler, ja für eine Vergewaltigung der Freiheit und Demokratie. Kultur und Religion gehören zum Leben der Menschen und müssen ihren Platz auch in der Öffentlichkeit haben. Die Religion aus der Öffentlichkeit zu verdrängen entspricht totalitärem Denken. Die Trennung von Kirche und Staat, zu der ich mich ausdrücklich bekenne, bedeutet nicht, dass die Religion aus dem öffentlichen Raum verdrängt werden darf. Im Gegenteil bin ich davon überzeugt, dass die Religion als wichtiger Bestandteil jeder Kultur eine große spirituelle und ethische Bedeutung hat.

Mitteilungen an Abgeordnete, die Rede von Patriarch Bartholomeos mit Nichterscheinen zu boykottieren, fanden keine Beachtung. Ich war froh, dass die meisten Kolleginnen und Kollegen, wo auch immer sie politisch standen, in großer Zahl und mit großer Aufmerksamkeit der Rede von Patriarch Bartholomeos folgten. Im Übrigen hatte ich natürlich die Einladung des Patriarchen durch die Konferenz der Präsidenten, also die Fraktionsvorsitzenden, autorisieren lassen. Ich erinnerte daran, dass das Ökumenische Patriarchat von Konstantinopel mit Sitz in Phanar in Istanbul im 4. Jahrhundert gegründet worden war und ein wichtiges geistliches Zentrum für dreihundert Millionen orthodoxe Christen weltweit wäre: „Phanar heißt Leuchtturm, und Sie, Heiligkeit, waren den Gläubigen in der orthodoxen Welt und darüber hinaus immer ein leuchtendes Beispiel für Versöhnung und Frieden."

Ich erinnerte daran, dass mit der jüngsten Erweiterung der Europäischen Union am 1. Mai 2004 mit Zypern und am 1. Januar 2007 mit Bulgarien und Rumänien Staaten mit orthodoxen Mehrheiten zur Europäischen Union hinzugekommen wären, nachdem Griechenland bereits seit 1981 Mitglied wäre. Ich erinnerte an den verstorbenen Papst Johannes Paul II., der dies 1988 vor dem Europäischen Parlament so ausgedrückt hatte: „Europa atmet nach der Überwindung der Teilung Europas wieder mit beiden Lungen-flügeln." Wir könnten, so fuhr ich fort, diese Metapher heute verwenden, „um den Reichtum in der erweiterten Union zu beschreiben, den uns die unterschiedlichen Per-spektiven des Christentums westlicher und östlicher Prägung gebracht haben".

Patriarch Bartholomeos, der aufgrund seines Studiums in München ein exzellentes Deutsch sprach und den ich bereits seit mehreren Jahren kannte, insbesondere durch den Dialog der EVP-ED-Fraktion mit den orthodoxen Kirchen – ein Anliegen, wofür ich mich zunächst als stellvertretender Fraktionsvorsitzender und dann auch als Fraktions-vorsitzender immer eingesetzt hatte –, gehörte zu den wenigen Persönlichkeiten, die zum zweiten Mal Gast im Europäischen Parlament waren. Bereits 1994 hatte er zu den Abgeordneten gesprochen. „Obwohl wir heute über die technischen Mittel verfügen, um über den Horizont unseres eigenen kulturellen Selbstbewusstseins hinauszugehen", sagte der Patriarch, „sind wir immer noch Zeuge der schrecklichsten Auswirkungen der menschlichen Fragmentierung, Tribalismus, Fundamentalismus und Phyletismus, das heißt extremer Nationalismus ohne Achtung der Rechte des anderen."[18]

Der Patriarch würdigte die Arbeit der Europäischen Union und namentlich des Europäischen Parlaments, mit dem Prinzip des Dialogs einen Neubeginn unter den Völkern Europas eingeleitet zu haben. Dialog dürfte nie nur akademisch bleiben. Er erinnerte daran, dass für orthodoxe Christen die Ikone ein Weg zur Kommunion mit der Person wäre, die auf der Ikone abgebildet wäre. „Um wie vieles mehr sollten unsere Begegnungen mit lebenden Ikonen-Menschen, die als Ebenbild Gottes geschaffen wurden – Akte der Kommunion, der Gesellschaft sein." Der Patriarch appellierte, dass „Europa die Türkei in ihr Projekt einbeziehen" müsste und „die Türkei den interkultu-rellen Dialog und die Toleranz fördern [muss], um in das europäische Projekt aufge-nommen zu werden".

Die Rede von Patriarch Bartholomeos kam außerordentlich gut an. Darüber freute ich mich besonders, nicht zuletzt wegen der Haltung der „fundamentalistischen Lai-zisten" in unseren Reihen. Die Kolleginnen und Kollegen ehrten den Patriarchen da-durch, dass sie sich von den Plätzen erhoben und ihm mit großem Beifall dankten. Das, was der Patriarch zum *pax*, zum Frieden mit den Menschen und mit der Schöp-fung gesagt hatte, ergriff die Herzen und den Verstand der Kolleginnen und Kollegen. Der Beitrag, den Patriarch Bartholomeos zum Dialog der Kulturen und zur ausstrah-lenden Kraft des Christentums mit uns geteilt hat, konnte gar nicht hoch genug ge-schätzt werden.

*

Lord Jonathan Sacks, Großrabbiner der United Hebrew Congregations of the Commonwealth, war der hochrangige Vertreter des Judentums, der am 19. November 2008 in Straßburg vor dem Europäischen Parlament sprach. Er wurde zur „Feierlichen Sitzung" von seiner Frau begleitet. In meiner Begrüßung erinnerte ich daran, dass Judentum, Christentum und muslimischer Glaube ihren besonderen Beitrag zu dem geleistet hätten, was die heutige europäische Gesellschaft darstellte.[19] Jonathan Sacks hatte immer wieder von der Gefahr gesprochen, die ein Wiederaufleben des Antisemitismus für unsere Gesellschaft darstellte. Darauf Bezug nehmend erinnerte ich daran, dass das Europäische Parlament in Brüssel gemeinsam mit dem Europäischen Jüdischen Kongress eine besondere Gedenkfeier aus Anlass des 70. Jahrestages der Reichspogromnacht abgehalten hatte. Wir müssen wachsam bleiben. Die Tragödie der Shoah, die Schrecken aller Pogrome der Vergangenheit, aller aus Rassenhass und religiöser Intoleranz begangener Verbrechen haben uns eine Lektion gelehrt, die niemals an Wichtigkeit verliert:

> „[W]ir in der Europäischen Union [tragen] eine Verantwortung [...] und [haben] die Pflicht [...], uns absolut ohne Ausnahme oder ohne Beschwichtigung allen Formen von Extremismus, Rassismus, Fremdenfeindlichkeit und Antisemitismus zu widersetzen und die Demokratie, den Schutz der Menschenrechte und der Menschenwürde weltweit zu verteidigen."

Ich erinnerte an das Buch des Großrabbiners „The Dignity of Difference", das dieser ein Jahr nach den schrecklichen Ereignissen des 11. September 2001 – die Zerstörung der beiden Türme des Welthandelszentrums in New York durch muslimische Fanatiker – veröffentlicht hatte und in dem dieser die wesentlichsten Fragen unserer Zeit aufgegriffen hätte: „Können wir alle friedlich zusammenleben, und wenn ja, wie?" „Wenn ich die hebräische Bibel lese", so führte Rabbi Sacks aus, „höre ich von Anfang an die Aufforderung Gottes zum Dialog".[20] Am Beispiel der biblischen Schöpfungsgeschichte sagte er: „Ich muss ‚du' sagen, bevor ich ‚ich' sagen kann. Ich muss den anderen erkennen, bevor ich mich selbst wirklich verstehen kann. [...] Identität ist dialogisch." Dann wurde der Rabbi politisch: „Wo Worte enden, beginnt die Gewalt. Der Dialog ist die einzige Möglichkeit, die schlechtesten Seiten unserer Natur zu besiegen." Rabbi Sacks plädierte für einen neuen Bund unter den Menschen, denn „wenn man das respektiert, was ich als die Würde des Unterschieds bezeichne [...], dann braucht man zur Begründung einer Gesellschaft einen Pakt, einen Bund". Der Rabbi erzählte den Witz von dem Zoowärter, der gefragt wurde, wie er es schaffte, dass bei ihm Löwe und Lamm in einem Gehege lebten. „Ganz einfach", war die Antwort, „man braucht jeden Tag ein neues Lamm". So sollten wir Menschen es nicht mehr halten, sondern in wirklicher Achtung miteinander leben.

*

Am 4. Dezember 2008 beehrte uns Seine Heiligkeit der Dalai Lama mit seinem Besuch im Europäischen Parlament in Brüssel. Für viele im Europäischen Parlament, so auch für mich, war der Dalai Lama ein „alter Bekannter". Mit seiner Persönlichkeit, seiner Freundlichkeit, seiner Friedfertigkeit und seinem Humor hatte er immer einen tiefen Eindruck als eine ganz außergewöhnliche Persönlichkeit unserer Zeit auf mich gemacht. Ohne Zweifel gehörte der Dalai Lama zu den charismatischsten und überzeugendsten Persönlichkeiten aus Kultur, Religion und – in einem weiten Sinn – Politik. Bereits 1988 hatte er eine Ansprache vor dem Europäischen Parlament gehalten und einen Fünf-Punkte-Friedensplan für Tibet vorgelegt. Auch 2001 und 2006 hatte er die Fraktionen im Europäischen Parlament besucht. Ich erinnerte in meiner Begrüßung daran, dass das Europäische Parlament mehrere Entschließungen angenommen hatte, in denen die Regierung Chinas aufgefordert worden war, einen unmittelbaren und gehaltvollen Dialog mit den Tibetern einzuleiten und die kulturelle und religiöse Identität, die Menschenrechte des tibetischen Volkes zu achten. Vor dem Europäischen Parlament betonte ich erneut:[21]

> „Das Europäische Parlament bekennt sich zur territorialen Einheit Chinas, wozu auch Tibet gehört. Aber wir werden immer das Recht des tibetischen Volkes verteidigen, seine kulturelle und religiöse Identität leben zu können. Dieses Recht werden wir immer verteidigen!"

Ich erinnerte an die gewaltsamen Auseinandersetzungen, die sich seit dem 10. März 2008 in Lhasa, der Hauptstadt Tibets, und anderen Städten ereignet hatten. Dieses wäre ein Beweis, wie dringend ein aufrichtiger Dialog geboten war, durch den auf eine für alle Seiten annehmbare, tragfähige Lösung unter Achtung der Kulturen, der Religion und der Identität Tibets hingearbeitet werden müsste. Ich äußerte meine Betroffenheit darüber, dass die 2002 eingeleiteten Gespräche zwischen dem Sondergesandten des Dalai Lama und den chinesischen Staatsorganen bislang keine Ergebnisse gebracht hatten. Ich brachte unsere dringende Erwartung zum Ausdruck, dass zukünftige Gespräche zu den gewünschten Ergebnissen führen würden. Mit folgenden Worten leitete ich zur Rede Seiner Heiligkeit des 14. Dalai Lama vor dem Europäischen Parlament über:

> „China ist eine bedeutende Nation und ein wichtiger Partner der Europäischen Union. In unserem Dialog mit China haben wir die Pflicht, offen und aufrichtig unser Eintreten für unsere gemeinsamen Werte der Demokratie, des Rechts, der Menschenrechte und der Meinungsfreiheit zum Ausdruck zu bringen, die auf dem grundlegenden Prinzip der Würde des Menschen aufbauen. Würden wir aufhören, für diese Prinzipien einzutreten, würden wir uns selbst aufgeben.
>
> Diese Grundsätze habe ich auch gestern in einem Gespräch mit dem Vertreter Chinas bei der Europäischen Union zum Ausdruck gebracht. Wie Sie, Heiligkeit, selbst vor eini-

gen Jahren sagten, muss jeder von uns lernen, nicht nur für sich selbst, die eigene Familie oder die eigene Nation zu arbeiten, sondern zum Nutzen der ganzen Menschheit. Sie sind, Heiligkeit, ein bedeutender Befürworter des Dialogs. Ihre gewaltfreie Haltung bietet ein herausragendes Beispiel eines engagierten, friedlichen Einsatzes für ein würdiges Anliegen, und es ehrt uns, dass Sie heute vor dem Europäischen Parlament sprechen. Es ist eine große Freude, Sie jetzt bitten zu dürfen, zu uns zu sprechen.

Der Dalai Lama hielt eine sehr menschliche und sehr launige Rede.[22] Er erzählte von seiner Erkrankung, die nur zeigte, dass er keine Wunder vollbringen könnte. Aber innere Ruhe hälfe dem Wohlbefinden und wäre eine wichtige Basis der Menschlichkeit. Er rühmte die Evolution, die das Gehirn gestärkt hätte und damit die Stärkung der Frauen gegenüber den Männern bewirkt hätte. Frauen wären nicht nur hübsch, sondern auch mitfühlender als Männer.

Der Dalai Lama erläuterte, dass sich zwar theistische und nichttheistische Religionen im Verlauf der Menschheitsentwicklung herausgebildet hatten, aber das wäre weniger wichtig als der eigentliche Zweck: „In dieser Hinsicht übermitteln alle religiösen Traditionen dieselbe Botschaft und Methode, und sie haben dieselbe Wirkung." Daher wäre die Förderung der religiösen Harmonie unter den Menschen unersetzlich. Der Dalai Lama trat mit den Abgeordneten in einen regelrechten Dialog ein und erntete immer wieder Beifall und Sympathiebekundungen. Am Ende berichtete er, dass er wieder fastete für eine bessere Entwicklung in Tibet. Die EU sollte durchaus mit der Volksrepublik China enge Beziehungen pflegen, doch sollte man auch auf Missstände hinweisen, wie es eine tibetische Redensart wäre: „Wenn du wirklich ein enger Freund bist, dann sage deinem Freund, welche Fehler er hat."

Mit stehenden Ovationen wurde dem Dalai Lama von meinen Kolleginnen und Kollegen gedankt. Ich appellierte am Ende dieser sehr bewegenden Sitzung an sie, dass es nun unsere Pflicht wäre, den Dalai Lama „zu unterstützen, um sicherzustellen, dass sein Volk, das tibetische Volk eine gute Zukunft hat und seine Kultur und Religion leben kann".

3. Audienz beim Tennō: Dialog- und Wertepartner Japan

Als Präsident des Europäischen Parlaments war ich frei zu entscheiden, welche Länder ich besuchen mochte. Neben den Besuchen in den Mitgliedsländern der Europäischen Union hatte ich mich entschieden, insbesondere in den Nahen Osten, also nach Israel und Palästina, sowie in die arabischen Staaten zu reisen. Auch hielt ich es für wichtig, ein Land in Asien zu bereisen. Eine Reihe meiner Vorgänger hatten sich für Peking entschieden. Diesem Beispiel wollte ich nicht folgen, sondern entschied mich stattdessen für Japan. Klaus Hänsch, mein Vorgänger in den Jahren 1994 bis 1997, hatte 1996 Tokio besucht. Japan hatte eine mit Deutschland vergleichbare Entwicklung genommen. Im Zweiten Weltkrieg hatte das Land, ebenso wie Deutschland, viel Schuld auf sich geladen. Nun war Japan eine stabile, sich an westlichen Maßstäben orientierende Demokratie. Dieses Land wollte ich kennenlernen, um meine Solidarität mit der Entwicklung Japans zum Ausdruck zu bringen. Es sollte mein erster und einziger Besuch in Asien sein. Der Präsident des japanischen Unterhauses (Shūgiin), Yōhei Kōno, hatte meinen Aufenthalt in Tokio sorgfältig vorbereitet. Die Abgeordneten empfingen mich sehr freundlich. Auch mit Premierminister Yasuo Fukuda traf ich zu einem längeren Gespräch zusammen, in dessen Mittelpunkt der Klimaschutz stand; des Weiteren traf ich noch den Präsidenten des Oberhauses (Sangiin), Satsuki Eda. Höhepunkt jedoch war die Audienz bei Kaiser Akihito, dem 125. Tennō, der am 12. November 1989 zum Kaiser ausgerufen worden war.[23]

Kaiser Akihito stellte seine Regierungszeit unter den Begriff *Heisei*, das heißt „werdender Frieden" – wohl wegen der Verstrickungen seines Vaters Hirohito, der bis zum verlorenen Krieg einen gottähnlichen Status gehabt hatte und durch seine 63-jährige Regentschaft in die Politik Japans verstrickt war. Das japanische Kaiserhaus ist die älteste Dynastie der Welt.

Am Freitag, dem 8. Februar 2008, traf ich um 13:45 Uhr beim kaiserlichen Palast ein. Unsere Delegation wurde vom *grand master of ceremonies*, dem Großmeister für die Zeremonien, empfangen. Alles war minutiös vorbereitet: Um 13:48 Uhr kamen wir am Chigusa/Chidori-Raum an. Es herrschte eine ruhige, völlig unaufgeregte Atmosphäre. Durch den Großmeister wurde ich in den genauen protokollarischen Ablauf eingewiesen, dazu gab es ein besonderes Merkblatt, in dem genau dargestellt wurde, wann man vor dem Kaiser eine Verbeugung zu machen hätte, wann die Türen sich öffneten, wann ein Gong erschallen würde. Der Palast war ohne jeden Prunk, er strahlte eine schlichte Würde aus. Die Räume waren überwiegend durch Schiebetüren aus Holz verbunden. Mir wurde vom Großmeister dringend nahegelegt, mit dem Tennō nicht über Politik, schon gar nicht über Parteipolitik zu sprechen. Um 13:58 Uhr wurde ich über eine Treppe zum Takenoma-Raum geführt. Einen kurzen Augenblick verweilten wir in Ruhe vor der großen geschlossenen Tür. Um 14 Uhr erschallte ein Gong, eine große Doppeltür öffnete sich und in etwa drei Metern Entfernung stand der Kaiser, friedlich blickend, mäßig groß, würdevoll. Ich verneigte mich vor Kaiser Akihito, er gab mir die Hand und wir begrüßten uns sehr freundlich. Dann geleitete mich der Tennō zu einem Sessel, der links neben dem seinen stand. Dahinter saß der Dolmetscher. Anwesend waren außerdem der Botschafter der Europäischen Union, der Brite Hugh Richardson, links von mir sowie rechts vor dem Kaiser der Zeremonienmeister und eine weitere Person. Der Tennō schaute mich immer an. Ich begann das Gespräch damit, ihm für die Audienz zu danken.

Zu meiner Überraschung kam der Tennō sogleich auf politische Fragen zu sprechen. Er fragte nach den 27 Staaten der Europäischen Union, ob es eine erneute Erweiterung geben würde und wie die Christdemokraten im Europäischen Parlament organisiert wären. Außerdem ob ich Bundeskanzlerin Angela Merkel oft sähe. Fragen, mit denen ich nicht gerechnet hatte, die ich, so hatte man mir ja eingeschärft, von mir aus gar nicht ansprechen durfte. Aber offensichtlich war es etwas anderes, wenn der Tennō es tat. Ich erklärte Kaiser Akihito die Abläufe unserer Fraktion, dass fünfzig nationale Parteien in ihr vertreten wären, die sich aber zu einer europäischen Parteienfamilie, der Europäischen Volkspartei, zusammengeschlossen hatten. Es wäre nicht immer einfach, eine so große politische Gemeinschaft zusammenzuhalten, wie es siebeneinhalb Jahre, vom Juli 1999 bis zum Januar 2007, also bis zu meiner Wahl zum Präsidenten des Europäischen Parlaments, meine Aufgabe gewesen war. Der Kaiser war außerordentlich interessiert und stellte weitere Fragen. Natürlich sagte ich ihm, dass Japan das einzige asiatische Land wäre, das ich offiziell besuchte. Darüber war er erkennbar erfreut. Wir waren uns einig, dass die Beziehungen zwischen Japan und der Europäischen Union, auch Deutschland, von großer Bedeutung wären. Auch gefiel dem Kaiser ganz offensichtlich meine Bemerkung, dass Japan und die Europäische Union durch gleiche Werte verbunden wären.

Der Kaiser berichtete mir, dass er 1993 Brüssel besucht hatte. Ich fragte ihn, ob er wiederkommen wollte, was wir im Europäischen Parlament sehr begrüßen würden. Darauf antwortete der Tennō, dies würde von der Regierung entschieden. Dann sprachen wir noch über den Klimaschutz. Nach 15 Minuten erhob sich der Zeremonienmeister mit einer Verbeugung vor dem Kaiser. Dieser bat ihn, wieder Platz zu nehmen. So gab der Tennō mir die Chance, unser Gespräch noch fortzusetzen, das insgesamt 23 Minuten dauerte.[24] Schließlich erwähnte ich in dem Gespräch mit dem Tennō noch meinen Kollegen und Freund Georg Jarzembowski, Vorsitzender der Japan-Delegation des Europäischen Parlaments, und Taro Nakayama, Vorsitzender der Parlamentsdelegation Japans für die Europäische Union, der sich sehr bemüht hatte, dass die Audienz bei Kaiser Akihito möglich geworden war. Nach dem Ende unserer Unterhaltung begleitete mich der Tennō zur Tür, reichte mir die Hand und mit einer Verbeugung vor dem Tennō verabschiedete ich mich von dem japanischen Staatsoberhaupt, dessen Vater Hirohito „in seiner Neujahrsansprache von 1946 seine göttliche Abstammung verneinen und erklären [musste], dass die Beziehungen des Kaisers zum Volk nicht mehr auf Mythen und Legenden, sondern auf ‚Vertrauen und Zuneigung‘" beruhte.[25]

Botschafter Richardson informierte mich nach dem Gespräch darüber, dass der Kaiser seit mehreren Jahren an Prostatakrebs litte. Das wäre wohl der Grund, warum er schlechter aussähe als noch vor einem Jahr, als ihn Botschafter Richardson das letzte Mal gesehen hatte. Kaiser Akihito war 73 Jahre alt, als wir uns begegneten.

Bei meinem Besuch in Japan, der mich auch in die alte Kaiserstadt Kyoto führte, betonte ich immer wieder die gemeinsamen Werte, die die Europäische Union und Japan verbanden. Wenn man bedenkt, welch weiten Weg Japan zur Demokratie zurückgelegt hat, und die Demokratie heute fester Bestandteil der japanischen Staatsordnung ist, so kann man ermessen, welch große Bedeutung unsere Beziehungen haben. Auch sie sind ein Teil des weltweiten Dialogs der Kulturen.

4. Dialoge weltweit: Lateinamerika und Afrika

Der „Dialog der Kulturen" ist etwas Umfassendes, sowohl was die Themen, als auch die Geografie betrifft. Er ist nicht nur zwischen den Kontinenten erforderlich, sondern auch in unserer Gesellschaft in Europa. „Globalisierung" ist nicht nur ein wirtschaftliches Phänomen, so wichtig das im Hinblick auf die Herausforderungen auch ist, sondern vor allem eine Frage von Kultur, Identität und Dialog.

Wichtig ist, dass die notwendige Debatte nicht den Populisten, Nationalisten oder Utopisten überlassen bleibt. Der Dialog für ein friedliches Zusammenleben mit und zwischen verschiedenen Kulturen und Religionen muss mit Augenmaß und im Bewusstsein der Verantwortung auch für kommende Generationen geführt werden. So war ich bei meinen Besuchen innerhalb und außerhalb der Europäischen Union immer bemüht, auch mit den unterschiedlichsten Gruppen der Gesellschaft zusammenzukommen. Einige Beispiele: In Italien traf ich mit jungen Einwanderern in der Gemeinschaft Sant'Egidio zusammen, in den Niederlanden führte ich Gespräche mit dem nationalen Minderheitsrat, in dem sieben ethnische Gruppen vertreten waren. Bei meinem Besuch in Bulgarien und in Litauen traf ich mit Vertretern der Roma zusammen, in Polen mit der jüdischen Gemeinschaft.

*

Bei den unterschiedlichsten Anlässen weltweit habe ich den Dialog der Kulturen immer wieder in den Mittelpunkt gestellt. Beim 5. Gipfeltreffen der Staats- und Regierungschefs der Europäischen Union, Lateinamerikas und der Karibik am 16. Mai 2008 in Lima, der Hauptstadt Perus, hatte ich die Ehre, sowohl für die Parlamente Lateinamerikas als auch für das Europäische Parlament das Wort zu ergreifen. Ich betonte die Gemeinsamkeiten:

> „In diesem Sinne ist es wichtig, erneut darauf hinzuweisen, dass wir gemeinsam die Grundsätze und Werte der pluralistischen Demokratie, die Meinungs- und Pressefreiheit, die Achtung der Menschenrechte gemäß der tiefen Überzeugung von der Würde des Menschen befürworten und jegliche Form von Diktatur oder autoritärer Regierungsführung ablehnen. [...] Politische Häftlinge und Gewalt gegen Andersdenkende sollte es in unserer Zeit nicht mehr geben. Dort wo es dennoch der Fall ist, verurteilen wir es mit Entschiedenheit."[26]

Ich plädierte dafür, im Rahmen des Dialogs der Bildung eine Schlüsselrolle zuzuerkennen. Es wäre zweckmäßig, den „gemeinsamen Hochschulraum" zu verwirklichen und weitere Fortschritte bei der Zusammenarbeit zwischen den Hochschulen mit dem Ziel der Anerkennung von Studiennachweisen und beruflichen Qualifikationen zu erarbeiten.

Im Vorfeld des Gipfeltreffens Europäische Union – Lateinamerika war ich mit hochrangigen Vertretern der katholischen Kirche Lateinamerikas zusammengekommen. Sie wiesen mich darauf hin, Wirtschaftswachstum wäre kein Wert an sich, sondern müsste den armen Menschen zugutekommen. Darauf nahm ich vor den Gipfelteilnehmern Bezug und erklärte, der Consejo Episcopal Latinoamericano (Rat der Bischöfe Lateinamerikas) hätte mir eine Charta überreicht, deren Inhalt beschriebe, wie die menschliche Würde durch soziale Gerechtigkeit gefördert werden könnte. Die Vertreter der katholischen Kirche, die in Fragen der sozialen Gerechtigkeit in Lateinamerika sehr engagiert waren, äußerten mir gegenüber ihre Dankbarkeit, die soziale Gerechtigkeit im Zusammenhang mit dem Wirtschaftswachstum erwähnt zu haben. Bezugnahmen auf Positionen der katholischen Kirche, so ihre Vertreter, wären nicht selbstverständlich.

Ich äußerte mich in Lima auch zu Fragen der Migration, der Bekämpfung des Drogenhandels und des Terrorismus:

> „Für die Migration müssen wir menschliche Lösungen im Rahmen des Rechtes finden, dem Drogenhandel mit Entschlossenheit begegnen, den Terrorismus mit allen gebotenen Mitteln auf der Grundlage und unter Beachtung unserer Rechtsordnung bekämpfen."[27]

Für das Europäische Parlament und auch das Lateinamerikanische Parlament empfahl ich, wie andere auch, zur Stärkung des Dialogs zwischen Europa und Lateinamerika die Gründung einer öffentlich-privaten Stiftung Europa-Lateinamerika. Sie sollte den Auftrag haben, den interkulturellen Dialog und das gegenseitige Verständnis zwischen den Partnern zu fördern. Im Jahre 2011 wurde in Hamburg die EU-Lateinamerika-Stiftung gegründet. Präsidentin wurde die ehemalige österreichische Außenministerin und früheres Mitglied der Europäischen Kommission, zuständig für die Außenbeziehungen, Benita Ferrero-Waldner.

*

Eine weitere Gelegenheit, mich vor einem wichtigen Gremium für den „Dialog der Kulturen" einzusetzen, bot mir die Einladung der Präsidentin des Panafrikanischen Parlaments, Gertrude Ibengwe Mongella aus Tansania, anlässlich der Eröffnung der zehnten ordentlichen Tagung des Panafrikanischen Parlaments am 27. Oktober 2008 in Midrand, Johannesburg, vor den Kolleginnen und Kollegen aus ganz Afrika zu sprechen. Die Beziehungen zwischen dem Panafrikanischen Parlament und dem Europäischen Parlament hatten sich in den letzten Jahren mit meiner Unterstützung immer mehr verstärkt. Vor dem EU-Afrika-Gipfel im Dezember 2007 in Lissabon hatten das Europäische Parlament und das Panafrikanische Parlament in einer ersten gemeinsamen Erklärung ihre Rolle beschrieben. Darauf bezog ich mich nun in meiner Rede in Midrand:[28]

„Unsere Parlamente, die sich aus gewählten Vertretern zusammensetzen, sind die einzigen repräsentativen Organe unserer Gemeinschaften, die sich über den ganzen Kontinent erstrecken. Darüber hinaus spielen unsere Parlamente eine zentrale und unverkennbare Rolle bei der verantwortungsbewussten Regierungsführung: Sie sind dafür verantwortlich, dass die Interessen aller Teile der Gesellschaft vertreten und diese Interessen innerhalb der einzelnen Politikbereiche gehört werden, dass die notwendigen Haushaltsmittel für ihre Umsetzung bereitgestellt und dass die jeweiligen politischen Ziele effizient verwirklicht werden. In allen demokratischen Gesellschaften bilden die Parlamente das zentrale Bindeglied zwischen dem Staat und der Zivilgesellschaft und anderen nichtstaatlichen Akteuren. Ferner fördern sie die Einbeziehung der Zivilgesellschaft und der Sozialpartner in den Gang der öffentlichen Angelegenheiten. Die parlamentarische Dimension der Partnerschaft zwischen der Europäischen und der Afrikanischen Union, in der die Menschen in den Mittelpunkt gerückt werden, sollte insbesondere deshalb deutlich herausgearbeitet werden, weil die parlamentarischen Vertreter den Ansichten der Bürgerinnen und Bürger Ausdruck verleihen, die sie vertreten. Parlamente sind deshalb innerhalb der demokratischen Institutionen ein zentrales Element, denn ohne funktionierende Parlamente ist keine Demokratie denkbar."

Auch vor den Abgeordneten aus ganz Afrika vertrat ich die Ansicht, dass die Würde jedes einzelnen Menschen im Zentrum politischen Handelns stehen müsste. Es wäre die Aufgabe der Politiker, der Würde der Menschen zu dienen, unabhängig davon, wo diese Menschen zu Hause sind:

„Wir leben in einer Welt und teilen ihre Ressourcen wie auch Freude und Leid. Mein Herz blutet beim Anblick hungernder Kinder, beim Anblick von Menschen, die jeglicher Rechte beraubt wurden und nur über einen minimalen sozialen Schutz für sich und ihre Familien verfügen, beim Anblick von Menschen, die beim Versuch ertrinken, Europa in kleinen Booten zu erreichen, die kaum diese Bezeichnung verdienen."

Den parlamentarischen Vertretern Afrikas sprach ich meine Anerkennung für eindrucksvolle Beispiele eines friedlichen Zusammenlebens von Menschen verschiedener Kultur- und vor allem unterschiedlicher Religionskreise aus. Ich fügte hinzu, unter Freunden wäre es fair und aufrichtig, bestehende Defizite nicht zu übersehen, sondern diesen aktiv zu begegnen:

„Unser Eintreten für die Menschenrechte und verantwortungsvolle Staatsführung ist kein Ausdruck postkolonialer Bevormundung. Unsere Bemühungen sind Ausdruck unseres gemeinsamen Bekenntnisses für den universellen Schutz der Menschenwürde."

Ich erinnerte die afrikanischen Parlamentarier daran, dass das Europäische Parlament jedes Jahr den Sacharow-Preis verliehe, um dieses beeindruckenden russischen Menschenrechtsaktivisten zu gedenken. Verschiedene herausragende afrikanische Persönlichkeiten wären unter den Preisträgern. So war 1988, im ersten Jahr der Preisverleihung, Nelson Mandela mit dieser Auszeichnung geehrt worden. Wörtlich fügte ich hinzu: „Und so möchte ich an dieser Stelle Nelson Mandela grüßen und ihm meinen größten Respekt und meine größte Verehrung aussprechen." Ich erinnerte daran, dass der letzte afrikanische Preisträger im Jahre 2007 der sudanesische Menschenrechtsaktivist Salih Mahmoud Mohamed Osman gewesen war, der sich aktiv für den Schutz der Opfer im Darfur-Konflikt eingesetzt hatte.[29]

Auch wollte ich den Abgeordneten des Panafrikanischen Parlaments, das ausschließlich beratende Funktionen hatte, für die Zukunft Mut machen. Ich erinnerte daran, das Europäische Parlament war als ein beratendes Organ ins Leben gerufen worden, welches sich ursprünglich, wie das Panafrikanische Parlament, aus Vertretern der nationalen Parlamente zusammengesetzt hatte. Erst 1979, also 27 Jahre nach seinem ersten Zusammentreten, war das Europäische Parlament direkt gewählt worden. Ich erlaubte mir hinzuzufügen, dass ein Abgeordneter dieser ersten Europawahl, der 1979 ein Mandat errungen hatte, vor den Abgeordneten des Panafrikanischen Parlaments stünde:

„Ich möchte Sie, das Panafrikanische Parlament, auffordern, ebenfalls diesen langen Marsch hin zu einem direkt gewählten Parlament mit gesetzgebenden Kompetenzen einzuschlagen, denn das ist es, was Afrika und seine Menschen benötigen und verdienen."

Ich bezeichnete unsere beiden Parlamente als Vorkämpfer einer neuen globalen politischen Kultur im 21. Jahrhundert, in denen Regionen anerkannt und ihre Identitäten respektiert wuden. Ich schloss meine Rede mit einem afrikanischen Sprichwort: „Kehre nicht nur zu alten Brunnen zurück, um zu trinken – auch Freunde und Träume erwarten dich dort."

*

Ich dachte daran, welch weiten Weg das Europäische Parlament gegangen war. Mit dem Vertrag von Lissabon war es zum gleichberechtigten Gesetzgeber mit dem Ministerrat geworden, eine Entwicklung, die 1979, bei der ersten Direktwahl des Europäischen Parlaments, sicher erhofft und angestrebt, aber so wohl nicht erwartet werden konnte. Warum sollte ein ebensolcher Weg nicht auch für das Panafrikanische Parlament möglich sein? Aber, dies war mir bewusst, es bedurfte gewaltiger Anstrengungen, um Hindernisse zu überwinden, was möglicherweise in Afrika noch schwieriger war als in Europa.

5. Nordirischer Versöhnungsprozess: Dialog in der EU

Um den Dialog der Kulturen zu führen, muss man nicht unbedingt nach Afrika reisen. Auch in Europa selbst gibt es hierzu Notwendigkeit und Anlass. Am 24. November

56 Besuch von Donald Tusk am 5. September 2008 in unserem Haus in Bad Iburg mit meinen Söhnen Johannes und Benedict

57 Besuch von Tony Blair auf dem Marktplatz in Osnabrück am 25. März 2007 mit OB Boris Pistorius

58 Mit meinen Söhnen Johannes und Benedict bei Papst Johannes Paul II. am 29. November 1999

59 Verleihung der Schuman-Medaille der EVP-ED-Fraktion an Papst Johannes Paul II.
am 30. November 2004

60 Rede aus Anlass einer Audienz der EVP-ED-Fraktion bei Papst Benedikt XVI. in der Aula delle Benedizioni am 30. März 2006

61 Begegnung mit Papst Franziskus im Gästehaus des Vatikans, Domus Sanctæ Marthæ, am 13. November 2013

62 Besuch bei Queen Elizabeth II. im Buckingham Palace am 27. Februar 2008

63 Besuch bei Königin Beatrix der Niederlande am 5. November 2008

64 Gespräch mit dem Japanischen Kaiser Akihito am 8. Februar 2008 im Kaiserlichen Palast in Tokio

65 Empfang des Königs von Jordanien, Abdullah II., am 12. Dezember 2007 in Straßburg

66 Gespräch mit dem Sultan von Oman, Qaboos bin Said Al Said, am 20. Dezember 2008 im Sultanspalast in Muscat

67 Besuch beim Generalsekretär der Vereinten Nationen, Ban Ki-moon, am 11. Februar 2008 in New York

68 Am Ende meiner Amtszeit mit den Huissiers (Saaldienern), meinem persönlichen Mitarbeiter Walter Doll (links) und Generalsekretär Klaus Welle (Mitte) im Plenarsaal in Straßburg

69 Weg vom Bischofshaus in Osnabrück zum Pontifikalamt im Dom anlässlich des bevorstehenden Abschlusses meiner Präsidentschaft, gemeinsam mit Bischof Alfons Nossol, Jerzy Buzek, Donald Tusk, Joseph Daul und Bischof Franz-Josef Bode (v.l.n.r.) am 12. Juli 2009

70 Amtsübergabe nach der Wahl
von Jerzy Buzek zum Präsidenten des
Europäischen Parlaments am
14. Juli 2009

71 Als Vorsitzender der Konrad-
Adenauer-Stiftung mit Bundes-
kanzlerin Angela Merkel und dem
Ehrenvorsitzen Bernhard Vogel

72 Haus der Europäischen Geschichte in Brüssel, geplante Eröffnung 2015

2008 wurde mir die Ehre zuteil, als erster nicht von den Inseln stammender Gastredner vor dem Parlament Nordirlands (Tionól Thuaisceart Éireann) im Stormont Castle von Belfast zu sprechen.[30]

Die Nordirland-Versammlung war durch das Karfreitagsabkommen 1998 geschaffen worden. Nach mehr als drei Jahrzehnten war damit die Grundlage für eine friedliche Entwicklung zwischen Katholiken und Protestanten in Nordirland gelegt worden. Im Mai 2007 hatte es Neuwahlen gegeben, die dritten seit Einrichtung der Nordirland-Versammlung. Mit ihrer Einladung an den Präsidenten des Europäischen Parlaments zeigte die Parlamentarische Versammlung Nordirlands, welche Bedeutung sie der Mitgliedschaft in der Europäischen Union beimaß. Ich erinnerte an meinen ehemaligen Kollegen aus Nordirland im Europäischen Parlament, mit dem ich 1979 die Zusammenarbeit im Regionalausschuss des Europäischen Parlaments begonnen hatte: an den Friedensnobelpreisträger John Hume, der sich so sehr für den Frieden in Nordirland eingesetzt hatte und die Europäische Union einmal als den „größten Friedensprozess der Geschichte" bezeichnet hatte. John Hume, den ich als einen guten Kollegen und Freund betrachtete, hatte seiner Heimat unschätzbare Dienste dadurch erbracht, dass er am Beispiel der Europäischen Einigung für den Frieden zwischen den verfeindeten Protestanten und Katholiken in Nordirland eingetreten war. Der Konflikt in Nordirland war ein religiöser, damit kultureller, vor allem ein politischer Konflikt gewesen. Dass er schließlich ein glückliches Ende gefunden hatte, hatte unglaublicher Anstrengungen bedurft. Vor den Abgeordneten Nordirlands wies ich darauf hin, dass ich mich als 1945 Geborener, der in den Nachwehen der furchtbaren Zerstörungen des Zweiten Weltkrieges und des Holocausts aufgewachsen war, für die Europäische Einigung engagierte, um einen Beitrag zu leisten, „dass es nie mehr einen Krieg zwischen unseren europäischen Völkern geben" würde. Dann wandte ich mich unmittelbar der Entwicklung Nordirlands zu:

> „Sie haben in diesem Jahr den 10. Jahrestag des Belfaster Friedensabkommens, des so genannten Good Friday Agreements, begangen. Am Lauf der Geschichte gemessen sind zehn Jahre eine sehr kurze Zeitspanne; und dennoch haben Sie in dieser Zeit enorme Fortschritte gemacht. Zu den Institutionen, die im Gefolge dieses Abkommens entstanden, zählt die Versammlung, in der wir uns heute austauschen können. Sie haben sich für den Weg des Respekts und der Versöhnung entschieden, um die Wunden der Vergangenheit zu heilen. Das ist der Weg des Christentums, und ich möchte Ihnen dafür meine Anerkennung zollen. Am gestrigen Abend begann mein Besuch in Belfast mit einem gemeinsamen Essen mit Oberhäuptern der verschiedenen Konfessionen. Es war wunderbar, gleich zu Beginn meines Aufenthalts hier zu erfahren, wie die Gemeinschaften zusammenzuarbeiten vermögen, wenn sie sich bei ihrem Handeln vom Geiste der christlichen Nächstenliebe und des gegenseitigen Verständnisses leiten lassen. Wir stimmen voll darin überein, dass gegenseitiger Respekt und die Achtung der Menschenwürde das Herzstück unserer Gesellschaft sind."

Ich erinnerte daran, dass die Europäische Union den Friedensprozess in Nordirland begleitet sowie politisch und finanziell unterstützt hatte. 1995 hätte die Europäische Union mehr als 1,65 Milliarden Euro an Unterstützung gewährt, um den wirtschaftlichen und gesellschaftlichen Wiederaufbau in Nordirland und in den Grenzbezirken zu fördern. Finanziert wurde diese Hilfe über eine Reihe von Fonds, wie dem grenzüberschreitenden Interreg-Programm, dem EU-Friedensfonds, den allgemeinen Strukturfonds und dem Internationalen Fonds für Irland. Das Europäische Parlament, so erklärte ich, hätte sich stets mit Nachdruck für starke finanzielle Hilfsprogramme der Europäischen Union für Nordirland eingesetzt. Ich wies darauf hin, wie wichtig es wäre, dass alle Regierungsebenen – lokale und regionale Behörden, die nationale Regierung und die Europäische Union – eng zusammenarbeiteten. Für Nordirland bedeutete dies die Zusammenarbeit von Gemeinden und Städten mit Belfast, London und Brüssel.

In der Hauptstadt Nordirlands, in Belfast, das so sehr unter den Auseinandersetzungen zwischen Katholiken und Protestanten gelitten hatte, betonte ich, dass unser „europäisches Friedenswerk" eine sensible Angelegenheit wäre und nicht als selbstverständlich betrachtet werden dürfte. Da die Generationen, bei denen die Erinnerungen an die schmerzlichen Erfahrungen der Vergangenheit noch präsent wären, langsam aussterben würden, müsste jede neue Generation ermutigt werden, „das Wunder unserer gemeinsamen europäischen Heimat" – eines Kontinents, auf dem die Menschen in Frieden und Wohlstand zusammenleben – für sich zu entdecken.

Natürlich musste ich auch hier in Nordirland, also im Vereinigten Königreich, über den Vertrag von Lissabon sprechen. Er würde die demokratische Legitimität der Europäischen Union stärken. Ich sprach meine Anerkennung für die Tatsache aus, dass die Regierung des Vereinigten Königreichs unter Premierminister Gordon Brown ihrer Verpflichtung nachgekommen wäre und den Vertrag von Lissabon ratifiziert hatte. Die Ratifizierung durch Unterhaus und Oberhaus sowie die Unterzeichnung durch Ihre Majestät die Königin wären in einem kritischen Augenblick des Ratifizierungsprozesses äußerst willkommen gewesen. Das Europäische Parlament hoffte, dass auch Irland, das in einem Referendum den Vertrag von Lissabon abgelehnt hatte, eine Lösung für die derzeitig schwierige Situation fände, damit es ebenfalls die Ratifizierung vornehmen und der Vertrag in Kraft treten könnte. Ich schloss meine Rede mit den Worten:

„Wir arbeiten gemeinsam an diesem europäischen Projekt. Es ist unsere gemeinsame europäische Heimat. Hier in Belfast befinden wir uns ebenso sehr im Herzen Europas wie in Brüssel, Berlin oder Budapest, weil die Europäische Union weit mehr ist als eine geografische oder geschichtliche Gegebenheit. Es geht dabei um die von mir bereits erwähnten gemeinsamen Werte, die von Versöhnung, gegenseitiger Achtung und Zusammenarbeit – und gegebenenfalls Freundschaft – untermauert werden und sich auf die Grundsätze der Solidarität und Subsidiarität stützen".

Frieden in Nordirland, auch dies war bei der ersten Wahl des Europäischen Parlaments 1979 eine weit entfernte Hoffnung. Doch ist dieser Frieden Wirklichkeit geworden, obwohl wir wissen, dass alles gefährdet bleibt. Deswegen müssen wir weiterhin in Nordirland, in Europa und weltweit für den Frieden arbeiten. Nichts ist selbstverständlich, nichts von ewiger Dauer. Unser Engagement bleibt gefordert. Vor der Parlamentarischen Versammlung Nordirlands in Belfast gesprochen zu haben, gehört zu den ganz außergewöhnlichen politischen Ereignissen meines Lebens, weil es zu Beginn meiner Abgeordnetentätigkeit im Europäischen Parlament undenkbar – als ein Traum – erschienen wäre.

6. Positive Erfahrungen in Oman

Das „Europäische Jahr des Interkulturellen Dialogs" endete für mich mit einer besonders schönen, sehr beeindruckenden Erfahrung. Im Dezember 2008, kurz vor Weihnachten, besuchte ich das Sultanat Oman. Zusammen mit einer kleinen Delegation kam ich in Muscat, der Hauptstadt Omans, an, wo wir am selben Abend, einem Freitag, einen Gottesdienst in der katholischen Kirche besuchten. Begleitet wurden wir von einem mit einem langen weißen Kaftan bekleideten Muslim, einem Sicherheitsbeamten. Während des Gottesdienstes betete der Priester für seine europäischen Gäste und für Sultan Qaboos bin Said Al Said. Die vielen Gläubigen, überwiegend katholische Christen von den Philippinen, aus Indien und Bangladesch, die in Oman Arbeit gefunden hatten, stimmten in die Gebete ein. Es war ein bewegender Moment. Nach dem Gottesdienst lud der Pfarrer uns in sein Pfarramt ein, wo wir freundlich bewirtet wurden und uns im Gespräch austauschten. Dabei fragte ich den Pfarrer, warum er auch für den Sultan gebetet hätte, woraufhin er und die anderen anwesenden Verantwortlichen dieser Pfarrei erklärten, dass der Sultan ein großer Förderer der katholischen Kirche in Muscat wäre. Kürzlich hätte es einen Sturm gegeben, wobei die Häuser der katholischen Kirchengemeinde beschädigt worden wären. Sultan Qaboos hätte sofort Hilfe geleistet. Welch schönes Zeichen interkulturellen, interreligiösen Verständnisses – ein Zeichen dafür, dass die verschiedenen Religionen nicht nur nebeneinander, sondern sich gegenseitig achtend miteinander leben könnten. Diese positiven Beispiele des friedlichen Zusammenlebens unterschiedlicher Religionen machen leider keine Schlagzeilen. Auch hier gilt: *Good news is no news*.

Am nächsten Vormittag hatte ich eine Audienz bei Sultan Qaboos in einem Palast außerhalb von Muscat. Es war eine friedliche Atmosphäre, eine große Stille in diesem wunderbaren Palast. Die Innenausstattung entsprach der Symbolik von „1001-Nacht". Sultan Qaboos, an der Macht seit 1970, hatte seinen Vater Sultan Said, der das Land nach alten Methoden regiert hatte, des Amtes enthoben. Niemand war dabei zu Tode gekommen. Er empfing uns freundlich lächelnd, mit einem langen Gewand und Turban bekleidet. Über eine Stunde sollten wir uns über viele politische, kulturelle und religiöse Fragen austauschen. Ich begann das Gespräch damit, ihm von meiner Erfahrung in der katholischen Kirche vom Vorabend zu berichten, dass also die Katholiken für den moslemischen Herrscher, seine Majestät Sultan Qaboos, gebetet hatten. Sichtlich erfreut reagierte der Sultan auf diese Mitteilung. Er kannte sogar die Namen der in der katholischen Gemeinde tätigen Priester. So nahm unser Gespräch einen guten, von gegenseitigem Respekt und Toleranz geprägten Verlauf.

In den nun mehr als vierzig Jahren seiner Herrschaft hat Sultan Qaboos sein Land behutsam, aber stetig modernisiert und in die Gegenwart geführt. Einen „Arabischen Frühling" hat es im Sultanat Oman nicht gegeben, musste es möglicherweise auch nicht geben. Damit sind dem Sultanat auch die zum Teil furchtbaren Folgeereignisse, wie wir sie in Ägypten und anderen arabischen Ländern erlebten, erspart geblieben. Ganz offensichtlich war die gemäßigte Politik, mit der Sultan Qaboos sein Land modernisiert hatte, der richtige Weg für Oman in eine gute Zukunft.

IV. Menschenrechte sind unteilbar

Der Einsatz für Menschenwürde und Menschenrechte hat stets mein politisches Denken entscheidend geleitet. In der Zeit als Präsident des Europäischen Parlaments fand ich mich mehrfach in Situationen, um so deutlich wie nur möglich Position für die Menschenrechte, für die konkreten Rechte konkreter Menschen, zu beziehen – außerhalb von Europa, aber auch in Europa selbst. Wir müssen immer und überall wachsam bleiben, wenn es um die Rechte eines jeden Menschen geht.

1. Arabische Jahreszeiten

Mir war stets bewusst, dass mit dem Ende des Kalten Krieges und der Wiedervereinigung Europas keineswegs das Ende der Geschichte ausgerufen werden konnte – auch nicht das Ende der Geschichte Europas gegenüber seinen islamischen und arabischen Nachbarvölkern im Süden. Mit der Euro-Mediterranen Partnerschaft („Barcelona-Prozess") richtete die Europäische Union den Blick gen Süden. Die Zukunft unseres Kontinents und der europäischen Integration würde nicht nur im Osten entschieden, also in Bezug auf die Frage nach der EU-Erweiterung der mittel- und südosteuropäischen Staaten einerseits und in Bezug auf die Frage nach der künftigen Ausgestaltung des Verhältnisses der EU zu den Nachfolgerepubliken der Sowjetunion. Nicht weniger wichtig – auf Dauer vielleicht sogar noch schwerwiegender – dürfte sich das Verhältnis zu den Ländern des islamischen Kulturraumes erweisen. Tief beeindruckt hatte mich die Rede des ägyptischen Präsidenten Anwar al-Sadat am 10. Februar 1981 vor dem Europäischen Parlament. Acht Monate vor seiner Ermordung rief Präsident

Sadat Israel und Palästina dazu auf, sich wechselseitig anzuerkennen. Später verneigte ich mich in Kairo an seinem Grab vor diesem großen Mann des Friedens.

Ich richtete also frühzeitig und systematisch meinen Blick auf die Staatenwelt in der südlichen Nachbarschaft Europas. Die Türkei war dabei ein Sonderfall wegen ihrer vielschichtigen und komplexen Beziehungen zu Europa und zum Westen insgesamt. NATO-Mitglied, Mitglied des Europarates und seit 1999 Kandidatenland für eine EU-Mitgliedschaft – dazu war viel zu sagen und ich hatte stets eine spezifische und durchaus türkei-freundliche Position, obgleich ich überzeugt bin, dass die EU politisch, kulturell, geografisch und finanziell überfordert ist, die Türkei als Mitglied aufzunehmen. Im Nahost-Konflikt setze ich mich konsequent während meiner Tätigkeit im Europäischen Parlament für eine Zwei-Staaten-Lösung ein mit Israel in sicheren Grenzen und Palästina in sicheren Grenzen.

Aber mir war und ist wichtig, dass wir Europäer unser Verhältnis zum Islam nicht nur auf die Türkeithematik beziehen und dass wir unser Verhältnis zur arabischen Welt nicht nur auf die Islamthematik reduzieren. Ich habe mich stets für das Existenzrecht Israels eingesetzt und werde dies auch immer tun. Israel und Deutschland eint eine besondere Geschichte. Das jüdisch-christliche Verständnis des Glaubens hat mich geprägt, vor allem auch bei meinem Einsatz für die Menschenrechte. Ohne unsere jüdisch-christliche Tradition ist das moderne Verständnis von der unverwechselbaren Würde des einzelnen Menschen nicht zu erklären. Aber dies darf kein Widerspruch sein zu dem Streben nach einem guten Verhältnis zu der arabischen Welt und zu der islamischen Zivilisation.

Vor diesem Hintergrund hatte ich mich seit Ende der 1990er-Jahre aufgemacht, in jährlichen Studienreisen systematisch die Verhältnisse in den arabischen und islamischen Nachbarstaaten der EU kennenzulernen. Wie zuvor während der Neunzigerjahre wollte ich gemeinsam mit meinen Freunden Reinhard Stuth und Ludger Kühnhardt nach der östlichen die südliche Nachbarschaft der EU besser verstehen lernen. Als wir den Zyklus unserer Studienreisen in die arabische Welt begannen, konnten wir nicht ahnen, dass etwas mehr als ein Jahrzehnt später der „Arabische Frühling" das Augenmerk der ganzen Welt auf diesen weiten Raum lenken würde. Nichts war entschieden, als die Welle der ersten Freuden über den „Arabischen Frühling" abgeklungen war. Hoffnung stand neben Sorgen. Aber mein Bild von der Bedeutung und Vielschichtigkeit der arabischen Welt war deutlich klarer aufgrund der vielen Möglichkeiten der Begegnung, die ich im Verlauf von mehr als zehn Jahren im Rahmen regelmäßiger Studienreisen gewinnen konnte. Mit Geduld musste man die unterschiedlichen arabischen Jahreszeiten durchleben, gerade um den Menschenrechten auf Dauer zu ihrem Sieg zu verhelfen.

*

Mitte März 2007 reiste ich nach Tunis zu einer Tagung der „Euro-Mittelmeerversammlung" (Euro-Mediterranean Parliamentary Assembly, EMPA), deren Vizepräsident ich zu diesem Zeitpunkt war. Der Präsident des Tunesischen Parlaments und gleichzeitige Präsident der EMPA (2007/2008), Fouad Mebazaa, hatte mich einige Tage zuvor angerufen und sich erkundigt, ob er am Ankunftsabend etwas für mich tun könnte. Ich hatte ihm erklärt, ich wäre für den Abend bereits verplant, sodass ich seine Hilfe nicht in Anspruch nehmen bräuchte. In der Tat hatte ich mich für diesen Abend auf Vermittlung des EU-Vertreters in Tunesien mit einer Gruppe von Menschenrechtlern verabredet. Heute muss ich annehmen, dass der Geheimdienst des damaligen Präsidenten Zine El Abidine Ben Ali davon Wind bekommen hatte. Auf dem Flughafen in Tunis wurde mir mein Koffer nicht ausgeliefert mit der Begründung, er wäre nicht auffindbar. Erst bei meiner Abreise am Montag, dem 19. März 2007, wurde er mir ausgehändigt. Da ich immer von der positivsten Variante ausgehe, hatte ich zunächst geglaubt, der Koffer wäre für die tunesischen Zollbeamten tatsächlich nicht auffindbar gewesen. Heute jedoch glaube ich, dass es sich um eine Schikane handelte, da ich mich ohne Wissen der tunesischen Behörden mit der Gruppe von Menschenrechtlern treffen wollte.

Bei dem Treffen waren etwa 15 Personen anwesend. Mir gegenüber saß die Frau des inhaftierten Rechtsanwalts Mohammed Abou und weinte. Sie berichtete, ihr Mann wäre wegen regierungskritischer Bemerkungen inhaftiert worden. Ich versprach ihr, mich bei dem Präsidenten des tunesischen Parlaments, Fouad Mebazaa, mit dem ich mich menschlich gut verstand, beim Außenminister Abdelwahab Abdallah, und auch beim Staatspräsidenten, sofern ich einen Termin bekommen sollte, für ihren Mann einzusetzen. Die mir vor Antritt meiner Reise nach Tunesien zugesagte Begegnung mit Ben Ali fand nicht statt. Man sagte mir, ich könnte ihn am Donnerstag der kommenden Woche sehen. Mir war klar, dass dies die Retourkutsche für mein Gespräch mit der Gruppe der Menschenrechtler war. Natürlich habe ich es abgelehnt, den Präsidenten in der darauffolgenden Woche zu sehen.

In persönlichen Gesprächen mit Parlamentspräsident Mebazaa und Außenminister Abdallah setzte ich mich für Mohammed Abou ein. Staatspräsident Ben Ali schrieb ich einen Brief. Anfang April antwortete er, der Fall würde in der Begnadigungskommission („Commission de grâce") geprüft werden. Am 25. Juli 2007 erfuhr ich durch meine Mitarbeiterin Ana Perles, dass Mohammed Abou in Tunis am Vorabend das Gefängnis hatte verlassen können und frei wäre. Ich rief sofort seine Frau in Tunis an. Ihrer Stimme war das Glück anzumerken. Sie bedankte sich. Mir fiel das französische Wort *mari* für „Ehemann" nicht sogleich ein, sie half mir und lachte. Dann sprach ich mit Abou selbst. Er war glücklich und bedankte sich ebenfalls. Ich sagte ihm und seiner Frau, dass nach meiner Einschätzung Präsident Ben Ali mich bei meinem Besuch in Tunis nicht empfangen hätte, da ich am Freitag, dem 16. März, mit Frau Abou und der Menschenrechtsgruppe zusammengetroffen gewesen war. Ich lud Abou und seine Frau nach Brüssel oder Straßburg ein. Auch ich war glücklich über seine Freilassung.

Wir dürfen nicht nur über die Menschenrechte reden, sondern müssen etwas dafür tun. Ein gutes halbes Jahr später, im Dezember 2007 auf dem EU-Afrika-Gipfel in Lissabon, stellte mich Außenminister Abdallah seinem Präsidenten Ben Ali vor. Ich berichtete diesem von meinen Erfahrungen, die ich im vergangenen März in Tunesien gemacht hatte. Das Gespräch war schnell beendet.

Bei einem späteren Besuch Tunesiens als Vorsitzender der Konrad-Adenauer-Stiftung im Februar 2012 bin ich Rechtsanwalt Mohammed Abou erstmalig persönlich begegnet: als Minister im Amt des Ministerpräsidenten. So kann sich Geschichte entwickeln. Zwischen den Jahren 2007 und 2012 lag der „Arabische Frühling", der im Januar 2011 seinen Anfang in Tunesien genommen hatte. Vor dem Treffen mit Minister Abou habe ich den Interimspräsidenten Fouad Mebazaa zu einem Gespräch aufgesucht. Als Parlamentspräsident war ihm nach dem Sturz von Ben Ali die Aufgabe des zeitweiligen Staatspräsidenten übertragen worden. Scherzhaft begrüßte er mich mit der Bemerkung, ich wäre ihm im Amt des Präsidenten der Euro-Mittelmeer-Versammlung nachgefolgt – er hätte nichts dagegen, wenn ich auch das Amt übernehmen würde, das er gegenwärtig mit keiner großen Begeisterung wahrnehmen müsste.

2. Mit der Jugend von Weißrussland

Ende April 2008 besuchte ich Vilnius, die Hauptstadt Litauens. Es sollte für mich ein mein ganzes Leben lang unvergesslicher Besuch sein, der mich einerseits erschütterte, andererseits aber reich beschenkte. Ich war eingeladen, vor dem Seimas, dem Parlament Litauens, eine Rede zu halten. Es war ein bewegender Moment. Ich musste an das Jahr der ersten Europawahl, 1979, denken: Litauen war, wie Estland und Lettland, von der Sowjetunion okkupiert. Und nun befand ich mich am Tag der Debatte über den Vertrag von Lissabon im Litauischen Parlament. Welch gute Fügung hatte die europäische Geschichte genommen. In meiner Rede sagte ich, der Nationalsozialismus und der Kommunismus dürften sich niemals wiederholen. Ich erklärte die Solidarität des Europäischen Parlaments, was die Energieversorgung anginge. Litauen war, wie die anderen baltischen Staaten, in Sorge, dass Russland das Land von der Zufuhr von Öl und Erdgas abschneiden könnte. Ich erklärte, wenn dies geschähe, könnte Litauen mit der Solidarität der gesamten Europäischen Union rechnen. Dies entsprach nicht nur meiner festen Überzeugung, sondern ich hatte mich auch dafür eingesetzt, einen entsprechenden Artikel, der ebendiese Energiesolidarität zum Ausdruck brachte, in den Vertrag von Lissabon einzufügen. Die Sitzung des Seimas wurde von Andrius Kubilius, dem früheren und zukünftigen Ministerpräsidenten, dessen konservative Partei zur EVP gehörte, geleitet. Die Abgeordneten dankten mir mit stehendem Applaus. In meinem Programm standen außerdem Gespräche mit Staatspräsident Valdas Adamkus und Premierminister Gediminas Kirkilas. Ich erwähne diesen Besuch aber insbesondere wegen des folgenden Erlebnisses: In Vilnius befand sich die European Humanities University. Dabei handelte es sich nicht um eine litauische, sondern um eine weißrussische Universität. Der Machthaber Weißrusslands, Alexander Lukaschenko, hatte im Jahr 2004 diese Universität in der weißrussischen Hauptstadt Minsk geschlossen, da er den Freiheitswillen der jungen Studentinnen und Studenten nicht hatte ertragen können. Litauen hat der European Humanities University Exil gewährt, sodass nun hunderte von jungen Menschen aus Weißrussland in Vilnius studieren. Der Direktor der Universität, Professor Dr. Anatoli Michailow, begrüßte mich am Eingang der Universität und geleitete mich zu einem bis auf den letzten Platz besetzten Saal. Es waren hunderte von Studenten da. Nachdem ich einige einleitende Bemerkungen über die Werte Europas und die Europäische Einigung gemacht hatte, wurde mir in vielen Diskussionsbeiträgen der Studenten gesagt:

„Denkt im Europäischen Parlament und in der Europäischen Union daran, dass Ihr die Werte Europas – Freiheit, Demokratie und Recht – nicht nur für euch beansprucht, sondern dass diese Werte überall in Europa und in der Welt, besonders auch in Weißrussland, Gültigkeit haben müssen."

Es hat mich tief berührt, wie sich diese jungen Menschen in großartiger Weise für ihre Freiheitsrechte einsetzten. Mir hat dieses Gespräch vermittelt, wie „reich" wir in der Europäischen Union sind, in der diese Werte für selbstverständlich gehalten werden. Gerade weil wir diese Werte wie selbstverständlich genießen können, sind wir verpflichtet, uns für Freiheit, Demokratie, Recht und Menschenrechte überall in Europa und der Welt zu engagieren. Spontan habe ich eine Gruppe von Studenten nach Straßburg eingeladen, die mich dann auch später dort besuchten.

Durch diese Begegnungen ermutigt, habe ich mich – so gut ich konnte – immer wieder für die Menschen in Weißrussland eingesetzt. Mit Aljaksandr Milinkewitsch, dem Sacharow-Preisträger des Jahres 2006, habe ich mich wiederholt getroffen – wir sind freundschaftlich verbunden. Nach der Übernahme meiner neuen Aufgabe als Vorsitzender der Konrad-Adenauer-Stiftung am 1. Januar 2010 habe ich meine erste Auslandsreise nach Minsk, in die Hauptstadt Weißrusslands, gemacht. Zwar hat die Konrad-Adenauer-Stiftung keine Vertretung in Weißrussland, aber sie betreut – so gut es geht – Weißrussland von Vilnius aus. Insbesondere bemüht sich die Konrad-Adenauer-Stiftung um Kontakte mit jungen Politikern, die sich in der Kommunalpolitik engagierten. Hoffen wir auf den Tag – der sicher kommen wird –, an dem auch Weißrussland ein freies und demokratisches Land ist. Vergessen wir niemals, uns im Rahmen unserer Möglichkeiten dafür einzusetzen. Wir würden unsere Werte verraten, wenn unser Engagement nicht auch der Verwirklichung von Freiheit, Demokratie und Recht in Nachbarstaaten der Europäischen Union gelten würde.

3. Zum Gedenken an Anna Politkowskaja

Am 7. Oktober 2006 wurde die russische Journalistin Anna Politkowskaja im Fahrstuhl ihres Moskauer Wohnhauses ermordet. Es wurde vermutet, dass es sich um einen Auftragsmord handelte. Am 25. Oktober 2006 nahm das Europäische Parlament einen von sechs Fraktionen eingebrachten Entschließungsantrag zur Ermordung von Anna Politkowskaja mit großer Mehrheit an.[31] Darin wurde nicht nur die Ermordung dieser mutigen Journalistin auf das Schärfste verurteilt, sondern auch ihre Persönlichkeit gewürdigt. Bei Anna Politkowskaja handelte es sich um eine ausgewiesene Verfechterin der Menschenrechte in Russland. Sie hatte insbesondere Opfern von Menschenrechtsverletzungen in Tschetschenien geholfen und darüber hinaus mehrere Bücher zur Situation der Menschenrechte in Russland und speziell in Tschetschenien sowie im Nordkaukasus veröffentlicht. Das Europäische Parlament würdigte diese große russische Journalistin mit den Worten:

> „Das Europäische Parlament zollt der Arbeit und den Verdiensten von Anna Politkowskaja Respekt, einer hoch anerkannten Enthüllungsjournalistin, die bekannt ist als das Symbol des ehrlichen Journalismus in Russland, die zahlreiche Auszeichnungen, unter anderem den Olof-Palme-Preis, erhalten hat und die sich mutig dafür eingesetzt hat, Menschenleben und Menschenwürde zu verteidigen und verschiedene Formen von Verbrechen gegen die Menschlichkeit, insbesondere in Tschetschenien, aufgedeckt sowie objektiv darüber berichtet hat."

Die Entschließung wies darauf hin, dass die Organisation Reporter ohne Grenzen und das Komitee zum Schutz von Journalisten berichtet hatten, dass Russland mit an der Spitze der Länder stünde, in denen Journalisten ermordet wurden. Die russischen Behörden wurden aufgefordert,

> „aktiv gegen die Einschüchterung unabhängiger Journalisten und Menschenrechtsaktivisten zu kämpfen und unabhängige Journalisten, die schwere Fälle von Ungerechtigkeit in ihrem Land aufdecken, sowie Menschenrechtsorganisationen und deren Vertreter, die die Opfer von Menschenrechtsverletzungen verteidigen, umfassend zu schützen."

Die Kommission und die EU-Mitgliedstaaten wurden aufgefordert, bei einem neuen Abkommen über Partnerschaft und Zusammenarbeit mit der Russischen Föderation auf „der Gewährleistung von Pressefreiheit und der Anerkennung eines unabhängigen Journalismus gemäß den europäischen Normen zu bestehen." In diesem Sinne sprach sich das Europäische Parlament für eine Verstärkung des Dialogs zwischen der Europäischen Union und Russland in Menschenrechtsfragen aus und fügte hinzu, dass es – und diese Haltung ist exemplarisch für das Europäische Parlament, und zwar nicht nur in der Frage der Menschenrechte in Russland, sondern überall in der Welt –

„der Auffassung [ist], dass alle demokratischen Institutionen, einschließlich des Europäischen Parlaments, ihrer moralischen Verpflichtung gerecht werden müssen, solche Verbrechen unverzüglich zu verurteilen, indem sie ihre Entschlossenheit zeigen, Menschenrechte unabhängig von politischen Umständen zu verteidigen".

Das Europäische Parlament beließ es aber nicht nur bei der Verurteilung dieser schändlichen Ermordung. Zunächst hatten Teile des Europäischen Parlaments sich dafür eingesetzt, Anna Politkowskaja für das Jahr 2007 posthum den Sacharow-Preis zu verleihen. Nach einer intensiven Debatte erhielt diesen, wie bereits dargestellt, der sudanesische Menschenrechtsanwalt Salih Mahmoud Mohamed Osman. Für die Würdigung von Anna Politkowskaja wurde eine noch bessere Lösung gefunden. Im Januar 2008 entschied das Präsidium des Europäischen Parlaments, den Pressesaal in Brüssel in Anna-Politkowskaja-Saal umzubenennen. Die Gesellschaft der internationalen Presse (Association de la Presse Internationale, API) begrüßte diese Benennung ausdrücklich. Am 4. Juni 2008 enthüllte ich unter Teilnahme vieler Journalisten und Abgeordneter das Namensschild „Anna Politkowskaja" vor dem Eingang des Pressesaales. Damit fand diese mutige russische Journalistin eine ihr angemessene Würdigung für ihren Mut und ihren Einsatz für Menschenrechte und eine freie Presse. Uns, den Lebenden, und auch zukünftigen Generationen ist der Name von Anna Politkowskaja eine stete Mahnung, für Freiheit, Menschenrechte und Demokratie in Europa und in der Welt einzutreten. Der angebliche Mörder und ein Drahtzieher des Mordes an Anna Politkowskaja wurden verhaftet. Die Auftraggeber des Mordes sind bis heute nicht zur Rechenschaft gezogen worden.

4. Tibet und die Olympischen Spiele 2008 in Peking

Der schwerwiegendste Konflikt während meiner Amtszeit als Präsident des Europäischen Parlaments entwickelte sich mit der Volksrepublik China. Dies bedauerte ich außerordentlich, aber es war unvermeidlich. Als Vorsitzender der EVP-ED-Fraktion hatte ich Peking mehrfach auf Einladung der Regierung und der Kommunistischen Partei besucht und den Gesprächen mit der chinesischen Führung immer große Bedeutung beigemessen. Diese Einschätzung habe ich auch heute. China ist ein wichtiges Land mit einer – wie wir hoffen – guten Zukunft. China sollte immer auch ein guter Partner der Europäischen Union sein. Es ist unverkennbar, dass das Land seit der Reformpolitik Deng Xiaopings, die dessen Nachfolger fortsetzten, große Fortschritte gemacht hat. Es bleibt zu wünschen, dass China sich zu einer freiheitlichen und demokratischen Gesellschaft weiterentwickelt. Natürlich ist dies ein mühsamer, langer Weg. Aber ich bin zuversichtlich, dass China – ebenso wie die Sowjetunion – den Kommunismus eines Tages überwinden wird. Das Freiheitsstreben der Menschen kann für einige Jahrzehnte mit Gewalt unterdrückt werden, aber am Ende wird der

Fluss der Freiheit sich seinen Weg bahnen. Dies war in Europa immer meine Überzeugung und ist es auch im Hinblick auf das heute kommunistische China. Auch im Verhältnis zu China halte ich eine Doppelstrategie für notwendig: Dialog und Kooperation einerseits, Verteidigung der Menschenrechte andererseits. Mit Blick auf die Olympischen Spiele in Peking im Jahre 2008 entwickelte sich wegen der Tibetfrage ein ernsthafter Konflikt zwischen der chinesischen Führung und dem Europäischen Parlament, besonders auch mit mir als dessen Präsident.

Wenige Monate vor den Olympischen Spielen kam es in Lhasa zu massiven Protesten, die durch chinesisches Militär und Polizei bekämpft wurden. Mit einer Verhaftungswelle und dem Aufmarsch von Truppen versuchten die kommunistischen Machthaber, die Proteste unter Kontrolle zu bringen. Das kommunistische Parteiorgan *Renmin Ribao* („Tageszeitung des Volkes/Volkszeitung") rief zur „Niederschlagung der Verschwörung und Sabotage der Unabhängigkeitskräfte in Tibet" auf. Dem Dalai Lama und den Exiltibetern warf das Blatt vor, die Unruhen von langer Hand geplant und organisiert zu haben, „mit der bösartigen Absicht, die Olympischen Spiele zu untergraben und Tibet vom Vaterland abspalten zu wollen".[32]

Der Parteiführer der Kommunistischen Partei in Tibet, Zhang Qingli, bezeichnete den Dalai Lama als „Wolf in Mönchskutte".[33] Das hielt ich für eine bösartige Propaganda. Der Dalai Lama seinerseits wies diese Vorwürfe zurück. „Die Proteste waren nicht koordiniert, niemand hatte sie unter Kontrolle", sagte sein Sprecher im indischen Dharamsala. Es wäre zu bedauern, dass die Proteste in Gewalt ausgeartet waren. Der Dalai Lama wäre immer gegen Gewalt gewesen, fügte dessen Sprecher hinzu.[34] Persönlich hatte ich mehrmals die Möglichkeit gehabt, dem Dalai Lama zu begegnen und hatte in langen persönlichen Gesprächen feststellen können, dass er ein Mann des Friedens war.

Nach Angaben der tibetischen Regierung kamen in Lhasa 19 Menschen ums Leben, 600 wurden verletzt. Exiltibeter hingegen gingen von einhundert Toten in Lhasa und anderen Orten aus.[35] Den Protesten in Lhasa und anderen Gebieten in Tibet schlossen sich Exiltibeter überall in der Welt, insbesondere in den USA und Europa, an. Angesichts dieser Entwicklung hielt ich es für meine Pflicht, mich zu den Vorgängen in Tibet zu äußern. Dabei ist von Bedeutung, dass ich mit dem französischen Staatspräsidenten Nicolas Sarkozy, der wegen der am 1. Juli 2008 beginnenden französischen Präsidentschaft Präsident des Europäischen Rates werden sollte, verabredet hatte, gemeinsam die Olympischen Spiele in Peking zu besuchen. Nicolas Sarkozy hatte mir zugesichert, mich in seiner Präsidentenmaschine mit nach Peking zu nehmen. Ich hätte es begrüßt, wenn auch der Präsident der Europäischen Kommission, José Manuel Durão Barroso, im wahrsten Sinne des Wortes mit an Bord gewesen wäre, aber er hatte daran weniger Interesse. Die Absicht, dass die drei Präsidenten der europäischen Institutionen – Europäischer Rat, Europäische Kommission und Europäisches Parlament – gemeinsam zur Eröffnung der Olympischen Spiele nach Peking reisten, hielt ich für eine schöne Geste gegenüber China. Nun jedoch kam die Entwicklung in Tibet dazwischen. Ich folgte meinen Grundsätzen.

In einem Interview mit dem Deutschlandfunk vom 18. März 2008 und in einer Stellungnahme in der *Bild am Sonntag* vom 23. März 2008 sprach ich mich für Reaktionen im Hinblick auf die Vorgänge in Tibet aus. Ich forderte dazu auf, dass Politiker nicht an der Eröffnungsfeier in Peking teilnehmen sollten: „Das, was gegenwärtig in Tibet geschieht, kann niemals unsere Zustimmung finden und das müssen die Chinesen erkennen", sagte ich im Deutschlandfunk.[36] Wenn die Olympischen Spiele ein Erfolg werden sollten, müssten Repressionen sowie Einschränkungen von Meinungs- und Pressefreiheit aufhören. „Dieses Signal müssen wir jetzt an Peking geben."[37] In der *Bild am Sonntag* erklärte ich:

> „Peking muss sich entscheiden. Es sollte unverzüglich mit dem Dalai Lama verhandeln. Bleiben Signale der Verständigung aus, halte ich Boykottmaßnahmen für gerechtfertigt."[38]

Ich fügte hinzu: „Wir wollen erfolgreiche Spiele – aber nicht zum Preis des kulturellen Völkermords an den Tibetern, von dem der Dalai Lama spricht."[39]

Ich kündigte an, dass sich das Europäische Parlament mit der Situation in Tibet befassen werden würde. Als dessen Präsident war ich im Übrigen in der sehr zufriedenstellenden Situation, dass die Position des Europäischen Parlaments und meine persönlichen Auffassungen identisch waren. Dies verlieh mir auch Rückhalt für meine eigene Argumentation in der Öffentlichkeit. Am 10. April 2008 verabschiedete das Europäische Parlament mit großer Mehrheit (580 Ja-Stimmen, 24 Nein-Stimmen, 45 Enthaltungen) eine Entschließung zur Lage in Tibet und den damit im Zusammenhang stehenden Fragen der Olympischen Spiele.[40] Im Text der Entschließung hieß es:[41]

> „Das Europäische Parlament [...] verurteilt nachdrücklich das brutale Vorgehen der chinesischen Sicherheitskräfte gegen tibetische Demonstranten und alle Gewaltakte, die – unabhängig von welcher Seite – in den Straßen von Lhasa und andernorts in Tibet verübt wurden, und bekundet den Familien der Opfer seine aufrichtige Anteilnahme".

Das Parlament forderte die chinesische Regierung auf, den verletzten Tibetern eine angemessene medizinische Versorgung zu ermöglichen und den inhaftierten Tibetern Rechtsbeistand zu gewährleisten. Auch sollte eine Liste der Inhaftierten vorgelegt werden. Alle diejenigen, die friedlich protestiert und ihr Recht auf Meinungsfreiheit ausgeübt hätten, sollten freigelassen werden. Das Europäische Parlament kritisierte die häufig diskriminierende Behandlung der nicht zu den Han-Chinesen zählenden ethnischen Minderheiten. China sollte seine Verpflichtungen in Bezug auf Menschenrechte, Minderheitenrechte und Rechtsstaatlichkeit einhalten und

„die Olympischen Spiele 2008 nicht durch die Inhaftierung von Dissidenten, Journalisten und Menschenrechtsaktivisten [...] missbrauchen, um Demonstrationen und eine Berichterstattung zu verhindern, die die Behörden als für sie unangenehm empfinden".

Darüber hinaus wurde die unverzügliche Freilassung von Hu Jia, einem prominenten Menschenrechtsaktivisten, der wegen Subversion zu einer dreieinhalbjährigen Gefängnisstrafe verurteilt worden war, gefordert. Ferner sollte es eine offene und unabhängige Untersuchung der jüngsten Unruhen und der Unterdrückung in Tibet unter der Schirmherrschaft der Vereinten Nationen geben.

Das Europäische Parlament würdigte ausdrücklich die Haltung des Dalai Lama, der die Tibeter aufgerufen hatte, gewaltfrei zu protestieren, und Forderungen nach der Unabhängigkeit Tibets zurückgewiesen hatte. Darüber hinaus würdigte das Parlament auch, dass der Dalai Lama einen Mittelweg zwischen kultureller und politischer Autonomie sowie der freien Religionsausübung vorgeschlagen hatte. Ausdrücklich bekräftigte das Europäische Parlament, dass es an der territorialen Integrität Chinas festhalten würde. Es forderte die chinesischen Regierungsstellen auf, jede Zensur, auch des Internets, aufzugeben und alle Journalisten, Internetnutzer und Cyberdissidenten, die in China wegen der Ausübung ihres Rechts auf Information inhaftiert waren, freizulassen. Auch wurde China aufgefordert,

„seine Zusagen in Bezug auf die Menschen- und Minderheitenrechte, die Demokratie und die Rechtsstaatlichkeit einzuhalten, die es öffentlich verkündet hatte, als das Internationale Olympische Komitee (IOC) beschloss, die Olympischen Spiele an China zu vergeben".

Das Parlament bedauerte,

„dass die sechs Gesprächsrunden zwischen den chinesischen Behörden und dem Dalai Lama zu keinem Erfolg geführt haben, und fordert die Einleitung eines konstruktiven Dialogs ohne Vorbedingungen im Hinblick auf die Erzielung einer umfassenden politischen Einigung, einschließlich einer nachhaltigen Lösung für die kulturelle und politische Autonomie Tibets sowie die freie Religionsausübung und wirklicher Minderheitenrechte für die in benachbarten chinesischen Provinzen lebenden Tibeter".

Das Parlament wiederholte im Übrigen seine Forderung, einen Sondergesandten für Tibet zu ernennen. Es unterstützte die Erklärung des Dalai Lama, dass die Olympischen Spiele eine große Chance mit Blick auf die Freiheit des gesamten chinesischen Volkes wären und drückte seine Freude darüber aus, dass sein Besuch im Europäischen Parlament für Ende 2008 geplant wäre. Die amtierende slowenische EU-Präsidentschaft wurde aufgefordert,

„sich um eine gemeinsame Position der Europäischen Union im Hinblick auf die Teilnahme der Staats- und Regierungschefs und des Hohen Vertreters der Europäischen Union an der Eröffnungsfeier der Olympischen Spiele zu bemühen und sich die Option der Nichtteilnahme offen zu halten, falls es nicht zu einer Wiederaufnahme des Dialogs zwischen den chinesischen Regierungsstellen und dem Dalai Lama kommt".

Deutlicher konnte das Europäische Parlament sich nicht äußern. Ich war froh darüber, dass meine persönlichen Überzeugungen absolut identisch waren mit der großen Mehrheit meiner Kolleginnen und Kollegen im Europäischen Parlament. Ich wäre in große Schwierigkeiten gekommen, hätte ich eine andere Position, als sie meinen Überzeugungen, ja meinem Gewissen entsprach, vertreten müssen. Glücklicherweise aber war dies nicht der Fall.

*

Nach dieser Entschließung des Europäischen Parlaments und meinen öffentlichen Erklärungen kam es zu mehreren Begegnungen mit Repräsentanten der Volksrepublik China. Am 23. April 2008 besuchte mich der frühere Botschafter Chinas bei der Europäischen Union und nunmehr Berater des Ministerpräsidenten Wen Jiabao, Guan Chengyuan, dem ich schon häufiger begegnet war. Er bezeichnete den Dalai Lama als Täter. Ich verteidigte die Resolution des Europäischen Parlaments und forderte eine Untersuchung in Tibet und die Zulassung von Journalisten. Wenigstens brachte das Gespräch die Klärung der gegenseitigen Auffassungen. Danach telefonierte ich mit Kommissionspräsident José Manuel Durão Barroso, der sich zu politischen Gesprächen in Tokio aufhielt, bevor er mit neun Kommissaren nach Peking weiterreiste. Ich erinnerte ihn an unsere Tibetresolution und bat ihn, diese zu verteidigen. Im Anschluss an seinen Besuch in Peking teilte Barroso mir mit, die chinesische Regierung hätte ihm gegenüber zugesagt, mit dem Dalai Lama den Dialog aufnehmen zu wollen. Es wären konstruktive Gespräche in Peking gewesen. Er, José Manuel Durão Barroso, hätte die Chinesen darauf hingewiesen, dass das Europäische Parlament die Vertretung der Bürgerinnen und Bürger der Europäischen Union wäre und es zu seinen Pflichten gehörte, sich für die Menschenrechte einzusetzen. Für diese klare Stellungnahme gegenüber den chinesischen Gesprächspartnern war ich dem Kommissionspräsidenten dankbar. Zu diesem Zeitpunkt hatte ich die Hoffnung, dass ein Besuch der olympischen Eröffnungsfeier in Peking doch noch möglich wäre, nicht aufgegeben. Aber ich sollte mich, wie sich bald herausstellte, täuschen.

*

Am 28. Mai 2008 machte der neue chinesische Botschafter bei der Europäischen Union, Song Zhe, einen Antrittsbesuch bei mir. Es war, wie ich mir notierte, ein „toughes (hartes) Gespräch". Ich erklärte dem Botschafter, das Europäische Parlament wollte gute Beziehungen zu China, aber die Rechte der Tibeter müssten geachtet werden. Ich hätte den Dalai Lama in mehreren Gesprächen kennengelernt und den Eindruck gewonnen, er wäre kein „Wolf in Mönchskutte", wie der Vorsitzende der Kommunistischen Partei in Tibet ihn bezeichnet hatte. Unter den gegenwärtigen Umständen wäre meine Teilnahme an der Eröffnungsfeier in Peking nicht möglich. Darauf sprach Botschafter Song Zhe mir gegenüber eine Einladung aus, die mich angenehm überraschte: Ich wäre zu jedem Zeitpunkt in China willkommen. Er fügte hinzu, wenn der Dalai Lama ins Europäische Parlament käme, wäre dies ein ernsthafter Vorgang. Ich erklärte Botschafter Song Zhe, es wäre Angelegenheit des Europäischen Parlaments, wen es einlüde, und der Dalai Lama wäre zu jedem Zeitpunkt willkommen. Die Einladung wäre unsere Sache. Dann sprach ich gegenüber dem Botschafter meine Anerkennung aus, dass China sich nach einem kürzlich stattgefundenen Erdbeben für Hilfe aus Europa und der Welt geöffnet hätte. Ich erklärte meine Solidarität mit dem chinesischen Volk. Auch bat ich ihn um eine positive Einflussnahme auf Birma/Myanmar, wo die Sacharow-Preisträgerin Aung San Suu Kyi immer noch unter Hausarrest stünde. Auch wenn das Gespräch mit Botschafter Song Zhe zu keiner Übereinstimmung führte, war es doch gut, den gegenseitigen Standpunkt deutlich zu machen. Insbesondere dadurch, dass ich die Solidarität des Europäischen Parlaments mit dem chinesischen Volk bekundete, wollte ich zum Ausdruck bringen, dass die unterschiedliche Beurteilung der Tibetfrage nicht zu einer generellen Beeinträchtigung der Beziehungen zwischen China und dem Europäischen Parlament führen dürfte. Bedauerlicherweise hat es später keine weiteren Gespräche mit Botschafter Song Zhe gegeben. Er ging mir aus dem Weg.

*

Am 5. Juni 2008 besuchte mich ein alter Bekannter, der Vizeminister der Internationalen Abteilung der Kommunistischen Partei Chinas, Zhang Zhijun. Zhang Zhijun kannte ich seit mehreren Jahren und ich war ihm sowohl in Peking als auch in Brüssel immer wieder begegnet, sodass sich zwischen uns ein gewisses Vertrauensverhältnis entwickelt hatte. Wie es bei chinesischen Delegationen üblich war, reiste er mit fünf, sechs Begleitern an. Nachdem wir in diesem größeren Kreis gesprochen hatten, fragte er nach einer persönlichen Unterredung nur zwischen ihm und mir. Er bat seine Landsleute, mein Arbeitszimmer zu verlassen, und so forderte ich auch meine Mitarbeiterinnen und Mitarbeiter auf, mich mit meinem chinesischen Gast allein zu lassen. Zhang Zhijun eröffnete mir, er wollte die wirklichen Gründe für die europäische Haltung zu Tibet erfahren: „Wir kommen an die Europäer nicht heran", so Zhang Zhijun. Ich wies auf den Kommunistenführer in Lhasa hin, der vom Dalai Lama als „Wolf in Mönchskutte" gesprochen hatte. Ich schilderte dem stellvertretenden Außenminister der Kommunistischen Partei Chinas meine Erfahrungen mit dem Dalai Lama und sagte ihm, dass dieser nach meiner Intuition ein Mann des Friedens wäre. Ich erklärte meinem Gesprächspartner, dass China nicht das Recht hätte, den Tibetern die von ihnen für richtig gehaltene Lebensweise zu zerstören. Das Argument, dass China den

Tibetern Elektrizität und fließendes Wasser, also etwas, was man als Zivilisation bezeichnete, gebracht hätte, wäre nicht überzeugend. Jedes Volk hätte das Recht, seine eigene kulturelle Identität zu leben. Ich erklärte ihm, dass das Europäische Parlament auch nach den Olympischen Spielen genau hinschauen würde, was in Tibet geschähe. Wir wären verpflichtet, unsere Stimme zu erheben, wenn Menschen unterdrückt würden. Dann lud mich Zhang Zhijun, ebenso wie es zuvor Botschafter Song Zhe getan hatte, zu einem Besuch nach China ein und fügte hinzu: „mit oder ohne Amt". Diese Geste habe ich natürlich zu schätzen gewusst. Auch ihm gegenüber erklärte ich unsere Solidarität mit den Opfern des Erdbebens und dass wir es als sehr positiv einschätzten, dass China sich für internationale Hilfe öffnete und auch mit Taiwan verhandelte. Wie ich es auch schon bei meinen früheren Treffen mit Zhang Zhijun zum Ausdruck gebracht hatte, sagte ich ihm auch jetzt, dass wir Dialog und Kooperation mit China ausdrücklich wollten. Dies würde aber unseren Einsatz für die Menschenrechte nicht einschränken. Vertrauen gründete sich auch darauf, dass man seine Überzeugungen klar ausspräche. In Erinnerung an unsere früheren Begegnungen sowohl in Peking als auch in Brüssel sagte Zhang Zhijun etwas, was mich sehr berührte: „Sie haben so viel für unsere Beziehungen getan." Seitdem habe ich Zhang Zhijun nicht wiedergesehen. 2009 wurde er stellvertretender Außenminister der Volksrepublik China. Im Jahre 2011 erreichte mich in meiner neuen Aufgabe als Vorsitzender der Konrad-Adenauer-Stiftung eine inoffizielle Einladung der Kommunistischen Partei, China zu besuchen, mit der Bemerkung, China hätte sich seit meinem letzten Besuch sehr verändert.

*

Leider entwickelte sich die Situation 2008 in Tibet nicht so, dass man von einer Verbesserung hätte sprechen können. Auch der Dialog der Abgesandten des Dalai Lama mit der Führung in Peking brachte keine Fortschritte. So musste ich leider bei meiner Auffassung bleiben, an der Eröffnungsfeier der Olympischen Spiele in Peking am 8. August 2008 nicht teilzunehmen. Der Generaldirektor des Deutschen Olympischen Sportbundes (DOSB), Michael Vesper, äußerte, ich hätte keine Einladung zu den Olympischen Spielen erhalten. In dieser Vereinfachung war diese Stellungnahme irreführend. Ich hätte gegenüber meinen chinesischen Gesprächspartnern, wie dargestellt, nur meine Bereitschaft beziehungsweise meinen Wunsch zum Ausdruck bringen müssen, an der Eröffnungsfeier in Peking teilzunehmen – ich hätte eine Einladung erhalten. Des Weiteren behauptete Vesper: „Pöttering will sich auf Kosten der Spiele profilieren."[42] Zu dieser persönlichen Polemik ist nur anzumerken, dass Vesper, dem ich meiner Erinnerung nach nie begegnet bin, es offensichtlich nicht für möglich hielt, dass ein Politiker seinen Überzeugungen folgte. Aber was schwerwiegender ist: Er kannte ganz offensichtlich nicht die dargestellte Beschlusslage des Europäischen Parlaments, „die Option der Nichtteilnahme offen zu halten".[43] In jedem Fall hätte ich nicht das Engagement von Herrn Vesper beansprucht, um an der Eröffnungsfeier der Olympischen Spiele in Peking teilzunehmen. Über diese Fragen habe ich damals auch mit meinem ungarischen Kollegen Pál Schmitt, zweifacher Goldmedaillengewinner im Fechten 1968 und 1972 und späterer ungarischer Staatspräsident, der zu dem Zeitpunkt dem Europäischen Parlament und der Fraktion der EVP-ED angehörte, gesprochen. Pál Schmitt war auch Vorsitzender des Ungarischen Olympischen Komitees und gleichzeitig Mitglied des Internationalen Olympischen Komitees und dessen Protokollchef.

Meine politischen Überzeugungen verboten mir, nach Peking zu reisen. Gleichwohl habe ich es immer für richtig gehalten, dass die Olympischen Spiele in Peking stattfinden würden. Einen Boykott wie 1980 bei den Olympischen Spielen in Moskau – 1979 hatte die Sowjetunion Afghanistan den Krieg erklärt und damals war ich für einen Boykott auch durch die Sportler eingetreten – habe ich in diesem Fall nicht für richtig gehalten. Denn es wären vor allem die Athleten, die sich auf die Olympischen Spiele vorbereitet und gefreut hätten, bestraft worden. Aber die Verteidigung der kulturellen Identität Tibets durfte dafür nicht geopfert werden.

*

Die Verteidigung der kulturellen Identität von Völkern beziehungsweise Minderheiten muss auch in Europa gelten. Die kulturelle Identität ist Bestandteil der Menschenrechte. Die Rechte von Volksgruppen, die in einem Land die Minderheit bilden, müssen daher auch in der Europäischen Union verteidigt werden. Große Anerkennung habe ich immer für meinen Kollegen und Freund Michl Ebner aus Südtirol empfunden, der sich hinsichtlich dieser Thematik stark im Europäischen Parlament engagiert hat. In einer „Erklärung von Meran", die Michl Ebner veranlasste, hat die EVP-Fraktion im April 1997 hierfür Prinzipien beschlossen. Im Vertrag von Lissabon wurden diese später berücksichtigt.

5. Der „Sacharow-Preis für geistige Freiheit"

„Wir sind der Würde jedes einzelnen Menschen verpflichtet. Sie ist der höchste Wert, sie verbindet uns als Wertegemeinschaft. Daraus leitet sich für uns das Gebot des unbedingten Schutzes der Menschenwürde weltweit und der Förderung des Dialogs der Kulturen innerhalb und außerhalb der Europäischen Union ab"[44],

so hatte ich es in meiner Antrittsrede als Präsident des Europäischen Parlaments am 13. Februar 2007 formuliert. Der Glaube an die Würde jedes einzelnen Menschen, die Notwendigkeit, die Menschenrechte überall zu verteidigen, gehört zu meinen tiefsten Überzeugungen. Deswegen empfand ich es als eine wunderbare Idee, dass seit 1988 das Europäische Parlament jährlich den „Sacharow-Preis für geistige Freiheit" verlieh.

Die Initiative, einen solchen Preis zu schaffen, verdanken wir dem französischen Abgeordneten Jean-François Deniau, der hierfür auch im Politischen Ausschuss des Europäischen Parlaments Anfang 1985 Berichterstatter geworden war. In der EVP-Fraktion war dieser Plan insbesondere von Otto von Habsburg, Obmann im Politischen Ausschuss, nachdrücklich gefördert worden. Natürlich war auch ich – nach der Europawahl 1984 Mitglied im Politischen Ausschuss – von dieser Idee sehr angetan. Ein wehementer Unterstützer dieser Initiative war unser viel zu früh verstorbener, britischer konservativer Kollege Lord Bethell, der sich in den Siebziger- und Achtzigerjahren leidenschaftlich für die Menschenrechte in der Sowjetunion eingesetzt und dort die für Freiheit kämpfenden Dissidenten unterstützt hatte. Es hätte keinen würdigeren Namensträger für diesen Preis geben können als Andrej Sacharow (1921–1989). Als weltweit anerkannter Physiker hatte er sich zugleich für die Menschenrechte eingesetzt und war dafür im Jahre 1975 mit dem Friedensnobelpreis ausgezeichnet worden.

Aus seinem Exil in Gorki hatte er damals eine Botschaft an das Europäische Parlament gesandt, in der er bewegt seine Freude darüber zum Ausdruck gebracht hatte, dass das Europäische Parlament einen Preis für geistige Freiheit schaffen wollte, der seinen Namen trug. Er hatte dies zu Recht als Ermutigung für all diejenigen angesehen, die sich wie er dem Kampf für die Achtung der Menschenrechte verschrieben hatten.[45] Andrej Sacharow habe ich persönlich nicht mehr kennengelernt, hatte aber 1990 sein Grab besucht, ehe ich seine Witwe Elena Bonner in ihrer Wohnung in Moskau aufgesucht hatte. „Noch klarer als früher ist mir geworden", wurde er in einer Biografie zitiert,

> „dass es zur Erhaltung der menschlichen Werte trotz des Chaos und des Schocks der Umwandlungen, die sich unserer Kontrolle entziehen, nur eine echte Garantie gibt: Die Freiheit des Menschen, seine Ideen zu wählen und mit seiner ganzen Kraft nach dem Guten zu streben".[46]

Alljährlich entschied die Konferenz der Präsidenten im Europäischen Parlament auf der Grundlage einer vom Entwicklungsausschuss und dem Ausschuss für Auswärtige Angelegenheiten gemeinsam erstellten Auswahlliste über die Vergabe des Preises. Er war mit 50.000 Euro dotiert. Wie bei allen wichtigen Entscheidungen im Europäischen Parlament wurde darüber in den Fraktionen ausführlich diskutiert und auch beschlossen, sodass jeder Fraktionsvorsitzende ein Mandat erhielt, um es in der Konferenz der Präsidenten zu vertreten. Die Verleihung fand in der Regel im Dezember statt. Während meiner Amtszeit habe ich den Preis zweimal verleihen können. 2007 wurde der Sacharow-Preis an Salih Mahmoud Mohamed Osman aus dem Sudan für seinen Mut verliehen, mit dem er sich für juristische und medizinische Hilfe für die Opfer des Bürgerkriegs und der Gewalt im Sudan eingesetzt hatte.[47]

Die Verleihung des Sacharow-Preises 2008 war gleichzeitig ihr 20. Jahrestag. Die Konferenz der Präsidenten hatte entschieden, den Sacharow-Preis an den zu einer Haftstrafe von dreieinhalb Jahren verurteilten chinesischen Menschenrechtsaktivisten und Dissidenten Hu Jia, geboren am 25. Juli 1973 in Peking, zu verleihen. Wiederholt hatte Hu Jia eine offizielle Untersuchung des Massakers auf dem Tiananmen-Platz im Jahre 1989 gefordert und sich für die Bekämpfung von HIV/AIDS sowie für den Umweltschutz eingesetzt. Wegen seines Engagements wurde er von den kommunistischen Behörden verfolgt. Von Februar 2006 bis März 2007 hatte Hu Jia unter Hausarrest gestanden und gerade einmal zwei Monate nach dessen Ende, am 18. Mai 2007, waren er und seine Frau wieder unter Hausarrest gestellt worden, weil sie angeblich die Sicherheit des Staates untergraben hatten. Hu Jia setzte seine Aktivitäten auch während seines Hausarrests mit Hilfe von E-Mails und Blogs fort.[48]

Am 26. November 2007 sprach Hu Jia aus Anlass einer öffentlichen Sitzung des Unterausschusses für Menschenrechte mittels eines telefonischen Konferenzgesprächs zu den Abgeordneten des Europäischen Parlaments. In seiner Rede brachte er den Wunsch zum Ausdruck, 2008 möchte das „Jahr der Menschenrechte in China" werden. Weil er zu Abgeordneten des Europäischen Parlaments gesprochen hatte, wurde Hu Jia festgenommen, der „Anstiftung zur Untergrabung der Staatsgewalt" angeklagt und am 3. April 2008 zu dreieinhalb Jahren Haft verurteilt.[49] Die Ausreise zur Entgegennahme des Sacharow-Preises wurde ihm von den chinesischen Behörden natürlich nicht gestattet. Ein leerer Stuhl im Plenarsaal symbolisierte den abwesenden Preisträger während des Festaktes. Zeng Jinyan, Hu Jias Frau, selbst unter Hausarrest stehend, übermittelte im Namen ihres Mannes eine bewegende Videobotschaft.[50]

Zur zwanzigjährigen Verleihung des Sacharow-Preises am 7. Dezember 2008 hatte das Europäische Parlament alle bisherigen Preisträger eingeladen. Diese waren:

1988: Nelson Rolihlahla Mandela, erster schwarzer Präsident von Südafrika (1994–1999) und Anatoli Marchenko (posthum), sowjetischer Dissident und Menschenrechtsaktivist, 1986 verstorben

1989: Alexander Dubček, Generalsekretär der Kommunistischen Partei der Tschechoslowakei (1968/1969), Vorsitzender des föderalen tschechoslowakischen Parlaments (1989–1991)

1990: Aung San Suu Kyi, Präsidentin der Nationalen Liga für Demokratie in Birma

1991: Adem Demaçi, Schriftsteller und Unabhängigkeitsaktivist im Kosovo

1992: Las Madres De La Plaza De Mayo (Mütter des Platzes der Mai-Revolution), Organisation argentinischer Frauen, deren Kinder zur Zeit der Militärdiktatur (1976–1983) verschwunden waren

1993: *Oslobođenje* (*Die Befreiung*), Tageszeitung in Sarajewo

1994: Taslima Nasreen, Schriftstellerin und Ärztin aus Bangladesch

1995: Leyla Zana, kurdische Menschenrechtsaktivistin in der Türkei

1996: Wei Jingsheng, chinesischer Dissident

1997: Salima Ghezali, algerische Journalistin und Menschenrechtsaktivistin

1998: Ibrahim Rugova, Schriftsteller, erster Präsident des Kosovo

1999: Xanana Gusmão, erster Präsident von Osttimor

2000: ¡Basta Ya!, spanische Bewegung gegen Terror im Baskenland

2001: Izzat Ghazzawi, Schriftsteller und Präsident des palästinensischen Schriftstellerverbandes, Nurit Peled-Elhanan, israelische Friedensaktivistin, Professorin für Komparatistik an der Hebräischen Universität Jerusalem und Dom Zacarias Kamwenho, angolanischer Erzbischof und Friedensaktivist

2002: Oswaldo José Payá Sardiñas, Gründer der christlichen Befreiungsbewegung in Kuba

2003: UN-Generalsekretär Kofi Annan (1997–2006) und das gesamte Personal der Vereinten Nationen

2004: Weißrussischer Journalistenverband

2005: Las Damas de Blanco (Damen in Weiß), kubanische Menschenrechtsgruppe, Hauwa Ibrahim, nigerianische Rechtsanwältin und Menschenrechtsaktivistin, und Reporter ohne Grenzen, international tätige Menschenrechtsorganisation

2006: Aljaksandr Milinkewitsch, weißrussischer Physiker und Oppositionsführer

2007: Salih Mahmoud Mohamed Osman, sudanesischer Rechtsanwalt und Parlamentsabgeordneter aus Darfour

2008: Hu Jia, chinesischer Bürgerrechtler und Umweltaktivist

Natürlich war ich mir bewusst, dass wir nicht alle Preisträger würden begrüßen können. So war zum Beispiel Nelson Mandela, 1918 geboren, aus Altersgründen nicht in der Lage, nach Straßburg zu reisen. Andere – wie Hu Jia – konnten aus politischen Gründen nicht teilnehmen. Aber trotzdem war eine große Anzahl bisheriger Preisträger anwesend oder ließ sich vertreten. Für mich war es sehr bewegend, diese außergewöhnlichen Persönlichkeiten am 17. Dezember 2008 im Plenarsaal des Europäischen Parlaments willkommen zu heißen:[51]

> „Liebe Kolleginnen und Kollegen! Die feierliche Sitzung ist eröffnet. Meine Damen und Herren! Bitte heißen Sie folgende Sacharow-Preisträger willkommen:
>
> 1990: Aung San Suu Kyi, vertreten durch Zoya Phan
>
> 1991: Adem Demaçi
>
> 1992: Las Madres de la Plaza de Mayo, vertreten durch Hebe Pastor de Bonafini
>
> 1993: Oslobođenje, vertreten durch Lidija Korać
>
> 1994: Taslima Nasreen
>
> 1995: Leyla Zana
>
> 1996: Wei Jingsheng
>
> 2000: ¡BASTA YA!, vertreten durch José María Alemán Amundarsain
>
> 2001: Dom Zacharias Kamwenho

2002: Oswaldo José Payá Sardiñas, vertreten durch Adam Mascaró Payá

2004: den weißrussischen Journalistenverband, vertreten durch Zhanna Litvina

2005: die Damen in Weiß, vertreten durch Blanca Reyes, sowie

Hauwa Ibrahim und

Reporter ohne Grenzen, vertreten durch Jean-François Julliard

2006: Aljaksandr Milinkewitsch

2007: Salih Mahmoud Mohamed Osman.“

Auch hieß ich Elena Bonner, die Witwe des Mannes, der dem Preis seinen Namen gegeben hatte, herzlich willkommen. Das Protokoll vermerkte „anhaltenden Beifall“. Ich erinnerte an die Worte von Andrej Sacharow, der gesagt hatte: „Es ist unmöglich, eines dieser Ziele zu erreichen – also Frieden, Fortschritt und Menschenrechte –, wenn man sich über die beiden anderen hinwegsetzt.“ Ich erinnerte daran, dass wir besonders mutige Menschen ehren wollten:

> „Menschenrechtler, Rechtsanwälte, Journalisten, religiöse Würdenträger und Organisa-
> tionen, die mutig, engagiert und leidenschaftlich für die Menschenrechte kämpfen. Wir
> ehren auch die Frauen, Mütter und Familien, die sich für die Rechte ihrer Angehörigen
> einsetzen.“

Ich erinnerte daran, dass wir am Vortag im Kreis der bisherigen Preisträger ein „Sa-charow-Netzwerk“ beschlossen hatten. Damit sollte eine enge Zusammenarbeit zwischen den Preisträgern gefördert werden, um so das Vermächtnis von Andrej Sacharow, die Verteidigung der Menschenrechte, noch besser zu ermöglichen. Ich erinnerte an Aung San Suu Kyi, die sich in Birma/Myanmar noch immer in ihrem insgesamt 15 Jahre dauernden Hausarrest befand. Erst im Jahre 2010 wurde der Hausarrest aufgehoben. Aung San Suu Kyi wurde Abgeordnete im Parlament von Myanmar. Ich erinnerte an Oswaldo Payá und die Vertreterinnen der Damen in Weiß, Laura Polán und Berta Soler, und dass ihnen die Ausreise von den kubanischen Behörden verweigert wurde, obwohl alle notwendigen Verfahren schon vor mehr als zwei Monaten in Gang gesetzt worden waren. Ich fügte hinzu, dass dieses Verhalten der kommunistischen Behörden in Kuba dem Geist des vor kurzem wieder aufgenommenen politischen Dialogs zwischen Kuba und der Europäischen Union widerspräche. Oswaldo Payá kam 2012 bei einem Autounfall ums Leben. Die Umstände des tödlichen Unfalls blieben ungeklärt und höchst umstritten. Vermutungen wollten nicht verstummen, dass es sich um eine bewusste Tat, also um Mord, gehandelt hat.

Ich erinnerte daran, dass 1988, als der Preis zum ersten Mal verliehen worden war, der Preisträger Nelson Mandela noch im Gefängnis gesessen hatte. Deswegen hatten damals zwei leere Stühle im Plenum des Europäischen Parlaments gestanden: für Nelson Mandela, aber auch für den sich in der Verbannung in Gorki befindlichen Andrej Sacharow. Und nun, im Jahre 2008, stand dort ein leerer Stuhl für Hu Jia. Wörtlich sagte ich:

„Damals wie heute ehrten und ehren wir diese Menschen trotz ihrer erzwungenen Abwesenheit für ihr heldenhaftes Engagement. Damals wie heute missbrauchten autoritäre Regime ihre Macht und versuchten, die Stimme jener zum Schweigen zu bringen, die ihr Grundrecht der Gedanken- und Meinungsfreiheit auszuüben versuchten. Damals wie heute scheiterte die Absicht der Unterdrücker, diese mutigen Stimmen zum Schweigen zu bringen."

Dann kündigte ich den Kollegen an, dass wir zwei mutige Frauen hören würden, die als Ehefrauen und Mütter ihr Leben der Freiheit in ihrem Lande gewidmet haben und dadurch für Millionen Menschen in ihrer Heimat und in der ganzen Welt zu Hoffnungsträgern geworden sind: Elena Bonner und Zeng Jinyan, die Ehefrau von Hu Jia. Nach der Begrüßung beider Frauen wandte ich mich an Zeng Jinyan, die als Erste sprechen sollte:

„Die Cyberdissidenten von heute – Zeng Jinyan ist eine von ihnen – wirken im gleichen Geist wie die sowjetischen Dissidenten, die damals durch die Samisdat-Literatur kommuniziert und ihren Ideen dadurch Gehör verschafft haben. Der Träger des Sacharow-Preises 2008, Hu Jia, wurde als Vertreter der zum Schweigen gebrachten Stimmen in China und Tibet nominiert. Doch heute werden wir eine dieser Stimmen hören. Ich bin sicher, dass wir eines Tages auch Hu Jia selbst hier im Plenarsaal des Europäischen Parlaments hören können."

Während Elena Bonner persönlich zu den Abgeordneten des Europäischen Parlaments sprechen konnte, hatte Zeng Jinyan, da ihr der Reisepass verweigert worden war, uns eine ergreifende und tief bewegende Videobotschaft übermittelt. Die Abgeordneten schauten wie gebannt auf die große Videoleinwand im Plenarsaal, als Zeng Jinyan zu sprechen begann:

„Liebe Freunde, mein Name ist Zeng Jinyan, und ich bin die Ehefrau von Hu Jia. Hu Jia ist derzeit inhaftiert und kann daher nicht an den Feierlichkeiten zur Verleihung des Sacharow-Preises teilnehmen. Ich habe keinen Reisepass und bin daher ebenfalls nicht imstande, nach Europa zu reisen, um am 20. Jahrestag der Verleihung des Sacharow-Preises anwesend zu sein. Uns tut dies unendlich leid. Gut ist jedoch, dass Hu Jia am 10. Oktober 2008 vom Chaobai-Gefängnis in Tianjin in das kommunale Gefängnis von Peking verlegt wurde und dass sich die Zustände in der Haftanstalt verbessert haben. Gesundheitlich gesehen kann man sagen, dass er etwas besser aussieht. Er scheint in etwas besserer Form zu sein als im Chaobai-Gefängnis. Innerhalb eines Monats wurden jedoch zweimal Bluttests gemacht, von denen uns die Resultate nicht bekannt sind. Zwar haben wir uns nach den Testergebnissen erkundigt, aber sie wurden der Familie nicht mitgeteilt. Dieses Verhalten sorgt uns. Wir befürchten jetzt, dass seine Zirrhose schlimmer geworden ist."

Sie berichtete dann, dass sie ihren Mann am 21. November 2008 im Gefängnis besucht hätte. Vor dem Besuch wären sie beide getrennt voneinander durch die Gefängniswärter darauf aufmerksam gemacht worden, dass es ihnen untersagt wäre, darüber zu sprechen, dass Hu Jia der Sacharow-Preis verliehen worden war.

> „Der Preis konnte daher von keinem von uns angesprochen werden. Auch schriftlich war dies nicht möglich, weil unsere Korrespondenz überprüft wird. Wenn die Gefängniswärter mit dem, was wir sagen, nicht zufrieden sind – auch wenn es sich dabei nur um Ansichten über gesellschaftliche Phänomene handelt oder Hu Jia über das Gefängnis spricht –, werden unsere Briefe konfisziert oder die Briefe von Hu Jia an ihn zurückgeschickt. Wir hoffen so sehr, wieder normal kommunizieren zu können, aber momentan ist dies schwierig.“

Mit seiner Frau konnte Hu Jia also nicht über den Preis reden, obwohl ihm Polizisten der Staatssicherheit Ende Oktober mitgeteilt hatten, dass ihm der Sacharow-Preis verliehen worden war. Um die Wahrheit zu sagen, müssten die Menschen einen hohen Preis zahlen, so Zeng Jinyan. Auch Verwandte von Menschen, die vom Recht auf Gedankenfreiheit Gebrauch gemacht hatten, würden von der Polizei belästigt, würden ihre Arbeitsplätze verlieren und unter Hausarrest gestellt. Viele landeten im Gefängnis. So wäre Hu Jia seit 2004 mehrmals von der Polizei gesetzeswidrig entführt worden, ohne dass es dabei irgendein Rechtsverfahren gegeben hätte. Man wäre ihm ständig gefolgt und letztlich war er zur Haft verurteilt worden. Auch sie, Zeng Jinyan, würde häufig von der Polizei belästigt, „da ich ja seine Frau bin“.

Andere Familien befänden sich in der gleichen Situation, so zum Beispiel Guo Feixiong und seine Frau, deren Kindern man das Recht auf Bildung verweigert hätte. Erst nach massiven Protesten und Appellen hätten die Kinder wieder zur Schule gehen können, allerdings unter Umständen, die nicht zufriedenstellend wären.

Zeng Jinyan teilte den Abgeordneten des Europäischen Parlaments mit, dass die 50.000 Euro, die Hu Jia durch den Sacherow-Preis erhalten hätte, als Startgeld für die Gründung einer Stiftung verwendet werden sollten, die Familien von Menschenrechtsaktivisten hälfe. Das Rechtsstaatsprinzip in China wäre „desaströs“.

> „Ich denke, dass es über all die Jahre hinweg am wichtigsten [...] gewesen ist, dass er [Hu Jia] immer darauf bestand, die Wahrheit zu sagen. Er hat nie aufgegeben, über Phänomene zu schreiben, die er beobachten konnte. Er hat nie aufgegeben, Dinge zu beschreiben, die sich im wirklichen Leben zutragen, über die die chinesischen Medien aber nicht berichten können. Er hat nie aufgegeben, all dies auf Websites zu veröffentlichen, damit die Öffentlichkeit darüber informiert wird, was in China wirklich passiert, und sich so selbst ein Bild davon machen kann.“

Es gäbe in China Menschen, die auf der Suche nach Wahrheit wären. Die Schulbücher hingegen, mit denen die Kinder lernten, Zeitungen, Fernsehen und Rundfunk, die Büchereien und all die Dokumente und Ordner erinnerten eher an den Roman „1984", sie wären in einer „anderen Sprache geschrieben, um eine fiktive Realität zu beschreiben". Hu Jia hätte einen hohen Preis dafür bezahlt, dass er nach der Wahrheit suchte: „Unser Kind ist erst ein Jahr alt. Dies ist eine wichtige Zeit ihres Lebens, aber Hu Jia kann nicht bei ihr sein. Es ist für mich sehr schwer, darüber zu sprechen."

Gleichwohl wäre Hu Jia immer sehr optimistisch. Er hätte den Eindruck, dass China noch nie in der Geschichte des Landes so offen gewesen war wie jetzt und dass man die Gelegenheit nutzen müsste, sich wirksam für mehr Gerechtigkeit, Freiheit und Demokratie in der chinesischen Gesellschaft zu engagieren. Die Zivilgesellschaft nutzte die neue Technologie und das Internet, um sich aktiv für ein gerechtes Gerichtssystem und eine Gesellschaft, in der mehr Gerechtigkeit herrschte, einzusetzen sowie um herauszufinden und darüber aufzuklären, wie China wirklich wäre.

Und dann sprach Zeng Jinyan hoffnungsvoll über die Zukunft ihres Landes:

„Sie nutzen sie auch, um Bürger aufzuklären, zum Beispiel über Menschenrechte. Es herrscht echte Hoffnung: Ob die Regierung es will oder nicht, ob Führungskräfte in China oder im Ausland dies bemerken oder nicht, China bewegt sich schneller auf eine offene und demokratische Gesellschaft zu. Abschließend möchte ich sagen, dass wir – unabhängig von den Ereignissen – aktiv und optimistisch bleiben und uns auch weiterhin dafür einsetzen müssen, dass in China das Rechtsstaatsprinzip eingehalten wird sowie Demokratie und Freiheit in China gefördert werden. Wir hoffen sehr, bald ein offenes China feiern zu können. Wir setzen uns voller Energie dafür ein, dass China ein mit sich in Frieden lebendes Land wird."

Und abschließend sagte Zeng Jinyan:

„Ich möchte diese Gelegenheit auch nutzen, um all den Freunden zu danken, die ich noch nie getroffen habe. Wenn Sie uns nicht so lange unterstützt hätten, wenn Sie kein Interesse an unserem Schicksal gezeigt hätten, wenn Sie uns nicht ständig ermutigt hätten, dann hätten wir vielleicht niemals den Mut gefunden, uns einer derart schwierigen gesellschaftlichen Realität zu stellen. All dies hilft uns, die Hoffnung aufrechtzuerhalten und uns auch in Zukunft zu engagieren. Ich danke Ihnen. Vielen Dank für all das, was Sie für Hu Jia, für mich und für unsere Familie getan haben. Danke für Ihre Bemühungen, Menschenrechtsaktivisten zu unterstützen und einen Beitrag zu leisten, damit die chinesische Gesellschaft Fortschritte machen kann. Ich danke Ihnen."

Das Protokoll vermerkte: „Das Parlament erhebt sich und spendet der Rednerin Beifall."

Nach dieser tief beeindruckenden Botschaft aus Peking war es für mich schwer, zur nächsten Rednerin, Elena Bonner, überzuleiten. Ich war mir bewusst, wie wichtig es war, die Menschenrechte ohne Wenn und Aber zu verteidigen und gleichzeitig auch die Tür zum offiziellen China nicht zuzuschlagen. Deswegen habe ich in meinem politischen Leben immer eine Doppelstrategie gegenüber diktatorischen und totalitären Regimes für richtig gehalten: Dialog mit den die Macht Ausübenden einerseits, aber Verteidigung der Würde des Menschen und damit der Menschenrechte andererseits.

Bereits als jüngerer Mensch hatte ich ebendiese Haltung gegenüber der Sowjetunion und den Ländern des Ostblocks vertreten: Dialog und Verteidigung der Menschenrechte. Deswegen hatte ich auch die Schlussakte von Helsinki, unterzeichnet 1975, im Prinzip für richtig gehalten. Die Schlussakte von Helsinki hatte die Grenzen in Europa anerkannt, aber eine friedliche Grenzänderung ausdrücklich zugelassen (sogenannter Korb I). Die 35 Staaten, die die Schlussakte von Helsinki unterschrieben hatten, darunter die USA, die Sowjetunion, die Bundesrepublik Deutschland – vertreten durch Bundeskanzler Helmut Schmidt –, die DDR – vertreten durch den Staatsratsvorsitzenden Erich Honecker –, hatten wirtschaftliche und wissenschaftliche Kooperation vereinbart (Korb II), aber eben auch die Anerkennung der Menschenrechte (Korb III). Meine Erwartung und Hoffnung war immer gewesen, dass die Anerkennung der Menschenrechte der Dissidentenbewegung in der Sowjetunion Mut und Hoffnung geben würde. So ist es schließlich auch gekommen. Es bleibt zu hoffen, dass sich auch in China Schritt für Schritt die Menschenrechte und damit Freiheit und Demokratie durchsetzen. Anders als in den Siebzigerjahren sind heute die neuen Medien, insbesondere das Internet, eine große Hilfe, diese Entwicklung zu fördern, so wie Zeng Jinyan es in ihrer Botschaft an das Europäische Parlament ja auch ausgedrückt hatte.

So spürte ich nach der Rede von Zeng Jinyan die Notwendigkeit, ein Wort der Verständigung auch gegenüber den in Peking die Macht Ausübenden zu sagen:

„Wir im Europäischen Parlament wollen gute Beziehungen zu China und messen diesen Beziehungen höchste Priorität bei. China ist eine große Nation. Europa braucht China, und China braucht Europa. Wir äußern uns zu den Menschenrechten als Freunde des chinesischen Volkes und sind uns sehr wohl bewusst, wie viel wir gemeinsam für den Frieden und für den Fortschritt in der Welt unternehmen können. Die Menschenrechte dürfen niemals als Bedrohung irgendeiner Nation betrachtet werden, sondern als individuelle, kollektive und universelle Rechte eines jeden Volkes, ja, aller Völker."

Auch Elena Bonner verteidigte in ihrer Ansprache mit Nachdruck den Schutz der Menschenrechte. Aus Prinzip sollten keine Zugeständnisse gemacht werden, wenn Menschenrechte bedroht würden. Das gälte auch dann, wenn wir es mit Krisen – wie der Finanz- und Wirtschaftskrise – zu tun hätten. Auch sämtliche wirtschaftliche

Entscheidungen müssten auf ethischen Grundsätzen beruhen. Es wäre eines der wichtigsten Glaubensbekenntnisse von Andrej Sacharow, der verkündet hatte, „dass man seinem Gewissen folgen und entsprechend handeln müsse".

Elena Bonner sprach über die menschliche Ehre, über die Gefühle der Menschenliebe, die alle Verfolgung überstehen sollten. Sie machte deutlich, dass die Menschenrechte die Grundlage für die Zukunft aller Kulturen –für die Zukunft unserer Welt – wären. Elena Bonner brachte ein Geschenk aus Russland mit, eine Art Papyrus im Stil der Thora. Auf dem Rollbild hat sie alle 97 Auszeichnungen notiert, die den Sacharow-Preisträgern der ersten zwanzig Jahre verliehen worden waren. Elena Bonner erläuterte, dass wir mit Hilfe der Papyrusrolle einmal unseren Kindern von diesen großartigen Menschen und Andrej Sacharow selbst erzählen könnten.

Die Rede von Elena Bonner wurde mit ebenso großem Beifall aufgenommen. Elena Bonner, der ich schon als Vorsitzender der EVP-ED-Fraktion am 3. April 2001 die Schuman-Medaille verliehen hatte, ist im Jahre 2011 bei ihrer Tochter Tatjana in den USA gestorben. Eine beeindruckende Frau an der Seite einer beeindruckenden Persönlichkeit: Andrej Sacharow.

Zum Abschluss der „Feierlichen Sitzung" am 17. Dezember 2008 bat ich die Abgeordneten des Europäischen Parlaments als Zeichen der Solidarität mit allen heute nicht anwesenden Preisträgern, die noch für ihre Rechte kämpfen mussten und dafür ihrer Freiheit beraubt wurden, sich von den Plätzen zu erheben.

> „Zeigen wir unsere Unterstützung nicht durch eine Minute des Schweigens, sondern vielmehr durch eine Minute des Beifalls für Frieden, Fortschritt und Menschenrechte, wie Andrej Sacharow es uns allen als sein Vermächtnis hinterlassen hat!"

Zeng Jinyan bin ich im Dezember 2013 bei der Feier des 25-jährigen Jubiläums der Verleihung des Sacharow-Preises im Europäischen Parlament in Straßburg persönlich begegnet. Mit großer Freude haben wir uns umarmt. Aber ihrem Mann Hu Jia wurde die Ausreise von den chinesischen Behörden erneut verweigert. Möge der Tag kommen, dass er den ihm im Dezember 2008 verliehenen Sacharow-Preis im Europäischen Parlament entgegennehmen kann.

6. Engagement für die Abschaffung der Todesstrafe

In meiner Programmrede vom 13. Februar 2007 hatte ich gesagt, dass das Europäische Parlament die Würde des Menschen und die Menschenrechte verteidigte und wir deswegen zutiefst davon überzeugt wären, dass die Todesstrafe damit nicht vereinbar wäre. Ich forderte die Abgeordneten, die Institutionen der Europäischen Union und die Mitgliedstaaten auf, sich im Rahmen der Vereinten Nationen für die Abschaffung der Todesstrafe einzusetzen. In Europa ist dies heutzutage glücklicherweise in den meisten Ländern geschehen. Leider trifft dies nicht auf Weißrussland zu, wo immer noch Hinrichtungen stattfinden, so 2012 an zwei mutmaßlichen U-Bahn-Attentätern. Den Ländern des Europarates ist es nicht erlaubt, die Todesstrafe zu vollstrecken. Weißrussland ist seit 1993 Beitrittskandidat des Europarates, aber wegen des autokratischen Regimes bisher zu Recht nicht aufgenommen worden.

Zwei Länder haben wegen unklarer Gesetzesbestimmungen immer wieder Kritik auf sich gezogen: In Russland wurde die Todesstrafe seit 1996 nicht mehr angewendet, obgleich sie noch immer im Strafgesetzbuch steht. 2009 stellte das russische Verfassungsgericht klar: Es gälte die Europäische Menschenrechtskonvention und mithin wäre die Todesstrafe abgeschafft. In der Türkei wurde die Vollstreckung der Todesstrafe in Friedenszeiten im Jahre 2002 im Rahmen eines Reformpaketes, welches die Menschenrechtslage insgesamt verbessern sollte, beendet.[52] 2004 unterzeichnete das Türkische Parlament ein Zusatzprotokoll zur Konvention zum Schutze der Menschenrechte und Grundfreiheiten, welches die „Abschaffung der Todesstrafe unter allen Umständen" vorschrieb.[53] Dies hatte Folgen für den Asylstatus türkischer Flüchtlinge in der EU, was ihre mögliche Abschiebung betraf. Auch wenn die Todesstrafe nicht mehr existierte, sah sich die türkische Justiz immer wieder Foltervorwürfen ausgesetzt.

Die deutsche Verfassung, unser Grundgesetz, formuliert es in Artikel 102 in einfachen Worten: „Die Todesstrafe ist abgeschafft." Klarer und eindeutiger kann man es nicht ausdrücken. Bei verschiedenen Gelegenheiten, so auch bei einer Ansprache anlässlich des 60. Jahrestages der Allgemeinen Erklärung der Menschenrechte vom 10. Dezember 1948, habe ich immer wieder darauf hingewiesen, dass die Todesstrafe nicht unseren Prinzipien von Menschenwürde entspricht und die weltweite Abschaffung der Todesstrafe gefordert. Am 10. Dezember 2008 wies ich darauf hin, dass die Annahme der Allgemeinen Erklärung der Menschenrechte durch die Generalversammlung der Vereinten Nationen am 10. Dezember 1948 einen großen Sieg unserer modernen Zivilisation bedeutete. Es wäre gelungen, einen Text zu vereinbaren, der auf allgemeingültigen menschlichen Werten beruhte, ein Dokument, das von Sachverständigen verfasst worden war, die von allen Kontinenten stammten und einer Vielzahl von Glaubens- und Denkrichtungen angehört hatten. Dennoch gäbe der 60. Jahrestag der Allgemeinen Menschenrechtserklärung Anlass zu großer Sorge.

> „Wir leben in einer Welt, in der die in der Erklärung von 1948 verankerten Werte mehr denn je bedroht sind. Im vergangenen Jahr wurden weltweit in 24 Ländern mindestens 1.252 Menschen hingerichtet. Folter und Einschränkungen demokratischer Freiheiten sind weit verbreitet."[54]

Ich rief dazu auf, dass alle zusammenarbeiten müssten – internationale und regionale Institutionen, die Mitgliedstaaten der Vereinten Nationen und die Zivilgesellschaft –, um die Öffentlichkeit zu sensibilisieren und für die Menschenrechte einzutreten. Im

Namen des Europäischen Parlaments drückte ich meine Bewunderung für all diejenigen aus, „die mit Mut und Entschlossenheit kämpfen, um die in der Allgemeinen Erklärung der Menschenrechte verankerten Werte zu verteidigen" – so wie Anna Politkowskaja und viele andere.[55]

Ich habe es immer als bedrückend empfunden, dass in den Vereinigten Staaten von Amerika, mit denen wir so viele – ja die meisten – unserer Werte teilen, die Todesstrafe vollstreckt wird. Natürlich ist mir bewusst, dass dies nicht in der Verantwortung der Gesetzgebung des Kongresses liegt, sondern in der Verantwortung der einzelnen Bundesstaaten. Aber gleichwohl ist dies bedrückend. Es ist zu hoffen, dass auch in den USA schrittweise ein Gesinnungswandel eintritt und immer mehr Bundesstaaten die Todesstrafe abschaffen. Es ist auch bedrückend, dass viele Gefangene in Guantanamo jahrelang inhaftiert waren – und sind – und auf einen Prozess warten mussten beziehungsweise müssen. In einem Rechtsstaat sollte so etwas nicht vorkommen. Diese kritischen Bemerkungen sollen in keiner Weise die großen Verdienste und Leistungen der USA schmälern, die diese bei der Durchsetzung der Freiheit im Zuge der Bekämpfung des Nationalsozialismus und des Kommunismus überzeugend vollbracht haben.

Obwohl der Oberste Gerichtshof (*Supreme Court*) der Vereinigten Staaten 1972 die Todesstrafe als „grausam und ungewöhnlich" bezeichnet und vierzig Gesetze zur Todesstrafe annuliert hatte, war sie 1976 in einer Reihe von Bundesstaaten wieder eingeführt worden. Nach einer Analyse der letzten Worte der zum Tode verurteilten Menschen erklärte jeder zehnte Todeskandidat, die Tat nicht begangen zu haben.[56]

Amnesty International hat festgestellt, dass zwischen 1900 und 1985 in den USA 350 Menschen zum Tode verurteilt worden waren, deren Unschuld später bewiesen wurde; bei 23 von ihnen erst nach dem Tode. Bis 2007 wurden 15 Verurteilte aufgrund neuer DNA-Erkenntnisse freigesprochen. Seit Wiedereinführung der Todesstrafe wurden mehr als eintausend Häftlinge in den USA hingerichtet. Über dreitausend Verurteilte warten auf ihre Hinrichtung. Diese Zahlen sind erschreckend. Die Todesstrafe ist barbarisch. Wenn auch nur ein Mensch unschuldig mit dem Tode bestraft wird, rechtfertigt dies allein schon die Abschaffung der Todesstrafe. Mir ist immer unverständlich gewesen, dass sich Menschen, die sich selbst als „konservativ" bezeichnen, mit Entschiedenheit gegen die Abtreibung aussprechen – was ich nachdrücklich teile –, aber mit ebensolcher Nachdrücklichkeit für die Todesstrafe.

V. Identität und Geschichtsbewusstsein

1. Europäischer Karlspreis für die Jugend

Schon während meiner Amtszeit als Vorsitzender der EVP-ED-Fraktion hatte mich André Leysen besucht, ein erfolgreicher belgischer Unternehmer und verantwortliches Mitglied in der Karlspreisstiftung der Stadt Aachen, um mich für eine wunderbare

Idee, die Begründung eines „Europäischen Karlspreises für die Jugend", zu gewinnen. Er musste mich nicht lange überzeugen. André Leysen erläuterte mir seine Vorstellung, in der gesamten Europäischen Union einen „Karlspreis für die Jugend" auszuschreiben. Es reichte nicht, den Karlspreis angesehenen Persönlichkeiten zu verleihen – die Herzen und das Engagement junger Menschen müssten gewonnen werden. Die Karlspreisstiftung in Aachen könnte dieses organisatorisch nicht alleine schaffen. Die Unterstützung des Europäischen Parlaments wäre daher sinnvoll und wünschenswert. Er fragte, ob ich etwas tun könnte. Da ich von der Idee begeistert war, erklärte ich gegenüber André Leysen, es wäre nicht unwahrscheinlich, dass ich im Januar 2007 zum Präsidenten des Europäischen Parlaments gewählt werden würde. Dann hätte ich die Möglichkeit, zusammen mit der Karlspreisstiftung diese Idee zu verwirklichen. Gesagt und getan!

In meiner Programmrede vom 13. Februar 2007, in der ich auch den Aufbau eines „Hauses der Europäischen Geschichte" vorschlug, regte ich eine Auszeichnung für „junge Europäerinnen und Europäer [an], die europäisch besonders vorbildlich engagiert sind".[57] Dadurch könnten wir das Engagement junger Menschen für die europäische Idee würdigen. Natürlich konnte ich in meiner Rede noch nicht einen „Europäischen Karlspreis für die Jugend" vorschlagen, da dies zu dem Zeitpunkt zu konkret gewesen wäre. Aber die von mir beabsichtigte Richtung wurde deutlich. Als Gäste hatte ich zu meiner Rede auch André Leysen und seine Frau Anne eingeladen. Damit war die Idee für einen europäischen Jugendpreis vorgeschlagen, jetzt musste sie umgesetzt werden. Anders als die Verwirklichung des „Hauses der Europäischen Geschichte" war die Begründung des „Europäischen Karlspreises für die Jugend" relativ einfach.

In einer *dinner speech* am 16. Mai 2007 zu Ehren des Karlspreisträgers des Jahres 2007, Javier Solana de Madariaga, sagte ich vor der illustren Abendgesellschaft, darunter der spanische König Juan Carlos I., dass viele Errungenschaften Europas von der jungen Generation als selbstverständlich angenommen würden und gleichzeitig unübersehbar wäre, „dass eine wirkliche gemeinsame europäische Identität noch nicht existiert". Aus diesem Grund sollten wir insbesondere die jungen Menschen zur Entwicklung eines europäischen Bewusstseins und zur aktiven Mitgestaltung Europas anregen:

„Und deshalb möchte ich Ihnen heute in dieser traditionsreichen Europastadt Aachen vorschlagen, dass wir – die Karlspreisstiftung und das Europäische Parlament – gemeinsam die Jugend in Europa zu einem Wettbewerb der Ideen aufrufen. Einem Wettbewerb, in dem die Jugendlichen in ganz Europa aufgefordert werden, Projekte zu entwickeln, die der Verständigung dienen, die Herausbildung einer gemeinsamen europäischen Identität fördern und beispielgebend für die gelebte Gemeinschaft der Europäer sind."[58]

Ich fügte hinzu, dass es wünschenswert wäre, dass die Gremien des Europäischen Parlaments und der Karlspreisstiftung eine Auszeichnung für die Jugend schüfen, um so besonders herausragende und vorbildliche Projekte zu prämiieren.

In einer Sitzung des Präsidiums des Europäischen Parlaments vom 24. September 2007 wurde der „Europäische Karlspreis für die Jugend" beschlossen.[59] In einer Art Satzung für den „Europäischen Jugendkarlspreis" wurden die Grundsätze für die Verleihung und auch das Auswahlverfahren niedergeschrieben. In den Beurteilungskriterien wurde festgestellt, dass folgende Ziele des Wettbewerbs erfüllt sein müssten: Förderung der Verständigung in Europa und in der Welt; Förderung der Entwicklung eines gemeinsamen Gefühls einer europäischen Identität und Lieferung praktischer Beispiele des Zusammenlebens der Europäer als eine Gemeinschaft. Priorität sollte Projekten eingeräumt werden, die von jungen Menschen aus verschiedenen Mitgliedstaaten gemeinsam gestaltet wurden. Auch auf ehrenamtlicher Basis durchgeführte Projekte sollten besonders berücksichtigt werden.

Der Wettbewerb wird jährlich durch die Vertretungen des Europäischen Parlaments in den Mitgliedstaaten der Europäischen Union ausgeschrieben und begleitet. Die Gewinner des „Europäischen Jugendkarlspreises" werden in einem zweistufigen Verfahren ausgewählt: In einer ersten Stufe wählen nationale Auswahljurys, denen mindestens zwei Mitglieder des Europäischen Parlaments und ein Vertreter von Jugendorganisationen angehören, einen nationalen Sieger aus jedem der 28 Mitgliedstaaten aus. Auf der zweiten Stufe bestimmen die europäischen Preisrichter, bestehend aus dem Präsidenten des Europäischen Parlaments und drei Abgeordneten sowie vier Vertretern der Stiftung Internationaler Karlspreis zu Aachen, aus den von den nationalen Gremien eingereichten 28 Projekten den Preisträger. Der 1. Preis ist mit 5.000 Euro, der 2. Preis mit 3.000 Euro und der 3. Preis mit 2.000 Euro dotiert. Die Auszeichnung der Preisträger findet unmittelbar vor der Verleihung des „Europäischen Karlspreises" statt. Auch die Vertreter der 28 nationalen Gewinnerprojekte werden zur Preisverleihung nach Aachen und zu einem Besuch ins Europäische Parlament eingeladen.[60]

Am 7. Januar 2008 konnte ich dem Präsidium des Europäischen Parlaments mitteilen, dass der „Europäische Karlspreis für die Jugend" erstmalig am 7. Januar 2008 ausgeschrieben werden würde und dass die Frist für die Einreichung von Projekten auf den 8. Februar 2008 festgesetzt würde. Auch teilte ich ihm mit, dass der „Europäische Karlspreis für die Jugend" erstmalig am 29. April 2008 in Aachen verliehen werden würde.

So konnte am 29. April 2008 in der Universität Aachen eine schöne Tradition begründet werden. Jugendliche aus allen damals 27 Mitgliedstaaten der Europäischen Union waren angereist – es war eine ebenso lockere wie würdige, vor allem freudige Zusammenkunft junger Menschen mit der Karlspreisstiftung, vertreten durch ihren Vorsitzenden Michael Jansen, dem Oberbürgermeister von Aachen, Jürgen Linden, sowie dem Präsidenten des Europäischen Parlaments. In meiner Rede wies ich darauf hin, dass der Ideengeber für diese wunderbare Auszeichnung André Leysen gewesen war, den ich besonders herzlich begrüßte. Den 1. Preis, und damit ersten „Europäischen Karlspreis für die Jugend" überhaupt, erhielten junge Menschen aus Ungarn für das Projekt „Schüler ohne Grenzen". Seitdem wird der „Europäische Karlspreis für die Jugend" jedes Jahr verliehen. Diese Begegnungen mit jungen Menschen aus allen Ländern der Europäischen Union gehören zu den besonders schönen Erlebnissen. Ich bemühe mich, immer an diesen Veranstaltungen zur Verleihung des „Europäischen Karlspreises für die Jugend" teilzunehmen.

2. Europäischer Bürgerpreis

Mir war es nicht nur ein Anliegen, eine Auszeichnung für junge Menschen zu schaffen, sondern auch eine Anerkennung für Bürgerinnen und Bürger der Europäischen Union. In meiner Programmrede vom 13. Februar 2007 vertrat ich die Meinung, dass die Abgeordneten des Europäischen Parlaments nicht nur bemüht sein sollten, die Bürgerinteressen zu vertreten, sondern sie sollten auch ihren „Respekt vor dem Engagement der Bürgerinnen und Bürger zum Ausdruck bringen, die mit ihrem Werk das Ansehen Europas mehren – in Europa und in der Welt".[61] Das Präsidium des Europäischen Parlaments ist auch diesem Vorschlag gefolgt und beschloss am 24. September 2007, einen „Europäischen Bürgerpreis" einzuführen. Ich freute mich besonders darüber, dass es gelungen war, diesen Vorschlag so zügig umzusetzen.

Mit dem „Europäischen Bürgerpreis" würdigt das Europäische Parlament Bürgerinnen und Bürger, Gruppen, Assoziationen und Organisationen, die sich mit individuellen oder gemeinsamen Initiativen beispielhaft für die Förderung eines besseren gegenseitigen Verständnisses und einer stärkeren Integration zwischen den Bürgern der Mitgliedstaaten oder für die Erleichterung der grenzüberschreitenden oder transnationalen Zusammenarbeit innerhalb der Europäischen Union einsetzen und damit zum Gefühl einer europäischen Identität beitragen. Bevorzugt berücksichtigt werden Projekte, die im Zusammenhang mit dem jeweiligen Europäischen Jahr stehen. Auch Bürgerinnen und Bürger, die durch ihre Handlungen im Alltag den in der „Charta der Grundrechte" der Europäischen Union verankerten Werten – Gastfreundschaft, Solidarität und Toleranz – konkreten Ausdruck verleihen, können für diese Auszeichnung nominiert werden. Nur Mitglieder des Europäischen Parlaments haben das Recht zu Nominierungen – wobei jedes Jahr höchstens ein Vorschlag je Mitglied eingereicht werden kann. Über die Vergabe der höchstens fünfzig Auszeichnungen pro Jahr entscheidet eine unabhängige Vergabeinstanz, bestehend aus dem Präsidenten des Europäischen Parlaments, vier Vizepräsidenten und zwei ehemaligen Präsidenten des Europäischen Parlaments sowie zwei renommierten Persönlichkeiten.

Die Verleihung der Preise findet im Rahmen öffentlicher Feiern in den Mitgliedstaaten der Preisträger statt, die von den Informationsbüros des Europäischen Parlaments veranstaltet werden. Die Preisträger werden darüber hinaus zu einer zentralen Veranstaltung im Europäischen Parlament in Brüssel oder Straßburg eingeladen, um ihre Arbeit vorzustellen und mit den Abgeordneten zu diskutieren. Die Auszeichnung hat die Form einer Ehrenmedaille oder – im Falle einer kollektiven Auszeichnung – einer Medaille oder Plakette in einer zur Ausstellung geeigneten Größe. Der Preis hat symbolischen Wert; der Empfänger erhält dafür keinerlei finanzielle Zuwendung.[62]

*

Am 2. April 2009 hat das Vergabegremium für den „Europäischen Bürgerpreis" in Brüssel unter meinem Vorsitz als Präsident des Europäischen Parlaments ihre konstituierende Sitzung abgehalten und dabei 37 Personen beziehungsweise Verbände aus 15 EU-Mitgliedstaaten zu den ersten Gewinnern des „Europäischen Bürgerpreises" erklärt.

3. Benennung von Gebäuden des Europäischen Parlaments nach politischen Persönlichkeiten

Es ist eine schöne Tradition des Europäischen Parlaments, seine Gebäude und auch Sitzungssäle nach politischen Persönlichkeiten zu benennen, die sich um die Europäische Einigung verdient gemacht haben. Die beiden Hauptgebäude des Europäischen Parlaments in Brüssel sind in den Neunzigerjahren nach Paul-Henri Spaak und Altiero Spinelli benannt worden. Zweifelsohne handelte es sich hierbei um große Persönlichkeiten aus der sozialdemokratischen, sozialistischen beziehungsweise linken Parteienfamilie.

Paul-Henri Spaak war von 1938 bis zur deutschen Invasion 1940 belgischer Premierminister, von 1940 bis 1944 Außenminister der belgischen Exilregierung in London. Am 10. Januar 1946 wurde er in London zum Präsidenten der ersten UNO-Generalversammlung gewählt. Mehrfach Außenminister und viermal Premierminister von Belgien war er 1952 bis 1954 Präsident der Gemeinsamen Versammlung der Europäischen Gemeinschaft für Kohle und Stahl, dem ersten Vorläufer des Europäischen Parlaments. Spaak, einer der Wegbereiter der Römischen Verträge vom 25. März 1957, war einer der großen Sozialdemokraten, die sich für die Einigung Europas eingesetzt hatten. Seine Tochter Antoinette Spaak sollte in den Jahren 1979 bis 1982 meine Kollegin im Europäischen Parlament werden. Sie gehörte der liberalen Fraktion an.

Altiero Spinelli war einer der Vordenker eines konsequent föderalistischen europäischen Bundesstaates. Während eines langen Gefängnisaufenthaltes zur Zeit der faschistischen Diktatur unter Mussolini verfasste Spinelli, der in jungen Jahren der Kommunistischen Partei angehört hatte, mit seinem Mitgefangenen Ernesto Rossi das „Manifest von Ventotene", in dem er 1941 erstmals für eine bundesstaatliche

Europäische Verfassung als Antwort auf das Versagen der Nationalstaaten plädierte. Spinelli gründete nach dem Krieg die Union Europäischer Föderalisten und auch das angesehene außenpolitische Forschungsinstitut Istituto Affari Internazionali. Von 1970 bis 1976 gehörte er der Europäischen Kommission an und wurde 1976 als Unabhängiger auf der Liste der italienischen Kommunisten ins Europäische Parlament entsandt. 1979 ins Europäische Parlament direkt gewählt, erarbeitete Spinelli mit einer Gruppe von Gleichgesinnten – dem nach einem Straßburger Restaurant, wo sie sich trafen, benannten Krokodilsclub – einen Vertragsentwurf für eine Europäische Union. Am 14. Februar 1984 nahm das Europäische Parlament den „Spinelli-Entwurf" an. Er sah unter anderem schon das legislative Mitentscheidungsverfahren des Europäischen Parlaments vor, wie es sich bis heute durchgesetzt hat. Nationale Vorbehalte bremsten den Stand der Dinge und so konnte letztendlich 1985 nur die Einheitliche Europäische Akte zustande kommen – ohne ernsthafte Mitwirkung des Europäischen Parlaments.

Als junger Abgeordneter gehörte ich zwar bedauerlicherweise nicht zum Krokodilsclub, allerdings ersparte mir dies auch die hohen Kosten für das exzellente Abendessen im Restaurant Au Crocodile. Später, als Präsident des Europäischen Parlaments, traf ich mich dort einmal im Monat zu einem Abendessen mit den Vorsitzenden der beiden größten Fraktionen, Joseph Daul für die EVP-ED und Martin Schulz für die Sozialdemokraten/Sozialisten. Joseph Daul wurde von seinem Generalsekretär Martin Kamp begleitet, Martin Schulz von seiner Generalsekretärin Anna Colombo, an meiner Seite war mein zuverlässiger Kabinettschef Klaus Welle.

Obwohl die beiden Persönlichkeiten Paul-Henri Spaak und Altiero Spinelli politisch über jeden Zweifel erhaben waren, empfand ich die Bezeichnung der Gebäude, was die Parteienfamilien anging, immer als recht einseitig. Es war meine Absicht, dazu beizutragen, ein größeres Gleichgewicht herzustellen. Das Präsidium des Europäischen Parlaments befasste sich am 14. Januar 2008 mit einer Fülle von Namensvorschlägen, die für die Benennung von Gebäuden, Teilen von Gebäuden, Verbindungen zwischen Gebäuden und Sälen eingereicht worden waren. Es war dieselbe Sitzung des Präsidiums, in der auch die Benennung des Pressesaales nach Anna Politkowskaja beschlossen wurde. Bisher gab es kein Gebäude, das nach einer Persönlichkeit aus der Mitte oder dem Osten Europas benannt war. Die EVP-ED-Fraktion mit ihrem Vorsitzenden Joseph Daul und den beiden prominentesten Vertretern der ungarischen Delegation in der EVP-ED-Fraktion, József Szájer, stellvertretender Fraktionsvorsitzender, sowie Pál Schmitt, Vorsitzender der ungarischen Delegation in der EVP-ED-Fraktion, späterer Vizepräsident des Europäischen Parlaments sowie nach seinem Ausscheiden Präsident des Ungarischen Parlaments und kurzzeitig Präsident Ungarns, hatte den so früh verstorbenen ersten frei gewählten Ministerpräsidenten Ungarns, József Antall, als Namensträger für ein Gebäude des Europäischen Parlaments vorgeschlagen. Da in Brüssel zwei neue Gebäude errichtet wurden, insbesondere für die Abgeordneten aus den Beitrittsländern der Mitte Europas, war es naheliegend, ein

Gebäude nach einer Persönlichkeit aus Mitteleuropa zu benennen. József Antall war hierfür eine ausgezeichnete Persönlichkeit. Er war bereits 1956 beim Aufstand der Ungarn für die Freiheit seines Landes eingetreten, mehrfach verhaftet worden, seine Lehrtätigkeit war ihm untersagt worden. In Ungarn war József Antall ein Symbol für den Wandel, für Demokratie und die Wiedervereinigung Europas. Er war eine Person von großem Mut. Als Ungarns erster frei gewählter Ministerpräsident hatte József Antall dazu beigetragen, dass der Warschauer Pakt, das Militärbündnis des Kommunismus, zusammengebrochen war und die sowjetischen Truppen Ungarn vollständig verlassen hatten. Er hatte die Voraussetzungen für eine Annäherung an die Europäische Union geschaffen. Ungarn war bereits 1990 Mitglied des Europarates geworden und 1991 war das Assoziationsabkommen mit der Europäischen Gemeinschaft geschlossen worden. Bei der Einweihung des nach József Antall benannten Gebäudes am 29. Januar 2009, an der auch seine Frau Klára sowie sein Sohn Péter teilnahmen, würdigte ich József Antall als großen ungarischen Patrioten und großen Europäer. Ich erinnerte daran, dass ohne Persönlichkeiten wie ihn, ohne den Freiheitswillen der Ungarn, der Polen und der anderen Völker der Mitte Europas auch die Einheit Deutschlands nicht möglich gewesen wäre.[63]

In derselben Sitzung des Präsidiums vom 14. Januar 2008 wurden zwei ehemalige deutsche Bundeskanzler dadurch geehrt, dass Gebäude, beziehungsweise bedeutende Verbindungen zwischen Gebäuden, nach ihnen benannt wurden: Konrad Adenauer und Willy Brandt – beide Männer, auf ihre jeweils spezifische Weise, außergewöhnliche europäische Persönlichkeiten. Mir war es ein großes politisches und persönliches Anliegen, Konrad Adenauer, Bundeskanzler von 1949 bis 1963, im Europäischen Parlament zu „verewigen". Ein Gebäude nach Willy Brandt, Bundeskanzler von 1969 bis 1974, zu benennen war vom Vorsitzenden der sozialistischen Fraktion und späteren Präsidenten des Europäischen Parlaments, Martin Schulz, vorgeschlagen worden. Es entbehrte nicht einer gewissen Ironie, dass diese beiden Persönlichkeiten, die in der Innenpolitik der Bundesrepublik Deutschland Gegner gewesen waren und sich bei der Bundestagswahl 1961 als Kanzlerkandidaten beworben hatten – Konrad Adenauer für die Fortführung seiner Amtszeit und Willy Brandt mit dem Wunsch, Konrad Adenauer abzulösen –, am selben Tag durch das Europäische Parlament geehrt wurden. Ich hatte mich immer gewundert, dass Konrad Adenauer, dieser große Europäer, im Europäischen Parlament noch nicht durch ein nach ihm benanntes Gebäude anerkannt worden war. Dabei war Konrad Adenauer im Nachkriegsdeutschland der Architekt der Westbindung, der Verankerung der jungen Bundesrepublik Deutschland in der westlichen Wertegemeinschaft und der konsequenteste Anwalt für die Europäische Einigung gewesen. Wie schon erwähnt, war es seine Europapolitik gewesen, die mich veranlasst hatte, Mitglied der CDU zu werden. Nun endlich entschied das Präsidium des Europäischen Parlaments, die Brücke, die vom Altiero-Spinelli-Gebäude zum József-Antall- und zum Willy-Brandt-Gebäude führte, nach Konrad Adenauer zu benennen. In einer Presseerklärung des Europäischen Parlaments hieß es: „Der

Weg zu Brandt geht über Adenauer".[64] Gleichwohl ich an der Formulierung dieser Presseerklärung nicht beteiligt gewesen war, gefiel mir die Wortwahl. Willy Brandt, mit dessen Namen weniger westeuropäische Einigungsbemühungen verbunden sind, hatte bedeutende Schritte insbesondere im Hinblick auf die Versöhnung mit Polen unternommen. Wenn dies in seiner Regierungszeit auch nicht überall Zustimmung gefunden hatte, sind seine Versöhnungsbemühungen mit Polen aus der Sicht der Gegenwart in der Beurteilung der Vergangenheit von großer Bedeutung. Ich habe bereits erwähnt, dass ich seinen Kniefall in Warschau am 7. Dezember 1970 als eine große Geste empfunden hatte.

Bedauerlicherweise hat es keine offizielle Feier für die Einweihung des Willy-Brandt-Gebäudes gegeben, da eine Vereinbarung über eine Teilnahme eines Familienmitglieds von Willy Brandt nicht gelungen war. Die nach Konrad Adenauer benannte Brücke wurde am selben Tag eingeweiht wie das nach József Antall benannte Gebäude – am 31. März 2009. Libet Werhahn-Adenauer, eine Tochter Konrad Adenauers, die ihren Vater häufig auf Auslandsreisen begleitet hatte und der ich schon einige Jahre zuvor auf Veranlassung meines für ihren Wohnort Neuss zuständigen Kollegen und Freundes Karl-Heinz Florenz die Robert-Schuman-Medaille unserer Fraktion hatte verleihen können, nahm an den Einweihungsfeierlichkeiten teil: eine beeindruckende alte Dame. Ich habe es als eine glückliche Fügung empfunden, dass während meiner Amtszeit als Präsident des Europäischen Parlaments diese Brücke nach Konrad Adenauer benannt wurde. Ich konnte zu diesem Zeitpunkt nicht voraussehen, dass ich nach Ende meiner Amtszeit als Präsident des Europäischen Parlaments am 1. Januar 2010 Vorsitzender der nach ihm benannten Konrad-Adenauer-Stiftung werden sollte.

4. „Haus der Europäischen Geschichte"

Die Friedensidee bleibt die Hauptbegründung für die Europäische Einigung. Aber mit zunehmender zeitlicher Distanz zum Ende des Zweiten Weltkrieges verblasst die Erkenntnis für die Notwendigkeit, für den Frieden zwischen den Völkern Europas engagiert zu sein. Die Menschen leben aus der Erfahrung der Gegenwart, die sie mit ihren Errungenschaften, welche sie erst aus dem Lernen der Geschichte erkennen können, für selbstverständlich halten. Der Friede ist für immer garantiert, so denken die Menschen in Europa heute. Dies entspricht nicht meiner Beurteilung. Durch rhetorische Übertreibungen, durch politischen Radikalismus, durch Unduldsamkeit und Fanatismus können auch in Europa Situationen entstehen, die alte Feindschaften beleben und die Dämonen der Vergangenheit in die Gegenwart und in die Zukunft holen. Auch die Europäische Einigung und die Europäische Union bleiben gefährdet. Deswegen ist es notwendig, alles zu tun, um den Menschen, insbesondere jungen Menschen, den Weg, der zur Einigung Europas führte, deutlich zu machen. In meiner

Programmrede als Präsident des Europäischen Parlaments habe ich daher am 13. Februar 2007 ein „Haus der Europäischen Geschichte" angeregt. Vor dem Europäischen Parlament in Straßburg führte ich, wie bereits erwähnt, in Anwesenheit der Präsidentin des Europäischen Rates, der deutschen Bundeskanzlerin Angela Merkel, aus:

„Die europäische Geschichte wird fast immer nur national in nationalen Museen dargestellt. Ich möchte einen Ort der Erinnerung und der Zukunft anregen, in der der Gedanke der Idee Europas weiterwachsen kann. Ich möchte den Aufbau eines ‚Hauses der Europäischen Geschichte' vorschlagen. Es soll kein langweiliges, trockenes Museum werden, sondern ein Ort, der unsere Erinnerung an die europäische Geschichte und das Europäische Einigungswerk gemeinsam pflegt und zugleich offen ist für die weitere Gestaltung der Identität Europas durch alle jetzigen und künftigen Bürger der Europäischen Union. Ein solches ‚Haus der Europäischen Geschichte' sollte am Sitz der europäischen Institutionen gegründet und vernetzt werden mit vergleichbaren Einrichtungen in den Mitgliedstaaten."[65]

Ein „Haus der Europäischen Geschichte" war schon mehrfach angeregt worden. Im Europäischen Parlament hatte es Überlegungen hierzu gegeben sowie auch durch Bundespräsident Horst Köhler in seiner Rede vor dem Europäischen Parlament am 14. März 2006.[66] Aber es hatte niemals konkrete Schritte gegeben, ein „Haus der Europäischen Geschichte" zu verwirklichen. Ich war fest entschlossen, diese Bemühungen zu unternehmen, und zwar mit meinem größtmöglichen Einsatz. Ein so ehrgeiziges Projekt, wie ein „Haus der Europäischen Geschichte" zu realisieren, bedarf nicht nur eines starken politischen Willens, sondern benötigt objektiven historischen Sachverstand. Deswegen kam es nicht nur darauf an, das Präsidium des Europäischen Parlaments für dieses Vorhaben zu gewinnen, sondern auch europaweites Know-how. Das Präsidium des Europäischen Parlaments konnte ich zu meiner eigenen Überraschung schnell überzeugen.

In seiner Sitzung vom 15. Dezember 2008 hat das Präsidium des Europäischen Parlaments dann offiziell beschlossen, ein „Haus der Europäischen Geschichte" zu schaffen.[67] Dies empfand ich als einen großen Erfolg. Aber es ist eine Sache, das Präsidium hinter sich zu wissen – das gesamte Europäische Parlament dafür zu gewinnen jedoch eine andere. Das sollte ich später feststellen. Zunächst aber ging es darum, politische Unterstützung und europaweite wissenschaftliche Expertise für mein Projekt zu gewinnen.

In Deutschland war nach der Wiedervereinigung auf Initiative von Bundeskanzler Helmut Kohl in Bonn ein „Haus der Geschichte der Bundesrepublik Deutschland" gebaut worden. Direktor des Bonner Hauses der Geschichte war zu Beginn der Debatte über ein „Haus der Europäischen Geschichte" Professor Hans Walter Hütter. Es lag also nahe, seinen Sachverstand einzuholen. In seiner Sitzung vom 12. November 2007 beschloss das Präsidium des Europäischen Parlaments, einen neunköpfigen

Sachverständigenrat zu berufen, der einen konzeptionellen Vorschlag für das „Haus der Europäischen Geschichte" erarbeiten sollte. Auf meine Anregung hin wurde Hans Walter Hütter zum Vorsitzenden dieses Sachverständigenrates berufen. Außerdem beschloss das Präsidium, Professor Włodzimierz Borodziej, Historiker an der Universität Warschau, zum Stellvertreter zu benennen. Weitere Mitglieder des Sachverständigenrates wurden:

- Giorgio Cracco, Professor für Kirchengeschichte an der Universität Turin,
- António Reis, Professor der Geschichte an der Neuen Universität Lissabon,
- Mária Schmidt, Direktorin des Museums „Haus des Terrors", Budapest,
- Matti Klinge, emeritierter Professor für nordische Geschichte an der Universität Helsinki,
- Marie-Hélène Joly, Generalkonservatorin, stellvertretende Direktorin der Direktion für Geschichte, Kulturerbe und Archive, Französisches Verteidigungsministerium,
- Michel Dumoulin, Professor für Geschichte an der Katholischen Universität Löwen, Belgien, und
- Ronald de Leeuw, außerordentlicher Professor für Museumskunde und Geschichte an der Freien Universität Amsterdam und ehemaliger Direktor des Rijksmuseums in Amsterdam.

Mit diesen Persönlichkeiten hatten wir renommierte, europaweit geschätzte Wissenschaftler gewonnen. Diese machten sich daran, die „Konzeptionellen Grundlagen für das Haus der Europäischen Geschichte" zu erarbeiten. Dieses Dokument wurde am 15. September 2008 vom Sachverständigenrat im Konsens verabschiedet.[68] Die Expertenkommission unterstrich:

„Ein herausgehobenes Ziel des ‚Hauses der Europäischen Geschichte' ist, die Kenntnisse der Europäer aller Generationen über ihre eigene Geschichte zu vertiefen und so zu einem besseren Verständnis der Entwicklung Europas in Gegenwart und Zukunft beizutragen. Die Einrichtung soll zu einem Ort werden, an dem die europäische Idee lebendig wird."

Weiter hieß es:

„Die Grundlinien der europäischen Geschichte müssen dargelegt werden, um die jüngere Historie und die Gegenwart verstehen zu können. Auf der Grundlage der historischen Erfahrungen und Wirkungen sollen die Gründung und Entwicklung der europäischen Institutionen in der zweiten Hälfte des 20. Jahrhunderts deutlich werden. Die Ausstellung soll die Vielfalt der europäischen Geschichte ebenso veranschaulichen wie die Gemeinsamkeit der Wurzeln."

Dann beschrieb der Sachverständigenausschuss den Kern und Sinn des „Hauses der Europäischen Geschichte":

> „Die Idee und Bereitschaft, sich in supranationalen Institutionen auf europäischer Ebene freiwillig zusammenzufinden, prägt die jüngste Geschichte des Kontinents. Die weitgehende Überwindung von Nationalismen, Diktatur und Krieg, zugleich seit den 1950er-Jahren der Wille, auf europäischer Ebene in Frieden und Freiheit zusammenzuleben, die supranationale Union mit zivilem Charakter, sollen herausgehobene Botschaften des ‚Hauses der Europäischen Geschichte' sein. Die Ausstellungen sollen verdeutlichen, dass ein vereintes Europa auf Basis gemeinsamer Werte in einer Welt des Fortschritts in Freiheit friedlich zusammenleben kann. Zu einer weitergehenden Beteiligung der Bürger an den politischen Entscheidungsprozessen im vereinten Europa soll das ‚Haus der Europäischen Geschichte' anregen."

Auch wurde auf den Auftrag der Europäischen Union hingewiesen, „zur Verbesserung der Kenntnis und der Verbreitung der Kultur und Geschichte der europäischen Völker beizutragen (Artikel 151 EG-Vertrag)". Darüber hinaus wurde ausdrücklich auf die wissenschaftliche Unabhängigkeit und die Objektivität der Darstellung im „Haus der Europäischen Geschichte" hingewiesen:

> „Die Wahrhaftigkeit der Darstellung ist unabdingbare Voraussetzung für die Akzeptanz der Einrichtung in der Fachwelt und bei den Besuchern. Die multiperspektivische und offene Darstellung historischer Fakten und Prozesse ist notwendig, um auf dieser Basis den Besuchern ein eigenes Urteil zu ermöglichen und sie zur Diskussion anzuregen. Garant für diese Unabhängigkeit kann ein hochrangig besetzter wissenschaftlicher Beirat aus Fachwissenschaftlern und Museumsfachleuten sein, der die Arbeiten begleitet."

Ferner wurde die institutionelle Selbstständigkeit der Trägereinrichtung des „Hauses der Europäischen Geschichte" gefordert, sowie

> „als zusätzliches Angebot am ‚Haus der Europäischen Geschichte' eine Begegnungsstätte für junge Wissenschaftler [...], die sich mit Themen der Europäischen Geschichte beschäftigen."

Das „Haus der Europäischen Geschichte" sollte sich an Europäerinnen und Europäer aus allen Regionen des Kontinents und aus allen Alters- und Bildungsschichten richten. Diese breite Zielgruppe erforderte es, dass die zu erarbeitenden Ausstellungen keine umfassenden Kenntnisse ihrer Besucher voraussetzen durften. Das Zielpublikum sollten vor allem interessierte Laien sein.

Die Dauerausstellung sollte eine Fläche von viertausend Quadratmetern umfassen. Daneben waren Wechsel- und Wanderausstellungen vorgesehen (achthundert Quadratmeter). Die Wanderausstellungen sollten vor allem die Möglichkeit bieten, Menschen in allen Teilen Europas und darüber hinaus zu erreichen.

> „Zur Attraktivität des ‚Hauses der Europäischen Geschichte' sollen neben den Ausstellungen sowohl themenbezogene Veranstaltungen mit europäischem Bezug als auch eigene Publikationen beitragen. Ein modernes Museum muss im 21. Jahrhundert zudem im Internet mit einem umfangreichen Angebot vertreten sein."

Der Sachverständigenausschuss plädierte für den Aufbau einer eigenen Museumssammlung. Das „Haus der Europäischen Geschichte" sollte in den internationalen Leihverkehr eingebunden werden.

Der Eintritt in das „Haus der Europäischen Geschichte" sollte kostenlos sein, um so der politischen Bildung aller Menschen am besten dienen zu können. Die zentrale Lage war von besonderer Bedeutung: „Es soll eingebettet sein in den Strom der Besucher zu den europäischen Institutionen." Damit sprach der Sachverständigenausschuss bereits indirekt den Ort für das „Haus der Europäischen Geschichte" an, nämlich das sogenannte Eastman Gebäude im Parc Léopold hinter dem Europäischen Parlament in Brüssel.

Mit der Besuchertribüne des Plenums des Europäischen Parlaments und dem sogenannten Parlamentarium, das die Aufgaben des Europäischen Parlaments darstellt, sollte das „Haus der Europäischen Geschichte" Teil des auf 400.000 Besucher pro Jahr ausgelegten Besucherkonzepts des Europäischen Parlaments werden. Der Sachverständigenausschuss wies mit Recht darauf hin, dass nicht nur der Aufbau und die Ersteinrichtung finanzielle Mittel binden würden, sondern auch der Dauerbetrieb. Dies sollte sich später noch als eine besondere Herausforderung darstellen, vor die ich mich als Vorsitzender des Kuratoriums gestellt sah.

Zur Dauerausstellung des „Hauses der Europäischen Geschichte", dem Herzstück des Projektes, nahm der Sachverständigenbericht noch einmal Bezug:

> „In ihrem Schwerpunkt auf einer Fläche von bis zu 4000 Quadratmetern [soll] die Europäische Geschichte vom Ersten Weltkrieg bis in die Gegenwart präsentiert [werden]. Rückbezüge auf die Wurzeln des Kontinents und das europäische Mittelalter sowie die Neuzeit sind in geringerem Umfang notwendig, um das Verständnis für Gegenwart und Zukunft zu erhöhen. Der Bezug zur Gegenwart ist von großer Bedeutung für den Erfolg des neuen Museums, der zum einen dessen Aktualität dokumentiert und zum anderen den unmittelbaren Bezug zum täglichen Leben der Besucher unterstreicht. Zudem bietet die Anbindung an die Gegenwart die Möglichkeit, auch kurzfristig wichtige europabezogene Veränderungen und Entwicklungen in Politik, Gesellschaft, Wirtschaft und Kultur aufzugreifen."

Schließlich plädierte der Sachverständigenausschuss dafür, dass die Dauerausstellung nicht die Summe nationaler oder regionaler Geschichten Europas abbilden, sondern sich vielmehr auf europäische Phänomene konzentrieren sollte:

„Die Friedensphase seit Ende des Zweiten Weltkrieges soll hierbei eine herausgehobene Rolle spielen. Dabei ist zu beachten, dass die Vielfalt Europas das eigentliche Signum des Kontinents ist. Diese Heterogenität sowie die Gleichzeitigkeit des Ungleichzeitigen stellen große Herausforderungen an den Aufbaustab und an die Ausstellungsgestalter. Gleichwohl bieten diese Aspekte auch Anknüpfungspunkte für die unterschiedlichen Besucher. Die Einbindung von biografischen Elementen soll angesichts der erwarteten heterogenen Besucherstruktur den Zugang zu den vielfältigen europäischen Themen und Prozessen erleichtern. Die Lebensläufe berühmter Europäer und Europäerinnen einerseits und unbekannter Bewohner des Kontinents andererseits bieten die Möglichkeit zur verstärkten Auseinandersetzung mit den jeweiligen Zeitumständen. Lebensweltliche Aspekte müssen eine wichtige Rolle in der Ausstellung spielen."

Der Sachverständigenausschuss sprach sich für die Mehrsprachigkeit der Ausstellungstexte aus. Moderne audiovisuelle Medien sollten die Ausstellung dynamisieren und vor allem für die junge Generation die Attraktivität steigern. Film- und Tondokumente sollten als Originalquellen berücksichtigt werden. Turnusmäßige Überarbeitungen der Dauerausstellung sollten die Akzeptanz und Attraktivität des „Hauses der Europäischen Geschichte" mittel- und langfristig sicherstellen. Als Eröffnungstermin wurde das Jahr 2014 vorgesehen, und zwar aufgrund von zwei in diesem Jahr anstehenden Ereignissen: die nächsten Wahlen zum Europäischen Parlament (Mai 2014) und die Erinnerung an den Beginn des Ersten Weltkrieges vor genau einhundert Jahren. Leider konnte dieser Zeitplan nicht eingehalten werden. Die Eröffnung wurde auf das Jahr 2015 verschoben, aber was war schon ein Jahr, wenn es um die Geschichte ging.

*

Mit der Erarbeitung der „Konzeptionellen Grundlagen für ein Haus der Europäischen Geschichte" war ein erster bedeutender Schritt getan. Am 15. Dezember 2008 wurde dieses Konzept vom Präsidium des Europäischen Parlaments beschlossen. Ich war entschlossen, das Konzept für ein „Haus der Europäischen Geschichte" gegen alle zu erwartenden Widerstände zu verwirklichen.

*

Der Sachverständigenrat, der mit den Vorschlägen der „Konzeptionellen Grundlagen" seine Arbeit abgeschlossen hatte, wurde durch einen Wissenschaftlichen Beirat (*Academic Committee*) unter Vorsitz von Włodzimierz Borodziej ersetzt. Diesem gehörten des Weiteren an:

- Hans Walter Hütter, Professor, Vorsitzender des ehemaligen Sachverständigenrats und Präsident der Stiftung Haus der Geschichte des Bundesrepublik Deutschland in Bonn,
- Sir Norman Davies, emeritierter Professor für Geschichte an der Universität von London,
- Matti Klinge, emeritierter Professor für Geschichte an der Universität Helsinki,
- Anita Meinarte, stellvertretende Sammlungsleiterin des Museums der Geschichte Lettland, Riga,
- Hélène Miard-Delacroix, Professorin an der Sorbonne Universität, Paris,
- Mary Michailidou, Vorsitzende des Verbandes griechischer Kunstkritiker und Historiker (AICA Hellas),
- Oliver Rathkolb, Professor an der Universität Wien,
- António Reis, emeritierter Professor der Geschichte an der Neuen Universität Lissabon,
- Mária Schmidt, Professorin, Direktorin des Museums „Haus des Terrors", Budapest
- Jean-Pierre Verdier, Direktor des Mémorial Alsace-Moselle Schirmeck,
- Henk Wesseling, emeritierter Professor der Leiden Universität, Ehrenmitglied des Netherlands Institute for Advanced Study (NIAS), sowie zeitweilig
- Giorgio Cracco, Professor für Kirchengeschichte an der Universität Turin, und
- Isabelle Benoit, Leiterin des Bereichs Internationale Forschung und Entwicklung, Musée de l'Europe, Brüssel.

*

Von ganz besonderer Bedeutung war es, ein politisches Leitungsgremium, ein Kuratorium, einzuberufen. Dies geschah, wie auch die Einberufung des Wissenschaftlichen Beirats, mit einem Präsidiumsbeschluss vom 18. Februar 2009. Mir lag daran, dass das Kuratorium möglichst viele politische Orientierungen repräsentieren sollte. Für einige Mitglieder ergab sich ihre Mitgliedschaft aus der politischen Orientierung, bei anderen aus ihren Funktionen. So beschloss das Präsidium folgende Zusammensetzung:
- Hans-Gert Pöttering, Vorsitzender und Präsident des Europäischen Parlaments,
- Miguel Ángel Martínez Martínez, stellvertretender Vorsitzender und Vizepräsident des Europäischen Parlaments,
- Étienne Davignon, Vorsitzender des Brüsseler Thinktanks Friends of Europe,
- Gérard Onesta, Vizepräsident des Europäischen Parlaments bis Juli 2009,
- Charles Picqué, Ministerpräsident der Region Brüssel bis Mai 2013, abgelöst durch
- Rudi Vervoort, Ministerpräsident der Region Brüssel seit Mai 2013,
- Wojciech Roszkowski, Professor, Mitglied der Fraktion Union für das Europa der Nationen im Europäischen Parlament bis Juli 2009,
- Peter Sutherland, Vorsitzender von Goldman Sachs International,

- Diana Wallis, Vizepräsidentin des Europäischen Parlaments bis Januar 2012, Mitglied der Fraktion Allianz der Liberalen und Demokraten für Europa im Europäischen Parlament,
- Francis Wurtz, Vorsitzender der Konföderalen Fraktion der Vereinten Europäischen Linken/Nordische Grüne Linke bis Juli 2009,
- Doris Pack, Vorsitzende des Ausschusses für Kultur und Bildung des Europäischen Parlaments,
- Chrysoula Paliadeli, Professorin für Archäologie an der Aristoteles-Universität Thessaloniki und Mitglied des Ausschusses für Kultur und Bildung des Europäischen Parlaments,
- Alain Lamassoure, Vorsitzender des Haushaltsausschusses des Europäischen Parlaments,
- Ján Figeľ für die EU-Kommission, Kommissar für Bildung und Kultur bis 2009, abgelöst durch
- Androulla Vassiliou, Kommissarin für Bildung und Kultur ab 2010,
- Włodzimierz Borodziej als Vertreter des Wissenschaftlichen Beirats und dessen Vorsitzender, Professor an der Universität Warschau, sowie
- Hans Walter Hütter, Professor, Vorsitzender des ehemaligen Expertenkomitees und Präsident der Stiftung Haus der Geschichte der Bundesrepublik Deutschland in Bonn.

Neben den Beschlüssen des Präsidiums, in dem ich große Unterstützung fand, war es wichtig, die Kollegen im Haushalts- und Kulturausschuss für das Projekt zu gewinnen. Die Vorsitzenden der Fraktionen, also Joseph Daul für die Fraktion der Europäischen Volkspartei (Christdemokraten), Martin Schulz für die Fraktion der Progressiven Allianz der Sozialisten & Demokraten, Graham Watson für die liberale Fraktion, Daniel Cohn-Bendit für die Fraktion der Grünen/Freie Europäische Allianz, Brian Crowley für die Fraktion Europa der Nationen sowie Francis Wurtz als Vorsitzenden der Konföderalen Fraktion der Vereinten Europäischen Linken/Nordische Grüne Linke wusste ich an meiner Seite. Aber es sollte sich noch erweisen, wie schwierig es war, dieses Konzept zu verwirklichen.

Am 14. Juli 2009 gab es turnusgemäß einen Wechsel im Amt des Präsidenten des Europäischen Parlaments. Meinen Nachfolger, den früheren Ministerpräsidenten Polens, Jerzy Buzek, hatte ich früh mit dem Konzept für das „Haus der Europäischen Geschichte" vertraut gemacht, und er hatte mir versprochen, dieses nachdrücklich zu unterstützen. Jerzy Buzek hat Wort gehalten.

Politische Unterstützung gab uns sogar der Deutsche Bundestag. Mit einem von der CDU/CSU-Fraktion und der SPD-Fraktion eingebrachten Antrag wurde am 26. März 2009 die Bundesregierung aufgefordert,

„den Vorschlag aus dem Europäischen Parlament zu unterstützen, am Sitz der europäischen Institutionen in Brüssel und vernetzt mit vergleichbaren Einrichtungen in den Mitgliedstaaten, einen Ort zu schaffen, der unsere Erinnerung an die europäische Geschichte und das europäische Einigungswerk gemeinsam pflegt und zugleich offen ist für die weitere Gestaltung der Identität Europas durch alle jetzigen und künftigen Bürger der Europäischen Union."

Auch wenn der Deutsche Bundestag beziehungsweise die Bundesregierung das Vorhaben weder organisatorisch noch finanziell fördern konnten, war doch jede politische und moralische Unterstützung für das Projekt sehr willkommen. Ich verstand es als Ermutigung, unseren Weg, ein „Haus der Europäischen Geschichte" zu schaffen, konsequent weiterzugehen.

Als Vorsitzender des Kuratoriums wurde ich in das neu konstituierte Präsidium des Europäischen Parlaments eingeladen und habe die Fortschritte bei der Errichtung eines „Hauses der Europäischen Geschichte" vorgestellt. Mein Stellvertreter als Vorsitzender des Kuratoriums, Vizepräsident Miguel Angel Martínez Martínez, erwies sich bei der Diskussion im Präsidium wieder einmal als sehr hilfreich. Da viele der Vizepräsidenten, die dem neuen Präsidium angehörten, bereits mit mir als Präsidenten zusammengearbeitet und sich für das Projekt ausgesprochen hatten, gab es erneut breite Unterstützung. Auch meinen langjährigen Kollegen, Vizepräsident Rainer Wieland, wusste ich stets auf meiner Seite. Aber nun begann die Werbung bei den einzelnen Abgeordneten im Europäischen Parlament.

Viele Jahre war ich es gewohnt gewesen, dass Kolleginnen und Kollegen, wenn sie mit mir sprechen wollten, zu mir ins Büro gekommen waren. Von 2009 an (bis zu meinem Ausscheiden aus dem Europäischen Parlament 2014) betrieb ich meinerseits das „Klinkenputzen" und besuchte viele Kolleginnen und Kollegen – besonders aus dem Haushalts- und Kulturausschuss – in ihren Büros. Ich war ein Bittsteller. Ein so ehrgeiziges und großes Projekt verlangte es, dass ich mich nicht scheute, die Kollegen aufzusuchen, so sympathisch oder weniger sympathisch sie mir auch erschienen. Es war, um mit Max Weber zu sprechen, ein „Bohren dicker Bretter".

Große Unterstützung erhielt ich vom Berichterstatter des Parlaments für den Haushalt 2012, meinem portugiesischen Fraktionskollegen José Manuel Fernandes. Doch dann bereiteten mir die sozialistische Fraktion und die Fraktion der Grünen, die mir ihre Unterstützung im Prinzip zugesagt hatten, eine unerwartete Überraschung mit ihrem Antrag, dass die Mittel, die im Haushalt 2012 für das „Haus der Europäischen Geschichte" vorgesehen waren, in die Reserve gesetzt werden sollten. Das bedeutete, dass diese Mittel nur zur Verfügung stehen sollten, wenn bestimmte Voraussetzungen erfüllt waren. Entscheidend bei der Gestaltung des Haushaltes war der politische Wille. Beträge in die Reserve zu stellen konnte bedeuten, dass das Projekt schlichtweg gefährdet war, da die Erfüllung von Voraussetzungen für die Aufhebung der Reserve immer wieder angezweifelt werden konnte. Ich war alarmiert. Wieder wurde mir gesagt, entscheidend für die Zustimmung zum Haushalt 2012 und die Freigabe der Mittel ohne Reserve wäre, wie die laufenden Kosten nach Fertigstellung des Projektes beglichen werden sollten. Immer wieder war auch die Frage gestellt worden, warum sich Kommission und Ministerrat nicht am Projekt des „Hauses der Europäischen Geschichte" beteiligten – bei der Konzeption, insbesondere aber finanziell. Mir war jedoch klar, dass, wenn wir Kommission und Ministerrat bereits in die Entstehungsphase des „Hauses der Europäischen Geschichte" einbinden würden, das gesamte Projekt zum Scheitern verurteilt war. Eine Übereinstimmung der drei europäischen Institutionen in der Anfangsphase erschien mir illusionär. Deswegen hatte ich mich für ein schrittweises Vorgehen entschieden, also zunächst den Aufbau und die Finanzierung durch das Europäische Parlament im Rahmen seiner Organisationsgewalt zu verwirklichen. Der Gedanke war natürlich nicht ganz von der Hand zu weisen, auch die Europäische Kommission, die den jeweiligen Haushaltsvoranschlag machte, und den Ministerrat als Haushaltsbehörde einzubeziehen – aber erst später, wenn das Vorhaben nicht mehr infrage gestellt werden konnte.

Weitere wichtige praktische Fragen mussten geklärt werden: Welches Gebäude eignete sich für die Unterbringung des „Hauses der Europäischen Geschichte"? Als umsichtigen Koordinator für das Projekt konnte ich Harald Rømer gewinnen. Harald Rømer war sehr erfahren: Er hatte lange, von 1992 bis 1997, der EVP-Fraktion als stellvertretender Generalsekretär gedient und war – nachdem er in die Parlamentsverwaltung übergewechselt war – 1997 Stellvertreter und 2007 Nachfolger des Generalsekretärs Julian Priestley geworden. Priestley hatte seine Karriere in der sozialistischen Fraktion gemacht, war deren Generalsekretär gewesen und außerordentlich kompetent. Das Amt des Generalsekretärs war sehr aufreibend gewesen und so hatte er sich entschlossen, nach zehn Jahren in diesem Amt in den Ruhestand zu wechseln. Bei einem Abschiedsempfang würdigte ich die Leistung dieses engagierten, aus Großbritannien stammenden und der Labour Party angehörenden Beamten, der immer auch Politiker und Gestalter gewesen war. Zusammen mit Stephen Clark hatte er ein sehr beachtliches Buch über das Europäische Parlament geschrieben.[69] Königin Elizabeth II. dankte Julian Priestley mit der Erhebung zum Sir.

Schon während seiner Amtszeit als Generalsekretär des Europäischen Parlaments (2007–2009) hatte Harald Rømer das sogenannte Eastman-Gebäude im Parc Léopold, hinter dem Parlamentsgebäude, für 99 Jahre für das Europäische Parlament erworben. Harald Rømer und auch ich hatten das Gebäude schon früh im Auge gehabt, um darin das „Haus der Europäischen Geschichte" umzusetzen. Die Wahl für das Eastman-Gebäude, einer ehemaligen vom Kodak-Mitbegründer George Eastman gestifteten Zahnklinik wurde vom Parlamentspräsidium im Juni 2009 getroffen. Nun ging es auch darum, einen Architektenwettbewerb für die Erweiterung und die Renovierung des Gebäudes durchzuführen. Die Arbeiten der Architekturbüros nahmen natürlich mehrere Monate in Anspruch. Eine nicht nur europäisch, sondern international besetzte Jury ermittelte schließlich den Gewinner: das französische Architekturbüro Chaix & Morel,

JSWD Architekten aus Deutschland und TPF aus Belgien.[70] Die Renovierungsarbeiten am Eastman-Gebäude begannen im Dezember 2012. Als ich die Maschinen, den hohen Kran und das provisorische Gebäude für die Bauleitung sowie die Arbeiter im Parc Léopold sah, verwandelte sich die Hoffnung, dass das „Haus der Europäischen Geschichte" Wirklichkeit werden würde, mehr oder weniger zur Sicherheit. Einen meiner Grundsätze: „Es ist alles erst sicher, wenn es sicher ist", möchte ich in diesem Fall wegen der Konkretisierung des großen Vorhabens ausnahmsweise schon etwas früher annehmen.

Gleichzeitig war die konzeptionelle Vorbereitung des „Hauses der Europäischen Geschichte" voranzutreiben. Auch dazu bedurfte es einer europaweiten Ausschreibung. Für die Leitung unseres Projektes konnten wir als Kuratorin Taja Vovk van Gaal aus Slowenien gewinnen, eine erfahrene Museumsexpertin. Sie leitet ein multidisziplinäres Expertenteam von mehr als zwanzig Personen. Gerade die Arbeit des Teams um Taja Vovk van Gaal ist entscheidend dafür, dass das „Haus der Europäischen Geschichte" ein Erfolg wird.

Mit Kommissionspräsident José Manuel Durão Barroso hatte ich häufiger über das Projekt gesprochen. Er hatte mir gegenüber sein Einverständnis und seine Befürwortung des „Hauses der Europäischen Geschichte" zugesichert. Nun ging es darum, den Worten Taten folgen zu lassen. Ich nahm mit Barroso Kontakt auf und vereinbarte, dass er dem Präsidenten des Europäischen Parlaments gegenüber, Jerzy Buzek, eine schriftliche Erklärung abgeben würde. Dies ist mit dem Schreiben vom 28. September 2011 geschehen. Es hat folgenden Wortlaut:

„Sehr geehrter Herr Präsident,

an vorangegangene Korrespondenzen anschließend möchte ich Ihnen unsere Absicht und Bereitwilligkeit bestätigen, zu einer Vereinbarung mit dem Europäischen Parlament bezüglich der entstandenen Kosten für das Haus der Europäischen Geschichte zu kommen. Wir verpflichten uns, einen wesentlichen Beitrag bereitzustellen, um zugunsten des Europäischen Parlaments die Funktionsfähigkeit des Hauses der Europäischen Geschichte zu gewährleisten. Die Kommission wird hierfür bereits für das Jahr 2013 einen eigenen Etatposten vorschlagen. Unser Beitrag ist natürlich von der Annahme dieses Vorschlags durch die Haushaltsbehörde abhängig.

Mit freundlichen Grüßen

José Manuel Barroso"[71]

Diese Verpflichtung der Kommission gegenüber dem Europäischen Parlament bewirkte Wunder. Die Fraktion der Progressiven Allianz der Sozialisten & Demokraten im Europäischen Parlament und auch die Fraktion der Grünen/Freie Europäische Allianz zogen ihre Anträge, das Geld für das „Haus der Europäischen Geschichte" im Haushalt 2012 in die Reserve zu stellen, zurück. Damit war eine breite Mehrheit im Plenum gesichert. Am 1. Dezember 2011 stimmte das Europäische Parlament dem Haushalt 2012 zu. Darüber war ich sehr erleichtert, weil ich jetzt überzeugt war, dass dieses große Projekt, das mit so vielen Schwierigkeiten, Widersprüchen und Hindernissen gestartet war, nun auf gutem Wege war. Am 25. Januar 2012 stellten der Vorsitzende des wissenschaftlichen Beirats, Włodzimierz Borodziej, und ich als Kuratoriumsvorsitzender das Projekt in einer Pressekonferenz in dem nach Anna Politkowskaja, dieser mutigen und deswegen ermordeten russischen Journalistin, benannten Pressesaal in Brüssel vor. Es war das erste Mal seit meinem Ausscheiden aus dem Amt des Präsidenten des Europäischen Parlaments am 14. Juli 2009, dass ich wieder im Pressesaal war.

*

Ausdrücklichen Dank muss ich dem Vorsitzenden des Haushaltsausschusses seit 2009, meinem Fraktionskollegen Alain Lamassoure, aber insbesondere den deutschen CDU-Mitgliedern des Haushaltsausschusses sagen, so Reimer Böge, Mitglied des Europäischen Parlaments seit 1989 und von 2007 bis 2009 Vorsitzender des Haushaltsausschusses, Monika Hohlmeier, zuständig für die Gebäudepolitik der europäischen Institutionen, und Inge Gräßle, dass sie das Projekt positiv begleitet haben. Das gilt auch für die CDU/CSU-Gruppe unter Vorsitz von zunächst Hartmut Nassauer und dann Werner Langen sowie dem Co-Vorsitzenden Markus Ferber.

*

In der Öffentlichkeit wurde das Projekt des „Hauses der Europäischen Geschichte" überwiegend positiv aufgenommen,[72] aber nichtsdestotrotz gab es vereinzelt auch massive, auf Unwahrheiten und Unsachlichkeit beruhende Kritik: so in der englischen Boulevardzeitung *The Sun* vom 19. April 2012. Dort wurde behauptet, dass die ursprünglich geplanten Kosten vierzig Millionen Pfund betragen sollten, jetzt aber das Dreifache an Kosten entstehen würde. Der Journalist bestätigte dem Pressesprecher des Europäischen Parlaments gegenüber, dass er die Zahlen falsch addiert hätte; eine Richtigstellung in der Zeitung – das britische Presserecht ist weniger strikt als das deutsche – erfolgte aber nie. Der Artikel war eine Generalkritik an der Europäischen Union und am Europäischen Parlament. Wahrheitswidrig wurde auch behauptet, die Ausstellungen im „Haus der Europäischen Geschichte" sollten erst mit dem Jahr 1946 beginnen, um den von Deutschland begonnenen Zweiten Weltkrieg auszublenden. Natürlich wurde in diesem Zusammenhang erwähnt, dass ein Deutscher die Idee zu dem „Haus der Europäischen Geschichte" gehabt hatte. Solche Kommentare spiegeln die feindliche Einstellung einiger Leute zur Europäischen Einigung wider und dürfen uns in unserem Bemühen für die Einigung unseres Kontinents keinesfalls entmutigen. Solche unwahren, ja bösartigen Stellungnahmen sollten eher anspornen, den richtigen Weg ruhig und entschlossen weiterzugehen.

*

Ich hatte es vermieden, das Projekt für die Errichtung eines „Hauses der Europäischen Geschichte" vor der endgültigen Entscheidung des Europäischen Parlaments der Öffentlichkeit vorzustellen. Dies hatte mir gelegentlich den Vorwurf der „Geheimniskrämerei" und der „Geheimdiplomatie" eingetragen. Aber ich kannte die politischen Abläufe. Eine Bekanntmachung des Projektes in der Öffentlichkeit, ohne die Unterstützung des Haushaltsausschusses und des gesamten Parlaments zu haben, hätte mich dem Vorwurf ausgesetzt, eigenmächtig zu handeln. War mir doch bereits vorgeworfen worden, ich wollte mir ein „eigenes Denkmal" setzen. Diese Erfahrung ist in der Politik typisch. Überzeugtem Handeln werden schnell persönliche Ambitionen unterstellt. Der Neid der Menschen sollte niemals unterschätzt werden, insbesondere nicht bei Politikern. Aber alles in allem muss ich doch dankbar feststellen, dass es schließlich gelungen war, die Kolleginnen und Kollegen für das Projekt zu gewinnen. Dazu hatte sicher beigetragen, dass ich mich in den vielen Jahren meines Engagements im Europäischen Parlament um ein gutes Einverständnis (es hatte nur wenige Ausnahmen gegeben) mit nahezu allen Kolleginnen und Kollegen – unabhängig von der parteipolitischen Zugehörigkeit – bemüht hatte. Dadurch war Vertrauen entstanden. Ohne dieses Vertrauen, davon bin ich überzeugt, wäre dieses große Projekt, das „Haus der Europäischen Geschichte", nicht Wirklichkeit geworden.

VI. Begegnungen im Vatikan

Als katholischer Christ bin ich meiner Kirche stets in durchaus auch kritischer Verbundenheit zugetan gewesen. Ob ich ein guter Katholik bin, hat ein Höherer zu beurteilen. Wenn mir einmal etwas oder jemand in der katholischen Kirche nicht gefiel, sagte ich scherzhaft: „Und ich bleibe trotzdem katholisch." Natürlich hatten für mich die Begegnungen mit dem Papst – dem Stellvertreter Christi auf Erden – stets eine besondere emotionale Bedeutung. Immer wieder überschnitten sich diese Begegnungen mit dem Oberhaupt meiner Kirche mit politischen Aufgaben, in denen ich stand.

1. Papst Johannes Paul II.

Am 28. September 1978 verstarb völlig unerwartet Papst Johannes Paul I. Als Albino Luciani hatte der bisherige Patriarch von Venedig erst am 26. August desselben Jahres den Stuhl Petri bestiegen. Sein Tod war ein Schock – nicht nur für die Christen katholischen Glaubens. Dieser „lächelnde Papst" hatte den Menschen Zuversicht und Hoffnung vermittelt. Mit ihm hatte sich erstmalig ein Papst einen Doppelnamen gegeben, da er sich seinen beiden Vorgängern, Paul VI. (1963–1978) und Johannes XXIII. (1958–1963), verbunden gefühlt hatte. Papst Johannes Paul I. hat uns eine wunderbare „Korrespondenz" zwischen dem Patriarchen von Venedig, also ihm selbst, und weltberühmten Persönlichkeiten hinterlassen. Es handelte sich um Briefe an und entsprechende Antworten von Persönlichkeiten der Weltgeschichte. „Ihr ergebener Albino Luciani" hatte unter anderem an Charles Dickens, Mark Twain, Maria Theresia, Goethe, Dante, Hippokrates, König David und sogar an das „hölzerne Bengele" Pinocchio, die Hauptgestalt des verbreitetsten italienischen Kinderbuches von Collodi geschrieben. Bernhard von Clairvaux, Heiliger und Kirchenlehrer (1090–1153), hat sogar „geantwortet" und es kam zum Austausch von jeweils drei Briefen, die verbunden waren durch die Überschrift „Wenn du regierst, sei klug".[73] Ich weiß nicht, ob Konrad Adenauer und Albino Luciani einander jemals begegnet waren, aber das Denken von Albino Luciani erinnerte mich immer an die Grundsätze von Konrad Adenauer. In einem seiner Briefe an Bernhard von Clairvaux sprach Albino Luciani vom „Überlegen, Entscheiden und Ausführen". Überlegen bedeutete nach Mitteln zu suchen, die zum Ziel führen. Man sollte handeln, nachdem man nachgedacht, Ratschläge eingeholt und alles aufmerksam geprüft hätte. Entscheiden bedeutete auszuwählen, nachdem man die Mittel untersucht hätte. „Dies wähle ich, es ist das geeignetste oder einzig realisierbare." Nicht klug wäre das ewige Schwanken, das alles in der Schwebe ließe und die Seele krank machte; auch nicht das ewige Warten auf das Beste, um sich dann zu entscheiden. „Man sagt, die Politik sei die Kunst des Möglichen, und in einem gewissen Sinne ist das richtig." Ausführen wäre die wichtigste der drei Phasen. Die Klugheit verbände sich hier mit der Festigkeit und ließe vor Schwierigkeiten und Hindernissen keine Entmutigung aufkommen.

Der Patriarch von Venedig zitierte den früheren französischen Ministerpräsidenten Clemenceau (1906–1909 und 1917–1920) mit folgendem Urteil über zwei Minister seines Kabinetts: „Poincaré weiß alles, aber er versteht nichts. Briand weiß nichts, aber er versteht alles."[74] Bernhard von Clairvaux fügte als seine Meinung hinzu: „Versuche beides zusammen: zu wissen und zu verstehen. Wie ich eingangs sagte: Prinzipien haben und sie auf die Realität anwenden – das ist der Anfang der Klugheit."

Zu versuchen sich an diesen klugen Gedanken zu orientieren, bedeutete also, den bestmöglichen Weg zu gehen. Dieser kluge Menschenkenner Albino Luciani ließ Bernhard von Clairvaux eine Feststellung machen, die wir in der Politik nur zu gut kennen und immer im Bewusstsein haben sollten. Bernhard von Clairvaux: „Kaum ist ein Minister oder Bürgermeister abgesetzt, kennt ihn keiner mehr. Wie oft weht das Fähnchen nach dem Wind!"[75] Und er fügte hinzu:

„Ich führe einen Fall an, der zwar zeitlich weiter zurückliegt, aber klassisch ist. Der Moniteur, eine amtliche französische Zeitung, teilte seinen Lesern im Jahre 1815 über Napoleon nacheinander Folgendes mit: Der Räuber ist von der Insel Elba geflohen. – Der Usurpator hat Grenoble erreicht. – Napoleon ist in Lyon angekommen. – Der Kaiser zieht heute Abend in Paris ein. – Ein wirklich unbefangenes Crescendo."

Auch für die heutige Politik kann dieses Schwanken in der Meinung des Moniteur im Jahr 1815 Mahnung und Lehre sein: Das Schwanken der öffentlichen Meinung darf nicht dazu führen, vom als richtig erkannten Weg abzuweichen, wenn der Wind ins Gesicht bläst. In einer demokratischen Gesellschaft sind Wahlen, nicht Meinungsumfragen, entscheidend für die Ausrichtung der Politik. Auf dem Wege dahin sollte das als richtig Erkannte mit ruhiger Gelassenheit konsequent vertreten und verwirklicht werden. Für die Entscheidung der Bürger wird es schließlich darauf ankommen, ob sie Politikern zutrauen, die Herausforderungen zu bewältigen und ihnen dafür ihr Vertrauen schenken.

*

Mit den klugen Gedanken und Ratschlägen von Johannes Paul I. hatte ich mich gerade vertraut gemacht, als er nach einer Amtszeit von nur 33 Tagen sein irdisches Leben vollendete. Wer sollte ihm nachfolgen? Am 16. Oktober 1978 stieg wieder weißer Rauch aus den Dächern über der Sixtinischen Kapelle, in der die Päpste gewählt wurden, auf. Die Sensation war perfekt: Erstmalig nach 455 Jahren, seit dem Tod von Papst Hadrian VI., der vom 15. Januar 1522 bis zu seinem Tode am 14. September 1523 das Amt innegehabt hatte, wurde wieder ein Nicht-Italiener zum Papst gewählt. Der neue Papst war Karol Józef Kardinal Wojtyła aus Krakau. Er nannte sich – in Erinnerung an seinen so plötzlich verstorbenen Vorgänger – Johannes Paul II. Sollte der „Heilige Geist" jemals das ehrwürdige Gremium der Papstwähler – die Kardinäle im Alter bis zu achtzig Jahre – geleitet haben, so durfte man es bei dieser Papstwahl annehmen.

Johannes Paul II. kam aus Polen, einem kommunistisch regierten Land. Die Verbindung von Kirche und Nation war in wohl keinem Land der Welt so nahe wie in Polen, dem Nachbarn Deutschlands im Osten. Gleichwohl gehörte Polen, wie Johannes Paul II. später immer formulierte, nicht zum Osten, sondern zum Herzen, zur Mitte Europas. Dieses Bewusstsein, Polen wäre ein Herzland Europas, hat die gesamte lange Amtszeit von Johannes Paul II. bis zu seinem Tode am 2. April 2005 bestimmt. Die Papstwahl, die Verhandlungen und Abstimmungsergebnisse im Konklave, sind streng geheim. Alle Kardinäle müssen sich zu größter Vertraulichkeit verpflichten. Gleichwohl sickert immer wieder etwas an Informationen durch. So wurde dem Wiener Franz Kardinal König zugeschrieben, die Wahl von Karol Wojtyła in besonderer Weise angeregt und unterstützt zu haben. Dabei wären die deutschen Kardinäle unter Führung des Kölner Kardinals und Vorsitzenden der Deutschen Bischofskonferenz, Joseph Höffner, besonders an der Seite von Kardinal König gewesen. Auch wenn dies verständlicherweise nicht bewiesen werden kann, so wäre ein solches Verhalten der deutschen Kardinäle nicht nur ein weiteres Zeichen der Versöhnung mit Polen – nach dem bekannten Briefwechsel der deutschen und polnischen Bischöfe im Jahre 1965 –, sondern auch ein Verhalten von großem Weitblick.

*

In einem Hirtenbrief an ihre deutschen Amtsbrüder vom 18. November 1965 hatten die polnischen Bischöfe, allen voran der Initiator des Briefes, Erzbischof Bolesław Kominek in Breslau, und Kardinal Stefan Wyszyński, der Primus von Polen, ein großes Zeichen christlicher Vergebung und menschlicher Größe gezeigt und den Deutschen die Hand zur Versöhnung entgegengereicht, indem sie erklärten: „Wir gewähren Vergebung und bitten um Vergebung." Die politischen Beziehungen zwischen der Bundesrepublik Deutschland und Polen waren zu jener Zeit von den Bedingungen des Kalten Krieges geprägt, sodass die Initiative der Bischöfe angesichts des kommunistischen Regimes in Polen außerordentlich mutig war. Entsprechend wurden die Bischöfe von den kommunistischen Machthabern auch massiv kritisiert. Mitunterzeichner und Förderer des Briefes war Karol Wojtyła, der Erzbischof von Krakau. Die geistige und moralische Tiefe der Worte „Wir gewähren Vergebung und bitten um Vergebung" haben mich immer sehr beeindruckt und mir als jungem Menschen auch eine besondere Nähe zu unseren polnischen Nachbarn vermittelt.

Die Antwort der deutschen Bischöfe vom 5. Dezember 1965 war mitunterzeichnet von Joseph Höffner, dem damaligen Bischof von Münster.

Die Menschen in Polen hatten sich niemals mit dem Kommunismus abgefunden. Dabei hatte die katholische Kirche die Führung übernommen. Der Primas von Polen, der Warschauer Erzbischof Stefan Kardinal Wyszyński, war dafür das Symbol. Aber für die Wahl zum Papst war er wohl zu alt gewesen, wie er selbst gesagt haben sollte. Anders war es mit dem erst 58-jährigen Karol Józef Wojtyła gewesen. Den Krakauer Kardinal zum Papst zu wählen, war ein Signal für die Zukunft: Widerstand gegen den Kommunismus, Überwindung des totalitären kommunistischen Regimes, Überwindung der Teilung Europas. Welch revolutionäre Tat der konservativen katholischen Kirche.[76]

*

Zur Tradition der Fraktion der Europäischen Volkspartei gehörte es seit vielen Jahren, dass die Fraktion in einer eigens für sie bestimmten Audienz durch den Heiligen Vater empfangen wurde. Am 2. April 1981 wurde unsere Fraktion von Johannes Paul II. willkommen geheißen. Für mich als jungen christdemokratischen Abgeordneten war dies ein ganz großes Erlebnis. Mit dem Bus fuhren die Abgeordneten zusammen mit ihren Ehepartnern zum Vatikan. Die überwältigende Aura des Petersplatzes, von Gian Lorenzo Bernini im 17. Jahrhundert unter Papst Alexander VII. angelegt, war mit seinen Säulen und dem Obelisken schon ein Wunder der Architektur. Dahinter erhob sich prachtvoll der von Michelangelo konzipierte Petersdom über dem Grab des Apostels und ersten Papstes, Petrus. Rechts neben dem Petersdom erstreckte sich der Apostolische Palast mit seiner labyrinthartigen Vielfalt in 1.400 Räumen. Links an St. Peter vorbei, in der Nähe des Campo Santo Teutonico, fuhren wir zum Eingang des Vatikans. Die gewaltigen Treppenhäuser mit schmalen Treppenstufen beeindruckten uns. Durch wunderbare, mit Fresken geschmückte Räume kamen wir schließlich in den Audienzsaal, die Sala Clementina. Der Raum war mit Fresken aus der Renaissancezeit ausgeschmückt. Er war im 16. Jahrhundert von Papst Clemens VIII. errichtet worden. Auf dem Fries über den Seitenwänden waren die Kardinaltugenden markiert: Tapferkeit, Besonnenheit, Gerechtigkeit und Klugheit. Dieser Anblick hat mich sehr beeindruckt. In diesem Empfangssaal des Papstes herrschte eine feierliche und ruhige Atmosphäre. Alle warteten gespannt auf Johannes Paul II. Dieser ließ jedoch lange auf sich warten und kam mit etwa einstündiger Verspätung zu seinen Gästen. Papst Johannes Paul II. teilte uns den Grund seiner Verspätung nicht mit, aber es wurde vermutet, dass er sich mit Lech Wałęsa, dem Vorsitzenden der christlichen Arbeitergewerkschaft Solidarność in Polen, telefonisch unterhalten hätte. Bestätigt wurde dies nicht.

Nach der Ansprache des Papstes stellte unser Fraktionsvorsitzender Egon Klepsch jeden einzelnen Abgeordneten dem Heiligen Vater vor, mich als den jüngsten Abgeordneten der Fraktion. Erstmalig einem Papst zu begegnen und ihm die Hand zu geben war für mich als Katholiken natürlich ein ganz besonderes Erlebnis und sehr bewegend. In Erinnerung an den Besuch des Papstes in der Diözese Osnabrück am 16. November 1980 übermittelte ich Johannes Paul II. die Grüße aus unserer Region Osnabrück-Emsland. Darüber freute er sich erkennbar. Dieser kurzen Begegnung sollten weitere folgen: eine Audienz unserer Fraktion mit unserem Fraktionsvorsitzenden Wilfried Martens am 6. März 1997 sowie die beiden Privataudienzen, die Johannes Paul II. mir am 29. November 1999 und 30. November 2004 gewährte. Bei der Audienz unserer Fraktion am 6. März 1997 mahnte Papst Johannes Paul II. in eindringlicher Weise:

> „Häufig ist davon die Rede, dass Europa auf grundlegenden Werten aufgebaut werden müsse. Dies erfordert von Christen in öffentlichen Ämtern, der Botschaft Christi stets treu zu sein und ein moralisch rechtschaffendes Leben anzustreben. [...] Darüber hinaus müssen Christen, die am politischen Leben teilhaben, eine besondere Aufmerksamkeit für die Ärmsten, die Hilflosen und all' jene aufbringen, die sich nicht zur Wehr setzen können." [77]

Dann wurde der Papst politisch:

> „In den kommenden Jahren liegt eine bedeutende Aufgabe vor Ihnen, die insbesondere darin besteht, allen Ländern, die dies wünschen, mit Ihrer Hilfe die Erfüllung der Voraussetzungen zu ermöglichen, um dem großen Europa beizutreten."[78]

Damit sprach Johannes Paul II. ein Thema an, das mich zu diesem Zeitpunkt am meisten in der EVP-Fraktion beschäftigte: die Erweiterung der Europäischen Union.

*

Vom Papst in Privataudienz empfangen zu werden war für mich – und so muss es wohl für die meisten Menschen sein – ein ganz besonderer Höhepunkt meines Lebens. Mein erster persönlicher Besuch bei Johannes Paul II. wurde gewissenhaft von unserem Fraktionsmitarbeiter Stephen Biller vorbereitet. Bereits am Vortage, am 28. November 1999, bin ich mit meinen Söhnen Johannes und Benedict von Brüssel nach Rom gereist. Niemals zuvor hatte ich eine Sitzung unserer Fraktion, die ich als Vorsitzender zu leiten hatte, vorzeitig verlassen. Um aber ganz sicher zu sein, die Audienz bei Johannes Paul II. nicht zu verpassen, habe ich die Leitung der Fraktionssitzung, in der der spanische Ministerpräsident José María Aznar zu Gast war, einem Stellvertreter überlassen. Natürlich hatten die Kolleginnen und Kollegen Verständnis dafür, dass dies ausnahmsweise der Fall sein musste, um pünktlich beim Papst in Rom zu sein.

Es war ein ganz außergewöhnlicher Augenblick, allein mit dem Papst zusammenzutreffen und sich etwa dreißig Minuten mit dem Stellvertreter Christi auf Erden auszutauschen. In perfektem Deutsch unterhielt sich Johannes Paul II. mit mir. Krakau hatte bis zum Ende des Ersten Weltkrieges zu Österreich-Ungarn gehört, Karol Wojtyłas Vater war k. u. k. Unteroffizier gewesen. Ich erlebte Johannes Paul II. als einen zutiefst überzeugten Europäer, dem die Einigung Europas sehr viel bedeutete – mit Herz und Verstand. Ich saß dem Mann gegenüber, dem Europa so viel verdankt. Johannes Paul II. hatte in den Achtzigerjahren bei seinen Besuchen in Polen seinen polnischen Landsleuten zugerufen: „Habt keine Angst! Verändert die Welt, verändert diese Welt." Es ist meine tiefe Überzeugung, dass Europa ohne diesen großen Papst den Kommunismus nicht so schnell abgeschüttelt und seine Einheit gefunden hätte. Für mich gehörte und gehört Johannes Paul II. zu den ganz großen Persönlichkeiten des 20. Jahrhunderts. Mag man auch mit einigen seiner theologischen und kirchlichen Überzeugungen nicht übereinstimmen, politisch war er ein Gigant. Dieses Politische hatte geistig-moralische Wurzeln. Seine Überzeugungskraft, seine Glaubwürdigkeit, sein Beispiel gaben den Menschen Mut. Der sowjetische Diktator Josef Stalin soll einmal verächtlich die Frage gestellt haben, wie viele Divisionen der Papst hätte. Der Papst hatte keine Divisionen im Sinne von Soldaten, Panzern und Waffen, aber die geistig-moralische Stärke von Johannes Paul II. hatte alle militärischen Divisionen der Nachfolger Stalins überwunden. Der Mut und die Kraft, die er seinen polnischen Landsleuten gegeben hatte, waren mitentscheidend für den Niedergang, schließlich den Zusammenbruch des Kommunismus und damit für die Überwindung der Teilung Europas gewesen. Mögen die Deutschen niemals vergessen, dass die ihnen am 3. Oktober 1990 geschenkte Einheit ihres Landes nicht möglich geworden wäre ohne den Freiheitswillen der Polen und anderer europäischer Völker und ohne Johannes Paul II.

An all dies musste ich denken, als ich dieser großen Persönlichkeit gegenübersaß. Ich habe es als ein großes Geschenk empfunden, mich mit Papst Johannes Paul II. ganz allein und ganz privat austauschen zu dürfen. Für mich waren seine mir gegenüber geäußerten europäischen Überzeugungen, die auch die Werte Europas und des Christentums selbstverständlich einbezogen, eine Ermutigung für meine Aufgaben als

Vorsitzender der größten Fraktion im Europäischen Parlament. Ich erinnerte den Papst an seinen Besuch im Europäischen Parlament in Straßburg am 11. Oktober 1988. Auch dort hatte er sich mit Leidenschaft für die Einigung Europas und die Wertegrundlagen Europas ausgesprochen. Ein Jahr vor dem Fall der Mauer hatte der Papst die Osterweiterung der Europäischen Gemeinschaft vorhergesagt:

> „Mein Wunsch als oberster Hirte der Universalkirche, der aus Osteuropa gekommen ist und der die Wünsche der slawischen Völker kennt – dieser anderen ‚Lunge‘ unserer euro-päischen Heimat –, mein Wunsch ist es, dass Europa sich souveräne, freie Institutionen gibt und eines Tages sich in den Dimensionen entfalten kann, die die Geografie und mehr noch die Geschichte ihm gegeben haben."[79]

Ich sagte dem Papst, wie sehr wir es im Europäischen Parlament begrüßen würden, wenn er uns erneut die Ehre seines Besuches geben würde. Er nahm diese Empfehlung, wie mir schien, mit Freude zur Kenntnis, aber angesichts seines Gesundheitszustands verpflichtete er sich nicht dazu. Auch gegenüber seiner Umgebung, insbesondere gegen-über dem „Außenminister" des Vatikans, Erzbischof Jean-Louis Tauran, heute Kardinal, mit dem ich auch in den kommenden Jahren in gutem, ja freundschaftlichem Kontakt blieb, äußerte ich diese Anregung. Aber immer wieder wurde auf den Gesundheitszu-stand von Johannes Paul II. hingewiesen, der durch das im Jahre 1981 erlittene Attentat doch zunehmend geschwächt war. Als Geschenk brachte ich Johannes Paul II. die Ver-träge, die die Europäische Union begründet hatten, mit. Er nahm sie mit großem Inter-esse entgegen. Ein besonderer Höhepunkt war für mich, dass nach meiner Audienz auch meine beiden Söhne Johannes und Benedict den Heiligen Vater begrüßen und einige Worte mit ihm austauschen konnten. Das gemeinsame Foto mit Papst Johannes Paul II. erinnert an einen der außergewöhnlichsten Momente in meinem persönlichen Leben. Johannes und Benedict teilen dieses Empfinden.

*

Die zweite Privataudienz, fünf Jahre später am 30. November 2004, war in ganz ande-rer Weise beeindruckend, ja tief berührend. Johannes Paul II. empfing mich nicht, wie bei der ersten Audienz, am Schreibtisch nahe des Eingangs der Bibliothek, sondern an der gegenüberliegenden Seite, sodass ich zunächst den großen Raum durchschreiten musste, um den Heiligen Vater zu begrüßen. Auch kam er mir nicht entgegen wie bei der Audienz zuvor, sondern gab mir, in einem großen Sessel sitzend, die Hand zum Gruß. Es war bewegend, diesem historischen Giganten, wie ich es immer empfand, jetzt in seiner körperlichen, menschlichen Gebrechlichkeit zu begegnen. Johannes Paul II. war von schwerer Krankheit gezeichnet. Anwesend war auch Bischof Stanis-laus Dziwisz, der Sekretär des Papstes und heutige Kardinal von Krakau, ebenso Ste-phen Biller, der Mitarbeiter unserer Fraktion, der auch diesen Besuch gut vorbereitet hatte. Bischof Dziwisz, dem ich auch heute gelegentlich begegne, war bei der Vermittlung der Audienz bei Johannes Paul II. außerordentlich behilflich gewesen.

Ganz im Gegensatz zu seiner physischen Verfassung war der Verstand von Johannes Paul II. hellwach, aber er konnte sich kaum noch äußern. Ich berichtete ihm über Entwicklungen in der Europäischen Union, die Schwierigkeiten bei der Berufung der Kommission von José Manuel Durão Barroso. Auch schilderte ich dem Papst unsere Bemühungen, einen Gottesbezug beziehungsweise das christlich-jüdische Erbe im Vertrag über die Europäische Union zu verankern. An allem zeigte Johannes Paul II. großes Interesse und ich merkte, wie sehr er das Engagement meiner Fraktion für christliche Werte und Überzeugungen schätzte. Für mich war es eine große Ehre, Johannes Paul II. die Auszeichnung unserer Fraktion, die Robert-Schuman-Medaille, überreichen zu dürfen. Johannes Paul II. war als einzige Persönlichkeit mit dem „Außerordentlichen Karlspreis" der Stadt Aachen ausgezeichnet worden. Dass der Papst nun auch die Robert-Schuman-Medaille, in Erinnerung an diesen großen katholischen Staatsmann, einen Mann der Versöhnung zwischen Frankreich und Deutschland sowie Wegbereiter der Einigung Europas, entgegennahm, war für mich ein außergewöhnlicher, niemals zu vergessender Augenblick. Johannes Paul II. betrachtete diese Medaille mit großer Aufmerksamkeit. Sie trug auf der Vorderseite die Inschrift „Robert Schuman", auf der Rückseite standen der Name des Ausgezeichneten, das Datum sowie der Ort, an dem die Medaille übergeben wurde.

Als ich Johannes Paul II. die Robert-Schuman-Medaille überreichte, konnte ich nicht ahnen, dass er auch mir etwas geben würde. Der Papst schenkte mir, überreicht durch Bischof Dziwisz, ein mit „Joannes Paulus II" unterzeichnetes Dokument – es wird mir immer das bedeutsamste und wertvollste Dokument bleiben, das ich entgegennehmen durfte. Deshalb möchte ich das in italienischer Sprache verfasste Original sowie die deutsche Übersetzung im ganzen Wortlaut wiedergeben:

„Illustre Onorevole!

1. La saluto cordialmente e La ringrazio per il riconoscimento che ha avuto la cortesia di consegnarmi. Esso ravviva in me il ricordo di Robert Schuman, considerato a ragione fra i Padri fondatori dell'Europa contemporanea.

Si dice che un giorno egli abbia esclamato che il luogo in cui si sentiva più europeo erano le cattedrali. Fedele a questa convinzione, Ella si è adoperato affinché il trattato costituzionale europeo riconoscesse le radici cristiane di questo Continente. La ringrazio vivamente per tale impegno: anche se non è stato coronato da successo, esso ha comunque stimolato la riflessione dei responsabili politici, dei cittadini e dell'opinione pubblica su una questione non secondaria nell'odierno contesto nazionale, europeo e mondiale.

2. La promozione di tale innegabile patrimonio europeo richiede, fra l'altro, particolare impegno a sostegno della vita umana, dal suo concepimento fino alla morte naturale, a difesa del matrimonio fra l'uomo e la donna e a tutela della famiglia, cellula fondamentale della società.

Auspico che il Partito Popolare Europeo appoggi con vigore tali valori, nella consapevolezza che non è sufficiente resistere al male, ma occorre anche adoperarsi per cambiare le strutture che lo favoriscono.

3. Tale impegno in campo etico non potrà che andare a beneficio dell'Europa. La mancanza di un'etica forte e condivisa è sempre stata la premessa di una debole democrazia. Se l'Europa vuole essere autenticamente democratica dovrà dunque integrarsi con questa convinzione e, di conseguenza, riconoscere alla religione, e pertanto alla Chiesa, il ruolo pubblico che ciò comporta e che ad essa compete. Soltanto un'Europa con una forte identità religiosa, morale e culturale può aprirsi agli altri in modo costruttivo e pacifico.

AffidandoLe questi pensieri che mi stanno particolarmente a cuore, imparto con affetto a Lei ed a quanti L'accompagnano la Benedizione Apostolica.

Dal Vaticano, 30 Novembre 2004

Joannes Paulus II"

„Sehr geehrter Herr Abgeordneter,

1. Ich grüße Sie von Herzen und ich danke Ihnen für die Auszeichnung, die Sie mir freundlicherweise verliehen haben. Sie weckt in mir die Erinnerung an Robert Schuman, der zu Recht als einer der Gründerväter des heutigen Europa gilt.

Er soll einmal erklärt haben, dass der Ort, an dem er sich am meisten als Europäer fühle, die Kathedralen seien. Treu dieser Überzeugung haben Sie sich dafür eingesetzt, dass die Europäische Verfassung die christlichen Wurzeln dieses Kontinents anerkenne. Ich danke Ihnen herzlich für dieses Engagement: Auch wenn es nicht von Erfolg gekrönt worden ist, so hat es jedenfalls bei den verantwortlichen Politikern, den Bürgern und in der öffentlichen Diskussion das Nachdenken über eine Frage angeregt, die im heutigen nationalen, europäischen und globalen Kontext von nicht untergeordneter Bedeutung ist.

2. Die Förderung dieses unleugbaren europäischen Erbes erfordert unter anderem besonderen Einsatz zum Schutz des menschlichen Lebens von seiner Empfängnis bis zum natürlichen Tod, zur Verteidigung der Ehe zwischen Mann und Frau und zur Bewahrung der Familie, der Grundeinheit der Gesellschaft.

Ich wünsche mir, dass die Europäische Volkspartei mit Entschiedenheit diese Werte unterstützt, im Bewusstsein, dass es nicht genügt, dem Bösen zu widerstehen, sondern dass es vonnöten ist, sich auch für eine Veränderung der Strukturen einzusetzen, die es begünstigen.

3. Ein solcher Einsatz auf ethischem Gebiet kann nur zum Wohle Europas sein. Das Fehlen einer starken und allgemein anerkannten Ethik ist seit jeher der Ausgangspunkt für eine schwache Demokratie gewesen. Wenn Europa wahrhaft demokratisch sein will, muss seine Integration in dieser Überzeugung geschehen und muss es folglich der Religion, und vor allem der Kirche, die öffentliche Rolle zukommen lassen, die dies mit sich bringt und die ihr zusteht. Nur ein Europa mit einer starken religiösen, moralischen und kulturellen Identität kann sich anderen in konstruktiver und friedlicher Weise öffnen.

Indem ich Ihnen diese Gedanken anvertraue, die mir besonders am Herzen liegen, erteile ich Ihnen und allen, die Sie begleiten, von Herzen den Apostolischen Segen.

Im Vatikan, 30. November 2004

Johannes Paulus II"[80]

Dieses wunderbare Dokument war eine Anerkennung des Wirkens für unsere christlichen Überzeugungen. Wenn der Papst in seinem Schreiben ausführte:

„Auch wenn es nicht von Erfolg gekrönt worden ist, so hat es jedenfalls bei den verantwortlichen Politikern, den Bürgern und in der öffentlichen Diskussion das Nachdenken über eine Frage angeregt, die im heutigen nationalen, europäischen und globalen Kontext von nicht untergeordneter Bedeutung ist",

so hat er damit wohl gemeint, dass es uns im Verfassungsvertrag nicht gelungen war, den Gottesbezug beziehungsweise die Nennung des christlich-jüdischen Erbes zu verankern. Dies ist richtig, doch ist hinzuzufügen, dass viele Prinzipien, so die Würde des Menschen und die sich daraus ergebenden Schlussfolgerungen, die wir in den Verfassungsvertrag hineinschreiben konnten, christlichen Überzeugungen entsprechen. Die Tatsache, dass der Heilige Vater unsere Bemühungen im Europäischen Parlament anerkannte, anstatt zu tadeln und zu kritisieren, habe ich für meine Kolleginnen und Kollegen sowie für mich mit Dankbarkeit zur Kenntnis genommen. Dass diese Würdigung mir persönlich in einem päpstlichen Dokument zum Ausdruck gebracht wurde, fügte der Dankbarkeit große Freude hinzu. Mit einer tiefen Verbeugung und einem intensiven Händedruck verabschiedete ich mich von Johannes Paul II. Ich schritt erneut den langen Weg zum Ausgang der Bibliothek, drehte mich noch einmal um und schaute den Heiligen Vater an. Er segnete mich und auch ich machte das Kreuzzeichen. Stumm verließ ich den Raum und war mir gewiss, dass ich diesen großen Papst Johannes Paul II. nicht wiedersehen würde. Vier Monate später, am 2. April 2005, hat er diese Erde verlassen. Auch das Bild, wie dieser große Papst, der Europa und damit die Welt verändert hat, in seiner Gebrechlichkeit hoch über dem Petersdom aus dem Fenster seiner Gemächer hinausschaute, wird uns immer in Erinnerung bleiben. Er wollte uns damit zeigen, dass Größe und Schwäche im menschlichen Leben zusammengehören. Welch großes, christliches Zeugnis!

*

Die Trauerfeierlichkeiten für Johannes Paul II. am 8. April 2005 waren überwältigend. Die aus aller Welt angereisten, in Rot gekleideten Kardinäle, die violett gewandeten Bischöfe, die mit der römisch-katholischen Kirche verbundenen orientalischen Würdenträger gaben ein einzigartiges Bild dieses sonnigen, leicht windigen Tages. Dreieinhalb Millionen Menschen waren nach Rom gepilgert, um Abschied zu nehmen. Zweitausend Staats- und Regierungschefs und höchste internationale Würdenträger waren aus aller Welt angereist, darunter US-Präsident George W. Bush, Israels Präsident Mosche Katzav, König Abdullah II. von Jordanien, der frühere Präsident des Iran, Mohammed Khatami, Hamad Al Thani, der Emir von Katar, Afghanistans Präsident Hamid Karzai, Russlands Premierminister Michail Fradkow. Die deutsche Delegation wurde von Bundespräsident Horst Köhler, Bundestagspräsident Wolfgang Thierse, Bundeskanzler Gerhard Schröder und Dieter Althaus, dem thüringischen Ministerpräsidenten und Vizepräsidenten des Bundesrates, angeführt. Die EU-Spitze – Kommissionspräsident José Manuel Durão Barroso, Jean-Claude Juncker als Ratspräsident und Josep Borrell Fontelles als mein Vorgänger im Amt des Präsidenten des Europäischen Parlaments – war ebenso anwesend wie UN-Generalsekretär Kofi Annan, der Generalsekretär der NATO, Jaap de Hoop Scheffer, und der Generalsekretär der Arabischen Liga, Amr Moussa. Ein früherer Stellvertreter im Fraktionsvorsitz, Lorenzo Cesa, nun Generalsekretär der Union der Christlichen Demokraten und der Zentrumsdemokraten (UDC), einer Mitgliedspartei der EVP, hatte meinem Sohn Benedict und mir für eine der vorderen Reihen auf dem Petersplatz gute Plätze besorgt. In unserer unmittelbaren Nähe saßen die CDU-Bundesvorsitzende Angela Merkel, die wenige Monate später Bundeskanzlerin der Bundesrepublik Deutschland werden sollte, sowie Bayerns Ministerpräsident Edmund Stoiber. Verantwortlich für die Trauerfeier war Joseph Kardinal Ratzinger in seiner Eigenschaft als Kardinaldekan, als höchster Vertreter der Kirche während der Sedisvakanz, also des nichtbesetzten Stuhles Petri. Der frühere Erzbischof von München war zum 1. März 1982 von Johannes Paul II. als Präfekt der Kongregation für die Glaubenslehre in die Kurie berufen worden. Kardinal Ratzinger würdigte in seiner Predigt das große Vermächtnis von Johannes Paul II. mit der suggestiven Wiederholung des Wortes des auferstandenen Jesus: „Folgt mir nach!"

Viele der auf dem Petersplatz versammelten hunderttausenden von Gläubigen forderten mit „Santo Subito" die baldige Seligsprechung des verstorbenen Papstes. Insbesondere unzählige Pilger aus Polen, die Johannes Paul II. in besonderer Weise verbunden waren, skandierten diese Forderung und dokumentierten sie mit Transparenten. Es war eine beeindruckende Demonstration. Stark eingeprägt hat sich mir das geöffnete Buch, das auf dem schlichten, links vom Altar stehenden Holzsarg lag. Durch einen leichten Windstoß wurde dieses Buch, dessen Blätter im Winde flatterten, schließlich geschlossen, aber es blieb auf dem Sarg liegen. Symbolhaft brachte diese Szene zum Ausdruck, dass die irdische Existenz dieses großen Papstes abgeschlossen war. Johannes Paul II. fand seine vorläufige Ruhestätte im Grab eines seiner Vorgänger, nämlich von Johannes XXIII. in der Krypta unterhalb des Petersdomes, dessen gut erhaltener Leichnam seinerseits im Petersdom in einem gläsernen Altar für die Besucher sichtbar aufgebahrt war.

Am 1. Mai 2011 wurde Johannes Paul II. durch seinen Nachfolger Benedikt XVI. in einer beeindruckenden Zeremonie auf dem Petersplatz seliggesprochen. Auch hieran nahmen Staatsgäste aus aller Welt, so auch die Präsidenten der europäischen Institutionen – Herman Van Rompuy, Präsident des Europäischen Rates, José Manuel Durão Barroso, Präsident der Europäischen Kommission, sowie Jerzy Buzek, Präsident des Europäischen Parlaments –, teil. Die Bundesrepublik Deutschland war mit einer Delegation, die von Bundesinnenminister Hans-Peter Friedrich geleitet wurde, vertreten. Dieser Delegation gehörte auch ich an und so konnte ich die Seligsprechung dieses großen Papstes miterleben. Europa hat allen Anlass, Johannes Paul II. immer dafür dankbar zu sein, dass er durch seine geistig-moralische Kraft, seine tiefen Überzeugungen geholfen hat, den europäischen Kontinent und damit die Welt zu verändern, den Menschen in Europa die Freiheit zu ermöglichen und die Teilung unseres Kontinents zu überwinden. Johannes Paul II. ist ein Bespiel dafür, wie die richtige Persönlichkeit zur richtigen Zeit am richtigen Ort Großes bewirken kann. Für mich wird er immer einer der ganz Großen des 20. Jahrhunderts bleiben. Mit friedlichen Mitteln die Welt zum Guten zu verändern ist größer als jede militärische Leistung. In einem neuen Grab rechts hinter dem Eingang des Petersdoms hat Papst Johannes Paul II. am Tag nach seiner Seligsprechung seine letzte Ruhestätte gefunden.

2. Papst Benedikt XVI.

Am 19. April 2005 wurde Joseph Kardinal Ratzinger nach einem kurzen Konklave im vierten Wahlgang zum Papst gewählt. Es war der 22. Geburtstag meines Sohnes Benedict. Der neue Papst gab sich den Namen Benedikt XVI., was mich sehr erfreute, da der Heilige Benedikt von Nursia (480–547 n. Chr.) der Schutzpatron Europas war. In einem Glückwunschschreiben im Namen der EVP-ED-Fraktion übermittelte ich Papst Benedikt XVI. die besten Glückwünsche unserer Fraktion und gab meiner Freude über die Namenswahl Ausdruck. Ich erklärte, dass die Namenswahl sicher auch seine Unterstützung für die Einigung Europas zum Ausdruck bringen sollte.

Bereits als Kardinal hatte sich der neue Papst zur Einigung Europas bekannt. Die Amtseinführung fand am 24. April 2005 vor dem Petersdom statt. Auch zu diesem Anlass hatte ich eine Einladung erhalten und dank Lorenzo Cesa hatten mein Sohn Benedict und ich wieder einen guten Platz bekommen. Eine große deutsche Boulevardzeitung hatte die Wahl Benedikts XVI. – des Deutschen und Bayern – dokumentiert mit: „Wir sind Papst". Die Tatsache, dass „wir" nun Papst waren, hatte auch dazu geführt, dass als Vertreter Deutschlands Bundespräsident Horst Köhler, Bundeskanzler Gerhard Schröder, die CDU-Vorsitzende Angela Merkel und Bayerns Ministerpräsident Edmund Stoiber dieses Mal einen noch besseren Platz in der Nähe des Altars erhalten hatten.

Joseph Ratzinger war ich bisher nicht begegnet. Ich hoffte, dass eine Begegnung mit ihm als Papst Benedikt XVI. bald möglich werden würde. Das sollte nicht lange auf sich warten lassen. Bereits Johannes Paul II. hatte entschieden, dass vom 16. bis 21. August 2005 in Köln die Weltjugendtage stattfinden sollten. Aus Anlass des Weltjugendtages lud der Erzbischof von Köln, Joachim Kardinal Meisner, zu einem Empfang in seinem Bischofshaus ein, bei dem etwa achtzig Personen anwesend waren. Dazu gehörte auch ich. Mein Sohn Johannes begleitete mich. Kardinal Meisner stellte mich dem Papst vor und bemerkte, dass ich im Europäischen Parlament dafür gesorgt hätte, dass die Weltjugendtage durch den Haushalt der Europäischen Union unterstützt wurden. In der Tat hatte ich mich dafür eingesetzt, dass im EU-Haushalt zweieinhalb Millionen Euro zur Verfügung gestellt wurden. Dabei hatte mir der Vorsitzende der sozialistischen Fraktion, Martin Schulz, sehr geholfen. Widerspruch hatte es zwar in Teilen der sozialistischen Fraktion gegeben, so bei einigen französischen Sozialisten, insbesondere aber bei den Liberalen und Grünen. An all dies musste ich denken, als Kardinal Meisner dem Papst von der Förderung der Weltjugendtage durch das Europäische Parlament berichtete. Ich bemerkte gegenüber Benedikt XVI.: „Das war gar nicht so einfach, Heiliger Vater." Dann stellte ich meinen Sohn Johannes vor und fragte, so hatte es mir mein Sohn Benedict aufgetragen, ob auch dieser dem Heiligen Vater begegnen könnte, wie es bei dessen Vorgänger der Fall gewesen war, und fügte hinzu, dass Benedikt XVI. am 22. Geburtstag meines Sohnes Benedict zum Papst gewählt worden war. Darauf antwortete Benedikt XVI. mit einem Lächeln: „Wenn Gott will." Und Gott wollte. Am 23. März 2007 hatte ich während eines offiziellen Besuchs Italiens als Präsident des Europäischen Parlaments Gelegenheit, Benedikt XVI. in einer Privataudienz zu treffen. Meine Söhne begleiteten mich.

Der guten Tradition meiner Vorgänger im Fraktionsvorsitz folgend, war es auch mir ein Anliegen, den Heiligen Vater um eine Audienz für unsere Fraktion zu bitten. Bei Papst Johannes Paul II. hatte sich eine Audienz für die gesamte Fraktion während meiner Amtszeit als Vorsitzender deswegen nicht ergeben, weil sie nicht in Rom zusammengetroffen war. Bei Papst Benedikt XVI. aber sollte es Wirklichkeit werden.

*

Die Vorbereitungen auf Seiten unserer Fraktion lagen wieder in den bewährten Händen unseres Mitarbeiters Stephen Biller. Dabei ergaben sich zunächst unerwartete Schwierigkeiten: nicht in Bezug auf eine Audienz an sich, sondern im Hinblick auf die Form. Mir wurde mitgeteilt, dass das Staatssekretariat einen Empfang unserer Fraktion im Rahmen einer Generalaudienz in der Aula Paolo VI. empfahl. Das aber war für mich nicht akzeptabel. Hätte ich dieser Empfehlung entsprochen, wäre eine lange Tradition beendet worden: eine Audienz, die nur unserer Fraktion vorbehalten war. Dies war nicht nur eine Formsache, sondern die Anwesenheit unserer Fraktionsmitglieder im Rahmen einer Generalaudienz hätte das besondere Band, das sich zwischen den Päpsten und unserer Fraktion in Jahrzehnten entwickelt hatte, zerschnitten. Einer solchen Entwicklung wollte ich keinesfalls meine Zustimmung geben. Schließlich wurde vereinbart, dass unsere Fraktion in der Aula delle Benedizioni empfangen werden sollte, dem großen, von wunderbaren Bildern und Fresken geschmückten Audienzsaal im Apostolischen Palast. Einige wenige andere hochrangige Gäste sollten ebenfalls daran teilnehmen, unter anderem der frühere Bundesminister Schwarz-Schilling in seiner Eigenschaft als Hoher Repräsentant für Bosnien und Herzegowina. Die Audienz fand am 30. März 2006 statt. Das Zeremoniell war beeindruckend. Papst Benedikt XVI. hatte in einem großen, thronähnlichen Sessel Platz genommen. Links und rechts von ihm waren Prälaten mit ihren schwarzen und roten Roben. An den Seiten dieser Empore, zu welcher fünf Stufen hinführten, stand jeweils ein Schweizer Gardist mit einer Lanze. Etwas entfernt davon zur Linken des Papstes vor einer Wand saßen weitere Prälaten, darunter der Sekretär des Papstes, Georg Gänswein. Unterhalb der Empore war ein Mikrofon installiert, von wo aus ich das Wort an den Heiligen Vater und unsere Fraktion richtete. Natürlich war dies für mich ein ganz besonders bewegender Moment. Im Vatikan vor dem Papst zu sprechen, das war eine neue Erfahrung. Hunderte von Reden, auch vor vielen Menschen, hatte ich in meinem politischen Leben gehalten, aber noch niemals im Vatikan, noch niemals vor einem Papst. Dass ich eine innere Spannung verspürte, empfand ich in Erinnerung an meine Schulzeit, in der ich den „Faust" gespielt hatte, nur als natürlich. Ich sprach den Hauptteil meiner Ansprache auf Deutsch, aber einige Teile auch auf Englisch und Französisch. Ich sprach Benedikt XVI. mit „Heiliger Vater" an und sagte, dass es

> „für mich eine große Ehre [ist], Eurer Heiligkeit meine Kolleginnen und Kollegen von der Fraktion der Europäischen Volkspartei (Christdemokraten) und Europäischer Demokraten im Europäischen Parlament, deren Gäste und die Mitarbeiter des Fraktionssekretariats vorstellen zu dürfen".[81]

„Im Namen der EVP-ED-Fraktion", so fügte ich hinzu, „grüße ich Eure Heiligkeit sehr herzlich." Ich sprach davon, dass unsere Fraktion sich in ihrem Programm der Würde des Menschen verpflichtet hätte. Außerdem merkte ich an, dass sich unsere Fraktion „für einen Gottesbezug in der Europäischen Verfassung eingesetzt [hat]. Und auch wenn uns dies nicht gelungen ist, erfüllt es uns doch mit Stolz, den Versuch unternommen zu haben". Auch wies ich darauf hin, dass der endgültige Verfassungstext „grundlegende christliche Werte" enthielte. Die EVP-ED-Fraktion wäre als Verteidigerin der jüdisch-christlichen Werte fest entschlossen, „für die geistige und moralische Dimension des europäischen Vorhabens einzutreten". Ich wies darauf hin, dass der Papst diese Ziele unserer Fraktion unterstützte. Europa stünde vor großen Aufgaben, vielleicht auch vor einer Krise, worüber Papst Benedikt XVI. im vergangenen Jahr in einer Ansprache in Subiaco geredet hätte.[82] Als Christen wären aber „Hoffnung und Optimismus die Grundlage unserer Arbeit". Damit wies ich auf etwas hin, was in der tatsächlichen Arbeit unserer Fraktion nicht immer gegenwärtig war.

In unserer Fraktion wären Katholiken, Protestanten, Anglikaner, Presbyterianer, Methodisten und orthodoxe Christen vereinigt. Die Fraktion der Europäischen Volkspartei (Christdemokraten) und Europäischer Demokraten wäre wahrhaft ökumenisch. Wir wären entschlossen, „die religiöse Dimension Europas in die Auseinandersetzung mit der Kulturkrise einzubeziehen, von der alle unsere Völker betroffen sind". Diese Entschlossenheit hätte sich auch in dem Erfolg der Fraktion widergespiegelt, für die Weltjugendtage in Köln im Jahre 2005 die Unterstützung der Europäischen Union zu erhalten.

Ich erinnerte daran, dass unsere Fraktion einen jährlichen Dialog mit der orthodoxen Kirche durchführte, um unseren Beitrag zur Überwindung der Spaltung der Christenheit Europas zu leisten. Auch wies ich auf unsere Initiativen im Hinblick auf die Staaten der Organisation der Islamischen Konferenz hin, mit denen wir erreichen wollten, dass auch Christen und Moslems als Gläubige privilegierte Partner sein konnten. Unter Hinweis darauf, dass uns ein arabischer Gast begleitete – es handelte sich dabei um Mansour Al-Arayedh, Mitglied des königlichen Schura-Rates von Bahrain und Leiter der parlamentarischen Delegation der arabischen Staaten des Golf-Kooperationsrates – formulierte ich eine meiner Grundüberzeugungen im Verhältnis zur moslemischen Welt: „Wir glauben nicht an den ‚Konflikt der Kulturen', wir glauben an Zusammenarbeit, Verständnis und Partnerschaft, wenn möglich Freundschaft, zwischen Kulturen und Religionen." Abschließend dankte ich dem Heiligen Vater „für die Gemeinschaft, die uns verbindet" und sagte für unsere Fraktion, wir „bitten Gott um seinen Segen für Sie und uns alle für ein friedliches, demokratisches und ebenso starkes wie menschliches Europa".

Nun antwortete Papst Benedikt XVI.[83] Rückblickend erinnerte er daran, dass die römischen Päpste dem europäischen Kontinent „stets besonderes Interesse entgegengebracht" hätten. Diese Audienz, bezeugte er uns, wäre Teil einer langen Reihe von Treffen zwischen seinen Vorgängern und politischen Bewegungen christlicher Ausrichtung. Er dankte mir persönlich für die Worte, die ich im Namen unsrer Fraktion an ihn gerichtete hatte und entbot den Mitgliedern unserer Fraktion und mir seine herzlichen Grüße. Dann kam er auf die „komplizierten Fragen" zu sprechen, „die Erweiterung und die Vertiefung der Europäischen Integration", die „Nachbarschaftspolitik der EU und die Diskussion über ihr Sozialmodell". Um diese Ziele zu erreichen, wäre es wichtig, „mit kreativer Treue Inspiration aus dem christlichen Erbe zu ziehen, das die Identität dieses Kontinents entscheidend mitgeprägt hat". Durch Achtung seiner christlichen Wurzeln könnte Europa den Entscheidungen seiner Bürger und Völker eine sichere Richtung geben. Er begrüßte daher, dass unsere Fraktion das christliche Erbe Europas verteidigte. Es böte

> „wertvolle ethische Richtlinien bei der Suche nach einem Sozialmodell, das eine angemessene Antwort auf die Anforderungen einer heute bereits globalisierten Wirtschaft und demografischer Änderungen gibt, das Wachstum und Arbeitsplätze sichert, die Familie schützt, der Jugend gleiche Bildungschancen einräumt und den Armen Hilfe gewährt".

Dann kam Benedikt XVI. auf die Rolle des Christen in der Gesellschaft zu sprechen:

> „Ihre Unterstützung für das christliche Erbe kann darüber hinaus entscheidend zur Niederlage einer Kultur beitragen, die heute in Europa weit verbreitet ist und die eigenen religiösen Überzeugungen in die private und subjektive Sphäre verweist. Eine Politik, die auf dieser Grundlage aufbaut, stellt sich gegen die öffentliche Rolle der Christen und schneidet sie von Europas religiöser Tradition ab, die trotz der Vielfalt der Konfessionen deutlich sichtbar ist. Das bedroht die Demokratie selbst, deren Kraft auf den Werten beruht, die sie fördert. [...] Da diese Tradition durch das, was als ihre polyphone Einheit bezeichnet werden kann, Werte vermittelt, die für das Wohl der Gesellschaft entscheidend sind, kann die Europäische Union nur hinzugewinnen, wenn sie sich diesen Werten verpflichtet. Es wäre ein Zeichen von Unreife, um nicht zu sagen Schwäche, dies abzulehnen oder zu ignorieren, statt einen Dialog zu führen. In diesem Zusammenhang erweist sich eine gewisse säkulare Unerbittlichkeit als Feindin der Toleranz, und einer gesunden weltlichen Sicht von Staat und Gesellschaft."

Daraufhin äußerte sich Benedikt XVI. anerkennend über einen Artikel im Verfassungsvertrag der Europäischen Union, der „systematische und kontinuierliche Beziehungen zu den religiösen Gemeinschaften vorsieht, ihre Identität und ihren besonderen Beitrag anerkennt".

Über diese Aussage des Papstes freute ich mich besonders, da wir bisher eher Kritik dafür geerntet hatten, dass es uns nicht gelungen war, den Gottesbezug beziehungsweise das jüdisch-christliche Erbe im Verfassungsvertrag zu verankern. Dass die Kirchen mit dem erwähnten Artikel im Verfassungsvertrag aus der allgemeinen Gesellschaft herausgehoben wurden und durch einen Dialog mit den europäischen Institutionen besondere Beachtung fanden, verdiente mit Recht Anerkennung. Lange hatten wir uns dafür eingesetzt.

Der Papst fügte hinzu, dass nicht vergessen werden dürfte, dass ein Eingreifen von Kirchen oder kirchlichen Gemeinschaften in die öffentliche Debatte, bei der sie Vorbehalte äußerten oder an verschiedene Grundsätze erinnerten, nicht als Intoleranz oder Einmischung zu sehen wäre. Ziel dieser Wortmeldungen wäre es, einen Beitrag zu leisten, damit der Mensch frei und verantwortungsvoll handeln könnte, um so den Forderungen nach Gerechtigkeit zu folgen, „auch wenn dies im Widerspruch zu Machtansprüchen und persönlichen Interessen stehen sollte".

Letztlich erklärte Benedikt, dass es der katholischen Kirche bei ihrem Wirken in der Öffentlichkeit darum ginge, die Menschenwürde zu schützen und zu fördern. Folgende Grundsätze wären „nicht verhandelbar":

- „der Schutz des Lebens in allen Phasen, vom ersten Moment der Empfängnis bis zum natürlichen Tod;
- die Anerkennung und die Förderung der natürlichen Struktur der Familie als einer Verbindung von Mann und Frau durch Heirat;
- der Schutz des Rechts der Eltern auf die Erziehung ihrer Kinder."

Abschließend bezeichnete Papst Benedikt XVI. seine Gäste als „liebe Freunde" und sagte: „[Ich bitte] für Sie und Ihre Arbeit um den immerwährenden Beistand Gottes, in dessen Namen ich Ihnen und Ihrer Begleitung von Herzen meinen Segen spende." Die Fraktion dankte dem Papst für seine Ansprache durch starken Beifall. Er erhob sich von seinem Platz, kam mir entgegen und ich bewegte mich auf ihn zu. Papst Benedikt XVI. begrüßte mich herzlich. Ich hatte ihm ein kleines Geschenk mitgebracht, eine CD mit sakraler polnischer Musik.

Nun sollte ich dem Papst einige Mitglieder unserer Fraktion vorstellen. Da der Papst mit ein wenig Verspätung in die Audienz gekommen war, entschied das Protokoll des Vatikans, dass dem Heiligen Vater nicht vierzig, sondern nur zwanzig Personen vorgestellt wurden. Dies war natürlich für diejenigen, die von der Vorstellung und damit auch einem Foto mit dem Papst ausgeschlossen wurden, eine große Enttäuschung – wie sich später zeigen sollte. Nachdem ich den Papst mit etwa zwanzig Gästen namentlich bekannt gemacht hatte, begab sich dieser in den langen Gang, um den links und rechts stehenden Menschen seinen Segen zu erteilen. Prälat Georg Gänswein ermutigte mich, den Papst zu begleiten, was ich schließlich tat, aber immer ein klein wenig hinter ihm blieb. Etwa in der Mitte der Aula delle Benedizioni machten zwei besonders resolute und engagierte Kolleginnen auf sich aufmerksam, Doris Pack und Ria Oomen-Ruijten. Sie machten eine Handbewegung, die mir bedeutete, ich möchte doch den Papst in ihre Richtung geleiten. Ich wagte es nicht, diesem Wunsch zuwiderzuhandeln. So bat ich den Heiligen Vater, diese beiden Damen zu begrüßen. Die Saarländerin Doris Pack fragte in ihrer direkten und unnachahmlichen Weise, ob der Heilige Vater im Mai 2006 zum Katholikentag nach Saarbrücken käme. Sie fragte dies mit einer solchen Bestimmtheit, als ob an dem Besuch des Heiligen Vaters kein Zweifel sein könnte. Benedikt XVI. gab jedoch eine Antwort, die sein Erscheinen in Saarbrücken nicht garantierte.

Danach schüttelte der Papst noch einige Hände und wir erreichten den Ausgang der Aula delle Benedizioni. Dort verabschiedeten wir uns sehr freundlich. Mir fiel ein Stein vom Herzen, dass diese Audienz so gut verlaufen war. Aber aus meiner Freude wurde ich schnell in die menschliche Wirklichkeit zurückgeholt. Ein bayerischer Kollege fuhr mich mit energischer Stimme an, warum es für ihn keine Begegnung und damit kein Foto mit dem Papst gegeben hätte. Ich erklärte, dass das Protokoll des Vatikans die Anzahl der persönlichen Begegnungen reduziert hätte. Ich hätte darauf keinen Einfluss nehmen können. Aber es stellte ihn nicht zufrieden. Ich konnte es durchaus verstehen. Der bayerische Papst war natürlich den Bayern besonders nahe. So wie alle gerne ein Foto mit dem Papst gehabt hätten, war dieses für die bayerischen Kolleginnen und Kollegen noch verständlicher. Mir zeigte diese kleine Szene erneut unsere menschliche Wirklichkeit: Größe, Erhabenheit und Würde sowie Verärgerung, Unzufriedenheit und Missfallen liegen nahe beieinander. Aber trotz allem: Die Begegnung mit Papst Benedikt XVI. war für alle Abgeordneten unserer Fraktion ein großes, in Erinnerung bleibendes Erlebnis.

*

Am Freitag, dem 23. März 2007, sollte es so weit sein: Gott wollte. Mein Sohn Benedict, an dessen 22. Geburtstag Joseph Kardinal Ratzinger zum Papst gewählt worden war, traf mit dem Stellvertreter Christi auf Erden zusammen. Aber erst nach der Privataudienz des Vaters, der unterdessen zum Präsidenten des Europäischen Parlaments gewählt worden war. Um 11:50 Uhr öffnete sich die Tür zur Bibliothek des Papstes, in der mich schon Johannes Paul II. zu zwei Privataudienzen empfangen hatte. Das Gespräch mit Benedikt XVI. fand an demselben Schreibtisch statt wie das Gespräch mit Johannes Paul II. am 29. November 1999. Der Papst saß hinter dem Schreibtisch, sein Gast schräg links davon an der Seite. Das Gespräch mit Benedikt XVI. begann mit einem intensiven, herzhaften Lachen. Bedauerlicherweise entzieht sich der Grund dafür meiner Erinnerung. Sollte dies anders sein, würde ich gleichwohl aus Gründen der Diskretion nicht darüber berichten. Aber so begann unsere Unterhaltung in einer außerordentlich positiven, freundlichen Atmosphäre. Den Heiligen Vater, der seit mehr als zwei Jahrzehnten mit dem ernsthaften Thema der Glaubenslehre betraut war, als eine humorvolle Persönlichkeit kennenzulernen, war eine angenehme Erfahrung, ja Überraschung. Ich berichtete Benedikt XVI. über meine Erfahrungen bei dem Versuch, den Gottesbezug beziehungsweise das christlich-jüdische Erbe in den Vertrag von Lissabon einzubeziehen. Insbesondere berichtete ich ihm von dem Abendessen des Europäischen Rates am 8. März 2007, als ich noch einmal versucht hatte, dieses Anliegen – da es nicht im Vertrag von Lissabon berücksichtigt worden war – in der „Berliner Erklärung" vom 25. März 2007 zu verankern. Ich berichtete, dass dieser Versuch insbesondere am französischen Staatspräsidenten Jaques Chirac, aber auch am belgischen Ministerpräsidenten Guy Verhofstadt (der, wie berichtet, zunächst seine Zustimmung signalisiert hatte, dann aber durch seine Koalition „zurückgepfiffen" worden war) gescheitert war. Natürlich war Benedikt XVI. darüber sehr enttäuscht. Aber andererseits konnte ich darauf hinweisen, dass der Dialog der Kirche mit den europäischen Institutionen im Vertrag von Lissabon erwähnt worden war, wie es auch im Verfassungsvertrag der Fall gewesen war. Dies hatte der Papst ja bereits in der Audienz für unsere Fraktion am 30. März 2006 mit Freude festgestellt.

Sodann lud ich Papst Benedikt XVI. aus Anlass des Europäischen Jahres des Dialogs der Kulturen im Jahre 2008 zu einem Besuch ins Europäische Parlament ein. Natürlich konnte ich diese Entscheidung nicht alleine treffen. Deswegen hatte ich mich mit den meisten der Fraktionsvorsitzenden vorher abgesprochen: so mit Martin Schulz, dem Vorsitzenden der sozialistischen Fraktion, Graham Watson, dem Vorsitzenden der liberalen Fraktion, sowie mit Daniel Cohn-Bendit, dem Co-Vorsitzenden der Fraktion der Grünen. Dass Martin Schulz und Graham Watson zugestimmt haben würden, daran hatte ich keinen Zweifel gehabt. Aber auch Daniel Cohn-Bendit hatte gesagt: „Wenn du das willst, dann bin ich dafür." Dass der Vorsitzende der Fraktion Europa der Nationen, Brian Crowley, ein irischer Katholik, für den Besuch des Papstes gewesen war, hatte außer Frage gestanden. Ich erklärte dem Papst, dass wir im Laufe des Jahres 2008 Repräsentanten der großen Religionen der Welt ins Europäische Parlament einladen würden. Der Besuch des höchsten Repräsentanten der katholischen Kirche wäre ein absoluter Höhepunkt. Auch erinnerte ich an den Besuch von Johannes Paul II. im Europäischen Parlament in Straßburg am 11. Oktober 1988. Benedikt XVI. äußerte sich nicht ablehnend, doch hatte ich den Eindruck, dass er glaubte, das Europäische Parlament wäre der Kirche gegenüber nicht besonders positiv eingestellt. Falls es zu einem Besuch des Papstes im Europäischen Parlament kommen sollte, müsste dieser mit einem Pastoralbesuch in Frankreich verbunden werden. Auch kamen wir auf die Frage der Seligsprechung von Robert Schuman zu sprechen. Nun bin ich persönlich nicht jemand, der die Seligsprechung von Politikern für besonders förderungswürdig hielt, aber Robert Schuman war für mich eine Ausnahme.

Robert Schuman war ein Mann der Versöhnung gewesen und war tiefsten christlichen Überzeugungen gefolgt. Seit vielen Jahren lief im Vatikan ein „Prozess" zu seiner Seligsprechung. Aber man kam nicht wirklich voran. Hans August Lücker, Fraktionsvorsitzender der EVP-Fraktion im Europäischen Parlament von 1970 bis 1975, hatte sich die Seligsprechung von Robert Schuman ganz besonders auf seine Fahnen geschrieben. Da die Begleitung des Seligsprechungsprozesses auch einen hohen finanziellen Aufwand durch die Berufung von Rechtsanwälten erfordert hatte, hatte Hans August Lücker in dieses Anliegen auch viel privates Geld investiert. Ich hatte mehrmals mit ihm darüber gesprochen. Leider wird Hans August Lücker, der am 28. Dezember 2007 verstorben ist, die Seligsprechung von Robert Schuman nicht mehr erleben können. Einige Jahre später hatte ich erfahren, dass das Bistum Metz den von dort herstammenden Domkapitular Joseph Jost, der im Campo Santo Teutonico in Rom gewohnt hatte, beauftragt hatte, als Postulator die Seligsprechung von Robert Schuman zu fördern. Wenn der letzte Kaiser von Österreich, Kaiser Karl, am

3. Oktober 2004 für seine Friedenssuche im Ersten Weltkrieg seliggesprochen wurde, warum ist dies dann bei Robert Schuman, dem Europa – insbesondere die Völker Frankreichs und Deutschlands – die Versöhnung und den Frieden verdankt, nicht auch möglich? Die Seligsprechung von Politikern sollte dann allerdings auch sein Bewenden haben. Die anderen beiden „Gründerväter" Europas, Alcide De Gasperi und Konrad Adenauer, hätten eine Seligsprechung wohl auch nicht gewollt. Ich bin sicher, Konrad Adenauer hätte es mit Pierre Pflimlin gehalten, der mir einst gesagt hatte: „Seliggesprochen zu werden ist ein Ehrgeiz, den ich nicht habe."

Papst Benedikt XVI. war sehr an der Einigung Europas interessiert. Entsprechend naheliegend war es natürlich, dass die Einigung unseres Kontinents zum Hauptinhalt unseres etwa vierzigminütigen Gesprächs wurde. Schließlich sprachen wir noch von Persönlichkeiten, die ihm und mir bekannt beziehungsweise befreundet sind. So übermittelte ich Benedikt XVI. – wie bereits erwähnt – Grüße von Bundeskanzlerin Angela Merkel und auch vom Erzbischof von Oppeln, Alfons Nossol, sowie von dem mit mir befreundeten Pfarrer von Donaueschingen, Hans-Peter Fischer, der in seiner Pfarrei St. Johann die sogenannten Kanzelreden zu politischen und gesellschaftspolitischen Fragen eingeführt hatte. Hans-Peter Fischer wurde bald Rektor des Campo Santo Teutonico neben dem Vatikan. Ich berichtete dem Papst davon, dass Erzbischof Nossol, der sich um die polnisch-deutsche Versöhnung größte Verdienste erworben hat, mir bei einem meiner Besuche in Oppeln in dem von ihm eingerichteten Kneipp-Sanatorium in Groß Stein (Kamień Śląski) die dortigen Geräte fachkundig erklärt hatte. So sprachen wir auch über ganz normale Dinge des Lebens. Auch erlaubte ich mir den Hinweis an den Papst, dass ich den Eindruck hätte, dass er gerne Papst wäre. Er hat es nicht dementiert. Diese Freude konnte man bei ihm in den ersten Jahren seines Pontifikats, als er noch nicht so sehr von der Bürde des Alters und den ihn belastenden Vorgängen im Vatikan und in der Weltkirche bedrückt war, wahrnehmen. Zum Abschluss unseres Gespräches bat Benedikt XVI. mich, Bundeskanzlerin Angela Merkel, die ich am kommenden Tag in Berlin aus Anlass der „Berliner Erklärung" sehen sollte, zu grüßen. Dieser Bitte bin ich gern nachgekommen.

Nach der Audienz wurden für ein gemeinsames Foto meine Söhne Johannes, den der Papst bereits im August 2005 in Köln kennengelernt hatte, sowie Benedict, den ich nun dem Heiligen Vater vorstellen konnte, in den Raum gebeten. Auch kamen Klaus Welle, mein Kabinettschef und der heutige Generalsekretär des Europäischen Parlaments, Luis Ritto, der EU-Botschafter beim Vatikan, sowie Antonio Preto, Mitglied in meinem Kabinett, hinzu. Für uns alle sollte die Begegnung mit Papst Benedikt XVI. in guter Erinnerung bleiben.

*

Politik besteht zu einem großen Teil aus unvorhergesehenen Ereignissen, die in vielen Fällen zu Schwierigkeiten führen, die gelöst werden müssen. Dies können sowohl Ereignisse in der Natur, oft Katastrophen, sein oder durch Menschen hervorgerufene

Ereignisse. Zu den durch Menschen hervorgerufenen Ereignissen gehört ganz allgemein das menschliche Handeln, darunter auch ihr Reden und das bloße Mitteilen von Überzeugungen. Wenn diese Ereignisse von ranghohen, ranghöchsten Persönlichkeiten hervorgerufen werden, sind sie häufig auch von entsprechender, oftmals größter Bedeutung. Das Ereignis, das mich indirekt wieder mit Papst Benedikt XVI. zusammenführte, war von großer Bedeutung, die noch dadurch gesteigert wurde, dass es sich um einen Vorgang kurz vor den Wahlen zum Europäischen Parlament am 7. Juni 2009 handelte.

Aus Anlass einer Apostolischen Reise nach Kamerun und Angola wurde Papst Benedikt XVI. am Dienstag, dem 17. März 2009, während des Fluges nach Afrika von Journalisten interviewt. Federico Lombardi, der Pressesprecher des Vatikans, erteilte „einer französischen Stimme das Wort, unserem Kollegen Phillippe Visseyrias von *France 2.*"[84]

Frage: „Heiligkeit, unter den vielen Übeln, die Afrika heimsuchen, ist insbesondere auch das der Verbreitung von AIDS. Die Position der katholischen Kirche in Bezug auf die Art und Weise, dagegen anzukämpfen, wird oft als unrealistisch und unwirksam betrachtet. Werden Sie auf Ihrer Reise über dieses Thema sprechen?"

Benedikt XVI.: „Ich würde das Gegenteil behaupten. Ich denke, dass die wirksamste, am meisten präsente Realität im Kampf gegen AIDS gerade die katholische Kirche mit ihren Bewegungen und verschiedenen Strukturen ist. Ich denke an die Gemeinschaft Sant'Egidio, die im Kampf gegen AIDS so viel tut – sichtbar und auch im Verborgenen –, ich denke an die Kamillianer, an viele andere Dinge, an all die Ordensschwestern, die sich um die Kranken kümmern [...]. Ich würde sagen, dass man das AIDS-Problem nicht nur mit Geld lösen kann, das zwar auch notwendig ist. Aber wenn die Seele nicht beteiligt ist, wenn die Afrikaner nicht mithelfen (indem sie eigene Verantwortung übernehmen), kann man es mit der Verteilung von Präservativen nicht bewältigen. Im Gegenteil, sie vergrößern das Problem. Die Lösung kann nur in einem zweifachen Bemühen gefunden werden: erstens in einer Humanisierung der Sexualität, das heißt in einer spirituellen und menschlichen Erneuerung, die eine neue Verhaltensweise im gegenseitigen Umgang mit sich bringt; und zweitens in einer wahren Freundschaft auch und vor allen zu den Leidenden, in einer Verfügbarkeit, auch mit Opfern und persönlichem Verzicht an der Seite der Leidenden zu sein."

Diese Stellungnahme des Papstes war nicht falsch, denn wenn die Seele nicht beteiligt ist, die ganze Persönlichkeit, dann wird das AIDS-Problem nicht zu bewältigen sein. Aber gleichwohl wäre es angemessen gewesen, wenn Benedikt XVI. Verständnis für die Verwendung von Präservativen gezeigt hätte, um Ansteckungen zu vermeiden. Natürlich wäre dadurch nicht das Problem als solches zu lösen, aber es wäre ein Zeichen des Verständnisses für menschliches Verhalten gewesen.

Im Europäischen Parlament gab es daraufhin wütende Reaktionen. Ein „Jahresbericht über die Menschenrechte in der Welt 2008 und die EU-Politik in diesem Bereich" wurde zum Anlass genommen, einen Änderungsantrag einzureichen, der den Papst „verurteilen" sollte. Der Änderungsantrag 2 der Abgeordneten Sophia in 't Veld und Marco Cappato im Namen der ALDE-Fraktion (liberale und demokratische Fraktion), der der Ziffer 45 als 45a hinzugefügt werden sollte, hatte folgenden Wortlaut:

> „Das Europäische Parlament
> – betont die Bedeutung der Förderung der mit der Sexual- und Fortpflanzungsgesundheit verbundenen Rechte als Voraussetzung für eine erfolgreiche Bekämpfung von HIV/AIDS, das gewaltige Verluste an Menschenleben und enormen Schaden hinsichtlich der wirtschaftlichen Entwicklung verursacht und insbesondere die ärmsten Regionen der Welt betrifft;
> – verurteilt nachdrücklich die jüngsten Äußerungen von Papst Benedikt XVI., in denen er die Benutzung von Kondomen verboten und davor gewarnt hat, dass der Gebrauch von Kondomen die Ansteckungsgefahr sogar erhöhen könne;
> – zeigt sich besorgt darüber, dass Äußerungen solcher Art ein ernsthaftes Hindernis für die Bekämpfung von HIV/AIDS darstellen werden;
> – weist darauf hin, dass die Stärkung der Rolle der Frau ebenfalls dazu beiträgt, HIV/AIDS entgegenzuwirken;
> – fordert die Regierungen der Mitgliedstaaten zum gemeinsamen Handeln auf, um die mit der Sexual- und Fortpflanzungsgesundheit verbundenen Rechte und die diesbezügliche Bildung zu fördern, einschließlich hinsichtlich des Gebrauchs von Kondomen als wirksames Mittel bei der Bekämpfung dieser Geißel."[85]

Als Präsident des Europäischen Parlaments und auch persönlich war ich über diesen Antrag in höchstem Maße alarmiert. Eine Verurteilung des Papstes wäre ein unerhörter Vorgang gewesen und als eine Stellungnahme des gesamten Europäischen Parlaments verstanden worden, zu dem auch wir von der Europäischen Volkspartei, die Christdemokraten, gehörten. Außerdem sollte dies nur wenige Wochen vor der Europawahl geschehen. Eine Verurteilung des Papstes wäre für die Christdemokraten fatal – nicht nur, weil es in der Sache unangemessen war, sondern auch, weil viele Wähler der EVP-Parteien, so von CDU und CSU, sich bei der Europawahl voraussichtlich nicht beteiligen würden. Dies war ein Alarmsignal, zumal die Beteiligung an den Wahlen zum Europäischen Parlament bei den letzten Wahlen ohnehin schon zurückgegangen war. Auch der Vatikan reagierte. Erzbischof Dominique Mamberti, der päpstliche Außenminister, schickte mir mit Datum vom 4. Mai 2009 einen Brief aus dem Staatssekretariat. Mit Recht wies Erzbischof Mamberti darauf hin, dass der Inhalt des Änderungsantrages nicht die exakte Haltung des Papstes wiedergab. Auch musste man Erzbischof Mamberti zustimmen, wenn er darauf hinwies, dass die Kirche eine ganz besondere Verantwortung bei der Pflege und Betreuung von AIDS-Kranken in Afrika wahrnähme:

„Die Besorgnis darüber, dass die Äußerungen des Papstes ‚ein ernsthaftes Hindernis für die Bekämpfung von HIV/AIDS darstellen werden‘, missachtet die Tatsache, dass Papst Benedikt XVI. diesen Kampf sogar unterstützt und dass seine Worte der Kirche in Afrika helfen, ein wichtiger Akteur in diesem Bereich zu bleiben, da sich die Institutionen der afrikanischen Glaubensgemeinden mit Hingabe um einen hohen Anteil der Erkrankten und deren Familien besser kümmern, als es anderen Institutionen gelingt. Darüber hinaus war es ausdrücklich aufgrund seines Wunsches, über diese Epidemie hinwegzukommen, dass Papst Benedikt XVI. sich für eine humanisierte Sexualität ausgesprochen hat, die verbunden mit der Pflege authentischer Freundschaften und Offenheit gegenüber denjenigen, die an AIDS erkrankt sind, zu einer langfristigen Lösung des Problems führen könnte.“[86]

Dies wollten die beiden Antragssteller jedoch nicht anerkennen. Im Großen und Ganzen konnte ich mich mit dem Schreiben von Erzbischof Mamberti solidarisieren. Aber dann verlangte er etwas von mir, was außerhalb meiner Amtsbefugnis lag. Er forderte mich auf, den Antrag zurückzuziehen und nicht zur Abstimmung zu stellen, und er fügte hinzu, dass wegen des diffamierenden Charakters dieser Initiative das Ansehen der bedeutenden Institution, deren Präsident ich war, Schaden nehmen könnte. Damit hatte er zweifelsohne Recht, aber die Abstimmung konnte ich nicht verhindern.

Die Situation war für mich außerordentlich heikel. Umgehend nahm ich mit dem juristischen Dienst des Europäischen Parlaments Kontakt auf, um mich offiziell über die Rechtslage zu informieren. Mir war klar, dass ich als Präsident den Änderungsantrag nicht verhindern konnte, wollte mir dies aber noch einmal ausdrücklich bestätigen lassen. Die mündliche Information des Rechtsdienstes bejahte meine Annahme. Wegen der großen Bedeutung der Sache schrieb ich dem Rechtsdienst einen Brief und bat noch einmal um eine ausdrückliche schriftliche Stellungnahme, die mir dann auch gegeben wurde und in welcher die mündliche Information noch einmal versichert wurde. Auch mein Kollege Klaus-Heiner Lehne, ein ausgezeichneter Jurist, war mir hier wie in anderen rechtlichen Fragen ein guter Ratgeber.

Erschwerend kam für mich hinzu, dass ich an dem Tag der Abstimmung, am 7. Mai 2009, nicht die Sitzung des Europäischen Parlaments leiten konnte, da ich in Prag am Gipfeltreffen der östlichen Partnerschaft teilnahm, dessen Ziel die Annäherung der östlichen Nachbarstaaten (Georgien, Armenien, Aserbaidschan, Moldawien, Ukraine und Weißrussland) an die EU war.

Erzbischof Mamberti antwortete ich am 6. Mai 2009, also bereits vor der Abstimmung. In meinem Schreiben erkannte ich die Rolle der katholischen Kirche beim Kampf gegen AIDS in Afrika ausdrücklich an und bemerkte, dass der Antrag nicht den richtigen Inhalt der Erklärung des Papstes wiedergab. Jedoch wies ich auch darauf hin, dass es mir als Präsident des Europäischen Parlaments unmöglich wäre, den Antrag nicht zur Abstimmung zuzulassen.[87]

Mir lag in höchstem Maße daran, dass der den Papst verurteilende Antrag keine Mehrheit bekam. Obwohl es nicht meine Sache war, eine Mehrheit gegen den Antrag zu organisieren, war ich doch bemüht, dies zu fördern. So sprach ich mit dem Fraktionsvorsitzenden der EVP, Joseph Daul, meinem Nachfolger in diesem Amt, sowie seinem Stellvertreter, meinem Kollegen und Freund, dem deutschen CDU-Abgeordneten Hartmut Nassauer. Hartmut Nassauer, ein engagierter Protestant, hat sich sehr verdienstvoll darum bemüht, eine Mehrheit für den Antrag zu verhindern. Vor der Abstimmung über den „Jahresbericht über die Menschenrechte in der Welt 2008" am 7. Mai 2009 erklärte Hartmut Nassauer in der von Vizepräsident Gérard Onesta, Fraktion der Grünen, geleiteten Sitzung vor dem Plenum des Europäischen Parlaments:

„Herr Präsident! Ich möchte Sie namens der EVP-ED-Fraktion bitten, gemäß Artikel 151 Absatz 1 und 3 den Änderungsantrag 45a der liberalen Fraktion, soweit er sich mit Äußerungen von Papst Benedikt befasst, als unzulässig zurückzuweisen, und zwar aus folgenden Gründen: Diese Äußerung stammt aus dem Jahr 2009, der Bericht befasst sich mit Menschenrechtsverletzungen aus dem Jahr 2008. Deswegen ändert dieser Antrag den Text nicht, den er ändern soll. Zum anderen vergleicht dieser Änderungsantrag die Äußerungen des Papstes mit Menschenrechtsverletzungen schwerster Art, der Anwendung der Todesstrafe, Menschenrechtsverletzungen in China, Folter all überall. Dieser Vergleich ist eine zynische Missachtung der Opfer von Menschenrechtsverletzungen in aller Welt!

(Beifall)

Es ist zum anderen ein solch unglaublicher Anwurf, eine solch unglaubliche Diskriminierung des Papstes, dass sich die ALDE-Fraktion damit identifizieren mag, das Europäische Parlament sollte das allerdings unter keinem Umständen tun!

(Lebhafter Beifall)"[88]

Darauf teilte der amtierende Präsident dem Plenum „die Auffassung des juristischen Dienstes und des Präsidenten des Europäischen Parlaments" mit, „da dieser natürlich in Übereinstimmung mit unserer Geschäftsordnung konsultiert wurde". Dabei nahm Gérard Onesta auch auf mich Bezug, was nicht falsch war, aber auch einen Eindruck hervorrufen konnte, als handelte es sich bei meiner Position um eine persönliche Meinung und nicht um eine Rechtsfrage. Er erklärte:

„Der juristische Dienst ist der Auffassung, dass der Änderungsantrag zulässig ist, und dies ist auch die Ansicht des Präsidenten des Europäischen Parlaments. Daher soll nur die Meinung von Herrn Pöttering vorherrschen. Demnach, ich bitte um Verzeihung, Herr Nassauer, aber die Änderung ist zulässig."

Nach der Wortmeldung von Hartmut Nassauer meldete sich der liberale deutsche Abgeordnete Alexander Graf Lambsdorff und trug eine mündliche Änderung vor, um – wie er sagte – „eine sachliche Richtigstellung" vorzunehmen und eine „etwas ausgewogenere Formulierung" zu wählen. Der Änderungsantrag sollte nun lauten:

„[Das Europäische Parlament]
– betont die Wichtigkeit der Förderung von sexueller und reproduktiver Gesundheit und Rechten als eine Voraussetzung für jedweden erfolgreichen Kampf gegen HIV/AIDS, welche enorme Verluste im Hinblick auf Menschenleben und konjunkturelle Entwicklung verursachen, wobei besonders die ärmsten Regionen der Welt betroffen sind;
– ist besorgt über Erklärungen von Papst Benedikt XVI., die den Eindruck erwecken, dass die Verwendung von Kondomen sogar zu einem erhöhten Ansteckungsrisiko führen könnte;
– ist der Ansicht, dass diese Aussagen den Kampf gegen HIV/AIDS ernsthaft behindern werden."

„Der Rest des Änderungsantrags bleibt unverändert", so Graf Lambsdorff. Das Protokoll verzeichnete: „Beifall von links". Daraufhin meldete sich Hartmut Nassauer für die EVP-ED-Fraktion erneut zu Wort. Er führte aus, dass dieser überarbeitete Änderungsantrag „im Tonfall nicht so rüpelig wie die Urgestalt, aber in der Sache unverändert" wäre. Deswegen würde der Änderungsantrag von seiner Fraktion abgelehnt.

Das Abstimmungsergebnis war für die EVP-ED-Fraktion ein großer Erfolg. 253 Abgeordnete stimmten gegen den Antrag, 199 dafür, 61 enthielten sich.[89] Die liberale Fraktion, der Antragssteller, war gespalten: 30 Abgeordnete stimmten dafür, 27 dagegen.[90] Die Fraktion der Linken (zum Teil frühere Kommunisten) stimmten für den Antrag, ebenso die große Mehrheit der Sozialisten sowie 10 Abgeordnete der EVP-ED-Fraktion, insbesondere aus Schweden. Die überwältigende Mehrheit der EVP-ED-Fraktion, 170 Abgeordnete,[91] stimmte erwartungsgemäß gegen den Antrag; 6 Sozialisten[92] ebenso, darunter das heutige Mitglied des Europäischen Rechnungshofes, Szabolcs Fazakas. Die Fraktion Europa der Nationen, die von meinem Freund Bryan Crowley geleitet wurde und in der viele polnische Abgeordnete vertreten waren, stimmte ebenso erwartungsgemäß gegen den Antrag. Nach der Europawahl 2009 wurde diese Fraktion aufgelöst. Immerhin 9 liberale Abgeordnete enthielten sich der Stimme, ebenso 12 Abgeordnete unserer Fraktion sowie 33 Sozialisten.[93] Die Enthaltung der Sozialisten musste besonders geschätzt werden, da ihre Zustimmung – und die einiger anderer – das Blatt leicht hätte wenden können.

Unmittelbar nach der Abstimmung wurde mir das Ergebnis aus Straßburg telefonisch nach Prag übermittelt. Umgehend informierte ich die dort ebenfalls anwesende Bundeskanzlerin Angela Merkel und teilte ihr mit, dass eine schwere Belastung des Europawahlkampfes abgewendet werden konnte. Ich war froh, dass diese unerfreuliche Debatte einen so positiven Abschluss fand. Mit einem sehr freundlichen Schreiben vom 22. Mai 2009 bedankte sich Erzbischof Mamberti für die Entscheidung. Sie stärkte ihn in seinem Vertrauen in die Verantwortlichkeit der Mehrheit der Mitglieder des Europäischen Parlaments und ihrem Umgang mit den „deformierenden Erklärungen" gegen den Heiligen Vater.[94] Damit war dieser unangenehme Vorgang in nach meiner Überzeugung positivem Sinne abgeschlossen. Dank galt insbesondere dem Protestanten Hartmut Nassauer! Diese Erfahrung sollte die katholische Kirche in ihrem ökumenischen Geist beflügeln.

*

Nach der Audienz am 23. März 2007 bin ich Papst Benedikt XVI. persönlich nicht mehr begegnet, war aber bei seinem Besuch in Deutschland vom 22. bis 25. September 2011 mehrfach dabei: bei seiner Rede im Deutschen Bundestag, beim Gottesdienst in Berlin und beim Gottesdienst in Freiburg sowie bei der anschließenden dortigen Rede zum Verhältnis von Kirche und Welt. Erstaunlich an diesem seit dem 28. Februar 2013 emeritierten Papst ist, wie seine persönliche Bescheidenheit, ja Demut, in einem scheinbaren Widerspruch zu stehen scheint zu theologischer und kirchenpolitischer Festigkeit, ja Härte. In dieser theologischen und kirchenpolitischen Hinsicht unterschieden sich Benedikt XVI. und Johannes Paul II. kaum voneinander. Benedikt XVI. verkörperte insoweit die Kontinuität zu seinem Vorgänger. Die persönlichen Begegnungen mit diesen in ihrer sehr unterschiedlichen Art charismatischen Persönlichkeiten, mit Johannes Paul II. und Benedikt XVI., gehören ohne Zweifel zu den beeindruckendsten Erfahrungen meines Lebens.

3. Rede vor Kardinälen

Über einen weiteren, für mich außergewöhnlichen Besuch im Vatikan möchte ich berichten. Der aus dem Amt scheidende Kardinalstaatssekretär Tarcisio Bertone, der Benedikt XVI. gedient hatte, beabsichtigte, Reden aus seiner Amtszeit zu veröffentlichen. Das Buch sollte den Titel tragen: „La Diplomacia pontificia en un mundo globalizado" („Die Diplomatie des Vatikans in einer globalisierten Welt"). Aus diesem Anlass hatte er mich eingeladen, am 12. November 2013 im Vatikan über „Das Christentum und die Europäische Union" zu sprechen. Gern hatte ich die Einladung angenommen, um bei der Buchvorstellung neben dem „Außenminister" des Vatikans, Erzbischof Dominique Mamberti, eine Rede zu halten. Die Veranstaltung fand in einem großen Saal in dem nach Papst Paul VI. benannten Gebäude für die Generalaudienzen der Päpste statt. Als ich den Saal betrat, war ich erstaunt über die große Anzahl von etwa 250 anwesenden Geistlichen, darunter 14 Kardinäle und zahlreiche Bischöfe. Ich war erfreut, unter ihnen auch meinen alten Bekannten Jean-Louis Kardinal Tauran, mit dem ich bereits aus seiner Zeit als „Außenminister" vertraut war und den ich sehr schätzte, zu sehen. Dieser hatte am 13. März 2013 als Kardinalprotodiakon der Stadt Rom und der Welt von der Loggia des Petersdoms aus verkündet, dass die katholische Kirche einen neuen Papst hatte: „Habemus Papam." Auch war unter den Gästen Angelo Kardinal Sodano, der Papst Johannes Paul II. als Kardinalstaatssekretär gedient hatte, sowie der frühere Erzbischof von Regensburg, im Vatikan zuständig für die Glaubenslehre, Gerhard Ludwig Müller. Durch die Veranstaltung führen sollte der Sprecher des Vatikans, der Jesuitenpater Federico Lombardi.

Kardinal Bertone hatte darum gebeten, dass ich meine Rede in italienischer Sprache vortrug. Einleitend hatte ich die Zuhörer um Verständnis für mein mangelndes Beherrschen der italienischen Sprache gebeten, da ich sie nie systematisch gelernt hatte. Aber nach sorgfältiger Vorbereitung sollte es mir möglich sein, den italienischen Text einigermaßen fehlerfrei vorzulesen.[95] Ich würdigte Tarcisio Kardinal Bertone mit der „Bilanz seines so reichen, erfüllten Lebens im Dienst der katholischen Kirche". Papst Franziskus würdigte den scheidenden Kardinalstaatssekretär mit einem Grußwort in dessen Buch. Ich hatte mir vorgenommen, hier, im Zentrum der katholischen Kirche, den Würdenträgern zu vermitteln, dass die katholische Kirche, das Christentum und die Europäische Union bei der Verteidigung von Werten die gleiche Verantwortung haben. Insbesondere kam es mir darauf an, die katholische Kirche, deren Repräsentanten immer wieder Kritik an der Europäischen Union übten, für die Unterstützung der Europäischen Einigung zu gewinnen:

„Europa, dieser Kontinent, der zum ersten christlichen Kontinent wurde, hat oft vergessen oder sich schwer getan mit den Werten, die seine Wurzeln sind. Und Europa hat erfahren und erleiden müssen, was geschieht, wenn die Wurzeln, die Europa ausmachen, verraten werden. Zwei totalitäre Herrschaftsformen und zwei Weltkriege liegen im 20. Jahrhundert hinter uns. Bald ist es genau einhundert Jahre her, dass Europa aus Hybris und Führungsversagen sich selbst und die Welt in den Abgrund langwieriger Kriege stürzte. An den Folgen der beiden Weltkriege leiden noch immer Menschen. Viele haben nicht und nichts vergessen. Aber heute dürfen wir dankbar dafür sein, in der längsten Friedensperiode leben zu dürfen, die Europa jemals gekannt hat",

sagte ich vor den Repräsentanten der katholischen Kirche. Ich wies darauf hin, dass nach der großen Erschütterung die Menschen sich mehr als jemals zuvor im Zeitalter der modernen Demokratie aus christlicher Verantwortung am Neubau Europas beteiligt hatten. Aber auch Menschen anderer Prägung hatten sich engagiert – aus humanistischen, aus liberalen oder aus sozialistischen Motiven heraus.

„Sie alle aber waren einig darin, dass nie wieder Gewalt das Urteil darüber sprechen dürfe, wer Recht und wer Unrecht hat. Im Kern ist gerade deshalb die Europäische Union eine Wertegemeinschaft, denn sie stellt das Recht in den Dienst des einzelnen Menschen, in den Schutz der Menschenwürde und des Lebens in Frieden."

Es war mir wichtig darauf hinzuweisen, dass die EVP-Fraktion sich bei dem Entwurf für die Verfassung bemüht hatte, den Gottesbezug in der Präambel zu berücksichtigen. Papst Johannes Paul II. hatte dies, so berichtete ich, in einem Dokument vom 30. November 2004 ausdrücklich anerkannt. Ich erläuterte, dass ich als Präsident des Europäischen Parlaments die Europäische Grundrechtecharta unterschrieben hatte und dass die Religionsfreiheit zu den wichtigsten Grundrechten gehörte. Wortwörtlich sagte ich: „Die Grundrechtecharta ist Ausdruck christlicher Überzeugungen." Politik gäbe keine letzten Wahrheiten, aber sie müsste Wahrheitssuche ermöglichen, führte ich aus.

> „Dies garantiert die Europäische Union, so wie wir sie heute kennen. Ich würde mir manchmal wünschen, in meiner Kirche würde über die EU immer und überall so gesprochen, wie sie ist, und nicht so, wie sie verzerrt wird, wo immer Polemik die mühevolle Arbeit des Kompromisses beim Bau eines stabilen Europas begleitet."

Dann kam ich auf den Kern zu sprechen, den ich zum Ausdruck bringen wollte:

> „Europäische Einigung bedeutet vor allem Versöhnung, Verständigung, Respekt voreinander und, was das wichtigste ist: Frieden in Freiheit. Die EU ist, wie alles Menschliche, nicht frei von Fehlern. Auch unsere Kirche ist nicht frei von Fehlern. Der katholischen Kirche, die auch die meinige ist, wünsche ich, dass sie die Einigung Europas nachdrücklich unterstützt – ich erwarte es von ihr. Die Würde des Menschen gehört zu den höchsten Werten der katholischen Kirche. Wo in der Welt wird die Würde des Menschen mehr geachtet als in der Europäischen Union?"

Das Werk des Friedens würde immer wieder durch populistische Verzerrungen herausgefordert. Gerade in einer Zeit der Unsicherheit über den weiteren ökonomischen Reformprozess wäre diese Gefahr latent. Wir könnten ihr nur durch Sachlichkeit und Maß begegnen. „Hierzu kann auch die katholische Kirche einen wichtigen Beitrag leisten", forderte ich. Immer wieder betonte ich die Würde des Menschen und fügte hinzu, dass Christen niemals kapitulieren dürften, vor keiner noch so großen Aufgabe, vor keinem Gegenwind, vor keinem Zweifel. In diesem Sinne wäre die Kirche Partner und Verbündeter der Europäischen Union in einem gemeinsamen, in „unserem gemeinsamen globalen Anliegen für Frieden, Menschenwürde und Freiheit".

Der Inhalt meiner Rede wurde sehr freundlich aufgenommen. Bei dem sich anschließenden Abendessen mit Kardinal Bertone, Erzbischof Mamberti, dem Herausgeber des Buches, Professor Vincenzo Buonomo, sowie Pater Lombardi und meinem Büroleiter der Konrad-Adenauer-Stiftung, Nino Galetti, erfuhr ich, dass Erzbischof Mamberti angeregt hatte, mich zur Vorstellung des Buches von Kardinal Bertone einzuladen. Darüber freute ich mich, denn mit Bischof Mamberti hatte ich ja in der

Vergangenheit schon einen nicht ganz einfachen Austausch von Überzeugungen und Erfahrungen gehabt.

Ein besonderer Höhepunkt dieses Rombesuches sollte die Teilnahme an der Messe von Papst Franziskus im Domus Sanctæ Marthæ, dem Gästehaus des Vatikans, sein. Das Domus Sanctæ Marthæ war in der Amtszeit von Papst Johannes Paul II. erbaut worden, um den Kardinälen während des Konklaves eine angemessene Unterkunft zu bieten. Im Domus Sanctæ Marthæ war ich schon einige Male Gast gewesen und auch während dieses Besuches wieder dort untergekommen. Papst Franziskus hat es zu seinem ständigen Wohnsitz erwählt, um, anders als bei einem Bezug des Apostolischen Palastes, immer unter Menschen zu sein. Um sieben Uhr begann der Gottesdienst in der Kapelle des Domus Sanctæ Marthæ. Es war eine kleine Gruppe, die mit dem Heiligen Vater den etwa halbstündigen Gottesdienst feierte: etwa fünfzehn Ordensschwestern, fünf Priester und sechs „normale Gläubige". Es war ein Ort ganz ungewöhnlicher Spiritualität und Eingebung.

Nach dem Gottesdienst hatte jeder Besucher der Messe Gelegenheit, vor der Kapelle den Heiligen Vater zu begrüßen und einige Worte mit ihm auszutauschen. Ich übermittelte Papst Franziskus die guten Wünsche der Konrad-Adenauer-Stiftung und die Grüße „meines" Bischofes von Osnabrück, Franz-Josef Bode. Die Konrad-Adenauer-Stiftung war für Papst Franziskus keine Unbekannte, denn in seiner argentinischen Heimat hatte Jorge Mario Kardinal Bergoglio mit dieser zusammengearbeitet. Wie wir es aus der Presse von anderen Begegnungen wissen, sagte Papst Franziskus auch zu mir: „Beten Sie für mich!" Bei dem anschließenden Frühstück im Speiseraum vom Domus Sanctæ Marthæ saßen Nino Galetti und ich an einem Tisch mit drei jungen Begleitern des „Außenministers" der russisch-orthodoxen Kirche, dem Metropoliten Hilarion Alfeyev, der sich im Vatikan zu Gesprächen mit der katholischen Kirche aufhielt. Ich habe es sehr bedauert, dass ich ihm im Domus Sanctæ Marthæ nicht begegnet bin, hatte ich ihn doch mehrere Male in Brüssel aus Anlass des Dialogs von Kommission, Parlament und Rat mit den europäischen Kirchen getroffen. Metropolit Hilarion ist neben seinen kirchlichen Aufgaben ein begabter Komponist und Musiker und hat ein Weihnachtsoratorium komponiert, wovon er mir einmal eine CD-Aufnahme geschenkt hatte. Ich höre es oft in meinem Zuhause in Bad Iburg. Immer wieder bin ich erstaunt und angetan, wie Lebenswege sich erneut kreuzen.

VII. Besucher und Besuche

1. Meine Gäste

Es war ein schöner terminlicher Zufall, dass ich Bundeskanzlerin Angela Merkel am 17. Januar 2007 als ersten Gast nach meiner Wahl zum Präsidenten des Europäischen Parlaments empfangen konnte. Ich traf sie am offiziellen Eingang, der für hochrangige

Gäste vorgesehen war. Der rote Teppich war dabei normalerweise nur Staatsoberhäuptern vorbehalten. Der Protokollchef des Europäischen Parlaments, François Brunagel, hatte hiervon für Angela Merkel, was mir sehr recht gewesen war, eine Ausnahme gemacht. So begrüßte ich sie auf dem roten Teppich. Die Begrüßung war mit einer Umarmung sehr freundlich. Es war der Beginn einer guten Zusammenarbeit zwischen zwei deutschen Repräsentanten, der Präsidentin des Europäischen Rates und dem Präsidenten des Europäischen Parlaments. Von den drei führenden europäischen Institutionen wurden in der ersten Jahreshälfte 2007 zwei von Deutschen geleitet. Dies sollte sich für Fortschritte bei der Einigung Europas, bei den wichtigen Aufgaben, die zu bewältigen waren, bewähren. Der Präsident der dritten wichtigen europäischen Institution, Kommissionspräsident José Manuel Durão Barroso, war ein Garant dafür, dass wir die Aufgaben – so gut es ging – einvernehmlich und zum Wohle der Europäischen Union lösen konnten. Hinzu kam, dass die drei höchsten Repräsentanten der Europäischen Union zur Parteienfamilie der Europäischen Volkspartei gehörten. Das muss, wie wir aus der Geschichte der Parteien wissen, nicht immer von Vorteil sein, war es aber in diesem Fall. Nach einem kurzen *press point* neben der Büste von Paul-Henri Spaak begleitete ich die Präsidentin des Europäischen Rats zum Protokollsaal. Dort trug sie sich in das von mir angeregte große Gästebuch des Präsidenten des Europäischen Parlaments ein. Es maß beeindruckende 40 x 52 cm, zählte über 400 Seiten und besaß einen hochwertigen Einband aus feinem Ziegenleder. Dies war mein persönliches Gästebuch und Angela Merkel die erste Persönlichkeit, die sich darin eintrug. Damit wollte ich dokumentieren, welche Persönlichkeiten, welche Bürgerinnen und Bürger den Präsidenten des Europäischen Parlaments besuchten. Bis zum Ende meiner Amtszeit am 14. Juli 2009 haben unzählige Persönlichkeiten ihre Unterschrift hinterlassen. Viele Gäste haben ihrem Namenszug noch einige Sätze hinzugefügt. Ich legte Wert darauf, dass der Besuch der Gäste auch mit einem Foto dokumentiert wurde. Walter Doll, mein vertrauensvoller Mitarbeiter, betreute dieses Gästebuch in exzellenter Weise. Er musste es nicht nur immer „heranschleppen", sondern er führte auch Buch darüber, wer wann das Europäische Parlament und seinen Präsidenten besuchte. Während meiner Amtszeit wurden fast zwei Gästebücher mit zusammen rund 700 Seiten gefüllt.

Das Gästebuch des Präsidenten des Europäischen Parlaments spiegelt wider, in welchen vielseitigen Zusammenhängen das Amt selbst verwoben ist und die in ihm wirkende Person zum Gespräch gebeten wird. Ganz unterschiedliche Motive sind es natürlich, die die Gäste zu mir geführt haben. Manchmal ging es fast zu wie im Taubenschlag, einer reichte dem anderen beim Wechsel der Termine im wahrsten Sinne des Wortes die Klinke in die Hand. Dabei wurde im Laufe der Zeit für mich in beeindruckender Weise deutlich, welche Wertschätzung das Europäische Parlament – und das heißt die direkt gewählte Vertretung der Völker der Europäischen Union – in aller Welt genießt. Natürlich gehörten zu meinen Gästen die Vertreter aller Organe und Institutionen der EU: Kommissionspräsident José Manuel Durão Barroso (er schrieb:

„[...] this relevant European institution, the only one directly elected by our citizens, and for the good of our Europe. Viva Europa") und viele seiner Kommissare. Der Präsident der Europäischen Zentralbank, Jean-Claude Trichet; der Hohe Beauftragte für die Gemeinsame Außen- und Sicherheitspolitik, Javier Solana; der Präsident des Europäischen Gerichtshofes, Vassilios Skouris; der Präsident des Europäischen Rechnungshofes, Victor Manuel da Silva Caldera; der Präsident des Wirtschafts- und Sozialausschusses der EU, Dimitris Dimitriadis; der Präsident des Ausschusses der Regionen der EU, Michel Delabarre; der Präsident der Europäischen Investitionsbank, Philippe Maystadt; und der Vorsitzende des EU-Militärausschusses, Henri Bentégeat. Fast alle Staats- oder Regierungschefs der Europäischen Union haben mich besucht, dazu viele Minister der Mitgliedstaaten. Alle meine Vorgänger im Amt des Präsidenten des Europäischen Parlaments waren bei mir. Journalisten – wie Monika Piel, die Intendantin des WDR; Udo van Kampen, Bürochef des ZDF in Brüssel; Michael Stabenow, Korrespondent der *Frankfurter Allgemeinen Zeitung*; und Christian Holzgreve von der *Hannoverschen Allgemeinen Zeitung (HAZ)* aus meiner Heimatregion – sowie viele Besuchergruppen wollten sich mit mir über aktuelle europäische Fragen austauschen. Besonders gerne erinnere ich mich an die Gruppe aus Osnabrück/Kalkriese, meiner Heimatregion, unter Leitung von Landrat Manfred Hugo. Sie überbrachten mir das Symbol ihrer Initiative Feldzeichen zu Friedenszeichen, mit deren Hilfe der Ort der Erinnerung an die Schlacht im Teutoburger Wald (9 n. Chr., Kaiser Augustus: „Varus, Varus, gib mir meine Legionen wieder.") im Geist des europäischen Friedens neu interpretiert werden sollte. Dies war ganz und gar in meinem Sinne.

*

Bemerkenswert waren die vielen Gäste, die aus europäischen Ländern kamen, die nicht der EU angehörten, oder die von anderen Kontinenten zu mir kamen. Allen voran muss ich an Ban Ki-moon denken, den Generalsekretär der Vereinten Nationen. Ich denke an Carla del Ponte, die Chefanklägerin des Internationalen Strafgerichtshofes, an Robert Zoellick, den Präsidenten der Weltbank, und an Rajendra Kumar Pachauri, den Präsidenten des Weltklimarates. Ich denke an König Abdullah II. von Jordanien, an den Präsidenten des Jemen, Ali Abdullah Saleh, und an den Präsidenten von Indien, Abdul Kalam; an den Präsidenten von Brasilien, Lula da Silva („[H]emos criado un Parlamento no Mercosul inspirado na experiencia do Parlamento Europeu" „Wir haben in Mercosul ein Parlament errichtet auf der Basis der Erfolge des Europäischen Parlaments"), an den Präsidenten von Mali, Amadou Toumani Touré, und an Felipe Calderon, den Präsidenten von Mexiko. Ich denke an Michail Gorbatschow, den letzten Staatschef der Sowjetunion, an Nouri al Maliki, den Ministerpräsidenten des Irak, und an Palästinenserpräsident Mahmud Abbas, der noch immer auf den Frieden wartet. Ich denke an die Führer der „Orangenen Revolution", den ukrainischen Staatspräsidenten Viktor Juschtschenko und Ministerpräsidentin Julia Timoschenko.

Besonders denke ich an den Ministerpräsidenten der Türkei, Recep Tayyip Erdoğan, der mich in Begleitung seines Außenministers Ali Babacan und seines Europaministers Egemen Bağış in meinem Arbeitszimmer im elften Stock des Europäischen Parlaments besuchte. Aus Respekt vor seinem Land unternahm ich alle Anstrengungen, die höchstmögliche protokollarische Ehrung zu inszenieren, die das Europäische Parlament kannte: Erdoğan betrat das Haus auf dem roten Teppich, der – wie ja bereits erwähnt – eigentlich Staatspräsidenten vorbehalten war.

Unser Gespräch dauerte über eine Stunde und gestaltete sich sehr offen und freimütig. Sein Hauptinhalt war die mögliche Mitgliedschaft der Türkei in der Europäischen Union. Ich teilte Ministerpräsident Erdoğan mit, dass nach meiner Einschätzung wohl die Mehrheit des Europäischen Parlaments für einen Beitritt wäre, sofern die Türkei alle Bedingungen erfüllte. Meine persönliche Meinung wäre jedoch eine andere, denn es entspräche meiner tiefen Überzeugung, dass ein Beitritt der Türkei von der Europäischen Union nicht zu verkraften wäre. Politische, kulturelle, finanzielle und geografische Gründe sprächen aus meiner Sicht dagegen, dass die Türkei Vollmitglied der Europäischen Union würde. Gleichwohl betonte ich, dass ich in der Türkei ein sehr wichtiges Partnerland sähe und die gute Zusammenarbeit und privilegierte Partnerschaft sehr schätzte. Natürlich war es für Ministerpräsident Erdoğan und seine Begleitung nicht angenehm, diese doch sehr eindeutige Position von mir zu vernehmen. Meine Überzeugungen trug ich ruhig und sachlich vor. Nichtsdestotrotz war ich der Meinung, dass wegen des Inhalts meiner Äußerungen ein positives, freundliches Signal gegenüber Ministerpräsident Erdoğan und den ihn begleitenden Regierungsmitgliedern notwendig wäre, um meinen Respekt ihm und seinem Land gegenüber zu unterstreichen. Glücklicherweise hatte ich einen Einfall, der in vergleichbaren Situationen nicht immer gelungen war: Das Protokoll des Europäischen Parlaments sah vor, dass Staatsoberhäupter am Eingang des Parlaments empfangen und dorthin – gegebenenfalls – auch zurückbegleitet wurden. Nun war Erdoğan kein Staatsoberhaupt, sondern der Ministerpräsident seines Landes. Trotzdem entschloss ich mich, ihn zu begleiten und fuhr mit ihm den Fahrstuhl hinunter. Am Ausgang angelangt – tue Gutes und rede darüber –, erklärte ich ihm das Protokoll und fügte hinzu, dass ich aus großem Respekt vor dem bedeutenden Land Türkei und hoher Anerkennung für die Persönlichkeit seines Ministerpräsidenten an diesem Tag das Protokoll für Staatsoberhäupter angewendet hatte. Meine Bemerkungen wurden Ministerpräsident Erdoğan ins Türkische übersetzt und sein Gesicht strahlte viel Freundlichkeit aus, als er den Inhalt meiner Worte zur Kenntnis nahm. Er verabschiedete sich mit den Worten, ich sollte ihn doch einmal besuchen kommen. Bis es schließlich so weit war, sollte es allerdings noch etwas dauern.

Im September 2012, dreieinhalb Jahre nach seinem Besuch bei mir im Europäischen Parlament, hat mich Ministerpräsident Erdoğan zu einem über einstündigen Gespräch in seiner Residenz in Ankara empfangen. Ich empfand dies als eine ganz besondere Geste, die sicher mit unserer Begegnung in Brüssel zu tun hatte. Um dieses

Gespräch hatte ich als Vorsitzender der Konrad-Adenauer-Stiftung, der ich seit 2010 war, gebeten. Es war inhaltlich sehr umfassend, berührte viele Themen, und Ministerpräsident Erdoğan behandelte mich außerordentlich freundlich. Diese Begebenheit berichte ich insbesondere auch deswegen, weil es in der Politik notwendig ist, die eigenen Überzeugungen in Klarheit zum Ausdruck zu bringen, dies aber immer mit einer respektvollen Haltung zu verbinden. Aufrichtiges Verhalten ist die Voraussetzung für Verständnis, Verständigung und gegenseitige Akzeptanz.

*

Die amerikanische Außenministerin Hillary Rodham Clinton („I look forward to deepening the partnership between the US and the EU") war ebenso bei mir wie die Präsidentin des Panafrikanischen Parlaments, Gertrude Ibengwe Mongella (die zwei Tage vor mir geboren wurde), der Sprecher des Lateinamerikanischen Parlaments, Jorge Pizarro, die Präsidentin des Zentralamerikanischen Parlaments PARLACEN, Gloria Oqueli, und der Generalsekretär der Arabischen Liga, Amr Moussa. Botschafter aus aller Welt – von Japan (Takekazu Kawamura) bis Israel (Oded Eran), von den Seychellen (Barry Faure) bis zum Iran (Ali Ahani), von Kasachstan (Konstantin Zhigalor) bis Kuwait (Nabeela al-Mulla) – sprachen mit mir. Sie suchten Kontakt zu einer Stimme Europas, die die Vielfalt der Auffassungen von Europas Bürgern repräsentiert. Das erfüllte mich immer wieder mit Freude, denn die Ehre des Besuches galt ja dem Amt, das ich ausfüllen durfte, und der Idee, die das Europäische Parlament repräsentierte. Was mancher in Europa selbst unterschätzt, in aller Welt weiß man es zu würdigen: Das Europäische Parlament ist ein Machtfaktor.

Deshalb wollte ich selbst einen Akzent setzen, um deutlich zu machen, dass Macht auch geistig zu verstehen war. Mir lag der interreligiöse Dialog besonders am Herzen. Daher ist es nicht überraschend, dass zu meinen Gästen viele bedeutende religiöse und spirituelle Führungspersönlichkeiten gehörten: Ich denke an den 14. Dalai Lama, an Aga Khan, den 49. Imam der Ismaeliten, an Fra' Andrew Bertie, den Großmeister des Souveränen Malteser-Ordens, an Prinz Hassan ibn-Talal von Jordanien und an Satguru Baba Hardev Singh Ji aus Indien. Ich denke an den Großmufti von Syrien, Sheikh Ahmad Badr al-Din Hassun, und an den Großmufti von Bosnien-Herzegowina, Mustafa Cerić („May God bless Europe"). Ich denke an Charlotte Knobloch, die Vorsitzende des Zentralrates der Juden in Deutschland, an Lord Jonathan Sacks, den ranghöchsten Rabbi in Großbritannien, sowie an Pierre Besnainon und Moshe Kantor, die beiden Präsidenten des Europäischen Jüdischen Kongresses. Ich denke an den Patriarchen von Konstantinopel, Bartholomeos I., an den serbisch-orthodoxen Bischof Artemije Radosavljević und an Theophilos III., den Patriarchen von Jerusalem. Ich denke an protestantische Bischöfe wie Wolfgang Huber („[H]erzliche Segenswünsche"), den Ratsvorsitzenden der evangelischen Kirche in Deutschland, und an katholische Bischöfe wie den Primas von Polen, Józef Kardinal Glemp, an den Erzbischof von Esztergom-Budapest, Péter Kardinal Erdő, und an den Präsidenten der Europäischen Bischofskonferenz, Josef Homeyer („Gott segne dieses Haus und alle, die hier tätig sind"). Es rührte mich an, dass Karl Kardinal Lehmann, der langjährige Vorsitzende meiner eigenen, der Deutschen Bischofskonferenz, sich in seiner Eintragung in mein Gästebuch ausdrücklich für die Unterstützung durch das Europäische Parlament bedankte – was ich so nicht immer von führenden Vertretern der christlichen Kirchen zu hören bekam.

Im Laufe meiner Amtszeit ließen es sich Weggefährten und Freunde vor allem aus der deutschen Politik natürlich nicht nehmen, mich in meinem Präsidentenbüro im elften Stock des Paul-Henri-Spaak-Gebäudes des Europäischen Parlaments zu treffen. Christian Wulff, Ministerpräsident von Niedersachsen, und Roland Koch, Ministerpräsident von Hessen, Franz Josef Jung, Bundesverteidigungsminister, Ursula von der Leyen, Bundesministerin für Familie, Senioren, Frauen und Jugend, Hermann Kues, Parlamentarischer Staatssekretär im Ministerium für Familie, Senioren, Frauen und Jugend und gleichzeitig mein Vorsitzender im CDU-Bezirksverband Osnabrück-Emsland, Friedbert Pflüger, Staatssekretär im Bundesverteidigungsministerium, Peter Hintze, Staatssekretär im Bundeswirtschaftsministerium, und Matthias Wissmann, der frühere Bundesverkehrsminister. Auch Delegationen der Jungen Union gehörten zu meinen Besuchern. Zu den besonders bewegenden und erfreulichen Begegnungen gehörte die Einladung, die ich an Otto von Habsburg und seine Familie aussprechen durfte. Wir kannten uns seit dem Beginn unserer Zeit als Abgeordnete des Europäischen Parlaments im Jahr 1979. Welchen Lebensweg hatte der Sohn des letzten Kaisers von Österreich-Ungarn durchschritten! 1999 war er aus dem Europäischen Parlament ausgeschieden. Es war ein Moment des Dankes und der Freude, als ich ihn am 3. Februar 2009 noch einmal im Europäischen Parlament in Brüssel begrüßen durfte, wo ich ihm zu Ehren zu einem Mittagessen mit vielen Gästen eingeladen hatte. Sein Eintrag in meinem Gästebuch bleibt ein gültiger Appell: „Unsere Aufgabe ist herrlich und wird erfolgreich erfüllt, wenn nur die Europäer wirklich an den Erfolg glauben." 2011 starb Otto von Habsburg im Alter von 98 Jahren.

2. Die Windsors: Besuch von Prinz Charles und Besuch bei Königin Elizabeth II.

Mit dem britischen EU-Botschafter Richardson sprach ich nach meiner Audienz beim Tennō im Februar 2008 in Tokio auch über zwei Begegnungen, die in den kommenden Wochen bevorstanden. Prinz Charles, der britische Thronfolger, würde das Europäische Parlament besuchen, um eine Rede zum Umweltschutz zu halten. Kurz danach würde ich seine Mutter, Königin Elizabeth II., im Buckingham Palast aufsuchen. Botschafter Richardson war zwar über meine Formulierung „Mutter", die das Verwandtschaftsverhältnis von Prinz Charles und Elizabeth II. in korrekter Weise bezeichnete, nicht gerade aufgebracht, aber er belehrte mich darüber, dass man bei einem

Gespräch mit der Queen oder dem Kronprinzen auf keinen Fall die Beziehungen zwischen den beiden durch familiäre Begriffe kennzeichnen dürfte. Gegenüber der Queen hätte man vom „Prinzen von Wales", gegenüber dem Prinzen von Wales von „Ihrer Majestät der Königin" zu sprechen. Diese Belehrung sollte bei der Begegnung mit Prinz Charles zu einer humorvollen Begebenheit führen.

*

Am 12. Februar 2008 besuchte der britische Thronfolger Prinz Charles das Europäische Parlament in Brüssel. Wie bereits erwähnt, sah das Protokoll des Parlaments vor, dass nur Staatsoberhäupter vom Präsidenten des Europäischen Parlaments am Eingang des Parlaments empfangen und dorthin zurückgebracht wurden. Die Begleitung des Kronprinzen bat hiervon eine Ausnahme zu machen. So holte ich Prinz Charles am Eingang ab und fuhr mit ihm in die elfte Etage, um ihn in meinem Amtszimmer offiziell zu begrüßen. Dort trug er sich schwungvoll in das Gästebuch mit seinem Namen „Charles" ein – der *Prince of Wales* brauchte keinen Familiennamen und keinen Titel. Es wurde eine sehr humorvolle Begegnung, zu der ich einige weitere Gäste eingeladen hatte. Wir haben viel gelacht. So natürlich hatte ich mir den britischen Thronfolger nicht vorgestellt. Nach der Begegnung in meinem Arbeitszimmer begleitete ich Prinz Charles zu seiner Rede in einen der Sitzungssäle des Europäischen Parlaments, der bis auf den letzten Platz besetzt war – vorrangig von britischen Kolleginnen und Kollegen, aber auch Abgeordnete und Mitarbeiter anderer Nationalitäten waren erschienen. Der Prinz hielt eine engagierte und leidenschaftliche Rede für den Umwelt- und Klimaschutz, die mich sehr beeindruckte. Vor den vielen Zuhörern erklärte ich Prinz Charles, dass er mit seinen Ansichten weitgehend auch die Überzeugung des Europäischen Parlaments teilte, das in Fragen des Umwelt- und Klimaschutzes eine Vorreiterrolle einnähme. Diese Übereinstimmung erfreute ihn sichtlich.

Nach der Veranstaltung begleitete ich den britischen Thronfolger zum Ausgang und erzählte ihm meine kleine Geschichte mit dem Botschafter der Europäischen Union in Japan. Ich sagte dem Prinzen, dass ich in wenigen Wochen Elizabeth II. von Großbritannien im Buckingham Palast besuchen würde. Botschafter Richardson hätte mir dringend geraten, gegenüber der Königin vom „Prinzen von Wales" und gegenüber dem Prinzen von Wales über „Ihre Majestät Elizabeth II." zu sprechen. Jede Bezugnahme auf verwandtschaftliche Beziehungen müsste ich strikt vermeiden. Mit einem Schmunzeln hörte Prinz Charles sich diese Story an. Als wir uns am Ausgang verabschiedeten, sagte er lachend: „This is a nice story. I will tell my mum this story!" („Das ist eine schöne Geschichte, ich werde diese Geschichte meiner Mutter erzählen!") Auch ich musste herzlich lachen. Wir verabschiedeten uns in bester Laune.

Am 11. November 2008 sahen wir uns bei den Feierlichkeiten zum Gedenken an das Ende des Ersten Weltkrieges vor neunzig Jahren in Verdun wieder. Als wir uns begrüßten, bedankte er sich noch einmal für den angenehmen Besuch beim Europäischen Parlament in Brüssel. Die überaus natürliche, freundliche und humorvolle Begegnung mit dem britischen Kronprinzen habe ich in bester Erinnerung. Es ist zu wünschen, dass auch das Europäische Parlament dem britischen Thronfolger in guter Erinnerung bleibt, denn Unterstützung kann es vor allem in Großbritannien gut gebrauchen. Eine positive Einstellung des Königshauses gegenüber dem Europäischen Parlament kann dabei nicht schaden.

*

Wenige Wochen nach dem Besuch von Prinz Charles im Europäischen Parlament startete ich am 26. Februar 2008 zu meinem offiziellen Besuch in das Vereinigte Königreich. Mit dem Eurostar machte ich mich mit einigen Mitarbeiterinnen und Mitarbeitern auf den Weg nach London. Wie einfach es geworden war, mit dem Zug den Ärmelkanal zu unterqueren und so in nur zwei Stunden von Brüssel nach London fahren zu können. Allein die Existenz dieses Zuges, die den Kontinent mit der Insel verband – beides ist Europa – machte die jahrhundertelange Betrachtungsweise hinfällig, der Kontinent wäre *Europe* und das Vereinigte Königreich „etwas anderes". In der gesamten Geschichte des Vereinigten Königreichs hatte es immer geheißen, wenn Bürger dieses Landes den Kontinent besuchten: „We visit Europe". Heute hört man vergleichbare Formulierungen selten. Wenn auch das Vereinigte Königreich kein begeisterter Teil der Europäischen Union ist, so ist die geografische Distanzierung der Briten von Europa doch nicht mehr so stark im nationalen Bewusstsein verankert. Das ist eine gute Entwicklung.

In meinem Gepäck hatte ich ein Geschenk für Elizabeth II., welches einer historischen Erläuterung bedarf. Im Westfälischen Frieden von 1648, also dem Frieden von Münster und Osnabrück, der dem Dreißigjährigen Krieg (1618–1648) folgte, wurde für das Fürstbistum Osnabrück die sogenannte Alternation beschlossen. Diese bedeutete, dass ein katholischer Bischof bei dessen Tod von einem evangelischen Bischof abgelöst werden sollte – und umgekehrt. So sollte der Religionsfrieden im Osnabrücker Land für alle Zukunft gesichert werden. Als erster katholischer Bischof wurde der bisherige Bischof Franz Wilhelm von Wartenberg berufen, bei seinem Tod im Jahre 1661 folgte Ernst August von Brauschweig-Lüneburg, der mit Sophie von der Pfalz verheiratet war. Die Residenz der Bischöfe von Osnabrück war das Schloss Bad Iburg, also das Schloss meines Wohnortes, wo ich in der Sophienstraße – benannt nach der Ehefrau von Ernst August – wohne. Die Parallelstraße ist nach dem Bischof, also Ernst August, benannt. Im Rittersaal des Schlosses Bad Iburg sind viele der Bischöfe auf Porträts dargestellt, überwiegend ernst dreinblickende Gesichter. Zwei Doppelporträts bilden die Ausnahme: das Porträt von Kaiser Karl dem Großen, der um 800 das Bistum Osnabrück gegründet hat, mit seiner Ehefrau, sowie das Porträt von Bischof Ernst August von Braunschweig-Lüneburg mit seiner Ehefrau Sophie.

Prinzessin Sophie wurde 1630 geboren als Kind von Kurfürst Friedrich V. von der Pfalz und Elizabeth Stuart, Tochter von Jakob VI., von 1567 bis zu seinem Tode 1625 König von Schottland und zugleich von 1603 bis zu seinem Tode als Jakob I. König von England und König von Irland. Seine Mutter (und Sophies Großmutter) war die berühmte, 1587 hingerichtete Maria Stuart. Durch den vom Englischen Parlament verabschiedeten *Act of Settlement* von 1701, der bestimmte, dass fortan nur mehr protestantische Erben Anspruch auf den englischen Thron hatten, stand Sophie nach Jakobs II. katholischer Tochter Anne Stuart als dessen protestantische Cousine an zweiter Stelle in der Thronfolge.

Sophie wäre Königin von England geworden, wenn sie Königin Anne Stuart überlebt hätte. Aber im Juni 1714 starb Sophie, sodass Königin Anne, die kurz darauf im August 1714 gestorben ist, sie überlebte. Gleichwohl blieb die Thronanwartschaft dem Hause Braunschweig-Lüneburg erhalten. So wurde der älteste Sohn von Ernst August und Sophie, Georg Ludwig, als Georg I. britischer König. Georg Ludwig wurde am 7. Juni 1660 in Hannover geboren, also zu einem Zeitpunkt, als sein Vater noch nicht Bischof von Osnabrück war. Auf der Iburg wurde seine Schwester Sophie Charlotte geboren, die 1701 als Ehefrau von Friedrich I. erste preußische Königin wurde. Der Berliner Stadtteil Charlottenburg sowie das Charlottenburger Schloss sind nach ihr benannt. Bis heute bestehen zwischen Stadt- und Landkreis Osnabrück sowie der Stadt Bad Iburg freundschaftliche Beziehungen zu Charlottenburg.

Ich dachte, es wäre eine gute Idee, Königin Elizabeth II. mit meiner Heimat vertraut zu machen. Und so ließ ich das Porträt von Ernst August und Sophie fotografieren und das Foto rahmen (40 x 40 cm). Mein Freund Horst Denningmann, der auf der Iburg Leiter der dort ansässigen Polizeischule gewesen war, im Schloss Führungen machte und sich mit der Geschichte des Schlosses ausgezeichnet auskannte, vermerkte auf der Rückseite des Bildes den Stammbaum des „Hauses Hannover", wozu Braunschweig-Lüneburg gehörte. Das Geschenk wurde sorgfältig eingepackt und nahm mit unserer kleinen Delegation den Weg von Brüssel nach London. In der St. Pancras Station angekommen, wurden wir von einem Vertreter des Foreign Office sowie von Scotland Yard erwartet. Der Vertreter des Foreign Office, der über das Geschenk informiert worden war, nahm das Bild entgegen und konnte so Vorbereitungen für den Besuch bei der Königin am folgenden Tag treffen.

Die Begegnung mit Elizabeth II. war natürlich ein ganz besonderer Höhepunkt meiner Amtszeit als Präsident des Europäischen Parlaments. Nach dem überraschenden Tod ihres Vaters, Georg VI., war Elizabeth bereits 1952 im Alter von nur 26 Jahren Königin des Vereinigten Königreichs geworden. Zu diesem Zeitpunkt hatten noch zahlreiche Länder zum britischen Weltreich gehört. Erst mit der Entkolonialisierung in den Sechzigerjahren veränderte sich dies, doch sind die meisten Länder und Völker im Commonwealth mit Großbritannien verbunden geblieben.

Zum Zeitpunkt meines Besuches im Buckingham Palast hatte die Königin während ihrer Regentschaft bereits elf britische Premierminister erlebt (Winston Churchill, Anthony Eden, Harold Macmillan, Alec Douglas-Home, Harold Wilson, Edward Heath, erneut Harold Wilson, James Callaghan, Margaret Thatcher, John Major, Tony Blair und Gordon Brown), zehn amerikanische Präsidenten (Dwight D.

Eisenhower, John F. Kennedy, Lyndon B. Johnson, Richard Nixon, Gerald Ford, Jimmy Carter, Ronald Reagan, George Bush, Bill Clinton und George W. Bush) sowie acht deutsche Bundeskanzler (Konrad Adenauer, Ludwig Erhard, Kurt Georg Kiesinger, Willy Brandt, Helmut Schmidt, Helmut Kohl, Gerhard Schröder und Angela Merkel). Auch hatte sie die Inthronisation von immerhin sechs Päpsten erlebt (Pius XII., Johannes XXIII., Paul VI., Johannes Paul I., Johannes Paul II. und Benedikt XVI.), deren Amtszeit wie bei der Königin bekanntlich nicht begrenzt ist und die sich nach der Wahl zum Oberhaupt der katholischen Kirche nicht erneut in Wahlen behaupten müssen. Anders aber als die britische Königin wurden die Päpste nicht im Alter von 26 Jahren in ihre Aufgaben gewählt – wobei die Königin ebenso bekannterweise nicht gewählt wird. Welche Kontinuität drückt sich in dieser langen Amtszeit aus!

Als ich in den Neunzigerjahren vor der Frauenorganisation der britischen Konservativen im Queen Elizabeth II Conference Centre, neben der Westminster Abbey gelegen, hatte sprechen müssen und dies mit einiger Nervosität erwartet hatte, hatte ich meine Rede damit begonnen, wie einzigartig doch die britische Königin wäre, wen sie alles in ihrer Amtszeit erlebt hätte und hatte die Namen aufgezählt. Die konservativen Damen waren darüber sehr entzückt und das Eis zu ihrem deutschen Gast war sofort gebrochen. Ich hatte für meine einleitende Lobeshymne auf die Queen viel Beifall bekommen und hatte mit lockerer Haltung, ohne jede innere Anspannung, meine sehr europäische Rede fortsetzen können. Auch dafür hatte ich viel Beifall erhalten. Also hatte ich es der britischen Monarchin zu verdanken, dass die konservativen Damen meine doch für das Vereinigte Königreich sehr progressiven Europaideen akzeptiert hatten. An all dies musste ich denken, als die Limousine der britischen Regierung – vorne und hinten von Polizei begleitet – durch das große Tor des Buckingham Palastes fuhr, um mich in den Innenhof des Palastes zu bringen.

Anders als beim japanischen Kaiser gab es kein besonderes Protokoll, das einzuhalten war. In der Eingangshalle traf ich auf weitere Besucher, die vom früheren britischen Außenminister Jack Straw angeführt wurden. Zur Audienz wurde eine große Flügeltür geöffnet und ich betrat einen riesigen Raum, in dessen Mitte die Königin mich erwartete. Wir gaben einander freundlich die Hände, und ich machte dabei eine kurze Verbeugung. Nach der Begrüßung führte mich Königin Elizabeth II. zu einer Staffelei, auf die das Bild von Ernst Augustund Sophie gestellt war. Vor dem Bild erläuterte ich der Königin die Verbindungen des „Hauses Hannover" nicht nur mit Großbritannien, die ihr natürlich bekannt waren, sondern auch mit meiner Heimat, dem Landkreis Osnabrück und Bad Iburg. Immer habe ich in meinem politischen Leben Wert darauf gelegt, dass die sogenannten großen Dinge, großen Zusammenhänge in Verbindung gebracht werden mit den sehr konkreten Ursprüngen, und das beginnt immer an einem bestimmten, klar zu benennenden Ort. So weise ich in meinen Reden immer wieder darauf hin, dass „Europa" nicht in Brüssel oder Straßburg beginnt, sondern dort, wo die Menschen zu Hause sind. In diesem Fall also im Landkreis Osnabrück. Dass Bad Iburg diese schöne und zugleich beeindruckende Verbindung zum britischen Königshaus hat, ist eine außergewöhnliche historische Begebenheit. Diese mit der britischen Königin Elizabeth II. zu teilen, war für mich ein ganz besonderer Augenblick.

In dem der Erklärung des Bildes nachfolgenden Gespräch waren Fragen der Integration von Zuwanderern und die damit verbundenen Herausforderungen sowie die Entwicklung der Europäischen Union der Schwerpunkt. So berichtete ich der Königin davon, wie sehr das Europäische Parlament seit 1979 seine Befugnisse hatte erweitern können und man heute von einer wirklichen europäischen parlamentarischen Demokratie sprechen könnte. Auch erzählte ich der Mutter von Prinz Charles, natürlich unter Vermeidung einer Bezugnahme auf verwandtschaftliche Beziehungen, von der „Anweisung" des EU-Botschafters britischer Nationalität in Tokio. Anders als ihr Sohn und entgegen meiner Erwartung zeigte die Königin bei dieser Schilderung keine Reaktion. Als ich dies später einem Kollegen berichtete, sagte er mir: „The Queen does not laugh on the outside, she laughes on the inside" („Die Königin lacht nicht nach außen, sie lacht nach innen"). Ich konnte nur hoffen, dass diese Äußerung zutraf. Als wir uns verabschiedeten, sagte Elizabeth II., noch einmal auf das Bild von Ernst Augustund Sophie schauend: „We will put it in our gallery" („Wir werden es in unsere Galerie hängen"). Bisher habe ich die königliche Gemäldesammlung noch nicht sehen können, aber sollte das Bild aus Bad Iburg darin einen Platz gefunden haben, wäre es natürlich sehr schön. Sicher hat das Bild mit Ernst Augustund Sophie keinen hohen materiellen, aber für mich doch einen großen immateriellen Wert, da es ein unvergessliches Gespräch mit Elizabeth II. ermöglicht hatte.

Königin Elizabeth II. bat mich, Bundeskanzlerin Angela Merkel beste Grüße zu übermitteln. Sie fügte hinzu, sie würde die deutsche Bundeskanzlerin sehr gerne kennenlernen. Das sollte dann bald geschehen. Henry Plumb (Lord Plumb), Präsident des Europäischen Parlaments von 1987 bis 1989, berichtete mir wenige Monate später, die Queen hätte ihm gegenüber die Begegnung mit mir als angenehm bezeichnet. Natürlich habe ich mich darüber gefreut.

3. Empfang durch Königin Beatrix der Niederlande

Selbstverständlich konnte ich nicht alle 27 Länder der Europäischen Union offiziell besuchen. Neben den vielen Verpflichtungen im Parlament und den Verpflichtungen, die sich unmittelbar aus der Aufgabe des Parlamentspräsidenten ergaben, war dies unmöglich. Aber gleichwohl setzte ich meine Prioritäten, welche Länder ich auf jeden Fall besuchen wollte. Dazu gehörten die Niederlande. Die Niederlande sind nicht nur ein Deutschland benachbartes Land, sondern auch Nachbar meines Bundeslandes Niedersachsen. Durch die Euregio und die Ems-Dollart-Region ist das Grenzgebiet zwischen dem westlichen Niedersachsen und den östlichen Niederlanden eng verbunden. Die Euregio ist ein Kommunalverband, dem einhundertdreißig Städte, Gemeinden und Kreise aus dem südwestlichen Niedersachsen, – darunter die Grafschaft Bentheim, Stadt und Landkreis Osnabrück sowie Teile des südlichen Emslandes (aus dem Altkreis Lingen) –, dem Münsterland und den östlichen Niederlanden angehören. Die Ems-Dollart-Region ist ein Zweckverband in der nördlichsten deutsch-niederländischen Grenzregion zwischen den ostfriesischen Landkreisen, den Landkreisen Emsland, Friesland und Cloppenburg sowie den niederländischen Provinzen Groningen, Drenthe und Friesland. In allen Jahren meiner Mitgliedschaft im Europäischen Parlament habe ich die grenzüberschreitende Zusammenarbeit nachdrücklich unterstützt. Für die Finanzplanung der Jahre 2007 bis 2013 bestand die Gefahr, dass die Grenzgebiete der „alten" EU-Länder nicht länger gefördert werden würden. Als Vorsitzender der EVP-ED-Fraktion habe ich mich mit Entschiedenheit gegen diese Absicht ausgesprochen, sodass die weitere Förderung schließlich gesichert werden konnte. Die Niederlande waren eines der sechs Gründungsländer der Europäischen Gemeinschaft. Im Zweiten Weltkrieg waren sie von Hitler-Deutschland überfallen worden. Auch deswegen bemühte ich mich immer um gute menschliche und politische Beziehungen zu meinen Kolleginnen und Kollegen aus den Niederlanden, insbesondere in unserer gemeinsamen politischen Familie, der EVP, zu welcher die niederländische Partei Christlich-Demokratischer Appell (CDA) gehörte.

Bei der ersten Europawahl 1979 hatte es in den Niederlanden noch drei christdemokratische Parteien gegeben: die Christlich-Historische Union, die Anti-Revolutionäre Partei und die Katholische Volkspartei. Im Jahre 1980 hatten sich diese drei Parteien zum CDA zusammengeschlossen. Mit meinen niederländischen Kolleginnen und Kollegen habe ich auch in verantwortlichen Aufgaben freundschaftlich zusammengearbeitet. Dies galt für Hanja Maij-Weggen, die Leiterin der niederländischen Delegation, die später Verkehrsministerin in Den Haag geworden, danach ins Europäische Parlament zurückkehrt war und ihre politische Laufbahn als Kommissarin in Brabant abgeschlossen hatte, wohin sie mich bei ihrer Verabschiedung eingeladen hatte, um dort eine Rede zu halten. Ebenso galt dies für Ria Oomen-Ruijten, mit der ich von 1994 bis 1999 gemeinsam stellvertretender Fraktionsvorsitzender gewesen war. Auch traf dies zu für Wim van Velsen, der von 1999 bis 2004 mein Stellvertreter im Fraktionsvorsitz gewesen war. Arie Oostlander und Jean Penders wurden schon erwähnt – zwei Kollegen aus dem Außenpolitischen Ausschuss, mit denen ich gleiche Überzeugungen teilte.

Im Dezember 2001 lud mich Hanja Maij-Weggen nach Den Haag ein, um im früheren Sitzungssaal der Ersten Kammer eine europapolitische Rede zu halten. Jan Peter Balkenende hatte gerade den Fraktionsvorsitz der CDA in der Nachfolge von Jaap de Hoop Scheffer, dem späteren Außenminister der Niederlande und dann NATO-Generalsekretär, übernommen. Hanja Maij-Weggen meinte, es könnte nicht schaden, wenn Jan Peter Balkenende etwas von der Europapolitik der EVP-ED-Fraktion erfahren würde. Bei diesem Anlass begegneten Jan Peter Balkenende und ich uns das erste Mal. Es war eine sehr gelungene Veranstaltung, da die anwesenden CDA-Mitglieder ähnlich föderalistisch dachten, wie es meinen eigenen Überzeugungen entsprach. Mit Jan Peter Balkenende, der am 22. Juli 2002 Ministerpräsident werden sollte, verstand ich mich gut. Auch deswegen lag es nahe, dass ich bald nach meiner Wahl zum Präsidenten des Europäischen Parlaments die von Jan Peter Balkenende geführte Regierung, das Parlament und Königin Beatrix besuchte. Dies war am 12. April 2007 der Fall. Sowohl mit Ministerpräsident Jan Peter Balkenende wie auch den beiden Präsidentinnen der Ersten und Zweiten Kammer, Yvonne Timmerman-Buck und Gerdi Verbeet, führte ich gute Gespräche. Allerdings hatte mein Besuch in Den Haag einen kleinen Schönheitsfehler. Es war vorgesehen gewesen, dass Königin Beatrix mich zu einem Mittagessen einlud. Daraus wurde jedoch nichts. Als Begründung wurde angegeben, und dies war für mich absolut glaubhaft, dass die Königin sich um ihre Familie kümmern müsste, weil ein weiteres Enkelkind zur Welt gekommen war. Die Königin war dafür bekannt, dass ihre Familie ihr sehr viel bedeutete. Natürlich bedauerte ich es sehr, dass die Begegnung nicht zustande gekommen war.

2004 hatte ich Königin Beatrix kennengelernt, als sie vor dem Europäischen Parlament eine Rede gehalten hatte und ich beim Mittagessen, welches Präsident Pat Cox gegeben hatte, neben ihr gesessen hatte. Aber aufgeschoben ist nicht aufgehoben, dachte ich. Gegenüber dem niederländischen Botschafter bei der Europäischen Union, Tom de Bruijn, blieb ich mahnend „am Ball". Die Königin hätte versprochen, die Einladung nachzuholen, was zutraf. So wurde ein Treffen für den 5. November 2008 vereinbart, zwar nicht zu einem Mittagessen, sondern zu einem persönlichen Gespräch, das um zwölf Uhr beginnen sollte.

Ich war um kurz vor zwölf am Paleis Noordeinde, dem Amtssitz der Königin in Den Haag. Vor dem Palast erwarteten mich Soldaten. Einer von ihnen begleitete mich in die erste Etage. Die Königin stand mitten im Raum und begrüßte mich freundlich, führte mich zu einem kleinen runden Tisch, an dem zwei Sessel standen. Darauf standen vielerlei Flaschen mit Fruchtsäften. Sie fragte mich, was ich trinken wollte. Entsprechend meiner Antwort füllte Königin Beatrix mein Glas mit Tomatensaft. Sich selbst schenkte Ihre Majestät ein Glas Weißwein ein, aus einer Flasche, die neben dem Tisch stand und die ich nicht gesehen hatte. Nun hatte ich diese Chance verpasst und nicht den Mut, der Königin zu sagen, ich würde gerne ein Glas Wein mit ihr trinken. Noch heute bedaure ich dies, da es angenehm gewesen wäre, mit der Königin mit einem Glas Wein anzustoßen. Aber selbst dadurch hätte die Atmosphäre nicht noch besser werden können, denn wie sich zeigte, fand das Gespräch in einer sehr lockeren, absolut offenen, fast freundschaftlichen Atmosphäre statt.

Außer der einmaligen Begegnung im Jahre 2004 kannte die Königin mich nicht und umso angenehmer war es für mich, mit welcher Offenheit und Aufrichtigkeit sie mir begegnete. Wie ich natürlich schon wusste, war sie als Königin der Niederlande nicht nur eine protokollarische Repräsentantin, sondern entschlossen, im Rahmen ihrer verfassungsmäßigen Rolle auch einen Beitrag für die politische Entwicklung des Landes zu leisten. Beatrix sprach ein exzellentes Deutsch. Ihr Vater Bernhard stammte aus Deutschland, aus dem Haus Schaumburg-Lippe, ihr Ehemann Claus von Amsberg war ebenfalls Deutscher aus Hitzacker – sie kannte die Feinheiten der deutschen Sprache bis hin in die Umgangssprache, wie ich anerkennend feststellte. In ihrem Deutsch war weder ein Fehler noch ein Akzent hörbar. Vor allem zeigte sie sich in dem Gespräch auch als eine leidenschaftliche und zutiefst überzeugte Europäerin. Die Diskretion verbietet es, einzelne Ansichten zu Sachfragen oder auch zu persönlichen Bewertungen von Personen wiederzugeben. Für mich war klar erkennbar, dass sie die Ablehnung des Verfassungsvertrages durch das holländische Volk bedauerte. Bei der Beurteilung von europäischen und internationalen Politikern zeigte sie keinerlei Zurückhaltung, was ich als Vertrauensbeweis mir gegenüber wertete. König Beatrix sprach mir gegenüber auch von sehr privaten Dingen, was ich sehr zu schätzen wusste. Anders als im britischen Protokoll gab es offensichtlich im Protokoll des niederländischen Könighauses nicht die komplizierten Bezeichnungen für verwandtschaftliche Verhältnisse. Sie sprach ganz locker von ihrem „Sohn Willem-Alexander" und ihrer „Schwiegertochter Máxima", besonders herzlich auch über ihren verstorbenen „Mann Claus".

Wir sprachen auch über grenzüberschreitende Zusammenarbeit in der Euregio, also dem Grenzgebiet zwischen den Niederlanden sowie Niedersachsen und Nordrhein-Westfalen, die ihr sehr viel bedeutete. Wir sprachen über den Sozialdemokraten Alfred Mozer, erster Vorsitzender des sozial-kulturellen Arbeitskreises, der so viel für die Euregio getan hatte. Ich erwähnte den Namen meines Freundes Wilhelm Horstmeyer, der als Bürgermeister von Nordhorn und als Landrat der Grafschaft Bentheim und auch nach Ablauf dieser Ämter für die Euregio in vorbildlicher Weise engagiert war. Wilhelm Horstmeyer habe ich später für einen niederländischen Verdienstorden vorgeschlagen, den er dann nicht nur verdientermaßen, sondern auch mit großer Freude annahm. Die Königin und ich waren uns einig, dass in der Finanzplanung der Europäischen Union von 2014 bis 2020 die Grenzregionen weiter gefördert werden müssten, um so dazu beizutragen, dass die herkömmlichen Grenzregionen zu wirklichen Binnenregionen in der Europäischen Union zusammenwüchsen.

Königin Beatrix erinnerte sich daran, dass wir bei ihrem Besuch in Straßburg im Jahre 2004 – sie gehörte zu den wenigen Persönlichkeiten, die zweimal vor dem Europäischen Parlament gesprochen haben, nämlich 1984 und dann erneut 2004 – beim Mittagessen nebeneinander gesessen hatten. Noch einmal kamen wir auf ihre Haltung während der „Causa Österreich" im Jahre 2000 – die Regierung von Bundeskanzler Wolfgang Schüssel mit der rechtspopulistischen FPÖ – zu sprechen, wie wir es bereits 2004 beim Mittagessen getan hatten.

Im Gegensatz zu vielen anderen, die Österreich damals boykottiert hatten, war Königin Beatrix weiterhin nach Lech am Arlberg zum Skilaufen gefahren. Ihre Begründung damals hatte gelautet, man müsste abwägen, was besser wäre: etwas anders zu machen oder sich so zu verhalten wie bisher. Wie bekannt ist, hatte sie sich für ihr bisheriges Verhalten entschieden. Diese Haltung hatte ich an ihr sehr bewundert und sagte es ihr.

Auch Königin Beatrix hatte ich ein kleines Geschenk mitgebracht: ein Buch über das Europäische Parlament, in dem fünfzig Jahre seiner Geschichte dargestellt wurden. Am Ende unseres Gespräches wurden vom Hoffotografen Aufnahmen gemacht, unter anderem davon, wie wir beide uns die Bilder der Königin aus den Jahren 1984 und 2004 in diesem die Geschichte des Europäischen Parlaments darstellenden Buch anschauten. Durch dieses Zusammentreffen habe ich Königin Beatrix als eine außergewöhnlich gebildete, gut unterrichtete, freundliche, aber ebenso resolute Persönlichkeit kennengelernt. Das herzliche und gute Gespräch, das vierzig Minuten gedauert hatte, wird mir immer in guter Erinnerung bleiben.

*

Im Anschluss an meinen Besuch bei der niederländischen Königin hat mich Ministerpräsident Jan Peter Balkenende ins Catshuis eingeladen. Nach einem persönlichen Gespräch hatten wir in einem Kreis von etwa zehn Personen ein sehr angenehmes Mittagessen. Auch diese Gelegenheit nutzte ich, um eine Verbindung zu meiner Heimatregion herzustellen, und lud den niederländischen Ministerpräsidenten ein, während des Europawahlkampfes 2009 in meine Wahlregion, in die Grafschaft Bentheim, zu kommen. Dies sagte er zu. Er hat Wort gehalten. Am 16. Mai 2009 besuchte Jan Peter Balkenende Bad Bentheim und wir hatten eine gute Veranstaltung im Innenhof der Burg Bentheim, wo wir für die Stimmabgabe bei der Europawahl für die CDU, die Schwesterpartei der niederländischen CDA, und damit für unsere gemeinsame Europäische Volkspartei, die europäischen Christdemokraten, warben.

4. Gelebte Zeitgeschichte

Von weiteren Begegnungen mit „gekrönten Häuptern" werde ich im Einzelnen nicht berichten, obwohl auch diese Treffen es wert wären, geschildert zu werden. Zu „königlichen Gesprächen" kam es in Brüssel mit König Albert II. von Belgien und in Kopenhagen mit Königin Margrethe II. von Dänemark, jeweils in ihren königlichen Palästen. Prinz Philippe und Prinzessin Mathilde, seit 2013 König und Königin von Belgien, luden mich zu einem Abendessen allein mit ihnen ein. Von den Begegnungen mit Großherzog Henri von Luxemburg und mit König Abdullah von Jordanien war bereits die Rede. Es besuchten mich Prinz Albert von Monaco sowie Prinz Haakon, der Kronprinz von Norwegen. Victoria, Kronprinzessin von Schweden, hatte mich einmal während meiner Zeit als Fraktionsvorsitzender besucht. In Bahrain empfing mich König Hamad bin Isa Al Chalifa, in Dubai empfing mich der Emir, Scheich Mohammed bin Rashid Al Maktoum, der zu dem Gespräch seinen Nachfolger, seinen Sohn

Scheich Hamdan bin Mohammed bin Rashid Al Maktoum, hinzuzog. Auch traf ich in Katar sowie in Paris mit dem Emir von Katar, Scheich Hamad bin Chalifa al-Thani, zusammen. Aber wer vorübergehend als einflussreicher Politiker im Rampenlicht steht, darf nicht vergessen, woher er kommt und für welche Überzeugungen er angetreten ist. Deshalb bleiben mir meine Begegnungen mit denjenigen in besonders tiefer Erinnerung, deren Kampf um Menschenwürde und Menschenrechte ich unterstützen konnte. Zur Macht des Europäischen Parlaments gehört es, immer, unzweideutig und vernehmlich für die Menschenrechte Stellung zu beziehen, wo immer auf der Welt sie bedroht sind. Deshalb waren meine Treffen mit den Trägern des vom Europäischen Parlament gestifteten Sacharow-Preises für geistige Freiheit von großer Bedeutung.

Ebenso herausragend waren für mich die Begegnung mit den bulgarischen Krankenschwestern, die in Libyen gefangen gehalten worden waren und für deren Freilassung ich mich auch vor dem bulgarischen Parlament eingesetzt hatte; das Treffen mit den Familien der verschleppten israelischen Soldaten Ehud Goldwasser und Gilad Shalit; die Begegnung mit der Frauenrechtlerin Ayaan Hirsi Ali und das Gespräch mit der Mutter von Michail Chodorkowski, der den Mächtigen der russischen Politik im Wege stand und deshalb im Gefängnis sitzen musste.

Bei allen Begegnungen war mir wichtig, den einzelnen Menschen zu sehen, der zu mir kam. Und ich versuchte, inmitten aller Hektik des Alltags nicht diejenigen zu übersehen, die mir selbst wichtige Dienste leisteten. Mein niederländischer Fahrer Peter Jager hat sich deshalb auch in mein Gästebuch eingetragen, weil mir die ruhige Gesprächsbegegnung mit ihm immer wieder wichtig war. Peter Jager war mit höchster Konzentration im ständigen Einsatz für mich und hat mich sicher zu ungezählten auswärtigen Terminen gefahren, die ich sonst niemals mit meinen Aufgaben im Parlament hätte verbinden können. Er hat mich sowohl als Fraktionsvorsitzenden als auch als Präsidenten des Europäischen Parlaments begleitet. Leider ist er viel zu früh verstorben. Marinus van Greuningen, ebenfalls ein Niederländer, hat diese Aufgabe genauso gewissenhaft ausgefüllt, ebenso wie mein zweiter Fahrer, Rudy Vanhassel. Die Fahrer gehörten zu den wichtigsten Mitarbeitern. Nach der Beendigung seines Engagements für mich bat ich Marinus van Greuningen, dass wir uns beim Vornamen ansprechen und uns duzen. Ich bin sehr dankbar dafür, dass ich allen meinen ehemaligen und auch heutigen Mitarbeiterinnen und Mitarbeitern gern begegne. Mit einigen hat sich eine gute Freundschaft entwickelt.

Meine beiden Nachfolger im Amt des Präsidenten des Europäischen Parlaments, Jerzy Buzek und Martin Schulz, haben die schöne Tradition des Gästebuches fortgesetzt. Die Gästebücher des Präsidenten des Europäischen Parlaments sind gelebte europäische Zeitgeschichte. Mir blieb immer wichtig, dass bei allen Begegnungen, an denen ich beteiligt war, direkt oder indirekt die Grundsätze nicht vergessen wurden, wegen der ich mich überhaupt politisch engagierte: das unbedingte Eintreten für die Menschenwürde.

Sechster Teil: Alles hat seine Zeit

I. Dankgottesdienst in Osnabrück im Zeichen deutsch-polnischer Freundschaft

Lange war ich bemüht gewesen, den Erzbischof von Oppeln, meinen Freund Alfons Nossol, mit meinem Osnabrücker Bischof Franz-Josef Bode zu einem Gottesdienst im Osnabrücker Dom zusammenzubringen. Zum Abschluss meiner Amtszeit als Präsident des Europäischen Parlaments gelang es schließlich, Sonntag, den 12. Juli 2009 für eine solche Begegnung zu vereinbaren. Zwei Tage später, am 14. Juli 2009 – so war es seit langem vorgesehen gewesen, sollte Jerzy Buzek, Ministerpräsident Polens von 1997 bis 2001, zu meinem Nachfolger als Präsident des Europäischen Parlaments gewählt werden.

Als ich etwa ein halbes Jahr vor diesen Ereignissen Donald Tusk bei einer Begegnung in Warschau davon berichtet hatte, hatte er spontan gesagt, er wollte an dem Gottesdienst in Osnabrück teilnehmen. Auch Jerzy Buzek sollte dazu eingeladen werden. In der Tat ist es dazu gekommen. Ebenso erschienen aus diesem besonderen Anlass der Vorsitzende der EVP-Fraktion, Joseph Daul, und seine Ehefrau Marie-Thérèse in Osnabrück. Zunächst lud uns Bischof Franz-Josef Bode zu einem freundlichen Treffen in sein Bischofshaus. Der anschließende Abschiedsgottesdienst, den Bischof Bode und Erzbischof Nossol zusammen mit den vielen Gästen aus meiner Heimat feierten, war ein außergewöhnliches Erlebnis. Besser als die *Neue Osnabrücker Zeitung*, die am darauffolgenden Tage in ihrer Printausgabe darüber berichtete und bereits am Sonntagabend auf ihrer Website, kann ich diesen Tag nicht schildern und möchte die Berichterstattung meiner Heimatzeitung daher im Wortlaut wiedergeben:

> „Das Blitzlichtgewitter vor dem Tross um Bischof Franz-Josef Bode zog die Blicke auf sich. Hans-Gert Pöttering, Präsident des Europäischen Parlaments, hatte hohe Gäste nach Osnabrück eingeladen: seinen Nachfolger Jerzy Buzek, den polnischen Ministerpräsidenten Donald Tusk, den Fraktionsvorsitzenden der Europäischen Volkspartei (EVP), Joseph Daul, und Erzbischof Alfons Nossol aus Polen.

> Umringt von Personenschützern und Journalisten, eilte die Gruppe vom Sitz des Bischofs zum Dom. Anlass war das kurz bevorstehende Ende der Amtszeit von Hans-Gert Pöttering als Präsident des Europäischen Parlaments. Am Vortag seines Ausscheidens hatte er einige Freunde in den Dom zu einem Abschiedsgottesdienst eingeladen. Seinem Nachfolger Jerzy Buzek dürfte dieser Sonntag vor seinem Amtsantritt in Erinnerung bleiben. Von 1997 bis 2001 war der konservativ-liberale Politiker Ministerpräsident von Polen.

Viele Osnabrücker besuchten den Gottesdienst auch deshalb, weil die angereiste Prominenz und der Anlass diesem Sonntag einen besonderen Glanz gaben. Und sie wurden gleichzeitig Zeugen einiger Zeichen deutsch-polnischer Freundschaft.

Eines davon: Bischof Franz-Josef Bode, dessen Dom gestern plötzlich in der politischen Öffentlichkeit stand, trug eigens an diesem Tag das Messgewand, das vor ihm bereits Papst Johannes Paul II. im November 1980 beim Besuch in Osnabrück getragen hatte. Er würdigte die Bedeutung und die Verdienste des polnischen Papstes – und die Gottesdienstbesucher applaudierten.

Ein Weiteres: Bischof Bode zelebrierte den Gottesdienst gemeinsam mit Erzbischof Alfons Nossol, der 830 Kilometer von seiner Diözese Oppeln nach Osnabrück zurückgelegt hatte. Der polnische Geistliche hob in seiner Predigt die Bedeutung christlicher Werte für Europa hervor. Europa dürfe nicht alleine ein Wirtschafts- und Machtverbund, sondern auch eine Wertegemeinschaft auf der Grundlage von Menschenwürde, Freiheit und Solidarität sein. Er freute sich über die besondere Konstellation bei polnisch-deutschen Nachfolgeschaften: Erst war ein polnischer Papst Vorgänger eines deutschen, und jetzt folgt ein polnischer Präsident des Europäischen Parlaments auf einen deutschen Vorgänger. In dieser Verschränkung sieht Erzbischof Nossol eine Fügung und eine positive Entwicklung für die Beziehung zwischen beiden Ländern."[1] Wörtlich erklärte Erzbischof Alfons Nossol: „So etwas kann nur dem Heiligen Geist einfallen."

„Der aus dem Amt scheidende EU-Parlamentspräsident Hans-Gert Pöttering (CDU) hat es als ein wichtiges Signal für die Einheit Europas begrüßt, dass sein designierter polnischer Amtsnachfolger aus den neuen EU-Beitrittsländern kommt. In einem Interview mit unserer Zeitung sagte der CDU-Europaabgeordnete aus Bad Iburg: ‚Mit Jerzy Buzek bekommt das Parlament eine herausragende Persönlichkeit, die zeigt, dass die Teilung Europas endgültig überwunden ist.' [...]

Bei einer anschließenden Pressekonferenz warb Buzek für die Umsetzung des Lissabon-Vertrages. Auch die Lösung der Energiefragen und Wege aus der Klimakatastrophe seien wichtige Themen. Er wolle aber vor allem den Bürgern die EU näherbringen. Ministerpräsident Tusk bedankte sich bei Pöttering für dessen Unterstützung bei der Verwirklichung der Ost-Erweiterung der EU.

Daul, der wie einst Pöttering nun dem konservativ-bürgerlichen Lager im Parlament vorsitzt, lobte ebenfalls die Verdienste des scheidenden EU-Parlamentspräsidenten um die Einheit Europas. Zu Buzek gewandt, sagte Daul schmunzelnd: ‚Wenn Sie das so gut machen wollen wie Pöttering, werden Sie sich anstrengen müssen.'"[2]

Nach einem festlichen Mittagessen reisten die polnischen Gäste zurück in ihre Heimat. Für meine Söhne Johannes und Benedict, besonders aber für mich und wohl auch für alle Besucher des Gottesdienstes, war dies ein unvergesslicher Tag. Und für mich welch schöner Abschluss meiner Amtszeit als Präsident des Europäischen Parlaments.

*

Bei den Wahlen zum Europäischen Parlament im Juni 2009 wurde ich als Spitzenkandidat der CDU Niedersachsens und Deutschlands erneut zum Abgeordneten des Europäischen Parlaments gewählt. Zugleich kam alsbald eine neue Aufgabe auf mich zu, die mir bis zum Ausscheiden aus dem Europäischen Parlament 2014 einen Spagat zwischen Brüssel und Berlin abverlangte: Am 4. Dezember 2009 wurde ich auf Vorschlag von Bernhard Vogel als dessen Nachfolger zum Vorsitzenden der Konrad-Adenauer-Stiftung gewählt – eine Aufgabe, die am 1. Januar 2010 begann. So schloss sich ein Kreis, denn die Stiftung zu führen, die das Lebenswerk des Mannes fortführt, durch dessen Europapolitik ich zur Christlich Demokratischen Union gestoßen war, empfand ich als große Erfüllung und neuen Ansporn. Ich konnte gestalten und zugleich Erfahrungen weitergeben. So blieb es auch im Europäischen Parlament. 35 Jahre sollte ich ihm schließlich angehören. Mit großer Dankbarkeit schaue ich auf die vielen erfüllten Jahre zurück. Vieles habe ich dazu beitragen können, die parlamentarische Demokratie im Prozess der Europäischen Einigung voranzubringen und, so hoffe ich jedenfalls, dauerhaft zu stärken.

*

Nach meinem Ausscheiden aus dem Amt des Präsidenten des Europäischen Parlaments begleitete mich bei meiner Abgeordnetentätigkeit in Brüssel und Straßburg ein (natürlich deutlich kleinerer) Mitarbeiterstab, der ebenfalls exzellente Arbeit geleistet hat und leistet: so mein umsichtiger Büroleiter Tobias Winkler, Ruth Adam, Silvia Grote, Jenny Maennl-Schorn, Victoria Nguyen, Annika Eckardt und Anna Schlag. Auch in der Konrad-Adenauer-Stiftung traf ich – wie in meinen früheren Aufgaben – auf ausgezeichnete Persönlichkeiten: Bernhard Vogel, Ehrenvorsitzender der Konrad-Adenauer-Stiftung, Ministerpräsident von Rheinland-Pfalz (1976–1988) und von Thüringen (1992–2003); Norbert Lammert, stellvertretender Vorsitzender, Präsident des Deutschen Bundestages seit 2005; Beate Neuss, stellvertretende Vorsitzende, Professorin für Internationale Politik an der Technischen Universität Chemnitz seit 1994; Hildigund Neubert, stellvertretende Vorsitzende, Landesbeauftragte des Freistaates Thüringen für die Unterlagen des Staatssicherheitsdienstes der ehemaligen DDR und seit 2013 Staatssekretärin in der Staatskanzlei des Freistaates Thüringen; Michael Thielen, Generalsekretär, Staatssekretär des Bundesministeriums für Bildung und Forschung von 2006 bis 2008; Franz Schoser, Schatzmeister, Hauptgeschäftsführer des Deutschen Industrie- und Handels(kammer)tages Bonn, Berlin von 1980 bis 2001; Gerhard Wahlers, stellvertretender Generalsekretär und Leiter der Hauptabteilung

Europäische und Internationale Zusammenarbeit (EIZ); Nino Galetti, meinen engagierten Büroleiter; sowie Carolin Bienioßek, meine persönliche Sekretärin, um nur einige zu nennen. Die Stiftung leistet in den politischen Bildungsforen der deutschen Bundesländer – mit Ausnahme von Bayern (Hanns-Seidel-Stiftung) und Schleswig-Holstein (Hermann Ehlers Stiftung) – politische Bildungsarbeit und hat etwa 500 Mitarbeiterinnen und Mitarbeiter im Inland sowie etwa 560 im Ausland; sie beschäftigt insgesamt also über 1.000 Menschen. Die Konrad-Adenauer-Stiftung fördert nahezu 3.500 junge begabte, politisch sowie gesellschaftlich engagierte Studentinnen und Studenten aus dem In- und Ausland. In 80 Vertretungen in Europa und der ganzen Welt ist sie bemüht, die europäische und internationale Zusammenarbeit zu unterstützen.

Meine politische Erfahrung im Europäischen Parlament und die europäischen Kontakte kommen mir in der Konrad-Adenauer-Stiftung sehr zugute. Als mir vor einigen Jahren Volker Hassemer, früherer Senator von Berlin und Vorsitzender der StiftungZukunftBerlin, die Idee unterbreitete, unter meiner Schirmherrschaft jährlich eine sogenannte Berliner Europarede mit den höchsten Vertretern der europäischen Institutionen zu veranstalten und dieses jeweils an dem für Deutschland so geschichtsträchtigen 9. November, war ich davon sehr begeistert. Seit 2010 sind die Konrad-Adenauer-Stiftung, die StiftungZukunftBerlin und die Robert Bosch Stiftung Gastgeber der „Berliner Europarede". Der Präsident des Europäischen Rates, Herman Van Rompuy, war 2010 und 2013 Redner, der Präsident der Europäischen Kommission, José Manuel Durão Barroso, im Jahre 2011, und der Präsident des Europäischen Parlaments, Martin Schulz, 2012. Das Engagement in der Konrad-Adenauer-Stiftung bereitet mir in allen Tätigkeitsfeldern viel Freude, und es ist mein aufrichtiger Wunsch, in der Gemeinschaft der Konrad-Adenauer-Stiftung noch einige Jahre tätig sein zu können.

*

Die Entscheidung, bei der Europawahl 2014 nicht wieder zu kandidieren, hatte ich bereits bei der letzten Wahl 2009 getroffen. Ende März 2013 habe ich, beginnend mit der CDU-Bundesvorsitzenden, Bundeskanzlerin Angela Merkel, meine Vorsitzenden auf allen politischen Ebenen darüber informiert: David McAllister (CDU Niedersachsen), Mathias Middelberg (CDU-Bezirksverband Osnabrück-Emsland), Christian Calderone (CDU-Kreisverband Osnabrück-Land) sowie Ludwig Fischer (CDU-Stadtverband Bad Iburg). Danach habe ich über meine Heimatzeitung, die *Neue Osnabrücker Zeitung*, die Öffentlichkeit informiert.[3] Einige Wochen später erklärte David McAllister, vom 1. Juli 2010 bis zum 19. Februar 2013 Ministerpräsident in Niedersachsen, seine Bereitschaft, auf Platz 1 der niedersächsischen CDU-Landesliste für das Europäische Parlament zu kandidieren. David McAllister gehört zu den talentiertesten CDU-Politikern der jüngeren Generation. Ich wünsche ihm allen Erfolg, sei es auf europäischer oder nationaler Ebene. Mit seiner doppelten Staatsbürgerschaft als Deutscher und Brite (schottischer Herkunft) kann er auch einen wichtigen Beitrag leisten, das Vereinigte Königreich für eine positive Rolle in der EU zu gewinnen. Bei der Listenaufstellung am 30. November 2013 wurde er erwartungsgemäß auf den Spitzenplatz gewählt, gefolgt von meinen Kollegen Burkhard Balz, einem äußerst fachkundigen Banken- und Finanzexperten, und Godelieve Quisthoudt-Rowohl, die als Abgeordnete seit 1989 den Südosten Niedersachsens in bewährter Weise auf europäischer Ebene vertritt.

*

Ein Jahr nach meiner Geburt hatte der Philosoph Karl Jaspers in einem noch immer lesenswerten Vortrag 1946 in Genf die Aufgabe, die sich jedem einzelnen Menschen in seinem Dasein stellt, pointiert auf den Punkt gebracht:

> „Wenn nicht der Einzelne sich bewusst ist, dass es gerade auf ihn ankomme, und wenn er nicht handelt, als ob die Grundsätze seines Handelns die Grundsätze einer noch hervorzubringenden Welt sein sollten, dann ist die Freiheit aller verloren."[4]

Man darf sich bei allem Engagement für Frieden, Freiheit und Recht aber nie zu wichtig nehmen. Das hatte uns Europäer schon Marcus Tullius Cicero gelehrt, der berühmteste Redner des alten Rom, welcher daran erinnerte, „dass unser Gemeinwesen nicht durch eines Mannes Geist, sondern vieler, nicht in einem Menschenleben, sondern in vielen Generationen und Zeitaltern aufgebaut worden sei".[5] In diesem Sinne habe ich mich immer bemüht.

II. Auf dem Soldatenfriedhof Stare Czarnowo

Es hatte mich besonders beglückt, dass der ehemalige polnische Ministerpräsident Jerzy Buzek am 14. Juli 2009 zu meinem Nachfolger im Amt des Präsidenten des Europäischen Parlaments gewählt wurde. Erstmals stand der Repräsentant eines der Länder, die vor kurzer Zeit noch kommunistisch regiert worden waren, einer der europäischen Institutionen vor. Kein Land der EU hatte ich während meiner Amtszeit als Präsident des Europäischen Parlaments so häufig besucht wie Polen, nämlich zwölfmal. Auch danach zog es mich immer wieder nach Polen.

Mit Polen schien ich fast schicksalshaft verbunden zu sein. Den 16. Mai 2011 erlebte ich als einen ebenso traurigen wie ermutigenden Tag. Mit meinem Büroleiter in der Konrad-Adenauer-Stiftung, Nino Galetti, hatte ich mich an diesem Tag frühmorgens in Berlin mit dem PKW auf den Weg in Richtung Stettin gemacht. Nach knapp dreistündiger Fahrt erreichten wir den Soldatenfriedhof Stare Czarnowo. Er befand sich hinter dem Ortsteil Glinna in ruhiger Landschaft. Etwa 18.000 Soldaten haben hier ihre letzte Ruhestätte gefunden. Der Friedhof bot Platz für etwa 30.000 Gefallene. Nur etwa 6.000 der dort bestatteten Soldaten sind identifiziert worden. Die Grabstätte war erst 2006 eingeweiht worden. Ein hohes Kreuz bildete den Mittelpunkt des Soldatenfriedhofs. Der Präsident des Volksbundes Deutsche Kriegsgräberfürsorge, Reinhard Führer, hatte diesen Besuch für mich vermittelt. Ein polnischer Vertreter der Stiftung Pamięć (Gedenken) und ein ehemaliger Oberst der Bundeswehr erwarteten mich. Sie führten uns zunächst in eine Gedenkstätte, die über den Soldatenfriedhof informierte. In einem der vielen Gedenkbücher in dieser Gedenkstätte fanden wir den Namen meines Vaters, Wilhelm Pöttering. Sein Name wurde dort durch folgende Eintragungen ergänzt:

Dienstgrad: Obergefreiter
Geburtsdatum: 11.08.1909
Geburtsort: Alfhausen
Todes-/Vermisstendatum: 22.02.1945
Todes-/Vermisstenort: Stettin/Finkenwalde bei Stettin/Groß Ziegenort/Stolzenhagen

Es war für mich ein bewegender Moment, den Namen meines Vaters hier auf dem Soldatenfriedhof in der Woiwodschaft Westpommern in Polen zu lesen, an einem Ort, der früher als Neumark zu Deutschland gehört hatte. Als wir über den Friedhof gingen, bemerkte der Vertreter von Pamięć, dass es durchaus möglich wäre, dass mein Vater hier bestattet wäre. Vielleicht aber wartete er noch irgendwo in den Wäldern Westpommerns darauf, „gefunden" zu werden.

Da der Winter 1944/45 besonders hart gewesen war, waren viele Gefallene nur sehr notdürftig beerdigt worden. Jährlich werden immer noch etwa eintausend Gefallene bei Straßenbauarbeiten und anderen Umständen in Westpommern gefunden. Die Überreste der Soldaten werden in kleinen schwarzen Särgen aus Pappe beigesetzt. Wie furchtbar müssen die letzten Tage der hier, fern der Heimat, Gefallenen gewesen sein – zurückgedrängt durch angreifende sowjetische Soldaten, den sicheren Tod vor Augen. Welches mögen die letzten Gedanken meines Vaters gewesen sein, der durch einige hundert Kilometer von seiner jungen Ehefrau, seinem zweijährigen Sohn und einem weiteren, noch nicht geborenen Kind getrennt war? Vor dem Kreuz legte ich ein Blumengebinde, blau-gelbe Gerberas, die Farben Europas, nieder und gedachte meines Vaters und der mit ihm Gefallenen in einem stillen Gebet.

Beim Verlassen des Friedhofs gingen mir die Lebensgeschichte meiner Familie und die Geschichte Deutschlands und Europas durch den Kopf. In welch glücklichen Zeiten leben wir heute, trotz aller Herausforderungen, die sich jeder Generation neu stellen. Eine Tragödie für unseren europäischen Kontinent könnte es werden, wenn Europa sein historisches Gedächtnis verlieren würde. Im Angesicht der Geschichte unseres Kontinents bleibt die Einigung Europas in Frieden und Freiheit die große Chance, ja die Gewähr, in eine gute Zukunft zu gehen. Wer der Einigung Europas kritisch gegenübersteht, sie sogar ablehnt, sollte einmal einen Soldatenfriedhof besuchen. So hat es Jean-Claude Juncker, der ehemalige Ministerpräsident Luxemburgs, nun Präsident der Europäischen Kommission, oft formuliert. Wer könnte ihm mehr zustimmen als ich, der aufgrund des Zweiten Weltkrieges im September 1945 geborene Halbwaise.

*

Nach dem Besuch auf dem Soldatenfriedhof Stare Czarnowo besuchte ich auf Einladung des Marschalls der Woiwodschaft Westpommern, Olgierd Geblewicz, Stettin. Geblewicz ist ein Parteifreund, denn er gehört als Mitglied der Bürgerplattform vom ehemaligen Ministerpräsidenten Donald Tusk, nun Präsident des Europäischen Rates, wie meine Partei, die CDU, zur Europäischen Volkspartei. Gemeinsam besuchten wir die Universität Stettin und wurden vom Vizerektor, Professor Edward Włodarczyk, der gut deutsch sprach, empfangen. In einem großen Hörsaal erwarteten uns viele Studenten und ich hielt eine Rede über die gemeinsamen Werte Europas und die Europäische Einigung. Alles war so sehr europäisch an diesem Tag: Noch vor wenigen Stunden hatte ich auf dem Soldatenfriedhof gestanden, der an den Krieg der Völker Europas gegeneinander erinnert hatte, und jetzt, in der Universität Stettin, diskutierte ich mit jungen Polen über die uns in der Europäischen Union verbindenden, gemeinsamen Werte. In das Gästebuch der Universität schrieb ich: „Wir sind zu unserem Glück vereint."[6]

*

Wenige Monate später, am 16. September 2011, bei der Verleihung des Deutsch-Polnischen Preises an Jerzy Buzek und mich in Warschau, habe ich in meiner Dankesrede auf diese persönlichen Erfahrungen hingewiesen. Ich hatte lange überlegt, ob ich dies vor einem polnischen Auditorium tun könnte, aber gerade meine polnischen Partner und Freunde hatten mich hierzu ermutigt. Der Zweite Weltkrieg war durch den Verbrecher Hitler ausgelöst worden, aber auch Deutsche waren zu Opfern geworden. Der Neubeginn seit den Vierziger- und Fünfzigerjahren war gewaltig gewesen. Aber immer wieder würde es Kritik und Skepsis geben, aus welchen Motiven auch immer. Jedem einzelnen dieser Kritiker würde ich gerne das Wort Konrad Adenauers zu lesen geben, das heute noch ebenso Gültigkeit hat wie zu der Zeit des Interviews, das Adenauer 1957 gegeben hatte:

> „Europa soll gar nicht gleichgeschaltet werden. Sein größter Reiz und Reichtum liegt in der Mannigfaltigkeit. Das Gemeinsame in der Mannigfaltigkeit herauszuarbeiten, das Verschiedene zu einer Einheit zu verbinden, das ist die Aufgabe. Das ist ja gerade das Gesunde an einem richtig verstandenen Föderalismus, dass es weiter Franzosen, Italiener, Deutsche, Holländer, Belgier und Luxemburger geben wird in der größeren europäischen

Heimat. Hier entsteht etwas Neues, ohne dass das Alte vernichtet wird. Das Nationale bleibt, nur ist es nicht mehr das Letzte und Höchste."[7]

Welch weiten Weg zum Guten sind wir bereits in Europa gegangen! „Aber vergessen wir nicht", möchte ich noch einmal Konrad Adenauer zitieren,

> „dass in mehr als zweitausend Jahren europäischer Geschichte innerhalb Europas Dämme aufgeworfen worden sind, die man nicht in wenigen Monaten abtragen kann. Was sich in Europa in diesen Jahren vollzieht, ist wahrhaftig *revolutionär*. Tiefeingewurzelte Anschauungen müssen über Bord geworfen werden. Die gesamte politische Erziehung der europäischen Völker, die an der Idee der Nation als den letzten Wert politischer Entscheidung orientiert war, muss umgestellt werden. Das geht nicht von heute auf morgen."[8]

Mein Kollege und Freund Othmar Karas, österreichischer Vizepräsident des Europäischen Parlaments von 2012 bis 2014, hat einmal über meine Beziehung zu meinem Vater einen tiefe Wahrheit ausdrückenden Satz gesagt: „Den Menschen, der Hans-Gert Pöttering am meisten beeinflusst hat, hat er nie kennengelernt." Es ist wahr: Der Tod meines Vaters ist die Motivation für mein europäisches Leben.

*

Alles bleibt unvollendet. Und so blicke ich auch mit dieser nun 2. Auflage meiner Erinnerungen auf die europäische Gegenwart und Zukunft. Wie immer in der Politik der Einigung unseres Kontinents liegen Licht und Schatten nahe beieinander. Gegenwärtig befindet sich die europäische Politik – vor allem wegen des Referendums vom 23. Juni 2016 im Vereinigten Königreich zum Austritt aus der Europäischen Union – vor einer ihrer größten Herausforderungen, wenn nicht der größten Herausforderung seit dem Scheitern der Europäischen Verteidigungsgemeinschaft (EVG) 1954.

Mut, Entschlossenheit und Zuversicht sind die Voraussetzungen dafür, dass wir Gegenwart und Zukunft bewältigen. Einige Überlegungen, die Jacques Delors, Präsident der Europäischen Kommission a.D. und Ehrenbürger Europas, und ich am 18. Februar 2016 in „Fremde Federn" in der Frankfurter Allgemeinen Zeitung (F.A.Z.) veröffentlicht haben, sollen der Versuch sein, einen Teil des europäischen Weges in die Zukunft zu beschreiben.[9]

> „Die Europäische Union ist derzeit nur bedingt handlungsfähig. Auf ehrgeizige Verlautbarungen folgten oft keine Taten [...]. Ein solches Europa verspielt das Vertrauen seiner Bürgerinnen und Bürger. Als überzeugte Europäer können wir vor diesen Entwicklungen nicht die Augen verschließen. Europa muss sich ändern. Doch was ist zu tun?

Die Abkehr von Europa zugunsten einer Renationalisierung führt in die Irre. Ein Zurückdrehen des Einigungsprozesses verheißt zudem ein düsteres Zukunftsszenario: Ein Abschied von der gemeinsamen Währung hätte schwerwiegende Folgen für die Wirtschaft. Die Wiedereinführung von Schlagbäumen und Wechselstuben wäre im Alltag eines jeden Europäers zu spüren.

Der Ausweg aus der Krise liegt vielmehr in einer Stärkung Europas in besonders wichtigen Politikbereichen, die einen gemeinschaftlichen Ansatz unabdingbar machen. In diesem Zusammenhang sind vor allem der gemeinsame Außengrenzschutz, die Schaffung einer gemeinschaftlichen Asylpolitik sowie die bessere Gestaltung von Instrumenten für geregelte Zuwanderungsmöglichkeiten zu nennen. Die Lösung der Flüchtlingskrise wird ohne europäische Solidarität nicht gelingen: Dies bedeutet Solidarität mit den Ländern, welche die meisten Flüchtlinge aufnehmen, aber auch Solidarität mit denen, die über Jahre mit den Flüchtlingsströmen alleingelassen wurden. Die letzten Monate haben gezeigt, dass die bestehenden EU-Regeln nicht ausreichen.

[…]

So wie die Flüchtlingskrise nicht rein nationalstaatlich gelöst werden kann, ist Krieg und Terrorismus ebenso europäisch zu begegnen. Europa kann und darf sich niemals als eine Insel der Glückseligkeit verstehen, die sich einigeln kann, um von den unangenehmen Realitäten verschont zu bleiben. Es liegt im Eigeninteresse der Europäischen Union und ihrer Mitgliedstaaten, die wirtschaftliche und politische Modernisierung in ihrer unmittelbaren Nachbarschaft noch stärker als bisher zu unterstützen."

Die Europäische Union darf sich nicht damit begnügen, nur auf Herausforderungen und Probleme zu reagieren. Sie muss Krisen abwenden oder gemeinschaftlich meistern können. Unser Anspruch muss sein, globale Entwicklungen mitzugestalten und Führung zu zeigen. Nur so wird es uns gelingen, unsere Werte in der Welt zu vertreten![10]

„Europa wird letztlich scheitern, wenn sich Mitgliedstaaten, aber auch Bürgerinnen und Bürger nicht als Teil einer Wertegemeinschaft begreifen. Dies bedeutet nicht die Verneinung kultureller, religiöser und gesellschaftlicher Traditionen der Mitgliedstaaten – im Gegenteil. Die Wertegemeinschaft bedeutet vielmehr eine Rückbesinnung auf den gemeinsamen Grundwertekern der europäischen Einigung: die Würde des Menschen, Freiheit, Demokratie, Recht und Frieden. Das heißt auch, die Kritiken und Ängste der Bevölkerung ernst nehmen und sie an der Diskussion über die notwendige Vertiefung der Union zu beteiligen."

Um diesen Gedanken zu vertiefen, möchte ich Bezug nehmen auf meine Rede anlässlich einer gemeinsamen Veranstaltung der Konrad-Adenauer-Stiftung und der Stiftung Internationaler Karlspreis zu Aachen am 2. Mai 2016 im Campo Santo Teutonico (Rom) aus Anlass der Verleihung des Karlspreises an Papst Franziskus am folgenden Tag: ‚Unsere kulturelle Identität in Europa hat so viele Erscheinungsformen wie sie stark ist. Mit der Europäischen Union begann der erfolgreiche Versuch, die vielfältige kulturelle Identität in eine gemeinsame politische Identität zu überführen. Dabei ist unser Bekenntnis zu unserer jeweiligen Heimat, unserem Vaterland und Europa kein Gegensatz, sondern diese drei Identitäten verbinden sich zu einer, nämlich europäischen Identität der „Einheit in Vielfalt". Auch künftig ist es von zentraler Bedeutung, dass wir uns unserer geistigen und religiösen Wurzeln bewusst sind. Ansonsten wandelt sich die Europäische Union in ein rein technokratisches Unternehmen ohne Grundlage, ohne Tiefe. Neues Leben entspringt ständig aus den Wurzeln, aus denen wir entstanden sind, und verleiht uns neue Kraft für heute und morgen. Die Europäische Union muss daher auch immer wieder neu gedacht und weiterentwickelt werden – auf der Grundlage unserer Wurzeln. Wenn die Gegner Europas versuchen, die Einheit unseres Kontinents infrage zu stellen, zu hintertreiben, ja zum Nationalismus zurückzukehren, dann muss dies uns als überzeugte Europäer stärker, engagierter, selbstbewusster und mutiger machen'.[11]

„Hier kann das in diesem Jahr in Brüssel zu eröffnende ‚Haus der Europäischen Geschichte' eine Initialzündung für eine breitere europaweite Debatte sein. Dieser Dialog über unsere gemeinsame Zukunft muss ohne moralisierendes Anprangern geführt werden. Die aktuellen Krisen stellen die EU und unser Wertegerüst auf eine harte Probe. Europa muss sich jetzt auf seine Kernanliegen konzentrieren. Die Handlungsunfähigkeit der Europäischen Union können wir uns nicht leisten. Den Worten müssen Taten folgen. Dafür brauchen wir den Mut, uns in Europa aus unserem Eigeninteresse heraus solidarisch zu verhalten. Darin muss sich Europa ändern."

Die Europäische Union ist nicht das Paradies auf Erden. Aber verglichen mit Entwicklungen in anderen Regionen und auf anderen Kontinenten ist sie im Hinblick auf ihre Werte und das menschliche Wohlergehen der bessere Teil der Welt. Dieses zu bewahren, weiterzuentwickeln und in eine gute Zukunft zu führen, ist unsere moralische und politische Verpflichtung für heute und zukünftige Generationen.

***

Dank

Ein Buch wie dieses kann nicht entstehen ohne die Unterstützung von Mitarbeiterinnen und Mitarbeitern, Ratgebern und Wegbegleitern. Dabei ist es natürlicherweise nicht einfach, eine Antwort auf die Frage zu finden, wie weit der Kreis zu ziehen ist, um Personen, die es verdienen, den ihnen gebührenden Dank auszusprechen. Bei der Benennung einer großen Anzahl von Personen, denen ich Unterstützung verdanke, kann es leicht vorkommen, Namen nicht zu erwähnen, die es in gleicher Weise verdienen, genannt zu werden. Deswegen habe ich mich entschlossen, den Kreis der Erwähnten auf den entscheidenden Kern zu beschränken und allen Nichtgenannten gemeinsam für Rat und Tat, Hinweise und jede Form der Unterstützung meinen herzlichen Dank auszusprechen. Das gilt auch für diejenigen, die auf ausdrücklichen eigenen Wunsch hin auf eine verdiente Würdigung verzichten wollten.

An erster Stelle, also vor allen anderen, bin ich Annika Eckardt zu aufrichtigem Dank verpflichtet, die mit großer Geduld und – soweit jedenfalls für mich erkennbar – mit stets guter Laune meine Diktate in eine lesbare Form gebracht und durch ebenso mühevolle wie sorgfältige Recherche inhaltlich vervollständigt hat. Ihre immer verständnisvolle, mich bestärkende und – da, wo es notwendig war – auch korrigierende Begleitung waren für das Entstehen des Buches von unschätzbarem Wert. In der Anfangsphase dieser in etwa fünf Jahren entstandenen Erinnerungen war Ruth Adam eine große Hilfe, für die ich ebenfalls aufrichtig danke. Bei vier Unterkapiteln verdanke ich Katrin Ruhrmann, Oliver Dreute, Michael Hahn und Anna Schade wichtige Recherchearbeiten und darauf aufbauende Formulierungen beziehungsweise Formulierungsvorschläge. Tobias Winkler bin ich zu großem Dank für seine koordinierende Arbeit verpflichtet. Er hat darüber hinaus immer dazu beigetragen, durch ein gutes Klima bei allen Beteiligten den Schwung für die Fortführung der Arbeiten zu fördern. Schließlich gilt mein herzlicher Dank auch an Anja Borkam für das Lektorat. So kann ich ein Buch vorlegen, das mein europäisches Leben beschreibt und vielleicht auch dem Europa der Zukunft ein wenig Kompass sein kann.

Auch die 2. Auflage dieses Buches wäre nicht entstanden ohne die Unterstützung von Mitarbeiterinnen und Mitarbeitern. Ihnen gilt mein herzlicher Dank: Jakov Devčić für die Koordination zwischen der Lektorin und dem Verlag während des Entstehungsprozesses und die Durchsicht der umfassenden Änderungen, Ronny Heine für die abschließende redaktionelle Bearbeitung sowie Annalisa Viviani für das Lektorat.

Anmerkungen

Einleitung

1 Presseerklärung von Robert Schuman am 09.05.1950, Salon de l'horloge, Quai d'Orsay, Paris.

2 Adenauer, Konrad: Erinnerungen 1945–1953, Stuttgart 1965, S. 328.

3 Monnet, Jean: Memoirs. Übersetzung von Richard Mayne, New York 1978, S. 128.

4 Adenauer, Konrad: Erinnerungen 1945–1953, Stuttgart 1965, S. 423.

5 Schuman-Erklärung vom 09.05.1950, vgl. www.europa.eu [09.12.2013].

6 Kant, Immanuel: Idee zu einer allgemeinen Geschichte in weltbürgerlicher Absicht, in: ders.: Schriften zur Geschichtsphilosophie, Stuttgart 1974, S. 33.

7 Fontaine, Pascal: Ein neues Konzept für Europa. Die Erklärung von Robert Schuman 1950–2000, 2. Auflage, aus der Reihe: Europäische Dokumentation, Luxemburg 2000, S. 17.

8 Monnet, Jean: Erinnerungen eines Europäers, Baden-Baden 1988, S. 387.

9 Adenauer, Konrad: Erinnerungen 1953–1955, Stuttgart 1966, S. 298.

10 Ebd., S. 295.

11 Ebd., S. 296 f.

12 Ebd., S. 298.

13 Schuman-Erklärung vom 09.05.1950, vgl. www.europa.eu [09.12.2013].

14 Adenauer, Konrad: Rede von 16.02.1967 im Ateneo in Madrid, vgl. www.konrad-adenauer.de [24.10.2013].

15 Adenauer, Konrad: Ansprache auf der Schlusskundgebung der Tagung der Gemeinschaft katholischer Männer Deutschlands in Bamberg am 20.07.1952, Bulletin Nr. 95/52, S. 935 f.

16 Hallstein, Walter: Die Europäische Gemeinschaft, Düsseldorf 1973, S. 42.

17 Mann, Golo: Friedrich von Gentz, Gegenspieler Napoleons, Vordenker Europas, Frankfurt a. M. 1995, S. 181 f.

18 Ebd., S. 236. Und Golo Mann fährt fort: „[Und dieser Friede] konnte nur dann zustande kommen, wenn es gelang, die Russen innerhalb ihrer Grenzen zu halten, wenn die preußischen Patrioten sich nicht in pandeutsche Revolutionäre verwandelten, wenn Österreich sich den Einfluss sicherte, den es im 18. Jahrhundert besessen hatte, und wenn Frankreich als Großmacht bestehen blieb."

19 Augustinus, Aurelius: Vom Gottesstaat, 21. Buch, 8. Kapitel, München 1978, S. 694.

20 Letzte außenpolitische Rede Konrad Adenauers in Madrid im Ateneo am 16.02.1967, Redemanuskript, S. 13, StBKAH02.38.

21 Erklärung anlässlich des 50. Jahrestages der Unterzeichnung der Römischen Verträge, vgl. Website der deutschen Präsidentschaft, EU 2007: www.eu2007.eu [22.11.2013].

22 Schneider, Reinhold: Erbe im Feuer: Betrachtungen und Rufe, München 1946, S. 145.

Erster Teil: Prägungen und Maßstäbe

1   So im Tagebuch von: Specker, Bernhard: Aus jenen Tagen, Bd. 2: Kriegs- und Nachkriegszeit in Bersenbrück: Zeitzeugen erzählen, hrsg. von der Volkshochschule Osnabrücker Land, Außenstelle Bersenbrück, Bersenbrück 2002, S. 12.

2   Ebd., S. 13.

3   So Hilker, Heinz: Die britische Militärregierung in Bersenbrück von 1945 bis 1950, in: Specker, B.: Aus jenen Tagen, Bd. 2, S. 91.

4   So Haskamp, Maria: Zwei Jahre polnische Besatzung in Bersenbrück, in: Specker, B.: Aus jenen Tagen, Bd. 2, S. 96.

5   Im Jahre 1950 hatte Bersenbrück 3.484 Einwohner, davon 813 Heimatvertriebene, vgl. Haskamp,M.: Zwei Jahre, S. 96.

6   Berresheim, Eliese: Adenauers Moskau-Reise war ein guter Schachzug, in: *Die Welt* vom 08.09.2009, vgl. www.welt.de [27.09.2013].

7   Sperber, Manès: All das Vergangene..., Wien, München, Zürich 1983, S. 812 f.

8   Goethe, Johann Wolfgang: Der Urfaust. Goethes Faust in ursprünglicher Gestalt, Stuttgart 1962.

9   Bisher reifste Leistung der Laienspieler, in: *Bersenbrücker Kreisblatt* vom 22.11.1965.

10   Guardini, Romano: Das Ende der Neuzeit, Mainz/Paderborn 1986, S. 51.

11   De Rougemont, Denis: Die Schweiz, Model Europas: Der Schweizerische Bund als Vorbild für eine Europäische Föderation, Wien-München 1965, S. 88 f.

12   Beschluss der 21. Ordentlichen Bundesdelegiertenversammlung des RCDS in Oldenburg vom 20.03.1971, Antrag Nr. 402 Berlin Resolution.

13   Ebd.

14   Ebd.

15   Beschlussprotokoll der 21. Ordentlichen Bundesdelegiertenversammlung des RCDS vom 17.– 20.03.1971 in Oldenburg, S. 7.

16   Junge Union Niedersachsen: Unsere Zukunft ist Europa! Hannover 1978.

17   Freiheit und Sicherheit. Grundsätze für Deutschland. Beschluss des 21. Parteitags der CDU Deutschlands vom 03.12.2007 in Hannover, Nr. 351, S. 108.

18   Kohl, Helmut: Visionäre sind die wahren Realisten, München 2013.

Zweiter Teil: Parlamentarische Bewährung in Zeiten der Einheit Deutschlands und Europas

1   27. Bundesparteitag der CDU Deutschlands, 25.–27.03.1979, Kiel, Protokoll, S. 151.

2   Ebd., S. 151. f.

3   Ebd., S. 235 f.

4   Hugo, Victor: Eröffnungsrede zum Pariser Friedenskongress am 21.08.1849: Für die Vereinigten Staaten von Europa.

5 Verhandlungen des Europäischen Parlaments, Ausführlicher Sitzungsbericht der Sitzung vom 17.07.1979, S. 1 ff.

6 Ebd., S. 1.

7 Europäisches Parlament, Protokoll der Sitzung vom 17.07.1979, Dok.-Nr. PE 59 119, S. 6 f.

8 Verhandlungen des Europäischen Parlaments, Ausführlicher Sitzungsbericht der Sitzung vom 18.07.1979, S. 21 ff.

9 Laudatio von Präsident Pöttering anlässlich der Verleihung des Europapreises „Karl V." 2008 an Simone Veil am 18.06.2008 in Yuste, Spanien, S. 1 f, vgl. Website des ehemaligen Präsidenten des Europäischen Parlaments, Hans-Gert Pöttering, auf www.europarl.europa.eu [19.12.2013].

10 Schweitzer, Albert, Kultur und Ethik, München 1981, S. 72.

11 Vgl. Europäisches Parlament, Sitzungsdokumente 1980-1981, Entschließungsantrag zu der Errichtung eines „revolvierenden Fonds" zugunsten der der Europäischen Gemeinschaft angehörenden Mittelmeerländer auf der Grundlage einer Verordnung des Rates, 21.11.1980, Dok.-Nr. 1-620/80.

12 Europäisches Parlament, Sitzungsdokumente 1981–1982, Bericht im Namen des Ausschusses für Regionalpolitik und Raumordnung über einen „Mittelmeer-Plan" zugunsten der der Europäischen Gemeinschaft angehörenden Mittelmeerländer sowie der Kandidatenländer Portugal und Spanien auf der Grundlage einer Verordnung des Rates, Berichterstatter: Hans-Gert Pöttering, 25.11.1981, Dok.-Nr. 1-736/81, S. 3.

13 ABl. Nr. C 66 vom 15.03.1982, S. 26 ff.: Entschließung zu einem „Mittelmeer-Plan" zugunsten der Europäischen Gemeinschaft angehörenden Mittelmeerländer sowie der Kandidatenländer Portugal und Spanien auf der Grundlage einer Verordnung des Rates.

14 Verhandlungen des Europäischen Parlaments, Ausführlicher Sitzungsbericht der Sitzung vom 15.02.1982, Dok.-Nr. 1-280, S. 12 f.

15 Aus Politik und Zeitgeschichte, Nr. B1-2/2002, S. 34.

16 Rekordergebnis trotz Finanzkrise – Deutschland exportiert so viel wie noch nie, in: *Süddeutsche Zeitung* vom 08.02.2012, vgl. www.sueddeutsche.de [16.01.2014].

17 Europäischer Protest gegen Taten- und Entschlußlosigkeit, in: *Grafschafter Nachrichten* vom 07.05.1983.

18 ABl. Nr. L 239 vom 22.09.2000, S. 19–62, Titel II, Kap. I, Art. 2 (1).

19 Vgl. Eintrag „Schengener Abkommen" im Europa-Lexikon der Webpräsenz der Deutschen Bundesregierung: www.bundesregierung.de [16.12.2013]

20 Ebd.

21 Europäisches Parlament, Protokoll der Sitzung vom 19.01.1982.

22 ABl. Nr. L 169 vom 29.06.1987.

23 Pöttering, Hans-Gert (Hrsg.): Sicherheit in Freiheit für Europa: Plädoyer für eine europäische Sicherheitspolitik, Bonn 1988, S. 111.

24 ABl. Nr. C 229 vom 09.09.1985, S. 109 f.

25 Verhandlungen des Europäischen Parlaments, Ausführlicher Sitzungsbericht der Sitzung vom 10.07.1985, Dok.-Nr. 2-328, S. 126 f.

26 Ebd., S. 123 f.

27 Ebd., S. 126 f..

28 Vgl. Pöttering, Hans-Gert (Hrsg.): Sicherheit in Freiheit für Europa: Plädoyer für eine europäische Sicherheitspolitik, Bonn 1988, S. 108 ff.

29 Vgl. Pöttering, Hans-Gert (Hrsg.): Perspektiven europäischer Sicherheitspolitik, in: Transnational 25, Bonn 1986. In diesem Heft sind die Texte der einzelnen Beiträge der öffentlichen Anhörung abgedruckt.

30 Vgl. Pöttering, Hans-Gert (Hrsg.): Sicherheit in Freiheit für Europa: Plädoyer für eine europäische Sicherheitspolitik, Bonn 1988, S. 110.

31 Ebd., S. 111.

32 Abl. Nr. C 183 vom 15.07.1991, S. 21 ff.

33 ABl. Nr. C 191 vom 29.07.1992, Vertrag über die Europäische Union, unterzeichnet zu Maastricht am 07.02.1992, Art. J.4, Abs. 1.

34 Ebd., Art. J.7.

35 Ebd., Art. J.9.

36 Protokoll, Deutscher Bundestag, 11. Wahlperiode, 177. Sitzung, Bonn, 28.11.1989, S. 13502 ff.

37 Ebd., S. 13513.

38 Schmidt, Helmut: Außer Dienst: Eine Bilanz, München 2010, S. 168.

39 Vgl. Kühnhardt, Ludger/Pöttering, Hans-Gert: Kontinent Europa: Kern, Übergänge, Grenzen, Zürich/Osnabrück 1998, S. 59 ff.

40 Kohl, Helmut: Ich wollte Deutschlands Einheit, dargestellt von Kai Diekmann und Ralf Georg Reuth, Berlin 1996, S. 271.

41 Ebd., S. 254.

42 Vgl. Schäuble, Wolfgang: Der Vertrag: Wie ich über die Deutsche Einheit verhandelte, Stuttgart 1991, S. 13 ff.

43 Vgl. auch *Frankfurter Allgemeine Zeitung* vom 27.02.1990: Anzeichen für ein Nachgeben Moskaus beim militärischen Status Deutschlands? Europa-Parlamentarier als Gäste des Obersten Sowjet im Kreml, S. 3; vgl. auch *Neue Osnabrücker Zeitung* vom 26.02.1990: Gespräch mit unserer Zeitung. Pöttering: Moskau steht zu Vereinbarungen mit Kohl, S. 7; vgl. Reding, Viviane in: *Luxemburger Wort* vom 03.03.1990: Außenpolitische Berater Gorbatschows: „Kein Blankoscheck für die Wiederbereinigung".

44 Kohl, Helmut: Ich wollte Deutschlands Einheit, dargestellt von Kai Diekmann und Ralf Georg Reuth, Berlin 1996, S. 275.

45 Protokoll des 1. Parteitages der CDU Deutschlands am 01./02.10.1990 in Hamburg, S. 63.

46 Pöttering, Hans-Gert/Bracher, Karl Dietrich/Funke, Manfred/Schwarz, Hans-Peter (Hrsg.): Die Bundesrepublik Deutschland und der europäische Einigungsprozess, Düsseldorf 1990, S. 232 ff.

47 Vgl. Kühnhardt, Ludger/Pöttering, Hans-Gert: Kontinent Europa: Kern, Übergänge, Grenzen, Zürich/Osnabrück 1998, S. 65 ff.

48 Jewtuschenko, Jewgeni: Stirb nicht vor deiner Zeit, München 1996.

49 Zitiert nach Jewgeni Jewtuschenko, Ebd., S. 166.

50 Vgl. *Frankfurter Allgemeine Zeitung* vom 20.08.1991.

51 Jewtuschenko, Jewgeni: Stirb nicht vor deiner Zeit, München 1996, S. 174.

52 Ebd., S. 508.

53 Ebd.

54 Vgl. *Neue Osnabrücker Zeitung* vom 20.02.1991.

55 Vgl. Adam, Werner: Putschisten auf dem Pulverfaß, in: *Frankfurter Allgemeine Zeitung* vom 21.08.1991.

56 Kühnhardt, Ludger/Pöttering, Hans-Gert: Kontinent Europa: Kern, Übergänge, Grenzen, Zürich/ Osnabrück 1998, S. 70

57 Jewtuschenko, Jewgeni: Stirb nicht vor deiner Zeit, München 1996, S. 405 f.

58 *Frankfurter Allgemeine Zeitung* vom 21.08.1991.

59 Jewtuschenko, Jewgeni: Stirb nicht vor deiner Zeit, München 1996, S. 435.

60 Vgl. *EURO-Magazin* vom 13.09.1991 mit Interviews von Hans-Gert Pöttering vom 21.08.1991 in Moskau (Parlament) und 11.09.1991 in Straßburg (Europäisches Parlament).

61 Jewtuschenko, Jewgeni: Stirb nicht vor deiner Zeit, München 1996, S. 532.

62 ABl. Nr. C 191 vom 29.07.1992, S. 58: Vertrag über die Europäische Union, unterzeichnet zu Maastricht am 07.02.1992, Titel V: Bestimmungen über die Gemeinsame Außen- und Sicherheitspolitik, Art. J.1 (1).

63 Ebd., Art. J.4 (1).

64 ABl. Nr. C 114 vom 25.04.1994, S. 22 ff.

65 ABl. Nr. C 191 vom 29.07.1992, Vertrag über die Europäische Union, unterzeichnet zu Maastricht am 07.02.1992.

66 Charles de Gaulle am 15.05.1962 auf einer Pressekonferenz im Élysée Palast, in: Discours et Messages, Bd. 3, S. 407.

67 Dresdner Manifest: Die Zukunft gemeinsam gestalten. Die neuen Aufgaben deutscher Politik; 2. Parteitag der CDU Deutschlands, Dresden, 15.–17.12.1991, Punkt I.2.

68 Protokoll, 2. Parteitag der CDU Deutschlands, Dresden, 15.–17.12.1991, S. 194.

69 Ebd., S. 194.

70 Dresdner Manifest: Die Zukunft gemeinsam gestalten. Die neuen Aufgaben deutscher Politik; 2. Parteitag der CDU Deutschlands, Dresden, 15.–17.12.1991, Punkt I.2.

71 Wir gewinnen mit Europa: Beschlüsse zur Europapolitik auf dem 3. Parteitag der CDU Deutschlands in Düsseldorf vom 25.–28.10.1992, CDU Dokumentation Nr. 34/1992, S. 3.

72 Sammlung der Anträge und Empfehlungen der Antragskommission anlässlich des 3. Parteitages der CDU Deutschlands vom 25.–28.10.1992 in Düsseldorf, S. 14 f.

73 Protokoll des 3. Parteitages der CDU Deutschlands, Düsseldorf, 26.–28.10.1992, S. 217.

74 Ebd., S. 217 ff.

75 XI. EVP-Kongress-Grundsatzdokument (Madrid, 5.–7.11.1995): Handlungsfähigkeit, Demokratie und Transparenz: Die Europäische Union auf dem Weg zum vereinten Europa. Vorschläge und Zielsetzungen für die Regierungskonferenz 1996.

76 Bericht von Íñigo Méndez de Vigo und Dimitrios Tsatsos zum Vertrag von Amsterdam, Dok.-Nr. A4-0347-97.

77 Verhandlungen des Europäischen Parlaments, Ausführlicher Sitzungsbericht der Sitzung vom 19.11.1997, Dok.-Nr. 4-509, S. 134.

78 Ebd., S. 141.

79 Vgl. Peter Hort in der *Frankfurter Allgemeinen Zeitung* vom 12.09.1997, Nr. 212, zu der Studientagung der EVP-Fraktion vom 08.09.1997 in Stockholm: Nach dem Reifegrad wird nicht gefragt – Die EU vor der nächsten Erweiterungsrunde: mit einigen oder mit allen verhandeln?, S. 7.

80 Entschließungsantrag für den EVP-Kongress in Toulouse vom 9.–11.11.1997: Die Europäische Union und ihre Erweiterung müssen im Interesse aller Europäer ein Erfolg werden.

81 Martens, Wilfried: Mémoires pour mon pays, Brüssel 2006, S. 311.

82 Brief Pöttering an Kohl vom 03.10.1997, Privatarchiv.

83 EVP-Kongress beschließt Position zur Erweiterung der Europäischen Union, in: UiD, CDU-Informationsdienst Union in Deutschland, Bonn, 27.11.1997, Nr. 38/97, S. 31.

84 Bericht über die Mitteilung der Kommission: Agenda 2000 – Eine starke und erweiterte Union (KOM (97) 2000-C4-0371/97), Ausschuss für Auswärtige Angelegenheiten, Sicherheit und Verteidugungspolitik, Berichterstatter: Eine Strategie für die Erweiterung: Arie Oostlander, Die Auswirkungen auf die Politik der EU: Enrique Barón Crespo, Teil A Entschließungsantrag, Dok.-Nr. DE/RR/340/340343, PE 224.339/ Teil A/endg.

85 Ebd., S. 3.

86 Verhandlungen des Europäischen Parlaments, Ausführlicher Sitzungsbericht der Sitzung vom 03.12.1997, Dok.-Nr. 4-510, S. 11.

87 Ebd., S. 12.

88 Ebd., S. 12.

89 Europäisches Parlament, Protokoll der Sitzung vom 04.12.1997, Dok.-Nr. PE 264.945, S. 7.

90 Anwalt der Völker in Ostmitteleuropa, in: *Frankfurter Allgemeine Zeitung* vom 28.11.1997, Nr. 277, S. 8.

91 Verhandlungen des Europäischen Parlaments, Ausführlicher Sitzungsbericht der Sitzung vom 03.12.1997, Dok.-Nr. 4-510, S. 11 f.

92 Europäischer Rat (Luxemburg) vom 12./13.12.1997, Schlussfolgerungen des Vorsitzes, vgl. www.consilium.europa.eu [17.12.2013].

93 ABl. Nr. C 191 vom 29.07.1992, Vertrag über die Europäische Union, Art. O.

94 Stabenow, Michael: Eine Botschaft der Hoffnung und des Friedens. Die historische Entscheidung von Luxemburg. in: *Frankfurter Allgemeine Zeitung* vom 15.12.1997, Nr. 291, S. 3.

95 Ebd., S. 3.

96 Vgl. Schlussfolgerungen des Vorsitzes (Ziffer 12) des Europäischen Rates vom 10. und 11. Dezember 1999 in Helsinki.

97 Vgl. Wolfgang Schüssel – Offengelegt, aufgezeichnet von Alexander Purger, Salzburg 2009, S. 248f.

Dritter Teil: Fraktionsvorsitz und europäische Weichenstellungen

1 Vgl. Fontaine, Pascal: Herzenssache Europa – Eine Zeitreise 1953–2009, Brüssel 2009, S. 368 ff. sowie Martens, Wilfried: Mémoires pour mon pays, Brüssel 2006, S. 314 ff.

2   Martens, Wilfried: Mémoires pour mon pays, Brüssel 2006, S. 317 f.

3   Protokoll der Sitzung der EVP-Fraktion vom 13.07.1999.

4   Protokoll der Sitzung der EVP-Fraktion vom 14.11.2001.

5   Protokoll der Sitzung der EVP-Fraktion vom 13.07.2004.

6   Ebd., S. 339.

7   Ebd., S. 339.

8   Aristoteles: Philosophische Schriften, Bd. 5: Metaphysik, Hamburg 1995, S. 168.

9   Fontaine, Nicole: Mes combats à la présidence du Parlement européen, Paris 2002, S. 22.

10 Verhandlungen des Europäischen Parlaments, Ausführlicher Sitzungsbericht der Sitzung vom 21.07.1999, Tagesordnungspunkt: Erklärung von Herrn Prodi, gewählter Präsident der Kommission.

11 Vgl. Entschließung zur „Prodi-Kommission" in: ABl. Nr. C 54 vom 25.02.2000, S. 49 f.

12 Verhandlungen des Europäischen Parlaments, Ausführlicher Sitzungsbericht der Sitzung vom 14.09.1999, Tagesordnungspunkt: Erklärung von Herrn Prodi.

13 Ebd.

14 Österreich neu regieren, Koalitionsvereinbarung von ÖVP und FPÖ, S. 2; vgl. auch Schüssel, Wolfgang: Offengelegt, Salzburg 2009.

15 Verhandlungen des Europäischen Parlaments, Ausführlicher Sitzungsbericht der Sitzung vom 12.04.2000, Tagesordnungspunkt: Ansprache von Herrn Klestil, Präsident der Republik Österreich.

16 Vertrag von Nizza zur Änderung des Vertrags über die Europäische Union, der Verträge zur Gründung der Europäischen Gemeinschaften sowie einiger damit zusammenhängender Rechtsakte, in: ABl. Nr. C 80/1 vom 10.03.2001, S. 6.

17 Verhandlungen des Europäischen Parlaments, Ausführlicher Sitzungsbericht der Sitzung vom 11.12.2000, Tagesordnungspunkt: Arbeitsplan.

18 Ebd.

19 Ebd.

20 Verhandlungen des Europäischen Parlaments, Ausführlicher Sitzungsbericht der Sitzung vom 12.12.2000, Tagesordnungspunkt: Europäischer Rat/Französischer Vorsitz.

21 ABl. Nr. C 232 vom 17.08.2001, S. 261 ff. (RC B5-0938/2000).

22 Entschließung des Europäischen Parlaments zum Ergebnis der Tagung des Europäischen Rates vom 7.-11.12.2000 in Nizza, in: ABl. Nr. C 232 vom 17.08.2001, S. 342 f.

23 Ebd.

24 Eine Union der gemeinsamen Werte. Rede des Vorsitzenden der EVP-ED-Fraktion, Hans-Gert Pöttering, auf dem 14. EVP-Kongress in Berlin, 13.01.2001.

25 Ebd.

26 Ebd.

27 Bulletin Quotidien Europe 7881, 15./16.01.2001, in: Bestand EVP ACDP 09-007-059/1.

28 Post-Nizza Entschließungsantrag der EVP-ED-Fraktion im Europäischen Parlament, angenommen vom 14. EVP-Kongress in Berlin.

29 Goethe, Johann Wolfgang: Maximen und Reflexionen (525), in: ders.: Werke, Hamburger Ausgabe, Bd 12, München 1991, S. 437.

30 Die ostdeutsche Reise in: *Frankfurter Allgemeine Zeitung* vom 13.01.2001, Nr. 11, S. 3.

31 Vgl. Fontaine, Pascal: Herzenssache Europa – Eine Zeitreise 1953–2009, Brüssel 2009, S. 439 ff.

32 Europäisches Parlament, Sitzungsdokumente, A5-0168/2001, 04.05.2001, Bericht über den Vertrag von Nizza und der Zukunft der Europäischen Union (2001/2022 (INI)), Ausschuss für Konstitutionelle Fragen. Berichterstatter: Íñigo Méndez de Vigo, António José Seguro, S. 8.

33 Europäisches Parlament, Sitzungsdokumente, B5-0405/2001, 07.06.2001, Entschließungsantrag zur Vorbereitung der Tagung des Europäischen Rates in Göteborg.

34 Eine Verfassung für ein starkes Europa, beschlossene Textversion der Arbeitsgruppe „European Policy", vorgelegt auf der EVP-Vorstandssitzung am 06.12.2001 in Brüssel, Arbeitsübersetzung des englischen Originaltextes, S. 15.

35 Schlussfolgerungen des Vorsitzes; Europäischer Rat (Laeken); 14./15.12.2001. Anl. 1: Erklärung von Laeken zur Zukunft der Europäischen Union III. Die Einberufung eines Konvents zur Zukunft Europas, S. 7.

36 Ebd., S. 7.

37 Ebd., S. 8.

38 Fontaine, Pascal: Herzenssache Europa – Eine Zeitreise 1953–2009, Brüssel 2009, S. 443.

39 Ebd.

40 Europäischer Konvent, Übermittlungsvermerk des Sekretariats für den Konvent. Betreff: Reden anlässlich der Eröffnungstagung des Konvents am 28.02.2002. Brüssel, 05.03.2002 (07.03) (OR. fr.) CONV 4/02.

41 Lamassoure, Alain: Histoire secrète de la convention européenne, Paris 2004, S. 426.

42 Hänsch, Klaus: Kontinent der Hoffnungen – mein Europäisches Leben, Bonn 2010, S. 161 f.

43 Verhandlungen des Europäischen Parlaments, Ausführlicher Sitzungsbericht der Sitzung vom 04.06.2003, Tagesordnungspunkt: Vorbereitung des Europäischen Rates von Thessaloniki am 20./21.06.2003 und Treffen der Troika und der am Stabilitätspakt für Südosteuropa teilnehmenden Länder.

44 Europäischer Rat (Thessaloniki), 19.–20.06.2003, Schlussfolgerungen des Vorsitzes, DOC/03/3, Punkt I.5.

45 Verhandlungen des Europäischen Parlaments, Ausführlicher Sitzungsbericht der Sitzung vom 26.10.2004, Tagesordnungspunkt: Erklärung von José Manuel Durão Barroso.

46 The Hague says constitution is „dead", in: *EUobserver*, 11.01.2006, vgl. www.euobserver.com [17.12.2013].

47 Verhandlungen des Europäischen Parlaments, Ausführlicher Sitzungsbericht der Sitzung vom 08.06.2005: Vorbereitung des Europäischen Rates einschließlich Zukunft der Europäischen Union nach den Referenden über die Verfassung (Brüssel, 16./17. Juni 2005).

48 Hänsch, Klaus: Kontinent der Hoffnungen. Mein Europäisches Leben, Bonn 2010, S. 213.

49 Briefbomben-Serie: Italienische Post durchleuchtet Briefe an EU, in: *Der Spiegel online*, 31.12.2003.

50 Vgl. Berichterstattung zu diesen Ereignissen in *Frankfurter Allgemeine Zeitung* und *Süddeutsche Zeitung*.

51 Vgl. Konrad-Adenauer-Stiftung, Außenstelle Prag: Reaktionen der tschechischen Presse auf die Absage des für den 19.03.2004 geplanten Treffens zwischen Hans-Gert Pöttering und Václav Klaus durch das tschechische Präsidialamt;. vgl. auch: Klaus sagt Treffen mit Pöttering ab, in: *Frankfurter Allgemeine Zeitung* vom 19.03.2004.

52 Vgl. Mit dem Bus durch die Beitrittsstaaten, in: *Union in Deutschland* vom 29.03.2004.

53 Während des Europawahlkampfes 2004 und 2009 hatte ich als Spitzenkandidat der CDU Deutschlands zahlreiche Wahlkampfauftritte mit der CDU-Bundesvorsitzenden Angela Merkel. Insgesamt handelt es sich um 31 Veranstaltungen, davon 15 im Jahr 2004 und 16 im Jahr 2009:

Europawahlkampf 2004		Europawahlkampf 2009	
8. Mai	Saarbrücken	16. Mai	Aachen
10. Mai	Dresden und Halle an der Saale	18. Mai	Dessau und Wolfsburg
		19. Mai	Würzburg und Frankfurt am Main
12. Mai	Düsseldorf		
13. Mai	Mainz und Frankfurt am Main	20. Mai	Hamburg
14. Mai	Stuttgart	25. Mai	Bremerhaven und Flensburg
24. Mai	Berlin	28. Mai	Prüm und Greifswald
25. Mai	Potsdam	2. Juni	Saarbrücken und Köln
26. Mai	Schwerin und Magdeburg	3. Juni	Görlitz und Frankfurt an der Oder
4. Juni	Bremen und Hannover		
5. Juni	Rendsburg	4. Juni	Berlin
11. Juni	Oberhausen	6. Juni	Heidelberg

54 Bundeszentrale für Politische Bildung: Fraktionen im EP, vgl. www.bpb.de [17.12.2013].

55 Gespräch mit David Cameron in der *Frankfurter Allgemeinen Zeitung*: Ich bin ein skeptischer, pragmatischer Konservativer, 18.09.2008.

56 Ebd.

57 ABl. Nr. C 271 E, 07.11.2002.

58 ABl. Nr. C 103 E, 28.04.2005, S. 2 f.

59 Barroso offiziell nominiert, in: *Focus online*, vgl. www.focus.de [17.12.2013].

60 Martens, Wilfried: Mémoires pour mon pays, Brüssel 2006, S. 359.

61 Ebd., S. 359.

62 Ebd., S. 360.

63 Europäisches Parlament, Protokoll der Sitzung vom 22.07.2004; Punkt 8.2.

64 Wie katholisch darf ein Politiker sein? in: *Nürnberger Zeitung online*, 26.10.2004.

65 Ebd.

66 Wörtlich wird Edmund Stoiber im *Focus Magazin*, Ausgabe Nr. 45, 2004, zitiert: „Für Spielchen im Parlament vernachlässigt Pöttering die Verteidigung konvervativer Werte."

67 Persönliche Aufzeichnung.

Vierter Teil: Parlamentspräsident inmitten der Suche nach einer Europäischen Verfassung

1 Interview mit der *Frankfurter Allgemeinen Zeitung*, 24.06.2008.

2 Gracian, Balthasar: Hand-Orakel und Kunst der Weltklugheit, Frankfurt 1986, S. 31.

3   Verhandlungen des Europäischen Parlaments, Ausführlicher Sitzungsbericht der Sitzung vom 16.01.2007, Tagesordnungspunkt 2: Bekanntgabe der Kandidaturen zur Wahl des Präsidenten.

4   Verhandlungen des Europäischen Parlaments, Ausführlicher Sitzungsbericht der Sitzung vom 16.01.2007, Tagesordnungspunkt 3: Wahl des Präsidenten des Europäischen Parlaments.

5   Ebd.

6   Verhandlungen des Europäischen Parlaments, Ausführlicher Sitzungsbericht der Sitzung vom 17.01.2007, Tagesordnungspunkt 3: Programm des deutschen Ratsvorsitzes.

7   Im zweiten Teil der Sitzungsperiode 2004–2009 gab es laut Geschäftsordnung sechs Quästoren.

8   Verhandlungen des Europäischen Parlaments, Ausführlicher Sitzungsbericht der Sitzung vom 13.02.2007, Tagesordnungspunkt 3: Antrittsrede des Präsidenten des Europäischen Parlaments.

9   Rede des Präsidenten des Europäischen Parlaments, Hans-Gert Pöttering, zum Treffen des Europäischen Rates, Brüssel, 08.03.2007, vgl. Website des ehemaligen Präsidenten des Europäischen Parlaments, Hans-Gert Pöttering, auf www.europarl.europa.eu [18.12.2013].

10 Ebd.

11 A stronger Europe for a successful globalization: Rede des Präsidenten der Europäischen Kommission, José Manuel Durão Barroso, beim Festakt „50 Jahre Römische Verträge", vgl. www.eu2007.de [18.12.2013]

12 Rede der Bundeskanzlerin der Bundesrepublik Deutschland, der Vorsitzenden des Europäischen Rates, Dr. Angela Merkel, beim Festakt zur Feier des 50. Jahrestages der Unterzeichnung der Römischen Verträge, vgl. www.eu2007.de [18.12.2013].

13 Rede des Präsidenten des Europäischen Parlaments, Hans-Gert Pöttering, zum 50. Jahrestag der Unterzeichnung der Römischen Verträge, vgl. www.eu2007.de [18.12.2013].

14 Regierungserklärung des Bundeskanzlers Konrad Adenauer in der 3. Sitzung des Deutschen Bundestages am 15.12.1954.

15 Erklärung anlässlich des 50. Jahrestages der Unterzeichnung der Römischen Verträge, vgl. www.eu2007.de [18.12.2013].

16 Monnet, Jean: Erinnerungen eines Europäers, Baden-Baden 1988, S. 387.

17 Die Menschenrechte – Grundlage der Europäischen Einigung: Rede von Hans-Gert Pöttering beim „Tag der Heimat 2007" des Bundes der Vertriebenen, Berlin, 18.08.2007, Rapporte der Konrad-Adenauer-Stiftung, Warschau 2008, S. 6.

18 LPR: Poettering powinien być w Polsce persona non grata, in: *Gazeta*, Rubrik Wiadomości, vom 18.08.2007, vgl. www.gazeta.pl [18.12.2013].

19 Rautenberg, Thomas: Die Gesellschaft ist polarisiert, in: *Deutschlandfunk*, 19.10.2007, vgl. www.dradio.de [18.12.2013].

20 Rede von Nicolas Sarkozy anlässlich des 60. Jahrestages des Endes des Ersten Weltkrieges vor neunzig Jahren, Nekropole von Douaumont, 11.11.2008.

21 Ebd.

22 Siehe auch: Holzgreve, Christian: „Der Hass ist erloschen" – europäisches Gedenken an den Krieg, in: *Hannoversche Allgemeine Zeitung* vom 12.11.2008.

23 Mitglieder meines Kabinetts als Präsident des Europäischen Parlaments (2007–2009): Eschel Alpermann, Anne-Marie Beyst, Gérard Bokanowski, Monique Brasseur, Daniela Bührig, Nicolas

Cappai, Johann Friedrich Colsman, Sjef Coolegem, Walter Doll, Freddy Drexler, Janeta Duffy, Renate Feiler, Ana Fernández Perles, Annamaria Forgacs, Karen Fredsgaard, Robert Golański, Jesús Gómez, Clara Gonin, Peter Jager, Jakub Kaminski, Alexander Kottmann, Christine Kuhnert, Rosa-Maria Licop Cabo, Malin Lundberg, Chiara Malasomma, Claire Meyer, Christina Mudu, Jörg-Dietrich Nackmayr, Fearghas Ó Béara, Lilian Phillips, Antonio Preto, Laura Proietti, Eduard Reijnders, Sławomir Rogowski, Katrin Ruhrmann, Anna Schade, David Sinnott, Nina Sjöberg, Marie-Jeanne Smeets, Agnieszka Stalewska, Ciril Štokelj, Bettina Sturm, Alexandre Stutzmann, Thomas Subelack, Anthony Teasdale, Marinus van Greuningen, Martin Wessels, Klaus Welle, Astrid Worum.

24 Rede des Präsidenten des Europäischen Parlaments, Hans-Gert Pöttering, beim Treffen des Europäischen Rates, Brüssel, 21.06.2007, vgl. Website des ehemaligen Präsidenten des Europäischen Parlaments, Hans-Gert Pöttering, auf www.europarl.europa.eu [18.12.2013].

25 Ebd.

26 Rede des Präsidenten des Europäischen Parlaments, Hans-Gert Pöttering, auf dem Gipfeltreffen des Europäischen Rates am 18.10.2007 in Lissabon.

27 Cicero: Vom Gemeinwesen/De re publica, Erstes Buch, Stuttgart 1979, S. 177.

28 Verhandlungen des Europäischen Parlaments, Ausführlicher Sitzungsbericht der Sitzung vom 12.12.2007, Tagesordnungspunkt 4: Proklamierung und Unterzeichnung der Charta der Grundrechte.

29 Ebd.

30 Stabenow, Michael: Zwischen Buhrufen und Beethoven, in: *Frankfurter Allgemeine Zeitung* vom 13.12.2007, Nr. 290, S. 3.

31 Rede des Präsidenten des Präsidenten des Europäischen Parlaments, Hans-Gert Pöttering, anlässlich der Unterzeichnung des Reformvertrages, Lissabon, 13.12.2007, vgl. Website des ehemaligen Präsidenten des Europäischen Parlaments, Hans-Gert Pöttering, auf www.europarl.europa.eu [19.12.2013].

32 Ebd.

33 Rede des Präsidenten des Europäischen Parlaments, Hans-Gert Pöttering, bei der Zeremonie in Zittau anlässlich der Erweiterung des Schengen-Raumes, 21.12.2007, vgl. Website des ehemaligen Präsidenten des Europäischen Parlaments, Hans-Gert Pöttering, auf www.europarl.europa.eu [18.12.2013].

34 Persönliches Redemanuskript von Hans-Gert Pöttering zum Staatsbegräbnis von Bronisław Geremek am 21.07.2008 in Warschau.

35 Persönliches Redemanuskript von Hans-Gert Pöttering anlässlich der Rede im National Seminary for Ireland am 25.11.2008 in Maynooth.

36 Ebd.

37 Persönliches Redemanuskript von Hans-Gert Pöttering anlässlich der Rede vor dem Unterausschuss für Irlands Zukunft in der Europäischen Union am 25.11.2008 in Dublin.

38 Schauplatz – EU-Parlamentarier in Prag: Heißer Nachmittag auf der Burg, Beitrag von Daniel Kortschak auf *Czech Radio 7, Radio Prague* vom 08.12.2008.

39 Das Protokoll der Gesprächsaufzeichnung, aus dem Tschechischen übersetzt von Hans-Jörg Schmidt, ist abgedruckt im Artikel: Kein Besuch von Freunden, in: *Die Welt* vom 09.12.2008.

40 Protokoll des 3. Parteitages der CDU Deutschlands, Düsseldorf, 26.–28.10.1992, S. 235 ff.

41 Ebd.

42 Verhandlungen des Europäischen Parlaments, Ausführlicher Sitzungsbericht der Sitzung vom 19.02.2009, Tagesordnungspunkt 8: Feierliche Sitzung –Tschechische Republik.

43 Ebd.

44 Ebd.

45 Ratspräsident Klaus provoziert EU-Abgeordnete, in: *Zeit Online* vom 19.02.2009 (auf Website fälschlicherweise auf 08.04.2009 datiert), vgl. www.zeit.de [13.01.2014].

46 Die Broschüre erläutert in einem Abschnitt über die jüdische Zivilisation: „By their own will, they prefer to live a separate life, in apartheid from the surrounding communities. They form their own communes (kahals), they govern themselves by their own rules and they take care to maintain a spatial separateness. They form their ghettos themselves, as districts in which they live together [...]. It was only Hitler's Germany that created the concept of forced separation, of a closed ghetto from which Jews were not allowed to leave." Giertych erklärt weiter, dass Juden in Kriegen auf beiden Seiten kämpfen, aber die Juden auf der gewinnenden Seite immer solidarisch seien mit den Juden auf der verlierenden Seite und Erstere Sorge tragen, dass Letztere nicht leiden müssen. „This is a mode of survival they have developed living among gentiles. [...] We believe that we must support truth, goodness, justice and not a fellow countryman, just because he is a fellow countryman." Woraus Giertych die Schlussfolgerung zieht: „This clearly demonstrates that no middle ground is possible on issues differentiating civilisations."

47 Geschäftsordnung des Europäischen Parlaments vom Januar 2007, Art. 9: Finanzielle Interessen der Mitglieder, Verhaltensregeln und Zutritt zum Parlament; und Art. 147: Sanktionen.

48 Verhandlungen des Europäischen Parlaments, Ausführlicher Sitzungsbericht der Sitzung vom 14.03.2007, Tagesordnungspunkt 2: Rüge eines Abgeordneten.

49 Ebd.

50 Geschäftsordnung des Europäischen Parlaments vom Januar 2007, Art. 19: Aufgaben des Präsidenten.

51 Geschäftsordnung des Europäischen Parlaments vom Januar 2007, Art. 201: Anwendung der Geschäftsordnung.

52 Verhandlungen des Europäischen Parlaments, Ausführlicher Sitzungsbericht der Sitzung vom 30.01.2008, Tagesordnungspunkt 12: Auslegung der Geschäftsordnung.

53 Ebd.

54 Verhandlungen des Europäischen Parlaments, Ausführlicher Sitzungsbericht der Sitzung vom 30.01.2008, Tagesordnungspunkt 13: Arbeitsplan.

55 Verhandlungen des Europäischen Parlaments, Ausführlicher Sitzungsbericht der Sitzung vom 31.01.2008, Tagesordnungspunkt 1: Eröffnung der Sitzung.

56 Ebd.

57 Ebd.

58 Ebd.

59 Während meiner Zeit als Fraktionsvorsitzender habe ich gegen den konservativen britischen Abgeordneten Roger Helmer ein Verfahren zum Ausschluss aus der Fraktion eingeleitet. Helmer hatte am 25.05.2005 im Plenum des Europäischen Parlaments in Brüssel den Vorsitzenden der britischen Delegation in der EVP-ED-Fraktion, Timothy Kirkhope, sowie mich in einem Redebeitrag persönlich angegriffen. Darauf hatte ich unmittelbar in der Plenarsitzung erklärt, Helmer hätte damit seine „Mitgliedschaft in der EVP-ED-Fraktion aufgekündigt". Durch Beschluss der Fraktion in geheimer Abstimmung gem. Art. 8 der Geschäftsordnung der Fraktion wurde Helmer dann am 07.06.2005 aus der Fraktion ausgeschlossen. Vgl. Fontaine, Pascal: Herzenssache Europa – Eine Zeitreise 1953–2009, Brüssel 2009, S. 377.

60 Vgl. Abschlussbilanz der Tätigkeit von Hans-Gert Pöttering als Präsident des Europäischen Parlaments Januar 2007 bis Juli 2009, hrsg. vom Kabinett des Präsidenten des Europäischen Parlaments, S. 75 ff.

61 Vgl. Ebd., S. 78 f.

62 Verhandlungen des Europäischen Parlaments, Ausführlicher Sitzungsbericht der Sitzung vom 13.02.2007, Tagesordnungspunkt 3: Antrittsrede des Präsidenten des Europäischen Parlaments.

63 Vgl. Abschlussbilanz der Tätigkeit von Hans-Gert Pöttering als Präsident des Europäischen Parlaments Januar 2007 bis Juli 2009, hrsg. vom Kabinett des Präsidenten des Europäischen Parlaments, S. 79 ff.

64 Vgl. Ebd., S. 80 f.

65 Entschließung des Europäischen Parlaments vom 22.04.2008 mit den Bemerkungen, die integraler Bestandteil des Beschlusses betreffend die Entlastung für die Ausführung des Gesamthaushaltsplans der Europäischen Union für das Haushaltsjahr 2006, Einzelplan I – Europäisches Parlament, sind. Ref.-Nr. C6-0363/2007 – 2007/2038 (DEC)).

66 Ebd.

67 Vgl. Friedrich, Ingo: Neues europäisches Abgeordnetenstatut, Erklärung vom 29.05.2008, vgl. www. cducsu.eu [18.12.2013].

68 ABl. Nr. C 58 E vom 12.03.2009, Punkt 23, S. 47.

69 Verordnung (EG) Nr. 160/2009 des Rates vom 23.02.2009 zur Änderung der Beschäftigungs-bedingungen für die sonstigen Bediensteten der Europäischen Gemeinschaften, Art. 1, in: ABl. Nr. L 55 vom 27.02.2009, S. 1 ff.

70 Ebd., Art. 2.

71 Ebd., Art. 3.

Fünfter Teil: Eintreten für die Menschenwürde

1 Rede des Präsidenten des Europäischen Parlaments, Hans-Gert Pöttering, zum Treffen des Europäischen Rates, Brüssel, 08.03.2007, vgl. Website des ehemaligen Präsidenten des Europäischen Parlaments, Hans-Gert Pöttering, auf www.europarl.europa.eu [19.12.2013].

2   Rede des Präsidenten des Europäischen Parlaments vor dem Nicht-Ständigen Ausschuss des Europäischen Parlaments zum Klimawandel (CLIM), Brüssel, 04.10.2007, in: Pöttering, Hans-Gert: Im Dienste Europas, Bonn 2009, S. 275 ff.

3   Am 30.10.2006 veröffentlichte der renommierte britische Wirtschaftswissenschaftler und ehemalige Chefökonom der Weltbank Sir Nicholas Stern die rund 700 Seiten starke Studie „Stern Review on the Economics of Climate Change". Der im Auftrag der britischen Regierung erstellte Bericht befasst sich insbesondere mit den wirtschaftlichen Folgen der globalen Erwärmung.

4   Rede des Präsidenten des Europäischen Parlaments, Hans-Gert Pöttering, gehalten bei der Podiumsdiskussion der UN-Generalversammlung: „Bewältigung des Klimawandels: Die UN und die Welt bei der Arbeit", Panel: „Den Herausforderungen begegnen: Partnerschaften zum Klimawandel", New York, 11.02.2008, vgl. Website des ehemaligen Präsidenten des Europäischen Parlaments, Hans-Gert Pöttering, auf www.europarl.europa.eu [19.12.2013].

5   Climate Change and International Security, Paper from the High Representative and the European Commission to the European Council, 14.03.2008, Dok.-Nr. S113/08.

6   Rede des Präsidenten des Europäischen Parlaments, Hans-Gert Pöttering, zum Treffen des Europäischen Rates, Brüssel, 11.12.2008, vgl. Website des ehemaligen Präsidenten des Europäischen Parlaments, Hans-Gert Pöttering, auf www.europarl.europa.eu [19.12.2013].

7   Rede des Präsidenten des Europäischen Parlaments, Hans-Gert Pöttering, beim Europäischen Rat der Staats- und Regierungschefs, Brüssel, 15.10.2008, vgl. Website des ehemaligen Präsidenten des Europäischen Parlaments, Hans-Gert Pöttering, auf www.europarl.europa.eu [19.12.2013].

8   Vgl. BVerfG, 2 BvE 2/08 vom 30.06.2009, Absatz-Nr. 276 ff.

9   Rede des Präsidenten des Europäischen Parlaments, Hans-Gert Pöttering, vor der Knesset, Jerusalem, 30.05.2007, in: Pöttering, Hans-Gert: Im Dienste Europas, Bonn 2009, S. 181 ff.

10 Statement by the Middle East Quartet vom 30.05.2007. United Nations, Secretary General SG/2128_PAL/2078, vgl. www.un.org [19.12.2013]

11 Pöttering löst Eklat in der Knesset aus, in: *Die Welt* vom 30.05.2007, vgl. www.welt.de [19.12.2013].

12 „Lage in Gaza unzumutbar". EU-Parlamentspräsident Pöttering spricht vor der Knesset, in: *Frankfurter Allgemeine Zeitung* vom 31.05.2007, Nr. 124, S. 7.

13 Rede des Präsidenten des Europäischen Parlaments, Hans-Gert Pöttering, bei der Eröffnung des Europäischen Jahres des Interkulturellen Dialogs 2008, Laibach, 08.01.2008, vgl. Website des ehemaligen Präsidenten des Europäischen Parlaments, Hans-Gert Pöttering, auf www.europarl.europa.eu [19.12.2013].

14 Ansprache des Präsidenten des Europäischen Parlaments, Hans-Gert Pöttering, vor Studenten der London School of Economics (LSE): Dialog der Kulturen oder Kampf der Zivilisationen? London, 27.02.2008, vgl. Website des ehemaligen Präsidenten des Europäischen Parlaments, Hans-Gert Pöttering, auf www.europarl.europa.eu [17.01.2014].

15 Verhandlungen des Europäischen Parlaments, Ausführlicher Sitzungsbericht der Sitzung vom 15.01.2008, Tagesordnungspunkt 9: Feierliche Sitzung – Großmufti von Syrien.

16 Ebd.

17 Verhandlungen des Europäischen Parlaments, Ausführlicher Sitzungsbericht der Sitzung vom 24.09.2008, Tagesordnungspunkt 9: Feierliche Sitzung – Ökumenischer Patriarch Bartholomaios I.

18 Ebd.

19 Verhandlungen des Europäischen Parlaments, Ausführlicher Sitzungsbericht der Sitzung vom 19.11.2008, Tagesordnungspunkt 6: Feierliche Sitzung – Lord Jonathan Sacks.

20 Ebd.

21 Verhandlungen des Europäischen Parlaments, Ausführlicher Sitzungsbericht der Sitzung vom 04.12.2008, Tagesordnungspunkt 4: Feierliche Sitzung – Dalai Lama.

22 Ebd.

23 Petra Kolonko hat in der *Frankfurter Allgemeinen Zeitung* vom 12.11.2009 ihre Audienz aus Anlass des 20. Thronjubiläums des Kaisers sehr zutreffend geschildert. Ähnlich war auch die Audienz, die der Tennō mir ermöglichte, vgl. *Frankfurter Allgemeine Zeitung* vom 12.11.2009, Nr. 263, S. 9.

24 Vgl. Berichterstattung in der *Neuen Osnabrücker Zeitung* vom 09.02.2008.

25 Vgl. *Frankfurter Allgemeine Zeitung* vom 12.11.2009, Nr. 263, S. 9.

26 Rede von Hans-Gert Pöttering, Präsident des Europäischen Parlaments, beim 5. Gipfeltreffen der Staats- und Regierungschefs der Europäischen Union, Lateinamerikas und der Karibik, Lima, 16.05.2008.

27 Ebd.

28 Rede des Präsidenten des Europäischen Parlaments anlässlich der Eröffnung der 10. Ordentlichen Tagung des Panafrikanischen Parlaments in Midrand, Südafrika, 27.10.2008, vgl. Website des ehemaligen Präsidenten des Europäischen Parlaments, Hans-Gert Pöttering, auf www.europarl.europa.eu [19.12.2013].

29 Im Jahre 2009 konnte ich ihn in Khartoum besuchen, worüber er sich mindestens ebenso freute wie ich.

30 Rede von Hans-Gert Pöttering, Präsident des Europäischen Parlaments, an die parlamentarische Versammlung für Nordirland, Belfast, 24.11.2008, vgl. Website des ehemaligen Präsidenten des Europäischen Parlaments, Hans-Gert Pöttering, auf www.europarl.europa.eu [30.12.2013].

31 Entschließung des Europäischen Parlaments vom 23.10.2006 zu den Beziehungen EU-Russland nach der Ermordung der russischen Journalistin Anna Politkowskaja, Dok.-Nr. P6_TA(2006)0448.

32 Tibet: Chinas mediale Gegenoffensive, in: *Zeit Online* vom 22.03.2008, S. 1 f.

33 Vgl. Pöttering: Sportler dürfen Tibet nicht vergessen, in: *Süddeutsche Zeitung* vom 17.05.2008.

34 Chinas mediale Gegenoffensive, in: *Zeit Online* vom 22.03.2008, vgl. www.zeit.de [12.01.2014]

35 Tibet: Chinas mediale Gegenoffensive, in: *Zeit Online* vom 22.03.2008, S. 1 f.

36 Interview: Pöttering fordert Ende der Gewalt in Tibet. EU-Parlamentspräsident kritisiert Peking, vom 18.03.2008 im Deutschlandfunk, vgl. www.deutschlandfunk.de [19.12.2013].

37 Ebd.

38 Gaugele, Jochen/Uhlenbroich, Burkhard: Dalai-Lama-Anhänger klagen an: China spioniert Tibeter in Deutschland aus!, in: *Bild am Sonntag* vom 23.03.2008.

39 Ebd.

40 ABl. Nr. C 138 E vom 05.06.2008, S. 42 f.

41 Entschließung des Europäischen Parlaments vom 10.04.2008 zu Tibet, Dok.-Nr. P6_TA(2008)0119.

42 Streit um Pötterings Absage an Peking, in: *Nordwest Zeitung Online* vom 12.07.2008, vgl. www.nwzonline.de [13.01.2014].

43 Entschließung des Europäischen Parlaments vom 10.04.2008 zu Tibet, Dok.-Nr. P6_TA(2008)0119, Ziffer 14.

44 Verhandlungen des Europäischen Parlaments, Ausführlicher Sitzungsbericht der Sitzung vom 13.02.2007, Tagesordnungspunkt 3: Antrittsrede des Präsidenten des Europäischen Parlaments.

45 Informationsbroschüre: Menschenrechte im Blickpunkt: Freiheit: Sacharow-Preis für geistige Freiheit: Arabischer Frühling, hrsg. vom Europäischen Parlament, 2011, S. 8.

46 Falke, Peter/Martin, André: Andrej Sacharow: Friedensnobelpreis 1975: Eine dokumentarische Biografie, Aschaffenburg 1976, S. 67.

47 Vgl. Abschlussbilanz der Tätigkeit von Hans-Gert Pöttering als Präsident des Europäischen Parlaments Januar 2007 bis Juli 2009, hrsg. vom Kabinett des Präsidenten des Europäischen Parlaments, S. 53.

48 Informationsbroschüre: Menschenrechte im Blickpunkt: Freiheit: Sacharow-Preis für geistige Freiheit: Arabischer Frühling, hrsg. vom Europäischen Parlament, 2011, S. 24.

49 Ebd., S. 25.

50 Vgl. Abschlussbilanz der Tätigkeit von Hans-Gert Pöttering als Präsident des Europäischen Parlaments Januar 2007 bis Juli 2009, hrsg. vom Kabinett des Präsidenten des Europäischen Parlaments, S. 53.

51 Verhandlungen des Europäischen Parlaments, Ausführlicher Sitzungsbericht der Sitzung vom 17.12.2008, Tagesordnungspunkt 7: Verleihung des Sacharow-Preises – Zwanzig Jahre Sacharow-Preis (Feierliche Sitzung).

52 Siehe hierzu: Türken schaffen Todesstrafe ab, in: *Frankfurter Allgemeine Zeitung* vom 03.08.2002, vgl. www.faz.net [20.12.2013].

53 Europäischer Gerichtshof der Menschenrechte: Die Europäische Menschenrechtskonvention, Protokoll Nr. 13 zur Konvention zum Schutze der Menschenrechte und Grundfreiheiten, bezüglich der Abschaffung der Todesstrafe unter allen Umständen, Wilna, 03.05.2002.

54 Presseerklärung: Ansprache des Präsidenten des Europäischen Parlaments, Hans-Gert Pöttering, anlässlich des 60. Jahrestags der Allgemeinen Erklärung der Menschenrechte, Brüssel, 10.12.2008, vgl. Website des ehemaligen Präsidenten des Europäischen Parlaments, Hans-Gert Pöttering, auf www.europarl.europa.eu [19.12.2013].

55 Ebd.

56 Im Gespräch: Jon Millward hat die letzten Worte hingerichteter Verbrecher untersucht: „Das häufigste Wort ist Liebe", in: *Frankfurter Allgemeine Zeitung* vom 20.08.2012, Nr. 193, S. 7.

57 Verhandlungen des Europäischen Parlaments, Ausführlicher Sitzungsbericht der Sitzung vom 13.02.2007, Tagesordnungspunkt 3: Antrittsrede des Präsidenten des Europäischen Parlaments.

58 Europas Aufgaben von Morgen: Rede von Hans-Gert Pöttering beim Abendessen anlässlich der Verleihung des Internationalen Karlspreis zu Aachen, Aachen, Aula Karolina, 16.05.2007.

59 Europäisches Parlament, Protokoll der Sitzung des Präsidiums vom 24.09.2007, Dok.-Nr. PE-6/BUR/PV/2007-16., S. 11.

60 Vgl. Website des Wettbewerbs Europäischer Jugendkarlspreis: www.charlemagneyouthprize.eu [02.05.2013].

61   Verhandlungen des Europäischen Parlaments, Ausführlicher Sitzungsbericht der Sitzung vom 13.02.2007, Tagesordnungspunkt 3: Antrittsrede des Präsidenten des Europäischen Parlaments.

62   Vgl. die Regelung für den Europäischen Bürgerpreis. Beschluss des Präsidiums vom 07.03.2011. Dok.-Nr. PE 422.598/BUR.

63   József Antall: Remembering a European Statesman. Publikation der EVP-ED-Fraktion im Europäischen Parlament, Juni 2009, S. 10.

64   Über Adenauer zu Brandt: Herausragende Persönlichkeiten werden Namensgeber für neue Gebäude. Pressemitteilung des Europäischen Parlaments vom 21.01.2008.

65   Verhandlungen des Europäischen Parlaments, Ausführlicher Sitzungsbericht der Sitzung vom 13.02.2007, Tagesordnungspunkt 3: Antrittsrede des Präsidenten des Europäischen Parlaments.

66   Verhandlungen des Europäischen Parlaments, Ausführlicher Sitzungsbericht der Sitzung vom 14.03.2006, Tagesordnungspunkt 10: Feierliche Sitzung – Bundesrepublik Deutschland.

67   Europäisches Parlament, Protokoll des Präsidiums vom 15.12.2008, Dok.-Nr. PE-6/BUR/PV/2008-20

68   Sachverständigenausschuss: Haus der Europäischen Geschichte. Konzeptionelle Grundlagen für ein Haus der Europäischen Geschichte. Brüssel, Oktober 2008.

69   Clark, Stephen/ Priestley, Julian: Europe's Parliament: People, Places, Politics, London 2012.

70   Architekturbüros Chaix & Morel et associés, Paris, Frankreich; Jaspert Steffens Watrin Drehsen (JSWD) Architekten, Köln, Deutschland; Third Party Financing Group (TPF), Brüssel, Belgien.

71   Brieftext im Original: „Dear President, following previous contacts, I would like to confirm to you our intention and willingness to reach an agreement with the EP regarding the costs incurred for the House of European History. We commit to provide a substantial contribution to ensure in support of the EP the functioning of the European House of History, for which the Commission will propose already for the 2013 budget a specific budget line. Our contribution depends of course on the approval of this specific budget line by the budget authority. Best regards, José Manuel Barroso"

72   Vgl. Busse, Nikolas: Stolz und Scham, in: *Frankfurter Allgemeine Zeitung* vom 28.01.2012 und Winter, Martin: Umstrittenes Haus für die Europäische Idee, in: *Süddeutsche Zeitung* vom 21.03.2013.

73   Luciani, Albino: Ihr ergebener Albino Luciani: Briefe an Persönlichkeiten, 8. Aufl., München 1990, S. 38 ff.

74   Ebd.

75   Ebd.

76   Vgl. Greeley, Andrew: Der Weiße Rauch: Die Hintergründe der Papstwahlen 1978, Graz 1979 sowie Kirchengast, Josef: Franz Königs Schlüsselrolle bei der Wahl 1978, in: *Der Standard* vom 19.04.2005.

77   Fontaine, Pascal: Herzenssache Europa – Eine Zeitreise 1953–2009, Brüssel 2009, S. 532 f.

78   Ebd.

79   Sekretariat der Deutschen Bischofskonferens (Hrsg.): Der Apostolische Stuhl 1988. Ansprachen, Predigten und Botschaften des Papstes. Erklärungen der Kongregationen. Vollständige Dokumentation. Rom 1989, S. 874.

80   Übersetzung: Prof. Dr. Stefan Schorn.

81 Präsentation der EVP-ED-Fraktion bei seiner Heiligkeit Papst Benedikt XVI. im Vatikan, Rom, 30.03.2006, in: EVP-ED-Fraktion im Europäischen Parlament (Hrsg.): Jahrbuch der EVP-ED-Fraktion 2006, Brüssel 2007, S. 133 ff.

82 Vgl. Vortrag von Joseph Kardinal Ratzinger in Subiaco am 01.04.2005

83 Präsentation der EVP-ED-Fraktion bei seiner Heiligkeit Papst Benedikt XVI. im Vatikan, Rom, 30.03.2006, in: EVP-ED-Fraktion im Europäischen Parlament (Hrsg.): Jahrbuch der EVP-ED-Fraktion 2006, Brüssel 2007, S. 133 ff.

84 Interview von Benedikt XVI. mit den Journalisten während des Fluges nach Afrika vom 17.03.2009, in: Apostolische Reise von Papst Benedikt XVI. nach Kamerun und Angola (17.–23.03.2009), vgl. www.vatican.va [16.03.2012].

85 Europäisches Parlament, Änderungsantrag 2 von Sophia in 't Veld und Marco Cappato im Namen der ALDE-Fraktion, Dok.-Nr. A6-0264/2.

86 Übersetzung des Schreibens von Erzbischof Dominique Mamberti an Hans-Gert Pöttering vom 04.05.2009, GEDA Nr. 5047, 05.05.2009.

87 In meiner Antwort an Erzbischof Mamberti vom 06.05.2009 schrieb ich: „Dear Archbishop Mamberti, [...] In the first instance, allow me to express my personal disappointment that the amendment as tabled contains inaccurate information and attributes to Pope Benedikt XVI. positions which one could see are clearly not his, were one to read the full text of his comments on this subject. Naturally, I am aware that the Catholic Church has played a crucial role in the fight against HIV-AIDS, particularly in Africa were I understand that one in four sufferers is cared for by church institutions. I also strongly defend the right of Pope Benedict – and all faith leaders – to speak freeely and express their views in the public sphere. On your specific request to withdraw the amendment, I regret to inform you that under our Rules of Procedure it is only those who have tabled the amendment who could withdraw it. The President of the European Parliament does not have the power to intervene in the procedures in this instance and the amendment will indeed go forward for voting on 6 May. It would indeed, as you say, be a poor reflection on the European Parliament, should a text be adopted which contains factual inaccuracies. However, I can only advise you to raise the awareness of this consideration with the Members of Parliament, in an effort to avoid such a scenario. I hope that this clarifies the situation with regard to the report in question and parliamentary procedures. Yours sincerely, Hans-Gert Pöttering." GEDA Nr. 202740, 06.05.2009.

88 Verhandlungen des Europäischen Parlaments, Ausführlicher Sitzungsbericht der Sitzung vom 07.05.2009, Tagesordnungspunkt 9.14: Jahresbericht über die Menschenrechte in der Welt 2008 und die EU-Politik in diesem Bereich (A6-0264/2009, Raimon Obiols i Germà).

89 Europäisches Parlament, Protokoll der Sitzung vom 07.05.2009, Ergebnis der namentlichen Abstimmungen – Anlage, Punkt 23: Bericht Obiols i Germà A6-0264/2009 – AM 2, S. 48 f.

90 Ebd., nach Berichtigungen des beabsichtigten Stimmverhaltens lag das Verhältnis der Liberalen bei 32 Dafür- zu 24 Gegenstimmen.

91 Ebd., nach Korrektur: 171.

92 Ebd., nach Korrektur: 7.

93 Ebd., Enthaltungen nach Korrektur: Liberale: 10; EVP-ED: 11; Sozialisten: 31. Das Gesamt-Abstimmungsergebnis mit berücksichtigten Berichtigungen des beabsichtigten Stimmverhaltens sah dann wie folgt aus: Dafür: 202; Dagegen: 253; Enthaltungen: 59.

94 GEDA Nr. 5751, 26.05.2009.

95 Persönliches Redemanuskript.

Sechster Teil: Alles hat seine Zeit

1 Der Präsident und sein Nachfolger, in: *Neue Osnabrücker Zeitung* vom 12.07.2009, vgl. www.noz.de [04.12.2013].

2 Pöttering: Teilung Europas überwunden, in: *Neue Osnabrücker Zeitung* vom 12.07.2009, vgl. www.noz.de [04.12.2013].

3 Der Langzeit-Europäer, in: *Neue Osnabrücker Zeitung* vom 30.03.2013, 46. Jg., Nr. 75, S. 5.

4 Jaspers, Karl: Vom europäischen Geist, Nachdruck in: ders.: Wahrheit und Bewährung. Philosophieren für die Praxis, München 1983, S. 130.

5 Cicero: Vom Gemeinwesen/De re publica, Stuttgart 1979, S. 175.

6 „Wir sind zu unserem Glück vereint", der Satz aus der „Berliner Erklärung" vom 25.03.2007, die ich als Präsident des Europäischen Parlaments mit unterschrieben habe.

7 Konrad Adenauer im Interview mit Ernst Friedlaender im *NWDR* am 06.03.1953.

8 Ansprache von Konrad Adenauer vor dem American Committee on United Europe am 16.04.1953 in New York.

9 Die im folgenden Text in Anführungszeichen gesetzten Ausführungen sind die Wiedergabe dieser gemeinsamen Überzeugungen, siehe *Frankfurter Allgemeine Zeitung* vom 18.02.2016.

10 So in meiner Rede im Campo Santo Teutonico (Rom) am 5. Mai 2016 aus Anlass der Verleihung des internationalen Karlspreises zu Aachen an Papst Franziskus – gemeinsame Veranstaltung der Stiftung Internationaler Karlspreis zu Aachen und der Konrad-Adenauer-Stiftung, siehe: „Mein Traum von Europa. Die Rede des Papstes zum Karlspreis und Dokumentation der Laudationen", Herder Verlag, Freiburg 2016, S. 63f.

11 So in meiner Rede im Campo Santo Teutonico (Rom), a.a.O., S. 65f.

Bildrechte/Quellennachweis

Deutscher Bundestag
Europäisches Parlament
Europäische Volkspartei (EVP)
EVP-Fraktion im Europäischen Parlament
E. Young / AACMA-JSWD
Hermann J. Müller
Horst Rudel
Kaiserliches Hofamt Japan
Konrad-Adenauer-Stiftung
Michael Hehmann
Osservatore Romano
Privatarchiv

Personenverzeichnis

BERNHARD VOGEL (HG.)

HEIMAT – VATERLAND – EUROPA

FESTSCHRIFT ZUM 70. GEBURTSTAG VON
HANS-GERT PÖTTERING

Der Dreiklang von Heimat, Vaterland und Europa stellt die Dimensionen des politischen Wirkens des Europapolitikers Hans-Gert Pöttering dar. Von der ersten Direktwahl 1979 bis zu seinem Ausscheiden im Jahr 2014 gehörte der CDU-Politiker dem Europäischen Parlament an, dessen Präsident er von 2007 bis 2009 war. In dieser Funktion, aber auch als Vorsitzender der EVP/ED-Fraktion zwischen 1999 und 2007, war Pöttering u.a. maßgeblich an der Erweiterung der Europäischen Union um die mittel- und osteuropäischen Staaten sowie am Zustandekommen des Vertrags von Lissabon beteiligt. Politische Weggefährten aus Niedersachsen, Deutschland und Europa, die Pöttering in den vergangenen vier Jahrzehnten begleitet haben, würdigen in dieser Festschrift sein Engagement für die Einigung Europas in Frieden und Freiheit.

2015. 513 S. 2 S/W- UND 6 FARB. ABB. GB. 155 X 230 MM | ISBN 978-3-412-50193-8

BÖHLAU VERLAG, URSULAPLATZ I, D-50668 KÖLN, T:+49 221 913 90-0
INFO@BOEHLAU-VERLAG.COM, WWW.BOEHLAU-VERLAG.COM | WIEN KÖLN WEIMAR

böhlau

HISTORISCH-POLITISCHE MITTEILUNGEN

ARCHIV FÜR CHRISTLICH-DEMOKRATISCHE POLITIK

IM AUFTRAG DER
KONRAD-ADENAUER-STIFTUNG E.V.
HERAUSGEGEBEN VON GÜNTER BUCHSTAB,
HANS-OTTO KLEINMANN
UND HANNS JÜRGEN KÜSTERS

Die »Historisch-Politischen Mitteilungen« der Konrad-Adenauer-Stiftung bieten ein Forum für Forschungen und Darstellungen zur Geschichte der christlich-demokratischen Bewegungen und Parteien und ihrer Vorgeschichte im Kontext der geistigen, politischen und sozialen Entwicklungen des 19. und 20. Jahrhunderts. Der thematische Schwerpunkt liegt auf Deutschland und Europa. Doch sollen auch andere Erdteile – insbesondere Lateinamerika – Berücksichtigung finden.

BAND 22 (2015)
2015. IV, 440 S. 8 S/W-ABB. GB.
ISBN 978-3-412-50336-9

BAND 21 (2014)
2014. V, 462 S. GB.
ISBN 978-3-412-22480-6

ERSCHEINUNGSWEISE: JÄHRLICH
ISSN 0943-691X
JAHRGANG: € 19,50 [D] | € 20,10 [A]

ERSCHEINT SEIT 1994

BÖHLAU VERLAG, URSULAPLATZ I, D-50668 KÖLN, T:+49 221 913 90-0
INFO@BOEHLAU-VERLAG.COM, WWW.BOEHLAU-VERLAG.COM | WIEN KÖLN WEIMAR

böhlau

HANS-GERT PÖTTERING (HG.)

POLITIK IST DIENST

FESTSCHRIFT FÜR BERNHARD VOGEL
ZUM 80. GEBURTSTAG

ZUSAMMENGESTELLT UND BEARBEITET
VON MICHAEL BORCHARD
UND HANNS JÜRGEN KÜSTERS

Immer wieder hat Bernhard Vogel sich in die Pflicht nehmen lassen. Jeden Dienst, zu dem er sich verpflichten ließ, hat er in außerordentlichem Maß erfüllt. »Politik ist Dienst« gilt für Bernhard Vogel in besonders treffender Weise. Politik ist für ihn Dienst – Dienst für die Menschen, Dienst für das Gemeinwohl, Dienst aus Überzeugung für das Wohl der Menschen. In Reden hat Bernhard Vogel gerne und häufig Zitate verwandt, die – zusammen mit seinen eigenen Bonmots – Ausgangspunkt der Beiträge von über fünfzig Autoren dieser Festschrift sind.

Jeder Beitragende hat zu einem ausgesuchten Zitat seine Gedanken zu Papier gebracht und damit einen persönlichen Bezug zum Jubilar hergestellt.

Mit Beiträgen von Angela Merkel, Norbert Lammert, Uwe Tellkamp, Klaus Naumann, Roman Herzog, Kurt Biedenkopf, Rita Süssmuth u. a.

2012. 320 S. GB. MIT SU. 155 X 230 MM | ISBN 978-3-412-21087-8

BÖHLAU VERLAG, URSULAPLATZ 1, D-50668 KÖLN, T:+49 221 913 90-0
INFO@BOEHLAU-VERLAG.COM, WWW.BOEHLAU-VERLAG.COM | WIEN KÖLN WEIMAR

MICHAEL BORCHARD, THOMAS SCHRAPEL,
BERNHARD VOGEL (HG.)

WAS IST GERECHTIGKEIT?

BEFUNDE IM VEREINTEN DEUTSCHLAND

Gerechtigkeit sollte Maßstab und Ziel von politischem Handeln darstellen.
Tatsächlich dürfte es sich um einen der am häufigsten gebrauchten Begriffe
in der politischen Umgangssprache handeln. Aber ist Gerechtigkeit generell
machbar? Was heißt gerechte Politik? Wie lässt sie sich beim Zusammen-
wachsen von Ost- und Westdeutschland herstellen? Ist der Wohlstand der
alten Bundesrepublik ein geeigneter Maßstab für Gerechtigkeit? Oder brauchen wir einen neuen, gesamtdeutschen Blick auf diesen Wert? Diese Fragen
werden in dem vorliegenden Band zur Diskussion gestellt. Mit Beiträgen von
Hans Maier, Hans-Joachim Veen, Ulrich Blum, Thorsten Faas, Gert Pickel,
Martin Lendi sowie einem Gespräch zwischen Bernhard Vogel und Arnold
Vaatz.

2012. 218 S. GB. 155 X 230 MM. | ISBN 978-3-412-20885-1

BÖHLAU VERLAG, URSULAPLATZ 1, D-50668 KÖLN, T:+49 221 913 90-0
INFO@BOEHLAU-VERLAG.COM, WWW.BOEHLAU-VERLAG.COM | WIEN KÖLN WEIMAR

böhlau